現代語訳

南海寄帰内法伝

七世紀インド仏教僧伽の日常生活

義浄 著

宮村昭彦
加藤栄司 訳

法蔵館文庫

本書は二〇〇四年四月二〇日、法藏館より刊行された。

目次

義浄三蔵入竺求法行歴図
写真　ナーランダー寺遺跡
凡例

巻第一

[序章][仏教通史――宇宙開闢から唐代まで――]……35

宇宙の成立・人類の誕生(37)　釈尊出世以前の印度・中国の諸哲学説(38)　釈尊一代の記(40)　部派の時代・現代(唐代)のインド仏教(43)　現代(唐代)の南海仏教事情(49)　現代(唐代)の中国仏教・律の非(51)　大乗・小乗は相違点より一致点が勝る(54)　中国律学批判(56)　本書『寄帰伝』の意義(59)　目次紹介と有部・根本有部(64)

第一章　破夏非小［夏安居――雨期三ヵ月の合宿――を破っても僧伽内の地位の降下はない］……68
夏安居不成立でも僧伽内序列の降下はない（68）　中国仏教批判（70）
第二章　対尊之儀［尊像・尊者に対するきまり］……71
目上のものへの威儀の正則と例外（71）　中国仏教の現状の非（72）
第三章　食座小床［食事は小さな椅子に腰掛けてとる］……74
腰掛けて食事するインドの正則（74）　中国の床座（椅子）の非（75）　中国の食巾の非と残食回収の非（78）
第四章　餐分浄触［食事には浄・不浄区別の原則がある］……80

インドの触器・残食の処分と中国仏教の非(81)　触(不浄)の伝染性(82)
食法正則(83)　インドの〝正〟、胡・中の〝非〟(85)

第五章　食罷去穢［食後に穢れを去る］……87
インド食後浄化法の正則(87)　中国の洗浄＝浄化法の非(90)

第六章　水有二瓶［浄と不浄の二種類の水がある］……92
インドの瓶と瓶水(93)　中国の瓶の非(94)　瓶袋・鉢袋・遊行スタイル(95)　インドの大徳・多聞は輿に乗り、馬に騎らず(96)

第七章　晨旦観虫［朝、水中の虫を観察する］……98
本章の主題(99)　瓶・井戸・池河水の観水観虫法(99)　虫の生命を救う
濾水羅、放生器、その他(100)　時水・非時水論(103)　中国濾水羅批判(105)

第八章　朝嚼歯木［朝には歯磨きをする］……107

インド歯木使用の実際(108)　中国「楊枝」使用の非(111)

第九章　受斎軌則［お斎のきまり］……114

本章の主題(115)　食器・座席・浄水等の準備(116)　苾芻の到着と食事の開始(118)　呵利底(鬼子)母の因縁譚(120)　莫訶哥羅(大黒神)の奇跡(122)　日真鱗陀龍の奇跡(125)　食物の授受と三鉢羅佉哆(125)　斎法の精神――義浄の体験談――(127)　食後の衆生食(サバジキ)・神鬼呪願・施主呪願・残食の処理(129)　別様のインドの斎法二種(132)　食物範疇論――五噉食・五嚼食――(134)　インドの物産・蔓菁談義・ナマス論(136)　南海の斎法・第一日(138)　南海の斎法・第二日(139)　南海の斎法・第三日の一(139)　南海・インド斎法の異同(141)　中国・インド斎法の異同(143)　南海の斎法・第三日の二(144)　呪願・余食法・講経・散会(145)　南海の別様の斎法(148)　北方胡地の斎法(149)　中国の斎法の非(149)　義浄自述(151)

巻第二

第十章　衣食所須［衣服のきまり］……159

本章主題と中国仏教批判(161)　インド「刺葉」の正と中国「開葉」の非(163)　六物・十三資具の正則(164)　中国の十三資具理解の非(169)　薬直衣(170)　四依・四作・十三杜多(170)　供身百一論(171)　中国・絹使用禁止批判──印中比較論──(172)　中国仏教絁絹使用禁止の根拠──反殺生の論理──(173)　衣の精神は省事(省エネ)にあり(176)　道宣の三衣臥具混同・絹衣使用禁止への批判(177)　僧伽の営農──不殺生戒の真の実践・道宣批判──(179)　耽摩立底国からの実見報告(一)〜(一二)(182)　義浄自省(190)　那爛陀寺簡介──跋羅訶寺との比較──(191)　中国仏教「出」世間性批判(192)　著裙・腰條の法(194)　中国風に変容した僧衣への批判と中国仏教批判(195)　インド及び辺境の俗服簡介(196)　随方毘尼は無根拠(198)　立播衣の有効性(199)　立播衣と偏袒・正背・偏衫等(201)　要約(一)(203)　要約(二)──偈頌によるまとめ──(206)

第十一章　著衣法式［衣の著方のきまり］……210
絇紐論（212）　偏袒右肩と通肩と上衣を披著しない場合（213）　傘（214）
象鼻批判（215）　短紐と横裙（216）　襻（掛け紐）（216）　脱傘解紐（217）
衣材（217）　僧脚崎衣（217）　円整に著裙するの法（218）　裾高論と中国仏
教批判（220）　インド正則の簡介と読者への伝言（222）　衣の色と中国仏教
批判（222）　履き物（223）

第十二章　尼衣喪制［苾芻尼の衣と葬送の法］……224
中国尼衣の非（225）　尼五衣と倶蘇洛迦（226）　中国尼僧批判（一）（227）
著衣の法式（228）　南海の僧脚崎服（228）　インドの倶蘇洛迦と僧脚崎（229）
中国尼僧批判（二）（230）　中国仏教喪制の非（233）　インド仏教喪制の正則
（235）　中国仏教者への提言（237）

第十三章　結浄地法［浄地の結界方法］……239

五種浄地法(240)　インドの結浄地の作法の現状と原則(243)　摂衣界の場合(245)　中国女人結界批判(245)

第十四章　五衆安居［夏安居の実際］……247

インド仏教僧伽の前後二つの安居と中国江南の迦提(248)　受日出界法――安居中の外泊許可――(249)　分房法――中国仏教批判――(250)

第十五章　随意成規［随意＝自恣――夏安居反省大会――の実際］……253

随意の定義(254)　随意(事)の実際――前日――(255)　随意の実際――式前・行城と大斎――(255)　随意(事)の実際――行法――(256)　随意事以後(260)　褒灑陀(260)　律蔵組織「五篇」論――罪と罰――(261)　中国仏教批判――「説罪」と「懺悔」――(262)　「随意」補説――波刺婆刺拏の語義――(264)

第十六章　匙筯合不［匙と箸］……266

インドの食法の正則(266)　箸使用許可の理論的根拠——「略教」説——(266)

第十七章　知時而礼［礼敬の方法］……269

礼敬をしてはならない二種の汚触(269)　全礼すべきでない状況(271)　中国仏教批判(271)

第十八章　便利之事［トイレのきまり］……273

用便の準備(274)　厠内浄法(276)　洗浄処浄法(277)　自房浄法(278)　浄法補遺(279)　小便浄法(279)　中国仏教批判(一)——インドの正則と中国の現状——(279)　中国仏教批判(二)——想定問答・大乗仏教批判——(280)　中国仏教批判(三)——便厠法改良論——(281)　中国仏教への義浄の提言(283)　『清浄礼讃』——詩頌によるまとめ——(285)

巻第三

第十九章　受戒軌則［受戒式の実際］……289

受戒式次第一――発心から鄔波索迦受戒まで――(291)　受戒式次第二の一――求寂受戒まで・成「出家」――(294)　受戒式次第二の二――求寂受戒まで・成「求寂」――(299)　求寂男・求寂女、正学女には苾芻・苾芻尼にはない戒律特別減免規定あり(301)　中国求寂(沙弥)批判とその改善の処方箋(309)　受戒式次第三――準備・受近円まで――(311)　受戒式次第三の一――三礼敬――(313)　受戒式次第三の二――三乞戒――(313)　受戒式次第三の三の一――衣の授受――(314)　受戒式次第三の三の二――鉢の授受――(316)　受戒式次第三の四――問障法――(317)　受戒式次第三の五――受具足戒――(323)　受戒時刻の記録――日時計について――(325)　インドの一年――五時――(327)　受戒時刻と夏数――量影の意義――(328)　受戒式次第三の六――四依法――(331)　受戒式次第三の七――四堕(落)法――(334)　受戒式次第三の八――四種所応作法――(338)　受戒式次第三の九――結語――(339)　受戒式次第四――臨壇者へのお礼――(341)　依止期間と中国仏教批判(341)　小師と住位(343)　行位の呼称――求寂・小苾芻・住位・多聞苾芻――(344)　親教師(344)　印中呼称比較(346)　僧伽内の少年二種――童子と学生――(346)　義浄の嘆き(349)　詩頌によるまとめ(350)

第二十章　洗浴随時［洗浴の方法］……353
インドの気候と洗浴(353)　インドの洗浴池(354)　浴裙法(355)　洗浴以外の施設・療法(356)　中国の洗浴時間の非(356)　中国の小浴衣及び浴衣不使用の非(357)

第二十一章　座具襯身［座(臥)具は夢精除けシーツ］……358
中国仏教批判(358)　座(臥)具の製法(358)　座(臥)具制定の本義(359)　南海の礼拝用膝当て(359)

第二十二章　臥息方法［寝具と尊像安置のきまり］……361

起床と片づけ(362)　臥床・褥席の度量・特徴(362)　清掃と座処安排(362)
衣遮障法の非(363)　襯替の本意(363)　枕嚢(364)　インド仏教僧伽の私
房での尊儀礼敬(365)　中国仏教の尊儀祭り上げ批判(366)

第二十三章　経行少病［腹ごなし漫ろ歩き健康法］……368

インド経行の実践と効能(368)　インドの経行処の実際(369)　中国仏教批
判——経行と繞堂・繞仏の混同の非——(370)

第二十四章　礼不相扶［挨拶の仕方］……372

インド礼法の正則(373)　中国の礼法の非(375)

第二十五章　師資之道［師弟の有り方］……377

本章の要点(378)　朝の(本)師と弟子——小食まで——(379)　朝の(本)師
と弟子——中国仏教批判——(382)　依止中の五事不白の論(385)　依止論

(386)　中国師弟関係批判――請白論――(387)　インドの師弟関係の正則(389)「制底」釈名論(391)　名義釈論(392)「畔睇」の釈義(393)　敬礼法――インドの正則――(393)　中国仏教の敬礼法の非(395)　インド正式座法――嗢屈竹迦と長跪合掌――(396)　再説・中国礼法批判――床座上・氈席上作礼の非――(397)

第二十六章　客旧相遇［来訪苾芻への接待方法］……399

相遇逢迎法――「善来」と「極善来」――(400)　接客方法第一――入寺準備――(401)　接客方法第二――挨拶――(401)　接客方法第三――案内と休息――(402)　接客方法第四――按摩――(402)　接客方法第五――浄化――(403)　接客方法第六――礼敬の軌儀――(403)　中国仏教批判――座法と接足――(404)　飲み物の接待(405)　中国仏教批判再説(406)　和南・畔睇論(407)

第二十七章　先体病源［インド医学総論――疾病構造論――］……409

早朝の体調観察と小食の取り方――疾病の構造――(410)　中国医学の誤解とインド医学の正則――投薬と非時食――(412)　インド医学総論――八医論――(413)　インド・中国・南海薬物比較(416)　インド医学の病源論――多食と疲労――(417)　中国医学批判(417)　業と病と縁の関係(421)

第二十八章　進薬方法［印・中の比較医学論］……422

インド医学原論――含印中比較――(424)　インド絶食療法の実際(426)　対症療法の構造理解と絶食療法(427)　インド絶食療法の対中国医学優位性(429)　絶食療法の効用範囲(430)　三等丸(431)　訶黎勒(432)　インドの絶食療法に対する中国の無理解(432)　中国道家医学の非と絶食の有効性(433)　絶食療法実践上の注意点補足(434)　絶食療法の予後管理(一)(434)　義浄の体験告白――インド絶食療法――(435)　中国医薬の礼讃と批判(436)　絶食療法の予後管理(二)(437)　中国医学への批判(439)　生食批判(439)　義浄からの伝言(440)

第二十九章　除其弊薬［中国の悪薬への批判］……441

中国・黄龍湯批判(442)　陳棄薬の語義解釈(443)　インド人の穢悪嫌悪(445)　中国弊薬批判の論拠(445)　弊薬に代えるべき中国の上薬(446)
中国仏教批判——不畜薬直衣——(447)　正量部の陳棄薬(448)

第三十章　旋右観時［右繞・左繞論と時・非時論］……449

旋右正則論——語義と正翻——(450)　中国右繞・左繞批判(452)　時・非時の原則(454)　日時計操作法(454)　日時計操作に地域差あり(456)　中国仏教批判(457)　那爛陀寺の漏水器(水時計)使用法(458)　諸国の時制に種々あり(460)　漏水器の長所(461)　漏水器の調整(462)　維那の私用時計(462)　五更・四節・三時——夜の過ごし方——(462)

巻第四

第三十一章　灌沐尊儀［尊像の沐浴と香花の供養］……464

灌沐尊儀の意義(466)　供香花・灌沐尊儀の功徳(467)　インド灌沐法の実

際（467）　自房内灌沐法（469）　供花論（469）　灌沐銅像法（470）　灌沐の易行性・吉祥の水・残花の処理法（471）　中国仏教批判——不灌沐尊儀・不供花——（471）　インド造塔造像供養法の種々相（472）　造塔造像の素材と二種舎利（472）　造塔造像の功徳（473）　中国仏教への提言と批判（474）

第三十二章　讃詠之礼［讃歎・詠唱の礼法］……476

中国仏教唱題批判（477）　礼敬法の実際と『無常三啓経』——耽摩立底国跋羅訶寺の場合——（478）　礼敬法——ナーランダー寺の場合——（481）　中国風礼讃の批判（483）　『一百五十讃』『四百讃』の詩人マートリチェータ（483）　『四百讃』『一百五十讃』の内容（486）　初等教育課本としての両『讃』の利用（487）　『一百五十讃』への釈と和（488）　龍樹『密友書』（489）　課本としての『讃』『書』——印中比較の視点——（490）　ジャータカマーラー（490）　南海讃詠事情（491）　その他の諷誦テキスト（492）　讃詠の長所と義浄の付言（493）

第三十三章　尊敬乖式［中国の尊敬礼法への批判］……494

インド仏教僧伽の苾芻生活正則（494）　中国仏教批判（495）

第三十四章　西方学法［梵語文法学の簡単な紹介］……………497

言語・概念操作による真理探求の有効性（499）　梵語文法簡介の意義（502）
五文法書・総論（503）　［Ⅰ］創学『悉談章』（504）　［Ⅱ］『蘇呾囉』（505）
［Ⅲ］『駄覩章』（506）　［Ⅳ］『三荒章（頞瑟吒駄覩・文荼・鄔拏地）』（506）
［Ⅴ］『苾栗底蘇呾羅』（含五文法書・総括）（512）　修学・留学・就職コース
（515）　［Ⅵ］『朱儞』――『苾栗底蘇呾羅』の議釈――（517）　［Ⅶ］『論（大
註解書解明）』――『朱儞』の議釈――と作者バルトリハリ（517）　［Ⅷ］『薄
迦論』（520）　［Ⅸ］『華拏』（520）　インドの教育――概観・中国との比較
において――（521）　インド碩学列伝――歴史篇――（522）　バラモン・
ヴェーダ・学聡明法（525）　当代贍部碩学簡介（一）――月官大士――（526）
来華伝法大徳列伝（526）　当代贍部碩学簡介（二）――義浄の師匠と現状の報
告――（527）

第三十五章　長髪有無［根機＝機根別の人生コース］……………531

中国仏教批判――剃髪は必須――(532)　[I] 上根者の出家修学――最上位――(533)　[II] 次――在家の篤信者――(536)　[III] 佳――在家の敬信者――(538)　[IV] 下――在家の迷誤者――(540)

第三十六章　亡財僧現［遺産相続の種々相］……542

債権の優先順位(543)　摂頌による遺産処分の要約(546)　遺産処分――原則・可分不可分論――(548)　遺産処分の実際――衣物の処分と中国仏教批判――(549)　遺産処分の実際――大竿――(550)　遺産処分の実際――家畜――(552)　遺産処分の実際――兵具――(553)　遺産処分の実際――罟網――(553)　遺産処分の実際――顔料――(553)　遺産処分の実際――酒――(554)　遺産処分の実際――薬――(555)　遺産処分の実際――宝石――(555)　遺産処分の実際――宝床榻――(555)　遺産処分の実際――経典――(556)　遺産処分の実際――券契――(556)　遺産処分の実際――金銀・貨幣――(556)　遺産処分の実際――六物その他――(557)

第三十七章　受用僧物［衣料は僧伽が支給する］……558

インドの僧伽では衣服は常住僧物会計より支給される(559)　常住僧物の衣料支給の根拠(560)　互用罪不成立の根拠――施主のまごころ――(561)
中国の非法とその改善方法(562)　上根の阿蘭若苾芻の場合は例外(563)
身体長大者の臥具への配慮(564)　中国仏教の非(564)

第三十八章　焼身不合［焼身供養の否定］……567
中国焼指燃肌供養の実態とその批判(568)　中国仏教の『法華経』誤読と正しい読み方(568)　僧伽苾芻には菩薩の捨身は無縁のもの(570)　中国焼身供養批判(一)――その実際――(572)　中国焼身供養批判(二)――難得の人身を軽視するの非――(572)　中国焼身供養批判(三)――大・小乗仰律苾芻の理想像――(574)　中国焼身供養批判(四)――焼身供養非法不如律論――(574)　義浄の立場――大乗在家の菩薩行は論外――(575)

第三十九章　傍人獲罪［焼身供養の勧誘・幇助への批判］……577
焼身供養勧誘幇助者批判(一)(578)　中国焼身供養者批判(578)　焼身供養

勧誘幇助者批判(二)(579)　焼身供養批判の根拠(一)——俗説・仏説——(579)　焼身供養批判の根拠(二)——外道批判・断勢批判——(581)　焼身供養の中国的環境とそれへの批判(581)

第四十章　古徳不為［善遇・慧智の二恩師への讃歎］……583

義浄の二師——善遇と慧智——(585)　善遇法師の七徳(一)——博学多聞——(587)　善遇法師の七徳(二)——多才多能——(587)　善遇法師の七徳(三)——聡明智慧——(588)　善遇法師の七徳(四)——度量宏大——(590)　善遇法師の七徳(五)——仁愛篤実——(590)　善遇法師の七徳(六)——策励鞭撻——(592)　善遇法師の七徳(七)——既知天命——(593)　義浄と善遇法師——義浄自述——(596)　讃歎慧智禅師(597)　竺僧朗の故実(600)　焼指焚肌批判(一)——竺僧朗の遺風——(601)　焼指焚肌批判(二)——騰・蘭以来の伝統として——(602)　慧智禅師と義浄(一)——少年義浄に注ぐ慈母の如き愛——(603)　慧智禅師と義浄(二)——受戒の日——(604)　慧智禅師と義浄(三)——義浄依止の日々——(605)　慧智禅師と義浄(四)——東西両京遊学と入竺——(607)　詩偈による二師の讃嘆(609)　善遇法師の文藻(614)　義浄から中国人読者へ(617)

解題に代えて――A君に―― 621
翻経三蔵義浄法師年譜 643
あとがき 653
文庫版寄帰伝によせて 加藤栄司 657
索引 1

慈雲尊者飲光に献ぐ

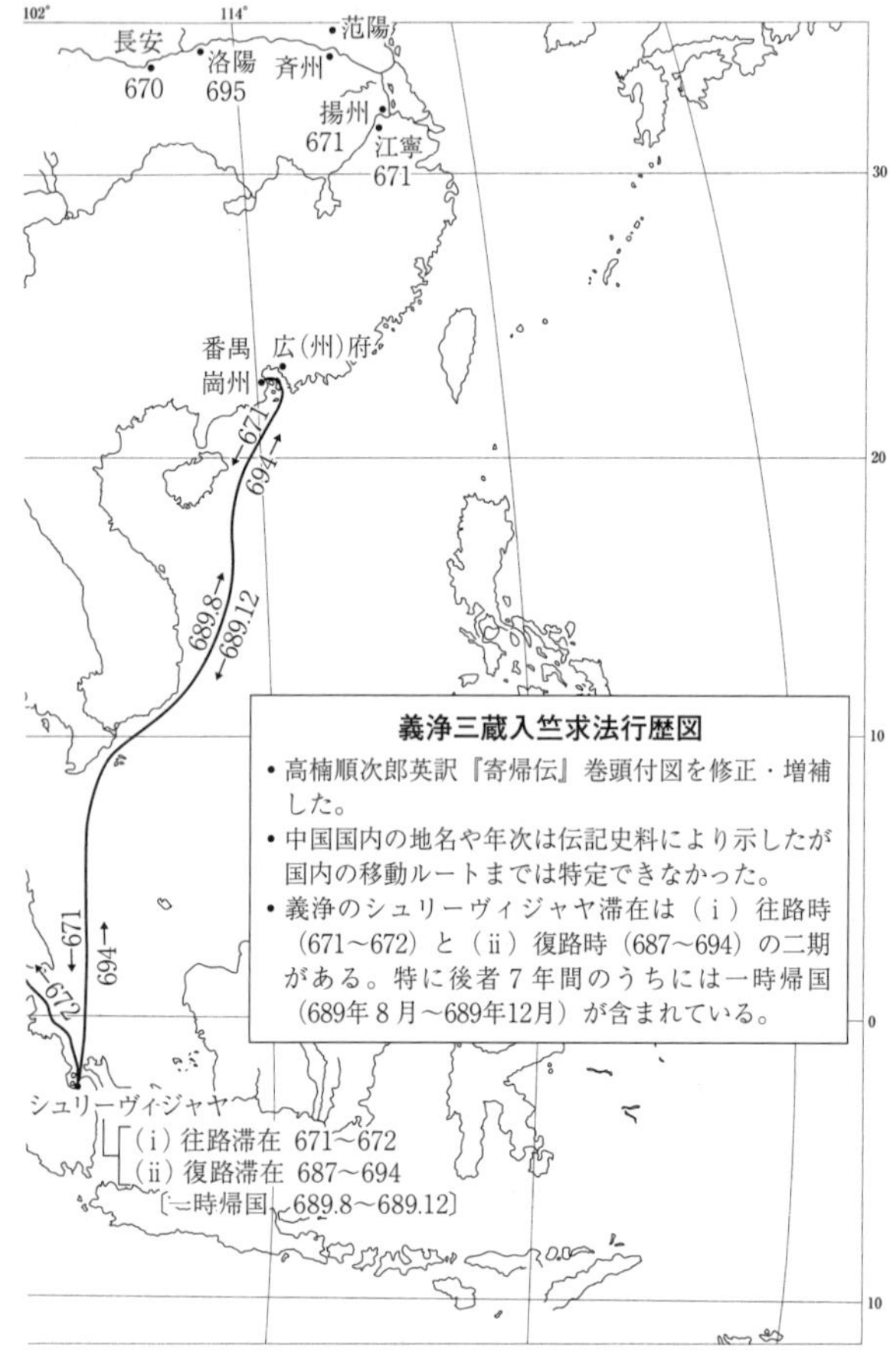

102°
114°
長安
670
洛陽
695
范陽
斉州
揚州
671
江寧
671
30
番禺
広(州)府
崗州
671
694
20
689.8
689.12
10
671
694
672
0
10
シュリーヴィジャヤ
（i）往路滞在 671～672
（ii）復路滞在 687～694
〔一時帰国 689.8～689.12〕
義浄三蔵入竺求法行歴図
• 高楠順次郎英訳『寄帰伝』巻頭付図を修正・増補した。
• 中国国内の地名や年次は伝記史料により示したが国内の移動ルートまでは特定できなかった。
• 義浄のシュリーヴィジャヤ滞在は（i）往路時（671～672）と（ii）復路時（687～694）の二期がある。特に後者7年間のうちには一時帰国（689年8月～689年12月）が含まれている。

84°
92°
102°
30
20
10
0
10
サンカーシュヤ
タームラリプティ
裸人国
ケーダ
マラーユ
685
674
673
686
687
672
ナーランダーを起点にした
仏跡巡拝コース（674～676）
⑨サンカーシュヤ
⑧シュラーヴァスティ
⑦カピラヴァストゥ
⑥クシナガラ
ヴァイシャーリー
⑤
ラージャグリハ
ヴァーラーナシー
⑩
③
①ナーランダー
②
マハーボーディ④
サンガーラーマ
グリドラクータ
⑪
クックタパーダギリ

写真提供：丸山勇

ナーランダー寺遺跡

ナーランダー寺の大ストゥーパ。

ナーランダー寺の盛況を思わせる広大な僧院跡。八院・三百房（第三十二章）、僧徒三千（第十章、第三十二章）、封邑二百余（第十章）というのが義浄の報告する当時のナーランダー寺。

通路より各僧房入り口を臨む。

僧房奥より入り口を臨む。

櫛比する僧房。室内奥には「高広床」を遠離するためであろうか、背の低いベッドがある。

沐浴場。右手前に階段がある。ナーランダー寺には大(洗浴)池が十余所あったという(第二十章)。

排水路。

八角形の井戸。第七章では井戸水の中の生き物に細心の注意を払う様が説かれている。

凡　例

一、本訳書は、唐代の入竺僧、翻経三蔵義浄の『南海寄帰内法伝』の全訳である。

一、翻訳にあたっての底本は訳者らの校訂したテキストを用いた。

　現在最も一般的なテキストとしては大正新脩大蔵経(以下、大正蔵本)五十四巻所収のものがあり、これは高麗版大蔵経(以下、麗本)を底本に宋・元・明本を対校させた原典批判的校訂出版である。しかし、誤読誤植がまま有り、句読点の打ち間違いも散見される。さらに既に当時発見されていた敦煌本も参照されていない。一方、王邦維校注『南海寄帰内法伝校注』(中外交通史籍叢刊、北京・中華書局、一九九五年、北京第二次印刷、二〇〇〇年)は底本に宋刻磧砂蔵を用い、古刻本八種に大正蔵本をも加え都合九種のテキストを対校させた労作である。訳者らはほぼ同時期に、これを知らず、麗本を底本に王と同様の意図のもとに校本造りを開始していた。幸い王のテキストを参照することができた訳者らは、少数ながら王本の誤植も訂正することができるとともに、王の句読点の打ち方から種々裨益されるところがあった。記して感謝の言葉を呈したい。

一、各章とも冒頭に訳者らの作制した梗概を付した。予備知識として活用し、本書各章の概要を知るに資されんことを希望する。

一、小見出しは原文にはなく、訳者らの判断でつけたものである。同時にこれらは訳者らの作制した内容目次の「内容」相当部分にもなっている。

一、訳文中の句読点、改行、段落の区切りなども本来原文にはなく、すべて訳者らの判断と責任でなされたものである。

一、義浄自身の手による漢数字の番号付け以外にも、ローマ数字・算用数字・丸数字など訳者の文責で整理番号を付している。

一、正確な訳を心がけるとともに、原則、注を頼らなくとも一読大意はとれる現代語訳をめざした。同時に、義浄の原文の四六駢儷文の修辞を尊重し、可能な限り用語・用字法も原文にある文字を用いて訳出することにし、ルビを多用して原文の尊重と分かりやすい訳文の両立をめざした。ただし本訳書では明らかな拡張新字体は採らず、異体字には正字を配し、新字(常用漢字)・新かな表記を原則としている。

一、度量衡は七世紀のインド・中国の単位表記なのだが、最終的に現代日本のメートル法への還元を試みた。

一、地名・人名の読みは慣用読みに従い、原語の比定が可能な場合はできるだけ括弧内に併記した。

一、読者の理解に資するべく大規模・小規模の敷衍的説明を訳文中で試みた。また、数種の括弧を多用し、術語でも基本的なものは文中で処理、ところによっては訳者補として背景説明を挿入した。

訳文中に施されている括弧は具体的には以下の如きである(1を除き、これらはすべて訳者の判断と責任でつけたものである)。

1、義浄《原注》……『寄帰伝』本文に割注の形で挟まれている。恐らくは義浄自身の手になると思われる注である。原則として原文本来の位置を尊重したが、少数ではあるが原文本来の文中より後方にずらした箇所もある。

2、《訳者補》………訳者らの手によるもの。『寄帰伝』本文の記述のみでは理解困難で読者の誤解を招く恐れがあるような場合、義浄訳の根本有部律関係資料を中心に並行記事を捜し、補った。また訳者らの判断で義浄修辞の本歌相当部分や背景説明や類似の事例を補った場合もある。

3、（　）（＝　）……本文通読に役立つように同意語など簡単な語義説明を施し、音訳語に対する原語を補った。また訳者らの手により文章の通りをよくするため文脈より推して言葉を補ったものから、訳者自身の見解により背景説明を加えたものまで、長短様々なものがある。

4、「　」……会話部分を指示する本来の用法のほかに、特定語句の強調にも用いている。

5、［　］〈　〉《　》〝　〟……括弧内の括弧、及び特定語句を強調するために用いている。

6、引用文献の略号は以下の如きである。

大正蔵……大正新脩大蔵経

PTS巴文律蔵……Pali Text Society "The Vinaya Pitakam"

義浄による梵語漢訳の原語比定は梵語を原則とし、梵語以外の語形を列挙しないときにはそのローマ字表記の冒頭に梵語たるを断っていない。略号は以下の如きである。

[梵]……梵（サンスクリット）語／[仏梵]……仏教梵語／[仏混梵]……仏教混淆梵語／[巴]……パーリ語／[西]……西蔵語

なお、√は語根を示し、＜は派生語を示す。

また、訳文中に挿入された梵語は義浄撰『梵語千字文』に義浄語彙集としての一義的な価値を認めて尊重し会入した。それ以外では漢訳仏教語彙相当の梵語を適宜対応させた。

原文中の割注、義浄《原注》中の反切による唐代中国語発音の指示には、想定される中国語音を藤堂明保編『学研　漢和大辞典』の中古漢語音部分によって会入した。

一、章末に置かれることの多い義浄自作の偈頌(韻文、漢詩)はとりわけ修辞家義浄の面目躍如たるものがある。ために例外ながらこの部分では義浄の原文を掲げ、書き下しと訳を併置し読者の鑑賞に供することにした。

現代語訳　南海寄帰内法伝

七世紀インド仏教僧伽の日常生活

巻第一

序章［仏教通史――宇宙開闢から唐代まで――］

梗概　この章全体の構成は宇宙の始まりから義浄の現代（唐代）までが、時間の経過に沿って仏教史仕立で叙述されている。また義浄は当時の中国仏教をインド仏教の正則との比較において批判するのだが、これはこの章のみならず各章通じてみうけられる本書全体の特徴である。

まず三千大千世界が成立したときは秩序そのものが存在せず、空間的には未分混沌、まだ人と物の区別はなく世界は空洞、時間的にも日も月も動かず、季節もなく、男女の性別もなかった、とインド＝仏教的な宇宙創造説が語られる。

その後、人が浄天から下降、地上の食物を食べるに及んで天上界の属性を失うに至り、地上の存在＝人界の人類の誕生となる。日や月が運動を開始、夫婦・農作が始まり、社会の秩序も出来上がる。このとき数論や勝論などインドの宗教、老子や荘子など中国の哲学にみえる種々の思想が生まれるのだが、これらはどれも仏法の真理を了解していなかったので宗教思想としては不完全なものだった。すなわち、現実存在とは渇愛によって「生」じ、業をかりて「有」り、輪廻を繰り返しているのだ、との仏教的認識には至っていなかったのである。

かくして仏陀が現われることにより、初めて人々は迷い・苦しみから解き放たれたのだ、と義浄はいう。

次に釈迦一代の生涯とその後の仏教史が説かれる。十二縁起を説き、十八不共法を獲、衆生を済度した釈迦。その滅後には五百・七百の結集があり、十八部派への分裂があった。その部派仏教の時代、仏教は十八部に分派するもののそれぞれに経・律・論の三蔵をもち、律の立場でみる限り、各部派はどれも正しい伝統のもとにある、と報告される。

七世紀のインド仏教は、①大衆部、②上座部、③根本説一切有部、④正量部、の四派(それぞれその内に分派を含む)が他を圧して有力であり、インド国内や南海諸洲、その外各地方においてその勢力圏を保持していた、とされる。

さて、義浄は次に唐代仏教の、特に律に関わる、非難すべき点をあげている。

一、インド仏教では各部派が固有の伝統として経・律・論の三蔵を受け継いで来、他部派の律蔵をまじえて用いることなど決してないのに、中国の律家は自らの所属部派とは無関係に律解釈の単なる資料として他部派の律蔵を様々に引用して自説の助けとしていること。

二、中国仏教の大乗小乗観には大きな誤解がある。本来、インド仏教の大乗・小乗の違いは律蔵そのものにはなく、①礼拝菩薩、②読誦大乗経、の二点を実践するか否かだけが大小乗の相違点であること。

三、中国の律家の説く律は煩瑣複雑化した条文解釈で実用性を欠いているが、インド仏教の律とは僧伽(そうぎゃ)日常生活の規範・規則として、何より実践の道具として機能していること、等々。

最後に義浄は本書の執筆意義として、律に説かれている正則について、①インドの実例を示すとともに、その根拠たる②律蔵（義浄の場合は根本説一切有部律）の条文を掲げるという二点をあげ、次に本書の序章を除く全四十章の目次を示してこの序章を閉じている。

宇宙の成立・人類の誕生

原ねてみるに、三千（大千世界）が肇て建てられ、爰に興立の端が彰らかとなったとき、百億は已に成ったといっても、尚、人と物との序もまだ無かったのである。既より世界は空洞であり、（光明のみあり暗闇なく、）日も月もまだ流いておらず、実に（寒さの）惨・舒（、つまり、季節の交替）も閑寂かであり、（男女二根の異なりもないので）陰・陽も弁（別）がなかったのである。

（そこに、一類の有情が）浄天（Ābhāsvara　光音天）より下降するに曁んで、（有情の）身光も自ずから随うこととなった。（地上の有情はもはや喜楽を飲食するのではなく、地上の食物である）地肥（pṛthivīrasa　地味）を餐（噉）べるようになったので、遂に貪著が生じることとなった。（地肥の消滅後、食物は、地［皮］餅＝pṛthivīrasaṭaka）、林藤（vanalatā）、香稲（śāli）と転り次ぐのだが、（有情は）これを食べるようになり（貪欲が生じ、天界・劫初時の純粋精神の属性たる）身光が漸く滅えていったのである。（かくして、有情の身の光明が隠没して黒闇が生じたので）日・月が方（始）めて現われ、（男女二根の故に）夫婦（が、耕種の必要故に）農作の事が興り、（私有の財物の侵奪を遮防せんがために王を雇い、やがて）君臣・父子の道（すなわち社会秩序）も（成）立したのである。

然而、上、青象を観れば妙高（須弥山）色が光を浮かべ、下、黄輿を察れば風が水を蕩かし（、ちょうど熱い牛乳のように表面に凝）結を成って（陸地ができて）いったのである。

（然）而、

「（陰・陽の）二儀が分判れて人はその中に〝生〟じ、清・濁の気を感じて（人は）自然に〝有〟った」とか、

「陰・陽が（ものを）陶鋳るのは、鴻炉に譬えられる」とか、

「品物が財成られるのは、埏埴に方べられる」、

などと云うものは、蓋うに、（すべて）聴くこと寡なく（真理に闇く）、（真理を）曲げて談る（といった類いの人々の）謂なのである。

釈尊出世以前の印度・中国の諸哲学説　是において、岳は峙ち、星は分かれ（天象の秩序も成立し）、含霊（有情）が蔓莚ることになったのである。

（インドの仏教以外の思想の流れは、）

遂に道（真理、を説くの）に九十六種の殊（異）をみせるようになり、

諦（真理、を明かすのに）も二十五の門を分かつようになってしまったのである。

僧佉(Sāṃkhya＝数論)では、「一から万物が(方)始めて生じる」とするし、
薜世(Vaiśeṣika＝勝論)は、「六条(六句義 ṣaṭpadārtha、①実 dravya＝実体 ②徳 guṇa＝性質 ③業 karma＝運動 ④同 Sāmānya＝普遍 ⑤異 viśeṣa＝特殊 ⑥和合 samavāya＝内属、の六つの原理・範疇)によって五道が方(始)めて起こった」

とするのである。

或いは、「露体で髪を抜くことを出要(離繋外道 Nirgrantha?)」とし、
或いは、「身(体)に灰を塗り髻を椎ねて天に昇る(餔多外道 Bhūta?)」とし、
或いは、「生は自然(で、死も自然)だ(Ājīvika?)」とし、
或いは、「死んでしまえば識(心の働き)も滅する(Ajita Kesakabalin? Pūraṇa Kāśyapa?)」
としていたのである。

(そして中国では、)

或いは、「幽々冥々ので其の(「存在」の)精は(体)識ることができないし、
眇々忽々ので(その「存在」の)出る所を知ることは罔ない」と云い、
或いは、「人は常に人道に得る」と云い、
或いは、「(人は)死ねば鬼霊と為る」と説く。
或いは、「(夢の中で、)蝶が我己と為ったのか不知、我(己)が蝶形と為ったのか不知」と

か、

「既は（皆がそれに）群がり迷って蜾蠃だとしたものが、復は螟蛉を（そこに見出しては同じく）聚り惑っている」とか、

「渾沌は鶏子に比べられ、晦昧は孩嬰に方べられる」と談っている。

斯れら（諸々のインド・中国の見解）は、どれも皆（そもそもの人の存在というものが、）「（渇）愛（taṇhā）」によって「生」じ、「業（karma）」を藉りて「有」ることとなり、苦（しみの）海を輪廻し、迷（いの）津を往復しているのだ、という（仏の教え）を未だに了（解）していなかった（ことによる迷妄だった）のである。

釈尊一代の記　このとき（、迷える一切の人々に）親ら平（明な）途を指し（示して）、躬ら妙（なる道）理を宣べ、（人に苦しみが生じて来て、またその苦しみが消滅するに至る構造を解き明かす仏教独自の世界認識である）「十二縁起」を説き（、他にはなく独り仏にのみ備わる十力・四無畏・三念住・〈一〉大悲の、10＋4＋3＋〈1〉＝18）「三六（3×6）独法（十八不共法）」を獲て、「天人師」と号し「一切智」と称し、（胎生・卵生・湿生・化生という四種類の発生形態の生命の有り様である、迷いの）四生を火宅から引き（抜き）、（欲界・色界・無色界の三世界に生きる三様の生存形態である欲界有・色界有・無色界有の、迷いの）三有を昏城から（引き）抜き、（これら衆生を）煩悩の流れから（引き）出して涅槃の岸へ

登らせたのは、粤、我が大師・釈迦世尊なのである。

創（始）めて（釈尊が）龍河に正覚を成ぜられて九有（九有情居、有情が居みたいと願っている九種世界に住む人々）は出塵の望みを興したのであり、後に（釈尊）は鹿（野）苑（Mṛgadāva）に馳光を移して六道（地獄・餓鬼・畜生・修羅・人・天の六つの世界、に住む人々）は帰依の心を盛んにしたのである。（世尊が）初めに法輪を転べたときには五人（の苾芻＝比丘）が（その教）化を受け、次に戒躅を談じたときには千生（の人々）が首を伏せ（てその教えに従っ）たのである。

是において（、世尊は、説法の）梵響を王舎（城 Rājagṛha）に闡き（、そのためこの父祖の地で仏）果を獲たもの（の数）は窮り無かったし、恩恵を父城（Rājagṛha）に酬い（、そのためこの地・王舎城で世尊の説法にあって仏に帰依する）心を発こすもの（の数）も算えられないほどであった。（世尊の説法は）了教（Ajña-Kauṇḍinya 阿若憍陳如）から始まる、（すなわち最）初に（、了教の説法の）願いに会って（釈尊は）誠を標したのである。そして妙賢（Subhadra 蘇跋陁羅、善賢）で（その一代の説法を）終える、（すなわち最）後に（妙賢の説法の）期いに契って（釈尊は）念を結んだのである。

（大師釈迦世尊は教えを）住（め）持つこと八紀（八十歳）、（その間に）九居（九有情居）を弘（く救）済われたのであった。その（釈尊の聖）教は幽いといっても陳べないということはなく、(その教えを受ける人の根)機(機根、能力)が微いといっても納めないということはなかったのである。

若し泛く俗侶(在俗のともがら)に(「律」を説教)するようなときには、但ら略して其の五禁(五戒、不殺生・不偸盗・不邪婬・不妄語・不飲酒)だけを言い、局って法(門の)衆(徒、出家)に提すようなときには、遂に広く七篇(、すなわち四波羅夷・十三僧残・二不定・三十尼薩耆波逸提・九十波逸提・四波羅提提舎尼・百衆学法・七滅諍の具足戒七範疇、二百五十戒全体)を彰らかにしたのである。(これにより)「有」に宅う者の大非は戒が興れば(その大いなる)非が滅するし、「生」に存る者の小過も律が顕われれば(、その小なる)過も亡くなるのである。且つ(また、釈尊の聖教では瞋)恚は軽 枝を損なうだけでも現に龍戸に(転)生(する、すなわち人界から異類の界に転落)してしまうことになり、慈(悲)は微命(、より具体的には虫の生命)を済うだけでも交(護法の善神)帝(釈天 Indra)居に昇(り、すなわち人界より上の界に生まれ変わることができ)るのである。善・悪(、そして因・果)の報いは固より明らかなのである。

是に(前述の「律」に併せて、仏教の)「経」と「論」が兼に施され、「(禅)定」と「(智)慧」が倶に設けられたのである。(衆)生を摂め(取)る網、それは唯だ斯の(仏教の「経」「律」「論」の)三蔵だけではないだろうか(? そう、確かに仏教のみがあらゆる衆生を救済できるのである）。

親ら大師（釈迦世尊）に対えばその（聖）教は唯だ一説ではあるのだけれども、（衆生の一人一人の生まれつきの能力差、すなわち根）機に随って（世尊は種々多様に教えを展開して）物（衆生）を拯うので、（道）理として（、法を聞く当人一人一人にとっては各自誂えたようにぴったりの教えの内容となっており、）他に議すところなどは亡いのである。

（さて、般涅槃に趣く世尊最後の旅、）薜舎（Vaiśālī）での（世尊最）初の辞に魔王は歓喜（Ānanda　阿難陀）の志を惑わし、熙連（禅河　Hiranyavatī）での（世尊最）後の唱えに無滅（Aniruddha　阿尼盧陀）は（教えについての）疑いを亡す（道）理を顕らかにしたのである。（世尊が人々を教）化する（因）縁は斯れに尽き、（世尊の）能事は（すべてその）功を畢えたのである、と謂うことが可る。

（大師釈迦世尊が）遂に（その足）跡を（尼連・熙連の）両河に滅したので、人も天も望みを掩されたのであり、（世尊がその御）影を（娑羅　sāla）双樹に淪めたので、龍（神・神）鬼も心を摧かれてしまったのである。娑羅の林の側らは（彼ら人・天・龍・鬼の）涙が下り泥と成り、哭者の身の辺りには血（涙）が（現われて赤）花樹の如になってしまったのである。大師（釈迦世尊）が（入）寂を唱えられたので、世界は空虚となってしまったのである。

部派の時代・現代（唐代）のインド仏教　次に（釈迦の滅後、仏の）法を弘める応人（阿羅漢)たちの結集があり、五(百結集=第一結集)・七(百結集=第二結集の二種)の(殊)異があった。(そして)律を持つ大将(にも譬えるべき阿羅漢たち)も部(派)を分かつこととなり、(律もそれぞれ)十八の殊(異)を為すにいたったのである。

(しかし「弘法の阿羅漢」=「持律の大将」たちに導かれた諸部派は、それぞれ)見聞する所に随って(経・律・論の)三蔵を各(々)別にしたのである。(その部派による異なりについて「律」の立場から以下に説明すると、三衣 tricīvara のうちには数えられない下着である一枚布の)下裙(nivāsana)を著ければ裾(の留め方)に偏と正(の異なり)があり、(三衣の内に数えられる)上服(複衣=大衣 saṃghāṭī・上衣 uttarāsaṅga・内衣 antaravāsaka の三つ)を披れば(、これら三衣は放棄された布を綴り合わせて一枚布に仕上げるのだが、その田相の縫い代、すなわち)「葉」に狭いと広い(の殊異)があるのである。

(遊行の途中、他と)同宿するときに(、同室を不可として)室を(別)異にする(部派もあれば)、(同室を可としてただ)臥床 mañca を)縄で囲む(部派)もあるが、(しかしこれらは)両つながら倶に過ちではないのである。また、(食物に関して苾芻たるものは、水と歯木以外は何によらず自分から行動をおこして手にすることはできず、必ず他から与えられた形式をとらなければならない。そしてその)食(物)を受けるのに(施主から手渡しされたものを直接)手で執る(部派)もあれば、(そうはせず)地に(食物を受ける場所を示し)画く(部派)もあるが、(これらも)二つながら並びに愆ちは亡いのである。(これら部派による差異は、)各々が師から承けており、事として(インドでは中国仏教とは異なり、他部派の律を自部派の律に)和雑えることは無いのである。

義浄《原注》

(下裙を著けるときに根本説一切)有部は(腰に回した裙の一端を左右均等にして後ろで挟み込むので)「正」(で裾をとめるのだが)、余の三(部派で)は並(身体の左側で挟み込むので、結果)「偏」(で裾をとめるということになり、有部とは異なることになる)。

(同宿のときに根本説一切)有部は要須ず室を別(異)とするが、正量(部)は(同室を可とし、ただ)縄で以って(臥)床を囲む。

(施主から食物を受け取るときに根本説一切)有部は(直接)手ずから請けるが、僧祇(部=大衆部)は地に画く(ことで場所を指定し、そこに食物を置いてもらって受け取る)。

(ところで、仏の法を伝える)諸部の流派の生起は同じではないが、(現在、)西国の相承の大綱は唯だ四(部派)にすぎない。

義浄《原注》

一つは阿離耶莫訶僧祇尼迦耶(Āryamahāsaṃghika-nikāya)、唐(語＝中国語)では聖大衆部と云う。分かって七部(派)を出す。(経・律・論の)三蔵は各十万頌有り、唐(語)に訳せば千巻に成ろう。二つは阿離耶悉他陛攞尼迦耶(Āryasthāvira-nikāya)、唐では聖上座部と云う。分かって三部(派)を出す。三蔵の多少は前に同じ。三つは阿離耶慕攞薩婆悉底婆拖尼迦耶(Āryamūlasarvāstivāda-nikāya)、唐(語)では聖根本説一切有部と云う。分かって四部(派)を出す。三蔵の多少は前に同じ。四つは阿離耶三蜜栗底尼迦耶(Āryasāṃmitīya-nikāya)、唐(語)では聖正量部と云う。分かって四部(派)を出す。三蔵は三十万頌。

然而で(個別の各)部(派)の執っている(戒律や威儀、教理の)所伝は、同じところも異なるところも多い。且く現(在のインド仏教の)事(実)に依るならば(、前記四大部派それぞれの分派・枝末の合計は、7＋3＋4＋4＝18　ということで)其れは十八(部派)と言うことができる。(しかし、現在中国でいっているようにインドの仏教を)分かって五部(派)とするというのは(私・義浄はここ)西国では聞いたことがないのだ。

《訳者補》『西域記』巻三「烏伏那國」の条に、「律儀傳訓、有五部焉。一法密部、二化地部、三飲光部、四説一切有部、五大衆部」(季羨林等校注本、二七〇頁)と「五部」説がみえている。

其の（四部派の）間の離分や出没、部（派で律蔵を）別（異とするので、そ）の名字となると、事として一致することはないが、（またそれについては）余の所論の如りなので、此（処、本書）では繁しくは述べなかった。

故より五天（竺）の地、及び（現在の東南アジアである）南海諸洲は皆（上述の）四種の尼迦耶（nikāya　四部派）ということができる。然し、（地方により四部派のうち）其の欽う所には処によって多少（の地域的な偏り）がある。

（インドの中央部にある）摩掲陀（Magadha）では、四部（派すべて）が通じ（学）習ばれているが、（根本説一切）有部が最も盛んである。

（インドの西部にある）羅荼（Lāṭa）や信度（Sindhu）では、三部（派）も少しは兼（ね行なわれてい）るのだが、正量（部）が尤も多い。

義浄《原注》
（羅荼や信度は、）西印度の国名である。

（インドの）北方は皆全て（根本説一切）有部であるが、時に大衆（部）に（出）逢うこともある。

（インドの）南（方）に面けば咸上座（部）に遵い、余の部（派）は少しく存するのみである。

（インドの）東（方）の裔では、（どの部派が優勢ということではなく）諸国で（上述の）四部（派）が雑え行なわれている。

義浄《原注》

那爛陀（Nālandā）から東へ行くこと五百駅（一駅＝1 yojana＝17.9136km　五百駅は8956.8km）、（この辺りを）皆、（インドの）東（方）の裔と名づけている。

乃至（その方角で進み、）尽き窮まるところに、大黒山（アラカン山脈？）がある。計ると（これは）土蕃（吐蕃 Tuban, Tüpüt, Tibet）の南畔に当たる。

伝えられる（ところ）では、是れは蜀川（中国の四川）の西南（に相当するのであって）、行（程）一ヵ月余りで斯の嶺に達する、と云う。

次にこの（大黒山の）南畔、海涯に逼近るところに室利察呾羅（Śrīkṣetra）国が有る。

次に（その）東南に郎迦戍（Laṅkasu）国が有る。

次に（その）東に杜和鉢底（Dvārapatī）国が有る。

次に（その）東の極に（行けば、）臨邑（Campā）国に至る。

（上に述べてきた国々はどこでも）並悉（仏・法・僧の）三宝に極だ遵っており、戒を持つ人も多くある。（これらの国々では、仏教の出家者のあるべき姿である）乞食（bhaikṣa）と杜多（dhūta　頭陀）が国の法となっている。（このようなことは）西方では有るのを見るが、

（そして、これはまた南海諸洲でもインドと同様に実践されているところではあるのだが、わが中国の現状を基準とするときには、逆にインドや南海の方が）実に常倫とは異なる（優れた仏教国である、といわなければならないことになるのである）。

現代（唐代）の南海仏教事情　師子洲（Siṃhaladvīpa　スリランカ）は並皆上座（部）であり、大衆（部）は片かである。
然し南海諸洲（現代の東南アジア）には十余国が有るが、純ら唯だ根本（説一切）有部であり、正量（部）も時に欽ばれているといったものだったが、近日已来は少しく余の二部（派、すなわち上座部と大衆部）をも兼ね（て行なわれ）るようになっている（のが現況だ）。

義浄《原注》
（南海諸洲を）西から之れを数えると、婆魯師（Baros?　Barus?）洲と末羅遊（Malāyu）洲とがあったが、（これらは）今は尸利仏逝（Śrīvijaya）国である。
（それから、）莫訶信（Mahāsin）洲、訶陵（Kalinga）洲、呾呾洲、盆盆洲、婆里洲、掘倫洲、仏逝補羅洲、阿善洲、末迦漫洲などが有る。又、（その他にもまだまだ）小洲が有るのだが（、あまりに小国であり、ここには）具さには（記）録することが能ない。

斯れら（の国々は）咸仏法に遵っており、（その内訳は、）多くは小乗で、唯だ末羅遊に少しく大乗がある耳である。（これらの）諸国の周囲は、或る（国）は百里（一唐里＝559.8mで換算、百里は56km）可り、或る（国）は数百里、或る（国で）は百駅（1791.36km）可りである。大海からでは（これらの島国の大きさを）計里るのは（困）難ではあるが、商船に慣れたものであれば准は知ることができる。

（ところでこれら南海諸洲に対する中国人の認識はといえば、）良に掘倫（人）が初めて交（州、現在のヴェトナム北部）や広（州、現在の広東省）にやってきた（歴史的事実）が、（南海諸洲、すなわち掘倫との中国人の誤解となり、）遂には（これら南海諸洲を）総て「崑崙国」と喚ぶようにさせてしまったのである。（しかし、南海諸洲の人々の人種的特徴を示せば）唯だ此の崑崙（人）だけが頭（髪）が捲き（毛で、身）体（の色）が黒い（という特徴をもつ）のみで、その余の諸国は（といえば、何ら）神州と殊（異）ならないのである。赤脚（であるの）と敢曼（、すなわちサロン＝現在でも東南アジアで男女を問わず見かける伝統の巻きスカートを着けるこ）とは総ての（南海諸国にみえる）其の（規）式である。（これら人文地理や風俗民俗については、）広くは『南海録』――この書は散佚して現在に伝わっていない――の中で具さに述べておいた。

（中国からインドまでの旅程を述べれば）驩州（現在のヴェトナム北部）から正南に歩行す

ること余半月可り、もし（徒歩ではなく）船に乗ればわずかに五、六朝（五、六日）で、匕景（現在のヴェトナム中部）に到着する。

（匕景から）南（下）すれば占波（Campā）に至る。即ち（これは、前出の）臨邑のことである。此の国では正量（部）が多く、少しではあるが（根本説一切）有部も兼ね（行なわれてい）る。

（この占波から）西南に一ヵ月で跋南（Bnam）国に至る。（中国では）旧くは扶南と云った（国である）。先には（衣服を着けることを知らず、）裸国であったのであり、人は多く天（Deva　すなわちヒンドゥー教の神）に事えていた。後には仏法が盛んに流（布）したのだが、悪王が（出たため、仏教は）今では並除かれ滅ぼされてしまい、迥く僧衆（僧たち、僧伽　saṃgha）は無く、（仏教以外の宗教、すなわち）外道が雑居しているだけである。斯れは贍部（洲、Jambudvīpa　すなわちインド亜大陸部とは地続きの）の南隅であって（、東南アジア島嶼部の）海洲ではない。


現代（唐代）の中国仏教・律の非　（中国仏教の律の受容に目を転じよう。）然（而）で東夏では大綱、法護（、すなわち法蔵部の『四分律』）が行なわれることが多い。

関中（、すなわち現在の陝西省の地）の諸処では、『（摩訶）僧祇（律）』が旧くより（『四分律』とともに）兼ね（行なわれてい）た。

江南（、すなわち長江の南）や嶺表（、すなわち現在の広東省・広西省の地）では、先から（根本[mūla]のつかない説一切）有部（の『十誦律』）が盛んであった。

（然）而て（ここで、各部派の所持するそれぞれの律蔵の呼称について説明しておけば、）『十誦（律）』『四分（律）』と云うのは、多くは経夾（、すなわち経文を記した貝葉の束ね方、つまり分冊の体裁）をとって（その律蔵の）題目としたにすぎないのである。

（インドで現に行なわれているところを）詳しく観てみると、四部（派）の差（異）については、律儀が殊異なっており、（同じく違反行動をしたとしても各自所属部派の律蔵の条文に照らすと、それぞれ部派により罪過の）重いと軽いとが懸隔れ、（その行動の）開（許）と制（遮）とが迢然い。（そうであるから）出家の（法）侶は、各（々所属する）部（派）の執（るところ）に依っているのである。

（ところが中国の律の注釈家はどうだろうか？　それぞれの部派が自らの立場で完結した一体系として伝えてきた律蔵であることを忘れているのではないだろうか。律の条文の該当箇所の解釈にあたって、個別律蔵の所属部派の違いを無視してほしいままに引用し己れに都合よく理解しているのではないか？　中国の律家のように）宜しく他（部派のもつ律蔵にみえる条文）の軽事（微罪の規定）を取って己れの（所属部派の所持する律蔵の規定する）重条に替えたり、自らの（部派の律）文では開（許）しているのだからといって、余の（部派の）制（遮）のを見て嫌うというようなことのないようにすべきである。（何故ならば）若しもそのようなことをしてしまったならば、部（派で律蔵を）別（異とする）の（意）義が（顕）著しなくなってしまうし、（律の条文に定められた開）許（と制）遮の（道）理も分からなくなってしまうからなのである。豈して、身（体）は一つだというのに四（部派の各律蔵の四体系を）遍て行ずることなど得ようか（？　否、そんなことはできようはずもないのだ）。（頻毘娑羅 Bimbisāra 王が夢に見たように、衣）裳や金杖が裂け（斬り離され）る（という部派分裂の比）喩（譚の意味するところ）は、（どの部派によろうとも、寂）滅を証らめるには殊（異）はないということを表わしているのである。（仏の）法を行ずる徒であるならば、（必）須ず自部（派の律蔵）に依るべきなのである。

義浄《原注》

頻毘娑羅王は、夢で一畳（の衣）が裂けて十八片となり、一（本の）金杖が斬られて十八段となるのを見た。（王は）怖いて仏に問うたところ、仏は（次のように）言われたのであった。「我が滅度後一百余年、阿輸迦（Aśoka）王が有ってその威を贍部（洲、すなわちインド）に加えることであろう。その時には、諸（々）の苾芻たちは（、もはや一つの部派、単一の仏教教団に所属しているのではなくて、既に仏の）教（え）を十八（部派）に分かっている（、すなわち十八の分派に分裂している）ことになっているであろう。しかし、（たとえ十八の部派に分かれてはいても、それぞれの部派は）解脱に趣く門ということでは、それらは致を一つにしているのだ。此（の王の夢）はその先兆なのだ。王よ、憂うるなかれ」。

大乗・小乗は相違点より一致点が勝る

（さて、インド仏教の現勢について触れておく。前述の如く現在インドで優勢な大衆部・上座部・根本説一切有部・正量部の）其の四部（派）の中で、大乗と小乗の区分は定まっていないのである。北天（竺、すなわち北インド）や南海の郡は、純ら小乗である。（一方これに対し、我が）神州・赤県の郷は、意は大（乗）教に存る。（そして、これ）より余の諸処では、大（乗教）・小（乗教）が雑え行なわれている（というのが、世界の仏教の大乗・小乗の現況、その真実の姿なのだ）。

（ところで大乗・小乗について）其の致きを考えてみると、（大乗も小乗も律蔵の教えによる検校、すなわち）律検は殊（異）ならず斉しく五篇（波羅夷・僧残・波逸提・提舎尼・突吉羅）を制しているのだし、（大乗も小乗も）通じく四諦（苦・集・滅・道諦）を修めているのである。もし菩薩を礼（拝）して大乗経を読（誦）するのならば、これを大（乗）と名づけるのであり、斯のこと（①礼拝菩薩と②読誦大乗経）をしなければ之れを小（乗）と号ぶ（という、ただそれだけの事な)のである。

そして云う所の大乗とても二種があるにすぎない。その一つは中観(Mādhyamika)、二つは瑜伽(Yoga)である。中観(の教え)は、俗(諦)には「有」と見えていても真(諦)には「空」であり、体(本質そのもの)は虚にして幻の如なものであるとするものであり、瑜伽(の教え)は、外は「無」であるが内は「有」であり、事、皆唯だ「識(vijñāna)」あるのみとするのである。

(しかし、大乗も小乗も)斯れらは並びに咸(釈迦の)聖教に遵っているのである。

(されば、大乗と小乗で)孰れが是であり孰れが非だというのだろうか? (大乗も小乗も)同じく涅槃を契っているのである。

(されば、大乗と小乗で、)何れが真であり何れが偽だというのだろうか? (大乗も小乗も、その教えの)意は、(同じく)煩惑を断ち除き、衆生を(苦しみから引き)抜き済う(ところ)に在るのである。

(しかし、中国では)豈して(大乗だ、小乗だと色分けし、)広く紛紜を致していて、重に沈結を増そうとしているのだろうか?

(大乗だろうが小乗だろうが、仏の教えに)依って行ずれば倶に彼岸に昇ることができるのであり、(大乗だろうが小乗だろうが、仏の教えを)棄て(、仏の教えに)背けば並びに生津に溺れてしまうのである。

（中国とは異なり、）西国では（大乗・小乗の両方が）双つながら行なわれており、（道）理として（大乗・小乗の両者が）乖競うことなぞは無いのである。

（また今となっては、）既に（仏の智）慧（の）目も無いのだからして、（一体）誰が（大乗・小乗の優劣）是非を鑑みるというのだろうか（？　誰にもそのようなことはできはしないのである）。

（されば、中国の道友諸兄よ！　インド仏教伝統の）久（しきよりの）習（い）に任せ（、仏教の伝統に則して、自らの所属する部派の律にのみ従って）之れを修せ。幸か、わざわざ（創意して）自ら割き（減らして無益に消耗し、心を）労することの無いように。

中国律学批判　且で神州の律を持つ（人々）は（インドの仏教僧伽のそれとは大いに異なり、自らの属するところとは異なる）諸部（派の律文）を互いに牽いているのである。（然）而して（律の）講（義・）説（法）・撰（述・記）録の家は、遂には（注釈書である）「章」「鈔」を繁（瑣・複）雑なものにしてしまったのである。「五篇・七聚（、すなわち二百五十戒の五分類・七集成、つまり具足戒全体を象徴表現）」の易しい処が更に難しくなり、「方便（罪）＝sthūlâtyaya＝窣吐羅底也＝偸蘭遮＝粗悪の違犯＝未遂罪や準備罪、すなわち過誤や過失からの罪にすぎなかったのか、それとも重罪たるの「根本罪」であったのか、つまり実際のところ罪を)・犯(したのか、そうではなく罪は犯しておらず、戒律を)持(ったのか)」などといった(、本来)顕(著)なものまでもが、しかし還た隠れてしまったのである。(その結果、中国の仏教者はどうなったのだろうか? 実は、律解釈のあまりの繁雑さに恐れをなし、律自体を敬遠するようになってしまったのである。)

遂には(中国では律を学ぼうと思っても、既に最初の試みの)一簣を覆しただけで情は(その意欲を)息してしまい、(律の講義の最初の)一席を聴いただけで、心は(律の学習から)退いてゆくようにさせてしまっているのである。

(かくして中国では律を学ぶことは、根機=機根の)上流の伍でも蒼髭になって(律の学習がやっと)成(就)する(という有り様)、(ましてや機根の)中・下の徒では白首になっても寧して(成)就できるだろうか(? とうていできはすまい、といった態なのである)。律本は自然に落漠となってしまい、(その注釈書である諸々の「章」や)「疏」を読むだけで遂に終身に至る(、という現実となっている)のである。

(こういう状況なので中国仏教での律の学習は、律本そのものには依らず)師・弟の相承が(軌)則と成るようになってしまい、章・段を論ずれば科に更に科(を加えて煩瑣・複雑なもの)になってしまっており、(一つの行動が律条のどれに抵触するのか)結罪を述べれば句に還た句(を加えて煩瑣・複雑なもの)になってしまっている。

（これは、）其の功を考えるや実に山なす労（力と言う）に（充分）致うものであり（ながら）、其の益を覈べるや時に海珠（真珠）の潤みが有った（、すなわち貝の中から偶然真珠が見つかったというような、僥幸だのみの甚だ頼りないものなのである）。

又、凡そ（注釈書）製作の家というものは（その）意、人に（当該書本文の中味を）解り易くさせる、というにある。（それが）豈して故に（秘）密（の）語を為り、更に（屋上屋を重ねて、弁解・弁明の書である）『解嘲』を作ってしまうのだろうか？（これは）譬えてみれば、水が（洪水でもないのに、普通の）平（地を流れている）川から溢れ、決（壊）して深い井（戸）に入って（飲料水を汚染して）しまい、（こうなってしまうと、いざ）飲み息おうと懐っても（生）命を済うのに由がない、というようなものなのである。

（以上のような中国仏教の「律」の現状は、実際、インドで）律文に準験してみるとき（、本来の、僧伽の日常生活を統べる道具としての律とは、全く）此の如なものではない（、ということが分かる）。（インドの僧伽で機能している律では、該当する罪過の）軽重を論断するなぞは但の数行を用いるだけであるし、（僧伽苾芻衆の前で、単に自分の犯した罪を懺悔するだけでよい）説罪（āpattipratideśana）や、（「根本罪」に対する未遂・準備の罪＝「）方便（罪」）などでも（そのために）半日を煩わせることもない。これが（実際の）西方や南海の法（門の）徒の大帰なのである。

本書『寄帰伝』の意義　（かような中国仏教の現状、戒律受容の現実から離れて、神州=中国そのものに眼を転ずれば、そこには大いに見るべきところがあるのだ。）神州の地ということで如至ば、（儒教の）礼（の）教（え）が盛んに行なわれている。（主）君や（両）親に敬い事え、耆長を尊び（自らは）譲るのである。廉素、謙順であり、（時あって然る後に言い、楽しんで然る後に笑い、）義あって（然る）後に取（り、道理をはずさないのであ）る。（親に）孝（をつくす）子、（君に）忠（である）臣、（彼らはみな）身を謹しみ用を節してい（て、浪費などしないのであ）る。

皇上は兆庶を恩育（み心を砕き）、（ために）明発にまで納隍軫み慮い、（王を補佐補弼する）群臣とても手を拱かざるはなく（礼を表し）、（ために）宵を通して履薄（氷）志を呈しているのである。

（中国は仏教にも意を用い、）或る時には、大いに三乗を啓いて、広く百座を開いたのである。（そのため、）制底（caitya　塔廟）を八沢（全国）に（建立、流）布させたので、有識者は咸悉く（仏法に）心を帰したのであり、（僧）伽藍（saṃghārāma）も九宇（全国）に散（在）させたので、迷途者は並びに皆（仏法に想いを）迴向らしたのであった。（かくして中国では）皇皇いに農（民）は畎畝の中に歌い、済済いに商（人）も舟や車の上で詠うのである。（慈しみ深い天子と賢臣を得てわが民草は大いに栄えたので、現在、中国は周辺諸国から尊敬されるようになっている。）遂に、鶏貴（朝鮮）・象尊（インド）の国をして丹墀（、すなわち丹漆で塗った天子の庭）に額を頓ずかせ、金隣・玉嶺の郷をして碧砌（、すなわち青緑の石畳を敷いた天子の庭）に誠を投ずるようにさせているのである。

（あぁ、我が偉大なる中国よ！　汝は、）無為を「為」とし、無事を「事」とし（、無味を「味」となし）ており、斯れは固より（付け）加えるべきものは何もない（ほどに、「為」「事」「味」の完璧な国なのである）。

義浄《原注》

「鶏貴」とは、西方で「高麗国」を名づけて「倶倶吒瞖説羅（Kukkuṭeśvara）」と呼ぶ（ことによる）。

「倶倶吒（kukkuṭa）」とは「鶏」、「瞖説羅（iśvara）」は「貴い」ということである。

西方に伝えられているところでは、彼の国（・高麗国）では鶏を敬い神として尊び、それ故に翎羽を戴いて表飾としている、と云うことである。

「象尊」と言うのは、西国では君王が象をもって最（高の存在）としていることであり、（このことは）五天（竺）では並悉同然なのである。

（中国の政治・文化に同じく、法侶＝仏教僧侶もまた大いに誉められるべき点をもつのである。）

其の出家の法侶が、（守るべき）規（範・）儀（則）を講（義、）説（法）すれば、（僧）徒（の）衆は儼然として（その至）極（の）旨（趣）に誠を欽しんだのである。

（中国の法侶の中には、）自ら幽谷に屏居、樊籠から脱屣（と）するものが有り、巌流に漱いで想いを遐け、林の薄に座して志を棲わせる（ものもあるのである）。

（一日を昼三時・夜三時に分ける、すなわち晨朝・日中・日没・初夜・中夜・後夜――第三十章も参照――の）六時（仏の周りを右まわりに巡る）行道は、能く浄信の恩に報いるものであるし、（その中）両期する（止観・座禅の）入定は、合に人・天の重を受けている（ということができる）。

此れらのことは善く「経」「律」に符っており、（一体、これら中国の仏教僧侶に）何んな過ちがあるというのだろうか（？　いや、どこにもどんな過ちもないのである）。

然し（、その一方で現在の中国仏教は根幹に問題を抱えているのである。それはインドから中国への仏教の）伝受の訛謬により軌則が参差、（律蔵の明文ではなく、中国国内での師子相承の過程で生まれた）積（年の）習（俗・習慣）が（恒）常と生り、（本来律蔵に定められている各条々の）綱致から乖れるものがあることである。

（そこで私・義浄は）謹んで（釈迦の）聖教及び現に（インドで）行なわれている要法に依り

（わが中国の道をもとめる人々に、律の真実の実践をここにお知らせすることにし）たい。

（本書は）総じては四十章、分かって四巻、名づけては『南海寄帰内法伝』（という）。又（それから本書とともに、今年〈六八九年〉、ここ尸利仏逝国から、私・義浄より一足先に故国大周＝唐に帰る大津律師に托して、）『大唐西域高僧伝』一巻、幷びに雑の「経」「論」等（の翻訳）も、並び録して附帰する（ことにしたい）。

願わくば（我が中国の）諸大徳よ、（仏の）法を弘める心を興（すのを第一と）し、（よしんば私・義浄の言がどんなに耳に順ならざるものであったとしても、）彼・我（つまり、「彼」＝敵＝義浄のいうインド仏教僧伽の律、「我」＝味方＝自分達伝統中国仏教の律、などという構図に発する偏見でもって、私・義浄の以下での発言内容）を懐わないでほしい。

善しく（この間の事情を）量度って仏の教えと（仏の）行とに順うべきである。（努々私・義浄の如き若輩の）「人」を軽んずるあまり、（仏の）「法」（まで）を（も）重んじない、などということのないようにしてほしい。

然（而）で（中国への仏教の）古今の所伝はといえば、「経」と「論」とは（道）理に致い善く通じており、禅門の（禅）定での（心の面の）瀓の微（妙）なること（は、筆にも舌にも）懸け嘱みがたいほどである。

（しかし、経と論・智慧と禅定で問題はなくとも、戒と律となると話が違ってくる。

私・義浄は以下、この書で）且復た粗っとではあるが（、インドの仏教僧伽の実際の）行法を陳べて（中国仏教のそれが本来律蔵に定められている）律相に符っているや、否）やを先ず呈し、（次いで経証として）備えるに（律蔵の個別の）条・章を挙げて（私・義浄が）師とする宗を実（際の記）録に於いて考えてみたい。

縦使い（私・義浄の生）命は夕景に淪むとも、希うところは（神州＝中国に正しい律を紹介・導入して、九仞の……とはあえていうまい、ささやかながら中国仏教の律の弘道に）一簣の功を成さんことであり、（たとい、現在の中国の律の暗夜を照らす灯明のたった一つの）焔（とも譬えるべき私・義浄）が朝（の陽の圧倒的な）光（の前）に（その輝きが）絶えようとも、（私の一灯に）百灯の続くことがあるよう庶う（次第な）のである。

此（の書）を閲しさえすれば（貴方は）尺歩も労せずに五天（竺）を短階に践むことができるのであり、（此の書を閲しさえすれば貴方は）寸陰をも徙さずに実に千齢の迷躅を鏡らかにする（ことができるのである）。

幸か（我が中国の諸大徳に）お願いしたい、（経・律・論の）三蔵を検尋べて（仏）法（の）海を鼓ち（周囲四方に）四波を揚げ、五篇（二百五十の具足戒五分類の総体）を皎鏡らめて（智慧（の）舟を泛べ（眼欲・耳欲・鼻欲・舌欲・身欲・意欲の）六欲を提（絶）つこと、を。

（ところで、私・義浄はといえば、）復（インドで）親しく匠旨を承け、（その）玄宗を備え検(尋)べたといっても、しかし(いまだ衆生の思いに適った)巧心を濬発したというわけではない。そうであってみれば、)終には、恐らく(仏の智)慧(の)目の(笑)嗤を受けることになってしまうだろう……云爾だ。

目次紹介と有部・根本有部

第一章　破夏非小［夏安居——雨期三ヵ月の合宿——を破っても僧伽内の地位の降下はない］
第二章　対尊之儀［尊像・尊者に対するきまり］
第三章　食座小床［食事は小さな椅子に腰掛けてとる］
第四章　餐分浄触［食事には浄・不浄区別の原則がある］
第五章　食罷去穢［食後に穢れを去る］
第六章　水有二瓶［浄と不浄の二種類の水がある］
第七章　晨旦観虫［朝、水中の虫を観察する］
第八章　朝嚼歯木［朝には歯磨きをする］
第九章　受斎赴請［(＝規則)お斎のきまり］
第十章　衣食所須［衣服のきまり］
第十一章　著衣法式［衣の著方のきまり］

第十二章　尼衣喪制［苾芻尼の衣と葬送の法］
第十三章　結浄地法［浄地の結界方法］
第十四章　五衆安居［夏安居の実際］
第十五章　随意成規［随意＝自恣――夏安居反省大会――の実際］
第十六章　匙筯合不［匙と箸］
第十七章　知時而礼［礼敬の方法］
第十八章　便利之事［トイレのきまり］
第十九章　受戒軌則［受戒式の実際］
第二十章　洗浴随時［洗浴の方法］
第二十一章　座具襯身［座（臥）具は夢精除けシーツ］
第二十二章　臥息方法［寝具と尊像安置のきまり］
第二十三章　経行少病［腹ごなし漫ろ歩き健康法］
第二十四章　礼不相扶［挨拶の仕方］
第二十五章　師資之道［師弟の有り方］
第二十六章　客旧相遇［来訪苾芻への接待方法］
第二十七章　先体病源［インド医学総論――疾病構造論――］

第二十八章　進薬方法〔印・中の比較医学論〕
第二十九章　除其弊薬〔中国の悪薬への批判〕
第三十章　旋右観時〔右繞・左繞論と時・非時論〕
第三十一章　灌沐尊儀〔尊像の沐浴と香花の供養〕
第三十二章　讃詠之礼〔讃歎・詠唱の礼法〕
第三十三章　尊敬乖式〔中国の尊敬礼法への批判〕
第三十四章　西方学儀（ママ）〔（＝法）梵語文法学の簡単な紹介〕
第三十五章　長髪有無〔根機＝機根別の人生コース〕
第三十六章　亡財僧現〔遺産相続の種々相〕
第三十七章　受用僧物（ママ）〔（衣）衣料は僧伽が支給する〕
第三十八章　焼身不合〔焼身供養の否定〕
第三十九章　傍人獲罪〔焼身供養の勧誘・幇助への批判〕
第四十章　古徳不為〔善遇・慧智の二恩師への讃歎〕

およそ此（処）に論じられる所は皆根本説一切有部に依っており、（中国の律家のように自分の属するのではない、）余の部（派）の事をもって斯れに（合）糅（まぜ）て（解釈して）しまう、というのは不可なのである。

此（の『根本説一切有部毘奈耶』）と（「根本」のつかない説一切有部派の律である）『十誦（律）』とは（、その内容は）大帰相似である。

（「根本」のつかない説一切）有部はその分かつ所、三部の別（異）がある。（第）一は法護（Dharmagupta）、（第）二は化地（Mahīśāsaka）、（第）三は迦摂卑（Kāśyapīya）である。これらは並五天（竺）では行なわれず、唯だ烏長那（Udyāna）国及び亀茲（Kuci）、于闐（Khotan）で（他の部派に）雑えて行なうものがある（といった程度である）。

然し（「根本」のつかない説一切有部の律蔵である）『十誦律』は、亦（いくら内容が大体同じであるといっても、「根本」のついた有部の律蔵である）『根本（説一切）有部（毘奈耶）（と同一）ではないのである。

第一章　破夏非小［夏安居——雨期三ヵ月の合宿——を破っても僧伽内の地位の降下はない］

梗概　仏教僧伽の苾芻の地位は本来、法齢（具足戒受戒時からの時間の長さ）によって決定されており、普通それは夏安居（雨安居、雨期三ヵ月間の合宿生活）を何回経験したかを目安にする。そしてこれは初対面の苾芻同士の礼のやりとりや毎日の懺悔の告白に際しての先後の決定から——これらはまず下位の者から上位の者に対して動作を開始する——毎年の僧房の割り当てまで、およそ僧伽内の秩序・序列は原則この法齢に基づいて決定されるのである。

この小さな章で義浄は、何らかの理由で夏安居を全うできず、だからその年の夏安居を成就できなかった失夏の場合でも、僧伽内の地位は従前と変わらずその降下はないこと、すなわち法齢の算定と夏安居経験数を切り離すことを主張している。

夏安居不成立でも僧伽内序列の降下はない　およそ諸（々）の夏（安居）を破った苾芻は、但其の十利を獲られないというだけのこと（すなわち、夏安居経過者にゆるされた十の特権・特典である、①十三資具以外の衣である長衣〈分別　vikalpana＝説浄——他人の所有物の形式をとって使用権は確保する便法——を必要とする、規定外の衣〉を十日間以上手元における、②同じく長衣を一月以上手元における、③三衣——詳しくは第十章参照——を脱いで一夜を過ごすことができる、④上衣・下衣の二衣で随所を遊行できる、⑤二組以上の三衣を所有できる、⑥別衆食 gaṇabhojana すなわち僧伽の苾芻大衆とは別個に乞食することができる、⑦展転食 paraṃparabhojana すなわち日に何度も施主の家を回って乞食することができる、⑧施主から請食されていないのに自ら出向いて食することができる、⑨正午を過ぎて他の苾芻に嘱授しないで村に入ることができる、⑩法学家に随意に食をうけることができる、等々の利益に与かることができないというだけで、安居の成立・不成立＝法齢の加算・不加算＝僧伽内序列の算定基準には関係なく）、然も（そうなれば当然、）本（来の地）位にあり（続け、その苾芻の僧伽内序列が）小く成るなどということは無いのである。

豈して昔時、（僧伽の中で上位者として下位者から）敬（礼）を受けていたものが、今、翻って卑（下位者）を（敬）礼することなどできようか（？　否、そのようなことはとてもできはしない）。

（このような「安居」—「法齢」—「地位」のリンクはインドの本来の仏教には存在せず、中国で古来よりの）習（慣）が（習）俗となってしまったということであり、本より憑拠などは無いのである。

（そうであるから、もしも施主が法齢幾夏以上の苾芻を招きたいと希望し、僧伽も）夏（安居の数）によって請（食）を受けたときには（、破夏を法齢に加算しない中国の算定では、結果、本来受くべき人の請食を他の人が奪うことになるので、最重罪＝四波羅夷の一つ）盗過を生ずべきものとなるのである。故に詳しく（受戒の日時を）審べて、（道）理として（、この夏安居経験数が即法齢ではないことを努々）疏略にすることのないようにせねばならない。

（インドでは年齢を聴くのと雨期 varṣa の数を尋ねることは重なる。仏教では varṣa は同時に夏安居、雨安居をも意味し、法齢を尋ねることは即夏安居の数を聴くことでもある。）宜しく受戒の日を取って（法齢の）大・小（、すなわち僧伽内序列の上・下）を論ずるべきであるが、縦令い失夏（安居、すなわち破夏安居、つまりその年の夏安居が不成立になるような場合）でも退いて下（位）に行くことはない。（釈迦の）聖教を尋検べても（律蔵には、そのような規定を述べる条）文は無いのである。

中国仏教批判　（されば中国で、一体）誰がその昔、（破夏安居は僧伽内序列の降下だ、などという、）斯の事を行なわせたのだろうか？

第二章　対尊之儀［尊像・尊者に対するきまり］

梗概　この章で義浄は尊像や尊者に対するときの苾芻の立ち居振る舞いの注意点を列挙している。仏像や尊師に近づくときには、①履き物は脱いで裸足になり、②偏袒右肩（右肩脱ぎ）に衣を着て、③頭にも被り物はつけない。

ただしこれはあくまでも仏像や尊師に近づくときの話で、普通の日常生活場裏や遊行の途上では、これら①〜③は必要ではない、とも説かれる。そして寒い国では、短靴の着用も律は許容しているのである。そこでインドとは異なり寒さ厳しき中国では冬には便法で履き物着用も許されるのである。

しかし春夏にはそれは許されないのが道理であり、いわんや仏塔・仏殿に臨んでは必ず裸足になるべきだ、と義浄は言っている。


目上のものへの威儀の正則と例外　仏の教えに准依るのであるならば、若し（〔Ⅰ〕仏の）形像（、すなわち仏像、）及び（〔Ⅱ〕）尊師に近づく（ような場合）には、（疾）病のときを除いて、（原則、）徒跣であるのが儀である。

（すなわちこのような〔Ⅰ〕〔Ⅱ〕の場面では、①）輒も鞋履は著（用）す容きではなく、（衣の着方も偏袒右肩、すなわち②）偏えに右肩だけを露にして衣は左髆のみを掩い、（③）首には巾把は(着け)無い、というのが自(然)らなる恒の途なのである。(しかし、〔Ⅰ〕尊像、〔Ⅱ〕尊者に対するのではなく、ただ)余の処に遊行する(、すなわち旅行するような場合)には、(①②③の儀については律は)在開(許)しており(、それらをしなくとも)過ちではないのである。

(それにたとえば、)若し是れが寒い国であるならば、短靴を著けることも(律では)聴(許)しているのである。(されば、)諸(々)の余の履屣も処に随い用いるべきである。既而に方(域)を殊(異)にし(ている)のであり、また、方)域を(殊)異にする(以上は)、寒い燠いは同じではないのであるから、である。

中国仏教の現状の非　(ところで中国の現状はどうだろうか? 釈迦の)聖教に准如るならば(、現下の中国仏教はインド仏教の正則に)違う処が多(々)あるのである。(律にも開許・聴許されているのだから道)理として隆冬の月には権りに(履き物を)著けても身(体)を養う可きであろう。が、(しかし、)春・夏の時には(必)須ず律制に依るべきである。(すなわち、)「履屣(着用のまま)で仏塔を旋らない」、(これは釈迦世尊の聖)教として已先から明らかである。「富羅(pūlā　着用のまま)で香台(仏殿)に進んではならない」、(これも仏の教えとして)頒かれて自ら久しいものがある。(もしも中国にあって、すべてを承知していながら)然も故に(仏の教えに)違うという

(流)類いが有るならば、即ち(これは)強いて(大聖釈迦世尊自身の直接の言葉である)金(口の)言を慢るものなのである。

第三章　食座小床［食事は小さな椅子に腰掛けてとる］

梗　概　インドでは食事は一人一人が一肘（約47cm）間隔で小さな椅子（約31cm四方の広さで高さ約22cm）に腰掛けて食べている。これなら律蔵に説く高床の非に抵触しないと義浄は言う。これに対して中国の仏教寺院では、①連なり座り、②結跏趺座して、③隣りの人と膝が接触するほどだという現実がある。これでは幾重にも律蔵に説くところを犯していることになってしまうと義浄は中国仏教を批判する。

　また中国で食べるときに巾を敷くことがあり、食後に食べ残しを回収することなども普通に行なわれているのだが、これらも律の定めるところに照らしてみると深く非である、と語られている。

腰掛けて食事するインドの正則　西方の僧（伽）衆（samgha）は、食（事）の時には必須ず（一）人（一）人が（離れて座り、）手足を浄いに洗い、各々別に小（さな）床（座　khaṭvā）に踞る。（そのインド床座の形状について言えば、インドのものは中国に比して小さく、）高さは七寸（21.7cm）可り、（四）方も（各辺）纔かに壱尺（一尺＝31.1cm）にすぎない。（そして）藤縄で内（腰掛ける部分）を織り、脚は円く且つ軽い（ものである）。卑幼の流（類）い（に至っては）小（さな木）枯を事に随（って椅子として用）い（ているのである。結果、各自の）

双足は（土間である部屋の床部分の）地を踏み、前には盤・盂（pātra）を置く。（足を置く、その）地は（といえば、表面のごみは水に溶いた乾燥）牛糞（gośakṛt）で浄いに塗（り込め）られており、（新）鮮（な）葉が上に布かれている。（各自の）座（席）の（相）去れることは一肘（1 hasta＝46.65cm）、（僧伽の苾芻衆が中国のように大床座上に連なり座り、）互いに相触れる、ということはない。（私・義浄はインドでは、）未だ曽て（現に中国で行なわれているような）大（きな）床（座）の上で（苾芻衆が脚を組んで座る、すなわち、結）跏（趺）座して食（事）をしている、というのを見たことがないのである。

中国の床座（椅子）の非　且（大）聖（釈迦世尊の）制（せられたところ）の如り（をいうの）であれば、床（座）の量は長さ仏八指、（これは、中人〈普通の人〉の）三倍の長さなので中人の二十四指（46.56cm）となり、（すなわち中国の）笏尺（一）尺半（46.6cm）に（ほぼ相）当（す）るのである。

（ところが、）東夏の諸寺の床（座）の高さは二尺（62.2cm）已上もあり、（こうなると）此れは元より座る合きではなく、（もし）座れば「高床（[巴] uccāsayana）の過ち」が有ることになってしまうのである。

（もし現）時（、中国の僧）衆（の状況）が此れと同じならば、之の如き（事態）を何うしようというのだろうか（？　何故なら、もしどこの寺であろうと座るならば、必ずや高床の過ちを犯すことになってしまうのだから)。(されば、)罪から(身を)護らんという流(類)い(の人)ならば(必)須ず(椅子の脚の)尺様を観(察、高座床に座らないようにす)るべきである。

然し、(同じ中国でも)霊巌(寺)や四禅(寺)では床(座)の高さは一尺(31.1cm)である。(こんなところからも、我が中国の古からの諸大徳、すなわち)古徳の製られた所には誠に来由がある(のが分かろうというも)のである。

(その上、)即し(一人一人が別々の床座に座るのではなく、現在中国の仏教寺院で行なわれているように大床座に)連座、(足を地に降ろさずに結)跏趺(座)し、(触〈=不浄〉の伝染という観念なく、隣りの席の者との接触を厭わずに、)膝を排べて食(事)をしている、という如き(に至って)は、斯れは(もう、仏の教えの)本(来の)法(と呼べるような代物)ではないのである。

幸かどうか之れ(、すなわち以下に述べるこのこと)を知るようにして欲しい。

(私・義浄が)聞くところでは、仏法が初めて(中国に伝)来したころは僧(衆の)食(事)は悉く皆踞座して(食べて)いたという。(しかし、それが)晋代(西晋265~316　東晋317~420)に至ってこの事が方に訛(謬)ってしまい、茲より已後では(結)跏(趺)座して食べるようになってしまったのである。

然し（釈迦の）聖教が東（夏に）流（伝）して（以来、現在〈唐〉に至るまで、）七百年にも垂んとしている。時（代）は十代を経（過）、その代（々）に其の（時代を代表するような優れた）人があった。梵僧も既に（この七百年間、）踵を継いで（次々と中国に、あたかも鳳凰が徳を慕って飛来しては威儀をただして侍り居るように）来儀、漢（土の大）徳も乃ち（この七百年間、）肩を排ねて（次々彼らから仏道修行のすべを習い福）業を受けているのである。亦、（この間には中国人ながら）親ら西国に行き（仏教僧伽の律に則した日常生活の行儀の）是非を目撃してきたものも有ったのである。（しかし、そのような人々が故国中国に）還って（インドの僧伽に見える日常生活についてその正則を）告言したとしても、（その告言、この中国で果たして）誰か能く用いられたというのだろうか（？　否、誰一人その言は用いられはしなかったのである）。

又経にも「食已りて足を洗う」と云うが、（床座の上で脚を組んで座るのであれば、脚は汚れはしないから当然洗う必要もないので、これは）明らかに（インドでは）床（座）の上に座ろうと来るのではない、ということなのであり、（また経に、）「食は脚辺に棄てる」ともある故に、（脚は地についておりその周囲に食を棄てるということなのだから、これまた）脚は（地に）垂らして座っていたことが知られる（こと、すなわち経証〈経典を根拠にしての証明〉よりしても明白な）のである。

仏弟子ならば宜しく仏を学ぶべきである。（百歩譲って）縦（令）い（自らは仏の教えに）依ることができなかったとしても（、仏の教え及び仏の教えに忠実な仏弟子を）軽んじ笑うというようなことは生ないでもらいたい。

中国の食巾の非と残食回収の非

良に（現在の中国の仏教寺院の食事の実際のように膝巾・食）巾を敷いて方と座る、というのでは「（清）浄」を護るのは（困）難である。（何故なら、この巾をひろげるという中国流の方式では、巾上に残った食物片や汁痕が宿食と解釈されることとなり、食事中どうしてもそれに触れることになるので）「残宿（食、①残食 [巴] atiritta-bhojana と②宿食 [巴] sannidhi-kāraka-bhojana の）悪触」（、すなわち、①中前に受けて午を過ぎたものと ②午過ぎに受けて更を過したものに触れる不浄）を免れ得るという由はないのである。

又復（僧）衆の残食を斂める（という中国流のやり方）は、深く非儀である。（それというのも、僧衆の家人は残食を回）収して（持って）去くが、（そのとき）反って（すでに出されて、触＝不浄の範疇に入っている）僧（伽の）槃に触れ、（その）家人が（触となったままで）還た浄器を捉るかもしれないからである（。そうなると触の接触感染により、浄器は触器になってしまう）。此れ（中国仏教の食事法の非儀の数々）では、空しく「（清）浄」を護ることを伝えるだけで（、中国では仏法は）未だ其の（浄・不浄の）峻別という仏教本来の）功を見ないのである（、と私・義浄としては結論づけざるを得ない）。

（祖国中国の道友諸君、）幸《どう》かどうかこれを熟察《よくよくかんがえ》、（必）須《かなら》ず（、「こと」の）得失を観るようにして欲しい。

第四章　餐分浄触［食事には浄・不浄区別の原則がある］

梗　概　義浄入竺当時のインド社会及びインドの仏教僧伽では、浄・触(そく)（不浄）峻別が原則であった。そして、インドはこの原則の遵守をもって自らと他の（インド）文明光被せぬ未開の国々とを截然区別していた。人が触状態になるのは——本書第十七章にも出るのだが——①飲食汚（食事中）、②不浄汚（大小の用便）の不浄二大範疇と、③既に触状態にあるものとの接触による二次感染（本来的に不浄とされている犬や豚との接触を含む）の場合である。本章では主として①が論じられており、一口でも食べたならば食べた本人も食べられた食物・食器も触状態にあると判断され、今度はその③触との第二次接触感染を恐れて、しかるべき配慮が必要となるのである。

次に浄不浄問題には直接は関わらないものなのだが、具体的な一事例報告として、義浄はインドでは一旦供された食物は苾芻側に所有権が移り、中国のように食べ残した食物を回収して施主自らの用に供するようなことはない、と言う。

また義浄は前述③について、触状態には伝染性があり、触状態の人の触れた人や食器は触状態になってしまい、この触状態にあっては、祈請や禁術などの宗教儀礼行為は一切無効となってしまう、と主張する。こうなれば次の問題は当然、「触」状態から「浄」状態への人の回復・復帰の法がなくてはならないのだが、これは①浄水で手を洗い、②浄水で口を漱ぐことの二点を必須条件として可能となるのである。

最後に食法の正則として今一つ、正午を過ぎて食事をしないという非時食戒の厳守があり、あらゆる方便を使ってでもその土地土地での正午（太陽の南中時刻）を過ぎて食事してはならないことを付言して、義浄はこの章を閉じている。

インドの触器・残食の処分と中国仏教の非

凡そ西方の道俗（世間・出世間）の噉食の法では、浄・触（、すなわち浄・不浄）を（、あらゆる）事について殊（異にし、峻別）する（、というのが原則なのである）。

（具体的に話そう、食事の場合を例に取れば、）既に一口でも餐（食）べてしまっているのならば、（餐食べた当人はもとより、その手をつけた食物も、またそれを盛ってある食器も）皆触（不浄の状態）に成ってしまうのである。（そうであるからして、この口をつけた食物を）受けた（食）器は宜しく（注意して）重ねて将いることのないようにすべきであり、（食事者の）傍辺に置在いて（食事が終）了するのを待って（他のものと）同じく棄てるのである。所有る残（余）食（[巴] atiritta-bhojana, bhutta-āvasesa）は、（それを食べるのに相応しい人々、すなわち）応食者に与えて食べさせる。若しも（、中国でなされているように施主がこの食べ残しを）更に重ねて（回）収するとしたならば、斯れは定く不可（こと）なのである。（浄不浄峻別の原則は、人の上下・）貴賤を問うことなく、「法」は皆同爾である。此（の「法」たるもの、その本質たるや、）「天」の儀なのであって、独り「人」の（側から関わりうる範疇に属する）事などではないのであるから……。

それ故に諸（々）の『論』でも「（食後）楊枝を嚼まず、便利をして洗わず、『食』に浄・触が無い、というのは（、これらを）将以って『鄙』（文明の光被せぬ野蛮未開のところ）と為す」と、云っている。

豈して（中国では、食）器の已に触と成っているものを還た（他の食物・食器に）益えて（厨房に）送り（返したりす）るのだろうか？　（これは全く不可である。これでは不浄の伝染により、接触した他の食物・食器までもが不浄となってしまうではないか？　中国では）所有る残食は却し収めて厨（房）に入れ、余った餅は瓮の中に覆し瀉ぎ、長った臛（drava　肉スープ）も鐺の内に反帰している。（そして、）羹菜（野菜スープのたぐい）は明朝に更に（餐）食べ、餅・果（など）は後日に仍餐（食）べているのである。律を持つ者は頗る（浄・触の）分疆を（体）識っているのだが、（律において）流漫者は（大勢に定見なく同調、付和）雷同して（おり、本来峻別すべき浄・不浄が）一概になっている（、これが中国仏教の嘆くべき現状な）のである。

触（不浄）の伝染性　又凡そ、（施主から）斎供（の招請）を受けたとき、及び余の（普段の僧伽日常の）飲噉であっても、既に其れが（一度、）口に入れば（その人はその時点で）方即に触と成ってしまうのである。（そうであるからして、）要（須）ずや浄水で（手を洗澡、）口を漱いだ後で、方(始)めて余の人、及び余の浄食に触著れることができる(ように成る)のである。若しも未だ澡(手)漱(口)しないうちに他に触(著)れたならば、(触れた当人は元より、触れられた余の人も)並も不浄と成ってしまうので、其の触(著)れられた人も皆(必)須ず浄いに(澡・)漱しなければならないのである。

若しも狗犬に触著れ(た場合であっ)ても亦(同様に不浄となるので、必)須ず澡・漱しなければならない。

食法正則 (およそ、)嘗食べる人は(、余の人や犬に触れないためにも、部屋の)一辺に在るべきである。嘗(食)訖れば手を洗い口を漱ぎ、幷びに(食物を)嘗(べた食)器も洗い、そうして方(始)めて(清浄化儀礼が終了し、)鐺釜に触(著)れる(ことができるようになるのである)。若し爾うでないならば、祈請の所作も禁術の(所)為も並効験なぞないのである。(これは何もインドだけの話ではない。実は中国=儒教の天地の神々でも同じこと、)縦(令)え饗祭を(天)神(・地)祇に陳べたとしても(、それが不浄になされたのならば、天神・地祇は決してこれを)受けはしないのである。

此(のこと)から(敷衍して)之れを言うのならば、所造た供設は(インド=仏教の仏・法・僧の)三宝に献ろうというものでも、幷びに(中国=儒教の天地の神々である)霊祇に奉ろうというのであっても、及び(そうではなく僧伽の日常、)尋常の飲食であろうとも、皆(必)須ず清潔でなければならない。若しも身(体の状態)が未だ浄いには(手を)澡(い、口を)漱(ぐ行為を)せず、及び大・小の便利をして(いまだ身体が)洗浄されていない(状態等々、すなわち飲食汚・不浄汚からの清浄化儀礼が完了していないのである)ならば、皆食(事)を作す合きではないのである。

(中国の)俗(儒、そして世間)でも亦、「清(潔)斎(戒)して方に釈奠せよ。爪を剪り、宜しく肌までも侵って塵惑を捨てよ」と云うことがある。孔(子)や顔(回)など斯れ等(儒教側)の(流)類いでも亦(必)須ず事として(天神・地祇に供物をそなえる釈奠にあっては)清潔でなければならないとしており、残食では(神々もこれを)歆饗はしないのである。

凡そ斎供を設け(られ)たとき(の食事で)も、(また)僧(伽)の(尋)常(の)食(事)であっても、(必)須ず人に(非時食戒を犯さぬよう、すなわち食事が午を過ぎてなされぬよう)検校させるべきである。若しも(全員の)斎(供)の(終)了を待つとしたら恐らくは時を過ごすであろう(ことが予想される、)というならば、(これは)道俗を論ずることなく、未だ(全員に食事を)薦奉(るの)がすんでいなくとも(、自分の食事の)分を取って先に食べてよい。斯れは仏の教えであり、(律に開)許され(たところであり、)罪咎はないのである。

比ろ(中国の寺院で)僧・尼の(実際に)検校(をする、つまり食事時間の管理)を助けているのを見ると、食(事)が多く(正)午を過ぎて(おり、これでは律に定める非時食戒を犯して）いる。（これなどは施主が斎供を設け）福（を獲ようとしたこと）に因って（逆に犯非時食戒の）罪を獲ているのであり、（私・義浄としては）事として未だ可とすることはできないのである。

インドの〝正〟、胡・中の〝非〟

然し、五天（竺）の地が（他の）諸国とは別異があり（、とりわけ優れている、）と云うのは、此の浄・触（不浄、を分かつ原則を堅持していること）をもって初基とするからである。

昔、北方の胡地からの（外交）使（節の）人が西国に行至があった。（このときインドの）人が多く（この北方の人を）見て（嘲り）笑ったのである。（それは彼らが）良に便利をして洗わず、（残）余食を盆に内れ、食べる時には叢座、互いに相振触り、猪・犬を避けず、歯木を嚼まなかったので、遂に（インドの人々の）譏議を招いてしまったのである。それ故に（仏の）法を行ずる者は、極須ず存意して（この浄・触の峻別の原則を決して）軽んずることのないようにすべきである。

然し、東夏の食（事）では浄・触（不浄、を分かつこと）が無く、（しかも）其のようになって（以）来久しいものがある。だから、（私・義浄の）此の説を聞いたとしても（、ただ聞いただけでは）多く（の中国の僧侶方）は未だ（浄・触峻別の）儀を体（識）りはしないだろう。（私・義浄が対）面って言うのでなくて、方しく能く解悟るだろうか（？　否、とても正しい理解などできはすまい）。

第五章　食罷去穢［食後に穢れを去る］

梗　概　この章の主題は食後の洗浄である。これは食事者が不浄状態（飲食汚）にあり、食後に浄状態が恒常たる僧伽の日常生活への復帰が可能となるためには、洗浄・浄化の清浄化儀礼の終了が必須の要件となるからである。この浄化儀礼終了以前にあってはたとえ唾一飲みでも嚥下すれば、それは食事の延長線上にあると解され、つまりいまだ食事中で食事は完了していない、と判断されるのである。

洗浄の具体的叙述として義浄は、まずその洗浄に適当なる場所について述べ、その後で口中洗浄法として歯・舌・唇について各部位ごとに報告する。次に手の洗い方に進むのだが、これも水の受け方から洗剤の種類にまで義浄は懇ろに説き及ぶ。

最後に中国仏教の現状が報告され、批判されている。インドでは当たり前の口・手の食後洗浄を知らない中国仏教は、浄水も歯木も用意しておらず、また中国式の口内洗浄剤である豆麵・灰水では洗浄は不完全であり、いずれにしろ食後も残食が口中に残っているため、触＝不浄状態が日常化してしまっている、と義浄は告発している。

インド食後浄化法の正則　食（事）が罷った時には、（浄水を用意して手や口を洗浄せねばならない。この洗浄は、）或いは（螺盃や鮮葉など洗浄用の用）器で以て（浄水を）承け（るのだが、その場所は）、或いは（人目につかず、また話声すら聴こえない）屏処に在って（なされるのでもよく)、或いは渠竇に向かって(なされるのでもよく)、或いは(水辺に降りる)階(段)に臨んで(なされるの)でも可いのである。(このときの方法としては、)或いは自ら瓶を持ち(注水してもよく)、或いは(他の)人に(瓶を持たせて)水を授けさせる(のでも可いのである)。手は必ず浄いに洗い、口は歯木(dantakāṣṭha 第八章に詳述)を嚼む(というのが、食後の洗浄、清浄化儀礼の二原則な)のである。

(口と手の洗浄について説明しよう。まず口中についていうなら、)牙を疏い、舌を刮り、務めて清潔にさせる。(咀嚼していたときの)余(った口)津(kheṭa)が若し(口中に)在ったとしたら(、それはいまだ食事が了っていないということであり)、即ち(食後の清浄化儀礼が完了しておらず、)斎は成(就)られていない(と判断される)のである。

然後で豆屑で、或時は土(乾――後述の義浄《原注》参照――)でもって水と撚ねて泥にして、唇吻を拭って膩気が無いようにする。

(さてその次に、手の洗浄がある。僧伽内の水には、①飲用や洗浄用の「浄水」と、②厠処での洗浄専用の「触水」の二種類があり、それぞれ①「浄瓶」と②「触瓶」に貯えられている。両者は決して混同混用されてはならない。第六章、第十八章参照)

次に浄瓶の水を取って螺盃に盛り、或いは(新)鮮(な)葉で、或いは手で(その浄瓶水を)承ける。その(用)器及び手は、必須ず(あらかじめ)三屑で浄いに揩い洗って、膩(気)

を（取り）去るようにする。

義浄《原注》

（「三屑」とは、）豆屑（梵 cūrṇa, 巴 cuṇṇa　穀粉）・土乾（梵 mṛttikā, 巴 mattikā　土粉）・牛糞（梵巴 gomaya　粉末牛糞）である。

（以上の手と口の洗浄は、）或いは屏隠でならば（水を用器類にとらずに、直接に）浄瓶から口に注ぐ（ことも許されるのだ）が、若しも（人目につく）顕処で居れば律（蔵）に遮文（禁止の条文）がある（のでそれは許されないのである）。（口を）漱ぐのは略両三（度）、これで方に「浄（の状態）」と成るのである。

此（の漱口）より（以）前では、口津は咽みこむべきではないのである。（もしも食事を了え、既にその食事終了を形で表わすべく座席から立ち上がっているのに、口津を嚥下してしまうと、事実上の食事再開と解され、足食戒＝一日一食の戒律を犯し、）既に威儀を破ったのならば「咽めば咽むほど罪を得ること」になってしまうのであるから、未だ浄水で重ねて（口を）漱がない已来は、涎唾（kheṭa）は必須ず（口）外に棄てなければならないのである。

《訳者補》 律蔵に規定されている食事時間や食事回数について触れておきたい。

苾芻の正規の食事は「時食」であり、これは日に一度、正午以前に摂るというものである。正午を過ぎてから後は一切食べない(もちろん早朝に主として粥を食べる習慣はある。これは現代の南方仏教でも中国仏教でもともに、日常習慣としてそれを受容しているのだが、律蔵に即していうのであるならば、この早朝の食事は本来の正しい食事＝時食の範疇には入らないもの、補助食としての「小食」なのである)。

この一日一食は九十波逸提法の第三十四戒で規定されており、道宣が「足食戒」と命名したのを踏襲して、義浄も「足食学処」と命名している。

ところで、一日一食の原則を外すには余食法＝残食法なる一種の便法である浄法(vikalpa 浄施、分別、第十章および第十三章を参照)をしなければならないが、口中いまだ漱がないうちの食物咀嚼時の唾は、再度の新たな食事の開始とも解され、余食法をなさない場合には足食戒違反となってしまうのである。

若し(この足食戒の違反に加え、このとき)日が(正)午を過ぎていたのなら、(その上)更に非時(食戒を)も犯すことになるのである。

中国の洗浄＝浄化法の非 (ところが中国では、)斯れ(食後の浄化法)は識知る人が罕であるし、縦(使)い護ることを知っていたとしても、(その実践は)亦(容)易くはないのである。

此れを（敷衍して）之れを言うならば、（現在中国で行なわれているような）豆麺や灰水（を用いての口内洗浄）では誠に過ちは免れ難い。良に牙の中には（残）食（があること）と為り、舌の上には膩（気）が存ることに在る、ということになってしまうからである。

智者であるならば斯の（道）理を観て存意すべきである。豈して（中国の僧衆ときたら）正に食（事）が已了しているのに、談話などしていて時を過ごし、浄瓶を畜えず、歯木を嚼まない、などということができるのだろうか？（否、できようはずもない。このような中国の僧衆の有り様はよろしくないのだ。これでは、）終朝まで穢（悪）を含み、竟夜、愆ちを招いている（ということになるのである）。此のようにして終（生）を送れば固より難いを成ずる（こと、間違いのないところだ）。

（なお、授水法について付け加えるならば、）其の浄瓶の水は、或いは（自分ではなさず）門人に持たせ授けさせたとしても、亦それはそれで（正則に適った）儀なのである。

第六章　水有二瓶［浄と不浄の二種類の水がある］

梗概　インドの仏教僧伽では水は「浄」と「触（不浄）」の二範疇に分けられ、それぞれ瓶も浄瓶・触瓶の二種類となる。浄瓶水は主として飲料水であり、さらにそれは「時水（午前中用）」と「非時水（時間制限なしに飲める）」の二種となり、一方触瓶水はトイレでの洗浄専用のものである。

浄瓶の形状を説明すれば、瓶口には尖った蓋がついており、その蓋の尖端に箸ほどの小穴が穿たれている。また瓶の胴にも銭ほどの穴が注水孔としてある。瓶の容量は一・五リットル前後、使用にあたっては取水時に塵や水垢の除去のために内部をよく洗うことがポイントとなる。

中国仏教で用いている瓶は、①一種類で浄・触を分けることができず、②小さく銅製なので、容量・材質ともに問題があり、さらには③蓋口挿著式なので瓶内清掃不十分で不潔である、との都合三点で義浄により批判される。

遊行時の出立ちは、瓶袋に浄瓶、鉢袋に鉢を入れて一肩に架け、両者を交差させるは不可、その上に衣を通肩に着て、触瓶とサンダルバッグを手にとり、さらに錫杖を手挟んでゆくというもので、ここからも瓶の重要性がうかがわれる。

最後に本章の主題とは直接関わらないのだが、遊行に筆が及んだついでに、インドでは苾芻が騎馬することはなく、大徳・多聞とよばれる高僧方の外出は輿に乗るのであり、様々な道具類は浄人や童子が持ち運ぶこと、が付記されている。

インドの瓶と瓶水

凡そ（インドの僧伽では、）水は浄・触（不浄）を分け（て、二範疇とす）るのであり、（またその水を入れる）瓶にも（、当然ながら、浄瓶・触瓶の）二枚があることになるのである。浄（瓶に）は咸瓦（器）や瓷（器のもの）を用いるのであるが、触（瓶に）は、（これら以外に）銅や鉄（製）も（、前述の陶磁器製のものと同様に、）兼に（用いても）任いのである。

浄（瓶の水）は「非時（時間の制限なしに自由）」に飲用すると擬れるのであり、触（瓶の水）は便利（のとき）に所須いるのである。浄（瓶）は浄（めた）手にして方（始）めて持てるものであり、必須ず（清）浄処に安著くのであるが、触（瓶）は触手（不浄の手）でも随に執ってよく、触処（不浄処、トイレ）に置いて可いのである。

（次に飲用の浄水の二種、「時水」と「非時水」について述べておく。）唯だ斯の浄瓶、及び新（たに）浄（められた用）器に盛った水だけが「非時」に飲む合きものである。その余の（用）器に盛ったものは「時水」と名づけられ、中前（昼前、午前中）に受けて飲むのであれば（律条に照らして）愆ちでは無いけれども、若し午後に飲めば過ちが有る（と律に規定されている）。

（浄）瓶の（製）作法は、（以下の通りである。まず蓋の突端の「尖台」について説明する。）蓋は（必）須ず口に連っていて（蓋・口が一体であり、その蓋の）頂（上）に尖台が出ており、高さは両指（二指。指、指量aṅguli は度量衡単位、3.88cm）可り、（この蓋頂上部の尖台）上に小穴が通じており、（その太さは）麁、銅箸如い（、浄水はここから出るの）である。（そして、）飲（用）水は此の（浄瓶の）中に在べきなのである。

（次に、水の注入口である「添水孔」について言えば、瓶の）傍辺には別に円（い）孔が開けられており、（その位置は、瓶の）口を（手で）擁って上にしたとき竪に高さ両指、孔（の大きさ）は銭許如い、水を添れるときには宜しく此処からするのである。

（瓶の容量としては、）二～三升（1.19～1.78ℓ）は受けられる可きであり、（中国のように容量の）小さなものは無用で成る。

（前述の、①蓋頂上部尖台の小穴と、②傍辺の添水孔の、）斯の二（つの）穴は、虫や塵が入るのを恐れて、或いは蓋を著ける可きであり、（その蓋の素材は、）或いは竹や木をもって、或いは布や葉でもって、これを裹み塞ぐのである。

彼（処＝中国）に梵僧が有るならば（指導を乞い、その）製（に範）を取って造るのがよいだろう。

若し（瓶に）水を取る（のであれば、その）時には、必須ず（、まずは瓶）内を洗って塵や（水）垢を尽くしてから、方始めて新（しい水）を納れることができるのである。

中国の瓶の非　（ところが、現在の中国ときたらどうだろうか？）豈して水に浄・触（不浄)を分けず、(また瓶はといえば)但一つ小さな銅瓶を畜えるだけであり、(そして貯えた水を流すのにも、瓶の胴体に)蓋を著け口を挿し(たまま、)水を傾け流散すのだろうか?

(このような中国の瓶では、水を)受け、用いるに堪えないのである。(理由を説明しよう。瓶がただ一つというのでは、水に)浄・触(不浄)を分けるのは(困)難であるし、(蓋口を瓶胴に著挿したままで傾水するというのでは、瓶の)中間に(汚れ、すなわち水)垢や(水の膩)気が有る(まま、残される)ことになるのだから。

(このような中国の瓶は、水を)停めるに堪えないのである。(その理由は、中国の小瓶の容量、)一升両合(0.7ℓ程度)では、(あまりに小さくて、)事に随い(状況次第で、)皆も(必要な水を)闕(事)ようになってしまうのであるから。

瓶袋・鉢袋・遊行スタイル　瓶袋の法式は、長さ二尺・寛さ一尺(62.2×31.1cm)許りの布を取り(二つ折りにし)、角は両頭を襵んで対う処を縫い合わせ、両角の頭に一(本、)襻を連せ施すが、それは纔かに長さ一磔(手 vitasti 半肘相当、23.3cm)ほどのものである。(この袋に)瓶を内れ、中に在き、髆に掛けて去くのである。

乞食の鉢袋の(仕)様も亦、此れと同じである。(この鉢袋があるおかげで、鉢 pātra の)上(部)は(袋が)鉢の口を掩っているので塵や土が入らず、(しかも)其の底は尖っているので(移動の際にも)鉢が動き転らない(という長所があるのである)。

（しかし、）貯鉢の袋は此（瓶袋）と同じではないのであり、（それは）余の処で述べる如りである。

所有る瓶や鉢、身に随ける衣物などは、各（々左右）一肩に置き、（その上に両肩に衣を）通し（はおる「通肩」に着て、全携帯物を）袈裟で覆い、傘を擎って去く。

此れらは並仏教の出家（者）の儀であり、暇があれば手に触瓶（不浄用水の瓶）と革屣（pādukā）袋を執り、錫杖を斜めに（手）挟む（。これが西国の苾芻の遊行の時の出立ちである）。（このスタイル、）進むにも止まるにも安ていて詳く、『鳥喩月経』（に説くところ）が雅しくその（状）況に当たるのである。

至如（実際に私・義浄が目にしたところでも、）王（舎）城（Rājagṛha）・覚樹（菩提樹下 Bodhidruma）・鷲嶺（霊鷲山 Gṛdhrakūṭa）・鹿（野）園（Mṛgadāva）・娑羅鶴変の所（Śālavana）・蕭条鵲封の処（Kalandakanivāpa 等々の諸仏跡）の制底（caitya 塔廟）を（巡）礼する時（候）には、四方から（苾芻たちが）倶に湊まり、日に千の数（の巡礼者）を観ることもあるのだが、（彼らの出立ちはといえば、）咸此の（法）式と同じである。

インドの大徳・多聞は輿に乗り、馬に騎らず　（遊行時のスタイルの話の出たついでに、位の高い苾芻の外出時の出立ちについても触れておく。）若し那爛陀（Nālandā）寺の大徳や多聞（のような高位の苾芻の方々）は、并皆（外出には）輿に乗るのであって、（決して中国の高僧方のように馬に）鞍をおいて騎り乗る者など無いのである。これは大王寺でも僉亦同爾である。

（このとき）所有る資具（類）は咸（浄）人に担がせるか、或いは童子（māṇava）が擎持つようにさせるのである。此れが西方の僧徒（、すなわち僧伽に出家した法門の徒）の法式である。

第七章　晨旦観虫［朝、水中の虫を観察する］

梗　概　日常生活に不可欠な水、この章ではその水の確保が論じられる。その際、中国とは異なりインドでは最重罪・四波羅夷の一つである不殺生戒に基づいて水中の虫の生命への配慮が最優先となり、飲用水の確保はそれに次ぐにすぎない（背景には恐らく、偶々現世に人の身に生まれついても前世にいかなる身であり、また来世にはいかなる身となるかは分からないという、業や輪廻転生といった甚だインド的な世界観があるのだろうが、その価値観や世界認識を共有しない中国人には——恐らく現代の日本人にも——これはなかなか理解しにくい問題だった。本章にもみえる義浄の嘆きの根本にはこの問題がある）。

　インド仏教僧伽生活の早朝、まず水の観察がある。慎重に水中の虫の有無を調べ、虫がいなければよし、もしいたならば、その瓶内の虫の生命を救出するべく瓶を洗わねばならない。水の充填に際してはフィルターを用いて水を漉過し、虫の混入を回避する、と義浄は報告する。

　水濾し用のフィルター使用に際しても、実はポイントは清浄な水の確保というより、水中の虫の生命の救済の方にある。①目の粗いフィルターは虫を通してしまうので不可、特に六、七月は虫が細かいので要担心、②傾水時にフィルター外に水がこぼれると虫が直接地に落ちて死ぬかもしれないので要注意、③フィルターにかかった虫にも配慮が必要で、専用の放生器などを用いて衝撃を与えることなく元の水に戻してやる、等々の諸点が肝要である。

　中国仏教はこの虫の生命尊重への気配りを欠いている。水の観察に意を用いていないし、フィルターがあっても目すぎたり目が粗かったりし、またそれを使用してもフィルターの目にかかった虫を安全に水に戻してやることについては関心が払われていない、嘆かわしい限りだ、との義浄の慨嘆が本章末尾に置かれている。

本章の主題

毎（日）晨旦（あさ）には、必須（かなら）ず水を観（察）る。（何故ならおよそ水の使用に際しては、瓶水中の虫の生命を誤って害（そこ）なわないために、まず第一に水中の虫の有無を確認しなければならないのである。もっともその）水といっても、瓶（kalaśa）、井（戸 udapā-na）、池、河の別（異）なりがあるのであり、（当然ながら、）その観察も事として一准（いちじゅん）ではないことになるのである。

瓶・井戸・池河水の観水観虫法

（水中の虫の生命を害（そこ）なわないということは、不殺生戒を最重罪たる断頭罪＝四波羅夷（しはらい）の内に数える仏教として当然のことである。そうであれば、その僧伽の日常生活では、特に）亦既（また）に天明ともなれば先ず（第一に）瓶水を観（察）するのである。

（このときは）白浄（きれい）な銅盞（どうのさかずき）や（、銅製の観水小台である）銅楪、或いは螺杯（かいのさかずき）、漆器の中に（瓶から水を一）掬（ひと）い許（ばか）り傾け取り、（焼き煉瓦の）甎（かわら）の上に安置く。或いは別に（専用の）「観水の木」を作る可きなのであり、（観察に際しては）手で口を掩って良久之れ（水）を視（み）

る可きである。或いは盆や缶の中で之れを看るときも亦(これと同じだ、と言うことが)得る。

虫は毛端若でも必須ず存念すべきである。若しも(水中に)虫を見つけたのならば、(瓶を)倒して瓶(器)の中(の虫のいる水)を瀉ぎ(出し)、更に余の水でもって再(度、)三(度と瓶)器に(水を)滌ぐのだが、(この瓶内洗滌のポイントも虫の生命を護るべく、虫のいる水を瓶から完全に外に出してしまう点にあり、)虫が(居)無くなって方(始)っと罷めるのである。

池や河の処では瓶を持って彼(処)に就き、虫(の入っている)水を瀉ぎ去って、新たな浄(水となるべき水)を濾し取るのである。

如し但井(戸)があるだけ(の所)であったなら、法(式)に准って之を濾すことになる。

若し井(戸)水を観(察す)るのだとしたら、水を汲み出す時に銅盞で水缶の中から(一)掬許りを酌み取り、上(述)の如くに観察する。若し虫が無かったならば通夜随に用いる(ことができる)。若し(虫が)有ったのならば、前(述)に同じく濾漉する。

池や河で水を観(察す)るについて広くは律(蔵)に説く如りである。

虫の生命を救う濾水羅、放生器、その他

凡そ濾水(羅)には、西方では上(等の)白畳(白氎=木綿)を用いるが、東夏ならば宜しく(目の詰まった)密絹を将いるべきである。或

いは(、密絹と同じ機能を持つ「熟絹」を作るために、生絹を)米でもって揉み、或いは微っと煮る可きである。若しも生絹(で濾水羅を作ったの)だったならば(繊維の目が粗いので)、小虫は直ぐに(羅の目を通り)過ぎ(てしまうので、フィルターとしての用を果たし得ないのであ)る。

(水濾しのフィルターである濾水羅の作り方、使い方を説明する。まず)熟絹の笏尺四尺(唐尺一尺×四尺＝31.1×124.4cm)を取る可きである。(その一)辺を捉って長く挽き、両頭を襵取り(二つ折りにし)、相著(ところ)を刺うようにすれば羅の様になる。両角に帯を施し、両畔に帞(かけひも)を(安)置き、中には横杖を安(置)く。張開げれば尺六(一尺六寸＝49.76cm)になる。

両辺は柱に繫ぎ、下は盆で(瓶水を)承ける。(瓶の)水を傾ける時には、缶の底が(必)須ず(濾水)羅の内に入るようにし(、濾水羅の外に水がこぼれることのないようにし)なければならない。如し爾うしないと虫は水と随に落(下)、地に堕ちたり盆に堕ちたりしてしまい、(これ)還た(虫を)殺すことは免れないことになるのである。

凡そ水が初めて(濾水)羅に入った時には(、その濾水羅を通過した水を)承け取って観察し、虫が有れば即に(必)須ず(その水を元に)換却さなくてはならない。若し(虫がおらず)「浄(の状態)」であったならば、(恒)常の如りに之れを用いる。

水が既已になったら（濾水）羅を翻す可きである。（すなわち、この作業、）両人が各（々）一頭を捉り、（濾水）羅を翻して（中にいるかもしれない虫を、元いた水に返すための道具である）放生器の内に入れる。（濾水羅の）上（辺）は水を澆ぐこと三遍、（羅の）外辺にも更に水を淋ぎ、（羅の）中（辺）にも復水を安れ（て、かくして羅の中にいるかもしれない虫をば悉く、放生器の内に入れ）るのである。

（さて、この濾水羅を通過した水も）承け取って観察、若しも虫が（居）無かったら随意に（濾水）羅を（取り）去ってよいのだが、此の水とても（一）宵を経（過）すると還た（必）須ず重ねて（観）察すべきなのである。凡そ（一）宿を経（過）した水で、（晨）旦に看ていないものは、虫が有ろうと虫が無かろうと、律では「用いれば皆、罪を招く」と云っている。

然も（虫の）生（命）を護って水を取るについては種（類・方法）が多く同じではない。井（戸の）処での施行には此の（濾水）羅が最も（肝）要である。河や池の処では、或いは捲（棬＝曲物）を安（置）いて陰・陽の瓶を用い、権時に事を済ますのも可である。

又六月、七月は虫が更に細かいので、（その対策も当然）余の時と同じであってはならない。（中国の）生絹では（たとえ）十重にしたところで、虫は亦直ちに（通り）過ぎてしまう。（虫の）生（命）を護ることを楽うならば、（道）理として（このことを）存念し、方便して（虫の殺生を）免れるようにすべきなのである。

(このように虫の殺生を)免れるべく方便(を講じること)に念を存すべきなのである。或いは瓦盆子羅を作るのも、亦是れ省(縁・省事)の要である。西方の寺家では多くは銅でもって(この瓦盆子羅を)作っているが、咸(大)聖(釈迦世尊の)制(せられたところ)であり、事として軽んず可きことではないのである。

放生器(の形状)は、(まず)小さな水缶を作り、(その)口は直ぐに開くようにさせ(、いわば寸胴で)、其の底の傍らには更に両つの鼻(状の、紐をつける突起)を安(著)ける。(その使用法は、この放生器を吊す)双つの縄を(もって)下に放ち、水(面)に到(着)したら(縄を)牽いて(放生器を)覆す。(このようにして放生器を)再、三、水に入れ(る動作を繰り返し、器壁に付着しているかもしれない虫までも完全に水中に戻して、その)後で抽き出すのである。

時水・非時水論　若し是れが寺家の濾(水)羅であったならば、大僧(大苾芻〈大は修辞表現〉すなわち既に具足戒を受けた一人前の苾芻)は元より(その濾水羅には)触れる可きではないのである。

房の内の「時水」も亦復同然で(〈大〉苾芻は触れるべきではないので)ある。(この「時水」、①苾芻 ②苾芻尼 ③式叉摩那 ④求寂男 ⑤求寂女の僧伽を人的に構成する出家の五衆――これについては第十九章参照――のうちでも)未だ具(足戒)を受けていない(③以下の三種の）人にして、（これを）取って方（始）めて飲むことが得るのである。（「）非時（水」、すなわち午前中という時間制限を設けず、一日中いつでも飲める水）の飲（用）者といっても（必）須ず浄羅・浄瓶・浄器を用いるべきで、そうしてこそ方（始）めて（、この「非時水」を）受けて用いることが堪るのである。

（虫の）生（命）を存（在）させる、というのは（あらゆる人に該当する最も根本的な戒めである）性戒であり、護るべき（戒律の）中でも（最も）重く、十悪の（上）首に居り、（道）理として軽んじ忽りにすることは（許容し）難く、（濾）水羅は（苾芻の最も基本的な持ち物である）六物（①僧伽胝 saṃghāṭī＝複衣　②嗢呾囉僧伽 uttarāsaṅga＝上衣　③安呾婆娑 antar-vāsaka＝内衣　④波呾囉 pātra＝鉢　⑤尼師但那 niṣīdana＝座（臥）具　⑥鉢里薩囉伐拏 par-isrāvaṇa＝濾水羅、これらについては第十章参照）の数（にも入っているもの）であり、（これを所）持しない（などという）ことは得はしないのである。若しも三（里）、五里（1.6794〜2.799km）を行くのだとしても、（濾水）羅が無ければ（およそ苾芻たるもの、）去くことはしないのである。（四方僧伽――これについては第三十六章参照――の原理原則がある以上、遊行中の苾芻はどの僧伽でも食事がとれるのだが、）若しも（当該の）寺（家）が水を濾さないと知れたならば、（その寺家では）餐食べる合きではない。長い途のりで渇きから死んだとしても、（虫のいる水を飲んで生き延びるよりは、むしろその方が苾芻として)亀鏡とするに足る(行為な)のである。

中国濾水羅批判

(ところで中国の仏教の人々は、)豈して恒常に水を用いていながら、(いまだ)曽て(その水を)観察し(虫の生命への配慮をし)ないのだろうか?(また、比丘六物の一つとして)濾(水)羅が有るといっても、(中国では飲料水をきれいに漉そうとは思っても、水中の虫の生命を救おうという考えはないので)虫は還た(虚しく濾水羅の)内で死んでしまうのである。(また、)仮りに(虫の生命を)救わんと欲う(心)が存ったとしても、其の儀を(体)識る(者)は罕である。(また、)井(戸の)口の上で(濾水)羅を翻したとしても、(中国の人々は)未だ放生器を暁らないので、設令え水(面)に(虫を落下、)到(着)させたとしても(、これでは衝撃で)虫が死んでしまうことに何の疑いがあるだろうか(? 否、ない)。

(中国仏教で)時に小さな円羅を作ることが有ったとしても、(それは)纔かに一升両合(0.71ℓ)しか受けることができない。

(また中国で用いている濾水羅は、)生(絹)で(目が)疎く、薄い絹(の羅で水を濾しているの)である(。これでは虫は羅の目を通過してしまう)。

(中国仏教では、)元より虫を観(察)しない。鉢の辺に(濾水羅を)懸著ても(自分で見ずに、)他に知らせ見させているだけである。心に(虫の生)命を護ろうというものがないので、

（これでは）日々に愆《あやま》ちを招いている（と言わねばならない）。

そして（中国では律蔵には拠らず、以上のようなことが）師（匠）・弟（子）に相承《うけつが》れていて（、仏金口の律文よりもこちらの方が仏の教えの伝授の法、すなわち）伝法となっている。

誠に歎くべきこと、良《まこと》に悲嗟《かなしむ》に足りる（、と言わねばならない）。

（中国でもインドと同様に、まず）観水器は（一）人（一）人が自らが畜え（るべきだし）、放生の缶は（僧伽が）在処《どこ》にでも（必）須《かなら》ず有るようにすべきである。

第八章　朝嚼歯木［朝には歯磨きをする］

梗　概　歯木とはインド風の歯ブラシであり、これは僧俗古今を問わず——だから現代のインドでも——ほぼ昔日のままにその姿を見ることができる。毎早朝に行なう歯磨きは当然健康法の一面をもつものだが、同時にこれは清浄化儀礼という宗教上の意味合いもある。当時の仏教出家者にとって朝に歯木を嚼むことは、「不浄」状態から「浄」の範疇に移行するために必須のもので、これなしには敬礼のやりとりも不可とされた。事実「不浄」から「浄」への移行中に、すなわち歯磨きのブラッシングの最中は不浄状態と解されるため、僧伽内序列が自分より上位にある苾蒭が近くに来た場合には敬礼することができないので左手で自分の口を被ってやりすごす、と規定されている。

次に歯木の使い方の実際について〔Ⅰ〕歯磨き、〔Ⅱ〕舌掃除、〔Ⅲ〕身体清浄化儀礼、〔Ⅳ〕後始末の四部構成で説明される。〔Ⅰ〕まず歯木の一端をよく嚼み、次に充分の時間をかけて奥歯をこすり、唾液を大量に出させ、その後清浄な水で充分うがいをする。〔Ⅱ〕次にその歯木を裂いて、まげて舌の表面をこするのである。この後、鼻から水を一すくい飲む健康法もある。〔Ⅲ〕次に清浄化儀礼。①手を洗い、②口をすすいで、はじめて「浄」の状態になったと判断される。〔Ⅳ〕最後に後始末。歯磨き終了後の歯木や口中の水の廃棄にも注意が必要で、三度指を弾くか咳払いを二度する。

歯木の制作法としては、太い木を割り裂いても小枝を切ってもよく、木の種類も柞条、葛蔓、楮、桃、槐、柳などどれでもよい。いずれにしても、軟らかくてほろ苦くぴりっとするものが上等とされる。

章末に中国仏教への批判が置かれる。まず、訳語の問題。インドの「歯木」と中国の「楊枝」は全く別物で、第一インドには中国のヤナギに相当する植物がないので「歯木(danta-kāṣṭha)」を楊枝とするのでは誤訳となってしまうこと。次はその使用についてで、義浄の主張では、そもそも歯木の存在も使用法も知らないなどというのは論外だとしても、中国で柳の小枝を歯木の代用にして五、六本を口中で嚼み、樹液は飲んでしまい、清水で漱がない等々も非法であると批判されている。

インド歯木使用の実際　(インドでは)毎日旦朝には(必)須ず歯木(dantakāṣṭha)を嚼む(のが日常生活の鉄則な)のである。歯を揩り、舌を刮ぎ、務めて如法にさせ、(手を)盥(い口を)漱(いで、)清浄になって、方(始)めて敬礼を行なうのである。若し其れが然でなかったならば、(①自分が他から敬)礼を受けることも(、また逆に②自分が)他を(敬)礼することも、悉く皆(律に照らしてみると、)罪を得ることになってしまうのである。

歯木とは、梵(語)で「憚哆家瑟詑」という。「憚哆(danta)」は之れを訳せば「歯」であり、「家瑟詑(kāṣṭha)」は(これを訳せば)「木」のことである。長いもので十二指(23.28cm)、短いものでも八指(15.52cm)より減いことはなく、大きさ(、つまり太さ)は小指如である。

(歯木の使い方は、まず)一頭は緩くではあるが(必)須ず熟く嚼むのである。(次に、)良久浄いに牙関を刷ることになる。若し也(このときに)尊人(、これは普通に言う「尊者」ではなく、律蔵の語彙としての「尊人」、つまり具足戒を受けてからの夏安居の数が自分よりも多い、すなわち夏数・法齢が多く僧伽内序列が自分よりも上位の苾芻)が逼近いてきたら、宜しく(不浄とされる)左手で(嚼歯木中の)口を掩うのである。(歯磨きが終了し、歯木を歯ブラシとして)用い罷ったら(、こんどはこの歯木を)擘破、屈げて舌を刮ぐのである。或いは(この舌こそぎについては、歯木とは)別に銅や鉄でもって(専用の)刮舌の箄を作っても可い。

或いは(、前述のようではなく、)竹や木の薄片で、小指の面許い如のものを取って、一頭は纖細、それで齗(歯茎)と牙(歯)とを剔り、(次にはそれを)屈げて舌を刮ぐのである。(いずれにしろよく注意して、歯や舌を)傷つけ損なわないようにする。

亦既に(嚼木・刮舌の両用に歯木を)用い罷ったら、(二つに割いて、用いた歯木のこの二部分を)倶に洗って、之れを屏処に棄てなければならないが、(これに先立ち注意しなければならないことがある。)凡そ歯木を棄てるにしても、若しくは口の中から水を吐くのでも、及び洟(siṃhāṇaka)や唾(kheṭa)を棄てるにして)も、皆(必)須ず弾指(acchaṭā)なら三つを経(過)、或時は謦欬(udkāsita)なら両つを(経)過べきである。如し爾うしないのならば(律の規定に照らして、歯木、口中の水等々は)棄てれば罪になってしまうのである。

(次に歯木の製作法について述べる。これは、)或いは大木を破いて用いるのも可く、或いは小条を截って為るのでも可い。山荘に近ければ柞条や葛蔓が為先、平疇に処れば楮、桃、槐、柳などが随意(に用いられるの)である。(これらの材料は)預め収め備擬ておいて(、事に当たって)闕乏させないようにする。(新鮮でまだ)湿っているものは(必)須ず他に授けるべきで、(少々時間がたって)乾いたものについては自ら執持ることも許される。少壮者は任に取って之れを嚼んでよいが、老宿者には(配慮が必要で、一)頭を椎って砕かせ(て柔らかくしたものを使わせるのであ)る。

(歯木の)木条は(口に入れたとき、)苦渋・辛辣が佳く、頭を嚼むと絮(のように柔らか)になるのが最(良)、麁きめの胡菜の根ともなれば、極めつけの精(の良品)である。

義浄《原注》

(「胡菜」は、)「蒼耳」とか「截耳」とか(言われるもの)で、(その根は地表から)地(中)に入ること二寸(6.22cm)である。

(歯木使用の効能としては、以下のことがあげられよう。)歯を堅くし、口を香しくし、食（物）を消（散）し、（痰）癊を去る。之れを用いれば半月で口気（口臭）は頓に除かれ、牙疼や歯慉は三旬（三十日）で愈えるのである。

（実際の歯木使用のポイントは、）要須ず熟く嚼み（歯を）浄いに揩り、涎（唾・）（痰）癊を流出させて、多くの水で（口の中を）浄いに漱ぐというのが、斯れ、其の法である。

次後で、若し（も口からではなく、）鼻の中から水を一抄い飲むことができるならば、此れは〝龍樹（Nāgārjuna）の「長年の術」〟（といわれているものなの）である。必しも鼻の中（からの飲水）に慣れていないというのであれば、口から飲むのであっても亦佳い。久しく之れを用いれば、疾病が少なくなるのである。

然而で牙根の宿穢（昨夜来の汚れ）は積もること久しいと堅くなって（いわゆる歯垢・歯石になって）しまう。（だから、）之れを刮いで尽くすようにし、苦（蔘）盪（湯）で浄いに漱ぐならば、更（歯根の歯垢・歯石は）腐敗らず、自ずから終身（虫歯にならないで）すごすことができる。牙疼は西国では逈く無い。（その理由はといえば、これは）良に歯木を嚼むがためなのである。

中国「楊枝」使用の非　（ところで中国では）豈して歯木（の実態）を（体）識らないのに（、インドの「歯木」を）名づけて「楊枝」としてしまったのだろうか？　（第一、）西国では柳樹（の木にしてから）が全く稀（で、ほとんどないの）である。（たとえば、中国の仏典翻）訳者は(、如来が「楊枝」を嚼まれた後、地に棄てられたところ、それが根づいてしまったもの、「仏歯木樹」＝楊柳として)斯の号を伝えるのだが、「仏歯木樹」は実は楊柳ではないのである。(これについては、私・義浄が)那爛陀(Nālandā)寺で(この)目で自ら親しく観てきたのである(から間違いないところだ)。(実際に五天竺の地を踏んだ私・義浄が言うのだからして、)既より(、この歯木情報についての)信を(私・義浄以外の)他に取らないのだとするならば(、この私の言を)聞く者は、亦労ざ惑いを致すこともないわけである。『涅槃経』の梵本を検(校)べてみても、「歯木を嚼む時(「嚼歯木時」)には、……」と云う(表現があるのである。中国の道友よ、あくまで梵語原典には「歯木」としてしか出ていないことに注意されたい)。

亦(中国では、)細い柳の条を(楊枝として)用いることもある。(これは、)或いは五(本)、或いは六(本)を全て口内(に放り込ん)で嚼むというもので、(嚼んだあとで口の中の不浄を)漱ぎ除くということを(理)解しておらず、或いは(嚼んだときの木の)汁を呑むと(疾)病が殄るというものも有る。(これなぞは、)清潔を求めて(歯木を使って)いながら返って穢(悪)れてしまい、疾(病)を去くそうと冀い(つ歯木を使ってい)ながら(わざわざ病)痾を招いているのである。或いは(そもそも)斯れ(歯木)が有ることを亦知らないなどというものもいるが、これなどは(全く)論の限りではないのである。

然し五天(竺)の法では(出家の人はもとより、)俗(人)でも歯木を嚼むのが自らなる恒事(、すなわち日常の習慣)となっている。三歳の童子でも咸(歯木を嚼むように)させているのであり、(またまた、釈迦の)聖教であっても俗(人の)流(いの教え)であっても、(世間・出世間)倶に通じて利益があるのである。

(わが中国の道友諸君！ 私・義浄としては、歯木使用について事の)臧否は既に申しあげた。(この私・義浄の提言を)行(なう・)捨(てる)は、どうぞ(諸君の)心の随なのだ。

《訳者補》 本章で義浄はインドの「歯木」と中国の「楊枝」の異同について、素材の異同、自身の実見経験、梵語原典記載の有無などを根拠に中国を批判する。義浄のいう涅槃経梵本が、法顕訳大般泥洹経底本と同一かどうかは分からないのだが、法顕訳の巻一に「…是諸比丘晨用楊枝澡漱清浄」(T12. No. 376. 853b)と巻三に「…示現洗浴麻油身、楊枝澡漱著明目薬」(871b)と二カ所、確かに「楊枝」が出ている。しかし、その義浄は本書の第二十五章「師資之道」の〝名義釈論〟(三九二―三九三頁)で、義により名を立て、名と体が一向相称の①「有義の名」と、名が体＝義から乖離して言語機能の社会的有効性だけが求められる②「無義の名」を並置し、中国仏教の制定(caitya)と窣覩波(stūpa)の混同の非を言いながら、倶に是でもあると主張する。その論法ならば法顕の「楊枝」も訛であり、同時に是でもある②「無義の名」になるのではないのか?。

第九章　受斎軌則［お斎のきまり］

梗概　インドや南海の斎会（食事の招待）が本章の主題である。叙述の展開は、鬼子母因縁譚や食物分類五範疇論などを途中挟みつつ、食事のコースを時系列に沿って進行、最後にインド・南海の正則と中国の現状を比較する。この章でも義浄叙述のポイントは浄・触（不浄）の峻別というところにある。

まず斎会の準備。施主が僧伽に出向いて請食あるの旨を伝え、食器・座席・浄水の用意をする。床は牛糞で浄塗、小椅子を配置し、清浄な水を瓶に用意して、施主家の準備は完了する。斎家を訪れた苾芻らは、まず衣紐を解き、足を洗い、しばし休憩する。非時食戒に抵触するため正午過ぎには食事できないので、時を見て食事が開始される。配膳法は、①第一座の聖僧＝賓頭盧の像、②苾芻大衆、③鬼子母像の順で食物が配られる。②の苾芻用の配膳では、生姜、塩がまず出されるのだが、このとき施主は上座苾芻に「三鉢羅佉哆(Saṃprāgata供具善成・食時復至)」といい、苾芻は「平等行食」と返す。食後にはサバ食や神鬼への施食がある。この後で施主から歯木と口・手洗浄用の浄水を受け、施主のために本日催された斎会の功徳を讃える呪願をして、一連の斎食が終了する。食べ残しは僧伽の所有となる。

次にインド本国よりも一層懇ろといわれる都合三日よりなる南海諸洲の斎法が紹介される。その中、第三日の斎会の説明の直前に南海とインド、中国とインドの斎法比較論が挿入される。前者は原則両者が一致していること、相違点は南海諸洲では、①三浄肉を認め、②葉を縫って大皿とし、③苾芻一人当たりの食物供給がインドに比べても非常に多いこと、後者は中国仏教で施主が苾芻に供した食物を回収してしまう点が問題とされている（インド・南海の斎法では①清浄を護ること、②箸を使わずに手摑みで食べる二点が中国にはない特色である。中国仏教の斎法の非は、施主自らが①僧伽に赴き延請の趣を伝えず、苾芻が②水漉しの網を常時携帯して虫の有無を確認しないし、③食後に歯木を嚼んで清浄化儀礼を完了させないし、④正午以後に食事をとり非時食戒を遵守しない等々がある）。

最後に義浄の中国仏教批判の集約。仏の教えを保持するためには苾芻の衣食が肝心であり、その日常生活の秩序維持のために戒検を施行するのであるから、戒律とは仏の意を体したものといえる。しかし中国仏教はその戒律を軽んじ、不婬戒一つの遵守で事足れりとしたり、衣食の行動規範に「空」の思想を優先させたりしているが、これは誤りであると義浄は主張する。日常生活場裡の些末な行動規則＝律の遵守と大乗の「空」を二つながら修めることは少しも矛盾しないし、むしろそうあることこそが好ましい。僧伽の中にあって、半月ごとの説戒（布薩）、毎日三度の敬礼表白をゆるがせにしないことが肝要となる。されば戒律を護って日常生活を整え、見・境ともに棄て執着なく、縁起の理法を体得するのが本来の仏の道であるのに、中国仏教の現状はそれとはほど遠い。中国仏教は三蔵を習わず、特に戒律をないがしろにする日常なので罪が巨大な量に達していながら、口では「真如に常住している」「西方極楽浄土に住んでいる」などという有り様だ。まず第一に衣食住の日々の生活中の戒律違反を改めることから、真如も浄土も始まるはずだと義浄は主張している。

本章の主題　凡（およ）そ（この章では、）西方（インド）の（施主からの食 bhakta の延）請（おまねき）（nimantrita）に

（応えて、斎会に）赴く（とき）の法、并びに南海諸国（、すなわち現在の地理上の東南アジア諸国で当時行なわれていた同様の赴請の法）について論じ、略っと其の儀を顕らかにしてみることにする。

食器・座席・浄水等の準備　西方では施主が預前（僧伽にやって来て、仏・法・僧の三宝に）礼拝し、僧（衆に対して、自家にて催される斎会に来られんこと）を請う。

斎（会）の（当）日ともなれば（、施主自身が僧伽にやって）来て、「時至（お時間になりました）」と白う。

僧徒の（食）器や（床）座は（その）時に宜しいように（、状況に）准って（商）量える。（それはどういうことかと言うと、つまり）或いは（僧価の）浄人が自ら（僧伽財産である「僧物（巴 saṅghika-lābha）」に属する食器・床座を施主宅に）持ってゆくのでも可いし、或いは他よりする浄物（、すなわち律の規定に抵触せず、苾芻が使うことのできる拡大された私有物たるの器・座）を受け（て用いるのでもよいのであ）る。

（食）器（の材質・種類）は乃ち唯だ銅（製品）一色で、（これは必）須ず灰（の粉）末で浄いに揩っておくのである。

（床）座（khatvā）は各（自）別（々）の小さな床（座に腰掛けるの）であり、（既に触れたように、中国の長床座上の座法のように、結跏趺座し、座）席を連ねて（互いに）相触れ（て不浄を接触感染させ)るべきではない。其の床(座)の法式については(本書の)第三章で已に言った如りである。

若し其(の食器)が瓦器(瀬戸物)で曽て未だ用いたことの無いものであったならば、(これは膩気が器に染み込んでおらず、不浄ではないので)一度ならば之れを用いても、此れは過ちでは無いことに成る。(この原則からして)既に用いられ訖ったならば、之れ(瓦器)を坑壍に棄ててしまう。(その理由は瓦器が食物を)受けて触(不浄)と為ってしまうため、重び(回)収(し再使用)することができないからである。故に西国の路傍で義食処を設けたところでは、(遺棄された食器、すなわち)残器が山の若になっており、(いまだ)曽て(中国のように瓦器の)再(使)用などということはないのである。

(ところがそのインドで以下のような現実がある。)即ち(中国の)襄陽(産)の瓦器の如なものは、食(事の終)了後に更び(回)収しているのである。(この回収に際しては、作法として)向にこれを棄て(、その後で他者に委付した形式をと)る若なので、これは浄法(説浄 vikalpa＝浄施、分別)と同じことになるのである。

又復五天(竺)では、元より瓷(器)や漆(器)は無いのである。(もっとも、これら)瓷(器)でも、油(釉、上薬)を合けた若なものであるならば(、残食の膩気が器に染み込まないので、これは再使用しても構わず、)「浄(の範疇)」(に属すべきもの)であることは疑い無い

（、としてよいだろう）。漆器でも、或いは時に賈客が将（来など）して西方に至り、（あるいは現在の東南アジア、すなわち）南海に（普）及してはいるものの、皆く食（器）としては用いられていない。（それは）良に膩（気）を受けてしまう故である。（もっともこの漆器、）必若しもこれが新しいものであって、浄いな灰（の粉末）でもって洗って膩気が無いようにさせたのであるならば（、再び）用いることも亦得るのである。木器は元より食物（を盛る器として律蔵で認められているの）ではないのだが、新しいもので、しかも一（度だけの使）用であるならば、固より亦（律の制戒に照らして、用いても）愆ちではないのである。（しかし、再度使用して）重ねて触れるようなことがあれば（、これでは触＝不浄の伝染となり）、事は律（蔵）に説く如りで（過ちとなるので、再使用はしないので）ある。

施主の家の食（事）を設ける処の地（、すなわち土間である床部分）は、必（須）ず牛糞を浄いに塗り、各（自）別（々）に小（さな）床座を安（置）いておく。

復（必）須ず清浄な坻（ghaṭa）や瓮（kumbha）に、預め水を貯えておくことが多いのである。

苾芻の到着と食事の開始　（さて、請食に与かった）僧徒が既に（施主の家に）至て、衣紐を解開くときになって、（施主は前述の）浄瓶を安置するのである。

（僧徒は）即ぐに宜しく水を看て、若しも虫がいなかったならば之れで足を濯う。

然後で、（僧徒）は各（々）小（さな）床（座）に就き、片時く停息む。（仏教では正午を過ぎると〝非時〈akāla〉〟の範疇に入ることとなり、固形物の食事は一切とることはできない。この律蔵の規定のため、正午を基準に）早（い）晩（い、すなわち時間）を（日時計等で観）察し（――時の計測・管理については第三十章参照――）、日が既に（正）午になろうとしているならば、施主は「時至（お時間です）」と白言うのである。（すると僧伽の苾芻衆、すなわち）法衆は上衣（uttarāsaṅga）を反し摂み（、その）両角は前で繫め、下辺は右角を腰條の左辺に圧在める。

（その後で手を浄めるのだが、）或いは（豆屑・土乾・牛糞の三）屑、或いは土（塊）で手を（こすり、次いで水で洗）澡（清）浄する。（このとき、注水の方法としては、）或いは施主が水を授け、或いは自ら君持（kuṇḍī　水差し）を用いる。（これは状況次第でどちらでもよく、その）時に随い事を済ませばよいのである。

（浄手が済んだら）重び（元の座席に戻って）来て踞座、器葉を受ける。（この器葉は、）水で略っと洗うのだが、（その水を）横流させてはならない。

（インドでは、中国とは異なり）食前には（施主の功徳を祈願する）呪願の法は全く無い（ことを知っておく必要がある）。

（いよいよ、配膳が開始される。その食供養の内容は、①聖僧用、②僧徒用、③鬼子母用の三部分より構成される。）施主は手足を浄いに洗い、先ず（僧伽の苾蒭）大衆の前、初め（第一座）に①聖僧（の影向来臨として安置されている尊像）への供（物として、あたかも陰膳のように食物）を（安）置くのである。次に（施主は）食（物）を行って②僧衆に奉る。（そして、さらに施主は）復食（物）を行ってゆき（、最後に）③末（席）にも食（物を）一盤安（置）いて呵利底（Hārītī　すなわち鬼子）母に供えるのである。

呵利底（鬼子）母の因縁譚　（その呵利底〈＝鬼子〉母にまつわる因縁譚についてここで簡単に触れておきたい。呵利底）母は先（の世、その前）身が（牛飼いの妻であったとき、妊娠中に王舎城で催された大設会中の五百人に誘われ、舞踏・歓楽を共にし、結果、堕胎してしまう。牛飼いの妻は煩悶憂悩、王舎城の五百人への復讐を想い、一人の独覚――師に依らず覚りを開き、一切衆生への大悲の心はなく、自らの救いのみを願うもの――に五百個のマンゴーを供養した。この因縁）事に因って王舎城（Rājagṛha）の所有る児を食わんと発願したのだった。（かくして）其の邪願により（、牛飼いの妻はその前）身を捨して、遂に（地獄・餓鬼・畜生・修羅・人・天の六趣のうちの餓鬼道の世界の住人）薬叉（yakṣa　悪鬼）の内に生まれ（変わったのである。呵利底母は、自身）五百（人も）の児を生むとともに、日々毎に王舎城の男女を食べていたのである。（此れに困った）諸人が（この王舎城の有り様を）仏に白したので、仏は遂に（呵利底母の）愛児という名の其の稚子を蔵してしまったのである。(呵利底母は)触処で之れ(わが子・愛児)を(捜し)覓め、仏の辺で方(始)っと(その児を)得たのである。

(そのとき、)世尊は(呵利底母に)告げて曰ったのである、「汝は愛児が憐しいのか? 汝の子は五百(人)もいるが、(そのうちの)一(人でさえ)尚、憐しまれている。(なれば、まして)況んや復、余の人で(自分の子が)一(人)、二(人)而已ならば……。(汝にその子を食べられた親の心の痛み、如何ばかりであろうか? 汝は数少ない子のうちの一子を失った王舎城中の母親の心をば忖度しないのだろうか?)」と。

仏は之れ(呵利底母)を(教)化して五戒を受けさせ、鄔波斯迦(upāsikā 在家女性仏教信者)と為たのである。

因で(、呵利底母は)仏に請うて曰った、「我児は五百(人もおります、一体)、今(から)何を食べたらよいのでしょうか?」と。

(これに対し)仏が言った、「苾芻等の住処や寺家で、日々毎に祭食(bali 供食)を設けて、汝等に充てて餐(食)べさせてやろう」。

(この)故に西方の諸寺では毎(常)に門屋の処、或いは食厨の辺に、母形が一児子を抱え、其の膝の下に、或いは五(人)、或いは三(人の子供の侍るの)を素に画いて、其の(「呵利底母 母・子」の形)像を表わしているのである。毎日その前には盛んに供(養の)食(物)が陳べられている。

（この呵利底）母は（東方の持国天・南方の増長天・西方の広目天・北方の多聞天など）四天王の衆（と同じ仏法の守護神）であり、大豊きな勢力がある。（そのためインドでは）疾病があったり、児息が無い者は、食（物）を饗えて之れに薦めば咸皆願いを遂げる（とされている）のである。広（き）縁（起譚＝因縁譚）は律（蔵に説くところ）の如りであり、此（処）では大意を陳べただけである。（この呵利底母、）神州では先から「鬼子母」と名づけている。

莫訶哥羅（大黒神）の奇跡　又復西方の諸大寺の処では咸食厨の柱側に、或いは大庫の門前に、木を彫（刻）して（その神王の）形（状）を表わしたものがある。（この神像は、）或いは二尺（62.2cm　或いは）三尺（93.3cm）で、神王の（形）状を為ており、座（像）で金の嚢を抱ち、小（さな）床（座）に却踞り、一脚は地に垂けている。（この神像は）毎（常）に油でもって拭っているので、黒い色が形（状）て為り、（ために、西方ではこの神像を）号んで莫訶哥羅（Mahākāla＝大黒）と曰う、即ち（中国でいう）大黒神のことである。

古代から相承するところでは、「是（の神）は大天（王　Mahārājikadeva　仏法の守護神）の部属で、（その）性として（仏・法・僧の）三宝を愛し、（僧伽に出家した、苾芻・苾芻尼・求寂男・求寂女・正学女の）五衆を護持し（、この五衆を）損（害、消）耗させないようにし、求める者には（その）情に称うようにさせる」と云われている。（そうであれば、）但ら食(事)の時に至ると、厨家(僧伽の賄い係)は毎(常)に香火を薦め、所有る飲(物)食(物)は(この像の)前に随に列べられているのである。

(ところで、私・義浄は)曽て(自ら)親しく(大聖釈迦世尊が)大涅槃を説かれた処である般弾那(Bandhana)寺で(、その奇瑞のあったという莫訶哥羅の神容を)見たことがある。

(奇瑞というのは次のような話である。ここの)毎常の僧(衆の)食(事の数)は一百有余なのだが、(仏跡の巡礼が集中する)春と秋の(一年)二時の礼拝の際、期せずして(大量の巡礼があり、)僧徒の五百(人)にも至とするものが、中(時=正午)に臨うとしているとき忽ちに来たのであった。(もうそのときは)正に中時に到うとしており、宜しく更に煮る(、すなわち追加調理すること。つまり非時食戒を守るためには正午までに全員が食事を終えねばならず、今からでは時間的余裕がなくて、新着大量の巡礼苾芻用の食事を追加準備する)ことができなかったのである。(僧伽の運営全般をあずかる)知事(苾芻)の人が厨家(方randhana-śālā?)に告げて曰った、

「斯れは(何とも)倉卒のことだ。事、如何欲たものだろうか?」と。

時に一(人、)浄人の老母が有って之れ(知事の人)に告げて曰った、

「此乃、常事。労、憂えられることはありません」と。

遂に(この老母は)多んに香火を燃やし、盛んに祭食を陳べて、(大)黒神に告げて曰った

のである、

「大聖（釈迦世尊）は（般）涅槃なされましたが、（教えを受け継ぐ）爾の徒は尚（、今も）在ります。四方から僧（徒）が至ては、（大）聖（釈迦世尊の御）蹤（仏跡）に礼（拝）を為しております。（どうぞ、彼ら法門の徒への）飲食の供（給と）承（受）は闕乏させないでください。是れは仁の力で（なすべきところで）あります。幸ぞ時を知って（、どうか急いで、正午までの食事時間に間に合わせて）ください」と。

尋ぎに（僧伽の人々を）総め命じて大衆を座らせ、寺（家）の（毎）常（の）食（事）を（何時もの通りに上座から）次第に行ると、大衆（各自）咸足りたのであり、（その上、）其の餐（食）の長った所も還た常日の如であったのである。

（これを見て）咸皆、「善（哉）！」と唱えて天神の力を讃（歎）たのである。

（以上の話は、私・義浄が実際に自ら）親しく（この寺に）礼（拝し、）覲（察）を行ない、故に神容を観た（とき）のものである。（このとき、私・義浄が）見ると其の（神像の）前に食（物）が大聚（のよう）に成っている。其れは何んな意（味）なのかと（私・義浄が）問うと、（問われた人が）此の由る所を（上述のように）報（告）したのだった。

（中国では大黒神は）淮（水）より北では、復先より（祀ることが）無いのだが、江南（、すなわち長江の南）では（中国でもこの大黒神を）多く置く処が有る。

（この大黒神、願い）求める者には効験があり、神道（、すなわち人知の及ばない不思議なはたらき）は虚しくはないのである。

目真鱗陀龍の奇跡　（この大黒神と同様の効験があるといわれているものが他にもある。）大覚（Mahābodhi 莫訶菩提）寺の目真鱗陀（Mucilinda）龍も亦斯の（霊）異（奇跡）と同じ（御利益が謳われているの）である。

食物の授受と三鉢羅佉哆　（さて、斎会の食事作法に話を戻すことにしたい。）食（物）を行る法は、先ず薑（ārdraka＝生姜）と塩（lavaṇa）を下す。薑は一片・両片、大きさは指許如い。塩は全匕・半匕、これを籍く（食器）には（植物の）葉をもちいる。

（施主は）塩を行るときには合掌、長跪（、すなわち両膝をついて跪き背を延ばす姿勢――本章中に義浄の原注あり――）して上座（苾芻）の前に在って、口に「三鉢羅佉哆（Samprāgata, saṃ-pra-ā-√gam）」と唱える。（この言葉は中国語に）訳せば「善至」と為り、（中国で）旧く「僧跋」と云ったのは（音写による翻訳時の誤り、）訛（音なの）である。

上座（苾芻）は（施主に）告げて曰う、「平等行食（平等に食を行るように）」。

（三鉢羅佉哆の）意（味するところ）を道うならば、「供具善成（食事の用意ができました）」「食時復至（食事の時間にもなりました）」ということである。其の字義に准ずれば合当しく是のようになる。

然而で（この言葉にはさらに別に親密教的な意味合いもある）、仏が（苾芻）大衆と（ともに、）他（の人――因縁譚よりすればこれは室利笈多 Śrigupta ――）の毒食を受けたときに「三鉢羅佉哆」と唱えさせて、その後で方（始）めて食べさせたところ、所有る毒薬が皆変じて美味と成ったのである。此のことから（敷衍して）之れを言えば、是れは（すなわち）“秘密の言詞（呪文）”ということであり、未だ必ずしも「善至（「供具善成」「食時復至」）」ということを目づけただけではないのである。

（中国の「善至」、インドの「三鉢羅佉哆」という）東西の両音は、（状況次第で、）時に臨んで任に道えばよい。（そうであれば、）并・汾（両州、すなわち現在の山西省から陝西省にかけて）の地で「時至」と唱えているのは、頗る故実がある（ことだ、と言わねばならない）のである。

食（物）を授ける人は必須ず（苾芻の）前で足を並べ、恭敬しく身（体）を曲め、両手で（食）器、及び餅（maṇda）と果（実　phala）を執る。（触＝不浄の接触感染を避けるべく、食物は苾芻の）手を去れること一磔（手　vitasti　23.3cm）は（必）須ず懸（隔）して放かれなければならず、自余の（食）器も食（物）も或いは一寸（3.11cm 程度）、（或いは）二寸（は離して置かれる）。若しも此の途と異なるならば、（道）理として（律に照らして食物を）受けることは成ないのである。

（苾芻の食事のとり方はと言えば、）受ける随ごとに随いて食（噉）べるのであって、労ざ（食物が全員に）遍るまで待つことはない。「等供食遍（供食の遍くするを等つ）」というのは（三鉢羅佉哆の）正（しい）翻（訳）ではない。（そして、「等供食遍」とはちょうど逆になるのだが、）食べ罷えるのが（、特にその終了時間が各自バラバラで）随意というのも亦（大）聖（釈迦世尊の）説ではないので（あり、すなわち食事の終了は全員一致にしなければならないので）ある。

次には乾（燥させた）秔米の飯（bhakta）、并びに稠い豆（sasya）の臛（drava）を授ける。（これには）熱い酥（ghrta, sarpis）を澆ぎ、手で攪（拌）して和ぜ、諸（々）の助味（、すなわち香辛料、調味料）を投れる。食（噉）べるときは（勿論、手食であり、それも）右手（のみ）を用い、（食物に接するのは）纔かに（指の）半腹可りである。

方（始）めに餅・果（実）を行り、その後で乳（kṣīra）・酪（dadhi）、及び沙糖を行る。（喉が）渇けば冷水を飲むが、（これは）冬・夏を問わない。

（以上述べてきた事柄、）此は（僧伽の）衆僧の（毎）常（の）食（事）であっても、并びに（施主が苾芻衆を請うて）斎供を設け（た場合であっ）ても、大略は皆爾である。

斎法の精神——義浄の体験談——

然（而）で斎法とは、（その）意は殷厚に存る。所余の餅・飯は盤・盂（pātra）に盈溢れ、（乳製品である）酥・酪は縦横随著に皆受ける。故に仏が在せし日、勝光(Prasenajit)王が親ら仏(と苾芻)衆に(斎食を)供したときには、行られて其の余った食(物、)及び酥・酪が、地に至るまで皆流れ漫がってしまったのである。(これについては成文律、すなわち)律(蔵)に成文があり、其の事(実であることを伝えているの)である。

(私・義)浄が初めて東印度の耽摩立底(Tāmraliptī)国に至いたとき、廉素に(斎)供を設けて(衆)僧に斎(会)をしようと欲ったことがある。すると(、当地の当)時(の)人が(私を)止めて曰ったのである、

「若しも(貴方がなさろうとするように、斎供の食事の量が、どうにかこうにか)纔っと足りる而已だというのでは何うして不得でしょうか?(それには次のような理由があるのです。)然而は古来(この国で)相承るところでは、(斎供を)設けるならば(必)須ず盈富(れるよう)でなければならない(とされているからな)のです。若しも但(僧衆が)満腹するというだけならば、恐らく人が(貴方を)嘲笑するということに致ってしまうでしょう。聞くところでは師は大国(である大唐国)から来られたというではありませんか?(貴国は)処所も豊贍だ(というではありませんか?)。若しも盈長(れるよう)でないのだとするならば、(むしろ、いっそのこと斎供など)設けないにこしたことはないでしょう」と。

こうしたわけで、(私・義浄は)還た彼の(地の)法に依っ(て、当初の中国風に質素を旨

趣とする考えを正反対に転換して、斎供を盛大に催し）たのである。

斯のことは乃ち（どういうことかといえば、）施心が弘広ければ、その報いを得ることも還復た豊多である、ということで（、これはこれで道）理に乖いているわけではないのである。

（もっとも、そうは言っても誰でもがこのように豊かな斎会が設けられるわけではない。しかしその斎法の精神ともいうべきものは同じなのであって、）必（若）しも貧窶（もの）の（斎供）であって、食（事）が罷り（達）嚫（dakṣiṇā　布施）を行なう（という程度のも）のであっても、（施主は）その力の能うる所に随（って斎会を催す）のでよいのである。

食後の衆生食（サバジキ）・神鬼呪願・施主呪願・残食の処理　既に食（事）が（終）了したのならば、片かの水で口を漱ぐ。（そのときの水は）咽んでしまって（口外には）棄てない。（次に）少（量の）水を器に置いて、略っと（でよいから食事のときに用いた）右手を浄め、然後で方（始）めて（小床座から）起つことになる。起とうと欲った時には、（必）須ず右手満に食（物）を掬い取り、（それを）持って外に出る。（このとき持って外に出る食物〈衆生食〉の出所が）僧（物）であろうと私（物）であろうと物を簡びはしないのである。（これは大）聖（釈迦世尊）が普く（地獄の）衆生に施させる（もの、すなわち衆生食な）のである。（中国のように）未だ食（事の開始される、その）前に（衆生食が取り分けられてしまい）呈されるというのは、（そのようなことは）律（蔵）には成教がないのである。

又復（前述の右手てづかみの施食とは別に、）食（物）一盤を先亡及び余の神鬼など（といった、それを食べるに相応しい）〝応食の（流）類い〟に（差し）上げる。（この神鬼施食に関わる）縁（起譚）は（霊）鷲山（Gṛdhrakūṭa）に在り、経に広く説かれる如りである。（その施食の仕方はというと、）其の食（物）をもって上座（の苾芻）の前に向かい跪かねばならない。上座（の苾芻）は乃ち片かの水を（この食に）灑ぎ、呪願して曰う、

以今所修福
普霑於鬼趣
食已免極苦
捨身生楽処
菩薩所受用
無尽若虚空
施獲如是果
増長無休息

今、所修の福を以て
普く鬼趣を霑さん
食し已らば極苦を免がれ
身を捨し楽処に生まれん
菩薩の受用する所
無尽なること虚空の若し
施し、是の如き果を獲よ
増長し、休息するなかれ

我らの修めるこの福で、
遍く鬼（の世界）を潤さん。
食し終わらば極苦なく、
生まれかわらん楽処へ。
菩薩の（衆生への）所受用は、
尽きせんこととて（虚）空のよう。
施し、この果を獲よ。
いや増し、休むことなかれ。

（次にこの食物を）持将って外に出、幽僻しい処や林・叢の下、或いは河や池の内で先亡に施すのである。（中国で長）江・淮（水）の間で斎（会）を設ける次に（コースの料理の）外に一盤を置いているのは、斯の法（に依っているの）である。

然後で施主は歯木（dantakāṣṭha　これについては前の第八章参照）を授け、浄水を供する。（手）盥（い・口）漱（ぎ）の法は第五章（「食罷去穢」）で已に述べた如りである。

僧徒は辞別の時に（施主に向かって）、

所修福業、
悉皆随喜。
所修の福業は、（あなたの今日修した）福業を、
悉く皆随喜せん。（私たちも、）悉皆で随もに喜びたい。

と、口に云う。

然後で（苾芻たちが）散去ることになる。（このとき）衆僧は各々自（分）で伽他（gāthā 偈頌）を誦するが、更（これ以上の）法事（saṃgha-kāraṇīya）は無い。食（事）が罷ったら余残（食）は、並衆僧（の自由）に任される。（そのため、この食べ残しの食物は、）小児に将去らせて、或いは貧下（者）に施したり、応食者（の望むところ）に随って之れを食（噉）べさせたりする。（ただし、）或いは（その）時が飢（饉の）年で属り、或いは施主の性（格）が悋（嗇）である恐れがあれば、（残食の処理について施主に）問うてから方（始）めて取るようにすべきである。（いずれにしろ、インドでは中国のように）斎主が重び（残）食を（回）収するなどという法は全く無いのである。

此れが西方の一途の（斎）供を受ける（法）式である。

別様のインドの斎法二種　（以上とは別の斎法もある。その一つ、）或いは施主の延請す

る(、すなわち施主自身が僧伽に赴き斎会招待の旨趣を述べる)のは前と同じくす可きである。其の(施主の)宅の中に(、影向来臨用の聖僧の座、その)形像を預め設けておき、午時(近く)に既に至ったのならば、(苾芻衆は)普尊儀(尊像=聖僧の形像)のところに就って蹲踞、合掌し、各自が心に念ずるのである。礼敬が既に訖ったのならば食(事)となるのだが、これは前と同じである。

或いは、別に一人(の苾芻)を尊像の前で長跪、合掌させ、大声で仏を讃(歎)させるのである。

義浄《原注》

「長跪」というのは双膝を地に踞け、両足を竪てて身(体)を支える(姿勢を言うのである)。旧く(中国でこの「長跪」を)「胡跪」と云っていたのは非である。(何故に非なのだろうか? この「長跪」の姿勢についていうならば)五天(竺)では皆爾なのである。どうして、独り「胡(きたのえびす、北方の未開人、より具体的には速利〈Sūli=ソグド〉)の……」などとだけ道えるのだろうか(? 否、そうは言えないはずだ。これは胡国だけでなく全インドがこの姿勢・座法をしているのだから。故にこの座法に「胡」の字を冠するのは不可である)。

（しかし、このときでも）唯だ仏の徳を（讃）歎するだけで、（中国のように食前の呪願など自）余（の）言を雑えはしない。

施主は灯（明）を然（燃）やし、花を散いて、一心に虔敬う。（それから）香泥を（手で）摩り（細かくして）僧（徒の）足に塗り、香を焼じて普く馥らせるが、元より（これらは中国とは異なり、インドでは特）別な行（為）ということではない。鼓楽・絃歌（を奏する）ということも（、インドでは中国とは異なり施主の）情に随い、（そのようにして）供養するの（も、ちっともかまわないの）である。

（今一つの斎法についても言えば、）方始めは前（述）の如り。次に准って餐食べ、食（事）が罷ったら瓶水を遍く（僧）衆の前に灑ぐのである。上座（苾芻）は、施主の為に略っと陀那伽他（dāna-gāthā < dāna < √dā　施与する）を誦える。

斯れも乃ち復両途の西方の（斎会の）食（事の作）法である。

食物範疇論——五噉食・五嚼食——　然而で西国の噉嚼は神州とは不同うことが多いので、但（簡）略ではあるが律（の）科（条）に拠って梗概を（以下に）粗っと陳べるとすると……、云爾だ。

律（蔵）では、「半者蒲膳尼（pañcabhojanīya）」とか、「半者珂但尼（pañcakhādanīya）」と云う（ものがある）。「蒲膳尼（bhojanīya）」とは「含噉（口に入れてすすり食べる）」というのが（その字）義であり、「珂但尼（khādanīya）」とは「齧嚼（嚙んで食べる）」（というところ）からその名が受る。「半者（pañca）」とは「五」と謂うことである。（そうであるから、）「半者蒲膳尼」とは（翻）訳すれば「五噉食」となる。旧く「五正（食）」と云ったのは（字）義に准って翻（訳）したのである。

（半者蒲膳尼とは具体的には次の五通りの食物である。）

一、飯（bhakta）。

二、麦豆飯（麦 godhūma・豆 sasya の飯 bhakta）。

三、麨（śaktu＝むぎこがし）。

四、肉（māṃsa）。

五、餅（maṇḍa）。

「半者珂但尼」は訳せば「五嚼食」となる。

一、根。

二、茎。

三、葉。

四、花。

五、果。

（何らか、その場その時の事情によって、すなわち）縁（由・縁事）が無くて、もし〝初めの五（つ）〟（、つまり五噉食）を食べたのであれば、（それでもう充分なのであるからもう）〝後の五（つ）〟（、つまり五嚼食）は必（須）に餐（食）べるべきではないのである。もし先に〝後の五（つ）〟（、つまり五嚼食）を（餐）食べたのであれば、〝前の五（つ）〟（、つまり五）噉（食）は（食べてもいいし、食べなくともいい、）随意にしてよいのである。

乳、酪等（の乳製品）については、（前記）二つの〝五（つ）〟（、つまり「五噉食」「五嚼食」、いずれの範疇の）所収でもないことが準知される。律文に（照らして）も更に別にその号があるわけでもないので（、これらの乳製品はいくらすすり食べるからといっても、五噉食＝五）正食（の範疇）に摂める所でないことは明らかである。

若し（食物の範疇分けに困る場合、たとえば）諸（々）の麵食（むぎこ食品）のようなものでは、匙を竪てて倒れなければ、（この流類いは）皆餅、飯の（範疇、すなわち五噉食に）収める所となる。乾（燥させた）麨は水を和ぜて指で画いてみて（濃度を判定、その指の通った）跡が（残って）見えれば、斯れも還た五（噉食）に摂めるのである。

インドの物産・蔓菁談義・ナマス論

且如で五天（竺）の地は（広大で、その）界分までは綿邈である。（以下はその）大略而言である。

（五天竺は、）東・西・南・北、各（々）四百余駅（7165.44km）ほどもある。

其の辺裔(辺境諸国)は除いて、(私・義浄は自らインド全国を)尽く能く目撃したわけではないけれども、故可詳べもし(、また人に)問知もしている。

(このインドの)所有る噉嚼は、奇巧であること一(通り)ではない。

北方は麪が足かであり、西辺は麨が豊かである。

(中央の)摩揭陀(Magadha)国は麪は少なく、米が多い。

南裔と東垂は、(中央の)摩揭陀と一類である。

蘇(＝酥 ghṛta, sarpis)・油(taila <tila, tela)・乳(kṣīra)・酪(dadhi などといったミルク・バター・ギーからチーズに至るまでの様々な乳製品)は(インド全国)在処にも皆有るのであり、餅・果(実、)の属いは数え可勝ることが(困)難(なほどに豊富)である。(また、インドでは)俗人の流(類)いでも膻腥を尚むものは寡い。

(中国と比べてインド亜大陸内の)諸国は並粳米が多く、粟は少なく、黍は無い。甘瓜は有り、蔗(ikṣu)、芋は豊かである。(また、)葵菜は乏しいが、蔓菁は足かである。然(而)で(この蔓菁が問題である。その種)子に黒と白(の区別)があり、比ろ(中国に渡来して「芥子」と訳されている(義浄は芥 rāyī・白芥 sarṣapa などと訳している――『梵語千字文』大正蔵巻五四、一一九二頁上段――)。(これはこの種子を)圧し(潰し、)油を(採って)食(用)に充(当す)るのだが、諸国咸(同)然である。其の菜(葉・茎・根の部分)も之れを食(噉)べてみると、味は神州の蔓菁と無別なのである。(ところがそれでいながら、)其の根は堅鞕くて復(中国の)蔓菁とは同じではないのであり、実を結べば粒は麁きく、これ復芥子でもないのである。其れは猶、(私・義浄には中国の)諺である「枳橘易土」を思い出させる。すなわち、淮水の北と南では同じ木でありながら)枳となり(、また)橘となり、(植えられた土)地(柄)に因ってその形(状)を遷えるという、そのようなものなのである。(私・義浄は)那爛陀(Nālandā)に在たとき(、この印・中の蔓菁比較をば)無行禅師と共に議し疑(問)に懐ったものだが、(ここ尸利仏逝国で本書執筆中の現在でも)未だに能く的らかには弁らないのである。

又五天(竺)の人は、諸(々)の韲や生(野)菜の属いは食べない。此れに由って人には腹痛の患いは無く、腸や胃が和軟、(お腹が)堅強という憂いも亡いのである。

南海の斎法・第一日　然(而)し南海の十洲となると斎供は更に殷厚く成る。

初日は檳榔(樹の実)一裹み、及び片子の香油、幷びに米屑少し許りを並悉葉器に盛って大盤の中に安(置)き、白氎(木綿)で之れに蓋をする。金瓶には水を盛り(、その)前で地に(水を)灑ぎ、以って(僧伽の)衆僧を(延)請することになる。

後日の中前に(苾芻は)身(体)に(香泥を)塗り、(洗)澡(・沐)浴する(ことで身体を浄め、斎家に向かうことになるのである)。

南海の斎法・第二日　（南海の斎法、）第二日、過午已後に鼓楽を（打ち）撃らし香や花を設けて、尊儀（仏像・尊像）を延請する。（尊像を載せた）棚車（屋台車）、輦輿（御輿）が幡や旗を日に映して（進むと）、法（侶）や俗（人）は雲が奔る（が如くに集まってくる）。（尊像が）引かれて（施主の）家の庭に至ると（、そこで）帷蓋が張り施される。金や銅の尊像は瑩飾、皎然としている。（その尊像に）香泥を塗って、（清）浄（な）盤の内に（安）置する。咸は香水をもって（尊像を）虔誠で沐浴する。（その後、尊像は）香氎で拭い、捧げ（もって）堂（殿＝仏殿、尊像安置の所）の中に入り、盛んに香や灯（明）を設け、方（始）めて（仏徳を）称（揚）讃（徳）する。然後で、上座（の苾芻）が施主のために陀那伽他（dānagāthā）を説いて、その功徳を申し述べる。

（ここまでして）方始めて（施主は衆）僧に請うて外に出て（もらい）、（手を）澡（口を）漱、沙糖水を飲んでもらう。（また、）檳榔（樹の実）を（食）噉べてもらうことも多い。然後で（第二日は）散（会）と取る。

南海の斎法・第三日の一　（南海の斎法、）第三日に至ると、（施主は正午近く、すなわち）禺中に寺に入り「時到」と敬白（す）る。（衆）僧は洗浴し已り、引（き導）かれて斎家に向かうことになる。

（第三日も、昨日と同様に）重ねて尊儀（・尊像）を設け、略っと（灌）澡・沐（浴）する。

（しかし、）香や花、鼓楽は、昨（日の）晨（朝）に倍する（盛大さである）。所有る供養（の物）が尊（像の）前に普く列べられている。（尊）像の両辺には各（々）或いは童女が五人、或いは十人、厳しんで（お仕えして）いる。或いはこれは童子でも可く、その時に（臨んで童女・童子の）有無を（商）量え（て案配す）る（のでよい）。（これらの子供たちは）或いは香炉を擎げ（持ち、）金（の）澡缶（洗面器）を執り、或いは香や灯（明）、（新）鮮（な）花、白（い）払（子）を捧げ（持ってい）る。

所有る（化）粧台や鏡奩の属いも咸悉く持って来ては、仏前に奉　献するのである。（当時、南海のこの国に滞在していた私・義浄が）其れには何ういう意（味）があるのか、と問うたことがあった。（すると次のような）答え（がかえってき）た。

「是れは福（徳　punya）の（原）因なのです。今、奉献しないとしたら、後になって寧してその報いを希えるといえるのでしょうか（？　否、奉献という「因」なくしては、幸福という「果」も望めはしないでしょう）」。

（成程、道）理から之れを言っても、斯れは亦善事なのである（と、私・義浄も得心がいった）。

次に一人の僧（徒）を請じて（尊像の）座前に長跪させ、（中国のようにただ仏の名のみを唱えるのではなく、具体的にその）仏の徳（の一つ一つ）を讃歎させる。

次に復別に両(人の)僧(徒)を請じて各(々)仏辺の(それぞれ)一座(席)に昇らせ、小経で半紙か一紙(程度のもの)を(簡)略(に読)誦させる。或いは(このときに開眼供養をする。すなわち、仏の)形像(仏像・尊像)を慶して、共に仏睛を点じさせ、勝福を求めさせる。然後で、随便に各自は(会場の)一辺に就き、袈裟を反し襵む。

義浄《原注》

「袈裟(kāṣāya)」とは乃ち梵言であり、是れは即ち乾陀の色ということであって、元来、東語(中国語)とは干わらない。何うして労ざ(「袈裟」という二つ漢字は)下底に「衣」(の字)を置くのだろうか(? このような「衣+音符〝加〟、〝沙〟」の形声文字の制作は無意味なのだ)。

若し律の文典の語に依れば、三衣は並支伐羅(cīvara)と名づけるのである。

(次に、衣の)両角を前で繫め、手を澡い餐(食)に就く。

南海・インド斎法の異同 (その食事に関わる苾芻衆の)威儀や法式、牛糞を地に塗ること、水を観(察して虫の有無を確認す)ること、(食後に)足を濯うこと、及び餐噉べる所

（の内容）や食（物）を行る法用などは、並西方と大同である。

然し（、この南海の斎法とインドのそれと）別なところは、（南海諸洲の仏教が）頗る三（種）浄（肉　trikoṭi-pariśuddha, trikoṭi-śuddha-māṃsa　仏教は本来肉食を否定しない。①それが自分のために殺した生き物の肉であるのを見ていない、②それが自分のために殺した生き物の肉であると聞いてもいない、③それが自分のために殺した生き物の肉であるとの疑いを容れる余地がない、という三条件を満たしている場合は、その肉を食べても戒律に抵触しない。南海諸洲ではこの三種浄肉の食習慣）も兼ね（て行なう風があ）ることである。

（また今一つ、南海諸洲では）並葉を縫って槃を為ることが多いのである。（この槃は）寛さは席（talāci　地面に敷く籐製のマット）の半分如もあり、粳米の飯なら一㪷、二㪷（5.944～11.89ℓ）を貯える（ことができる）。亦これは（食器、葉）器として用いることもあり、（前述の飯なら）一升、二升（0.5944～1.189ℓ）を受け（ることができ）、擎げ（持って）僧（徒）の処に向かい、その前で授与するのである。

（前述の通り、インドに比べても南海の十洲の斎供は、なお一層手厚いものがある。）

次には諸（々の）食（物）を行ることになるのだが、（それが何と）三（十般）、二十般も有る。此（の規模）でも貧窶の輩のものである。若し是れが（国）王家、及び余の富者のものともなれば、並銅盤、銅椀、及び葉器で（衆僧に斎食を）授ける。（その食器の）大きさは（前述の）席許如いのもので、餚饒飲食の数も百味に盈ちるものを授けるのである。国王は（その）尊貴の位を捨てて自ら（仏・法・僧の三宝の）奴僕と称して（衆）僧に食（物）を授けるのだが（、その姿は）虔恭徹到である。

（その斎食を受ける衆僧の方はといえば、）著るに随い皆受けるのであって、更に遮法ということは無い。（王家の斎法だけでなく、一般に）若しも但取足而已というのでは施主の心は不快なのであり、（食物が多くの皿々に）盈溢れているのを見て方（始）めて意が満たされることに成るのである。粳米の飯なら四㪷、五㪷（23.78～29.72ℓ）、餅・果（実）等ならば三盤、両盤（というのが、現下の南海諸洲やインドにおける斎法の相場なの）である。

（そうであるから、施主の血縁）親属や隣伍の家でも、咸助けて供（養の食物）を賷すのであり、或いは飯、或いは餅、（または）羹菜（野菜スープ）、と一（通り）ではない。然も（苾芻）一人（当たり）の残食は三（人）、四（人）に供することも可るほどである。若しも盛（大）に設けられたものであるならば、（その一人当たりの残食たるや）十人が食べても、亦未だ（食べ）尽くせない（ほどの食物が提供されるのである）。其の残された食は、皆衆僧の任であり、浄人に将ち去らせるのである。

中国・インド斎法の異同　然而が神州の斎法は（南海諸洲とも、また当然ながら）西国とも同じではないのである。（中国では僧侶の）食べた残余（食）は（施）主が還た（再び）自ら取ってしまい、（衆）僧が将ち去ることなぞ（道）理として未だ可とはされていないの（が現実）である。故に出家の人は（以下にのべるように）、時（状況）を相てから動くべきである。（さて、中国人には）「（自ら）足ることを知っているならば（他から）辱められない（〃知足不辱〃）」（との考え方が伝統としてあり、だからたとえその施食がやっとかつかつお腹が一杯になる程度だとしても）施（主の）心に虧ける（ところ）は無いのである。

（しかし、それでも）必若しも施主が心を決めて（残食を）重ねて取ろうとは擬わず、（衆）僧に請うて将ち去ってもらおうとしたのであるならば、（そのときには中国でも）事（状況）を（商）量えて斟酌（、残食を僧衆がもちかえったり）することも任なのである。

南海の斎法・第三日の二

衆僧が亦既に食べ了え、（それから手）盥（い・口）漱（ぎ）も又畢ったのならば、（施主は残）余食（atiritta-bhojana, bhutta-āvasesa）を掃除し、地を清浄にさせる。花や灯（明）を布（列）、香を焼じて馥りを散（じさせ）る。（この後で）施す物（dak-siṇā）を持ってきて衆（僧）の前に（布）列て在く。

次に香泥を行る。（その大きさは）梧子許り如で、（衆）僧は各（自これで）手を揩り香（わしく清）潔にさせる。

次に檳榔（樹の実）、豆蔻を行る。（この両者に）丁香、龍脳を採え、咀嚼くと口を香わしくさせることが能る。亦（その効能としては、）食（物）を消（散）し、（痰）癊を（取り）去ることが可るのである。

（以上の）香・薬等は、皆（必）須ず浄瓶の水で洗い、（新）鮮（な）葉で裹んで衆僧に授与けなければならないのである。

呪願・余食法・講経・散会　施主は上座（苾芻）の前に至て、或いは（呪願を唱える一人の）能者のところに就って、觜の著いた瓶（で水を注ぐ。そ）の水は銅の箸如（の太さで）、連（続）して注がれ（、途中で途）絶えることはない。（このとき、）下は盤で（その水を）承けている。

（呪願の）師は手の中に花を執り、其の注水を承け、口に陀那伽他を誦える。（陀那伽他の文の構成は、）初めには（必）須ず仏（自ら）の説いた頌（文 gāthā があるのだが）、後（半）では（仏説ならぬ）人（の）造（った頌）をも通（用）いられている（――これについては第三十二章に説く『三啓（経）』の構成も参照――）。

（誦頌の回数は、その場で）情の任に多少（を決定）し、時を量って度（数）を為ればよい。

（陀那伽他の誦頌の要点は必）須ず施主の名を称えて富楽ならしめんと願うべきであり、復現（世の勝）福を持って先亡に迴（向）する（にあるのである）。（最）後に皇王の為、次いで龍（神・神）鬼に及ぶまでも、国土成熟にして人も物も又安らかで、（大聖）釈迦（世尊）の聖教が住まり滅することの莫いように、と願うのである。

其の伽他(gāthā)は訳して別(出)する如りである。

(そもそも)斯れは世尊が在せし日に、(世尊)親ら呪願を為された(のによる)。(世尊は)但ら食(事)が罷るに至ったならば、必(須)ず(施主の)為に特欹拏伽他(dakṣiṇā-gāthā daksina <√daks "満足させる")を説かれたのである。是れは施物を持って供え奉るという(字)義なのであり、特欹尼野 [梵] dakṣiṇīya, [巴] dakkhiṇeyya <dakkiṇā の未来受動分詞 <dakṣiṇāti)とは、取りも直さず供養を受ける合き人ということである。是の故に(大)聖(釈迦世尊の)制(せられたところ)では、毎(常)に但ら食べ了ったのなら(必)須ず一つか両つ、陀那伽他を誦して施主の恩に報いるべきである、とされているのである。若し然うしないならば、(それは、)既に(釈迦の)聖教に違っているのである。

義浄《原注》
梵(言)で云う陀那鉢底(dānapati)とは、訳せば「施主」ということである。陀那(dāna)が「施」、鉢底(pati)が「主」というわけである。
而し(、現在中国で)「檀越」と云っているのは本より(梵言=梵語の)正しい(翻)訳ではない。(これは「陀那〈dāna〉」の)「那[na]」字(音)を(省)略(・消)去して、「陀[da]」

（字）の（【d】）音のみを取り上げ、（しかも「陀那〈dāna〉」本来の）名を転じて「檀［dan］」としてしまい、更に「越」字を加えているのである。意（味するところ）は、「檀（那として喜）捨（すること）」を行ずることに由って、自ら可く貧窮を「越」え渡ることを道うのである。（なかなかに）妙（翻訳であり、解）釈である。然しそうはいっても（、これでは）終には正本（インド本来の正しい姿、字義・原義）からは乖（離）してしまうのである。

旧く（中国で）「達嚫」と云ったのも訛（音）である。

（さて、南海諸国でもインドと同様に斎供終了の間際、まだ）餐（噉）べる所がまだ銷きていないのに、余食を乞うという法も時に行なう処がある。

然後で嚫物（施物）を行ずる。（その施物の内容はといえば、）或いは如意樹を作って僧（伽）に施し（て「僧物」とし）、或いは金蓮華を造って仏に（差し）上げ（て「仏物」とし、それぞれ「法物」とは別会計、別の財産管理の範疇――これについては第三十六章参照――とす）るのである。

（新）鮮（な）花は膝に斉しく（見えるほどの高さまで敷かれ）、白氎（木綿）はすべての床（座）に（掛けられ、椅子という椅子を）盈たしている。

（正）午を過ぎると、或いは小経を講じ（ることもあるし）、或いは時に（それが）夜にまで連んで方（始）っと散（会）となることもある。

辞別の時には口に「娑度（Sādhu <√sādh〝目標に達する〟）」と云ったり、兼「阿奴謨拖（Anumoda）」と唱えたりもする。「娑度」とは事として「善哉」と（いう意味に）目づけたもの、「阿奴謨拖」とは（中国語に）訳せば「随喜」ということに為る。凡そ他に施さ見るのであっても、或いは己れに施さ見るのであっても（、いずれも口にするのは）咸同じく此の説（「阿奴謨拖」＝「随喜」）である。意（味するところ）は、前に（他の）人が既に（善い行ないを）呈しているので、随って後から（自分もそれを）慶讃、倶に福（徳・）利（益）を招かん、というものである。

此れが南海の十洲の一途の（斎）供を受ける法式である。

南海の別様の斎法　或いは（以下に述べるようなものでも可いのである）、

初日は檳榔（樹の実を奉じ、それ）で（衆）僧を（延）請する。

第二日の禺中（巳の刻）に（尊）像を（沐）浴し、午時には（餐）食が罷り、（日の）暮れる斉経を講じる。

斯れは（暮らし向きが）中（流）に処る者の務める所（の斎法の内容）である。

或いは（以下に述べるようなものでも）可い、

初日は歯木を奉じて（衆）僧を（延）請する。

明(くる)日(第二日)は、但直ちに斎(供)而已を設ける。或いは(以下に述べるようなものでも)可い、(檳榔樹の実も歯木も無しに、)僧(伽)に就って礼拝し、請白(す旨趣)を言申る(。その他は前記の斎法に大同である)。斯れは貧乏な流(類)い(の斎法)である。

(以上が南海の上流以外、中・下流の別様の斎法なのである。)

北方胡地の斎法　然し北方の諸胡(国、たとえば)覩貨羅(Tukhâra)、及び速利(Sūli, Soghd)国等では、其の(斎)法は復(インドとも、南海とも)別なのである。施主は先ず花(の天)蓋を呈して制底(caitya　塔廟)を供養する。(僧伽の苾芻)大衆は(制底を)旋繞、唱導師(dharma-bhāṇaka?)に広く呪願を陳べさせる。然後、方(始)っと(餐)食となる。その花(の天)蓋の法式は(私・義浄、著すところの)『西方記』――この書は散佚して現在に伝わっていない――の中に陳べる所と如じである。

中国の斎法の非　(インド・南海の斎法を観てきたが、)斯れ等には復事に疎(簡単・質素)と繁(複雑・豪華)とがあり、(餐)食にも広と略(フルコースとその省略コース)とが兼にあるのだけれども、然而、僧徒の軌式、(清)浄を護ること、(中国のように箸を使わず)手で餐(食)べること(――これについては第十六章参照――)など、大徒の法則は並悉相似ているのである。（また、これらの国々の）衆僧は（仏教の出家の理想の形態として）、或いは杜多（dhūtaをし、）乞食（bhaikṣaをし）、但三衣（tri-cīvara）のみを著て、設しも他から来請があって金宝（の貴き）を奉られても（それらを）棄てること、（あたかも）洟（siṃhāṇaka）か唾（kheṭa）の如くであり、（衆僧はその足）跡を窮 林に屏してしまうのである。

（ところで、以上のインド・南海の斎法に比べて中国の現状はどうだろうか？）

東夏の斎法の如き（に至って）は、（施主自らが出向いて延請の旨趣を伝えるのではなく、）疏（箇条に書いた簡単な書状）を遣って（衆）僧を請じるだけである。（また、その）明朝に至ったとしても（施主自らが寺に）来て（延請の旨趣を）啓白るというのでもない。（このような中国仏教の現状、その施主の延請法は、釈迦の）聖教に准如するならば、（どう見ても）不慇懃似である。

必（若）しも（中国でも法）門（の）徒であるというのであれば、（必）須ず（仏の制された）法式（、すなわち律）を教え（て実践させ）るべきである。（また僧徒の方でも、必）若しも（斎）供に赴くというようなことを行なうには、濾（水）羅（水漉しフィルター）を将ってゆき、（衆）僧の用いる所の水は並（虫の有無を）観察す可きである。

既に（餐）食が（終）了したのなら（ば、必）須ず歯木を嚼むべきである。若しも口に余（残った）膩（気）が有るならば（、いまだ食事は完了していないと解されるのであり、）斎

（会）は成（就）していない（と判断される）からである（。歯木を嚼んで、口中の膩気を除去して初めて斎会が終了すると判断されるのである）。

復（一日二食では）餓腹で終宵になるといっても（、正午を過ぎて食事をするならば）詎して（犯）非時（食戒）の過ちを免れることができるだろうか（？　否、非時食戒の抵触、すなわち正午過ぎの固形物摂取の罪は、免れはしない）。

幸かどうか西方の食（事の作）法を看て、東川（の食法）を（その正則との比較において）擬（り、論）議してほしい。（中国の現状が、果たして仏の制せられたところに叶い）得るか（得）ないかの宜しきは、自然明白である。（残念ながらここに）詳述する暇は無いが、智者ならば当に（律蔵に照らして事の是非善悪を）思うべきである。

義浄自述　嘗て（私・義浄は）試みに之んなことを論じて曰ったことがあるのだ。

「然（而）で無上世尊（であり）、大慈悲父（である大聖釈迦世尊）は、（衆）生が（迷津に）淪滞しているのを愍れまれて三大（阿僧祇劫）を歴るあいだ翹勤められ（、衆生をば自らの教えに）依り行なわさせようと冀い、七紀（八十余年ものあいだ、この世に）現われて（正法を顕）揚（、衆生を教）化したのである。

〝（その教えを）住（め）持（つ）の（大）本〟は（何かといえば、中国の仏者には意外と思われるだろうが、実は日々の）衣・食（の有り様を正すこと、すなわち律蔵の規定に則して日常生活を正しく保つということ）こそが（、何をおいても最優）先となる、いうことである。（さればこそ世尊は）塵労（煩悩）の（増）長するのを恐れて、（僧伽の日々の生活場裡に機能すべき行動規範の細則として）厳しく戒検を施（行）されたのである。

（この戒律の）制は（大）聖（釈迦世尊の）意に在るのだから、（道）理として（その戒律の制に）遵い、（それを）行なう可きである。（ところが、中国の現状ときたらどうだろうか？この仏制の戒律に対して中国の僧侶方の中には）反って軽（んずる）心があり、以て（自分たちは戒律に照らして）無罪だと道っているのである。（すなわち、中国の僧侶方は、実は日々の衣食住、たとえば毎日の食事一つとっても）食噉べれば触（不浄）を受けているのを知らず、但ら婬戒（女性と性的交渉を持たない、と）の一条だけを護って、「我は（仏教の戒律に照らして）無罪の人である。（その私が、）何うして労ざ更に煩わしくも（、今更）律なぞを学ばねばならないのだろうか（？　否、そんなことはないはずだ）」、と云っているのである。（そして、このような人は、飲食物を）咽（んだり）噉（べたり）、（衣を）著（たり）脱（いだり）している（、その具体的・日常的生活場裡の日々の現実）には元（来、自分の）情を（全く）関わらせずに（抽象的・思想的次元に飛躍）、直ちに〝空（の法）門〟を指しては（、これぞ）〝仏（の）意〟なりなどとしているのである。寧して諸（々の）戒が〝仏（の）意〟ではない、などと知ることができたのだろうか（？　否、本来、戒律とは仏意であり、中国仏教の戒律軽視には何の根拠もありはしない）。一つ（空の法門）は貴いとし、（今）一つ（戒律）は軽んじているのだが、（この判断には何ら根拠はなく、中国の仏門の徒の胸ひとつ、単なる）臆断から出ているにすぎないのである。

（しかし実際のところ、今の現実の中国の仏教、法）門（の）徒は遂に相踵いで（中国大乗仏教の戒律軽視・空門尊重という伝統を）習い、制として（仏説であるはずの）戒経（戒本 prātimokṣa　波羅提木叉）を窺い看ることはしないのである。両巻の空門（を説く経を書き）写すことが得れば、それ（だけ）で（道）理は（経・律・論の）三蔵を包むなどと謂っている。（こんなことをすると、一口、一口）咽むたびに当に〝流漿の苦（大変な苦しみ）〟があることを思わず、（一足、一足）歩くたびに現に〝賊住の殃（ニセ苾蒭のわざわい）〟があることを、（一体、中国の）誰が知っているのだろうか（？　否、中国の誰も知りはしないのである）。

（迷津に淪　滞している衆生に）浮嚢を（与えて、その救済の網の目から）洩らさない、というのが乃ち（大乗の）菩薩の本心なのであり、（それと同時に、小乗に固有という「律蔵」の戒律の箇条を守り）小（さな）愆（ち）を軽んじないなら、それも還た（熙連禅河での大聖釈迦世尊）最後の唱えを成（就）することになるのである。（仏の法の道）理としては、大（乗・）小（乗）を双つながら修めてこそ方（始）めて（大）慈（釈迦世）尊の訓えに順うことになるのである。（すなわち、戒律を尊重して）小罪を防ぎ（、大乗の）大（いなる）空を観じ、物（衆生）を（救い）摂めては（、自らも禅定に）心を澄ませる、何うして之れ（大小乗双修）に過りがあろうか（？　否、過りのあろうはずがないのだ。戒律重視と大乗空観の双修は両立し、矛盾はしない。しかし、これを解さない中国の仏教者は、）或いは恐らく自らも迷い（、また自分以外の）衆（僧）をも誤らせているのだ。

（仏の）教えに准って聊か（四隅のうちの）一隅を（あげて、律の正則を）陳べてみることにしたい。（四隅のうちの残りの三隅をあげるのは、この書物を読んでいる道友諸兄、あなた方であるのを、どうかお忘れなきよう。大乗の）空法の信、是れは（元より）虚しいものではない。（しかし、それと同格に扱われるべき）律典が何因て慢られてしまうのだろうか？　宜しく半月（ごと）に説戒（説戒本＝誦出波羅提木叉、布薩[梵] upavasatha, [巴] uposatha）の日に苾芻が一ヵ所に集まり、波羅提木叉を読みあげ、この半月間に戒律に違反するところがあったかどうか省みる集い――これについては第十五章参照――をし、罪を）洗（浄・）懺（悔）するべきである。恒に（法）門（の）徒には誡（戒）を勧めて、日に三（度の）礼（敬を）し（、弟子として師に依止するときには、五事――これについては第二十五章で詳述――以外すべてにわたり講）白（し、師の許可を得てから行動）するのである。

（私・義浄の思うところ、中国では）仏法は世に住るといっても日々に衰微しているのである。(自)己が童年のころ観た所を察えてみると、老時(となった現在とでは、同じといっても仏法)は全く異なっているのである。(では、どうしたらよいのだろうか？ 中国では失われた正しいインドの仏法を知るにはどうすればよいのだろうか？ その答えが本書である。幸いにも現下インドの仏法の正則、)斯れを(私・義浄は)目験して(、ここ、すなわち本書中にそれが)在るのである。

幸かどうか(、道友諸兄よ)存心してほしい。

飲(むこと pānaka)食(べること āhāra)の累いは(恒)常の須めなのである。幸か願わくば(仏の教えを)敬い奉る倫よ、(釈迦の)聖教を軽んずることの無いようにしてほしい(と思う)耳だ」。

重ねて曰う。

「(釈迦の)聖教は八万(四千ほども)あるといっても、要は唯だ一、二である。(苾芻たるもの、)外は俗途に順いつつも、内は真智を凝らすべきである。何を俗途(に順う)と謂うのかといえば、禁(戒＝律蔵に定める禁止条項)を奉じて辜を亡す(、すなわち社会一般の人の目にもわかるほどに戒律を遵守して行ない正しい日常生活を送る)ということである。何を真智(を凝らす)と謂うのかといえば、見(、見る主体)と境(、認識された客観対象世界)とを倶に棄てる(、すなわち仏の法にいう真の智慧に思いを致す)ということである。

勝（義）諦に遵い（、執）著を無くし、（あらゆる存在は）縁（起）より生じている（と思い為して、）有累を滅するのである。勤めて多くの修（行）を積み集め、円（満）成（就）の妙（なる）義を証するのである。

（しかし、中国仏教の現状はそうではない。）豈して（中国の僧侶は経、律、論の）三蔵を習わず、（仏の）教（えにも、仏の法の道）理にも倶に迷っているのだろうか？　罪は（恒）河（の）沙の（数ほどにも）巨（大な数）量になっていながら、妄りに『（自分は）已に菩提を証した（私は覚った）』などと道っている。菩提（bodhi）とは『覚』ということである。惑・累も皆亡くなり（惑累皆亡）、生じもしないし滅しもしない（不生不滅）、（それを）号づけて『真（如）常（住）』と曰うのである。寧して同じく苦（しみの）海に居ながら、漫りに『我は西方（極楽浄土）に住んでいる』などと説い得るのだろうか（？　否、とてもそうは言えはすまい）。

（恒）常（に変わらぬ道）理として（菩提を）欲み希うのならば、戒（律の清）浄であることこそが（初）基となる。（浮）嚢は之れを穿つ小さな隙を護り、針の穴ほどの（小隙＝小さな戒律違反でも、浮嚢＝清浄なる苾芻の日常を沈めるのには充分なのだから、）大（いなる）非として慎むべきである。（その）大非の（上）首めは（何かといえば）、衣・食（すなわち、日常生活の細部）に咎が多いことである。仏（の）教（え）を奉ずるならば解脱は遥かなことではないのだが、（仏の）尊言（である戒律）を慢るならば（迷津に）沈淪すること、自ずから久しいものがあるのである」と。

聊か（インドの斎法に関する）行法を（主）題とし、先（より行なわれている）模（範）を略述した。咸（大）聖（釈迦世尊の律蔵の）検（校）に依っているのである。豈して（私・義浄一個人の）情（に発する意）図と曰えようか（？　否、決してそうは言えないのである）。

幸か（、中国の道友諸兄よ、私・義浄の）直（截な）説（示）を嫌わないでほしい。（諸兄の今在る）遐途に（利）益が有るように（と、私・義浄は）庶っているのである。

若しも（私・義浄が）その（印・中の斎法の是・非、善・悪、）進・不（進）について確かなところを言わないとしたら、（一体）誰が復、（事の）精・麁（、広・略、得・不得）を鑑みるだろうか（？　否、もしも私・義浄が言わないとすれば、誰もインドの斎法の正則については、正確に知ることなどできはしないだろう）。

《訳者補》　この章でインド本土・南海の斎法の本質を中国のそれとの比較において「殷厚に存る」と義浄はいっている（一二七頁）。ところで sam-√trp, sam-pa-√vr の使役に発する santappeti, sampavāreti なる巴語がある。もう良いというまで食べさせて食い飽かし満足せしむる意で、『薬事』には次のように出る定型の表現である。本書本章の記述はこの語の背景にあるものを実地体験から物語っているのだろう。

atha kho so brâhmaṇo buddhapamukhaṃ bhikkhusaṃghaṃ paṇîtena khâdaniyena bhojaniyena sahatthâ santappetvâ sampavâretvâ bhagavantaṃ bhuttâviṃ onîtapattapâṇiṃ ekamantaṃ nisîdi.（時に彼婆羅門は仏を首（はじめ）とする比丘衆に殊妙なる嚼食噉食を手づから奉り飽満し謝するに至らしめ、世尊の食し已りて鉢と手を洗ひたまへるを〔見て〕一面に坐せり。PTS巴文律蔵第一巻「大品」第六薬犍度213頁、南伝巻三律蔵三375頁、渡邊照宏訳、文中の santappetvā、sampavāretvā の語形は使役形の連続体。）

巻第二

第十章　衣食所須［衣服のきまり］

梗概　この章では、まず中国の開葉（小布を縫合するときの縫い代「葉」の片側のみを縫う）とインドの刺葉（両側を完全縫合）が対比され、開葉が批判される。次に衣財の内訳が律蔵に則して紹介される。すなわち「六物」と「十三資具」の二範疇は便法＝分別（浄施）を必要としない合法的私有物である。苾芻の日常生活は少欲知足が望ましく、（ⅰ）四依・四作・十三杜多が理想だが、義浄説ではこれは上根者用で、中・下根の者はこれに併せてより多くの生活の雑資具類の所有を認める配慮も施されており、（ⅱ）畜房・受施・十三資具も許容される。また所有物の最大範囲が「供身百一」という中国仏教の誤解が糾されるが、これと続く中国絁絹使用批判は、名指しこそされていないが道宣批判と解される。次に中国仏教が省事第一で糞掃衣の精神が生きるインドからは遠いと義浄は苦言を呈している。次にまた道宣批判（ただし名指しなし）。律蔵中で野生の蚕の絹で臥具を作ることを禁じているのを根拠に道宣が「臥具は三衣なり」と強弁、意図的に拡大解釈して臥具をではなくて絹衣使用を禁ずるのを義浄は強く批判する。

この後に義浄の耽摩立底国跋羅訶寺からの報告が置かれる。(1)取り分の比率は小作三分の

二、僧伽三分の一で配分することをいい、(2)朝の虫水観察は知事苾芻の仕事であること、(3)僧伽は軽事でも苾芻全員に問うて決めること、(4)インドの僧伽には中国のような三綱は置かれず僧伽民主制が徹底していること、(5)苾芻尼と苾芻の交流には白羯磨による僧伽の承認が必要で、単独行動も許されないこと、(6)四斎日は夕方に集会して寺制を聴くこと、(7)小師の婦女懸想事件があったが、破戒未遂の段階で本人の僧伽自主退去で決着したこと、(8)僧伽来訪の婦人は房中には入らず廊下で話すこと、(9)跋羅訶寺の秀才曷羅戸羅蜜呾羅は受具後、母・妹を含め女人と対面してものを言ったことがないこと、(10)学行衆に優れた苾芻は、上房・浄人付き・雑用免除・移動には輿の用意、という優遇措置があること、(11)客僧の食事面での優遇は五日、客僧の旧住苾芻化、すなわち僧伽が新成員を受け容れるに際しては夏臘と学識を考慮すること、(12)出家者は剃髪(受戒)時に一般戸籍を失い、所属僧伽の登録をすることと等々が語られている。

　次にまた中国批判。中国では三綱が僧伽を支配し、僧俗関係もインドとは逆転している誤りを義浄は言う。そして衣。中国風に変容したる同袖・連脊のみならず、(僧)祇支・偏袒・覆膊……以下多くの僧衣が義浄により非法の衣服として批判され、また中国僧侶の所有する衣の数の多さも非難される。さらに、ついでに地理上のインドの領域が莫訶菩提寺からの距離で限定・定義され、内外の俗服についても報告がある。

　ところで中国では、実際に非法の衣を着ながら「略教」(随方毘尼)説を根拠に、在地＝中国の常識で清浄・不浄を判断すればよいとしていると義浄は批判、さらに寒冷地の防寒用衣服として仏許の立播衣＝裏腹衣が紹介され、(腹を裹む衣)があり、これならば右肩を露にして敬意を表現することもできるとしている。この後に本章内容の要約が修辞を凝らした偈頌

＝の形でおかれて、この長い章は閉じられている。＝

本章主題と中国仏教批判　そもそも原えてみると、(i)有待の累形は衣・食(のたすけ)を仮りて(方)始めて済り(立つのであり)、(ii)無生の妙智は(寂)滅(の)理に託して方(始)めて興るものである。

(i)衣食住に関わる律蔵の規定の日々の遵守と、(ii)禅定の実践とは車の両輪の関係にある。されば、)若しも其の(i)インド仏教僧伽の如法如律に照らすとき、衣・食の)受用にあたって(軌)儀に乖いているのならば便ち「歩歩の罪(一歩一歩あるくたびごとに罪を犯す)」を招いているわけだし、(ii)中国の仏教者が重んじている禅定に)心を澄ませるにあたって軌(儀)を失うのなら、遂に「念念の迷(時々刻々に迷う)」を致すことになるのである。此れが為に(衣・食を)受用する中に於いて(、ではどうすればよいのかということになるわけだが、結論から先に言ってしまえば、解)脱を求める者は(大)聖(釈〈迦世〉尊の誡)言(、すなわち釈迦金口の「律蔵」)に順って(衣・食を)受用するのであるし、澄心の処に在って(道)理を習う者は先(人の)教(え)に符うべく心を澄ます(、というのが宜しい)のである。

(必)須ずや俯して(人の)生涯を視るべきであるならば是れは迷生の牢獄なのであるが、

仰いで（仏法に言う）寂（滅の彼）岸を晞るならば（是れは）悟寂の虚関なのである。方に法（dharma　真理の）舟を苦（しみの海の）津に艤し、（管）慧（の）炬を（こそ暗い）長夜に秉る可きなのである。

然（而）で（身に）著ける衣服の製や飲食の儀については（、それを律蔵の科条に照らせば、）持ったのか（、それとも戒律を）犯したのか、という若なことは（本来極めて）昞然なことなのである。（何故ならば中国律宗の煩瑣化した条文解釈「学」とは異なり、インド仏教四部派の各）律（蔵）には成（文の正）則があり、初学の輩ですらも、亦（いとも容易に自らの犯した罪過の）重い軽いを（体）識る（ことができる）のであるから。（インドの僧伽の日常生活を律する規則としての戒律とは）此のような（自明の）ものであってみれば、（自分の行動が律条に照らして戒律を）得ったのか（、それとも戒律を）失ったのかは（個々）別人に局在ることであり、固より（中国のように、そのためにわざわざ衆僧が集まり、律文の解釈を巡って）商り推えるというような煩わしさは無いのである。

（翻って中国の現下の律理解をみると私・義浄には以下の三種の誤りがみてとれる。その第一は、）自ら現に律検（律蔵の教えによる検校）に違っていながら（他を教授・指導、）指南している。

或いは、（その第二、律蔵に定められた条文に基づく日常生活規定ではなく、現実の中国の寺院生活の）習俗が（恒）常と生っていながら、「（其れは）其れで過りではない」などと謂っている。

或いは、（その第三、）「仏は西国に生まれた。彼（の国）の出家者は、西国の形儀に依るのだ。我は東川に住む。（此の国の仏教者、）離俗者は、東川の軌則を習うのだ。詎して神州の雅服に移えて印度の殊風を受けるなぞ能ようか（？　否、とてもできはしない）」などと道っているのである。

（以下、）聊か此れ（ら三種）の徒のために粗っと銓衡（てみることにし）たい。

凡そ衣服の儀というものは、斯れは出家の綱要であるから（、道）理として（必）須ず其の製（作に関わる諸々）を具に題すべきである。豈して軽んじて諸を（省）略することなぞできようか（？　否、とてもできはしないのである）。

インド「刺葉」の正と中国「開葉」の非

《訳者補》　苾芻の披る衣は、本来的には遺棄・放棄された端切れを縫い合わせ綴り合わせて一枚布としたもので、その端切れの縫合——端切れ同士が縦横に縫われる、その縫い跡は田圃の畦畔のように見えるところから田相と呼ばれる——の方法に、①葉（＝衣の田相の縫い代）の片側のみを縫い、もう一方は縫わずにおく「開葉」と、②両方を完全縫合してしまう「刺葉」の二種がある。

且如、法（門の）衆（徒、すなわち出家）の三衣は五天（竺）では並皆「葉」を（両側とも）刺うのであり、独り唯だ東夏だけが「開（葉）」にして（田相の片側しか）縫わないのである。（現在のインド仏教では中国のように『四分律』を用いているところがないので、私・義浄が）親ら北方の諸国（からナーランダーに留学していた苾芻）に問うてみたのだが、（これら、中国と同じく）『四分律』の行なわれている処で（すら）も倶同じく「葉」を刺っており、全く（中国のように）「開（葉）」にするものなぞ（一ヵ所として）無いのである。（そうであるから、たとえば）西方で若しも神州の法服を得たとしても、（「葉」は中国風の「開葉」のままではなく、）縫合して披ることになるだろう。（つまり、）諸部（派）の律文は皆（「開葉」を言わず、「葉」の両側の完全縫合、すなわち）刺合を云っているのである。

六物・十三資具の正則　然而で身に充える六物には、自ずと厳（しい、律に定める）条（文・条項）が有り、十三資具も広く律（蔵）に説く如りである。

六物と言うのは、

一、僧伽胝（saṃghāṭī）

義浄《原注》

訳せば「(重)複衣(大衣)」となる。

二、嗢呾囉僧伽(uttarāsaṅga)

義浄《原注》

訳せば「上衣」となる。

三、安呾婆娑(antarvāsa)

義浄《原注》

訳せば「内衣」となる。

此の三衣は皆「支伐羅(cīvara)」と名づけている。北方の諸国では多く「法衣」と名づけている。(中国では三衣を)「袈裟」としているが、是れ(「袈裟」kāṣāya)は赤色という(字)義であって(衣の意味はなく、しかも)律の文典の語ではない。

四、波呾囉(pātra)

義浄《原注》
（訳せば）「鉢」である。
五、尼師但那(niṣīdana)
義浄《原注》
（訳せば）「座臥具」である。
六、鉢里薩囉伐拏(梵 pariśrāvaṇa, 仏梵 parisrāvaṇa, 巴 parissāvana)である。
義浄《原注》
（訳せば）「濾水羅（水漉しフィルター）」である。
受戒の時には、要須斯の六物を具えていなければならない。

十三資具とは、
一、僧伽胝

二、嗢呾囉僧伽
三、安呾婆娑
四、尼師但那
五、裙(くん)(nivāsana ただし尼の「五衣」の裙は倶蘇洛迦＝kusūlaka があてられる——第十二章参照——)
六、副裙(pratinivāsana)
七、僧脚崎(そうきゃき)(saṃkakṣikā)

義浄《原注》
(訳せば)「掩腋衣」である。

八、副僧脚崎(pratisaṃkakṣikā)
九、拭身巾(kāyaproñchana)
十、拭面巾(mukhaproñchana)
十一、剃髪衣(keśapratigrahaṇa)
十二、覆瘡疥衣(kaṇḍupraticchādana)

十三、薬資具衣(bhaiṣajyapariṣkāra?)である。

(以上を)頌で曰おう。

三衣幷座具
裙二帔有両
身面巾剃髪
遮瘡薬直衣

三衣幷びに座具は、　三衣と座(臥)具に、
裙二に、帔両つ有り、　裙二枚、帔両つに、
身と面との巾に、剃髪、　(拭)身(巾)・(拭)面巾、剃髪衣、
遮瘡(衣)に、薬直の衣。　瘡おおい、薬の代価にもう一衣。

(この)十三種の衣は出家(者)が(私物として)畜えることが開(許)されている(ものである)。(これらは)既に(律蔵に)定格があるのであって、(必)須ず(釈迦の聖)教に順ってこれらを用いるべきなのであり、自余の所有る長物(本来律蔵の規定内の私的所有物ではないが、便法として分別〈=浄施=説浄——後述——〉さえすれば所有が許されている持ち物)とは比べることができない(、つまり十三資具とは〝長物〟の範疇にはなく、分別=説浄=浄施=梵 vi-kalpa, 巴 vikappanā を必要としない本来の私有物なのである)。此の十三

（資具）は咸（必）須ず（個々）別（々）に其の事（所有者名）を牒け、（あるいは墨で点を打って目印とし、また同時に新品を汚して古物化し執着を離れんとする、すなわち分別）点浄（梵 kalpa, 巴 kappa）して守持（衣＝私的所有物としての衣、前記「分別衣」の対概念、具体的な内容では前述の十三資具が相当）にする。（そしてこれらの資具類は）得るに随って持つに随う（「随得随持」）ということであり、（十三種）総てを（充）足するべく（意を）労したりなどはしないのである。

余外の長衣は事を（商）量えて分別（、すなわち友人苾芻に与えたとの形式をとって仮初めに所有権を放棄、実際には私的独占的使用権を確保するとの便法）をする。氈褥や毯席（といった毛織りの布団や敷物、臥座具）の流（類）いの若なものは、（この分別なる便法を用いて、）但ら（必）須ず其れを他心に委付作て（、それから）受用すべきなのである。

中国の十三資具理解の非　（中国の）有る（人）は（この十三資具を）「三衣十物」と云っているのだが、蓋うに是れは（経典の中国語翻）訳者の意（から出た独意の処断）にすぎない。（「十三資具」を「三衣」と「十物」に）離（別）けて二処にするというのは、梵本に依っているわけではないのである。（つまり現在、中国で「十三資具」を離）別けて「三衣」と道い、析ち開いて「十物」としたりしているのだが、然し（それでいながら）其の「十」の数すら（該当の個別事象の具体名「十」を）的（確・）委（細）には（説き明かすことが）能ないのである。（そのため中国の仏教者は）猜卜（、訝しむ状態）に致使られており、皆悉く（根拠の）虚しいものに憑って（解釈しており、たとえば「十物」の）「什（十）」を訓んで「雑」（、すなわち「諸々ノ意ナリ」など）と為たりしている（有り様なのである）。（これらは、）未だ先（人の）旨（趣、インドの正則）に符ってなぞいないのである。

薬直衣　薬直衣は仏が制（定）めたものであり、畜える者は計って絹（布）二丈（6.22m）許可りを、或いは一疋（12.44m）可りを（この薬直＝薬代の）用に当てるべきである。既より（そもそも律蔵にこの開許あるの理由はと言えば、疾）病が起こるというのは恒（のこと）では無いのであるから、卒（爾）に（薬のための代金を）求めるといっても済し難いものがある。此の為に（大聖釈迦世尊は薬直衣を）畜えることを制（定）められたのだから、予め之れを備える可きなのである。（しかし、勿論これは疾）病の時に須いる所なのであって、宜しく（この用途以外に）用いることのないようにすべきである。

四依・四作・十三杜多　然（而）で「仏道の）行を修め（衆）生を利（益）する（法）門（の意義は、（融）通（救）済（、すなわち誰もが救われる）というに在存る。既に（現実には衆生の能力、）根（機〈＝機根〉）に（上・中・下の）三等（級）があるのだからして、（その救済方法も）一途に局ることは不可（能）である。（すなわち大聖釈迦世尊の所説に、衆生の能力に応じた実践への配慮の跡を探るならば、）「四依（糞掃衣・常乞食・樹下座・陳棄薬）」「四作（他罵不応反罵・他瞋不応反瞋・他調不応反調・他打不応反打）」「十三杜多（糞掃衣・但三衣〈以上が衣〉・常乞食・次第乞食・一座食・鉢乞食・不重受食〈以上が食〉・住阿蘭若・樹下居・露処住・随処住・屍林住・常座〈以上が住〉）」は唯だ上（根の修）行（者用）に制（定）めたものであるが（律蔵にはただこの一通りがあるだけではなく、前述の上根者用の四依・四作・十三杜多とは別に）、「畜房」「受施」「十三資具」などが、蓋うに兼ねて（根機の）中・下（根の者）へのもの（として用意されてもいるの）である。（実際、仏の教えとはこのように、一人一人その人その人の能力〈＝根機＝機根〉に合わせて制戒してあり、またその上、「分別」〈＝「説浄」＝「浄施」〉もあるので、）遂に（インドでは中国とは異なり、）少欲の者にも〝盈長の過〟が無いし、多求の者にも〝闕事の咎〟が亡いのである。

大いなる哉、慈父（、大聖釈迦世尊）よ。（貴方は）巧みに（苾芻の能力、すなわち）根機に応じて善く（六道中の）人・天（の世界に住む者）を誘い（導き）、調御者（puruṣadamya-sārathi　人を教化する調練師）と称えられているのだ！

供身百一論　而し「供身百一（私有財産は百一まで許される）」と（現下、中国で）云う（言葉）は、未だ（私・義浄は現在のインドの、大衆部・上座部・根本説一切有部・正量部の）四部（派）の律文で見たことがないのである。復（律文ではなく、）経（文中）には其の（「供身百一」の）言があるといっても、故にこれは別時の意（味）なのである。

且如、多事の（一般世）俗（の）徒の（所持する）家具といっても、尚、（その数）五十に盈たない（というのがインドの現実である）。（小欲知足、）豈して縁（事）を省く（べき）釈（尊の弟）子たるものにして、翻って其れ（家具）が百の数を過ぎる容きなのだろうか（？　否、持物が百を超える〈＝「供身百一」〉などありえない話なのだ）。（仏の教え、）道理に准験して、通す塞ぬを知るべきなのである。

中国・絹使用禁止批判——印中比較論——

凡そ絁絹を論ずるならば、是れは（大）聖（釈迦世尊の）開（許すところ）なのである。何うして事として（中国のように、この絁絹使用を）強いて（制）遮（禁止）する（必要がある）のだろうか（？　否、そのような必要は全くないのである）。（しかし中国では、）徒に（絁絹使用の禁止を内容とする律蔵の条項、）節目を為っており、之れ（絁絹の使用）を（禁）断するのに（、すべてインド仏教の正則に関わらない、中国仏教の勝手、単なる恣な）意でしているのであり、（仏教本来の主張、すなわち縁事の）省かれんことを欲っていながら（、その逆に縁事の）繁（瑣・複雑）を招いているのである。

五天（竺）の（仏教、現在の大衆部以下正量部までの）四部（派）では並皆（絁絹を）著用している。詎して（中国で）求め易い絹絁を棄ててまでして、得難い細布（＝木綿）を覓める可きなのだろうか（？　否、木綿ではなく絹衣を求めればよいのだ）。（釈迦の聖教、仏の）道を妨げる極みが斯(処)に在るのだ！　(大聖の)制(定)されなかったところを強いて制(定)している、即ち(これが)其の(流)類いなのだ。(かくして中国仏教では)遂に(、縁)事を好み律を持つ者は己(内)の慢(心)を増して余(外)を軽んじるようになってしまうし、求めるところ無く欲を省かんとする賓でも(己)内に慚(心)を起こして(余)外にも恧(心)ばかり、ということになってしまっているのである。

斯れ、乃ち(絁絹の使用とは、)身を遮み(仏の)道を長ぶことなのである、亦復何うして事として(わざわざ中国仏教は絁絹使用の禁止を)云々するのだろうか(？　否、これには少しも問題などないのである)。

中国仏教絁絹使用禁止の根拠——反殺生の論理——

而も彼の(中国仏教の)意(図する絁絹使用厳禁の根拠)が(虫の生)命を害(損)なう(のを避けるという)処から来るのであってみれば、(これは情けが過ぎてしまい、結局)慈(悲)を傷つける極みというものである。含識(心識を含有するもの、すなわち生きとし生くるもの)を悲愍というのなら、(道)理として之れ(絁絹)をも絶つべきであろう。(しかし、)若し爾であるならば衣を著るということ(、食物を)噉食べるということ(自体が問題となろう。つまりそもそも人がものを食べ、ものを着てこそ、はじめて生きて存在するという〝現実〟が可能となるのだが)、(実際にはその過程で既にそれぞれ因)縁るところで多く(小さな虫たちの)生(命)を(害)損なっているのである。螻蚓には曽て心を寄せたことなどないというのに、こと蛹蚕には一(体)何と念いの見えることだろうか！　若しも(およそ生命あるもの)総て護るというならば、遂には(その護る行為主体の、その)身(体)を存(在)させようにも託すものが靡くなってしまうし、(反対にその生)命を投げうとうにも(、まず自分の身体に因るのでないとしたら、一体)何に因るのだろうか(？　第一にその気高い宗教的実践をする主体、それ自体の存在を継続する拠り処がなくなってしまうではないか！)。(道)理をもって推し徴せば、此れ(絶絹使用の禁止)は不然である。

(然)而して、酥・酪(といった乳製品)を噉(食)べないとか、皮鞋を履かないとか、糸綿を著ないなどと(いった議論をすると)いうのは、斯の(流)類いと同じことになるのである。

凡そ殺(生)ということを論ずるならば、(それは以下のようなことなのである。)先ず故意に彼の命根(jīvitaindriya)を断ったときにこそ、方(始)めて(悪)業道が成(立す)るのである。必しも(たとえ命根を断ったとしても、それが)故思(故意)では匪いときには、仏は無犯と言っている。(これをインド仏教の論理学である三支作法で論証すれば次のようになる。)

(〔宗〕)　「三処清浄(三種清浄。三種浄肉、すなわち苾蒭がたとえ肉を食べたとしても、

①その殺されるところを見ていない、②自分のために殺されたと聞いていない、

③自分のために殺したのではないかと疑うこともできない、のならば無罪となる)」は愆ちでは亡いと(仏は)制(定)されている(以上が「宗」pratijñā〈＝主張〉)。

(〔因〕) 設しも斯の旨(趣)に乖いたとしても、但軽過(微罪)を招くだけである。

(それは、)殺(生せんとの)心が無い故にである。

(これで)「因」(hetu〈＝理由〉)が極成た。

(〔喩〕) 余を受ける(とき)も猶若じである。

(これで)「喩」(udāharaṇa〈＝実例〉)も彰著した。

〔因〕も〔喩〕も既に明白で過りでなければ、〔宗〕に依るのも自ずから顕らかである。三支道理も且已に皎然である。(まして)況んや復(釈尊はその絁絹の使用許可を、ご自身の口、)金口で自ら言われているのである。何で労ざ更に穿鑿する(必要がある)のだろうか? (そのようなことをするから)遂に「五日之疑(沢山の疑い)」を作者の筆に出させてしまうことになり、「三豕之謬(言い伝えの誤り)」を信じ受ける言(文字や文章)に伝えることになってしまうのである。

(前述の三種清浄・食肉を許可した論法に、一つ、補足して言うならば、)若しも其れが、自ら生繭を乞い、虫の(生命の害)損なわれるのを(自ら)目験するというのならば、斯れは

（世）俗の士ですら尚、行なうべきことではないのである。何ぞ況や情に（世俗からの）出離を希う（出家）においてをや（果たして世間から出ることを願う出家者がそのようなことができるだろうか？　否、できはしないのである。しかし、ここから逆に三浄の法に適いさえすれば、律蔵の立場からみて肉食の受容は可能となり、また条件付きではあるが殺生も認められることになり、蚕の生命を害損なって作られる絹の衣とても、使用可能となるのである）。

（ところで中国の南山大師道宣は、前述の）斯れを引いて（絁絹の使用禁止の）証しと為ているのだが、（これは）深く未可を成しているのである。若しも施主が（清）浄（らかな）意で（布施するべく絁絹を）持って来たのであるならば、（必）須ず「随喜（anumoda〈＝その善き行ないをともに喜ばん〉）」を唱導してこれを受け、（著）用して身（体）を資け、（絁絹を布施した施主の）徳を育むべきであり、（これには）実に過ちなぞ無いのである。

衣の精神は省事（省エネ）にあり

五天（竺）の（苾芻の着る衣、すなわち）法服は（中国のそれとは大いに異なり）刺るに任せ縫うに任せ、衣の縷（sūtra　祖引怛囉）も縦・横を問わないし、（衣を）為る日（数）といっても、三（日）、五（日）を過ぎることは無い。絹（布）を計って一疋（12.44m）、（これで）七条（袈裟）と五条（袈裟）を作ることが得るのである。（衣は本来一枚布、作るといってもこれは小布と小布を重ね、継ぎ足してゆくだけなのだが、その小布同士の縫い代部分である「葉」のうち、縁でない方、すなわち内側部分にあたる)内葉は三指(5.8cm)外縁は一寸(3.1cm)、その外縁には三道の刺りがあり、内葉は悉皆縫合してしまう(ので、後述の如く中国のような、片側だけを縫わずに残す「開葉」ではないことになる)。(このインドの衣製作の「精神」とでもいうものは、単に必要)事を充たし、(威)儀を表わす(ことができればよい、というものである)。(中国のように)亦何で精妙(な衣)を仮う(必要がある)のだろうか(? 否、法服には精妙さなど全く必要ないのである)。若しも納衣(、すなわち遺棄された小布を綴り合わせた衣、糞掃衣)を著けるとするならば、(その)意は(くさぐさの煩い、すなわち縁)事を省くというにこそ存る。(そうであるから、法服とは本来、)或いは糞聚(の山 pāṃśukūla)に遺(棄)されているものを拾い、或いは屍林(処、屍陀林 śītavana)に(遺)棄てられているものを取り、得られるに随い縫うに随う(にまかせるのであって、その充足に意を用いて汲々とせず、入手できればよし、無ければ無いでそれでもよいという具合)、(要するに著)用して、寒暑を祛げればよいだけ(の存在なの)である(。それにひきかえ法服に精妙さを求め、「糞掃衣」「納衣」の精神から遠ざかっている中国仏教の現実には、私・義浄としては是認できないものがある)。

道宣の三衣臥具混同・絹衣使用禁止への批判

而が、有る説(、すなわち中国の四分律

宗、南山大師道宣の説）では、「律の中の臥具とは、すなわち是れ三衣のことである」、などと云っているのである。（これは）野（生の）蚕（からとった）絹で臥具を作ること）を（律蔵が）制（戒）しているのを見て（、絹の使用そのものまでも全面的に禁止したものと南山大師道宣が誤解してしまい、条件付きながら原則として絹の使用を認める律蔵とは）異（なった）意（趣）を生じてしまったものである。剰え、法衣は絹ではないと謂う（に至って）は、（律蔵の規定に反しているのであり、）遂に（衣をつくる絹）布を覓めること（自体）が（、何とも）慇懃（至極、蚕の生命尊重の過剰から、絹布使用が不可能）になってしまったのである。寧して（律蔵の）本文には、元来、「（臥具とは「三衣」の範疇に属するのではなく、臥具、）褥（寝具）である」とある（のに、その解釈を律蔵）に委せないのだろうか？　高世耶（kau-seya）とは蚕の（梵）名であるが、（同時に）絹ということでも還たこの号を受けているのである。（律蔵中の「野蚕の禁」の真意は、①現に生命を宿す蚕の身）体は貴（い）物であるから（、その殺生を）制（戒）して（、臥具〈＝褥〉などには）用いるのを聴（許）さなかった、ということである（にすぎないものである。そしてこれとは別に、②絹布として「已成（すでに有るもの）」「剉斬和泥（切り刻んで泥と混ぜたもの）」「塗壁（壁に塗ったもの）」「塗埵（土手に塗ったもの）」など、新品ではない既成の絹製品のリサイクル、再利用については、律蔵はその使用を許可しているのである。これら①②をはっきり区別しなければならないのである）。

（臥具〈＝褥〉が出たついでに、インドのそれの製作方法についても触れておこう。）褥を作る法には両種有り、或いはこれを縫って袋（状）に作り毛を中に貯め（るというのがその第一でこれは布団に類する）、（その第二は）或いは糸で織成るというもの（でこれは敷物状となろう。いずれにせよ）、これは氍毹（毛織りの敷物）の（流）類いのものなのである。褥の（仕）様は、闊さ二肘（93.3cm）・長さ四肘（186.6cm ――ただし第二十二章では「闊二肘・長四肘半」とある――）。（両種ともに）厚い・薄いは、時（候）に随って使えばよいのである。

（この褥、新作を）自ら乞うのは（制）遮（禁止）せられているのだが、（已成・已用・古物などの既製品のリサイクル、及び）他の施したもの（や、他から施された絹糸で織らせたもの、さらには絹自体が安価で入手容易な場合に）は無罪なのである。

（しかし中国の南山律宗、道宣の流れをくむ人々は、絹の使用を）全く許用せず、大いに厳（しい罪）科を（これに課するを）事としているのである。（そしていうまでもないが、）此諸れ（臥具〈＝褥〉）は敷具であって三衣ではないのである。

僧伽の営農――不殺生戒の真の実践・道宣批判――

《訳者補》南山大師道宣の絹衣禁止の論拠が〝不殺生の精神〟にあったのは先にみたところだが、それでいながら、中国仏教では僧侶自らが耕作に従事し――一日不作一日不食――、土中の虫の生命を害なっている現実がある。これは大いなる矛盾ではないか？　以下、義浄の中国仏教批判が続く。

又復律（蔵）では、「正命（正しい生活）は口と腹とが先となる（、つまり如法如律の生活とは、仏の教えに適っている食物によって身体を養うのが第一だ）」と謂っている。（そうであるから、僧伽所有の農地の）耕（作・開）墾は（必）須ず其れが（律の教えに適う〈＝自らは殺生しない〉、という意味で、）宜しくあり得るべきである。（つまり、自らは耕作せずに所領の農地を小作に出し、その収穫物を小作人と分かてばよいのである。そうすれば）種植とても（律の）教綱に違うことは無い。（また、その収穫物とても仏の）法に応じて食用すれば、罪を生じさせることはない。始めに曰う、「身（体）を立ってこそ其の（身体に依拠して）福を長じさせることも能る」というものなのである。

律の教えの依如りに僧家（僧伽）が田を作るとは、（必）須ず浄人と共に（収穫物を分配する、すなわち）分数すべきか、或いは（浄人以外の）余の人戸と共に（収穫を分数）するということである可きなのである。（いずれにしろ、浄人・人戸は、小作料として地主である僧伽に)咸並(収穫物を)六分してその一(分)を抽めているのである。僧(伽)としては、但ら牛を(供)給し、(そしてまた土)地を(貸し)与えるだけで、(その他については)諸事、皆悉(関)知していないのである。或いは(、その収穫の)分数も、(その)時(の豊作・不作)を(商)量えて斟酌するのが可い。西方の諸寺では是の如にしているところが多並いのである。

(では、中国の諸寺はどうだろうか?)或いは貪婪で(、たとえ人に耕作を任せても、その収穫を)分数するというのではなく、自ら奴婢を使い、躬ら営農を検っているのである。戒を護る苾芻ならば、其の(ような寺家の)食(物)は噉(食)べないのである。(その)意(味するところ)は(、このような寺家では)僧(侶)が自ら(耕墾を)経理(、経営)して邪命(、すなわち「正命」の対極である邪な生活)により身(体)を養っているからである。傭人を駆使すれば瞋らずにすますなぞ可はしないし、種(子)を壊ち(大)地を墾せば虫や蟻(の生命)を傷つけることも多いのである。(一)日に(噉)食べるところが一升(0.6ℓ)を過ぎはしないといっても、(これでは)誰でもが復(一日の一升が)百罪に(相)当するということが能る。(このため)〝耿介之士(徳ある人)〟は其の事(耕墾)の繁(瑣・複雑)を疾み、瓶を携え鉢を挟み、之れ(耕墾)を棄てて、長く(諸寺から)鶩り(去り)、独り〝静林の野〟に座り、鳥や鹿と儔と為るを歓び、〝名利の諠囂〟を絶って、〝涅槃の寂滅〟を修めるのである。

若しも衆家(僧家〈=僧伽〉)のために経り求めて利(益)を取る(、すなわち耕作には直接関与せず、営農のための具体的指示を出さず、ただ名目上の地主としてのみ関わる）のだとすれば、是れは律でも聴（許）す所である。（しかし、）土を（耕）墾し（虫の生）命を害（損）なうというのは、（仏説である律の）教門では（開）許してはいないのである。

虫（の生命）を（害）損ない（福）業を妨げる、（一体）寧が復此（の耕墾）に過ぎるものだろうか（？ 否、ない。不殺生戒を犯して福業を損なうこと、この耕墾に過ぎるものはないのである）。（自ら耕作する現在の中国仏教の）罪有る「邪（な）生（活）の十頃（千畝 5.8ha ほどの広さの田地の営農）」については（、南山大師道宣の）著作には（その明々白々たる戒律違反である耕墾・耕作を禁じる）疎しの条（項）も見えないのに、（逆に少しの）過ちも無い「正（しい）行の三衣（が絹であることを禁止する）」については、（南山大師道宣は）還た復幾して文墨（著作）を労しているのだろうか（？ この僧侶の、①耕作黙認と②絹使用の禁止こそは、南山大師道宣が教説の大いに平衡を欠いているところなのだ）。

嗚呼！ （中国の道友よ、私・義浄のように律蔵を）信（じる）者の説を為す可し、（本末顚倒、自説に依りて律蔵を）疑（う）者の言に与する難れ。（中国の南山大師道宣の流れにある人々は、私・義浄のような仏説〈＝律蔵〉の）伝法の家を恐れることに由り、尚も（ただ、①耕作黙認と②絹使用の禁止に）固執せんことを懐っているにすぎないのである。

耽摩立底国からの実見報告（一）～（一二）

《訳者補》 ここでは義浄にとっての最初のインド体験、強い印象をうけた耽摩立底国の僧伽の営農形態について、同志大乗灯の説明も交えて触れられている。また少々本章の主題からは外れるのだが、この国でのくさぐさの見聞も語られている。たとえば、(七)の小師婬戒スキャンダル未遂事件から義浄自身の直接インタビュー(九)までの三項目などは、当時のインド仏教の婬戒に対する配慮の徹底ぶりを示しているし、(一一)(一二)は第二十六章でも触れられていない客苾芻の受け容れられ方が—歓迎・非歓迎の両面で本音の次元で—語られている。貴重な現場からの報告である。

(一) (私・義浄が)初めて耽摩立底(Tāmraliptī)に至たとき、寺院の外に方地(、すなわち四角く区切った場所)が一つあった。忽見ると、(僧家・衆家の人、すなわち僧伽苾芻衆の)家人が(野)菜を取って三分して僧(伽)に一分を与え、自らは両(分)を取って帰っ(て行っ)たのであった。(当時、私・義浄は)未だ其の故(実)が解らなかったので大乗灯法師に、「斯、何意焉?」と問うた(ところ)、(大乗灯法師が)答えて曰うには、「此の寺の僧徒(の間で)は並多戒が行なわれているのです。自ら種植(すなわち、耕作・栽培)を為るというのは大聖(釈迦世尊)の(制)遮(禁止)する所です。(大聖釈迦世尊は、土)地に租(年貢)をかけ、他(実際の耕作者)と苗(穀物)を分かって食べ(よ、とされたのです。さればこそ)、方しく正命をなし、縁(事)を省き、自ら活きている、

（と申せましょう。）耕（作・開）墾や灌漑（などの作業をすることによって必然的に生じる、虫へ）の殺生の罪がないのです（から）」とのことであった。

（二）　又（、私・義浄はこの国で次のようなことも）見た。（それは僧伽の統括責任者である）知事苾芻が、晨旦、井（戸の）辺で水を観（察す）ることである。虫がいなければ（この水は）一日用いることも得るが、（もしその中に虫がいた場合、すなわちそこに生）命が有ったのならば、（必）須ず（虫の生命を護るために、）濾水羅で（その水を）濾すべきなのである。

（三）　又（、私・義浄はこの国で次のようなことも）見た。但ら（僧伽の）外の人（との関わり）では、取るにしろ与えるにしろ、下は一茎の菜（の処分というような些事、軽事）に至るまで、並（必）須ず衆（僧）に問うべきであり（、白羯磨 梵 jñāpti-karman, 巴 ñatti-kamma する、すなわち僧伽の衆議に諮り、確認、承認——その実際については第十九章を参照——をまって）方（始）めて用いるのである（、これも中国とは大いに異なるところである）。

（四）　又（、私・義浄はこの国で次のようなことも）見た。（インドの）寺内には（中国仏教のように寺院組織を管理運営し、秩序を維持するための職掌、すなわち寺主・上座・維那などの三）綱維を立てない。（インドの仏教僧伽では）但ら事が（起こって）来るようなことが有ったならば、（それはそのときになってから）衆（僧）を合めて（対応を）量許るのである。若しも（中国のように、誰か特定の）独りの意に縁って処断するならば、（結果、その一人の）情に随って僧徒を損（害、利）益することになってしまう。（インドではこのように独断専行して）衆（僧）の望みに遵わないような者は、此れを倶羅鉢底（kula-pati　家主）と名づけ、衆（僧）が共（同、）之れを駆（擯）してしまうのである。

（五）　又（、私・義浄はこの国で次のようなことも）見た。尼（僧）が（男）僧寺に入るときには、（まず尼僧伽の尼僧衆を前にしての）白（羯磨すること）が乃ち方にその（男僧寺に赴く以）前にあるのであり、（また、同様に男）僧が尼坊に向かうときにも、（先に僧伽の僧衆に白羯磨で）問うてから、その後で（はじめて尼坊に）進むのである。

（およそ、尼僧が）若しも寺外に出るようなことがあったならば、（そのときには一人ではなく、）両人になって方（始）めて去く。必しも縁事あって俗（人の）舎に至か（必）須らないようなときには、（これもまず尼僧）衆に白（羯磨）して（開）許し（を得）已ってから、四人で共に去くのである。

（六）　又（、私・義浄はこの国で次のようなことも）見た。毎月の四斎の日（、すなわち月の前半である白月・後半である黒月の両八日・両十四、あるいは十五日、つまり支那暦でいえば月の一日・八日・十五日・二十三日・月尽日）に寺に合まった（苾芻）大衆は、晡後（夕方）に咸集まって倶に「寺制」を聴き、（その寺制に）遵い（、その寺制を）奉行、（その寺制を）深く敬い仰ぐ（心）を生じさせるのである。

（七）　又（、私・義浄はこの国で次のようなことも）見た。一人の小師（鐸曷攞 dahara, dahra〈＝具足戒を受けてから十年未満の苾芻〉）が、（求寂〈沙弥〉受戒以前の少年で、苾芻のそば近くにあって身の回りの世話をする）童子（māṇava）に米二升（1.2ℓ）を将たせ、家人（使用人）の婦女に送り与えたことがあった。（ところが、その）情が曲私に渉ったため、有る人が（このことを僧）衆に告（発し、挙罪、捨置羯磨）した。（かくして、僧衆は皆）喚び来たって対勘し、（小師・童子・婦女の三当事者が）皆（その事実を）承引たので、悪事（、すなわち不婬戒違反の事実）は無かったとはいえ、（小師は）自ら慚心を負って寺門（仏門）から（退）出し、（その）名を（所属部派の名簿から抹消、その身分証明書ともいうべき「部書」を）棄て（僧伽から）長く去り、師は（また師で、）余の人を遣して（僧伽に残された私的所有物たる）彼の衣物を送らせたのだった。

但ら是れは（、インドでは、律蔵に基づく僧伽内の苾芻）衆（の）法が共に遵われているということで、（中国のように）未だ（「三綱の制」などという世俗の）官制など（、インドの僧伽では、決して）労してはいないのである。

（八）　又（、私・義浄はこの国で次のようなことも）見た。（在俗の）婦人が寺に入るときは

（苾芻個人の）房の中には進まず、（他人の目に触れる）廊下で共に語るだけ、（それも）暫時で去ってしまうのである。

（九）又（、私・義浄はこの国のここ跋羅訶）寺内で（次のようなことも）見た。（この寺に）一（人、）苾芻が有って、その名を曷羅戸羅蜜呾羅（Rāhulamitra）といった。（当）時、年（齢）は三十（歳）可り、操行は群でなく、名称は高く遠く（聞こえていた。たとえば彼は）、一日で七百頌は有る『宝積経（Ratnakūṭasūtra）』を誦する（、といった風に）。（彼は）〝内典の（経・律・論の）三蔵〟を閑い、（さらに外典の）〝俗言の（リグ・ヴェーダ、ヤジュル・ヴェーダ、サーマ・ヴェーダ、アタルヴァ・ヴェーダの）四明（四薛陀　catur-veda）〟を洞き、（その学・徳は）東聖方処（阿離耶提舎　āryadeśa）では推されて上首と為れていた（人であった）。

（その彼、曷羅戸羅蜜呾羅は）具（足戒）を受けてからは女人とは曾て（対）面して（ものを）言ったことがなく、（たとえ）母や姉が設し来たとしても（自房から）出ていって、ただ観る而已（で言葉は交わさなかったの）であったのである。（私・義浄はこの律蔵の規定を上回る厳格さについて）当時（、彼に）問うて曰ったことがある、「斯れ（、すなわち女人は一切自室に通さず、肉親の女人に対してすらものも言わないというので）は、（釈父の）聖教（・釈迦金口の律蔵の教え）ではないでしょう。何の為に然しているのですか？」と。

それに答えて（彼は）曰うのであった、「我は（纏）染（煩悩）が多い性（格）なのです。此のようにしなくては其の（煩悩のよって来る本）源を杜ぐことができません。（仰る通り、）復これは（大）聖（釈迦世尊の制）遮（禁止したところ）ではありませんが、邪（な行ない）を防ぐのですから、（このように律蔵の規定以上のものを自分に課したところで）亦復（大聖釈迦世尊の教えに対して）何の爽うところがありましょうか（？　いや、違うところなどないはずです）」と。

（一〇）　又（、私・義浄はこの国で次のようなことも）見た。（内・外典に通じ、徳行の高い）多聞や大徳、或いは（経・律・論の三蔵すべてとは言わなくとも、）可く（三蔵のうち）一蔵に精（通・）研（鑽）してさえいれば、衆（家〈＝僧家＝僧伽〉）は上（等の）房を（支）給し、亦浄人をも与えて供え使わせるのである。（そしてこのような碩学は）講（義・）説（法）が尋常なのであって、僧（伽内の色々な雑）事を放免されるのである。

（また、このような多聞や大徳方が外）出するときは多く輿に乗り、（中国のように）鞍が畜められ騎（馬）するようなことはないのである。

（一一）　又（、私・義浄はこの国で次のようなことも）見た。客僧（客苾芻　āgantuka-bhikṣu　すなわちその僧伽に所属していない来訪苾芻）が創めてやって来て寺に入ろうというときには、五日(以)内(に限って)、和(合)衆は(客苾芻用の特別献立、すなわち)好(い内容の)食(べ物)を与え解息むことを冀うのである。

(その五日の)後では僧(伽からの特別の待遇はもう無いのであり、食事内容も僧伽)の(尋)常(の食)となる。若し(その客僧が僧伽にとって価値のある)好(い)人であったならば、和(合)僧(伽 saṃgha)は(その僧徒に)住まることを請うのである。(僧伽の客僧に対する待遇は原則として、)其の(苾芻の)夏(安居の)数(、すなわち法齢)に准ずるのであり、(僧伽の側から)臥具が資(具として供)されるのである。如しも(その客僧に)学識が無いならば常僧と一体であるが、多聞(と称さるべき学・徳)を具えていれば前(述)に准じて(上室・浄人付き、雑用免除で)安置うことになる。(いずれにしろ客僧は、この段階で最早客僧ではなくなったわけで、その)名は僧籍に掛けられ、(その僧伽に以前より住んでいた旧住苾芻 āvāsika-bhikṣu すなわち)旧住人と同じ(資格・待遇)となるのである——その他の詳細は第二十六章を参照——。

(一二) 又(、私・義浄はこの国で次のようなことも)見た。(世俗の生活を棄てて、出家しようという)好心をもって来至た(者があった)ならば、具さに(出家の原)因・由(来)を問う。(そして、)如し(道心が堅固で)出家を求めるのであれば、和(合)僧(伽)は(彼を)剃髪する。(このとき以降、)名字は王籍(王の戸籍＝世間)に干わらなくなるのである。（仏教の苾芻、すなわち僧伽の）衆僧には（各々その所属する）自ら部（派の）書（きつけ）を有つのである。（その後で、）若し（制）戒を破り非（法）を行ずるようなことがあったときには、（僧衆の前で槌を打ち、）揵稚（健椎 ghaṇṭā）を鳴らして、（その苾芻を僧伽から追放、）駆遣する（ことができるのである）。（何となれば、前述の小師恋愛未遂事件始末のように破戒未遂の段階ですら本人が自発的に僧伽から身を引くのであるから……）。

此の（インドの僧伽では）衆僧（各）自が（互いに）相検察する為に、過ちを起こそうにも（その過ちの）萌漸を為ることすら（困）難（であるから）なのである。

義浄自省

《訳者補》さて、こうしてインドの僧伽の現実を見てしまうと、現代（＝唐代）の中国仏教の戒律の理解の仕方や実際の寺院の日常生活での戒律の実践について、インドのそれとの違い、その過誤の数々に思いを致さざるをえない。これについて……

（私・義浄は、）時に（以下のように）歎いて曰ったものだった、「（私・義浄は）昔、神州に在ったころ、自ら律に明るいなどと言って（憚らないで）いた。此（処、耽摩立底国の跋羅訶寺）に到るまで（自分が中国では）反って人を迷わせてしまっていたなどとは、寧して知ることができただろうか（？　否、とても知ることなどできはしなかった）。向に若しも西方に歩を移さなかったならば（、つまりこうして実際にインドにやってきて僧伽に暮らしてみなかったならば）、何うしてよく斯の（戒律の）正則を鑑ることができただろうか（？　否、とてもできなかったに違いない）」と。

此（の私のいう律の正則と）は、つまり、或いは寺家の（僧伽全体の運営に関わる苾芻）衆（の）制であり、或いは（僧伽所属の苾芻一人一人の個）別（の）行の心を要いるところなのである。

（上来述べきたったところの）余（外）は並律文に著されており、（いずれも）末代の（仏の教えを）住（め）持（つ苾芻）の極要なのである。

（以上報告した（一）～（一二）の十二項目、）此れらは皆耽摩立底の跋羅訶（Bharahat? Varahā?）寺の法式なのである。

那爛陀寺簡介――跋羅訶寺との比較――　那爛陀（Nālandā）寺の法（式）は（この跋羅訶寺よりも）更に厳しい。

（那爛陀寺は）僧徒の数は三千を出、封邑（領地）は村（の数にして）二百余（もあるのだ。これらは）、並積代の君王の奉施（、奉納）する所であり、（これがために同寺は）紹隆、絶えることがなかったのである。（では、この隆盛の原因は？　と問われるならば、私・義浄はこう答えよう。一体全体、）律でなくして（、何がそれを可能にしたと）論じられようか（？　否、律以外にはその那爛陀寺紹隆の原因はありはしないのである、と）。

中国仏教「出」世間性批判　亦（、私・義浄はこのインドでは、中国とは異なり）未だ（以下のようなことが）有るのを見はしなかったのである。

（中国では出世間と世間、僧と俗の先・後や優・劣に誤解がある。たとえば僧俗同席時の席次決定に際しては、）俗官こそが衙ぶに当たって〝正〟（に相当する）座（を占める）し、僧徒（の方）はといえば（同じく）行べば（、何と正座ではなく俗官の）〝側〟（に）立（つ、といった有り様）なのだ。（そして、俗官が僧徒を）欺り軽んじ呼喚すことは（、その扱いや待遇において何ら世俗・世間の一般の）凡（夫の）流（類）と異ならず、（また僧徒の方でも俗官の）〝故（旧任者）〟を送り〝新（新任者）〟を迎えるのに（出世間の側が世間の側に歩を運ぶ。かような有り様で）途路にあって幾して倦しないのだろうか（？　インドの常識から中国の現状をみると、その価値の序列において世間と出世間とが本末顛倒しているのだ。実際のところ、中国では寺院〈＝出世間〉が世間から自立独立しておらず、三綱以下の世俗権力の管理下にある）。（そうであるから）若し点検して到らないところがあれば、走って公門（役所）に赴き、曹司（係）に（下）命を求めるのは寒暑を問わず（、日常茶飯の事、というテイタラク）なのである。

そもそも出家の人とは、本（来、）情は（世）俗を離れるのを希い、〝五（怖）畏（①不活畏＝生活できないのではないかとの怖れ、②悪名畏＝他人の評価への怖れ、③死畏＝生命の尽きることへの怖れ、④悪道畏＝不善業をなすことにより悪道へ堕ちることへの怖れ、⑤大衆威徳畏＝権威者の前で感じる威圧の如き怖れ）〟の危（い）道を捨て、〝八正（道）（①正見＝苦・集・滅・道の四諦の正しい見解、②正思惟＝心の行ないを正す、③正語＝正しい言葉を語る、④正業＝身体の行ないを正す、⑤正命＝正しい生活をする、⑥正精進＝正しい努力をする、⑦正念＝正見に意を留める、⑧正定＝正しい禅定をする）の平衢〟に遵うのである。

（ところが現下の中国の僧侶は、身は寺に置きながら心は世俗に在ったときのままではないか？）豈して反って更駆馳（などして）、（一度は棄てたはずの世俗の）羅網に重び嬰ってしまうのだろうか（？　否、そのようなことでよいはずがないではないか）。（世間の喧騒を厭い、出世間の）簡寂を欲求めたはずなのに（、こんなことで）寧して能く（仏の本）意を遂げられるだろうか（？　否、とても遂げられはすまい）。

可謂、「（このようなことは）全く解脱に乖き、（出家本来の）蕭然に順っていないものだ！」と。

（道）理として（出家たる者、必）須ず二六（十二）杜多・十三資具で（質素簡便、）縁（由・縁事ある）に随って済命、旧習を盪除、師僧・父母の鴻沢に報い、天龍・帝主の（甚）深（の）慈（悲）に酬るべきなのである。斯してこそ雅く〝調御の（軌）儀〟に順い、善く〝策修の路〟に愜うことになるのである。

（絹衣のもとである蚕の）〝護命の事〟を論じていた因なのに、且復其の現に（中国で）行なわれていることへの（批判的な発）言になってしまった。願わくば（、この私・義浄ものいい、どうか中国の）諸大徳よ、煩重などと嫌うことなかれ。

著裙・腰條の法　然（而）で（現代インドの主要）四部（派、すなわち大衆部・上座部・根本説一切有部・正量部の間）の殊（異）は、著裙（法）にあっても（各部派がそれぞれ殊）異を表わしていること（にも現われているの）である。

（裙の著け方について具体的に説こう、根本説）一切有部では両辺は外に向け（均等に伸ばし、次に左右重なった部分を十センチほど）双つながら（返し畳み、腹部に向かって）襵（、折り重ねしてもっていき、その上を帯で締めるように）する。大衆部では右裙を左辺に甕在、（根本説一切有部のように外に向けずに）内に向けてこれを挿み（込み）其れが堕ちないようにさせる。（つまり、これは）西方の婦女の著裙（法）と大衆部（のそれと）は無別なのである。上座（部）や正量（部）でも製（制）は亦斯れと同じだが、但外に向けて（伸ばした後、）直ぐに翻し、傍らに挿みこむ（ところが他部派と）異なっている。

腰條（kakṣabandha　後出の「腰帯」に同じ）の製（制）も亦復（各部派により）不同である。（苾芻）尼（の著裙・著腰條法）は（その所属する）部（派）に准じ（、男）僧（の場合）と如じであり、（同一部派内で僧と尼とで著裙・著腰條の法に）全く別の体があるわけではないのである。

中国風に変容した僧衣への批判と中国仏教批判

且で、神州の（僧）祇支・偏袒・覆膊・方裙・褌・袴・袍・襦の如なものは、咸（律蔵に定める「衣」の）本製に乖いているのである。何うして但同袖や連脊だけ（が非法の衣服だ、などと言えるの）だろうか（？否、そうではないのであって、〈僧〉祇支以下のすべての衣服が問題となるのである）。（そうであってみれば、上にあげた〈僧〉祇支以下のすべて中国風に変容してしまった諸々の僧衣は、もしも）披著するに至れば（、即）律儀に称わないことになり、服て用いれば（、即）並皆罪を得ることになるのである。頗し（このような僧衣を）著て西方に至るようなことがあれば、（インドの）人は皆共に笑うので（、当人はその不如法・不如律なるを）慚懐、（インドの人の嘲笑をかったのを己）内に恥じて（このような衣などは衣としては用いずに、）裂いて雑用に充てることになってしまうだろう。（それというのも、）此れら（中国風に変容した僧衣）は（どれも）皆（律儀に背く）非法の衣服だからなのである。

（このような日常瑣末な事柄は、私・義浄が）若しも黙っていて説かなければ（、中国の人々にとっては）知ろうにも由が無い（ような事実な）のである。（しかし同時に、）如しも（私・義浄が面と向かって）直言しようと欲ったのならば、復恐らく聞（く）者に（東川の雅服を非難したとして、逆に私の方が）怨まれることだろう。是以で、（私・義浄は本書『寄帰伝』の体裁の下、）短懐を杼軸とし、進・退を沈吟んでみた（、という次第なのだ）。願わくば（神州の）智者たちよ、詳察して〝衣服の本（来の）儀〟を（体）識ってほしいものだ。

又西方の（非出家の）俗侶や官人で（これをいうならば、）貴勝（種 varṇa〈＝上級カーストか？〉）でも著る所の衣服は唯だ白氎（木綿、それが二枚で一対、その）一双だけであり、貧賤の流（類）い（下級カーストか？）では（著るところの衣服は）只だ一布を有つだけである。出家の法衆（僧伽の苾芻衆）は但三衣六物だけを畜えており、（その）盈長を楽う者でも方に十三資具を用いている（だけである）。（そうであってみれば、）東夏で「同袖及び連脊衣を（開）許さない」などとしているのは、蓋うに自ら東川（風の法衣）を習って（いるのみで）、西国（の法衣）については妄談しただけ（だ、といったところ）である。

インド及び辺境の俗服簡介　即如で、贍部洲（Jambudvīpa　ここではインド亜大陸部）の中、及び諸（々）の辺（隅の）海（洲）の人物（人々）の衣服についても（簡）略に之れを言っておこう。

且て(まず地理上の位置を確認する。贍部洲と呼ばれる地域を定義するならば、これは中インドの)莫訶菩提(Mahābodhi[大覚]寺を起点として、この寺)から東、臨邑(Campā)に至るまで二十余国があり、(これは)当しく(現在のヴェトナム北部の)驩州の南(の)界に当たるのである。(中インドの莫訶菩提寺から)西(、及び)南は海に至る(までが贍部洲である)。(莫訶菩提寺から)北は(その範囲、)羯湿弥羅(Kaśmīra)に斉しくする(まで。以上、東南西北の域内が贍部洲なのである)。

并びに南海の中には十余国と及び師子洲(Siṃhaladvīpa)が有り(、これら南海の国々では)並二(枚のサロン、すなわち)敢曼を著けている。(この敢曼の披著に際して)腰帯(kāyabandhana　前出の「腰條」に同じ)は(施されること)なく、亦(本制として)裁縫もせず、直ちに闊布の両尋(十六尺=5m)を腰に繞らし下で抹ている。

西天(竺)の外、大海の辺隅に波剌斯(梵 Pārasī, Persia)及び多氏(Tāzi, Tadjik)国があり、(これらの国々の人々は)並びに衫(上着)と袴を著けている。

裸国では適く衣服は無く、男女とも咸皆赤体である。

羯湿弥羅から已去、速利(Sūli, Soghd, Sogdiana)などの諸胡(国)や吐蕃(土蕃 Tuban, Tüpüt, Tibet)、突厥(Türk, Türkiye)に及ぶまで(身に着けるものは)大途、相似ており、敢曼は著けずに氈裘がその務(を果たし)、少しながら劫貝も有り、時に(これを)著ける者も存る。其の(理由は、これらの地方が)寒(冷の)地なので衫と袴が常(用されているからなの)である。

此れらの諸国の中、唯だ波剌斯及び裸国・吐蕃・突厥などには元より仏法は無いのだが、(その)余(外の国々で)は皆(仏法を)遵奉している。(然)而して(これらの)〝衫と袴の郷(々)〟では咸洗浄ということをしないのである。是(の洗浄という事実)によって五天(竺)の地は(他の文明の光被せぬ国々に比べて)、自らを清く高い(もの)と恃んでいるのである。

随方毘尼は無根拠

然(而)で、(目をわが中国に転じてみよう。中国の先人の遺)風(余)流には儒(教の教養があって行ない)雅、礼(儀と)節(度)は逢迎(で社会にも名分、秩序があり)、食噉は淳濃、仁義は豊贍である。(このような国は、世界広しといえども、)其れは唯だ東夏だけなのであり、余(外)には(いかなる国といえども、この完全無欠の中国の右に出るものとして自らを)加えることなど能はしないのである。(しかし、この中国にあって仏教の出家はどうだろうか? 彼らは①但ら食(噉)べても浄(と触=不浄、の区分け)を護らないし、(②便利しても洗わないし、(③食後に)楊枝(歯木)も嚼みはしないのである。(これらの)事は西域とは殊(異なり、神州=中国が、実は文化・文明の光被せぬ野蛮国であることを証している）るのである。（然）而も（中国の法侶はといえば、）現に非法の衣服を著ていながら、（それを罪）過ではないと為ているのである。（彼らが）彼の『略教』の文――第十六章も参照。『略教』は義浄訳『百一羯磨』中の義浄の原注（大正蔵巻二四、四九八頁中段～下段）にある――を引いて、「此方では不浄でも余方で清浄ならば（それは）行なうことが得き、罪では無いのだ」と云っているのは、斯れは（『五分律』の翻）訳者の（解釈の訛）謬なのであって、（この『略教』の真）意は然ではないのである。（この問題については）具さには別の処（で述べるところ）の如りである。

（これで『五分律』、及びそれに依拠した道宣のいういわゆる「随方毘尼」論は根拠を失ったことになる。）若しも爾であるならば、神州の苾芻は三衣を除く（余）外（の法衣）は並（調御の儀、すなわち大）聖（釈迦世尊の律）儀ではないこととなり、既に（律を）犯すところが有るのだから、（道）理としても（中国の法侶は僧祇支以下の衣服を）服て用いることは難しいこととなるのである。（かくしてインドの三衣のみが如法如律となり、現行の中国風に変容した中国仏教の衣服は非法となったわけである。では、現実にインドとは気候風土の異なる中国仏教はこの衣服の問題、実際のところどうしたらよいのだろうか？）

立播衣の有効性　且如で西方は（温）煖の地なので（衣）単布で自（然）と終年（暮らすこと）が可る。（しかし、インド以外ではどうだろうか？）　雪嶺寒郷で（仏の教えを）遺そうと欲えば（、身体を）存済うのには（、三衣一鉢という律蔵の定めとの兼ね合いで）若為たらよいのだろうか？　身（体）を安らかにして（修道の）業が進むとは、（大）聖（釈迦世尊）に誠言がある。（身）体を苦しめて（修道の業に）労勤めるというのは（仏教以外の宗教、すなわち）外道の教えである。（大聖釈迦世尊の誠言と外道の教え、どちらを）去て（どちらを）取るかの（道）理、（貴方は）其れは如何したらよいと欲うのだろうか（？　取捨の選択は自ずから明らかであるはずだ）。

然（而）で（大）聖（釈迦世尊の）開（許）された（、熱暑のインドとは異なる寒冷の外国で如法如律たらんとするときの便法たる）〝立播の服〟は通く寒郷で被（着す）る（ことができる）のである。斯（の立播の服）さえあれば（寒冷地でも）身（体）を養うことが足に得るのである。（されば、）亦復（斯の立播の服）、何うして（仏の）道を妨げることに成るだろうか（？否、決して成りはしないのである）。

梵（言）で云う〝立播（の服）〟とは、（中国語に）訳すならば「裹腹」衣となる。其の（立播の服の）所製の儀について略っと形様を陳べよう。（中国の衣を例にとってこれを説明する。外見は同じ袖無し短衣の胴着である①正背と②偏袒衣の二つでは、①）正背は去てて直ちに（②）偏袒（衣）の一辺を取り（去り）、袖は著けるべきではないのである。（そしてこの立播の服は、）唯だ（必）須ず一幅（二尺二寸＝68.4cm）であるべきで、纔っと手を穿くことが得る(くらいの大きさしかなく)、肩袖も寛くはない。左辺を著在にして宜しく闊大ないようにする。右辺は帯で交め風が侵(入)らないようにさせる。綿絮を貯めることも多く、事として(必)須ず厚煖にしなければならないのである。亦右辺は(帯でとめるのではなく)刺合せ(、すっぽり)頭を貫いて腋を紐でとめるものも有る。斯れがその本製である。(私・義浄の)西方で目験(ところで)は、胡地(北方の未開国)の僧(徒)が来ることがあると(、彼らがこの立播の服〈＝立播衣〉を)携えたり著たりしていたのを見ることが多かった。那爛陀(のような気候の)処では斯の(立播)衣を観ることはない。(それは)良に(この)国が熱いことに由り、人は咸(この立播衣を)用い(る必要が)ないからなのである。斯の(仏の立播衣着用を)開(許)された意に准うならば(、その着用の理由は、一にかかって防寒にあり、)寒郷の為というに直るのである。

立播衣と偏袒・正背・偏衫等　其の(中国風に変容した衣である)偏袒や正背(の成り立ち)を考えてみると、元(来)は斯(の寒郷防寒用「立播衣」)を踵けたものであった(ことが分かる)のである。而し(中国で)剰に(衣の)右畔を加えて作ったので、(右肩ぬぎするインドの立播衣の)本(来)の威義を失っているのである。(さすれば、律に照らせば)製ってはならないものを自ら為っているのだから、(一)定っと越法(の罪)を招くことになろう。(それに引き替えれば、この本来の)立播(衣)の如きに至っては、腹(部)を抱るのであるから自ら厳しい寒さを免れる(ことができる)し、(又同様に)厚(手の)帔を通披すれば隆凍といっても(充分寒さを)遮るに足るのである(。大聖釈迦世尊の立播・厚帔の開許、何とも懇ろな配慮ではないか)。

(ところで、そもそも仏の)形像の処で仏を礼(拝)し、(また)尊(宿、すなわち法齢上位者)に対したときに、(右)髆を露にする(、すなわち〝偏袒右肩〟に衣を着て、礼敬の思いを形に表わす)のが(インドの)恒なのであるから、(中国のように右畔のある偏袒や正背を着て、右肩を)掩ってしまうのでは(これは当然)罪を獲ることになってしまうのである。然則ば出家は(縁)事を省く(、というのが原理原則であることを思い起こそう)。冬月には居房で炭火とても時に随(い用いて、三衣・六物・十三資具の如法如律の衣で過ごすべきであろ)う。(されば、中国の僧侶のように)詎して多くの服を(得んと心を)労する(必要がある)だろうか(? 否、冬に煖がとれれば多服を揃えんとする必要など無い)。(しかし、)必しも病縁が有ったならば要須ず(三衣・六物・十三資具……以外の衣も)著るべきなのである。時に臨んで処断し(、しかも仏の金口、すなわち律蔵に定める本来の威)義に乖かせないようにすべきである。

然而で東夏の寒さは厳しく身体を劈裂(ほどな)のである。若しも煖(な)服がないとしたら、(仏の教えも、それを伝える人も両者)交羸れさせられ、亡くなることになってしまうことになる。既に(困)難(な)縁(事=状況)で為るのだから、(仏法の道)理として(必)須ず弘(く救)済すべきである。(中国仏教では、)方裙や偏袒は(その)形(状)が(世)俗(服の)流(類いにあるもの)を(流用して法服用に)簡んだのだが、(そうではなく、仏説の律蔵にその規定のある)唯の立播衣こそが寒冬(厳寒期)には暫く著る(のも認められよう)。(また、立播衣が)本(来の)製ではないことを知っていても、(それは生)命の為に権(りに)開(許)したのであって、(ちょうど円滑に回転するように)車に油を置く如なものなのである。(しかし、これら寒郷用の衣服の着用については、己)内に慚(心)を生じること厚く、必しも(これらの衣服を着ずに、律に定める三衣・六物・十三資具の如法如律の衣のみに即すのであれば、それこそは)極めて佳(い)事なのである。

自余の(前述の中国の)袍・袴・褌、(及び北方の胡国の)衫の(流)類いは咸悉く決(定)めて(必)須ず(着用を禁止、)遮断すべきである。(立播や厚帔以外は)厳(しい)寒さでも既に(着用を)謝けているのであるから、(これらの衣服は当然)身(体)に擐ける合きではないのである。(然)而ら復更に偏衫を著けるなどというにいたっては、実に開(許)す限りではないのである。

要約(一) (苾芻の衣物について上来説くところ、)斯れは〃(種々の)繁(瑣・複雑)〃を去って〃要(中の要)〃を得る(ようにした)ものであり、(大)聖(釈迦世尊の)情を仰ぎ、それに順うものである。（これに対して中国の仏教のように釈尊の聖言〈＝金口〉である律蔵に依拠するのではなく、単に師資相承、師から弟子へと受け継がれ、）自ら随っているところが可で乍るとする一身の伝授では恐らく衆（僧）を誤らせてしまうことだろう。

如しも斯の（中国の）故轍を改め、務めて（私・義浄のいう）新蹤に執ることが能るのならば（以下のように）謂うことが可るだろう……。

蟬聯少室架鷲峯而並峻、
櫛批王舎通帝郷而共囲。
鴻河則合泚於文池、
細柳乃同暉於覚樹。
変桑田而騰茂、
尽劫石而揚輝。
誠可嗟矣、
誠可務哉。

蟬聯す少室、鷲峯に架して並峻、　（中国の）少室（山）に蟬聯って（インドの）鷲峯（霊鷲山）が架かり、（中国・インドの二山は）並び峻ち、櫛批す王舎、帝郷に通じて共囲。
鴻河則ち合泚す、文池に於いて、
細柳乃ち同暉す、覚樹に於いて。
桑田を変じて騰茂し、
劫石を尽くし揚輝す。

誠なるかな嗟くべし、
誠なるかな務むべし。

(インドの)王舎(城)は櫛批《なら》んで(中国の)帝郷(長安・洛陽?・)に通じて、(印・中二帝都は)共に囲《めぐ》(遶《ら》)さる。

(中国の)鴻河(黄河?・)は泚《きよいみず》を(インドの)文池(目真鱗陀龍王池)に合し、

(中国の)細柳は暉《かがや》きを(インドの)覚樹(菩提樹)に同じくする。

(中国の喩えにあるように、)桑田を変(じて海となるほどの世の変転)にも(仏の法は)騰茂《さか》え、

(インドの喩えにあるように、天女の衣が磨り減らすという)劫石を尽くすとも(仏の法は)輝きを揚げる。

誠に嗟《なげ》くべし。

誠に務《つと》むべし。


但し、仏日は既に沈んでしまった(。すなわち歴史上の釈迦の生命は既に尽きてしまった)のではあるが、(その仏の)教え(、すなわち律蔵)は後季《のちのよ》に留っている。之《こ》れを行なえ

ば大師（釈迦世尊）に対面し（たも同じことになるのだが）、（この仏の）教（え、すなわち律蔵）に背けば衆くの過ちが現前することになる。故に『経』（『涅槃経』か？）でも、「若し能く戒を奉ずれば、我（釈迦牟尼）の存するに（別）異なること無からん」と云っている。

（しかし、中国の僧侶方は反論されるだろう。）或いは（私を批判して）、「（義浄よ、汝の言うようなことは）旧来の上徳（・大徳、すなわち古徳の方々）は並悉く（そのようなことは）言っていない。今日、（汝のような）後（代の）人が何事して（軌）則を移えようとするのだ？」と云う（ように）。（この発言の当否についていうならば、これは）固より然ではないのである。（そもそも、仏の〝）法（〟すなわち律の教説）に依るのであって（〝）人（〟すなわち私・義浄個人に依るの）では匪い、との（「依法匪人」＝「依法不依人」の）教（え）は弘く（仏の）説くところである。之れを律蔵で考えるならば、衣・食に罪が無いことこそ方に取るべき（第一）である。（そしてこのことは、）之れを知るのが艱しいのではなく、之れを行なうのが難しいのである。（そうであれば私・義浄のいうことを）聞いていながら若しも行なわないというとき、寧してそれが導者（、すなわち私・義浄）の過ちになるだろうか（？否、そうはならないはずだ。過ちは私のいうことを聞いていながら行なうことをしない、その人にこそあるのだから）。

要約（二）――偈頌によるまとめ――　重ねて曰う。

含生之類　衣食是先
斯為枷鎖　控制生田
奉聖言則　蕭然出離
任自意乃　罪累相牽
智者須鑑　事在目前
如玉処泥　若水居蓮
八風既離　五怖寧纏
衣纔蔽体　食但支懸
専求解脱　不願人天
杜多畢命　拯物窮年
棄九門之虚偽　希十地之円堅
合受施於五百　為福利於三千

含生（がんしょう）の類なれば、　生きとし生くる者なれば、
衣食が是れ先なり。　衣・食が先ずは第一で、
斯れ枷鎖なり、　これが枷（かせ）なり鎖（くさり）なり、

生田に控制せしむ。
(大)聖(の)言をば奉ずれば、
出離は蕭然たり。
自意に任さば、
罪累、相牽くなり。
智者は須く鑑みるべし、
事、目前に在り。
玉の泥に処するが如く、
水の蓮に居するが若し。
八風、既に離る、
五怖、寧ぞ纏わらん。

衣は纔かに体を蔽い、
食は但だ支え懸くのみ。
専ら解脱を求め、
人天を願わず、

三界流転に引きとどむ。
(大)聖(釈迦世尊の誠)言を奉ずれば、
(三界)出離は蕭 然、
自が意に任せれば、
罪が罪よぶ煩累ばかり。
智慧ある者は鑑みよ、
事は焦眉の急を告ぐ。
泥に染まらぬ玉のよう、
蓮葉の上なる水玉か。
心八風(利・衰・毀・誉・称・譏・苦・楽)既になく、
五怖(畏、すなわち不活畏・悪名畏・死畏・悪道畏・大衆威徳畏)纏わる故もなし。
衣は(身)体を蔽えば足りる、
食も(身体が)保てばよい。
専ら解脱を追い求め、
人・天後世を願わずに、

杜多にて命を畢え、
物を拯いて年を窮めん。
九門の虚偽を棄て、
十地の円堅を希わん。
施を受かば五百に合し
三千を福利せん。

（十三）杜多にて（生）命を終えん、
衆生救いて年老いん。
棄つるは虚偽なる九世界、
願うは円かに固き（菩薩の）十世界。
受くる布施とて（五百）羅漢に合し、
福（徳・）利（益）は三千（大千世界）に満てん。

第十一章　著衣法式［衣の著方のきまり］

梗　概　前章の衣物の総論に続き、この第十一章では衣の着方について述べられている。まず衣には上下に各一組ずつ㡌と紐が施され、これにより衣をしっかり身体に固定できるようになっている。五肘の大衣を二つ折りし、肩にあたるところ、縁から四、五指の場所に五指四方の方帖をつけ、その中央に孔をあけて㡌がつけられる。㡌は絛か帛、長さは二指、同心結びにして方帖の孔を通して十字にとめ、できた二つの㡌に紐を通して胸前で結ぶ。

大衣の着方は(i)偏袒右肩、(ii)通肩、(iii)もともと大衣を着けない、という三種の状況がある。(i)は尊者・尊容に対したとき、(ii)は遊行途中や俗人の家に入ったとき、(iii)は寺内(＝結浄地された界分の内)にあるときである。大衣の右角を垂らすのは非法の着方「象鼻」だが、これは絹が滑り易いために非とされる。しかし象鼻支持者は強力で、正則を伝える渡来のインド人苾芻も三蔵法師玄奘も、その前には無力であったとの義浄の興味深い報告がある。

瓶や鉢はそれぞれ専用の袋に入れられ、掛け紐(襻)で両肩にかけ、その上に通肩に衣を着るのだが、①この袋の紐は短く、②各々の紐が胸前で交差して胸を締め付けないようにする。外出先に到着したときにはまず傘蓋を安置し、衣の紐を解いて房前の壁上の象牙(＝木製フック)に衣鉢をかけることになる。

滑りやすい袈裟はうまく肩に著いてくれないので、滑りにくい素材として、絁・紬・白氎が好ましいとされる。インドの僧脚崎衣は中国の覆髆に相当するが、結浄地された界分の内ならば大衣は不要で、この僧脚崎衣と裙だけでよい。外に出るにはこの上に大衣を通肩に披り、尊者・尊像に対したときには偏袒右肩に披著法を変更する。いずれも僧脚崎衣と裙が基本となる。

正しく裙を着けるについて、まず裙のサイズ、素材、裁縫、着方が述べられ、次にその上に施す腰條について、形態、締め方が説かれて、根本有部派の「円整著裙」の出来上がりとなる。なお、條は靴の條や韈の帯の類と考えてよく、その断面も方形でも円形でもよいが、麻縄の類いは不可である、とされる。

また中国の披著法では裙や大衣の裾が長々と地を引きずるのだが、裾は踝の上にあるのが正則である。

インドでは裙や大衣はみな横につける。また裙の素材は白氎、サイズは93.3×93.3cmだが、貧しく入手困難なものには、次章に説く倶蘇洛迦状のものを作るよう指示されている。

衣は壊色のため染色、顔料は地黄、黄屑以下のものを用いる。中国のように青緑や真紫、褐色の衣などというものはない。また、一度染めれば破れるまでその衣を着るというのが原則であり、これまた中国のように複数の衣を求めるようなことはない。

履物でも、長靴、線鞋、色つき・縫いとり・文様(模様)あり、というものは不可である。

三衣を著て、㡇(仏梵 pāsaka 鉤)と紐(巴 gaṇṭhikā 紐)を施す(ことになるのだが、衣や裙などの著方に関するインド仏教の正則、その)法式について(、本章では以下に)律に依って之れを陳べてみることにする。

⿰巾句紐論　（衣を身体にしっかり固定させて着崩れさせないために施されたものが⿰巾句と紐である。その位置から説明すれば、まず長さ）五肘（2.33m）の衣を可取り、畳んで三襵に作る。（次には、）其の肩頭の畳む処（、すなわちまず三つ折りにして三等分し、その折り目二つのうち、着たとき肩にあたる方）の縁から四、五指（7.8〜9.7cm）許り去ったところに方帖（、すなわちひもかぎ台座用の、四角い張り付け布）を安（帯）ける。（この方帖は、）五指（四）方可りで周りは四辺（すべて）を刺い、中（央部）に当たる（ところ）に錐で小孔を穿って、衣⿰巾句を安（帯）けるのである。

其の⿰巾句（の形状について説明すれば、これ）は或いは絛、或いは帛で、麁ぼ細さは（、中国の袖無し襦袢である）衫の⿰巾句の如で（、両者は）相似ている。長さ両指（量＝3.9cm）可り、結ぶときには同心（結び）に作て、余ったならば截却る。

（次に、）⿰巾句を孔に穿し外に向けて牽き出し、十字にして反し繫める。便で両つ⿰巾句が成たことになる。紐を此の中に内れると、其れは胸前の畳む処（にくるの）である。縁辺に紐を安（帯）けるのも亦（中国の）衫の紐の如である。（以上が）其の（⿰巾句と紐についての）法（式）である。

先ず本（来の）製を呈してみたが、これは略っと大綱に准ったままで、若しも妙しく其の法（式）を体（識）りたいと欲うのであるならば、終しても（私・義浄が必）須ず対面して、而から(伝)授しなければならない(だろう)。(然而で)衣の下畔にも(、もう一組)絇と紐が亦施されているので、随意に到さにして披る(ことができる)。是れは(大)聖(釈迦世尊)の開許(すところ)である。両頭の角から八指(15.5cm)許可り去ったところにも(さらに)各(々)一絇・一紐を施すわけだが、此れは食(事の)時に須いる所であり、胸前で反し疊んで紐で相合わせるのである。(以上、)此れが要と成っているのである。

偏袒右肩と通肩と上衣を披著しない場合

凡そ寺内に在(るとき苾芻は、①結浄地された界分内なので、この場合必ずしも三衣すべての披著を必要としない、すなわち離衣宿戒の適用下にあ)り、或いは時に(同位や下位の苾芻)衆に対(面)することがあるとしても、(この寺内では三衣すべてを著けて)紐を(絇に安)帯けたり、及び籠肩(、すなわち両肩を覆う②通肩)の披(著)法などすることは必く無いのである。

(そして、)若しも(寺から)外に向かって遊行したり、并びに俗(人の)舎に入るときになって、方(始)めて(必)須ず紐を(絇に安)帯け(て、②通肩に衣を披著)すべきことになる。その余(外)の時には但ら(、肌脱ぎして右肩だけを露にする③偏袒右肩に衣を披著し、かように衣を)肩に搭ける可きである、という(。すなわち披著衣法といっても、①三衣すべてを着けない、②通肩に着る、③偏袒右肩に着る)而已のことである。

屛私（私を隠す、つまり人目の無い所）で執務するときには随意に（衣を前から裏返して肩にかける披著法、つまり衣を）反抄（巴 ukkhittaka <梵 ud-√kṣip "挙げる、置く"）していてよいのだが、若し尊（者・尊）容に対したときは、事として（必）須ず斉整しく（偏袒右肩に衣を披著）すべきであり、（また）衣の右角を左肩に寛げ搭けるのであって、之れを背後に垂して（、後述の象鼻のように）肘上に安（在）いてはならないのである。

若しも紐を（㡊に安）帯けようというのであれば、須く（まず衣を）通肩に披るべきである。それが已ったら紐を㡊に内れ、廻して肩の後ろに向け、脱（落）しないようにさせ、（衣）角を肩に搭ける。衣は頸を繞らして、双手は（その）下から出し、（衣の）一角は前に向かう。（この通肩に衣を披著する姿は、）阿育王像が正に其の（法）式に当っている（ので参考となるだろう）。（寺から）出て（外に）行くときは傘を執（持）つが、（その）形儀は可愛しいものである。即ち是れが（仏の）教えに依った斉整しい上衣の（披）著（法）である。

傘　傘は竹（の繊維）を（使）用、之れを織（って作）る可きである。（その織った竹の）薄さは竹簟（竹のたかむしろ）如で、一重で得い。（傘の）大・小は情の随だが、（その広げたときの）寛さは二～三尺（62～93cm）、頂（上）の中（央部）は複（、すなわち二重構造）に作って柄を施す擬にする。其の柄の長短の量は（傘）蓋の闊さに如じである。（この傘蓋、強度不足なので）或いは薄く漆で払うのでも可く、或いは（竹ではなく）葦を織って之れを為るのでも可く、或いは藤（蔓で編んだ）帽（子）の流（類）いの如にし（ても可く）、（あるいは）紙を夾んだりなどして、亦（堅）牢に成るのである。

神州では先から（、何故か伝統的にこの傘の使用が）行なわれていないのであるが、之れを為ることにも亦（重）要（な意味があるの）である。（何故なら、この傘さえあれば）驟雨でも衣服を霑さずにすむし、赫熱でも実に涼を招くことが可る（のであるから）。（傘の所有・携帯は、）既に律に依って（是認されており、）而も身（体）を（利）益するのである。（されば、）之れを擎つことも固より亦（律に説くところを）損なわないのである。

斯れ等の所論は（、重）要事なのだが、多並ど神州では行なわれていないのである。

象鼻批判　袈裟の角を垂らすというのは、正しく（誤った衣の著方である）〝象鼻（hasti-suṇḍa）〟に当たるのである。（しかし、）梵僧が縦（令）い（中国に）至ることがあっても、（彼らも）皆亦（この象鼻に付和）雷同してしまう。（この象鼻流行の原因は、）良に絹が滑って（しまい）肩から堕ちてしまう為なのであって、遂に（これがために律蔵に定める）正則を訛替させてしまったのである。後に唐三蔵（玄奘）が（インドに）来て（衣の正しい肩への搭け方、すなわち）搭肩法を（中国に）伝えたのであるが、然而し（我が中国の旧来よりの上徳、大徳、すなわち）古徳には（これを）嫌（う）者が尚、多いのである。旧に党しむという迷いは、在処にも皆有るものである。

短紐と横裙　其の三衣に若し短紐を安（帯）け（る、つまり身体に巡らすと三回り以上もある中国の）長條を截れば〝（仏の）教えに違うという愆ち〟から現に免れる（ことができるのである）し、（若し）横裙を著け（る、つまり中国で身につける）腰縁を去れば（非法の衣服を作ることから解放される、すなわち）〝針線の労〟までも交息むことになるのである。

襻（掛け紐）　所有る瓶や鉢は各（々左右）両肩に挂ける。（それは瓶や鉢が）纔っと腋の下に至る（といった位置、恰好で）、交わり絡まらないようにす合きである。（そうであるから）襻（掛け紐やつけ紐で襷ではない）は長くはなく、但髆を而已っと穿くことが容る（くらいな）のである。

若しも（襻が長くて）胸前で交わり絡まってしまったら（、胸が圧迫され呼吸が困難となり、その）人の気（息）を急にしてしまう。そのようなものは元より本（来の）製ではないのだから、行なう可きではないのである。

鉢袋の儀については（以）下に弁じる如りである。

北方の速利（Sūli, Soghd）の諸人は多く（襻を胸前で）交わり絡ませるように（これを）行なっているが、（これはインドの仏教の正則が、地）方に随って変わり改められたということであり、実に（大師釈迦世尊、御自身の発言、すなわち金口に基づく律の定めではないということ、つまり、この北方胡人の襻の胸前交絡などは、）仏制ではないのである。

設しも（このとき、）余（の法）衣も有ったのならば、長く（左右の）肩の上に搭けて、然後で通（肩に衣を）披って其の（余）衣や鉢は覆ってしまうのである。

脱傘解紐　若し（他の）寺（家）に（出）向いたり、及び俗（人の）家に詣くときには、要（須）ず房舎に至れば（、まず）傘蓋を安置いてから、方始めて（衣の）紐を解いて其の衣・鉢を（壁のフックに）掛けることになるのである。（そのために）房（舎）の前の壁の上には多く象牙（杙 nāga-danta ものを掛けるためのフックで実際は木製）が（安）置けられている。（そうであってみれば、中国の道友よ、我が中国の寺院にあっても苾芻が来至する、その）時に臨んで物（、ここでは衣・鉢）を安（置）くにも処が無いなどというようなことがないようにさせなければならない。その余（外）については「第二十六　客旧相遇」の章に説く（ところ）に同じである。

衣材　然（而）で其の薄い絹で為った袈裟は滑ることが多く、肯く肩に著いていてくれない。礼拝の時などには、遂便て地に落ちることになってしまうのである。（それならば）堕ちない物を任に取って之れを為れ。絁（絹）・紬・白氎などが（、薄い絹に代わって、）其の要となろう。

僧脚崎衣　僧脚崎（saṃkakṣikā）衣（掩腋衣）とは（中国でいう）「覆髆（覆膊）」のことなのだが、（インドのそれと比べるならば、中国のものに）更に一肘（46.7cm）を加えて（方）

始めて(インドの)本(来の)儀に合(致)する(大きさとなる)のである。

其の披著法とは右肩を(露)出し、交りに左髆には(この衣を)搭けるものである。(寺院内など、結浄地〈=結界した界分の内〉である)房の中で恒に著ているものはといえば、唯だ此れと裙だけで(よく、三衣すべてを著けなくともよいので)ある。(界分より)外に出るとき(は両肩を覆う「通肩」に衣を披り)、尊(宿・尊像)に礼(拝)するときには(右肩を出して敬意を表わす「偏袒右肩」に衣を披ることになるわけだが、いずれもこの僧脚崎と裙の上に)任に余の服を加えればよいのである。

円整に著裙するの法　裙を著ける法式について聊か大況を陳べてみる。即如ち(根本説一切)有部の裙の製りかたは、横五肘(3.11m)・竪両肘(1.24m)の絁絹、及び(白氎)布を(用いるのだが、これは所)有する(機会があれば、それ)に随い之れを作る(というものであって、わざわざそのために揃えたり用意したりする必要はないのである)。(裙は、)西国では並悉単(衣、一枚きり)に為るが、神州では情に任せて複(衣、二着目、すなわち複裙)にも作るし、(裙全体の大きささえ合法ならば、小布の縫合の)横・竪は随意である。(そして、この裙を)身(体)に繞し既訖ったのならば、(それを)擡て臍(輪)を過ぎ(るまで上に引き上げ)、右手で左辺の上角を牽いて内(側)に(安)在き、(そのまま)牽いて腰の右辺に向かわせる。左(右か?)辺の上の裾は外辺を取って左畔を掩う。

義浄《原注》

右手に近い辺を右裾とし、左手に近い辺を左裾とする。

両手で二畔(両端)を挙げて正平にさせ、中間も矗直にして、三襵に成る。

義浄《原注》

(「矗」字の発音は、)「勅[ṭ'ɪək]」と「六[lɪuk]」の反(切)、([ṭ'ɪuk]という音)である。

(その)後、両手で襵て腰に至、(こちら側も)倶に三畳にし、後ろに向けて之れを掩ってしまう。両角は各(々)三指(5.8cm)ほど擡げ、倶に挿んで脊に向け、下げて腰間に入れること三指許り可とする。

斯れならば未だ縦(令)い(腰)條(kāyabandhana)を繫がないうちでも、亦乃(裙はしっかり)身(体)に著いていて落ちはしないのである。

その後で腰條の長さ五肘(2.33m)許り(のものを著けるのだが)、正中には鉤が取いている。(その腰條の披着法を説明するならば、まず腰條をとり)挙げて臍(輪)下に向かわせ、裙の上縁を抹って後ろに向かい、双(方)を排べて(身体の後ろで)交度し、前に抽いて、傍らも左右を牽き、各(々)一手で牢く両辺を圧しつける。彼の(左右からきた)両條を(身体に)纏らすことは三度させる可きである。長すぎれば割却、少ければ更に添す。條帯の頭は緝綵す合きではない。(以上、)斯れを「円整著裙」と謂うが、(これこそが他の部派と慕攞)薩婆(悉底婆)多(Mūla-sarvāstivāda 根本説一切有)部が別(である、と特徴づけるところ)なのである。(律蔵に)「鉢履曼荼羅(pari-maṇḍala 円整)」に「泥婆娑(nivāsana 裙)」を「著ける(ni-√vas)」(すなわち、parimaṇḍalaṃ nivāsanaṃ nivāsayiṣyāmaḥ)とあるが、(上来説いてきた)其れが真(実)なのであり、(これを中国語に)訳したのが「円整著裙(あるいは斉整著裙、我ら円かに裙をば着けさしめん)」ということなのである。(腰條について補足説明すれば、腰)條の闊さは指面如、靴の條や韈の帯の流(類)いである。(この條の断面が)或いは方(形)であっても、或いは円(形)であっても、(どちらでも)双つとも亦(律に説くところを)損なうようなことはない(が、しかし、)麻縄の流(類)い(の使用)は律文で(開)許していないのである。

裾高論と中国仏教批判　凡そ小(さな)床(座)、及び(木の)枯に踞座る時には、裙の上裾の下角を牽き、急いで裙の縁を抹って胯下に圧しこむ。(このように著るので、裙は)但双膝を掩うだけで脛は露となるのだが(、インドではこの姿が正則なのであり、別に律蔵に定めるところを)傷つけるわけではないのである。

（ところで、これについて中国では道宣律師以下に誤解があるようなので、以下やや詳しく説明する。裙の）高さは須く上は臍輪を蓋い下は踝の上四指（量 anguli 7.8cm ほど）に至る（、すなわち前述の周斉内衣、臍輪と膝頭の見えないよう、「不―太―高（na-aty-utkṛṣṭa）」「不―太―低（na-aty-avakṛṣṭa）」に内衣を著ける）。斯れは俗（人の）舎（を来訪するとき）の儀であるが、若しも寺（家）の中に在れば、（裙の下は）腨の半ばまででも亦得いのである。此の（裙高の）斉限については仏が自親ら製せられたものであり、（仏ならぬ）人たるものが（自らの恣の）意で（裙の）高下（についての是非の判断など）を為てはならないのである。（されば南山大師道宣以下の現下の中国の人々は）寧して故に（仏の）教（えの）旨（趣）に違って自らの凡（夫の）情に順い、（ために）著ける所の裙や（上）衣は長く申びて地を払う、などということになっている合きだろうか（？　否、かくあるべきではないのだ）。（こんなことでは、）一つには（施主からの）信心の浄施を損なうことになるし、二つには大師（釈迦世尊）の格（しい）言を慢ることになっているのだ。（しかし、私・義浄が）設しも（このようなことを）慇懃に告げたとして、（その言を中国の）誰か用いるのを見ることができるだろうか（？　否、誰も私・義浄の言など用いはしないだろう）。（一）万人の内で頗くとも一（人）、二（人）でも存心することが有るのだろうか（？　否、ただの一人も私・義浄の言など心に止めはすまい）。

インド正則の簡介と読者への伝言　西国では（中国とは異なり）裙や衣は並皆横に著けるのである。

（裙は）彼方（インド）では白氎の幅と寛さが（ともに）二肘(93.3cm、のもの)、若しくは其の半（分の一肘）というのが故である。貧（下）者で（これを）求めるのが難しいならば、（その代用として次章に説くような倶蘇洛迦　kusūlaka の如きを作る。それは）須く両頭を縫って相合わせ、内を割いて開いたものを事に充てるのである。

（以上、）此の著衣の儀は、律文に具さに其の制（戒）が有るのである。（今は）但、且く大綱の要を略っと陳べただけであり、細論は（対）面（して伝授するの）でなければ不可である。

衣の色と中国仏教批判　又凡そ出家の衣服は、皆染めて乾陀（の色）と作る可きである。（そのための顔料はといえば、）或いは地黄、黄屑、或いは復　荊、蘗黄等であり、此れ（らの顔料）に皆宜しく赤土、赤石の研いだ汁を和え、色の浅深を量（許）る。（この染色にあっても省エネ第一、）要は（縁）事を省く（という一点）にあるのだからして、或いは復単に棘　心、或いは赤土、赤石、或いは棠梨、土紫などを（、それぞれ単品で）用いる（のでもよいのである）。

（また、衣というものは）一（度）染めれば（それが）破れるに至るまで（は著る「単衣」が原則)である。(中国のように)何事て(まだ現在の衣が使えるというのに)余(外のもの)を求め(、「複衣」とす)るのだろうか(?　否、余分の衣を保持する必要などはないのである)。(然)而も、(中国仏教には、①律蔵に照らして違法の衣の色に染めるのと、②中国仏教に特有の衣の色にするという、二つの問題があるのだ。まず、第一に)桑(の実の)皺の青緑(色の衣の著用)は、正しく(律蔵にその)遮条(禁止条項)がある。(そして第二に、およそ中国の仏教僧侶が着用に及んでいる)真紫、褐色(の衣などという代物は、)西方では著ないものである。

履き物　鞋履の属いは、自ら(釈迦世尊の)成教があるのである。長靴や線鞋は全く非法である。彩、繡、文章の(装飾ある履き)物も、仏は皆制(戒)し断じているのである。(これらについては)『(根本説一切有部毘奈耶)皮革事(Mūlasarvāstivādacarmavastu)』の中に具さに説く如りである。

第十二章　尼衣喪制［苾芻尼の衣と葬送の法］

梗概　本章は(i)尼衣と、それとは全く無関係の(ii)喪制についての二主題から成っている。

(i)尼衣については、当時の中国の尼五衣が俗服の影響を被っていてインドの正則に外れることが述べられ、律蔵の規定では尼衣五種とは、①僧伽知(大衣)、②嗢呾羅僧伽(上衣)、③安呾婆娑(内衣)、④僧脚崎(掩腋衣、祇支)、⑤裙であり、このち①〜④まではそれぞれの所属する部派の大苾芻と変わらないとされる。問題は⑤で、梵語「倶蘇洛迦(kusūlaka)」は中国語に訳せば「篅衣」となり、両頭を縫合すると形が小さな「篅(=竹囲いの米蔵)」のようになるのでこの名がある、という。これを着るには身体を内に入れ、衣の上は臍上、両辺をぴったりさせ、余った部分は左右両方並べて脊でおさえ、その上に腰條を施す。尼衣ではあるが胸と腋の間には何もつけず、これは年齢・体型に関わりない。

尼衣の着方としては、(1)外出時、(2)僧の前にあるとき、(3)俗家で請食を受けるとき等では「通肩」に著ける。中国風に変容した(僧)祇支・偏袒・衫・袴の類は用いるべきではないとの義浄の主張は前章に同じである。南海諸洲で特に用いられている尼衣として、インドのそれとは同名他物の僧脚崎服がある。布を筒状に縫製するが端の一部は縫わず、着たときここから腕を出す。中国尼僧にはこれを勧めたいと義浄はいう。

苾芻尼も苾芻と同様人目のない僧院房内では(1)倶蘇洛迦と(2)僧脚崎の二点のみ着用すればよい。

中国の尼僧は春夏には五衣のみを着、秋冬は立播衣などを用いて暖かにし、常乞食にて日々を暮らせば、その志は丈夫（一人前の男子）に同じだと義浄はいうが、現実は中国尼僧の日常は禅定の実修や経典読誦などよりも機織りなどの雑業に多く傾いている。勿論これには自ら働いて口を糊せざるを得ない中国の尼僧の置かれた厳しい経済上の現実があるわけだが、それには義浄は一向同情的でなく、本章中の想定問答中で義浄は中国尼僧にはただ五衣・瓶・鉢のみの杜多行を勧めている。

次に、本章今一つの主題である（ii）喪制（葬制）論。最初に中国仏教の現状批判が展開される。当時の中国では仏教者も中国の伝統の儒教風の葬送がなされており、たとえば(1)悲しんでいる様を他に見せて儒教の孝子の振る舞いをし、(2)自房に霊机を設け供養、服喪中は、(3)驂布（さんぷ）を纏い、(4)髪を斬らずに長髪とし、(5)哭杖で身体をささえ、(6)苫もがりに寝る、といった有り様だった。これら儒教の服喪儀礼「泣血三年」「不餐七日」の類いすべてを義浄は否定する。ではインド仏教正則の喪制はといえば、それは〔I〕房にあっては、(1)天蓋や幡幔（ばんまん）で浄飾、床部分も牛糞浄塗、(2)読経・念仏し、(3)香・花を供え、(4)亡魂の浄土往生を願い、〔II〕葬送にあっては、(5)死亡の確認、(6)火葬場での親友集合、(7)『無常経』の読誦、(8)帰途、寺外にて洗浴、(9)帰房、(10)火葬後に骨を集めて塔を作ることもある、というものである。

最後に義浄は中国仏教の儒教風葬送を再度批判、霊祐法師の孝衣拒否を高く評価して本章を閉じる。

中国尼衣の非

東夏（シナ）の諸（々）の（苾芻（びっしゅ））尼（の）衣は皆俗（服）に渉（かか）わって（おり、その影響を被って）いる。（そうであるから、これら中国の尼衣の）所有る著用は、多並（インドの苾芻尼の本来の）儀に乖いているのである。

尼五衣と倶蘇洛迦　律（蔵の）説に准如れば、（苾芻）尼（衆）には五衣が有るのである。

一、僧伽知（saṃghāṭī　複衣、大衣）
二、嗢呾羅僧伽（uttarāsaṅga　上衣）
三、安呾婆娑（antarvāsaka　内衣）
四、僧脚崎（saṃkakṣikā　掩腋衣、〈僧〉祇支）
五、裙（kusūlaka　nivāsana ではなくこの語をあてるについては後述）

（この尼五衣のうち、一〜四の）四衣の儀軌は大僧（大苾芻、一人前の男性苾芻）と殊（異）ならないのだが、唯だ（五の）裙だけは片しく別の処がある。梵（言）で「倶蘇洛迦（kusūlaka）」と云うのは、訳せば「篅衣」となる。

（この語の由来を説明すれば、裙〈＝倶蘇洛迦＝篅衣〉の作製にあたっては、）其の両頭を縫合するので、形（状）が（ちょうど）小さな篅（竹囲いの米蔵）の如になる（ので、この名がある）のである。

（この篅衣、）長さ四肘（1.87m）・寛さ二肘（93.3cm）、上は臍（輪）を蓋い、下は踝の上四指（量 aṅguli 7.8cm ほど）に至るようにする可きである。（この篅衣を）著ける時には、（まず身体をこの箭衣の）内に入れ、（衣の上を）擡げて臍（輪）を過ぎさせ、各（々左右）両辺を襞させ、（余った部分は、左右）双つ排べて脊で壓えるのである。

義浄《原注》

（「壓」字の発音は、）「於[-io]」と「協[ɦep]」の反（切）、（[-iop]という音）である。

（その上に腰條を施すのだが、腰）條を繫める法（式）や（腰條の）量は、（苾芻尼も大）僧と同じである。

（また尼衣とはいえ）胸と腋の間には迿く繫抹はない。仮令い少壮（者）であろうと、或いは復衰年でも、（あるいは）乳（房）が高く肉が起って（いる場合で）も、（胸と腋の間には何もつけなくて）誠に過ちなど無いのである。

中国尼僧批判（一）　豈して（中国の尼僧は、世間の）人（の目）を羞しが（って、しきりに胸乳のことを気にす）ることが得るのだろうか（？　否、それは気にするような事柄ではないのだ）。（逆に中国の尼僧は、）教検（、すなわち仏説たる律蔵に説く教えによる検校）を窺うことはせず、（自らを）漫りに儀飾など為ているのだ（儀飾を教検に優先する、実際この中国人尼僧の非法、不加法は目に余るのだ）。（これでは衣の）著・脱（の度ごと）に愆ちを招くことになってしまい、臨終の時には罪は濛雨（霧雨）の如に（大量のものと）なってしまう。（しかし、だからといって中国の尼僧のうち私・義浄の言を聞くものが、（一）万の中に一（人）でも有って、時に復改めることが能るだろうか（？　否、恐らく一人として改めるものなどいはすまい）。

著衣の法式　然（而）で（、苾芻尼が結浄地された僧伽などの界分から）外に出るとき、及び（大）僧（大苾芻）の前に在るとき、并びに俗（人の）家に向かい他よりする請食――これについては第九章参照――を受けるときなどでは、（衣は「通肩」に著けるのである。つまり、）袈裟は頸を繞らして身（体すべて）を覆い、其の肩紐を解く（、すなわち通肩以外の衣の披著法はす）合きではないのである。（従って、）胸臆を露にするようなことはなく、（それはそれでよいのだが、逆に食事のときは少々不便で、このときは袈裟の）下から手を出して餐（噉）べるのである。

（中国風に変容した衣服である僧）祇支・偏袒・衫・袴の流（類）いは、大聖（釈迦世尊）親ら（非法の衣服として使用を制）遮（、すなわち禁止）したところであり、（当然ながら、これは苾芻同様に苾芻尼でも）宜しく服て用いるべきではないのである。

南海の僧脚崎服　南海諸国の（苾芻）尼衆は、（以上の五衣とは）別に（さらに）一衣を著ける。（この衣、）復その制（法）は西方（で行なわれているところのよう）では匪いのだが、（しかし南海諸国では、その名称だけはインドと）共に（同じく）「僧脚崎服」と名づけているのである。

（この〝南海の僧脚崎服〟の製作法は、）長さ二肘（93.3cm）・寛さも二肘（の布の）、両頭を縫合するのだが、一尺（31.1cm）許りは（縫わないままに）留めておき、（しかしその上辺の）角頭を一寸（3.1cm だけは）刺著けるのである。

（次にその披著法はといえば、この衣を）上にもち挙げて膊を穿き、頭を貫して、右肩を抜き出す。（この上には）更に腰帯は（付け）無い。腋を掩い乳（房）を蓋い、下は膝を過ぎ（る辺り）に斉えるのである。

（中国の尼僧が）若しも此の（南海の僧脚崎）服を欲むならば、著けても亦（律蔵に定めるところを）傷つけはしない。線うといっても唯だ両条を費やすだけでよく（、充分 省縁事という省エネの本意に叶い）、弥しく形醜掩障が堪るのである。若しも（この服の披著を）楽わないのならば、それはそれで可いのだが、（そのときでも）還た須く（その所属部派の）大苾芻に同じく（〝南海の〟ではなく〝インドの〟）僧脚崎服を著けるべきである。

インドの倶蘇洛迦と僧脚崎　（結浄地された界分内である）寺内の房の中では（離衣宿戒の適用下にあり、苾芻尼は）倶蘇洛迦及び僧脚崎の両事（だけ）で（よい。すなわち衣の着用はこれら二衣だけで）こと足りるのである。

義浄《原注》　梵本を准検してみると「覆肩衣」の名は無いのである。（現在、中国でいっている「覆肩衣」とは、これはインドの）「僧脚崎（、掩腋）衣」のことなのである。此（の「僧脚崎衣」こそ）は（、中国でいうところの）「（僧）祇支」の本（来の）号である。既にして（「僧脚崎＝覆肩衣」は伝えておいて、ここにいう。「倶蘇洛迦」＝）「裙」を道わなかったのは、多く（中国への）伝訳（者）の（バランスの悪さであり、ちぐはぐとなること、すなわち）参差である（と言わねばならない）のである。

（中国の尼僧たちよ！　中国の不如法、非法、）〝違法の服〟を捨てて（インドの如法、正則、）〝順教の衣〟をこそ著けるべきである。（インドの）僧脚崎は（寛さ）一幅半（1.02mの布）を取（り綴って作）る。（素材は、）或いは絹、或いは（白氎）布で、長さ四肘（1.87m）、五肘（2.33m）である。（その披著法は、）五条（袈裟）を披る如にして反して肩上に搭けるというのが、其の儀である。

若しも余処に向かうときには、（必）須ず好く形（醜）を覆うようにすべきであるが、如しも（人目に付かない寺院内の部屋などの）屏房に在るときには、（衣の正式の披著法である）膊を袒く（「偏袒右肩」の披著法）は事めでは非いのである。

中国尼僧批判（二）　（どうか、中国の尼僧たちよ！）春・夏の（季）節は此（の苾芻尼の五衣のみ）を（体）軀に充てる可きであるが、秋・冬の時には情に任せて（、既に説いた立播衣などの衣服にも意を用い、如法如律にして、しかも身体は）煖に（衣を）著るのである。（そしてこの五衣を著し、）鉢を擎げて食を乞うならば、身を養うに（充分）足り得るのである。（さすれば四依・四作・十二杜多、省縁・省事の日常生活、こうなれば）女人とは曰っても、〝丈夫の志〟が有る（といえるのである）。

（しかし、現実の中国の尼僧はどうだろうか？）豈容して恒（式）に機杼などを営っては、諸（々）の雑業を作ているのだろうか（？　機織りその他の雑業などしてよいわけがないのだ）。（中国の尼僧が何といっても心を用い、手を）広げるのは、衣服を十重、五重と為ること（ぐらいで）、（およそ）禅（定の実践）や（経典の読）誦には曽て心を致したことなどありはしない。（彼女たちは日々、）駆々られて鎮に情志に悩まされ、俗（人）に同じく粧い飾って戒経（prātimokṣa　波羅提木叉）なぞは顧みはしないのである。宜しく（法）門（の）徒なれば（各自の日々の行動について該当する各律条に照らして、）共に相検察する可きである。西国の（苾芻）尼衆には斯の（ように、禅定や読誦をそっちのけにして機織りその他の無用の雑業や化粧にうつつをぬかすような）事は全く無いのである。並が皆食を乞うて身を資け、貧（窮）に居して（質）素を守っている而已なのである。

（しかし、現在、中国で尼僧が置かれている状況を鑑みて、私・義浄に対して以下のような質問が出てくるかもしれない。）

「若しも（、貴方の言うようなインドの苾芻尼の生活を、この中国でしたとしたら）爾の出家の（苾芻）尼衆の利義は全く稀となるでありましょう。（苾芻尼衆の）在る所の居寺では、多くは（苾芻尼）衆（の）食が無いのです。若しも分に随って経求をしなかったとしたのなら、活命にも路が無いでしょう。輒ち（、貴方の言われるようにしたら生きてゆけないのであって、これはこれで）律の教えに違い、便ち（大）聖（釈迦世尊の）心を爽うことになるわけです。進・退両途、如何う折り中うようにすればよいのでしょうか？ 身（体）が安らかであるか（、または仏の）道が盛んになるか、可と不（可について貴方に）、詳らかに聞きましょう」。

「（されば、私・義浄も）答えましょう。本より出家を契るということは、情は解脱を希うということです。〝三株（三毒、すなわち貪・瞋・痴）の害種〟を絶ち、〝四瀑（流、すなわち欲瀑流・有瀑流・見瀑流・無明瀑流という四つの煩悩）の洪流〟を偃る（ことを願うということであるはずな）のです。宜応しく志を杜多（dhūta 行——第十章を参照——）に畢えては〝苦楽の邪径〟を除き、心を少欲に敦くしては〝閑寂の真途〟に務めることです。戒を昏旦に奉ずる、斯れこそが（仏の）道が（紹）隆であるということなのです。豈して身（体）を安んずることを念うことが、将って（仏の教え、仏法の道）理に称うなどといえましょうか（？　否、とても称うなどとはいえないでしょう。優先すべきは、身体の安楽ではなく、解脱を願い、杜多行にはげみ、戒を守る志なのです）」と。

（さて、以上を総括する。）若しも（中国の苾芻尼衆が）能く律を守り、決（定して修）錬し真（実、人との交わりを）疎（遠）にせんとすれば、龍・鬼・天・人も自然に遵い敬うようになるのだ。何うして活（命）できないなどと憂えて、徒に辛苦を事とするのだろうか？　至如、五衣・瓶・鉢さえあったのならば（それでもう充分）、全軀を得るのに足りるのである。一口の小房でも、弥しく（生）命を養うに堪えるのである。人（としてなす）事を簡び（、法門（の）徒（として縁事）を省くならば、泥（中）に処る玉の若（なもの）、水（中）に在る蓮の如（なものなのだ）。（そうなれば、たとえ苾芻尼・式叉摩那・求寂女の尼衆は出家五衆の序列のうちで）下衆（に位置する）といっても、実に智（慧）は上人（、徳行優れた人）にも等しいのである。

《訳者補》　以下、本章のもう一つの主題である喪制について述べられている。

中国仏教喪制の非　又復、（インドとは異なり、中国では）死喪の際に僧・尼は漫りに（中国の伝統に則った儒教風の葬送儀礼、すなわち）礼儀を設けている。（それはたとえば、）或いは復俗（儒）と同じく哀しむ（様を人に見せ自分は親を失ったのだと誇示する）ことをもって（親に）孝（をつくす）子と為ることであり、或いは房に霊机（、すなわち儒教風の祭壇）を設けることをもって供養と作ていることなどである。（また、それは）或いは黲布を披っていることで（自分の現在の状態が親の不幸にあって）恒式とは乖っている（ことを示す）ことであり、或いは長髪を留めて（髪も髭も茫々、身体髪膚を父母に受け、その父母を亡くして、今、その恩を噛み締めていることを人に示し、これまた恒常の生活の中の規）則とは異なる（状態にあることを表わす）ことであり、或いは（悲しみのあまり身体弱り）哭杖で（身体を）拄え（なくてはならない様を人に示し）たり、或いは（寝所を別にして、わざわざ）苫（莚のある服喪用の仮小屋である倚）廬に寝る（等々のことをする）のである。斯れ等（のこと）は咸（中国の儒教の伝統に基づく葬送法なのであって、インドの仏教本来の）教（誡・律）儀ではなく、（されば、このようなことは仏者としては、当然ながら）行なわなくとも過ちではないのである。

（では、仏者としてなすべき葬送とはどのようなものなのだろうか？　インド仏教本来の葬送法の正則とはどのようなものかといえば、道）理として、其の（死）亡者の為に一房を浄らかにこそ飾るべきなのである。或いは時に随って権りに（天）蓋や（幡）幔を施し、読経、念仏をし、具さに香や花を設けて、亡魂を善処（浄土）に託生させようと冀うのである。

（このようにしてこそ、儒教でいう孝子・報恩の定義はいざ知らず、仏教では）方（始）めて孝子と成るのであり、（方）始めて（父母の）恩に報いることになるのである。

豈可（儒教に言う孝子の様式たる）〃泣血三年（血涙を絞り声無きこと三年、歯を見せて笑うことすらしない）〃にして将って（父母の）徳に賽いることに為り、〃不餐七日（亡くなって七日間、食事をとらない）〃にして（方）始めて（父母の）恩に酬いるに符う（などといえる）のだろうか（？　否、言うまでもなく、そのようなはずはないのだ）。斯（のような儒教風の葬送儀礼）は重ねて塵労を結び、更に（一層迷いの）枷鎖を嬰らす（ことにしかならない）のだ。（このような中国の仏者は、）闇から闇に入り〃（小乗羅漢の）縁起の三節（過去・未来・現在の三世にわたり各自の背負った業が因となり果となる両重の理法）〃を悟りはしないし、死より死に趣くなどして詎して〃（大乗菩薩の）円成の十地（菩薩・仏の十段階・十世界、すなわち①歓喜地、②離垢地、③発光地、④焰慧地、⑤難勝地、⑥現前地、⑦遠行地、⑧不動地、⑨善慧地、⑩法雲地）〃を証らめるのだろうか（？　否、とても菩薩の十地を証らめなどしてはいないのである）。

インド仏教喪制の正則

然し仏（の）教（え）に依るならば、（葬送の儀礼は、まず第一に）苾芻の（死）亡者が決ず死んでいる（や否や）を観（て）知る（、にはじまる）。（葬儀の）当日は（死体を）舁いで焼処に向かい、尋いで火で之れを焚く。之（の死体）を焼く時に当たっては親友が咸萃まって（、傍らの）一辺に座る。（その座処はと言えば、）或いは草を結んで（台）座と為し、或いは土を聚めて台（座）と作し、或いは（焼いた煉瓦の）甎石を置いて座物に充（当）てる（などしている）のである。

（その次に、）一（人）の能 者に『無常経』――『無常（三啓）経』については第三十二章参照――を（読）誦させる。（この経は小さいもので）半紙か一紙（程度）、（中国のように読誦が長時間に及び、参列者を）疲久させるようなことはない。

義浄《原注》

其の経（『無常経』）は別に録して（、本書に）附して（、ともども献）上する（こととしたい）。

然後で、各（自）が無常（死）を念いつつ住処に還帰る。（しかし、自房に入る以前に）寺外の（洗浴）池の内で衣を連ねて並（洗）浴する。（このような専用の洗浴）池の無い処では、井（戸）に就って身（体）を洗う。（そのため、中国とは異なりインドでは葬儀には）皆故衣を（著）用してゆくのであり、新（造の）服を損なうようなことはないのである。（洗浴の後、）別に乾いたものを著て、然後（、はじめて各自の）房に帰る（こととなる）。

（その各自の房も床部分の）地は牛糞で浄塗しておくが、（中国伝統の儒教風厚葬とは異なり、インドでは以上の）余の事は並皆（葬儀以前の日常生活に変わるところはなく、）故の如りなのである。（すなわちインドでは中国とは違い、服喪に関わる）衣服の儀も、（服喪中だからといって殊更に喪服に改めるなぞなく、いまだ）曽て片しも（普段の生活と）別（異）のことは無いのである。

（火葬の後には）或いは設利羅（śarīra　骨）を収めて、（死）亡人の為に塔を作ることもある。（これは）倶攞（kūla　塚）と名づけられ、形（状）は小塔の如である。（この小塔の）上には輪蓋は無く、然も塔には（、その死亡苾芻による格づけがあり、凡夫善人から如来までの）凡（夫）・聖（人）の（区）別があるのである。（これについては）律（蔵）の中で広く論じている。

中国仏教者への提言

豈容して〝釈父の聖教〟を棄てて〝周公（すなわち儒教）の俗礼〟を逐い、号咷数月（泣き叫ぶこと数ヵ月）、布服三年（喪服を着ること三年）、などということをするのだろうか（？　否、このような儒教の儀礼は、仏者ならばす容ではないのである）。

曽て（私・義浄は、）霊裕法師（518～605）が（他を告発＝）挙発（・諍事）せず、（儒教儀礼にいう）孝衣は著ずに（仏の教えに従って故人、すなわち）先亡を追念して（釈父の聖教に則った）福業を修めたと（、母国中国にあったときに）聞いたことがある。京洛（、すなわち洛陽）の諸師にも亦斯の（霊祐法師の途）轍に遵ったものがあったのである。（が、しかし）或る人はこれを（中国の伝統文化よりして）非孝と以為うのかもしれないが、（その人は）寧して更に（この霊裕法師のように儒教風葬送を排して、仏者として振る舞ったことこそが釈父の聖教、釈迦金口の）律（蔵に記されている）旨（趣）に符っているということを知っているのだろうか（？　否、決して知りはしないのである）。

第十三章　結浄地法［浄地の結界方法］

梗概　浄地の結界――特定空間の宗教的浄化法――が本章の主題だが、それは後期大乗の密教で説く結界ではなく、原始仏教以来の律蔵に見えるもの、つまり①界内で離衣宿を可能ならしめて大衣なしで一夜以上過ごすことができ、②界内で内宿・内煮を許可して食物を一夜貯蔵し調理することができるようにする、というものである。また、ひいては恒常的に①②が可能である環境空間、すなわち③僧伽藍建立のための宗教儀礼である「結浄地の法」でもある。これには以下の五種がある。

一、起心作：苾芻一人の場合、表白者兼検校者なので表白文は心の中で唱える。

二、共印持：苾芻が三人の場合は白四羯磨。

三、如牛臥：荒れた乱れた建物で結浄地の作法の必要ない所。

四、故廃処：廃絶した僧院など、かつては浄地であったが現在は廃処となっている所では浄地作法が必要となる。

五、秉法作：白二羯磨の必要な所。

この「結浄地」の制戒の意図するところを②について再説すれば、(ⅰ)内宿罪……食と界を同じくして一夜を過ごすことの禁止、(ⅱ)内煮罪……界内にて食を料理することの禁止、という二つの行動規制、制約を外す点にある。本章ではこれを義浄自身のインド仏教僧伽の現実観察から報告し、また四部派それぞれの律蔵からも確認、経証するのである。

インドではそもそも寺院の概念が中国とは異なり、律の立場からいうのなら、(ⅰ)(ⅱ)の禁を解いた「浄厨」であることが寺院空間成立の根本にある、と義浄は主張する。これは「別結」ではなくて、一寺院全体を結界する「通結」の立場を義浄が主張しているということだろう。

以上が南山大師道宣の術語でいう「摂食界」相当だとすれば、同様のことが「摂衣界」でもありうるわけで、離衣宿戒の適用も結浄地法の表白成立以前では無効だが、結浄地以後だと有効となる。しかし、いずれにしろ中国仏教にいう女人結界は全く無意味である、と義浄は言って本章を閉じている。

五種浄地法

《訳者補》遊行(ゆぎょう)中の苾芻が既に浄地であることが明らかな寺院施設以外で一夜以上の宿泊をするとき、あるいはそもそも新たに寺院を建立するにあたって、このような場合にまず最初にしなくてはならないことがある。それは何かといえば、その地を結界し浄化するということ――密教の日本的展開を経て今日ある魔法陣もどきの結界とは少々趣を異にする、律蔵に説くより原初的な「結界」であるが――宗教儀礼である。結界された浄地内とその外では律の適用が別となり、浄地内では種々規制が緩和されることになる。

（以下に述べるような）五種（類の）浄地（法）がある。

一、起心作
二、共印持
三、如牛臥
四、故廃処
五、秉法作

〔一〕起心作とは、初めて寺を造る時、基石を定め已った（際に）、若しも一（人の）苾芻（、あるいは他に俗人しかおらず、そのため表白者＝営作苾芻）が検校人とも為る（必要がある）のであるならば、是の如な心を起こ（し、次のような言葉を衆に公にし、承認される白羯磨の形式――後述――をな）さなければならない。

「此の一寺に於いて、或いは一房を可して、僧（伽）の為に当に浄厨〈清〉浄〈食〉厨＝浄厨屋 巴 kappiya-kuṭī ―― 「kappiya〈＝浄〉」は適法化の意。漢語本来の「浄」字の意味とは少々異なり、kappiya は律の規定を潜り抜け適法化する便法の意味である――）を作るべし」と。

〔二〕共印持とは、寺の基（石）を定める時に、若しも但三人（しか苾芻がいなかった）ならば、一（人の）苾芻が余の苾芻に告げて（以下のように）言うべきである。

「諸具寿（āyuṣmat）よ、皆心を用いる可し、此処を印し定める。此の一寺に於いて、或いは一房を可して、僧(伽)の為に浄厨を作る」と。

《訳者補》 これには僧伽における最重要議事の決定方法、白四羯磨の形式をとる。すなわち、①提言し、②確認する両手続き四度が必要なのである。つまり、まず一度表白して、その後で三度羯磨文を繰り返し、都合四度、僧伽の苾芻大衆に可・否――「可」の場合には沈黙、「否」の場合のみ反対意見を陳述――を問い、承認を確認するわけである。

第二、第三(の白羯磨)も(最初の表白と同様にして、)是の如に(同じ言葉を)説かねばならないのである。

〔三〕 如牛臥と言うのは、其の寺の屋舎が牛の臥している猶如な(建物、すなわち牛舎のように壁もない撩乱れ荒れた)もので、房の門すら定まった所が無い(といった代物である)。(しかも次の「故廃処」同様かつて寺院〈=結界された浄地〉であったのだが、この「如牛臥」の方はというと白羯磨で結浄地界を捨廃してはいないのである。このように荒れ果てた建物の状態なのだが、「結界」は生きているとみなされる。よって、僧伽の住処とするべく)縦使い元(々、再度、結界浄地の白二羯磨の)作法をしなくとも此処は浄(地)と成っているのである。

〔四〕　故廃処と言うのは、経久、僧（伽）が（白羯磨して）捨廃した処を謂う。如しも（此処に）重び来たのならば（、それは）旧い触処（不浄地）に至たのであるから、（結）浄（地の作法）を為るのである。然（而）も（旧い浄地といっても、現在は既に白羯磨で捨廃された触処＝不浄処と判断すべき地であり、されば再度結界浄地の作法なしに一夜を過ごせば内煮・宿食の禁戒に抵触するので）此（処）では（一）宿も経（過）すことが得ないので、即ち（必）須ず（結界浄地の）作法をすべきなのである。

〔五〕　秉法作と言うのは、（一度表白して可否を問い、その後でもう一度羯磨文を繰り返して承認不承認を問うこと二度、）白二羯磨の結界を秉ることを謂う。（その表白と羯磨の）文は『百一羯磨』の中に説かれている如りである。

前（述）の五種の如りに（結）浄（地の作）法を作し已り、仏は言われたのである。

「諸（々）の苾芻に二種の安楽を得させよう。一つは、（結界した寺院・僧房の）内に在って煮（調理）ぐことと、外に在って貯（蔵）すること。二つは、（結界した寺院・僧房の）外に在って煮ぐことと、内に在って貯（蔵）すること。（これら二つは、）並びに過ちとはならないのである」と。

インドの結浄地の作法の現状と原則

（以下二つの観点から論じてみよう。①現場からの報告として現代インドの主要な部派、すなわち大衆部・上座部・根本有部・正量部の）

四部（派）の衆僧（の実際）を検験べて、当今行なっている事を目見ても、幷びに復（②経証ということで）詳らかに律（蔵に記されている）旨（趣）を観ても、大同は此（処に説いてきた）如に（結）浄（地の作法）を立てるのである。

但し、未だ（結）浄（地の作法）を作す（以）前に、若しも飲食を共にし、（結）界・宿（食）を同じくしたとするならば咸、（内）煮（戒の違反〈＝房内で食物を調理することの過ち〉）や宿（食戒の違反〈＝食物を一夜貯蔵すること〉）の過ちが有ることになってしまう。（逆に、）既に（結浄地の作）法を加えたのならば、（結）界・宿（食）を共にしたといっても（内）煮・宿（食）の罪は無いのである。斯れが其の（結浄地の作法の）教えである。

（インドと中国とではそもそも「寺」の概念・定義が異なり、）一寺と言うのは、（インドの仏教では苾芻の）住処を総唱して「浄厨」と為てしまうのである。（そうであるから、インドの僧伽では）房々の内で生・熟（未調理・既調理の食物）を皆貯えているのである。如しも内（煮）・宿（食）を聴（許）さないならば、（苾芻たちは食物と一つ屋根の下に共にあることはできなくなる。そして、結果そうなれば食物と僧徒とを同一結界処に置くことはできない。その場合）豈して僧（衆）を（浄厨〈＝寺院・僧房〉の）外に出し住まわせるなどということが可るだろうか（?否、とてもそれはできはしない）。（この内煮・宿食に関する律蔵の除外規定が、もしないならば、）一つには僧（徒）が宿（食戒）を護れなくなってしまうし、

（そしてこの除外規定があることで、）二つには（僧徒が食物を）貯蓄しても愆ちが無くなるのである。

西国の相承では皆一寺総てを結（界＝総括、通結）して「浄厨」としているのである。若し（一寺全体というのではなく、）局って一辺を取り（、そこだけを結界、すなわち別結、局結し）たいと欲うなら、並びに（同様にそれも仏の）開（許）す限りに在るのである。（しかし、それは）神州の律師の見（解）と同じではないのである。

摂衣界の場合　且如で（、「摂食界」と同様のことが「摂衣界」でもいえるわけで、）未だ（摂）衣界（の浄地の作法）を結していないうちは、（大衣を脱げば犯）離（衣）宿（戒）の愆ちを招くのである。僧（徒）が若しも（摂衣界の）結（浄地作法を）し已っているならば、離（衣、すなわち大衣をつけない姿になったと）しても、失（衣の罪、すなわち犯「常持三衣」〈＝三衣に非ざる姿〉になる、の罪科）は無いので（あり、これは摂食界の）浄厨（の場合と）亦（同）爾じなのである。（これは）既に（大）聖（釈迦世尊）の（開）許（されたところ）であり、凡（夫の）情に滞（り、無理解なままにあ）るべきではないのである。

又復護衣の法というのは、界（分）に樹等（があること）によって（その「離衣」状態を許容する範囲、その勢分が）同じではないのである。

中国女人結界批判　但し界分を護るとは、（その）意、（中国でいうように）女（人）を防ぐということでは非いのである。（第一、既に）浄人（の女性）は（寺院・僧房にやって）来て厨（房）の内に入っているのである、豈して是れが（結界された）村（の界分の）収 であり得るのだろうか（？　界分〈＝浄域空間の設定〉と女人による染分〈＝性的接触による不浄感染〉の問題は別の範疇に属するのである）。（さらに、）仮令い身は村や坊に入ろうとも、（守）持衣――第十章を参照――では元より女（人による結界の侵害）を護りはしないのであるから、（要するに中国の）維那や（守）持衣の検校は、亦（意味もなく）漫りに傷　急を為ているだけなのである。

第十四章　五衆安居［夏安居の実際］

梗概　インドの仏教僧伽の夏安居（雨安居、遊行に適さぬ雨期に苾芻たちは三ヵ月の一処定住の集団生活——勉学と省察が中心となる——をする）には、前安居（五月十五日～八月十五日）と後安居（六月十五日～九月十五日）の二種類がある。中国・江南の「迦提」では八月十六日を羯絺那衣日とするが、これはインドの前安居に由来する古法の残存なのだと義浄は報告する。

次に受日法が説かれる。僧伽の許可する夏安居中の外泊可能な日数（受日）が語られるのだが、原則一日～七日までが一区切りであり、もしもそれ以上の受日を望むならば同様の白羯磨を繰り返すことで、最大で安居期間の半分（一月半）まで延長できるとされる。また僧伽の出家五衆（苾芻・苾芻尼・式叉摩那・求寂男・求寂女）は共に安居をなすのであり、されば下三衆である式叉摩那・求寂男・求寂女とても、上二衆の苾芻・苾芻尼と同様に受日法行使の権利を有するのである。

最後に安居前の分房法が語られる。インドの仏教僧伽では中国の多くの仏教寺院とは異なり、安居に入る前に毎年苾芻各自に今後一年間住むことになる房舎を分け与える習慣がある。その利点は二つあり、①房舎に対する執着の予防と、②毎年住者の営繕義務履行の有無の確認ができる点である。この分房は中国・江南の地ではその例をみるが、その他中国の大半の寺院では行なわれておらず、ために中国の寺院僧侶は一院に住み着いてそれを死ぬまで自己の所有物とみなしている、と義浄は批判している。

インド仏教僧伽の前後二つの安居と中国江南の迦提

《訳者補》 インドの仏教では一年の内、雨季の間は遊行をやめて一ヵ所に止住して集中的に修行・修学につとめる。これを雨安居、夏安居（梵varṣa, 巴 vassa）というが、この安居に前安居・後安居の二種類がある。

（夏安居の開始日については、）若し前（夏）安居ならば五月黒月（kṛṣṇa-pakṣa）一日（、中国風にいえば太陰暦五月十五日）を謂い、後（夏）安居ならば六月黒月一日（、同じく六月十五日）から（の、各両三ヵ月間）となる。（そして、）唯だ斯の両日からだけ安居を作す合きなのであって、（中国は南山大師道宣律師の説く「中安居」のように）此の中間（に安居を開始するというの）は、（これは律蔵の条）文に（聴）許す処ではないのである。

（さて、）八月半ば（十五日）に至ると前夏（安居）が了り、九月半ば（十五日）に至ると後夏（安居）が了る。（インドでは）此の（安居終了の）時（、すなわち随意　pravāraṇa〈＝自恣〉の日）には、法（侶＝仏教の出家者）・俗（人＝在俗の仏教信者）が盛んに供養の（法会）を興すのである。八月半ばより已後は（、インドでは）「歌栗底迦（Kārttika）月」と名づけるのだが、（中国、長江以南の地、すなわち）江南で「迦提（kaṭhina からの訛略か？）」といって(法)会を設けているのは、正しく前夏(安居)の了る時であり(、その翌日である)八月十六日は羯絺那衣(kaṭhina-cīvara)を張ける日であるので、斯れなどは(インド本来の仏教が中国的に変容を遂げる以前の姿をとどめる、貴重な)古法なのである。

受日出界法——安居中の外泊許可—— 又律文で、「凡そ夏(安居の期間)内に在っても如法の縁(事)が有るのならば、(必)須ず(安居中の外泊許可である)受日(法)をなすべきである」と云っているのは、(実際の僧伽の日常で)多少の縁(事)が(起こって)来ることが有るのに随って、(必)須ず(必要な)日(数)に准じて(僧伽から出界の許可を)受け(て、安居の「界」から去らせ、外泊せしむ)るべきだ、ということなのである。(具体的に述べよう。)

(その縁事が)一宿の事であるのならば(受日法の規定に則り)其の一日を受けるに至るのだが、是の如にして(同様に二日から)七(日)まで(受日許可が)至るのである。(そして、この申請・許可の手続きである羯磨法は、)皆(僧伽苾芻衆の白羯磨にかけるまでもなく、個)別人に対して(行なうもの)である。

更に縁(事)が(出て)来るので有るならば、律(蔵)では重ねて(受日を申)請して(、安居中の僧伽から出て)去けるようにさせている。(すなわち、受日の日数が)如しも七日を過ぎて八日より已去、乃至、四十夜に斉っての中間であったならば、(七日までとは異なり苾芻衆に白）羯磨をして八日等（の「日」）を受けて（僧伽の安居の界から出て）去く（ことができる）のである。然し（、その受日日数が四十日の多きに及び、安居三ヵ月の半分、）半夏を過ぎても（なお、安居の「界」の）外に在って宿（泊してい）るなどということは得ない（のである）。此（の受日法）を為すのは、但四十夜を（上限として）聴（許）すのみなのである。（しかし、）必しも病縁、及び諸（々の安居継続の困）難事があるのならば、（必）須ず（現在の安居を棄てて）余処に向か（い、居を移してそこで安居を行な）うべきである。（この場合、現在安居中の僧伽で）受日（羯磨の表白）ができなくとも、安居を破ったことにはならないのである。

（以上のように）出家（の）五衆（苾芻・苾芻尼・式叉摩那・求寂男・求寂女）は既より安居を作すのであるが、（五衆のうち式叉摩那・求寂男・求寂女の）下（三）衆も（安居中に出界の）縁（事）があれば（これは上二衆の苾芻・苾芻尼と同様のことで、僧伽に受日を申請依頼し、すなわち）嘱授して（、その受日を羯磨で承認されたならば、安居から）去る（ことができる）のである。

分房法――中国仏教批判――　（インドでは中国とは異なり、僧房の割り当てについて以下のような習慣がある。すなわち、）未だ夏（安居）に至る前に予め（僧伽は、来年まで一年間を過ごす）房舎を（苾芻各自に）分けるのである。（その方法はといえば、まず）上座（の苾芻)が其の好いものを取り、(以下僧伽の序列に従って順)次に分けていって(僧伽の最下位者である)終わり(の者)まで至く。那爛陀(Nālandā)寺は現に斯の法(式)を行なっている。(つまり中国のように特定の僧侶に特定の房を与え、固定的に使用させるようなことはせずに、僧伽の苾芻)大衆は年々毎に房舎を分かたれるのである。(これは)世尊親らの(聖)教であり、深く(苾芻衆を)利益するところがある。(その理由の第)一には(、毎年自房が変わるかもしれないので住環境を執着の対象とするようなことがなく、)我執を除くのだし、(第)二には(、割り当てられた各房はその年、入室の各苾芻の義務と責任において修理保繕、維持管理される。そして明くる年には各房舎は新たな住者を迎えることになる。かくして僧伽は制度的にも現実的にも、甚だ効率的に)普く僧房を護るのである。出家(の五)衆は(、道)理として宜く(必)須ず(このように)作すべきである。

然(而)で(中岡は長)江(の)左(岸、すなわち江南)の諸寺では、時に(現在でもインドの仏教僧伽のように房を)分かつことがあるのだが、斯れは古徳の相伝えるところであり、(今も)尚、其の(本来の)法を行なっているのである。(ところがこれに較べて大半の中国仏教寺院ではどうだろうか?)豈して一院を得て住みついてしまってそれを(自)己(の所有とし、(その行為が律に照らして)合うか不かを観ようともせず、遂に尽形(寿〈=死〉)に至る、などということがある容きだろうか(? 否、あるべきはずもないのである)。

良(まこと)に（中国では）上代から（この分房は）行なわれていないので、後（代の）人も（釈迦金口(こんく)の律蔵に説かれた）法を失わされてしまったのである。（しかし、私・義浄の言の如くに）若(も)しも能(よ)く（仏の）教えに准(したが)って（房舎を）分かつことができるならば、誠に深い（利）益があるのである。

第十五章　随意成規［随意＝自恣——夏安居反省大会——の実際］

梗　概　安居の終了日は「随意」（義浄新律以前の旧訳では「自恣」）と呼ばれ、三ヵ月間の合宿生活中の各自の行動について戒律に違反する点があったかどうか、互いに相省みて自由に告発することのできる「随意事」の日でもある。

さて随意の次第。はじめに前日に当たる十四日夜、一経師の高座での経典読誦がある。このときまでに法・俗ともに集合し、灯明香花が供養されている。翌十五日の随意当日は、まず苾芻総出で村・町の塔廟を巡り礼拝するが、このときには鳴りもの幡もの付きで車や輿に尊像を載せて練り歩き、昼過ぎになってやっと僧伽に帰る。この後で大斎（盛大なる食事会）となり、そしてその後が「随意事」となる。この「随意事」は、①僧伽＝告発者と②大徳＝証人、そしてそのために選出された進行係の③受随意苾芻と④当事者の各苾芻が安居中の行動につき、三事見聞疑に戒律違反があれば告発されるというものである。随意事は、安居をともにした出家五衆が①苾芻、②苾芻尼、③式叉摩那、④求寂男、⑤求寂女の順でなされるが、人数が多くて時間がかかりそうなときには、受随意苾芻を複数にし、多数同時進行することで効率化をはかる。このとき他者より挙罪のあったものは、法にしたがって説悔し、除罪することになる。

ところで、この随意の行事のもう一つのポイントは盛大な施物の授与にある。僧俗ともに施主となることができるのだが、このときにはそれらの施物すべてが現前の僧伽苾芻衆の前にもって来られ、布施される。施物中に刀や針など鋭く尖ったものがあるのは、聡明さや利智を願っての象徴表現とインドでは思われている、と義浄は報告する。

随意が終わればこれでその年の安居の日程はすべて終了したことになるのだから、もうこれ以上この安居処に留まる必要はなく、各自、東に西に遊行の旅に散って行く。

随意が出たついでに、同様の行事として半月ごとに開かれる「褒灑陀」が説かれる。これは旧訳でいう「布薩」のことで、これも説罪することで破戒の罪を浄化するのである。次に甚だ簡単にではあるが、律蔵の組織について初篇から第五篇までの罪と罰について明かされている。

これに続けて義浄はインド仏教の①「説罪(āpattipratideśana)」と、中国仏教でいう②「懺悔(kṣama)」の二つが、一見似ているようでありながら実は重ならない概念であることを語義に即して説明し、己の罪を陳べて浄化する儀礼をいう(これは実質的には中国仏教でいう「懺悔」である)のには、②ではなく①をいうべきであると主張している。そして最後に義浄は「随意」についても二つの語義解釈が可能であることを示して本章を閉じる。

随意の定義　凡そ夏(安居)が罷り(、すなわちインドの暦法でいえば、この)歳終の時(、つまり前・後両夏安居終了日である八月十五日と九月十五日)、此の日を「随意(pravāraṇa〈=随意事の日〉)」と名づけるべきなのである。すなわち、(この「随意〈事〉」とは、)他(の苾芻の夏安居中の行動)に随いて([Ⅰ]見、[Ⅱ]聞き、[Ⅲ]疑い得るといった)三事の中(の事柄)から(、律条に照らして違反行為を)任意に挙発し、(その)罪を(皆の前で)説い

て（、すなわち①挙発〈＝告発〉、②白羯磨〈＝真偽確認〉の後、もしも違反の事実があれば当人は③説罪・説悔〈懺悔〉して、④その）愆ちを除くという（字）義である。旧く（から中国で）「自恣」と云っていたのは、この義翻（意味をとった翻訳）なのである。

随意（事）の実際――前日――　（以下、この「随意（事）」の行法を説明する。）

《訳者補》　僧伽は、「随意（事）」日の七、八日以前に、僧伽の出家五衆と近在の施主に対して「随意（事）」の予告をする。これは口頭のこともあり、あるいは棚車上の貼紙によってもなされるのであり、その内容はといえば、これは苾芻以下の出家五衆と施主に対して、「某寺にて随意（事）あり、当日の供養その他を共にせん」との勧誘をいうのである。

必須ず（や夏安居の明ける、「随意（事）」挙行の十五円の前日である）十四日の夜には、一（人）の経師を請じ、高座に昇らせて仏の経を（読）誦させるのである。（この）時にあたり、（世）俗の士は雲（の如くに）奔り（来り）、法（門の）徒も霧（の如くに）集（まり来）るのである。灯（明）は燃され、（途切れることなく終夜）明し続けられ、香や花も供養されるのである。

随意の実際――式前・行城と大斎――　明（くる十五日の）朝、（僧伽の苾芻衆は）総（僧伽から）出て村（邑）・城（市）を旋繞、各（々）が並虔心　諸（々の）制底（caitya　塔廟）を礼

(拝)するのである。(このときには、)棚車や(輦)輿(で尊)像(を迎えて練り歩く「行像」)があり、鼓楽は天に張り、幡・(天)蓋・縈羅(は風に)飄揚して(その様、)日(の光)を蔽う(ほどな)のである。(これを)名づけて「三摩近離(梵 sāmagrī, 仏梵 sāmagra, 巴 sāmaggī)」と為るのだが、これは(中国語に)訳せば「和集」と為るのである。

凡そ大(きな)斎(会の)日というものは、悉く皆是の如なのであり、是れは神州の「行(入)城(中)の法」(と同様のものと見なせばよいの)である。

禺中(巳の刻、午前九時から十一時)になって(方)始めて(行城から)還って寺に入る。(そして、)日午になると方(始)めて大斎(大がかりな食事の供養である斎会)と為るのである。

随意(事)の実際——行法—— (大斎の後、)過午には咸が集まる(すなわち、僧伽を構成する出家五衆——後述——全員の集合をまって、いよいよ「随意事」となる)。

《訳者補》 以下、義浄訳『根本説一切有部随意事』(大正蔵巻二三、一〇四五頁中段以下)により「随意事」儀礼の次第内容について補筆する。

僧伽は、最初に対首苾芻の役目を果たす五徳兼備——後述——の「受随意苾芻」を選出する。僧伽はこの苾芻を白二羯磨で承認する。

次にこの受随意苾芻が苾芻衆に生茅を行り、各自はこれを敷いて茅座とする。諸苾芻がこの茅座で蹲踞するなか、上座苾芻は単白して随意事の開始を宣する。

「大徳、僧伽、聴きたまえ。今、僧伽は、十五日、随意事を作さん。若し僧伽、時至りて聴さば、僧伽、応に許すべし。僧伽、今、随意を作さんとす」。

随意事は①告発者の僧伽大衆、②証人である大徳（上座苾芻）、そして③進行係の受随意苾芻と④被告発者で当事者である苾芻各自とでなされる。

今、受随意苾芻は上座の前に進み、蹲踞している。

（随意事をする）各（々の苾芻）は、（先ほどから茅座にしている生茅、すなわち新）鮮（な）茅（から少量、）可一把許りを（抜き）取って（、その生茅を）手に執り（、胸前に挙げ合掌、両）足は（揃えて茅座の生茅を）踏み、（いよいよこれから）「随意事」を作すのである。

《訳者補》「随意事」は白四羯磨――一白三羯磨、ここからも事案の重大さが分かろうというものである――であり、次のように一度の表白とその沈黙による承認・確認を繰り返すのである。

「具寿よ、存念したまえ。今、僧伽は、十五日、随意を作さんとす。

我・苾芻某甲は、僧伽に対し、大徳に向かい、三事見・聞・疑をもって随意事を作さんとす。大徳、僧伽、応に摂し我に教示したもうべし。応に我を饒益し、哀愍したもうべし。是れ能愍者よ、願わくば哀愍するの故に、若し罪を知見せば、当に律の如くに説悔を為すべし」。

受随意苾芻は（これに対して）、「奥箄迦（Aupāyika　好方便）」と言い、

上座苾芻は、「娑度（Sādhu　善哉）」と答える。

以上の随意の行法は上座苾芻に始まり、順次（最）下位の苾芻にまで次第する。

（このようにして出家五衆のうち、）先ず苾芻（衆）が（随意事を作し、その）後で方（始）めて（苾芻）尼衆（の随意事）となり、次に（式叉摩那・求寂男・求寂女の）下三衆（のそれ）となる。

《訳者補》　こうして（①苾芻、②苾芻尼、③式叉摩那、④求寂男、⑤求寂女の順で出家五衆の）随意事が完了した後、受随意苾芻は上座苾芻に向かい「随意事」終了を報告する、「大徳、諸妹、（苾芻僧伽・苾芻尼僧伽の）二部僧伽は已に随意を作し竟る」と白言する。二部僧伽はこれに対して、「善哉。已に随意を作し、極善に已に作せり」と唱える。

若し（僧伽の）衆（僧）が大くて（随意事終了）時（刻）の延びる恐れがある時には、（受随意

苾芻の）多人を差んで（幾つかに）分け、（複数同時進行で）随意（事）を受けさせるべきなのである。

（もしもこの随意事のときに、自分の夏安居中の行動につき）他（の衆僧）から（自分の犯戒の行為につき告発されること、すなわち）挙罪されたならば、（律蔵に定める）法に准って説（悔）し（て、罪を）除くことになるのである。

（さて、随意事の当日には今ひとつ大きな行事がある。それは毎年慣例となっている盛大な随意事の後の施物の分配である。）此の時に当たって也、或いは俗人が（僧伽に布）施を行ない、或いは（僧伽の）衆僧が自ら（僧伽に対して布施を）為し、（それやこれやで）所有る施物が、衆（僧）の前に将って至られる。

（①不愛〈随意〉、②不恚〈随意〉、③不怖〈随意〉、④不痴〈随意〉、⑤善能分別随意）の五徳（を具えた受随意苾芻）は、上座（苾芻）に問うて（次のように）云う、

「此らの〝物（lābha <√labh〝獲得する〟）〟を衆僧に与えて随意物と為ることが得るでしょうか、不？」。

上座（苾芻）等は答えて云う、

「得る」と。

所有る衣服、刀子、針、錐（、その他の雑沙門資具など）の流（類）いは、受け已ったあ

とで均しく（現前僧伽で）分けられる。

（以上、）斯れが其の（釈尊の随意事についての）教（え）である。此の日に刀（子）や針を奉ずる所以は、（その鋭さの象徴性によって施主が）聡明さや利智を求め得る、との意（味）である。

随意事以後　随意（事）が既に訖ってしまうと、（苾芻らは）任に各（々）東（に、また）西（に、と遊行）することになる。即ち座夏（＝安居）も已に周ったのだから、労ざ更に（安居処にて、もう）一宿を経（過）すことは無いのである。（これについては）広くは余処にある如りなので、此（処）では詳しくは言わないことにしたい。

褒灑陀

《訳者補》　さて、「随意」＝「自恣」は夏安居最終日の反省会なのだが、これとよく似た性格のものに毎月の新月と満月の日、すなわち半月ごとに開かれる「説罪」＝「褒灑陀」＝「布薩」がある。ことのついでに義浄はこれも説明している。

「説罪」と言うのは、意（味）は罪を陳べようと欲い、已先の愆ちを説くということである。（つまり過去の生活、已）往を改め、（未来の生活、已）来を修め、誠を至し、懇ろに責めて（すなわち、挙罪して）もらうのである。（つまり、毎月）半月半月に褒灑陀（仏混梵 poṣadha）を為し、（毎日）朝な朝な暮な暮なに犯した所の罪を憶うのである。

義浄《原注》

（「褒灑陀」の）「褒灑（poṣa）」とは、長養という（字）義である。「陀（dha）」とは（清）浄という（字）義である。意（味）は、（清）浄（たる）を長く養い、破戒の過ちを除（去）することを明かすのである。

昔、（中国で）「布薩」と云っていたのは、（音写においては）訛（音が、語形においては省）略（があったということ）である。

律蔵組織「五篇」論――罪と罰――

《訳者補》 次に仏教の立場でいう罪と罰について、義浄は律蔵の組織から説明している。

（〔I〕初篇＝婬・盗・殺・妄の四つの波羅夷）

若しも初篇（波羅夷 pārājika）を犯したのならば、事、（これは最重罪、ちょうど頭を断たれた者が胴体だけでは生きられないように、僧伽にとどまるべく行ないを）治すことは不可（能）で（あり、僧伽から永久に追放されるので）ある。

（〔Ⅱ〕第二篇＝僧残）

第二（篇、僧残　saṃghāvaśeṣa）は（「故泄精学処」以下の十三項目が相当する。重罪ではあるが説罪のあと清浄苾芻となって僧伽〈saṃgha〉に残る［ava-√śiṣ］ことができるのでこの名がある。もしもこの十三僧残の項目に）違うことの有る人は、（苾芻衆の前で自分の犯した罪を説かねばならず、そのためには律蔵に定めるところ、必）須ず二十（人の苾芻が僧伽に必要とされるの）である。

（〔Ⅲ〕第三篇・〔Ⅳ〕第四篇・〔Ⅴ〕第五篇）

若しも、（〔Ⅲ〕第三篇の波逸底迦　pāyantika　(i)捨堕三十戒と(ii)単堕九十戒よりなる。
〔Ⅳ〕第四篇の提舎尼　pratideśaniya　四戒ある。そして、
〔Ⅴ〕第五篇の突吉羅〈＝悪作〉　duṣkṛta　衆多あり、等々の）
軽過（微罪）を作したならば、（現在の自分と）同じよう（に罪を犯した状態にあるの）ではない（清浄な）者に対して、之（軽過）を（説）悔して、（罪を）除くのである。

中国仏教批判――「説罪」と「懺悔」――　梵（言）で「痾鉢底鉢喇底提舎那（āpatti-pratideśana）」と云うが、「痾鉢底（āpatti）」とは「罪過」ということ、「鉢喇底提舎那

（pratideśana < prati-√diś）」とは「他に対して説く」ということで、（すなわち自）己の非を（他に対して）説いて（自らを）清浄ならしめんと冀うのである。（そもそも説罪とは、）自ら（必）須ず各々の（該当する罪を個別的具体的に）局分ることに依るべきであり、さればこそ罪を滅することも期（待）することが可ようというものである。若しも（自己の行ないの「非」を律蔵の個別該当の箇条に一対一対応、局分限定するのではなく、これが中国のように「……一切我今皆懺悔（すべてに対して私は、今、皆懺悔します）」とばかり十把一絡げに）総相で愆ちを談ずるというのであるならば、（犯戒↓説罪↓回復のシステムが機能しないので）律（蔵）の（聴）許す所などではないのである。

旧く（中国で）「懺悔」と云っていたものは、（今ここで説いた）「説罪」とは（何ら）関わらない。何となれば、（「懺悔」の「懺」字についていえば、これは）〝懺摩（kṣama）〟で西（国の発）音（を写したもの）、（梵語それ）自（体の意味）は（中国語の）「忍（辱）」の（字）義に当たる。（「懺悔」の）「悔」は東夏の（文）字で（、これは）「追悔（後悔）」（という中国語の意味に対して）目づけたものである。「悔」と「忍」とでは、迥かに相干わるところがない。若しも的らかに梵本に依るならば、諸れ、罪を除く時には、「至心説罪（心より説罪します）」というべきである。

斯れから詳しく察てみると、（「懺悔」は梵語）〝懺摩（kṣama＝しのぶ）〟を翻（訳）して

（中国語）「追悔（くいる）」と為るのであるから、由って来る（ところ）が罕も似である。西国の人は、但（こちらに身体が）触れる誤りがあったり、身（体）が錯って相（互に）触著ったりするようなことがあったならば、（両者の法齢＝地位の上・下、）大・小を問うことなく、（法齢の）大なる者は手を垂れて相向かい、（法齢の）小なる者は合掌して虔恭する。或いは可しく（相手の）身（体）を撫で、あるいは時に膊を執って口に「懺摩（kṣama＝怺えて！ 堪忍！ <√kṣam (cl. 1) 〝堪え忍ぶ〟の二人称・単数・命令形・為他言）」と云う。その意（味）は、恕を請い瞋って（自分を）責めることの勿いよう願うのである。律（蔵）の中でも他に謝るときに「懺摩」という言を説っているが、必若しも自己の罪を陳べるようなときには「提舎那（deśana <√diś 〝示す〟の使役 deś(aya)- ＋行為［者］の接尾辞 -ana より）」と云うのである。

（以上、私・義浄は中国の）後（代の人々、すなわち現代唐の中国人仏教者が誤解に）滞を恐懐れて、用って先（人からの）迷（い）を啓いたのである。（中国仏教の現状が）習俗の久しく成る可きものといっても、（もの）事は（必）須ず本（源、すなわちインドの仏教の本来の姿）に依るべきである。

「随意」補説――波剌婆剌拏の語義―― 梵（言）で「波剌婆剌拏（pravāraṇa）」と云うのは、（中国語に）訳せば「随意」と為る。これは亦（、この言葉の由来するところが、

pra-√vṛ〝覆う〟なので、これには覆い包む→満ち満ちた→①）飽足（満足）という（字）義と、亦（①→②）他人の意に随って（自ら恣に）其の犯す所を挙げる（という字義との、①②二つの意味）があるのである。

第十六章　匙筯合不〔匙と箸〕

梗　概　この小さな章では、インドの箸を用いずに右手の指先でする食事法の原則と、病時に許可される匙使用の例外規定が述べられている。

　このインドの手食原則に対して、中国では筯（箸）を使う。当然文化背景を異にするインドではその例を見ないのだが、この箸の使用を中国仏教が許容する正当な戒律上の根拠は何かといえば、それは「略教」説に求められるのだと義浄はいう。すなわち、

（i）中国で仏教僧侶が箸を使っても社会的批判を被らなければその使用を容認されようし、

（ii）インドで箸を用いるときに批判を被るならばそれは使用すべきではない、

と義浄は主張するのである。

インドの食法の正則　西方の食（事の作）法では、唯だ右手（の指先）だけを用いる（のを原則とするのだ）が、必しも（疾）病というような（正当な）故が有れば、（この場合は例外として）匙を畜つことも開聴されるのである。

箸使用許可の理論的根拠――「略教」説――　そもそも筯（箸、の使用）は五天（竺）では聞かない所だし、（また私・義浄も現代インドの代表的仏教勢力である大衆部・上座部・根本有部・正量部の）四部（派）でも亦未だ（その使用を）見たことがないのである。

而し、独り東夏では（僧・俗）共に斯の事（筯の使用）がある。（一般世）俗（の）徒であってみれば（、その選択するところ、）自ずと是れは旧法（を墨守するもの）だろうが、僧侶というものは（自らの）情に随って（筯を）用いるか否か（の決定）があるべきである。

《訳者補》 ところで、このような場合に想い起こされるのが「略教」法（『百一羯磨』巻一〇、大正蔵巻二四、四九八頁中段～下段の義浄原注部分）である。しかしその「略教」適用には、実は次のような厳しい限定条件が付されている。

〔Ⅰ〕仏説があれば「略教」は適用されない。この場合「五百結集犍度」にみえる、大迦葉の「小々戒（雑砕戒・微細戒・細微戒・［巴］khuddānukhuddakānisikkhāpada）」の否定と、次の三原則が確認される。

①仏の制戒しなかったことは制戒しない。

②仏の制戒したことは却けない。

③仏の制戒した通りに随順し学ぶ。

〔Ⅱ〕仏説不言及の事項についてのみ「略教」を適用する。

④仏説中では非許・非遮（不聴・不遮）の問題に限り、以下のように判断する（これは実質的には①を修正して仏未制を制することになる）。

（一）若しその行為をして、それを俗が譏ればそれをすべきではない。

（二）若しその行為をして、それを俗が譏らなければそれをしてもよい。

筋(の使用)は既に〝不聴・不遮(すなわち、許さず・妨げず)〟(の範疇に属するもの)なのであるから、即ち是れは「略教」(の適用事例)に当たるのである。(されば、もし筋を)用いた時に衆(僧)に譏議が無いのであれば、東夏では(筋の使用を)行なっても可いのである。(しかし、)若しも(筋の使用を)執すときに(一般世)俗(の徒)に(笑)嗤や嫌(悪)があるならば、西土では元より(筋の使用を)捉る合きではないのである。

「略教」の旨(趣)とは、斯れ、其の事なのである。

第十七章　知時而礼［礼敬の方法］

梗概　本章ではまずインドの礼敬法の正則が述べられ、その後でインドの正則を基準にしてみると明らかに違反している中国仏教の現状が批判される。

具体的には二つの汚触の状況にあっては、①自ら他を礼敬してはならず、また同時に②他の礼敬を受けてもならないことが示される。それは(1)飲食汚＝飲食物を口にして、いまだ手洗い口濯ぎという清浄化儀礼が終了していない場合と、(2)不浄汚＝大小便をして、同様にいまだ手洗い口濯ぎが終了していない場合の二種であり、(1)(2)の状況下では当人は「触＝不浄」状態にあると解される、というのがその理由である。

また礼敬といっても五体投地の全礼を必要としない合掌だけでよい場合もあり、大衆集会や斎会、人混みやトイレ、路上などがそれで、むしろ全礼は不可とされている。

最後に当時の中国仏教の現実が、これら日常的で些末な礼敬法の規定を意に介していないこと——これは取りも直さず戒律を軽視するということである——を遺憾とする、義浄自身の意見が述べられて締め括られている。

礼敬をしてはならない二種の汚触　そもそも礼敬の法というものは、(必)須ず其の儀(の如り)になす合きである。若しも(律蔵に定めるところ、すなわち仏の)教えに順わないならば、(それはまるで)平地で顚蹶(ようなもの、つまり、しなくてもよい失敗を)することになるのである。故ら仏は、「応に二種（類の）汚触が有る。（この状態のときは、①他から）礼（拝）を受けるべきではないし、亦（②自ら）他を礼（拝）すべきでもない。若しも（この仏の）教えに違ったならば、（一々、礼）拝（・礼）拝する（度ごと）に皆〝悪作（duṣkṛta 突吉羅）の罪〟を招くのである」と言っているのである。（では、具体的にこの）二（種類の）汚（触）とは何を謂うのだろうか？

〔Ⅰ〕一つは〝飲食（の）汚（れ）〟である。（これは以下のことを）謂う。若しも、（上は）一切の諸物を食噉することから（始めて、）下は一片の薬を呑嚼するに至るまで、（およそ口にするものがあって、）若し口を漱ぎ手を洗っていない已来は（まだ汚染からの清浄化儀礼が完了していないので、①自分が他から）礼（拝）を受けることも（、また②自分が）他を礼（拝）することも、並　不す合きではない。若しも漿、あるいは水（を飲むことから始めて）乃至、茶や（蜂）蜜（madhu）等の湯（水）、及び酥（ghṛta, sarpis）、（沙）糖（黍の絞り汁）の（流）類いに至るまでを飲んで、未だ口を漱がず手を洗わないうちに若しも礼（拝のやりとり）をすれば、前（述）の（飲食のとき）と同じく（、この場合もまた、悪作罪を）犯すことになってしまうのである。

〔Ⅱ〕二つ（目）は〝不浄（の）汚（れ）〟である。（これは以下のことを）謂う。大・小（の便利）を行なっている（已）来で、身（体）を未だ洗浄せず、及び未だ手を洗い口を漱いでいない（状態である）。或いは身（体）、或いは衣が、便利の不浄や洟（siṃhāṇaka）・唾（kheḷa）等の汚れを被っていながら、未だ浄めていない已来に、（またあるいは、）若しも（晨）旦起きて未だ歯木を嚼まないうちに、礼（拝のやりとり）をすれば、前（述の飲食の汚れの時）と同じく（、いまだ汚染からの清浄化儀礼が完了していないうちの礼拝のやりとりとなるので、これまた悪作罪を）犯すことになってしまうのである。

全礼すべきでない状況　又（、僧伽の苾芻）大衆が集聚まる斎会の次には、合掌するだけで敬（礼）を致したこと（と同じ）になる。（そうであるから）故に亦（このようなときに）労ざ全礼（①尊像への五輪著地、②尊者への執捉腨足）などはしないのであり、（もしも全）礼したのならば（、逆に仏の）教えに違うことになる。（同様に、）或いは迮鬧処、或いは不浄地、或いは途路中の（全）礼も亦（、もし為せば）同じく（罪を）犯すことになるのである。

中国仏教批判　斯れ等の諸事は並律文に（規定の）有ることである。但し（、律に定められた仏の法も、時間的に）日久しく相承され、（空間的にもその土）地（柄）が（インドとは異なり、中国のように）寒い国に居る、という（事情の）為に仏の教えに順いたいと欲い求めても、事として亦（それを）為すのには（困）難があるであろう。

《訳者補》　しかし、それは戒律遵守の放棄を正当化する根拠となるわけではないのである。

たとえば、既に説かれていたように立播衣など律に定められた三衣以外の衣があり、寒国でも寒い冬を凌ぐことができる。また四依・四作・十三杜多で阿蘭若に住む少欲知足の上根者のみならず、蓄坊・受施十三資具の多求の機根劣れる者たちにも種々の浄法(vikal-pa)が規定され、配慮されている。さらには『略教』のように、律の規定はそのままであっても、現実には弾力的運用への様々な便法も用意されているのである。

されぱこそ如律如法の日常生活は実際に可能であるはずなのである、と義浄は考えている。しかるに、現在の中国人僧侶のこの有り様といったら、これは一体何なのだろうか？義浄の中国仏教への批判が展開することになる。

> (実際、現下の中国仏教の僧侶たちは、そのような、自分たちと)同じ(く、仏説〈＝律蔵〉に順わない不如法不如律の者たち)を引き(寄せては)、多くそれで(衆を恃んで)自ら慰めている(と言ってよいほどな)のだ。(しかし、このような中国の仏教僧侶たちに私・義浄は憤らざるを得ない。こう言おう、「彼らは)詎して肯て心を小罪(小過、小愆、すなわち日々の生活場裏で律蔵に定める規範の細則)に留めているのだろうか(?」と。否、彼らは決してそうではない。中国の仏教僧侶たちは日々戒律を軽視・無視・蔑ろにしているのである)。

第十八章　便利之事［トイレのきまり］

梗概　インドの仏教僧伽における用便法の正則の紹介が本章の主題である。用便にも準備が必要であり、服装は洗浴裙と僧脚崎、手には触用水を満たした触瓶をもって厠に向かうことになる。

まず厠外で洗浄用の土塊を塼石上、あるいは小版上に用意しておくのだが、それらとはまた別に土塊三個をもって厠内に入り用を足す。次に用便後の洗浄法が説かれ、(1)厠内、(2)洗浄処、(3)自房の三所で洗浄はなされる。大便の場合、(1)厠内での浄法は、まず左手で用便処を水で洗い、次に土塊と水を一緒にして同じく用便処を洗い、最後にその左手をも洗う。籌(糞掻篦)や故紙の使用も可(廃棄法には注意を要する)。この後で厠外に出るのだが、不浄となっている左手と清浄である右手の使い方、すなわち両手の役割分担――ここで左＝不浄観のあるインドとそれを欠く中国の常識の違いが露呈する――にも留意する。(2)洗浄処での浄法では、両手、足、用具を洗う。最後に、(3)自房では手と口とを浄瓶の水で清め、これで最終的に清浄化儀礼が完了する。小便の場合は、小便処と手をそれぞれ各一個、計二個の土塊で洗浄する。

このあと義浄の中国仏教批判が展開される。清浄第一主義のインド仏教の原則を確認してから、(1)便利清浄の過小評価、(2)大乗「空」思想の過大評価、(3)浄穢の相対化等々、実際の当時の中国仏教からの予想されうる反論をあげて、義浄は一々律蔵(仏説)の立場で中国仏教を批判する。次に義浄は、恐らく当時の中国の現実であったろう筒槽や帛の使用や水を含んでの上厠をもやり玉にあげ、最後にインドの厠処浄治（管理）の重要な意義を説いてから、土塊を入れる大槽の大きさや水瓶がない場合の鉢の代用などを提言、その主張は甚だ具体的である。

この後でも中国仏教への提言は続く。まず長江・淮水地方の瓮厠の非を鳴らしてから水洗式トイレを提案、汾州の抱腹、岱岳の霊巌、荊府の玉泉、揚州の白塔などの諸寺のトイレをインド本来のそれを伝えるものと持ち上げながらも、触水と土塊の伝承を欠くことを先人の落ち度として非難してこれを補うことを提案、最後に瓶缶改良のポイントを列挙している。

章末に義浄は「清浄礼賛」とも称すべき詩頌を置いているが、これは内容的に本章主題に直接関わるまとめの偈というより、『寄帰伝』の前半部を締め括るにあたって義浄が文飾を駆使し、己が詩才を誇示した結びの一文というべきものだろう。

なお、便利洗浄法を説く根本有部律資料として、ここでは最も詳細な規定をしている『根本薩婆多部律摂』巻一四（大正蔵巻二四、六一三頁上段～中段）によって、以下適宜補った。その他の資料としては、『根本説一切有部毘奈耶雑事』巻一〇（大正蔵巻二四、二四六頁下段～二四七頁中段）、巻一六（同、二七六頁下段～二七七頁上段）、『根本説一切有部百一羯磨』巻八（同、四九〇頁下段～四九一頁上段）がある。

用便の準備　便利（用便）の事について、其の儀を略出しておこう。

（用便時にはそれに相応しい服装がある。すなわち、身体の）下には洗浴の裙を著け、上には僧脚崎（saṃkakṣikā）服を披るのである。

次に（、不浄用水〈＝触用水〉を貯える瓶である）触瓶を取り、（その瓶に触用）水を添れて満たし、（これを）持将って厠（処 巴 vaccakuṭi）に上くのである。

《訳者補》次に弾指（、すなわちパチンと指を弾き）、謦咳（、すなわちエヘンと咳払いし）、蹋地（、すなわちドンと足を踏みなど）して（合図し、現在当該トイレが）使用中でないことを確認する。もし人が中にいれば、中の人も同様に合図して使用中であることを知らせることになっている。

（厠処中に人の不在であることを確認してから中に入り、）戸を閉めて、身（体）を遮す。

《訳者補》これに先立ち、上衣は既に入厠以前に厠外、上風に脱いでおく。また用便後洗浄に用いる土塊も、ここ厠処の外に用意しておかねばならない。

土（塊）は（必）須ず二・七（2×7＝14）塊、それを厠（処の）外の（土塊置きである焼き煉瓦製の）甎石の上、或いは小版の上に安置する。其の塼（〈＝甎〉石の小）版の量は、長さ一肘（46.7cm）、闊さ半肘（23.3cm）である。土（塊）は砕いて（粉）末とし、両行に（七個ずつ、計十四個を)列べて、一つ一つを(個)別に聚め、更に(これら十四個とは別に)一(土)塊を安(置)く(、つまり都合十五個が、今、砕かれて全十五山になる)のである。

復(これらの土塊とは別に、土塊)三丸(と籌片、触水瓶など)を将(持)って厠(処の)内に入り、(触水瓶等は厠内の)一辺に安在く。(この三丸の土塊の)一つ一つでもって身体を拭い、洗うのである。

《訳者補》 用便行為そのものへの注意としては、放屁は音をたてずにし、小便の場合は了ったら速やかに厠外に出ること、また洟・唾を厠内に吐かないこと等々である。

厠内浄法 (以上の用便法に続いて、厠内での浄法がある。)洗身の法とは(、水と土塊とで身体の大小便処を洗う方法を意味するわけだが、これは必)須ず(不浄である身体を、不浄である)左手でもって先ず水で洗い、その後で土(塊二個と水とを)兼にして(、前述の身体不浄処を洗)浄するのである。(そうしてから、)有余るは一丸だが、これで麁且っと一遍、其の左手を(も)洗う(ことになる)。

若しも籌片があれば、(それを厠処内に)持って入るのも亦佳い。如し用い罷ったのならば、(必)須ず厠(処の)外に擲つべきであ(り、決して厠処の中に棄ててはならないのであ)

る。(また、身体を拭うのに)必しも故紙を用いるのであるならば、(その場合は逆に、)厠(処の)中に棄てる可きである。

(かくして、)既に洗浄が了ったのならば、方(始)めて(清浄なる)右手で其の衣(僧脚崎)を牽き下げ、(洗浄に際して用いた触)瓶も(先程同様、一時的に)一辺に安(置)する。右手で傍戸を撥開き(厠処の外に出るが、このときは)還た右手で(触)瓶を提げて出るか、或いは左臂で(触)瓶を抱く。(そして、不浄と成っている)其の左手を挙げて、右手で(傍)戸を閉めて(、厠処を)去く可きである。

洗浄処浄法 (次に洗浄処での浄法がある。まず)彼(処)の土(塊を置いてある)処に就って一辺に蹲座する。若し(このときに)座物を須いるのならば(それでもよく、それは)時に随い、処を(商)量え(て、適宜判断することにす)る。

(さてここでの洗浄は、蹲踞の姿勢で行なう。このとき、触)瓶は左髀の上に置き、左臂でもって下に向けて之れを圧しつける可きなのである。

《訳者補》 もしもこのときに三叉木があって、その上に瓶を置けるのならば、これは極めて好都合である。

（次にいよいよ十四個の土塊の使用となる。）先ず、身（体）に近い一・七（1×7＝7）塊の土（塊）を（右手で）取り、（七塊の一つ一つで）別々に其の左手を洗う。（その）後で余りの七（塊）一つ一つでもって両手を倶に洗う。（それから前述の土塊置きの甎石・小版、）塼・木の上も必須ず浄いに洗わなければならない。余有るは一丸だが、（これはこれで）もって瓶器を洗うのである。

次に臂や踹及び足を洗い、並清潔にさせる。然後で、情の随に（立ち）去るのである。（言うまでもないが、）この〝（触）瓶の水〟は（不浄処洗浄専用であり、飲用に供すべく）口唇には（決して）入れる合きではない。

自房浄法　重び（自らの）房の中に至れば（、触瓶を安置し、牛糞で手を揩り）、〝浄瓶の水〟でもって（再三手を洗い、また）口を漱ぐ（。これではじめて〝触＝不浄〟からの清浄化儀礼が完了、〝浄〟の状態が回復されたと解釈されるのである）。

若しも此の（後でも、誤って触）瓶に触れるようなことに至れば、還た（必）須ず手を洗い口を漱がねばならず（、そのように清浄化して自らを〝浄〟の状態とした後で）、方（始）めて余の器具を（手に）執るべきなのである。

（上来説いてきたように）斯れが乃ち大便（uccāra）の儀であり、麁っと説（明）すれば此の如になるのである。

浄法補遺　（用便法も、他の事柄同様省エネが優先順位の第一、）必ず（縁）事を省く（というのが原則な）のであるから、（他人を煩わせずに）咸任に自（分）で為すのである。（しかし、もし）幸いに供人が有るのであれば、（この供人に手伝わせ、瓶を持たせて注水、瓶水を停住せることなく）澆がせても過ちにはならないのである。

小便浄法　小便（prasrāva）ならば一・二（1×2＝2　二丸）の土（塊）でもって手を洗い身（体）を洗うべきである。

中国仏教批判（一）――インドの正則と中国の現状――　此れ（、すなわち上に述べてきた事柄）は、〝清浄の先（上首、第一）〟、〝（礼）敬を為すの基本（根本、大元）〟となる（、すなわち普遍的価値を有する）ものである。（しかし、中国の）或る人は、（「このような便利〈用便〉後の清浄なぞは）小事（にすぎないのだ。大乗には便利清浄に優先する大事があるのだ」、）とするのであるが、律の教えでは（かような見解は成り立たない。なぜなら、この便利に伴う清浄化儀礼の違反やその軽視に対しては、）乃ち（大聖釈迦世尊よりする）大（いなる）呵（責）があるのである。

若しも（用便して、その後）洗浄しないのならば、（当人は不浄状態にあり、当然ながら清浄を第一とする）僧（伽の）床（座　khaṭvā）に座る合きではないのであるし、亦（清浄なる仏・法・僧の）三宝を礼（敬）すべきでもないのである。此の（便利清浄の）ことは、身子

（Sāriputra〈＝舎利弗〉）が外道を（降）伏させた法（式）であるし、仏も（また、これに）因って苾芻を総（＝統）べ制められたのである。之れ（便利清浄の法）を修めれば律を奉じて福が生じることになるのだが、（もしこのことを）作さなかったならば（仏の）教えに違って罪を招くことになるのである。（しかし、残念ながら）斯れは東夏には伝わらず、（また便利の清浄法の未伝状態の継続ということでは、已）来、尚しいものがあるのである。

中国仏教批判（二）――想定問答・大乗仏教批判――

（ところで、私・義浄が上述のように）設令に啓示したとしても（中国の仏教者は結局のところ、）遂には嫌う心を起こし、即ち（次のように）道うことだろう、「大乗は虚（空のように融）通（無礙なのだから）、何が（清）浄か、何が穢（悪か、などと言えるのだろう）か（？　否、大乗の立場ではことの本質において清浄も穢悪もありはしないのだ）。（人間などというものは、これ糞袋、）腹の中は恒に（不浄物が一杯に）満ちているのに、（身体の）外（側）を洗ったとしても寧な（利）益がある（といえるのだろうか？　否、たとえ身体の外側を洗っても何の利益もありはしないのだ）」と。

（これに対し、私・義浄は次のように反論したい。）「（貴方がた中国人僧侶は）詎して（律の教えによる検校、すなわち）教検を軽んじ欺き、（大）聖（釈迦世尊の）心を誣り罔いるのだろうか？　（律蔵に説くように、洗浄せず不浄状態のままでは、①自分が他から）礼（拝）

を受けるのでも、（②自分が）他を礼（拝）するのでも、倶に罪過を招いているのである。（これでは日常茶飯、）著衣・噉食（、行住座臥、何をするにつけても）、天（deva）も神（devatā）も共に嫌うのである。若しも（このような中国人がインドに行き、中国にいたころと同様に）洗浄しないならば、五天（竺）では（人は皆）同じく笑い、所至之処で人が皆見て（、不浄を解さぬ中国人とて）譏られることだろう。

（中国の、仏の教えの）弘紹の賓（人）よ、特か宜しく（真実の仏の）教えを伝えてほしい。既に塵俗（世俗世間）を厭い離れ、（在）家を捨てて非家（＝出家）に趣いているのだから、（必）須ず慇懃に〝釈父（大聖釈迦世尊）の（誠）言〟を用いるべきである。何うして〝毘尼（毘那耶vinaya〈＝律〉）の説〟に睚眦などできるのだろうか（？　否、律を憎み軽んじ、不如法不如律であってよかろうはずがない。中国仏教伝統の「大乗」仏教の理解の誤りから解き放たれるべきである）。如し（私・義浄を）信じなかったとしても、（依法不依人。）幸かどうか此（の私・義浄の述べた内容）に依って（、用便後の洗浄を実践して）ほしい。（必ずや）之れを洗うこと五、六日間で、便ち不洗（浄）の過ちが知られ（て来）よう。

中国仏教批判（三）――便厠法改良論――

（付け加える。具体的に説こう。実際の洗浄にあたっては、中国のような寒冷の地では、）然し、寒冬の月（厳冬期）には（必）須ず煖湯を（用いて洗浄を）作すべきであるが、それ以外の三時（春、夏、秋）では（、煖湯使用の）事は

（用いても用いなくとも）随意でよいのである。

《訳者補》 仏教の神州に流伝すること既に七百年に垂としている。しかるに用便後の洗浄の法はいまだに備わっていない。このことは、釈迦金口の親言であり、この法を実践しないなどとは、（道）理として、とても言えないはずである。しかし、中国に伝わった諸律には文に闕遺があり、またたとえ少しく伝わったとしてもその旨はいまだに充分には尽くされてはいないのである——と義浄は『根本説一切有部毘奈耶雑事』巻一〇の自らの割注（大正蔵巻二四、二七七頁中段）でコメントしている。

然し（中国ではインドのように土塊を用いたり、またわざわざ厠処の隣に両手足を洗浄する処を作るなどはしていない。それどころではなくて中国では、インドのそれに比べれば甚だ小さな）筒槽（をもって事に充てており）、（また）帛（でもって身体を）払（拭し、あるいは石の上で手を揩る）などということが有る（のである）が、（このようなことは）本より律文（に規定されているところ）では非いのである。或いは水を（口に）含んで（上厠し、その水で）もって（穢悪を取り）去るというのも有るのであるが、（これも）亦（言うまでもなく、律蔵に示された本来の洗）浄法には乖いているのである。

凡そ僧坊というものは、先ず（必）須ずや厠処を浄く治めるべきものなのである。若しも自らにその力が無いのであるならば（、他を）教化して之れを為せるのである。（何となれば、これは現前の僧伽ばかりではなく）十方僧（衆）に供するものであり、（道）理として（、その功徳、凡夫・善人から如来まで、すなわち）凡（夫）・聖（人）に通じるものである。（厠処の整備は、その負担（、）多く費やす所では無いのだが、斯れは其の（僧坊の）要である。そしてこれは浄方の業（、すなわち往生浄土のための業）であるから、固より虚しいものではないのである。

（律蔵に定めるところ、道）理として（必）須ず大（筒）槽は一、両石（一～二石、59.4～118.9ℓ）を受けることの可るもので、（ここに）土（塊）を貯えて（一杯に）満たし、圊（厠）の辺らに置在く。（また、僧伽の苾芻）大衆に必しも（かような巨大な筒槽が）無いとしても、（土塊は苾芻の各自の房である）私房に畜える可きである。

若しも卒（爾）なことで水瓶が無かったならば、瓷・瓦（製）等の鉢を（代わりに）用いることも許されるのであり、（これらの鉢に）水を盛り、将（持）って（厠内に）入り、一辺に安在き、右手で（鉢を傾け、左手で身体を）澆洗するのも、亦（律の規定を）傷つけるものではないのである。

中国仏教への義浄の提言 （次に、中国の寺院の厠処改善のポイントを示そう。現下の長）江・淮（水）の地下では坌厠が多いのであるが、（このような坌厠はインドの正則からは外れている。されば、）斯（処）での洗浄は不可であり、宜しく別に洗（浄）処を作るべきなのである。（その洗浄処、肝心な点は何かといえば、すなわち）水が流れ通って出てゆくようなものであれば善しいので為る。

且如で、汾州の抱腹、岱岳の霊巌、荊府の玉泉、揚州の白塔（などの諸寺）の圊厠の所では、頗る其の（インド伝来の正しい便厠の）法（式）を伝えているのである。（にもかかわらず、これらの諸寺ですらも）然而も（洗浄用の）水や土（塊）を安置するについては、片く闕如ているのである。（これらの寺々では、）向から早く人があって（インドさながらにその正則を）行なわせるようにしていたのだから、（当然、便厠の）法（式）も亦（、インドの）王舎（城 Rājagṛha）と殊（異）ならないはずであった。（そうであれば、洗浄用の触水や土塊の不備という闕如、）斯れは、乃ち（我らが）先賢（の者）の落漠なのである。豈してこれが（我々）後進（の者）の蒙籠であろうか（？　否、そうではなく、これはインドの正則を後代に残せなかった中国の先賢たちの落ち度なのである）。

然（而）れば、厠（処の）内に土（塊）を貯え（、触）瓶を置いて並びに安穏（、充分な量を確保し）、闕事のないようにさせるべきである。

（最後に触瓶について付言しておく。水を）添れる（触）瓶の缶は觜を著けるのが佳い。如しも君持（kuṇḍī　水瓶）を畜えるのであっても、（本書で）前（述した処）に准じて為るのである。（中国の）銅瓶は蓋を挿し（込む構造なので瓶の）口が寛く、元来、中の洗浄がないので（瓶内に水垢がたまりやすいので）ある。（しかし、この銅瓶も）若しも其の腹辺に別（異）に一孔を為り、（瓶の）頂上は錫で固め、高く尖台を出して、中に小孔を安（置）くならば、（これは）此れで亦権り用いるには（これでよく、）時に当たって須いるべきなのである。

『清浄礼讃』――詩頌によるまとめ――　重ねて曰う。

戴労紙筆、幾致慇懃。
順流従諫、冀有其人。
大聖既双林、而寂体、
羅漢亦五印、而灰身。
遺余法教、
影響斯晨。
行寄捐生之侶、
興由棄俗之賓。
捨渾渾之煩濁、
慕皎皎之清塵。
外垢与内惑、而倶喪、

上結共下縛、而同湮。
蕭条其跡、
爽亮其神。
四儀無累、
三尊是親。
既不被生人所笑、
豈復怖死王之見瞋。
利九居而軫念、
成三代之芳因。
幸希万一而能改、
亦寧辞二紀之艱辛。

戴(しる)すに紙・筆を労し、
幾(こいねが)うは慇懃を致さんことを。
流れに順い諫めに従う、
冀(こいねが)うは其の人の有らんことを。

紙と筆とで書き記さん、
慇懃なれと心から。
心素直にいさめにも、
従う人の有ることを。

大聖、既に双林に（身《み》）体を寂し、
羅漢、亦五印（度）に身《み》（体）を灰す。
遺余の法教、
影響す斯の晨《あした》。

行、捐生の侶に寄り、
興、棄俗の賓に由る。

渾々の煩濁を捨て、
皎々の清塵を慕う。

外垢、内惑と倶に喪し、
上結、下縛と同じく湮《ふさ》ぐ。

蕭条たり、その跡。
爽亮たり、その神《こころ》。

仏は寂体《ねむ》る娑羅双樹、
羅漢も五印（度）《インド》に灰身《ねむ》る今、
法教《おしえ》は遺るしののめの、
影と響きの晨《あした》（朝）。

行《おこのう》は、生（命）を捐《す》てたる侶《とも》により、
興《よろこぶ》は、俗を棄てたる賓《とも》による。

渾きに渾き穢濁《けがれ》煩悩捨て、
皎きに皎き清浄《けうら》芳塵を慕う。

外と内との垢惑《まどい》を喪し、
上と下との結縛《まよい》を湮《ふさ》ぐ。

跡には一つの曇りなく、
神《こころ》に風のさわやかさ。

四儀に累（わずらい）無く、
三尊これ親たり。

既に被らず、生人の笑う所を、
豈復怖れん、死王の瞋（いか）らる、。

九居を利して念を軫（いた）め、
三代の芳因を成ぜん。

幸いに希（ねが）わん、万に一つ能く改めんを、
亦寞（いずくん）ぞ辞さん、二紀の艱辛を。

四（威）儀（行住座臥）にわずらいなく、
三（宝）尊（、仏法僧）こそ親たらん。

生人の笑いすでになく、
死王の瞋（いかり）おそるなし。

九居（、九世界（まょいのよ））の救いを念（おも）い、
三代〔過去・未来・現在〕にも続く因（もと）たらん。

（一）万に一（人（ふたとせ））の改め有らば、
また容れん、二紀（二十年）艱（難）辛（苦）。

巻第三

第十九章　受戒軌則［受戒式の実際］

梗　概　本章主題は当時のインド仏教の受戒式とその後の僧伽生活の有り様なのだが、本書では記述の省略が少なくない（現代語訳では『百一羯磨』を中心に義浄訳根本有部律資料とそこに施された原注から《訳者補》として大量の記事を補って会入しておいた。参照していただければ幸いである）。

まず発心して僧伽に出家を願う者が（本）師の下に赴き、意のあるところを明かすところから本章は始まる。

（本）師はこの出家希望者にその資格条件を問う問難事（＝問障法、問遮法）をし、問題がなければ発心者は受戒日まで休息させられる。受戒式は以下のように次第する。

㈠「鄔波索迦」となる。五学処（五戒）を受けて単なる「在家」から「在家の仏教信者（七衆の一）」となる。

㈡「求寂」となる。①成「出家」では（本）師が受近円者に衣鉢等を整え、白僧者を選んで僧伽大衆に向かい出家事を述べさせ、その承認を獲得する。次に剃髪、法衣をつけさせ、鉢器を授与する。これで受近円者は「在家」から「出家」となる。次いで②成「求寂」が続き、十学処が授与され、受近円者は「求寂」となる（出家五衆のうち、この求寂男・求寂女・正学女は戒律違反があっても一部無犯とされるとの義浄の付言がある）。

㈢「苾芻」となる。受近円（＝具足戒の受戒）が説かれる。まずその準備、（本）師は弟子が法式を習い、年齢二十歳以上で、具足戒を受ける意志と能力のあるのを見届けてから、六物と三師七証の物的・人的な手当てをする。受戒式場は小壇、大界、自然界のいずれでも可であり、壇場内には座席を用意し、香や花も供える。

次に受戒式が開始され、①三礼、②三乞（戒）、③衣・鉢授受、（④問障法）、⑤受近円と次第し「鄔波三鉢那」と成る。

このとき肝腎なのが、受戒時刻の記録である（受戒時刻の記録に必要なインドの日時計の説明、一年を五つに区切るインドの季節、受戒時刻が法齢算出の根拠＝僧伽の席次決定となっている、との報告が挿入される）。（本書はこれで受戒式の説明を了えるが、この後、⑥四依、⑦四堕、⑧四作、⑨結語と続く。）

㈣臨壇者へのお礼があり、それは嚫施ではなく、心ばかりの腰條や濾水羅程度のものである。

具足戒の受戒が終了し受近円者が苾芻となると、続いて依止の生活が始まる。依止期間中、苾芻は本師について、まず戒本、次に律蔵を学び、その修了後、経・論を学ぶことになる。義浄はここでまた、当時の中国仏教でこの依止期間中の戒律の実習がないがしろにされていると厳しく批判する。近円以降この依止期間中の苾芻は鐸曷攞と呼ばれるが、十夏をもってこの依止は終了する。これ以降は悉他薜攞と称し、本師のもとを離れ、また自らが他の親教師になることができる。

次に行位の説明がある。中国にいう「僧某乙」の呼称の非なることを鳴らしてから、義浄は親教師の資格条件、受戒式の壇上の員数、インド仏教での評価位置づけなどの親教師論を展開する。附論として、僧伽内に住みながら出家五衆の数に入らない二種の少年、童子と学生について触れ、彼らが僧物を食べたとしても互用の罪に抵触しないことについても説明している。

最後に義浄は仏法のなかで戒律の重要なることを確認してから、自作の戒律賛嘆の詩頌で本章を締め括る。

西国の出家の軌儀は、咸悉く（大）聖（釈迦世尊の）制（せられた戒）を具え有っているのであり、広しくは『百一羯磨』の（説く）如りである。此（処）では但（省）略して方隅を指（示し）ておこう。

受戒式次第一――発心から鄔波索迦受戒まで――

諸（々）の（、仏道に）発心して出家したいと欲う者があったならば、情の楽う所に随って一師の辺に到き、其の本意を陳べるのである。

（その）師は乃ち方便（を労するなど）して、其（の出家希望者＝受近円者）の〝難事（＝障法、すなわち受戒資格）〟を問う。（この難事を定義するならば、受近円者が生理的・心理的に完全な男性機能を有する者かどうかを中心に、以下、）父母を（殺）害したのではないか等の（資格・条件上の障害）を謂うのである。難事が既より無ければ（その出家を）許して、「摂受」と言う。

既に摂受が已れば、（その後、）或いは旬（十日）・月（三十日）を経（過する期間）、其れ（受近円者）を解息ませる。

《訳者補》 以下、義浄訳『根本説一切有部百一羯磨』巻一（大正蔵巻二四、四五六頁上段～）より記事を増補する。

旬・月を経過し、いよいよ受戒式当日となる。

まず、鄔波索迦律儀護（在家男性仏教信者）となるための儀式がある。求出家者は礼敬し本師（upādhyāya 鄔波駄耶、親教師、和尚、僧伽に出家するについての身柄引き受け人、疑似親子関係の親に相当する――後述――）の前で蹲踞合掌して、次のような三帰三説の誓言（pratijñā）をさせる。

「阿遮利耶（Ācārya 阿闍梨、戒師、軌範師、[秉]羯磨師 karmavācācārya 義浄の原注に軌範師とあるのは初出時における語義定義であり、ここでは本師に対して呼びかける敬称と解したい。現代タイの上座部仏教の得度式では、多く[巴] bhante＝尊師らよと[巴] bhavant の複数・呼格が用いられている。采川道昭編・訳『得度式次第　ワット・パクナムパーシーチャロアン』。なお、『四分律』は「大徳」、『十誦律』では「長老」と各並行記事中にある――訳者――）、

存念せよ。我某甲(それがし、受近円者の名)、今日より始め、乃至命存するまで、
仏陀両足中尊〈＝仏〉に帰依す、
達摩離欲中等〈＝法〉に帰依す、
僧伽諸衆中尊〈＝僧〉に帰依す」と。

(この三帰を)このように三説する。

(本)師は、「奥箄迦(Aupāyika　好)」と云う。

(受近円者はこれに)答えて、「娑度(Sādhu　善)」と云う。

(次に本)師は(受近円者の)為に五種(の)学処(śikṣāpada　すなわち五戒)を授ける。

《訳者補》 (本)師は受近円者に、「汝は我に随って語るように」と云って次のように言わせる。

「阿遮利耶、存念せよ。諸(々)の聖阿羅漢(āryārhat)の乃至命存するまで、
①殺生をせず、
②偸盗をせず、
③邪行を欲せず、
④虚誑語をせず、
⑤諸酒を飲まざる、が如くに、

我某甲（受近円者）、今日より始め、乃至命存するまで、
①殺生せず、
②偸盗せず、
③邪行を欲せず、
④虚誑語せず、
⑤諸酒を飲まざること、亦是の如し。
此れは即ち是れ我の五支学処、是れ諸（々）の聖阿羅漢の所学処なり。我当に学に随い、作すに随い、持つに随わん。このように三説、願わくば阿遮利耶よ、証知せよ。我は是れ鄔波索迦、三宝に帰依し、五学処を受けん」と。

（本）師は、「好（奥箄迦）」と云う。

（受近円者はこれに）答えて、「善（娑度）」と云う。


（これで受近円者は㈠「鄔波索迦」と名づけ（られ）るのである。此（の在家五学処〈五戒〉の受戒）より（以）前は（、彼は、出家・在家の仏者、すなわち）七衆（苾芻・苾芻尼・求寂男・求寂女・正学女・鄔波索迦・鄔波斯迦）の数に入らないのであるから、此れ（、在家五戒の受戒により鄔波索迦となること）こそが創めて仏法に入る（初）基なのである。

受戒式次第二の一——求寂受戒まで・成「出家」——

（本）師は次に（受者の）為に縵

条(衣)・僧脚崎及び下裙等、并びに鉢・濾(水)羅を弁える。

《訳者補》 次に鄔波駄耶(親教師、和尚、ここでは受近円式儀礼中で受近円者に授戒する役職名)を請ずることになる。(受近円者はまず本師に向かって次のように)云わされる。

「阿遮利耶(＝軌範師)、存念せよ。我某甲、今、阿遮利耶に鄔波駄耶と為らんことを請う。願わくば、阿遮利耶よ、我が為に鄔波駄耶と作らんことを。阿遮利耶の鄔波駄耶と為るに由るの故に、我、当に出家すべし」。

(これも)三説(する。しかし、)後語は前に同じだが、三説するその第三番目に至ると、応に(次のように)言うべきである。

「……鄔波駄耶(、すなわち保証人たる本師)の鄔波駄耶(、すなわち受近円式中の和尚)と為るに由るの故に。(我、当に出家すべし)」、という。

(次に一苾芻を請じて、受者のために)方に白僧(者　ārocaka　白衆者)と為るのである。

《訳者補》 彼(、白僧者)は本師に問うて云う、「所有障法(＝出家資格)は、並びに已に問うや、未だしや?」と。(本師は)答えて言う、「已に問えり」と。

若し問えばそれで善いが、若し問わないで白すると越法罪を得る。

次に白衆一切僧伽をなすことになる。（これは僧伽の全員を）尽く集めねばならないので、各房を巡り告知する。

次に（僧伽苾芻）衆中に至り敬を到し已り、上座（苾芻）の前で蹲踞合掌する。

（つまりこのとき、白僧者が受近円者の）出家（の）事を（上座苾芻以下の僧伽の苾芻大衆に向かって）陳べるのである。

《訳者補》（白僧者は言う、）「大徳僧伽、聴け。此れ某甲（、すなわち受近円者）は苾芻某甲（、すなわち本師）に従り出家を希求す。在俗白衣にして未だ鬚髪を落とさず。願わくば善説法律に於いて出家・近円し、苾芻性（bhikṣu-bhāva　比丘性、苾芻たるの状態、身分、資格）を成ぜんことを。

此れ某甲（、すなわち受近円者）、若し鬚髪を剃り、法服を披り已らば、正信心を起こし、（在）家を捨て非家（出家）に趣かん。（苾芻）某甲（をして）鄔波駄耶と為す。僧伽よ、某甲（受近円者）に出家を与えるを為すや不や?」と。

これはただ「白事」を言うだけのことで、（僧伽の苾芻大衆の一度の無言の承認が必要な）「羯磨単白（＝白一羯磨）」ではないのである。

（僧伽の苾芻大）衆は咸（、白僧者に向かって）言う、「若し遍浄（＝遍清浄已　pari-śuddha）なれば、応に出家を与うべし」と。

（白僧者が僧衆に）倶に問えば善し、如し問わなければ越法罪を得ることになる。

僧衆は（受近円者に出家を）許し已る。

（僧伽の出家是認を待って、受近円者の）為に阿遮利耶――ここは前述の本師への呼称ではなく、受戒式の作法・儀式を司る軌範師、秉羯磨師、と解した――を請じて屏処で剃頭（髪）人に（受者の）為に鬚髪を除かせる。

《訳者補》 このとき、一苾芻を看剃髪者とする。剃頭人が受近円者の頭髪を剃ることになるのだが、頂髻（sikhā）を留めるかどうかを看剃髪者が受近円者に問い、諾・否を確認し、その希望の通りにさせる。

（次に、その時候と）方（処）の寒温に適うようにして（、寒ければ湯を与え、暑ければ冷水を与え、）其れに洗浴させる。（このとき本）師は乃ち（受近円者）の為に下裙を著けながら方便（を用い）て（観察し、受近円者が無根・二根・根不全、つまり）黄門（paṇḍaka 男性の生理的性的不具者）等でないかどうかを検察べるのである。

《訳者補》 このとき、受近円者に恥ずかしい思いをさせないために露形にしないで私かに視るのであって、それと覚らせないようにする。

次に(受近円者に僧脚崎を著けさせ、さらに)上衣——ここでは嗢怛羅僧伽(uttarāsaṅ-ga)ではなく縵条衣と解した——を与え(る。受近円者はこれを頭上にて戴く、すなわち文字通り)、頂戴して受けさせるのである。法衣を著已れば、鉢器(pātra)を授与する。

《訳者補》 (本)師は一苾芻を請じて三帰・十学処を為すことになる。本師は受近円者——この段階では正確には受求寂律儀護者——に礼敬させる。その後で、本師と阿遮利耶の二師の前で受者に蹲踞・合掌させ、次の言葉を語らせる(このとき本師と阿遮利耶の二師は受者のすぐ近くに座る。義浄は、このとき親教師が自分の袈裟の角を弟子に執らせているのをこの目で見ているのだが、西方の行法とはこんな具合だと報告している)。

「阿遮利耶、存念せよ。我某甲、今日より始め、乃至命存するまで、

仏陀両足中尊〈=仏〉に帰依す、

達摩離欲中尊〈=法〉に帰依す、

僧伽諸衆中尊〈=僧〉に帰依す。

彼、薄伽梵・釈迦牟尼・釈迦子・釈迦大王の応正等覚を知る如く、彼、既に出家す(る

如く)、我、当に随出すべし。在俗の容儀、我、已に棄捨せり、出家の形相、我、今受持す。我、事至るに因りて親教師の名を説かん。親教師の名は某甲なり」。

このように三説する。

(本)師は、「好」と云う。

(受者は)答えて、「善」と云う。

これで(受近円者はその身分が、鄔波索迦＝男性の在家の仏教信者ではなくなり、㈡①)出家と名づける(ことができるようになったのである)。

受戒式次第二の二――求寂受戒まで・成「求寂」――　次に本師の前で阿遮利耶が十学処(＝十戒)を授けることになるのだが、或る時は闇誦で(唱え)、或いは(闇誦では唱えずに、羯磨の表白)文を読むのでも可い。

《訳者補》　阿遮利耶は受近円者に「汝は我に随って語るように」と云って次のように唱える。

「阿遮利耶、存念せよ。諸(々)の聖阿羅漢の乃至命存するまで、

①殺生せず、

②偸盗せず、

③婬欲せず、

④虚誑語せず、
⑤諸酒を飲まず、
⑥歌舞作楽せず、
⑦香鬘塗彩せず、
⑨高床大床に座せず、
⑨非時に食せず、
⑩金銀を受畜せざる（が如くに）、

（我も）亦是の如し。

此れは即ち是れ我が十支学処、是れ諸（々）の聖阿羅漢の所学処なり。我は当に学すに随い作すに随い持つに随うべし。

　このように三説する。

願わくば阿遮利耶よ、証知せよ。我は是れ求寂、我は事至るに因りて鄔波駄耶の名を説かん。鄔波駄耶の名は某甲なり」。

（本）師は、「好」と云う。

（受近円者はこれに）答えて、「善」と云う。

既に（前述の「三帰」に続けて、この「十学処」の）受戒が已れば、（受近円者はこれで（二②）「室羅末尼羅（śramaṇera）」と名づけ（られ）る。

義浄《原注》

（「室羅末尼羅）」は、）訳せば「求寂」となる。涅槃・円寂の処に趣かんと欲い求めることを言うのである。旧く（中国で）「沙弥」と云ったのは、（その）言（は省）略にして（、その）音（は違）訛なのである。（従来中国で）翻（訳）して「息慈」と作るのは、意（味）は（「息悪行慈」で本義に）准じているものの（√śram〝倦み疲れる、苦行する〟よりすれば語学的に根）拠の無いものである。

求寂男・求寂女、正学女には苾芻・苾芻尼にはない戒律特別減免規定あり　（この「室羅末尼羅」＝「求寂」はその日常において、）威儀、節度、（本師への）請教・白事などは進具者（、すなわち具足戒を受けた一人前の苾芻）と（何ら変わるところはなく、）体に（おいて）二（つの基）准は無いのであ（り、だから僧伽では一人前の苾芻とこの一人前未満の求寂とは、ほぼ等しい生活形態をとるのであ）る。

但し律蔵では（その規定上、両者に差異のあることにも注意しなければならない。その差異とは一体何だろうか？　実はこの求寂は、苾芻とは異なり）〝十二（の項目については違反しても罪を問われず、）無犯〟とされる（のである）。（そして、同様に）正学女（śikṣa-mānā　式叉摩拏、苾芻尼になるため修行中の十八歳以上二十歳までの求寂女）についても

（、一人前の苾芻尼に比べるとき、）片かだが（罪科の）差降があるのである。

（前述の求寂が、苾芻とは異なり、犯しても罪を問われない）十二（項目）とは（一体）何なのだろうか？

一、不分別衣。

《訳者補》律蔵により認められた三衣から薬資具衣までの十三資具に数えられている衣以外の衣、すなわち長衣の所持には、いわゆる「分別（vikalpana　説浄、浄施。苾芻には衣の所有制限があるが、それをかいくぐる便法として形式的に所有権を友人苾芻に移転し、実質的な使用権だけは確保せんとするもの）」が必要となるのだが、この不分別衣とは、求寂男・求寂女、正学女に限って、まだ一人前の苾芻・苾芻尼ではないので分別をなさずとも所持が可能である、ということ。

二、離衣宿。

《訳者補》苾芻たるものは単三衣（、三衣のみ）であると同時に、結浄地以外では常持三衣（、常に三衣の姿をたもつ）であり、原則として三衣を脱ぐことは許されていない。離衣宿はその例外規定であり、三衣を離れて（より具体的には僧伽胝〈saṃghāṭī　複衣〉を着ることなしに）一宿（一夜）をすごせることだが、求寂男・求寂女、正学女に限っては、まだ一人前の苾芻・苾芻尼ではないので結浄地以外でも、三衣を離れて一宿をすごすことができる、ということ。

三、触火（そくか）。

《訳者補》 無病の苾芻は煖をとるために自ら露地で火を燃やしたり、あるいは他人に火を燃やさせることは許されない。この触火学処も、求寂男・求寂女、正学女に限って、まだ一人前の苾芻・苾芻尼ではないのでそれを許す、ということ。

四、足食（そくじき）。

《訳者補》 足食とは次の五つの条件を備えた食事のこと。

①是れ食（五嚼食、五噉食）なりと知る。

②授食人（女、男、半択迦）ありと知る。

③受得して食せり（二種五食、内容は五嚼食・五噉食を他より受ける）と知る。

④食を遮せり（食を作し了り、心に発言して足ると唱え、二種五食を遮す）と知る。

⑤威儀を遮せり(座より起ち食時の座威儀を捨てる)と知る。

足食し了えた苾芻はその後で食の請待を受けたとしても、残余食(巴 atiritta-bhojana, bhutta-āvasesa)法を作さないものは食べられない。しかし、求寂男・求寂女、正学女に限って、まだ一人前の苾芻・苾芻尼ではないのでこの足食戒=前記①〜⑤の五条件を課さない、ということ。

五、害生種。

《訳者補》植物とは五種子(根種・茎種・節種・開種・子種)で成り立っており、あわせて「種子村」という。これら植物の生命を自ら損ない、あるいは他をして損なわせることは禁じられているが、この害生種(壊生種)学処に関しては、求寂男・求寂女、正学女に限って、まだ一人前の苾芻・苾芻尼ではないのでそれを問わない、ということ。

六、青草上棄不浄。

《訳者補》病者を除き、青草上に大小便及び洟唾を棄てることは禁じられているが、この青草上棄不浄なる制戒も、求寂男・求寂女、正学女に限って、まだ一人前の苾芻・苾芻尼ではないのでそれを問わない、ということ。

七、輒上高樹（ちょうじょうこうじゅ）。

《訳者補》虎狼の危害を避ける、などという場合を除き、苾芻・苾芻尼は原則として人の頭以上の高さの樹には登らないことになっているが、この輒上高樹なる制戒も、求寂男・求寂女、正学女に限って、まだ一人前の苾芻・苾芻尼ではないのでそれを許す、ということ。

八、触宝（そくほう）。

《訳者補》金・銀・琉璃などの宝、闘戦具、管絃に用いる戯具雑物などは、寺内及び俗人の家以外の所では、自ら手に捉って、あるいは他人に捉らせることは禁じられているが、この触宝（捉宝）学処も、求寂男・求寂女に限って、まだ一人前の苾芻・苾芻尼ではないのでそれを問わない、ということ。

九、食残宿食（じきざんじゅくじき）。

《訳者補》午前に受けて正午を過ぎた食物、また午後に受けて五更（、日没から夜明けまでの一夜）を過ぎた食物が宿食だが、これは食べることが禁じられている。しかし、この食残宿食も求寂男・求寂女に限って、まだ一人前の苾芻・苾芻尼ではないので食べることを許す、ということ。

十、壊地。

《訳者補》自ら地を掘り、他人に地を掘らせることは、地中の生命を損なうことになるので禁じられているのだが、この壊地学処も、求寂男・求寂女に限って、まだ一人前の苾芻・苾芻尼ではないのでそれを問わない、ということ。

十一、不受食。

《訳者補》水と歯木を除き、およそ口にするものは、苾芻・苾芻尼にあっては、自らの手で食物をとってはならない。他者からの受け方は、①他手から自手へ、②他手から自鉢へ、③他鉢から自手へ、④他鉢から自鉢へ、⑤自ら乞食処に小曼荼羅（maṇḍala）壇を作り鉢を置きそこに食物を入れてもらう、の五種のみである。よって、苾芻たるもの、たとえ所有者のないものでも自ら採取して口にしてはならないのだが、この不受食学処も、求寂男・求寂女に限って、まだ一人前の苾芻・苾芻尼ではないのでそれを問わない、ということ。

十二、損生苗。

《訳者補》 草木は「有情村」である。鬼神・鳥獣・昆虫・蛇蠍などはみな草樹木を窟宅として生命を託すので、草木は「村」に喩えられる。この草木を自ら拗拉・抜掘・斬截・催傷し、あるいは他人にそうさせてはならないとするのだが、この損生苗(壊生種)学処は求寂男・求寂女に限って、まだ一人前の苾芻・苾芻尼ではないのでそれを問わない、ということ。

(以上)斯の十二(項目)については、(出家五衆のうちの)両小(、すなわち求寂男と求寂女)は(、犯したとしても)過ちにはならないのである。(また、同様に)正学女についても、(以上の十二項目のうち)後(半の)五(つ、すなわち、八～十二)については犯(せば罪過)になる(のだが、前半の一から七までの七つについては、犯しても罪過にはならないのである)。

（そうはいっても、）此の（僧伽出家五衆のうちの）下三衆（つまり、求寂男・求寂女、正学女）も咸（一人前の苾芻・苾芻尼などと同様に夏）安居をするように（律蔵には）制（戒）されているのである。

（なお、正学女の受具足戒までの二ヵ年を限って適用される）六法、

《訳者補》

①独りで道を行かない、
②独りで河を渡らない、
③故意に男性に触れない、
④男性と同宿しない、
⑤婚姻の仲介をしない、
⑥苾芻尼の重罪を隠さない、

六随法、

《訳者補》

①金銀を捉らない、

②隠処の毛を剃らない、
③未耕作地、あるいは耕作後水分を含む地中の生物の住む地を掘らない、
④故意に生草木を断らない、
⑤受けなければ食べない（、自ら食物をとらない）、
⑥触食（戒律からみて不浄となった食物）をとらない、

については余処（これも『百一羯磨』巻一、大正蔵巻二四、四六〇頁下段〜四六一頁上段）に説く如りである。能く是の如にする者こそが、方に（仏の）法に応えるものなのであり、（出家の）五衆のうちに収められ、物（＝衆生）からの利（養、すなわち僧物〈僧伽の財産〉）を銷（費）するに堪える（資格をもつといえる）のである。

中国求寂（沙弥）批判とその改善の処方箋　（ところが、現下の中国仏教界ときたらどうだろうか？　求寂〈沙弥〉に対して）豈して既に出家した後だというのに師主は十戒を授けず（、如法如律の僧伽の日常生活を訓練しないで、二十歳になって）其れが大（僧）戒（具足戒、二百五十戒）を毀破、（大戒を）成（就）しないのではないか、などと恐れているのだろうか？　此れでは（中国の求寂は、）妄りに「求寂」の名（称）を負っているだけであり、虚しく「出家」の（名）称を抱くだけのことである。（師主は求寂に対して）〝片利〟を懐っ

ているばかりで、寧して（それが実際には、如法如律の苾芻生活の準備期間を求寂から奪う）〝大損〟をしていることになるのを知っているのだろうか（？　否、知りはしないのだ）。

（『大般涅槃）経』に「未だ十戒を受けずと雖も、僧（の）数に堕る」と云っているのは、（長者が請斎において、一人前の苾芻ではない求寂のためにも、）権りに一席を開（許）したという、それだけのことなのである。豈して（この『涅槃経』の一文に）長時も執作ることが得るだろうか（？　否、できはしないのだ）。

又神州の出家は（インドとは異なり、）皆公（の）度（牒、国家による管理・統制）に由っている。（そうであるから）既に落髪させられて（僧形を整え）、遂に権りに一師に依るとしても、師主は本より其れに（当人には前述の「難事〈障法〉」、すなわち受戒資格について、たとえば父母を殺害していないか、生理的に男性として完全かどうか等々の諸遮諸禁のうちの）一遮すらも問わないのである。（かように師主もまた師主ならば、）弟子も亦（弟子で、師に対して求寂の）十戒を請うなど、何して曽てしたことがあるだろうか（？　否、弟子が師に十戒を請うなどありはしないのだ）。（これでは中国の求寂は如法如律の生活からはほど遠く、）未だ具（足戒の受戒）に進まない（已）来は情を恣にして罪を造っているのである。（そして、）具（足戒）を受ける（当）日に至って道場に入れられても、律儀なぞ曽て（一度も）

預め教えられていないのであるから、その時に臨んで詎して(律儀に)肯えて調順うことができるだろうか(? 否、そんなことはとてもできはしないのである)。

〝(戒律を)住(め)持(つ)の道〟というのは、固より然ではないのである。(中国の求寂は十戒を請わず受けず、そうであるから出家として僧伽七衆の正式成員とは言い難く、されば、)既に常住(僧物=その僧伽会計に属する財)は銷(費)す合きではなく、(そうであるから中国の求寂がもしも僧伽への布)施を受ければ債を負うことになってしまうことに何の疑いがあるだろうか(? 否、何の疑いもありはしないのだ)。

(道)理として(仏の)教えに依ってこそ(、救)済(度)脱すべきである。

(それでは、中国の現状はどう変更すれば仏の教えに適うのだろうか? 私・義浄は以下のように考える。)

凡そ公(の)度(牒)を蒙った者は、皆(必)須ず預め一師(、この場合は本師となるべき苾芻)を請うべきである。師は乃ち先ず(その公度の者の)「難事」を問うのである。若しも清浄(=遍浄、受戒資格に問題が無い)ならば(その者に)五戒を受けさせ、その後で落髪するのを観て、縵条衣を授けて、それから十戒を受けさせるのである。

受戒式次第三――準備・受近円まで――　(ところで求寂である弟子が僧伽に暮らし、その日常生活の中で種々の規制、律儀・)法式を既に閑い、年歳も又(二十歳に)満ち、具

（足）戒を受けることを欲うのであるならば、（本）師は其の志意が能く（律儀・法式を）奉持するのを観たうえで、六物（、すなわち三衣、鉢、濾水羅、臥敷具）を弁え、幷びに（具足戒の受戒に必要な親教師＝鄔波駄耶＝本師自身以外の秉羯磨師、屏教師＝教授師と七人の証戒師など）余（の）九人を（招）請することが可ることとなるのである。

（さて、いよいよ受戒式の当日となる。この式場は、）或いは小壇に入り、或いは大界に居し、或いは自然界で（も受戒はできるのだが、これらのうち後の二者、大界や自然界では）倶に（羯磨）法を秉（り、「戒壇」相当の「小界」を結して、はじめて受戒をす）ることが得るのである。

然（而）で壇場の内では（、中国のように特別に荘厳に意匠を凝らす必要などなく、）或いは衆家（僧家＝僧伽）の（所有財、つまり僧物所属の敷物である氈）褥（と毯）席を用いるのであり、或いは人々が自ら（私物の）座物を将（持）ってくるというのでも可い。（また、簡）略に香や花を弁えて、営費は不在の（がインドの実際）である。

《訳者補》　以上で受近円式＝受具足戒式の準備が完了する。

いよいよ式そのものが始まるのである。

まず、戒壇上に三師七証の十衆の十人（ただしこれはインド中央の話で、辺地では五衆でも可となる）が集まる。
受戒者（受近円者）は偏露右肩・脱革屣、すなわち右肩を脱いで露とし履き物も脱いで威儀を正す姿となる。
その後、衣、鉢が安置される。

受戒式次第三の一——三礼敬——　受戒者（受近円者）は（壇上の）僧（衆）を一（人）一（人、）三遍ずつ礼（敬）させられる。
（この礼敬には以下のように二種類がある。あるときには、額輪・二手輪・両膝輪という五輪〈人体の五つの部〉を投地するというものであり、また）或る時には、（僧衆の）前に近づいて両手で（僧衆の）足を執るというものである。此の二つは、皆（どちらも釈迦の）聖教の礼敬の（軌）儀なのである。

受戒式次第三の二——三乞戒——　亦既に礼（敬）が已ったならば、其（の受近円者）に（具足）戒を乞わせる。

《訳者補》　このとき受近円者が、梯隥戒のコース、すなわち在家↓出家↓求寂↓苾芻までの重楼梯隥の全コースを新たに踏もうという場合ではなく、既に僧伽に求寂として出家しており、しかも鄔波駄耶と阿遮利耶が自分の受十学処時と同一人でなかったならば、新たな鄔波駄耶の招請が必要であり、それに伴う以下の請鄔波駄耶羯磨が必須不可欠となる。

受（近円）者は次のように表白の羯磨文を言う、

「鄔波駄耶（僧伽出家の保証人たる本師、親教師）よ、存念せよ。

我・某甲（受近円者）は、今、鄔波駄耶（本師）に鄔波駄耶（受近円式の戒和尚）為らんことを請う。

願わくば鄔波駄耶（本師）よ、我が為に鄔波駄耶（戒和尚）作らんことを。鄔波駄耶（本師）の、鄔波駄耶（戒和尚）と為るに由るの故に、（我、）当に近円を受くべし（これは先には十戒の親教師に謂ったものである）」。

これを三回説き、師は「好」と云い、弟子は「善」と答える。

受近円者は衆中の親教師の前に在る。

受戒式次第三の三の一――衣の授受――

既に（受近円者の）三乞（戒）が已ったならば、本師は（苾芻）衆に対して（受近円者の）為に衣・鉢を受けさせるのである。

《訳者補》まず受三衣の表白をする。

「鄔波駄耶よ、存念せよ。

我・某甲（受近円者）は、此の僧伽胝（saṃghāṭī 複衣）を、我、今、守持し已り作りて衣と成さん。

（これは）是れ受用する所なり」。

このように三説し、後に続く語は同前である。

「鄔波駄耶よ、存念せよ。

我・某甲は、此の嗢怛羅僧伽（上衣）を、我、今守持し已り作りて衣と成さん。

（これは）是れ受用する所なり」。

このように三説。後語も同前。

「鄔波駄耶よ、存念せよ。

我・某甲は、此の安怛婆娑（antarvāsaka　内衣）を、我、今、守持し已り作りて衣と成さん。

（これは）是れ受用する所なり」。

このように三説。後語も同前。

もしもまだ浣染しない物、まだ割截しない物、もしくは絹（絁）、もしくは（細）布等々の、権に衣数に充てるものであっても、このように准じて守持する。そのときの表白も以下の通りである。

「鄔波駄耶よ、存念せよ。

我・某甲は、此の衣を、我、今、守持す。当に作りて九条僧伽胝衣両長一短とすべし。

若し障難無くば、我、当に浣染・割截・縫刺すべし。（これは）是れ受用する所なり」。

このように三説。後語も同前。

余の衣も此に准ずる。

受戒式次第三の三の二――鉢の授受――

《訳者補》 次に本師は鉢を授ける。

（受近円者の）其の鉢は（必）須ず（手に）持って（苾芻衆の間を）巡り行き、普く（苾芻）大衆に呈せねばならない。（鉢が小さすぎたり、大きすぎたり、白色であったり、などということがなく、）如しも様（式が律蔵の規定）に合うならば、（苾芻）大衆（一）人（一）人が咸、「好鉢」と云う。如し（「好鉢」と）言わなければ越法罪を招くのである。

《訳者補》 次に受近円者による受鉢の表白がある。

受近円者は左手で鉢を守持、右手で鉢の口を掩いつつ次のように言う。

「鄔波駄耶よ、存念せよ。

我・某甲（受近円者）、此の波怛羅（鉢）は是れ大仙器なり、是れ乞食器なり、我、今、守持し常用し食するの故に」。

このように三説し、後語も同前である。

受戒式次第三の四――問障法――

《訳者補》 この後には問障法がある。

受近円者は見処離聞処（目で見て確認できるけれども耳をそばだてても聞こえないくらいに離れた所）に安在する。一心に合掌、苾芻大衆に向かって虔み誠ある様で立つ。

まず屏教師（他律にいう教授師 anusāsanācārya）の選出と任命・承認がある。

秉羯磨師は苾芻衆中に問う、「誰か先に請を受けしや？ 当に屏処に於いて某甲（受近円者）に教示すべし」と。

彼の請を受けた者は答えて云う、「我は某甲（屏教師候補）なり」と。

次に（秉羯磨師が）問う、「汝某甲（屏教師候補）、能く屏処に於いて某甲（受近円者）に教示せんや？ 某甲（本師）は鄔波駄耶なるや、不や？」と。

彼（屏教師候補）は応に答えて言う、「我（屏教師候補）能くす」と。

次に秉羯磨師が単白する、

「大徳、僧伽聴け。此の苾芻某甲（屏教師候補）は能く屏処に於いて某甲（受近円者）を教示す。某甲（本師）は鄔波駄耶為り。若し僧伽、時至りて聴かば、僧伽よ応に許すべし。僧伽よ、今、苾芻某甲（屏教師候補）を差わし屏教師と作さん。当に屏処に於いて某甲に教示すべし。某甲（本師）は鄔波駄耶為り」。

次に屏教師による受近円者への問障がある。

屏教師は屏所に至り、（受近円者に）礼敬させ已ったら蹲踞合掌させ、次のように語る。「具寿（受近円者）よ、汝（受近円者）、聴け。此れは是れ、汝、真誠の時、実語の時なり。我、今、少しく汝に問う有り。汝、応に無畏心をもって、若し有らば『有』と言い、無くば『無』と言い、虚誑語するを得ざるべし」。

（一）「汝、丈夫なるや不や？」。
答えて「是」と言う。

（二）「汝、年二十に満つや、未だしや？」。
答えて「満つ」と言う。

（三）「汝、三衣と鉢を具えしや不や？」。
答えて「具う」と言う。

（四）「汝、父母在りや、不や？」。
若し「在り」と言うならば、「汝が出家を聴すや不や」（と尋ねる）。

若し「（父母既に）死す」と言えば、更に問う必要はない。

（五）「汝、奴（僕）に非ずや、不や？」。
（「非ず」と答える。）

（六）「汝、王臣に非ずや、不や？」。
（「非ず」と答える。）

（七）「汝、王家の毒害人に非ずや、不や？」。
（「非ず」と答える。）
（八）「汝、賊に非ずや、不や？」。
（「非ず」と答える。）
（九）「汝、黄門（paṇḍaka　半択迦、生理的に男性として不完全なもの）に非ずや、不や？」。
（「非ず」と答える。）
（一〇）「汝、苾芻尼を（性的に）汚せしに非ずや、不や？」。
（「非ず」と答える。）
（一一）「汝、父を殺せしに非ずや、不や？」。
（「非ず」と答える。）
（一二）「汝、母を殺せしに非ずや、不や？」。
（「非ず」と答える。）
（一三）「汝、阿羅漢を殺せしに非ずや、不や？」。
（「非ず」と答える。）
（一四）「汝、和合僧伽を破せしに非ずや、不や？」
（「非ず」と答える。）
（一五）「汝、悪心にて仏身より血を出せしに非ずや、不や？」。
（「非ず」と答える。）

（一六）「汝、外道（仏教以外の異教の徒）に非ずや、不や？」。
（「非ず」と答える。これは今、）現に外道であるか否かということ。

（一七）「汝、外道に趣くに非ずや、不や？」。
（「非ず」と答える。これは）先已に（仏教で）出家し、還た外道に帰し、更に復重び（仏教に）来た場合ということ。

（一八）「汝、賊住（苾芻）に非ずや、不や？」。
（「非ず」と答える。これは異教の徒が心を偽って賊心をもちながら僧伽に住せんとするのではないかということ。）

（一九）「汝、別住（苾芻）に非ずや、不や？」。
（「非ず」と答える。これは僧残罪を犯して、現在、摩那埵（巴 mānatta）により苾芻資格停止、隔離処分中の苾芻ではないかということ。）

（二〇）「汝、不共住（苾芻）に非ずや、不や？」。
（「非ず」と答える。これは、先に四波羅夷など律蔵にいう重罪を犯した人ではないかということ。）

（二一）「汝、化人に非ずや、不や？」
（「非ず」と答える。化人とは、変化人・化作人・幻化人、超能力で現出された幻の人間のこと。）

（二二）「汝、負債（有る）に非ずや、不や？」。
（「非ず」と答える。）

若し「有り」と言ったならば、「汝、能く近円を受け已るまでに彼の(負)債を還すや、不や?」、と問う。「能く(還)す」と言えば善し。若し「能くせず」と言ったならば、汝は彼に「許者の方に来るや、不や?」を問う可きである。

(一一三)「汝、先に出家せるに非ずや、不や?」。若し「(先に出家)せず」と言うならば善し。如し「我れ曾て出家せり」と言うならば、「汝、四他勝(四波羅夷)中に於いて随いて犯すこと有るにあらずや、不や?」とか、「汝、帰俗時に善く学処を捨てたるや、不や?」と問わねばならない。若し答えて「(四波羅夷の)垂(罪)を犯せり」と言うならば、「汝が意に随って去れ」と言う。若し「犯す無し」と言ったならば善い。

(一一四)「汝が名字は何か?」と問うて言う。「我が名は某甲(受近円者)」と答えて言う。

(一一五)「汝が鄔波駄耶の(名)字は何か?」。答えて云う、「我、事至るに因りて鄔波駄耶の名を説かん。鄔波駄耶の名は某甲(本師)なり」。

(一一六)又汝は丈夫の身中に是の如き病いが有るかどうかを聴くべきである。謂く、「癩病・癭病・癬疥・疱瘡・皮白瘢痍・頭上無髪・悪瘡下漏・諸塊水腫・欬瘶喘気・咽喉乾燥・暗風癲狂・形無血色・噎噦嘔逆・諸痔・痳瀝・瘇脚・吐血・癰痤・下痢・壮熱・脇痛・骨節煩疼、及び諸(々の)瘧病・風(疾・熱)黄・痰癊(等の vāta, pitta, kapha の)総集三病——本書第二十八章参照——・常熱病・鬼病・聾盲・瘖瘂・短小癧躄・支節不具、汝、是の如きの諸病及び余病無きや、不や?」と。

（以上は『百一羯磨』の原文によった。漢字表現された実態は多く不明だが、当時のインドの資格審査基準として極めて具体的な指標を示しているので、あえてここに掲げた。）

答えて「無し」と言う（、ならば善し。「有り」と言えば、意に随って去らせる）。

その後で屏教師は受近円者に次のように言う、

「汝、某甲聴け、我、今、屏処に於いて汝に問う如くに、然く諸苾芻は、大衆中に於いて、亦当に汝に問うべし。汝、彼の処に於いて無畏心を以て、若し有らば『有り』と言い、若し無くば『無し』と言え。還た応に実答なるべし。汝、且く此に住まるべし。未だ喚ばざるに来ること莫かれ」と。

秉屏教師は屏所から大衆処に戻る中間に立って問障法の結果を苾芻大衆に向かって報告する。

「大徳・僧伽よ、聴け。彼の某甲につき、我、屏処に於いて已に正しく教示し、其の障法を問えり。某甲（本師）は鄔波駄耶為り。聴来を為すや、不や？」。

大衆は全員が同音にて受近円者に、「若し遍浄なれば応に喚び来る可し」と言う。

全員が同音にて言えば善し、もし言わなければ越法罪を犯す。

受近円者は遥かに喚ばれると屏所から大衆中に至り、上座の前にて蹲踞合掌、礼敬し已って、近円を受けんことを乞う。

「大徳・僧伽よ、聴け。我某甲（受近円者）は、今、事至るに因り鄔波駄耶の名を説かん。我は鄔波駄耶某甲（本師）従り、近円を受けんことを求む。

我某甲（受近円者）は、今、僧伽従り、近円を受けんことを乞う。我、事至るに因り鄔波駄耶の名を説かん。某甲（本師）は鄔波駄耶為り。願わくば大徳・僧伽よ、我に近円を授け、摂受・抜済せよ。我に哀愍を教示せよ。我は是れ能愍の者なり、哀愍を願うの故に」。

このように三説する。

次に受近円者は秉羯磨師の前に至らされる。その場所は瓪或いは物で草稕を裹む。双足の跟で（身体を）支え、十指は地に跪け、蹲踞合掌する。秉羯磨師は単白にて再度問障法をなす。表白文は次の通り。

「大徳・僧伽よ、聴け。此の某甲（受近円者）は、鄔波駄耶某甲（本師）に従い、近円を受けんことを求む。

此の某甲（受近円者）は、今、僧伽従り近円（具足戒）を受けんことを乞う。某甲（本師）は鄔波駄耶為り。若し僧伽、時至りて聴かば、僧伽よ、応に許すべし。我（秉羯磨師）は衆中に於いて、某甲（受近円者）の所有る障法を検問せり。某甲（本師）は鄔波駄耶為り」。

受戒式次第三の五――受具足戒――　然後で、法に依って受（具足戒）を為す。

《訳者補》　秉羯磨師の白四羯磨がある。白四とは白四羯磨、一度の提議（白）と三度の確認（羯磨）からなる。その羯磨文は以下の通りである。

「大徳・僧伽よ、聴け。此の某甲（受近円者）は、鄔波駄耶某甲（本師）従り、受近円を求む。是れ丈夫にして年二十に満ち、三衣と鉢は具わり、某甲（受近円者）自ら『遍浄にして諸障法無し』と言えり。此の某甲（受近円者）は、今、僧伽従り受近円を乞う。某甲（本師）は鄔波駄耶為り。

若し僧伽、時至りて聴かば、僧伽よ応に許すべし。僧伽よ、今、某甲（受近円者）に受近円を与えん。某甲（本師）は鄔波駄耶為り」。

次に羯磨を作す。

「大徳・僧伽よ、聴け。此の某甲（受近円者）は、鄔波駄耶某甲（本師）従り、受近円を求む。是れ丈夫にして年二十に満ち、三衣と鉢は具わり、某甲（受近円者）自ら『遍浄にして諸障法無し』と言えり。此の某甲（受近円者）は、今、僧伽従り受近円を乞う。某甲（本師）は鄔波駄耶為り。

僧伽よ、今、某甲（受近円者）に受近円を与えん。某甲（本師）は鄔波駄耶為り。

若し諸具寿の聴（許）さば某甲（受近円者）に受近円を与えん。某甲（受近円者）の鄔波駄耶は黙然せよ。若し許さざる者は説け」と。

これが初羯磨であり、このように三説する。

（秉）羯磨師は（、あるときには羯磨の表白）文を（手に）執って読み、或る時は（そうではなく）暗誦するのだが、（両者）倶にこれは（大）聖（釈迦世尊の）開（許すところ）である。

《訳者補》 僧伽が黙然(沈黙)によって承認の意思を表わすと、秉羯磨師は次のように結ぶ。

「僧伽は已に某甲(受近円者)に受近円を与え、某甲(受近円者)を鄔波駄耶と為し竟れり。僧伽、已に聴許す、其の黙然するに由るの故に。我、今、是の如く持す」。

既に受戒が已れば、「鄔波三鉢那(upasampadā)」と名づける。

義浄《原注》

「鄔波(upa)」とは「近」、「三鉢那(sampadā)」は「円」ということで、涅槃を謂うのである。今、大(僧=大苾芻)戒を受けたので既に涅槃に親近する、ということなのである。旧く(中国で)「具足(戒)」と云ったのは、汎い意(味)で言っていたのである。

受戒時刻の記録——日時計について—— 然(而)、(受近円=受具足戒の白四)羯磨も亦竟ったのならば、急いで(必)須ず(日時計でその受戒終了時刻の)影を量り〃五時(五つの季節)の別〃を記す(、つまり受戒の日時を記録す)べきである。

其の(日時計で)影を量る法は、預め一(本)の木条で細さは箸許り如、長さ一肘(46.7cm)可り(のもの)を取り、その一頭を折って四指(量 aṅguli 7.8cm ほど)を(垂直に)竪てて曲尺の形(状)の如にする。(このL字に)竪著てたもの(と、臥の杖の部分と)は相離れさせないようにする(のである)。日中、(竪てていない方である)余の杖を地に布け、その竪(の部分)の影と臥の杖とを相当させ、方しく四指でもってその臥(の杖に落とした)影(の長さ)を量るのである。(その臥影が)一・四指(量　1×4＝4 aṅguli)に満ちたならば(、すなわちL字の縦・横が四指量で同じくなったわけで、このときを)名づけて「一布路沙(1 puruṣa)」とし、(同様にして二布路沙……、)乃至「多布路沙」、或いは「一布路沙余一指半指(1 puruṣa ＋1.5 aṅguli)」、或いは但「一指(1 aṅguli)」有り等と(計測・計時)するのである。是の如くに、(影の量の)加減を(注)意して(計)測す可きなのである。

義浄《原注》

「布路沙」と言うのは(中国語に)訳せば「人」と為る。四指の影を「一人」と名づける所以は、四指の竪杖の影の長さが四指(量)の時には、此れは人が立って日の中に在れば、影の量と身の量とが相似になるからである。(もし竪杖の影の量が)八指となるときは、遂に(人が日の中に在れば)身の量の両(倍、二倍の)影と相似になるのである(。このために数量詞として「布路沙」を用いるのである)。

斯(の四指というの)は中人(、すなわち仏身ならぬ普通の人の、四指の長さ)に拠っているのであり、(仏の一指が中人の三倍に相当するように、この日時計の竪杖の長さは)未だ必ずしも皆（同）爾じというのでもない。この余（、たとえその竪杖に様々）長短があったとしても、（布路沙＝人＝四指影量＝数量詞の構造それ自体の字）義は之れに准じている可きである。

然（而）して、（必）須ず其れ（受近円の完了時間）が、（その日の正午の時）食の前か（時）食の後か（、すなわち午前か午後か）を道わなければならない。若しも天が陰っていても、及び（受近円の完了時刻が）夜であっ（て日時計が使えなかっ）たとしても、（必）須ず（後出の水時計その他、何らか方便を講じて）准り酌えて之れを言うべきなのである。

若しも（このことを、彼・此ところを移して）神州の法（式）に依る（と考えてみる）ならば、（後述のように中国式に受戒の月日だけではなく、その時刻までの記録が重要である。すなわちインドのように）或いは尺（日時計の柱）を竪てて日中に影の長短を量る可きであり、或いは復（中国の計時法を採用しても）その十二辰（の）数（すなわち、子〈午前零時〉—丑〈午前二時〉—寅〈午前四時〉—卯〈午前六時〉—辰〈午前八時〉—巳〈午前十時〉—午〈正午〉—未〈午後二時〉—申〈午後四時〉—酉〈午後六時〉—戌〈午後八時〉—亥〈午後十時〉まで）をも記す（べきな）のである。

インドの一年——五時——　（今、インドの）五時（五つの季節）と言うのは、既に（インドと中国では)方域によって(一年の区分法、その)儀を(別)異にする(、ということな)のである。(また、インドでは)月の数にも離合があり、(もしも私・義浄)自ら(対面して)指示するのでないとしたら委しく知ることなど(とても困)難であろう。(そのインドの一年——五時——を以下に説明しよう。)

一は「冬時」と謂い、四ヵ月ある。九月十六日従り正月十五日至である。

二は「春時」と謂い、亦四ヵ月ある。正月十六日従り五月十五日至である。

三は「雨時」と謂い、但一ヵ月だけある。五月十六日従り六月十五日至である。

四は「終時」と謂い、唯だ一日一夜だけである。六月十六日の昼夜を謂う。

五は「長時」で、六月十七日従り九月十五日至である。

此(の「五時」説)は独り律の教えの中にだけある仏制であり、是の如な(五時の)次第には明らかに密意(秘密の意味)が有るのである。若しも(地)方(の)俗(習＝インドの一般常識)に依るならば、(この仏説・仏制の「五時」説ではなく、)或いは三時・四時・六時と作るのだが、(これについては)余処で説いている如りである。

受戒時刻と夏数——量影の意義——　凡そ西方や南海の出家の人が創めて相見えるときには(、まず次のように相手に)問うて云う(のが恒常なのである)、

「大徳、幾夏(安居をお過ごしですか?　つまり、法齢はお幾つなのですか)?」と。

すると（相手は）答えて云う、

「爾許」と。

若しも夏（数）が同じであったならば、「何の時（季節）（に受近円したの）か？」と問う。

若しも「時」が同じであったならば、「幾の日（に受近円したの）か？」と問う。

若しも「日」が同じであったならば、「（受近円が時）食の前か、後か？」と問う。

（もしも受近円が）同じく（時）食の「前」であったならば、方に其の「影」（の量、すなわち当日の受戒時刻）を問うべきである。「影」に若しも殊（異）があれば（法臘の）大・小の（別）異（、すなわち僧伽内序列の上下）が成（立す）る。「影」が若しも同じで（あった場合に）は大・小は無いこととなる。

（僧伽内の序列の象徴である席次、つまり）座次は、其の（人が）先（に受近円に）至ったということ（つまり、法臘の大なること）に拠っており、知事（苾芻、すなわち僧伽の統括管理者）は、彼の前（に受近円したのかどうかの、法臘上の）差に任って（僧伽の秩序を決定して）いるのである。（そうであれば、中国の道友諸兄よ！）西方に向かわんとする者は、必須ず此のこと（、すなわちインド式受戒時刻記載法）を閑うべきである。支那で（のように具足戒を受けて一人前の僧侶となった）其の月日而已を記すのと（、受近円の刻限までをも記す、インドのそれとで）は同じではないのであるから。

然(而)で、那爛陀(Nālandā)寺では多く(の場合、)「長時」(の第一日)の明相纔出(arunodgamavelā)に、其の近円を受けるのである。(その)意(味するところ)は、同(じ)夏(安居数=同法齢の者)の中では多く(の場合、法齢算定が)最大と為るからである。即ち、(この日は支那暦に換算すれば)神州の六月十七日の明相纔出に当たる。(何故この日に集中するのかというと、この日では、すでに六月十五日に開始されている)後夏(安居に入ること)が得ないことに由(り、その年——六月十六日の「終時」で一年が終わり、六月十七日からは新年となっている——の雨時の前安居に入っている新近円者のなかでは最長日数=最大法齢とな)るからである。

義浄《原注》 此れは西方の座夏の法(式)に拠った(、梵暦に則った説明である)。若し神州の旧行の如りにというのであるならば、(前・夏安居の開始日は、)即ち五月十七日に当たる。

若しも六月十六日夜のちょうど尽きるころ(すなわち、一年の終わりの「終時」の、そのまたその「日」の終わり)に受戒したならば、(これでは)同夏(安居者)の中で(法齢が)最少となるのである。(それは六月十七日からの)後夏(安居に入ること)が得る(ことになってしまう）からである。

《訳者補》　本書の記述は受具足戒・鄔波三鉢那・受戒時刻の記載と原則時系列に沿って進み、その後この計時法の説明までいささか脱線気味に展開してきたのだが、『百一』巻二（大正蔵巻二四、四五八頁上段～四五九頁中段）によれば以下の四依法から結語の儀式も本来、受戒式次第の中に規定されており、現代タイやミャンマーの上座部仏教の受戒式にもみえているものである。義浄の理解の通り、受戒そのものは本質すでに終了しているのだろうが、宗教儀礼としての式次第という意味では重要なので、以下、『百一羯磨』を引用、長文となるが触れておきたいと考えた。

受戒式次第三の六――四依法――

《訳者補》　次に秉羯磨師はこの新苾芻に四依法を説く。

「汝某甲（受近円者）聴け、此の四依法は是れ諸（々）の世尊の応正等覚の所知所見を知る如く、諸（々）の苾芻受近円者の為に是の（四）依法を説くなり。謂う所の依とは、此の善説法律に（於い）て、出家近円は苾芻性を成ずるなり。云何（いかん）が四と為すや？」。

（一）「汝某甲（受近円者）聴け、一つには糞掃衣。是れ清浄物なれば、易く求得す可し。苾芻は此れに依り善（説）法律に於いて、出家近円は苾芻性を成ずるなり。汝某甲（受近円者）、今日より始めて乃至命存するまで、糞掃衣を用って自ら支済すべし。（汝某甲、）欣楽を生ずるや不や？」。

（受近円者、）答えて言う、「欣楽す」と。

「若し長利たる絁絹の縵条、小帔・大洗、軽紗・貯布、或いは諸（々）の雑物を得、若しくは更に清浄衣を得、若しくは衆より得、若しくは別人より得れば、汝、斯れ等に於いて随いて之れを受くべし。量を知りて受用するや、不や？」。

（受近円者、）答えて言う、「受用す」と。

（二）「汝某甲（受近円者）聴け、二つには常乞食。是れ清浄食なれば、易く求得す可し。苾芻は此れに依り、善（説）法律に於いて、出家近円は苾芻性を成ずるなり。汝某甲（受近円者）、今日より始めて乃至命存するまで、常乞食を以て自ら支済すべし。（汝某甲、）欣楽を生ずるや不や？」。

（受近円者、）答えて言う、「欣楽す」と。

「若し長利たる飯・粥・飲等、若しくは僧（伽）の次（第）請食、若しくは別請食、若しくは僧（伽）の常食、若しくは常・別の施食、八日・十四日・十五日食を得、若しくは更に清浄食を得、若しくは衆より得、若しくは別人より得れば、汝、斯れ等に於いて随いて之れを受くべし。量を知りて受用するや、不や？」。

（受近円者、）答えて言う、「受用す」と。

(三)「汝某甲(受近円者)聴け、三つには樹下敷具。是れ清浄物なれば、易く求得す可し。苾芻は此れに依り、善(説)法律に於いて、出家近円は苾芻性を成ずるなり。汝某甲(受近円者)、今日より始めて乃至命存するまで、樹下敷具に於いて自ら支済すべし。(汝某甲、)欣楽を生ずるや、不や?」。

(受近円者、)答えて言う、「欣楽す」と。

「若し長利たる房舎・楼閣を得、或いは坎窟・草苫・板覆に居し、経行に堪え得、若しくは更に清浄処所を得、若しくは衆より得、若しくは別人より得れば、汝、斯れ等に於いて随いて之れを受く可し。量を知りて受用するや、不や?」。

(受近円者、)答えて言う、「受用す」と。

(四)「汝某甲(受近円者)聴け、四つには陳棄薬。是れ清浄物なれば、易く求得す可し。苾芻は此れに依り、善(説)法律に於いて、出家近円は苾芻性を成ずるなり。汝某甲(受近円者)、今日より始めて乃至命存するまで、陳棄薬を用って自ら支済すべし。(汝某甲、)欣楽を生ずるや、不や?」。

(受近円者、)答えて言う、「欣楽す」と。

「若し長利たる①酥油・糖蜜・根茎・枝葉・花果等の薬時(時薬か?)、及び②更薬(=非時薬、八漿水)、③七日(薬)、④尽寿(薬の、①~④の四薬)を得、若しくは更に清浄薬を得、若しくは衆より得、若しくは別人より得れば、汝、斯れ等に於いて随いて之れを受く可し。量を知りて受用するや、不や?」。

(受近円者、)答えて言う、「受用す」と。

受戒式次第三の七――四堕（落）法――

《訳者補》 次に秉羯磨師はこの受近円者に（一）不婬、（二）不偸盗、（三）不殺生、（四）不妄語の四堕落法を説く。

「汝某甲（受近円者）聴け、此に四法有り、是れ諸（々）の世尊の応正等覚の所知所見を知る如く、諸（々）の苾芻受近円者の為に（四）堕落法を説くなり。苾芻は此の四つの中に於いて一々の事に随い、若し犯すこと有らば、当に犯す時に随いて、便ち苾芻に非ず、沙門に非ず、釈迦子に非ずして苾芻性を失う。此れ便ち堕落し、輪廻に断没して他の所勝と為り、重ねて収む可からざるなり。譬うれば多羅（tāla）樹頭を斬截して、更に増長高大を生ずる能わざるが如く、苾芻も亦爾り。

云何が四と為すや?」。

（一） 不婬

「汝某甲（受近円者）聴け、是れ諸世尊の応正等覚の所知所見を知る如く、無量門を以て諸（々）の欲法を毀つべし。

説えらく、欲とは是れ染なり、欲とは是れ潤沢なり、欲とは是れ愛著なり、欲とは是れ居家なり、欲とは是れ羈絆なり、欲とは是れ耽楽なり、（欲とは）是れ断除すべし、（欲とは）是れ吐尽すべし、（欲とは是れ）厭い息滅すべし、（欲とは）是れ冥闇事なり。

汝某甲（受近円者）、今日より始めて応に輒ち染心を以て諸（々）の女人を視るべからず。何ぞ況んや共に不浄の行事を行のうにおいてをや。

具寿（＝近円者）よ、世尊の説く如し。若し復苾芻は諸苾芻と同じく学処を得、学処を捨てざるなり。

学羸くして自説せず、不浄行、両り交会の法（＝男女のセックス）、乃至共に傍生（＝獼猴等）と（セックスを）作す。是の如き事に於いて苾芻にして犯す者は、随いて当に作す時には便ち苾芻に非ず、沙門に非ず、釈迦子に非ずして、苾芻性を失う。此れ便ち堕落し、輪廻に断没して他の所勝となり、重ねて収む可からざるなり。汝、今日より此の欲法に於いて応に故に犯すべからず。当生は厭離し、慇重に防護せよ。怖畏心を起こし、諦らかに察して勤修し、不放逸を作すべし。汝、是の事に於いて能く作さざるや不や？」。

（受近円者、）答えて言う、「作さず」と。

（二）不偸盗

「汝某甲（受近円者）聴け、是れ諸世尊の応正等覚の所知所見を知る如く、無量門を以て不与取を毀ち、不与取を離れ、称揚讃歎するは、是れ勝妙事なり。

汝某甲（受近円者）、今日より始めて、乃至麻や糠まで、他の不与物は賊心を以て故に窃取すべからず。何ぞ況や五磨灑（māṣaka）、若しくは五磨灑を過ぐるにおいてをや。

具寿（＝近円者）よ、世尊の説く如し。若し復苾芻の、若しくは聚落に在り、若しくは空閑処（に在りて）、他の不与物を盗心を以て取らば、是くの如く盗むの時に、若しくは王、若しくは大臣の、若しくは捉え、若しくは殺し、若しくは縛し(、若しくは)駆擯し、若しくは訶責して言う、『咄、男子よ。汝、是れ賊なり。痴にして知る所無く、是の如き盗を作す』と。

是の如き事に於いて苾芻にして犯す者は、随いて当に作す時には便ち苾芻に非ず、沙門に非ず、釈迦子に非ずして、苾芻性を失う。此れ便ち堕落し、輪廻に断没して他の所勝となり、重ねて収む可からざるなり。

汝、今日より此の盗法に於いて故に犯すを得ず。当生は厭離し、慇重に防護せよ。怖畏心を起こし、諦らかに察して勤修し、不放逸を作せ。

汝、是の事に於いて能く作さざるや、不や?」。

(受近円者、)答えて言う、「作さず」と。

(三) 不殺生

「汝某甲(受近円者)聴け、是れ諸世尊の応正等覚の所知所見を知る如く、無量門を以て害命を毀ち、害命を離れ、称揚讃歎するは、是れ勝妙事なり。

汝某甲(受近円者)、今日より始めて乃至蚊や蟻まで、応に故の心して其の命を断つべからず。何ぞ況んや人、若しくは人胎に於いてをや。

具寿(=近円者)よ、世尊の説く如し。若し復苾芻、若しくは人、若しくは人胎の、故らに自らの手により其の命を断ち、或いは刀を持ちて(他に)授与し、或いは自ら刀を持ち、或いは刀を持つ者を求め(て其の命を断たしめ)、若しくは死を勧め、死を讃えて語りて言う、『咄、男子よ。何ぞ此の罪累不浄を用って悪しき活(命)為らんや?

汝、今、寧ぞ死なん？　死は生に勝るらむ』、と。自心の念に随い、余の言説を以て勧め讃えて死なしめ、彼、因って死ぬ者なり。

是の如き事に於いて苾芻にして犯す者は、随いて当に作す時には便ち苾芻に非ず、沙門に非ず、釈迦子に非ずして、苾芻性を失う。此れ便ち堕落し、輪廻に断没して他の所勝と為り、重ねて収む可からざるなり。

汝、今日より此の殺法に於いて、故に犯すを得ず。当生は厭離し、慇重に防護せよ。諦らかに察して勤修し、不放逸を作せ。

汝、是の事に於いて能く作さざるや、不や？」。

（受近円者、）答えて言う、「作さず」と。

（四）不妄語

「汝某甲（受近円者）聴け、是れ諸（々）の世尊の応正等覚の所知所見を知る如く、無量門を以て妄語を毀ち、妄語を離れ、称揚讃歎するは、是れ勝妙事なり。

汝某甲（受近円者）、今日より始めて乃至戯笑するまで、応に故の心して妄語を為すべからず。何ぞ況んや実に無上の人・法においてをや。説言、已に有るなり。

具寿（＝近円者）よ、世尊の説く如し。若し復苾芻の、実は無知・無遍知にして、自ら上人の法の寂静、聖者の殊勝なる証悟智見の安楽に住するを得ざるを知るも、『我れ知る』『我れ見る』と言うなり。彼は異時に於いては、若しくは問い若しくは問わずして、自ら清浄を欲するの故に是の如き説を作すなり、『我れ実は不知・不見なるも、「（我れ）知る」と言い「我れ見る」と言い、「増上慢を除けり」と虚誑妄語するなり』と。或いは言う、『我れ四諦の理を証す』と。或いは言う、『「天龍・鬼神来りて我と共に語る」「無常等の想を得たり」「四禅・四空・六神通・八解脱を得たり」「四聖果を証す」』と。

是の如き事に於いて苾芻にして犯す者は、随いて当に作す時には、便ち苾芻に非ず、沙門に非ず、釈迦子に非ずして、苾芻性を失う。此れ便ち堕落し、輪廻に断没して他の所勝と為り、重ねて収む可からざるなり。

汝、今日より此の妄語の法に於いて故に犯すを得ず。当生に厭離し、慇重に防護せよ。諦らかに察して勤修し、不放逸を作せ。

汝へ是の事に於いて能く作さざるや、不や?」。

(受近円者、)答えて言う、「作さず」と。

受戒式次第三の八――四種所応作法――

《訳者補》　次に沙門四種所応作法を説く。

「汝某甲(受近円者)聴け。是れ諸(々)の世尊の応正等覚の所知所見を知る如く、諸(々)の苾芻受近円者の為に沙門四種所応作法を説くなり。云何が四と為すや?

汝某甲(受近円者)聴け。今日より始めて、若し、他、罵(ののし)るも応(まさ)に罵りを返すべからず、

他、瞋るも応に瞋りを返すべからず、
他、調るも応に調りを返すべからず、
他、打つも応に打を返すべからず。
是の如き等の悩乱起こるの時有らば、汝、能く心を摂して返報せざるや、不や？」。
（受近円者、）答えて言う、「報いず」と。

受戒式次第三の九——結語

《訳者補》 次にこの儀式の締め括りの言葉がある。

「汝某甲（受近円者）聴け。汝、先に心を標して希望する所あり。是の如きの念を作し、我、当に何時にか得て、世尊の善説法律に於いて出家近円し苾芻性を成ずべし。汝、已に出家す。今、近円を受け、好く如法に親教師及び軌範師等を得る。和合僧伽は白四羯磨を秉れ。文に差舛無し。極善安住して余の苾芻の如くせよ。百夏に満つると雖も、応ずる所の学は、汝も亦修学すべきものなり。汝の学ぶ所は、彼も亦同然なり。同じく学処を得、同じく戒経（波羅提木叉）を説くなり。

汝、今日より当に是の処に於いて敬奉の心を起こして、応に厭離すべからず、親教師に於いて応に父想を生じ、師も汝が処に於いて亦子想を生じ、乃至命存するまで侍養、胆病し、共に相看問し、慈愍心を起こして老に至り、死に至るべし。

又同梵行所の上中下座に於いて、常に重（法齢の上のもの）を敬（う心）を生じ、随順、恭勤し、（然り）而して共住して読誦・禅思を為し、諸（々）の善業を修むべし。蘊処界(skandha-āyatana-dhātu)に於いて、十二縁生・十力等の法、応に求め解了すべし。善き軛(yoga)を捨つること勿く、諸（々）の懈怠(kausīdya)を離れ、未だ得ざるを求得し、未だ解さざるをば求解し、未だ証さざるを求証し、乃至阿羅漢果を獲得し、涅槃を究竟すべし。我、今、汝が為に要略事に於いて其の大綱を挙ぐ。

余の未だ知らざるは、当に二師及び同学・親友に於いて善く応に諮問すべし。又半月（毎の）戒経を説く時（すなわち褒灑陀、［仏混梵］posadha　布薩——本書第十五章参照——）に於いて、自ら当に聴受し、教えに准じて勤修すべし。（我、今、汝が）為に頌を説かん。曰く、

『汝、最勝の教えに於いて、
具足し、尸羅(śīla　戒)を受く。
至心に当に奉持すべし。
無障身は得難し。
端正とは出家なり。
清浄とは円具なり。
実語とは所説なり。
正覚の所知なり』と。

汝某甲（受近円者）、已に近円を受け竟る。放逸を為す勿れ。

当に謹んで奉行すべし」。
（秉羯磨師は受近円者を）前に在き、それから去らせる。

受戒式次第四――臨壇者へのお礼―― 既に受戒は已ったのだが、（インドでは中国のように、壇上の師々が新受近円者側から謝意を表わす品である）嚫施を待つということはない。（しかし、）若しも其の（受近円者の本）師が少多を弁じたいというのであれば、或いは腰條（kakṣabandha）を持たせたり、或いは濾水羅等を臨壇者に奉り、以って（本師の）心の空しからざるを表わすのである。

《訳者補》 以上で受戒式は終了する。この後義浄の報告は受戒した者が受戒後におくる僧伽生活の叙述に移る。

依止期間と中国仏教批判 次に（、苾芻となった弟子への本師による本格的な戒律教育が開始されることになる。受戒に続く依止〈niśraya〉期間の開始である。

まず、）本師は（弟子の）為に戒本（prātimokṣa 波羅提木叉）を指して罪相を（体）識らせ、方しく戒（条）を誦させるようにする。

既に其れ（弟子）が（戒本に）熟（達）し已ったのならば、（次に）大律蔵（広律のことか？）を誦させる。

日々に（弟子は戒本や大律蔵を）誦し過ごし、旦々に（本師は）之れを試すのである。（戒律の実践的な学習とは、このように日常生活場裡に）恒に受持するのでなければ、恐らくは（戒律の止悪修善の）心力を損なうであろう。（そして順序として、この大）律蔵を誦することが了ってから、方（始）めて経（蔵）と論（蔵）とを学ぶのである。

此れが西方の師資（師匠と弟子）の途轍である。復、（大）聖（釈迦世尊）を去ること懸遠といっても、然而し、此（の師資＝師弟）の法は未だ虧けることなぞないのである。此の二師（すなわち、親教師と規範師）は、父母にも喩えられるものである。

（ところが中国ときたらどうだろうか？　一体正しく依止を実践しているのだろうか？）豈して受（近円）を欲するときには非常な（疲）労倦（怠）があ（るほどに緊張があ）りながら、どうして亦既に（近円を）得已ればもう（受けた）戒などには懐いを関わらせないのだろうか？　（受近円という）「始め」がありながら（、日々その戒を受持するという）「終わり」がないのであるから（結局のところ戒律が恃むべき「心の力」とはならないのだ）、惜しむ可きの甚だしいもの（がこれ）である。（中国では）自ら（本師との）一会が有って受（近円、具足戒）を求めたとしても、（その二百五十具足戒を）受け已ってしまえば重ねて（本）師に参ずるなどということはないのだ。（中国では、波羅提木叉＝）戒経を誦ずることもせず、律典を披きなどもしない。（師資に授・受戒の形式だけがあって）虚しく（師弟の名目、）法位を霑すというだけのこと、（結果、現実に師子は）自ら損ない・他をも損なっているのである。此の若な流（類）いは滅法（、つまり仏の法を滅ぼすこと）を成ずる者なのである。

小師と住位　然（而）で西方の行法では、近円を受けた已去は「鐸曷攞（dahara　童子、幼年の意）」と名づける。

義浄《原注》（「鐸曷攞」は中国語に）訳せば「小師」となる。

（そしてその後、）十夏（安居＝十年）を満たせば「悉他薛攞（sthavira　具寿、長老の意）」となり、（本師に親近して教育を受ける）依止を離れて（独りでも）住むことが得るのであり、又（今度は自ら弟子をとり）鄔波駄耶（upādhyāya　親教師、本師）と為ることもできるのである。

義浄《原注》

（「悉他薜攞」は中国語に）訳せば「住位」となる。

行位の呼称――求寂・小苾芻・住位・多聞苾芻――　凡そ書疏の往還があれば、（差出人欄に）題して「求寂・某乙」「小苾芻・某乙」「住位苾芻・某乙」などと云うのである。若しその学（問）が（仏教の）内（典）、（仏教以外の）外（典）に通じており、徳・行が高く著しい者ならば、便ち「多聞苾芻・某乙」と云うのである。

（ただし、中国のように）「僧・某乙」などと云うことは可ないのである。（何故ならば、）「僧」とは僧伽（samgha）のことであり、（僧伽の苾芻）大衆を目づける（集合名詞な）のである。寧して「一己」なのに（自称して、）輒ち（僧伽構成最小人数の象徴表現である）「四人」であるなどと道うのだろうか（？　言えるはずはないのである。何となれば僧伽とは最低四人の苾芻によってつくられる集合組織なのであり――『律摂』巻一、大正蔵巻二四、五二八頁下段～五二九頁上段参照――、四人以下ではもはや「僧伽」とは言えないのだから）。西方では此の（「僧・某乙」などというような自称の）法は無いのである。

親教師　凡そ親教師（本師、鄔波駄耶）と為る者は（その資格として）要須ず住位（苾芻）として十夏（安居、すなわち十年）を満足していなければならない。

（しかし親教師とは異なり、三師七証都合十人の臨壇の諸師のうち、）秉羯磨師（軌範師、阿遮利耶）、及び屛教者（屛教師＝教授師、）幷びに余の証人には、並定まった年（限の資格条件なぞ）は無いのである。（ただ、庶）幾しいのは（これら臨壇の諸師が、）事、（必）須ずや律（蔵）を（了）解し（、戒律の立場からみて）清浄であること、中（国＝インド中央部なら十人で）・辺（国＝インド周辺では五人という三師七証の諸師）の数が満（足）されていること（、の二点）である。

律（蔵）では（次のように）云っている。

「鄔波駄耶に非ずして而も喚びて鄔波駄耶と為し、阿遮利耶（ācārya）に非ざるに喚びて阿遮利耶と為す。或いは此の二（者）の翻にして、及び（実は鄔波駄耶・阿遮利耶であるのに）親ら鄔波駄耶（・阿遮利耶）の名を斥くるは、皆悪作（duṣkṛta　突吉羅）の罪を得るなり」と。

（インドでは苾芻たるものは、）若しも人が有れば（必ず次のように）問うて云う、「爾の親教師の名（字）は何ですか?」と。

或いは問うて（云う）、「汝は誰の弟子ですか?」と。

或いは自ら事があって至るならば（必）須ず（親教）師（鄔波駄耶）の名（字）を説うべきで、皆（次のように）言うべきなのである、「我は事（有る）に因って至りました。鄔波駄耶の名

(字)を説います。鄔波駄耶の名(字)は某甲(本師)、……」と。

印中呼称比較　(ところで初対面で相手に親教師の名字を尋ねる定型の会話を上来に紹介したのだが、こうしたときに梵語を用いる)西国や南海では(、中国語と異なり)「我(は　aham)」と称しても(相手を)慢(る)詞ではないし、設令い「汝(は　tvam)」と道っても亦(相手を)軽(んじる呼)称ではないのである。(インドの雅語・聖語である梵語では、これらは)但其の(第一人称と第二人称、)彼・此を(区)別したいというだけにすぎず、全く倨傲の心など無いのであり、並く神州の(「我」「汝」といったときの)鄙悪(い語感)と為るなどということはないのである。若しもそれでも(「我」「汝」と口にするのが)嫌だというならば、「我」を改めて「今(adya)」に為ればよい(、それでも梵語では屈折語の恒として人称・性・数・格が一致するので、分かる)のである。

斯れらのことは乃ち咸(釈迦の)聖教であるから、宜しく之れを行なう可きである。

(どうか中国の道友諸子よ。これから西方に向かわんとする者よ。現下、中国の同時代の人々に付和)雷同して皁と白とを分かたないなどということがないよう(にと慮って私・義浄は)、爾云ったまでである。

僧伽内の少年二種――童子と学生――

《訳者補》 義浄は、本章の主意からは少々外れるのだが、僧伽内に生活している二種類の少年たちの存在についても触れている。

凡そ諸(々)の白衣(、すなわち俗人)で、苾芻の所に詣り、若し専ら仏典を誦して情には落髪(して出家)を希い、畢には緇衣――これは中国人読者向きの比喩的表現で、実際は袈裟(kāṣāya)の色――を願うものがいるが、(この流類いの少年を)号んで「童子(māṇava)」と為ている。(これに対して今一つ別種の少年たちがおり、彼らは)或いは外典(仏教以外の典籍)を求めて心には(世間からの)出離(の志)が無く、これは(前記の「童子」に対して、)名づけて「学生(brahmacārin)」と曰っている。斯れらの二つの流(類)いは(出家五衆のうちに入らず、そのため本来、常住・現前の両「僧伽物」を消費する資格がないため)並びに(必)須ず自ら食(費を負担)すべきなのである。

義浄《原注》
西国の僧寺には多く学生が有る。(彼らは僧寺にやって)来ては苾芻に就いて外典を習学する(。これには苾芻の側と学生の側、双方に利点がある)。一つには(彼らを苾芻の召使いとして)駆馳や(身の回りの世話に)給侍させることが得る。二つには乃ち(彼らを仏道に親しませ、出家せんとの）好心を発こさせ（ることができ）る。既に（このように、）自利であり（、同時に）利他でもあるのだから、（僧伽が）之れ（＝学生）を畜えることは（律を）損なうことにはならないのである。（ところで）必しも（僧伽の食物が）杜多（dhūta——執着を離れた衣・食・住の最低生活、十三杜多の具体相は第十章、第三十三章を参照——）の一鉢（だけ）があるというのであるならば、（道）理として（それは本来苾芻だけのもの、童子・学生への食事の分配などに）労（心）などないのである。（しかし、）若しも也片かであるにしろ（この「杜多の一鉢」なる食物供給以外、他にも食物の）供（給）・承（受）があったならば、亦是れは（童子・学生に食事を提供することも肝）要と成るのである。（現前の僧物を童子・学生に与えること、すなわち）歯木を給してやり其れに食（事）を授けてやることも、時の須めに応じたまでで、（この行為それ自体は慈）悲の道を傷つけはしないのである。

若しも（僧伽の恒久資産である）常住（僧物）を（この童子・学生が）餐（食）べるのだとするならば、それは（釈迦の教えである）聖教では全（く制）遮（禁止）しているのである。（しかしその原則は原則として、それが「常住僧物」ではなく、目前の僧伽成員が消費する「現前僧物」であるならば、そして童子・学生が）必しも其れが（僧）衆のなかで労（力）があって、（僧伽の食事の提供も）その功に准じるというのであれば、（これは）亦餐食べさせる合きなのである。（そうであれば、）或いは〃（僧伽の毎日の）普通の食〃、或いは〃施主の先よりの心（に基づく食の提供）〟でも可いのだが、（童子・学生が）復噉食べたとしても、故には（律蔵に説く仏物・法物・僧物財産相互融通を不可とする互用の）罪では無いのである。

義浄の嘆き　（さて現下の中国仏教は私・義浄の見るところ、誠に嘆かわしい状況にある。）

龍河に（大師釈迦世尊の）影は没く、鷲嶺（霊鷲山 Gṛdhrakūṭa）に（その）光も収められてしまった。（仏の）法を伝える（阿）羅漢とても、能く余すところ幾（人）が在るというのだろうか（？　幾人もいはしないだろう）。

故に論でも云う、「大師（釈迦世尊）は眼を閉じられ、（その法を伝える）証者（阿羅漢）もそれに随い亡くなられた。（今は、）煩悩増（大の）時、応に勤めて（放）逸たること莫かるべし」と。

（道）理として当に諸（大）徳よ、共に（仏法の）護持を作すべきである。（そうではなく、）若しも（自らの煩悩に）随うことに（身を）委ね、縦に慢心するならば、（諸大徳よ）人や天をして（、六道中の）何れの所に帰向せようというのだろうか（？　そんなことでは、人や天は必ずや地獄、餓鬼、畜生、修羅の悪趣に堕してしまうであろう）。

律（蔵）にも（大師釈迦世尊の言葉として次のように）云う、「秉羯磨（羯磨を秉る、すなわち僧伽に対して羯磨法を作して自らの行動について提案、僧伽もそれに答えて衆議にはかって承認・不承認の決定をすること)が有るかぎり、我が法は未だ滅しはしない。(しかし、)若しも(この羯磨法を)秉らなくなった時には、我が法は便ち尽きる」と。又曰う、「(説)戒(褒灑陀 仏混梵 poṣadha, 巴 uposatha 布薩)住らば、我住り」と。(以上の釈尊の言葉は真実、道)理として虚説ではないのである。既に深(い)旨(趣)がある、誠に敬うべきなのだ。

詩頌によるまとめ 重ねて曰おう、

大師影謝、法将随亡。
邪山峻峙、慧巘隤綱。
重明仏日、寔委賢良。
若遵小径、誰弘大方。
幸惟通哲、勉力宣揚。
冀紹隆之無替、伝永劫而弥芳。
弥芳伊何、戒海揚波。
此則教将滅而不滅、
　行欲訛而不訛。
符正説於王舎、

事無虧於逝多。

大師の影、謝り、
法将、随い亡る。
邪山、峻峙し、
慧巘、綱を隤す。
重ねて仏日を明かすは、
寔に賢良に委ぬべし。
若し小径に遵わば、
誰か大方を弘めん。
幸いに通哲を惟い、
勉力めて宣揚すべし。
冀わくば之を紹隆して替わる無く、
永劫に伝えて弥 芳し。
弥芳しきは伊れ何ぞ?
戒海、波を揚ぐるなり。
教え、滅せんとして滅せず、

大師(仏)の影は今はなく、
(護)法(の)将もともになし。
悪い智慧なら山のよう、
仏の綱(紀)をくずしさる。
再び仏日もたらすは、
良きひとにこそ委すべし。
ひと若し小径に従わば、
誰か広めん仏の大方を。
これもし通く哲るきひとなれば、
力を尽くして揚ぐるべし。
受け継ぎ、高め、変わるなく、
永劫に伝えん、芳しかれ。
いよいよ芳し、これ何ぞ?
戒の盛んに他ならず。
戒あらばこそ(聖)教、滅びず、

行、訛《あやま》たんとして訛たず。
正説、王舎(Rājagṛha)に符《かな》い、
無虧、逝多(Jetavana)に事《つと》む。

戒あらばこそ行、訛《あやま》(謬)たず。
王舎(城)の説に正しく叶い、
逝多(林)の教えに欠くるなし。

第二十章　洗浴随時［洗浴の方法］

梗　概　インドの洗浴法、すなわち沐浴、水浴びの仕方の紹介が本章の主題である。義浄はまずインドの気象条件のよいこと、また洗浴がインド人の生活習慣であることをいう。

次にインド各地や仏跡の八制底処、とりわけ義浄自身滞在した那爛陀（ならんだ）寺の洗浴池の実際が報告され、また洗浴のやり方、及びそのときの浴裙（よくくん）の使い方の説明がある。ここで重点が現代の常識である本人の衛生や健康管理にではなく、洗浴時の水中の虫の生命への配慮という、インドの宗教的価値観に基づくものであることに注意されたい。

その後には洗浴以外の健康増進の施設・療法として浴室や甎池（せんち）、薬湯、塗油法の説明があり、最後に印・中比較で中国の洗浴法が二点批判されている。すなわち、①中国の「飢沐飽浴（食前食後を問わずに沐浴する）」の常識がインドでは通用せず洗浴時間が食前に限定されること、②中国のように浴衣を着けずに入浴する非、あるいは着けても浴衣が小さすぎて充分身体を隠しきれない非が、義浄により指弾されているのである。

インドの気候と洗浴　（本章では、）洗（浄、沐）浴の法（式）を論ずるのであるが、西国（インド）（の洗浴法）は東夏（シナ）（のそれ）と同じではないのである。（インドと中国とでは、何といっても気候・気象の条件が異なる。）但ら（もっぱら）（インドでは）時（候・季）節が（ほど良く）調和しており、（そこが）稍余処（ややほか）とは異なっているのである。（何故なら、インドでは中国とは違って）十二月でも花や果（実）が恒（然）に有り、氷や雪は（体）識らず、薄ら微かな霜が有る（くらいのものである）。復暑（い日）が多いといっても、亦（それも）苦（しいほどの）熱ではないのである。（要するに中国とは異なりインドでは、）熱いといっても身（体）に疿子は無く、寒いといっても（脚）足に皴裂は無いのである。

（インドの気候は上述の通りであり、）此の為人は多く洗（浄、）沐（浴）し、（身）体が清浄であることを尚ぶのである。毎も日々の（生活の）中でも（それは徹底しており）、洗（浴して自らを清浄に）しなければ（食物を）食べない（というほどな）のである。

インドの洗浴池

又復（、西国では）所在之処で極めて（洗浴）池（巴 candanikā）の水が（豊）饒なのである。（今）時（の）人も皆（洗浴）池を穿つことをもって福（業の功徳を積むこと）に為るとしている。若しも一駅（1 yojana 17.9km）も行くならば、（洗浴池の）三（十所）や二十所を望み見ることになるだろう。（これらの洗浴池は、）或るものは寛さ一畝（580.3m^2）、（あるものは寛さ）五畝（2901.5m^2）である。其の四辺には多羅（tāla）樹が種えられており、高さは四、五十尺（12.4～15.6m）ほどもある。（洗浴）池は皆雨水を承け（て満々と水を）湛え、清江の若である。（当然ながら、仏跡である）八制底（caitya）処には皆「世尊が洗浴の池」（と伝えられるもの）があり、其の水は清美で余（処）とは（別）異なっているのである。

那爛陀(Nālandā)寺には十余所もの大(洗浴)池が有る。毎(日)晨時とも至れば、寺では(合図に)健稚(ghaṇṭā　揵稚、打ちもの)を鳴らして僧徒に洗浴をさせているのである。人は皆自ら(洗)浴裙を持ち、或いは千(人)、或いは百(人も)が倶に寺の外に出て、散に諸(々の洗浴)池に向かい、各(自、洗)澡(、沐)浴するのである。

浴裙法　その(洗)浴裙(の寸法や披着の)法はといえば、(現在着用の裙の上から白)畳(=氎)布の長さ五肘(2.3m)・闊さ(一)肘半(70cm)ほどのものを身(体)に繞らして帀かせ、(今、その下になった)旧裙を抽き出し、(それから浴裙の)両頭を廻らせて(身体の)前に向かわせ、左辺の上角を取り、右手で牽きだして腰下に向かわせ、身(体)に近させ、併せて右辺を襞て、腰内に擪し入れるのである。此れを「著(洗)浴裙(の)法」と請う。(また、眠)臥時の著裙でも其の法(式)は亦(この「著(洗)浴裙(の)法」と同)爾じである。

(洗浴)池から出ようと欲った時には抖擻して徐に出て、虫を(身体や衣に付)著させないようにする(。水中に生息する虫がそのまま身体や衣について水から外に出ることになれば、生命を失ってしまうからである)。岸に上る法式は、広く律(蔵の中)に弁ずる如りである。

若しも(洗浴)池に向かわずに寺中で洗(浴)するときも、著裙(法)は此れと同じだが、

(このとき洗浴用の)水は(余の)人に澆がせ(ても可。だが、しかし何と言っても寺中での洗浴の注意すべき第一は)、処に随い・時に随い(状況に配慮して、人目につかぬよう)障蔽を為す可き(ことなの)である。

洗浴以外の施設・療法　(さて、以上の洗浴法・洗浴処とは別に、)世尊は浴室([巴]jantā-ghara)を為らせ、或いは露地に(焼き煉瓦のブロックを積んで作った水浴び用のプールである)甎池を作らせ、或いは(疾)病を去く(ための)薬湯を作らせ、或いは(健康のために)油を遍く(身)体に塗らせたのである。

(最後の塗油についていうなら、毎日のこととして)夜々に油を恒に足に揩り、朝々に頭上に油を塗る。(これで)目を明とさせ、風(疾=中風、脳卒中)も去るのである。(これは当人には)深く利益と為るところで(、しかも)、皆(釈迦の)聖教に(典拠が)有るのである。具さには述べる遑がないのだが、広くは律(蔵に説くところ)の如りなのである。

中国の洗浴時間の非　又洗浴は(中国とは異なり)並(必)須ず飢時(、すなわち空腹のとき)にすべきである。(このため、)(洗)浴が已ってから方(始)めて食べることになるのだが、(実はこれには)二つの(利)益がある。一つは身体が清虚で諸(々)の垢穢が無いということ、二つには痰癊が消散して能く飲食を餐(食)べることができるということである。飽(食)して方(始)めて洗浴するというのは(インド医学、すなわち)医(方)明(cikitsā-vidyā)では諱る所である。そうである故に（、中国の）「飢沐飽浴（空腹・満腹を問わずに沐浴する）」という言は、未だ〝通方之論（、すなわち普遍的な法則）〟ではないのである。

中国の小浴衣及び浴衣不使用の非

（それから）若し（現在、中国で用いられている）三尺（93.3cm）の（洗）浴衣を著けるとしたら、（これではあまりに）褊く小さくて（隠すべき）形（醜、身体、ここでは性器）が露われてしまう。或いは元より（この小浴衣すらをも）著けずに、赤体で（洗）浴するというのは、深く（仏の）教（えと仏の法の道）理に乖いているのである。

（そうであるから、インドのように）四幅（2.7m）の洗（浴）裙をこそ（著）用すべきであり、（インドのように）身（体）を遮すことこそ愛す可きである。（現下の中国のやり方は、）直（釈迦の）聖教を奉遵しないというだけでなく、亦（それは）乃ち人をも神（鬼）をも愧じないということなのである。

（この自）余の可・不（可）についても、智者であれば当に（知り）悉くしているべきことである。（インドでは人目のない）夜の（洗）浴ですら、尚（、この洗浴裙著用という）容（儀）を改めはしないのである。（ましてや昼日中、）人に対して寧して掩い蔽さないなどということができようか（？　否、決してできはしない。宜しく中国でもインドのように充分な大きさの洗浴裙を用いて、人としての隠し所＝形醜の露となるのを避けるべきなのである）。

第二十一章　座具襯身［座（臥）具は夢精除けシーツ］

梗　概　インドの仏教では座具とは夢精汚染防御用シーツのことであって、中国や南海の仏教のように礼拝時の膝当てマットではない、というのが本章の主題である。
　まず冒頭で中国仏教批判とともにそのことが述べられ、次に座具の製法や、そもそも座具が夢精により寝具を汚さないために必要とされたという本来の目的が説かれている。最後に義浄は七世紀当時の南海諸洲では、にもかかわらず実際には膝当てのマットとしての座具使用の現実があることをも報告している。

中国仏教批判　（現在中国で行なわれているように）礼拝するときに座（臥）具を敷くというのは、五天（竺）（インド）では行なわれているのを（私・義浄は）見たことがない。（そしてこれも中国で行なわれているように、相手に）敬（礼の意）を致える（つたえる）ために起ちあがって三礼する、というのも（、私・義浄は、現在インド仏教の主要な勢力である大衆部・上座部・根本説一切有部・正量部の）四部（派）で、其の事を窺た（みた）ことが罔い（ない）のである。凡そ（およそ）礼（敬）を為す（なす）者の（礼）拝の数や法式（きまったやりかた）については、別章（第二十五章）に陳べて（のべて）ある所の如り（とおり）なのである。

座（臥）具の製法　座（臥）具（製作）の法についていえば、（一枚布を裁断、縫製して作るのではなく、法衣と同様に端切れを田相〈田畦状〉に縫い併せて作る。すなわち、律蔵は制して）割截（chedana <√chid 〝切断する〟）して之れを為り、必須ず複作とし、（同じく律蔵は）制して（法衣と同様に）〝葉（縫い代）〟を安（置）くようにさせているのである。度量については（、ここに）詳悉（叙述）する暇がない。

座（臥）具制定の本義　其の（座臥具を）須いる所（の本義と）は、但ら眠臥時に、他の（所有にかかる）氈席を（夢精で汚さないように）護ろうとするにある。（そうであるから、）若し（六物や十三資具のような私物――第十章を参照――ではない、僧伽物など）他の（所有にかかる）物を用いるのであったならば（、それが）新しかろうが故かろうが並（必）須ず（「襯）替（」＝座臥具＝尼師但那　niṣidana）を安（置）くべきであるが、如しも其れが己（れの）物で故（い物）であったならば（、たとえ汚しても別に他に迷惑をかけるわけではないので、この場合座臥具は）須いなくともよいのである。（要は、他者の座臥具を）汚染して（施主からの）信施を虧損することの勿いようにさせる（、ということな）のである。（もとよりいうまでもないが、この座（臥）具は中国仏教のそれのように、）礼拝のためのもの（、すなわち膝当てのマット）ではないのである。

南海の礼拝用膝当て　（しかし、）南海の諸（々の）僧（徒たちの場合）では、人は（皆）一（枚の）布を（所）持している。（それは）巾・長、三（尺＝93.3cm）・五尺（1.56m、の大きさ）で畳むと食巾の若になる。（彼らはこれを）礼拝のときに用いて膝頭に替し、行く時には搭けて肩上に（安）在くのである。西国の苾芻は（南海に）来て（これを）見て（も、その本義に悖るのを知りながら、）咸皆莞爾として（微）笑むのである。

第二十二章　臥息方法［寝具と尊像安置のきまり］

梗概　インドの仏教僧伽の寝具（ベッド・シーツ・枕）に関わる諸規定と尊像の安置法が本章の主題である。

　義浄はインドの仏教僧伽は部屋の大きさに比べて人が多すぎるため、起床後は臥床はみな片づけられてしまうことをまず報告する。臥床とその上に敷く褥席のサイズを述べてから、次に部屋は牛糞の浄塗により清掃され、その後で椅子を並べて僧伽内の序列に従って着席すると義浄はいう。またインドの仏教僧伽では中国と違ってベッドの前を衣で目隠しするような習慣はなく、私物もみな棚の上に置くことになっているので、かような部屋の使い方が可能になるのである――この報告、ナーランダー総合大学の一日の始まりとしてその光景が目に浮かぶような描写ではないか――。

　さて、臥床、褥席と次第すれば次は座具＝儭（襯替）＝尼師但那＝シーツの説明になるはずだが、義浄は僧物である臥具は儭（襯）使用が必須の前提であることをいうに留め、既に前章で論じたためか本章ではその座具使用の根拠までは明かしていない。

　この後、義浄は枕論議に移る。インドには中国のような木枕はなく、あるのは枕囊（くくりまくら）であり、義浄はそのサイズ、詰め物の種類を説明する。これに反して中国の枕は固くて首筋が沈まず、ために風を通して頭痛につながると批判し、凍頂温足（頭寒足熱）はインドにも通用する普遍原理ではないという（これは第二十章で「飢沐飽浴」が「通方之論〈普遍原理〉」ではないとして退けたのと同様の論法である）。

さて、本章を閉じるにあたって義浄は今一つ、これは主題とはあまり関係のありそうにない、私房での仏像の祀り方の印・中比較論を置いている。インドでは各自私房内にて尊像を個人祭祀する。洗沐・香・花・食の供養をなし、それもあたかも仏が在すが如くに懇ろにしているのだが、これに対して中国では房内ではなく別棟の仏殿に仏像を安置し、しかも安置したらもうそれっきりでおよそ日常的にまめまめしくお祀りしていない、と義浄は中国を批判するのである。

起床と片づけ　西国の（仏教僧伽の）房（舎）は迮いうえに居人が復多いので、臥起の後では（臥）床（mañca　ベッド）は皆挙げて摂めてしまう。（その挙摂＝全部を収め片づける、その仕方はといえば、）或いは（部屋の）一辺に内置き、或いは戸外に移し安（置）くのである。

臥床・褥席の度量・特徴　（その臥床の闊さは二肘（93.3cm）・長さは四肘半（2.1m——第十章では長さは四肘とある——ほども）ある。（その上の布団や敷物である氈）褥（と毯）席も同然（大きさ）で軽く、（これは）重いものであってはならないのである。

清掃と座処安排　然後で、（清掃がある。これは乾燥させてある）牛糞を（水で溶き、部屋の土間造りの床部分である）地に（塵埃ともども）乾（浄）に揩り（込み、いわゆる浄塗して地を）清浄にさせるのである。（それから、一人前の苾芻のための）座床（khaṭvā　腰掛け）、及び（いまだ苾芻になっていない求寂〈沙弥〉以下の卑小者用の）木枯、小席等を安置して、尊卑（、すなわち僧伽内の上下の序列）に随って座り、常の如くに業を作すのである。

所有る生（活）を資ける（道）具（の類い）は、並棚の上に安（置）くのである。

衣遮障法の非　（現在の中国のように、臥）床の前を衣でもって遮障するという法（式）は、（インドには）並く無いのである。（何故その遮障の必要が無いのか、理由を述べよう。まず第一に）其の（同室者が、そもそも同房・共臥す）合き者でないならば（最初から部屋を別異にするのであって、わざわざ）自ら（その房に共）臥す合きではない（はずな）のだし、（第二に）如し其れが（同房、共臥）す合き者であるならば、（今度は）何うして、事、（わざわざ同室者から）身を遮（障）す（必要があ）るのだろうか（？　否、その必要も有りはしない、ということになってしまう。つまるところ、第一と第二、そのいずれにしても、中国のように遮障の必要はないのである）。

儭替の本意　（僧物、すなわち僧伽の共有財産たる）衆僧の臥具は、必須ず、儭（＝儭替、夢精除けのシーツ）を安（置）いてから方（始）めて受用す合きである。座（臥）具の（存在）意（義）は此（処）にある。如し爾でないならば、還た（過去仏・迦摂波の時代に出家したある者が、その不適切なる儭替使用のために五百生もの輪廻のあいだ脊背が黒くなる果報を受けたという、その）〝黒背の辜〟を招くことになる。これは（大）聖（釈迦世尊）に誠言が有るのであり、慎まないことなぞ不可である。

（座臥具＝シーツの話が出たついでに、枕についても触れておこう。）

枕嚢　又復南海の十島でも、西国・五天（竺）でも、並びに皆木枕を用いて頭を支えるなどということはなく、神州にのみ独り斯の事が有るのである。

（ではその中国風木枕ではない、南海やインドで使用されている〈枕＝枕嚢〉について説明しよう。実際、）西方の枕嚢の様式は、其の（流）類は相似る。

（枕嚢の袋の材質・染色についていうのならば、）帛、或いは（細）布をとって染色するのだが、（壊色――華美・有用な色を破壊して中間の濁った色とする――を本旨とする法衣や座臥具の場合とは異なり、枕を染色する色の選択は）情の随でよいのである。

（枕嚢の製作法は、）縫（製）して直袋（一重の袋）に為る。長さ一肘半（70cm）・寛さは半肘（23.3cm）である。中間に貯めるものは（各地その）所で（産）出する処に随う。（そうであるから、）或いは毛を（充）塡するのでも可いし、或いは麻縕を盛り、或いは蒲黄や柳絮を、或いは木綿や荻苕を、或いは軟らかい葉や乾かした苔を、或いは決明や麻豆（等々を、枕嚢用の充塡材料として盛っても可いの）である。

（枕嚢の使用上の注意点としては、）時（候）の冷・熱に随って（本人が）意を量って（枕嚢を）高下させる。斯れが乃ち（インドの枕嚢法であり、そのポイントは）適さを取って身（体）を安んずる（、すなわち詰め物によって枕を変形させて身体に馴染ませ、またその高さも調整する）ことで、（中国の木枕のように形が固定し、さらにその上、）実に堅強という患いは無いのである。然も（中国の）木枕は（単に硬いというだけでなく）疎鞕（ので頭）頂の下に風を通してしまい、（ために中国の今）時（の）人は多く頭疾に苦しむのである。然（而）で、方（域）が殊（異、）土（地柄）が別（異）ということになれば、翫（ぶ）所も同じではない。（右に説いたのは私・義浄がインドの仏教について）聊か異聞を述べたまでで、（それに従って）行なうか否かは（中国人である読者諸兄の）好みに随うまでである。既而にして（インド・南海の枕の詰め物は）煖（い）物なら〝風（疾＝中風、脳卒中）〟を除くし、麻豆であれば目は明するのである。且（単に枕も詰め物というだけでなく）、能く（このような利）益（をもたらすこと）が有るのであり、（しかも、たとえ）用いても（戒律に）爽わないということに成るのである。

又寒郷（の地、すなわち中国）で（頭）頂を凍らせると多くは傷寒と得てしまうのである。冬月に鼻（水）が流れるというのも、斯れは其の過ちであり、時（候の宜しき）に適って（頭）頂を温めれば、便ち此の患いは無いのである。（中国の）諺に云う「凍頂温足（頭寒足熱）」も、（方殊土別、）未だ必ずしも常に之れに依る可きではないのである。

インド仏教僧伽の私房での尊儀礼敬

又復（インドの仏教僧伽では、各自、）僧房の内に、尊像を安（置）するのである。（それは、）或いは窓の上であったり、或いは故ざ龕（gaha

厨子）を作（り、その中におさめたりしているのであ）る。（餐）食のために座る時には（、食時の不浄状態になるため、尊）像の前を布幔でもって遮障するのである。（そして日々、尊像は）朝々に洗（拭、）沐（浴）しては毎（常）に香や花を薦め、午々に（敬）虔恭（謹）、餐（食）の随に奉献するのである。経箱は格しく（房内の）一辺に（置）在き、（眠）臥時になって方しく（臥息の房とは）別（異の）室に居（在）くことになっている。

南海諸洲の法（式）も、亦此れと同じである。

斯れが乃ち私房（自房）における尋常の（尊儀の）礼敬の軌（儀）なのである。

中国仏教の尊儀祭り上げ批判　（ところが中国ときたらどうだろうか？）寺家の尊像は並びに悉く（私の房ではなく）別にされて堂殿（、すなわち仏殿）に有る。豈して（尊）像が（一旦）成た已後ではもう、終身、更に洗拭しないのだろうか？　斎（会）の次ではないからといって、寧して疎に餐（食）を設ける容きなのだろうか（？　否、斎次でなくとも、毎日毎日、餐食を設けるべきなのだ。これら中国仏教の現状、すなわち尊儀に日々まめまめしくお仕えするのではなく、尊像を非日常的な存在に祭り上げてしまい、日常生活場裡では意識にのぼらせることすらなく、極めて冷淡に尊像に接するというのには問題がある、といわねばならない）。

此れ（インドの正則）に由って之れ（中国の誤り）を言うなら、（尊像と）同じく居ることが亦復何して（律儀を）損なっていることになるのだろうか（？　否、尊像と同室、同居することは少しも戒律に反していないのだ。何故なら、）大師（釈迦世尊）が在せし日には、尚（、世尊と）同じく居ることを許されたのである。（み仏の）形像というものは（、本来、その本義、）真を倣うにあるのだから、（尊像〈＝世尊〉との同居は道）理として当（然、）妨げるものなど無いのである。西国の相伝えるところ、其の来ること久しいものがあるのである。

第二十三章　経行少病［腹ごなし漫ろ歩き健康法］

梗　概　この章で義浄の主張している「経行（きょうぎょう）」とは、①中国の禅宗で後代いうところの座禅と座禅の間の歩行運動＝緩歩＝経行（きんひん）ではなく、また本章で義浄が批判する②当時の中国仏教の虔恭表現＝繞堂・繞仏とも違う、インドの僧俗で日常的な習慣であった③食後の腹ごなしのための歩行運動のことである。

義浄の報告するインドの経行処（腹ごなし歩行運動施設）は、およそ仏跡と名のつくような所ならばどこにでもあるもので、その基壇たるや闊（ひろ）さは二肘、長さは十四、五肘、高さは二肘余、甎（かわら）を畳（かさ）ねて造られており、上面には石灰製の蓮花のレリーフがある。また、同じくその上面に高さ二寸、闊さは一尺の仏足跡が十四、五もあり、両端には小さな制底（せいてい）が安置され、その制底内には釈迦の立像も納められている。

最後に義静は中国仏教を批判してこの章を締め括る。中国では当時、仏殿・制底を右繞して虔恭を表現、福の生ぜんことを願う宗教的実践行＝繞堂・繞仏をば「経行」といっているのだが、それとインドのこの腹ごなし健康法である「経行」は全く別物である、と義浄は強く主張している。

インド経行の実践と効能　五天（竺）（インド）の地では道俗（、世間・出世間の人々）の多くが経（きょう）行（ぎょう）（caṅkrama）をしている。（この経行というのは、道を真）直ぐに去（ゆ）き（、また真）直ぐに

(戻って)来る(といったもので、)唯だ一路にのみ遵う(一本道の往復運動な)のである。(この経行のやり方は、)時に随い(その当人の)性(格)に適(うように行な)えばよいのであるが、(ただ熱)鬧(がしい)処に居(たままの状態では、決して行なうべきものでは)ないのである。(経行実践の効能は二つ、)一つには(病)痾を痊すということ、二つには食(物)を銷(化)することが能るということである。

禺中(巳の刻、午前九時から十一時)や日昳(未の刻、午後一時から三時の日に二度、食後の腹ごなしのとき)が(この経行)を行なう時なのである。(そのやり方も)或いは寺から出て長く(経行処のコースを延長する、すなわち)引すのでも可いし、或いは(寺を出ずに短距離、これはただ)廊下を徐ろに行く(のでも可い)のである。

若しも之れ(=経行)をしなければ身(体)には多く(疾)病(による)苦があり、遂には脚は腫れ、肚も腫れ、臂は疼み、髆も疼むことになってしまうのである。(そのうえ、)但ら痰癊が有って銷えない、というのが並端居の所致となる。必若しも此の事(、すなわち経行)を行なうことが能たならば、実に身を資け(、仏の)道を長すことが可るのである。

インドの経行処の実際　故に(法華経をはじめとする諸々の大乗経典が説かれたという霊)鷲山(Gṛdhrakūṭa)や(仏の成道の地、摩掲陀国は法阿蘭若の菩提樹、すなわち)覚樹の下、(初転法輪の地、)鹿(野)苑(Mṛgadāva)や、(故地、)王(舎)城(Rājagṛha)の内、及び余

（外）の（大）聖（釈迦世尊の足）跡（を残された所）には、皆世尊が経行（されたという経行処）の基（土台）が有るのである。

（これらインドの経行処を見ると、その基壇は）闊さは二肘（93.3cm）可り、長さは十四、五肘（6.6~7m）、高さは二肘余、甎（焼き煉瓦）を塁ねてこれを作り、上（面）には石灰で蓮花の開く勢を塑作ってある。（また、同じくその上面に）高さ二寸（6.2cm）可り、闊さは纔か一尺（31.1cm）の（大）聖（釈迦世尊）の足跡を表わしたものが十四、五ほどもある。両頭の基の上には小さな制底（caitya　塔廟）が安（置）されており、（その）量は人と斉じである。或いは（その制底）内には尊容を設ける可きなのであり、（大聖）釈迦（世尊）の立像を為ったりもするのである。

中国仏教批判――経行と繞堂・繞仏の混同の非――

（さて、ではこのインドの経行と現今中国仏教で行なわれている繞堂・繞仏との違いについて考えてみたい）。若しも（中国で）仏殿を右繞したり制底を旋遊するとしたならば、（これは、インドの経行とは）別（異）のことであり、福（徳・利益）を生ぜんが為のもので、本より（宗教的な修行の実践、信仰の表現として）虔恭んと欲ってしているのである。

（これに対しインドの）経行は乃ち（食物の）銷（化・消）散の儀であり、（その真）意は養身・療病（というところ）に在る。旧く（中国で）「行道」と云い、或いは「経行」と曰っていたのは、（インドの腹ごなしの健康法・運動法の経行と、中国の信仰の実践、表現としての繞堂・繞仏の）二事を（一つ言葉に）総て包（摂）してしまっていたのである。（これは言ってみれば、陝西省の有名な二河、すなわち水の濁った）涇（水と、水清らかな）渭（水）とを分かたず、（その結果）遂には（経行の本意であるインドの養身・療病という腹ごなし健康法部分が欠落、身体が）調かに適うという事が、久しく東川では開（乏）けてしまったということなのである。

『経』には「（覚）樹を観ながら経行する」――出典未詳――と云うし、（また、私・義浄も）親ら（仏、成道の処、摩掲陀国は法阿蘭若の覚〈＝菩提樹〉下）金剛座（Vajrāsana）の側に在って但ら（仏の）真跡を見たこともあるのだが、（中国のような経行処の土台が円形をなす）円基などは（、インドでは）未だ観たことがないのである。

第二十四章　礼不相扶［挨拶の仕方］

梗　概　中国は自他ともに認める「礼」の国である。しかしそれは儒教文化の伝統的価値観に基づくものである。ところでアジアの文明のもう一つの極・インド、及びそこに出自をもつ仏教にも当然ながら非中国・親印度の礼法がある。しかも印・中両国の礼は重なるところと重ならないところがある。従って中国の礼がインドの文脈で「非礼」になりかねない場合もあり、またその逆もありうる。この章で義浄は、礼のやり方という実例をとりあげてインド仏教の律蔵に説く敬礼法の正則を示している。

①法齢上の下位者が先に上位者に対して敬礼をなし、上位者は下位者の礼を受けるという、時間的前後の優先順位の原則があり、そのときには、

②まず下位者が「畔睇（ばんだい）（Vande　我敬礼す）」といい、それに対して上位者が「痾嚕柢（あろじ）（Ārogya　無病）」と返す両者の台詞に固定的なきまりがあり、しかも、

③中国とは異なり、この間に礼を受ける者が居ずまいを正す必要がない、と説かれている。その後で、義浄は中国風の敬礼法を批判する。中国では、下位者は上位者が起立して礼を受けることを望み、かつ上位者は下位者の心を忖度して五体投地の稽首（けいしゅ）礼をさせないように配慮する――それはあまりに両者の上下関係をあからさまに示す――との敬礼の「型」が出来上がっている。しかし、これが結果としてインド仏教の律蔵に説く「礼」の正則をないがしろにしているのだ、と義浄は主張している。

インド礼法の正則　礼拝の軌（儀、それは下位者〈夏数＝法齢が少ない苾芻〉の方から上位者〈夏数＝法齢が多い苾芻〉に礼拝をなす、という原則を遵守することである。それ）は（必）須ず（仏の）教えに依るべきなのである。

（さて、礼拝のやりとりをする両者の、その上下の関係を決定する根拠は、中国仏教のように僧階に依るのではなくて、具足戒を受戒した日の刻限、すなわち）進具を為したときに若し分影（日時計文字盤上の影の位置）が（相手よりも）前である（、つまり一分一秒でも早く受近円〈受具足戒〉していること、すなわち法齢が相手よりもほんのわずかでも上である）ならば、即ち（その相対的に上位となる者として、相対的に下位となる相手から）〝小者の（礼）拝〟を受ける合きだ、ということなのである。

仏は、「二種（類）の人が有って（優先して）礼拝を受ける合きである。（すなわち、その第）一は如来と謂い、（第）二は大己苾芻（、すなわち自分よりも夏安居の体験数の多い、法齢の大きな苾芻）と謂う」と言っている。斯れは（、仏自らの直接の教え、）則ち（釈尊）金口の誡教なのである。（ところが中国ときたらどうだろうか？　礼法の尊重すべきことの第一として、）何して（上位者が下位者に対して）労ざ謙下することを事とするのだろうか（？これでは上下の関係が不分明となり、礼拝のやりとりも曖昧にならざるをえない。インドではそうではない。まず）小者（下位者）が大（者＝上位者）を見たときには、緩ろに（必）須ず敬(礼の真意)を申すべく「畔睇(Vande<√vand の直説法現在・一人称・単数・為自言、"我敬礼す")」と唱えて之れ(大者=上位者)に(敬)礼する。大(者=上位者)は小(者=下位者)の(敬)礼を受けて、(合掌して)自ら端しく(手を)拱いて、「痾嚕衹(Ārogya 無病、<a-roga <√ruj しかし、ここは名詞起源動詞の二人称・単数・為他言・命令 "汝、無病なれ" と解すか?)」と云うべきである。

義浄《原注》

(「痾嚕衹」の「衹」字の発音は、)「近[gıən]」と「也[yiă]」の(反)切(、すなわち[giă]という音])である。

(「痾嚕衹」とは、)呪願(の言葉)であって、彼(相手)を無病にさせる、との(字)義である。

如しも(この返答「痾嚕衹)」を)道わないとしたならば、(敬礼のやりとりをした小者と大者、)彼も此も(両者ともに)愆ちを招くことになってしまうのである。

(ところでインドでは中国的敬礼とは異なり、立っているのなら)立った随で(、座っているのなら)座った随で(、「畔睇」の声とともに敬礼し、かつまた「痾嚕衹」と敬礼を返すのであって、中国のようにわざわざ)常式を改めはしないのである。(つまり、「畔睇」

と唱える下位者からの敬礼は、ただそれだけのものとして）既に受ける合きなのであり（、中国のように上位者も居住まいを正してから、わざわざする敬礼のお返し、すなわち）反敬はす容きではないのである。斯れが乃ち五天（竺）の僧徒の（正）則なのである。

中国の礼法の非　（ところが中国ときたらどうだろうか？）豈して小（者＝下位者）は大（者＝上位者）を（敬）礼しようとするときに、先ず大（者）が起つこと（、そしてこちらの敬礼を受けること、さらにはこちらの敬礼の途中に割って入って敬礼を中止させることすら）を望み、大（者）は（また大者で、心中）小（者）の（敬）恭を受けながらも小（者）の嫌恨（の思いが有る）を恐れているのだろうか？　此が為に（中国では）怱々迫々（ことには）、尊（者＝上位者）は卑（幼＝下位者、への大小上下優劣の関係認識の強調への慮り）に執われていて、（卑者の）稽首（の礼＝最高の礼）を聴（許）さないのである。辛苦辛苦（ことには）、卑（幼）は（尊者＝大者＝上位者、に対してインドの礼法に沿うべく稽首の礼で）敬（恭）したいと求めても、（投地すべく両手、両膝、額の五体〈五輪〉を）地に至けることも能ないのである。（しかも中国ではインドのような稽首の礼ではなく、）若しも此の如に（大者が小者の礼を止め、許さないように）しないならば、「礼数（格式）に乖く」などと云っているのである。

嗚呼！　（何と中国では釈迦金口の）聖教を虧いて、（逆に師資相承などといっては、たかだか凡夫の浅慮にすぎない）人（の）情を取っているのであろうか。（この状態では、）敬

(恭)しても(、またその敬恭を)受けたとしても(、ともに人の身ならぬ仏の定めた律)儀に乖くのである。誠に深く(この中国の敬礼法の非を)察するべきである。

(現下の中国仏教では不法・非法の)延波が(仏法の堤を侵すこと)既に久しいものがある。誰が当に諸れを偃めるのだろうか(? 否、恐らく誰一人、不法・非法の高波を防ぐことなどできはしないのだ)。

第二十五章　師資之道［師弟の有り方］

梗概　この章ではインド仏教の師弟の関わりが説かれている。本師に仕える弟子のつとめとしては、まず朝には、起床後歯木を嚼んで自らを浄め、次に師のところに行き歯木・澡豆・水・拭巾を座処に置き、師にも歯木による朝の浄めをしてもらう。弟子はその後で尊儀・尊像を礼敬し、仏殿を巡る。終わって師のもとに戻り、昨夜来の師の体調につき質問・確認し、師の答えを得る。それから暫時は自由時間。次に師について経典の学習があり、小食(朝食用の粥)へと続く。

この後に義浄は中国仏教への批判を挿入する。すなわち中国仏教の寺院生活中のたった一皿の粥を例に、義浄は四項目の不如法・非仏説を数えたてる――すなわち、①本師に請白しない、②歯木を嚙まない、③虫水を観ない、④洗浄しない――というのである。

再びインド仏教の師弟関係論に戻り、依止中の「五事不白」――五つの事柄、すなわち(一)歯木を嚙む、(二)水を飲む、(三)大便をする、(四)小便をする、(五)結界された浄地四十九尋内での制底畔睇(＝塔廟敬礼)、以上の五事だけが師の許可を必要とすることなく弟子は自分の判断で行動できるのであるが、それ以外はすべて師に報告して許可を得ねばならない――について論じ、さらに義浄は許可願いの実際＝「請白の文」をあげている。また「五事不白」が出たついでに、義浄はこの後では依止の生活そのものについて、その期間――解律五夏、余業五夏、都合十年に及ぶ――や意義、また実践上の注意事項を述べ、その返す刀で中国における師弟関係がこの「五事不白」に代表されるような親密なものからはほど遠いことを批判している。

さて次には一日のうちの初夜・後夜における師による弟子の教育が述べられ、また弟子よりする師への奉仕も具体的に説かれている。そしてインドでは師が弟子を慈しむことは転輪聖王が長子を摂養したのに比べられる、とも言われている。

義浄の論は、また少々脇道にそれ、「制底畔睇」の制底(caitya)の語源・語義の論となり、インドで行なわれている「有義の名」「無義の名」という名義解釈の二範疇論が紹介されている。

再び前に戻って「制底畔睇」の本義たる塔廟敬礼やこの言葉の用いられ方が述べられ、続けて義浄はインド仏教における敬礼作法の正則を具さに紹介し、また併せて中国式の三拝や敷座具の使用を批判している。

最後に中国の座法の非が出たついでに、次にインドの正式座法である嗢屈竹迦＝蹲踞(utkutuka)の座り方と讃嘆時の長跪合掌が紹介され、その後で再度、当時の中国仏教の、座床上礼拝、礼拝時の敷具使用、大座床方座の三つが批判されて、この章は閉じられる。

本章の要点　(法)門(の)徒(、ここでは門人・弟子)を教授することは、(仏法)紹隆の要である。若しも(このことに人が)念を存かないならば(仏の)法が滅びるのは可期なのである。(そうであるから、本師と弟子の互いの関係ということは、)事、(必)須ず慇懃に(つとめ、)宜しく網漏のないようにすべきである。

朝の（本）師と弟子——小食まで——

律（蔵）には、「（「依止生活中の弟子は）、毎（日）晨旦には（自らを清浄にするために、自分が）先ず歯木を嚼むのである。次に（本）師（のところ）に就く可きである。（寝んでいる本師の身体を按摩し、終わって本師が起きたならば、朝嚼歯木の用意をして、）歯木・澡豆・水・（拭）巾（proñchana）を奉じて座処に敷置き、（これで弟子として準備は万端、本師を）安穏にし已るのである。然後で尊儀（仏像・尊像）を礼敬するべく、（弟子は）仏殿を旋繞ることとなる。（そのあとで、弟子は再び本所に）却って（本）師（の）処に就き、衣を襵えて一礼する——《訳者補》『律摂』巻十三（大正蔵巻二四、六〇〇頁上段）より一部記事を増補した——」と。

（さて、「礼〈拝〉」について　一言触れておくならば、インドの敬礼法では中国のように三礼することはないのである。具体的に説こう、この敬礼のときは頭を下げたままで）更に重び（身体を）起こさずに合掌、三（度ほど頭を地に）叩、双膝は（揃え、かかとを立てた姿勢、すなわち長跪で）地に踞し、低頭、合掌して（本師に）問うて云うのである、鄔波駄耶（upādhyāya　親教師、本師）、存念あれ」と。

義浄《原注》

（鄔波駄耶の）「駄」字（の発）音は「停［deŋ］」と「夜［yiă］の反（切、［dǎ］という音）である。(この「駄」字は漢字自体としては)既に正体は無く(、梵語 upādhyāya の[dh]音を中国語に写すために漢字「駄」字の)音を借りて之のように言ったまでである。

(upa-adhyāy-a の接頭辞)「鄔波(upa)」とは親近(・接近)ということであるが、「波」字を長く喚む(、すなわち pā と母音 a を長音にする)のは(pā の ā の)中に(「鄔波(upa)」の a 字と「阿駄耶(adhyāya)」の)「阿(a)」字があるため(、すなわち、upa + adhyāya → upādhyāya という連声〈= sandhi〉なの)である。

「阿駄耶(adhyāya < adhi-√i)」の(字)義は、読むことを教え(て、「上(adhi)—達(√i)」す)るというのに当たる。

(中国で)「和尚」と言うのは非である。西方では汎ね(中国でいうところの)「博士」を喚ぶのには、皆「烏社(upajjhā ?)」の名(称)をもってするが、斯れは典(拠となるべき)語ではないのである。

若しも梵本の経や律の文に依るならば、咸「鄔波駄耶」と云っており、(これを)訳せば「親教師」と為るのである。

(ところで、)北方の諸国では、皆「和社」と喚んでいる。(中国で「和尚」といっているのは、中国への)伝訳(家が)彼の(北方の諸国の音写上の)訛音を習ってしまったがために(、このような中国語彙「和尚」が成立するに)致ったのである。

或いは問うて云う、「阿遮利耶(Ācārya)、存念あれ」と。

義浄《原注》

(「阿遮利耶」は、中国語に)訳せば「軌範師」と為る。是れは能く弟子に法式(ācāra 作法、規則)を教えるとの(字)義である。先に(中国で)「阿闍梨」と云っていたのは訛(音)である。

(そして、弟子は本師に対して言葉をついで次のように言う、)「我は、今、請白す。不審?鄔波駄耶、宿夜、(身体)安らかなりや不や?(身体を構成する四大要素、すなわち地・水・火・風の)四大(のバランス、その身体感覚)平和なりや不や?動止軽利にして、飲食、銷(化)せるや不や?旦朝の餐(食)、能く進む可きや不や?」。

斯れら(の質問)は、広く(言うの)か(あるいは)略って(言うの)かは、(その)時(の状況)に随う。

時に(本)師は乃ち身(体)の(具合の)安・不(安)を(商)量えて、具に其の事を(弟子に)答えるのである。

(これで本師への請白が終了する。)次に(弟子は)隣近に比んだ房で任に大者(自分より法齢の多い苾芻)を(敬)礼することが能るのである。

(さて、これがすむと弟子には学習時間がある。すなわち、)次に少し許り経を読み、(また)先に受けた所(の教え)を憶(念)う。日(々)に新(しきを学び)、(かつ)月(々)に故き(を憶念い)、寸陰も虧けることが無いのだ。

日(時計の影)が小食(朝食の粥)の時(の位置)に至るのを待ち、身(体)の(感覚、)軽重を(商)量え、(本師に)請白してから方(始)めて(弟子も自分の小食を)食べるのである。

朝の(本)師と弟子——中国仏教批判——(ところがこれに対して中国仏教の現状はどうだろうか?)何うして(中国では)労ざ(夜も)未だ暁てもいないのに忽々しく(小食=朝食の)粥を覓めているのだろうか? (これでは、いまだ本日の本師の体調を確認すべく、①)本師に(請)白に及ぶこともなく、(また自らと本師をして清浄たらしむべく、②)歯木を嚼むにも由がなく、(まして昨夜来の時の経過があり、瓶水中の虫の生命を守るべく、③瓶)虫水観(察)の暇もないのであり、(このような状態で、さて)豈して(④小食前の)洗浄が能るというのだろうか(? 否、とてもできはしないのである)。(これでは中国の仏教者は、インドと同じ小食の)〝一盂の粥〟といっても、(上来見てきたように、①~④)四種の仏(の)教(え)に違うところがあることを寧して知っているのだろうか(? 否、中国の仏教者は決して自らにこの四種の非法・不如法あるを知りはしないのである)。(仏の教えの本義が)訛替の本(源)は、皆此れ(、すなわち師資の道の違うところ)から来ているのである。願わくば(仏の教えを)住持之家よ、善く(善く、事の本質を商)量えて(対)処すべきなのだ。

義浄《原注》

前の白事等は、此れはとりもなおさず阿離耶提舎(Āryadeśa)の教授の儀である。

《訳者補》 義浄はここに「阿離耶提舎」なる語が出たついでに、インドの国名の呼称についての論を展開している。しかしその前に、序章でも四部派に冠せられ、ここでも出る「阿離耶(ārya)…」について触れておけば、義浄の「聖」字の使用、この表現のまま序章では固有名詞なので「聖〇〇」としたのだが、これでは現代日本語の語感としては些か大時代的で大袈裟なもの言いに響く。āryaは複数の梵英辞典でhonourableとあり、中村元訳『全哲学綱要』訳註Ⅰ（決定版中村元選集二八、『インドの哲学体系Ⅰ』、一七頁）では「気高き」と訳されている。適訳ではないだろうか。

義浄《原注》

(前述の)「阿離耶(ārya)」は(中国語に)訳せば「聖」となり、「提舎(deśa)」は訳せば「方」となる。即ち、西国を名づけて「聖方」*とするのである。(つまり、この国では)賢聖が(次々と出、後人もその)軌(轍)を(受け)継いだので(、自らは元より、余の)人も皆共に(、このインドを「聖方」と)称しているのである。

或いは(またこの国は、)「末睇(提捨　Madhyadeśa＝中国、「末」は「末」の誤記か?・)」とも云うのだが、(「末睇、Madhya」とは、)「中」ということ、「提捨(deśa)」とは「(前述に同じく「方」、または)国」のことである。(すなわち、)百億(余国)の中心(「中国」)という、斯れが其の(意味する)事なのである。此の(「末睇提捨」なる国)号でも(余の)人は咸之れに委って(インドを呼んで)いるのである。

(しかし、)北方の胡国のみは独り、「聖方」を喚ぶのに「呬度」としている。(「呬」字の発)音は、「許[hio]」と「伊[-ii]の反(切、すなわち[hii]という音)である。(この「呬度」は梵語Induの訛音であり、インドでは)全く通俗の名(称)ではないのであり、但ら(これは北方の胡国の地)方言(語)にすぎず、固より別に(後述の名義釈論でいうのなら、すなわち名体相称、名称と実体が一致するというような字)義は無いのである。西国で若しも此の(「呬度」なる)名(称)を聞いたとしても、(インド人の)多くは皆(体)識りはしないのである。

(中国の道友諸師よ、どうか)宜しく西国を喚ぶときには(前記の)「聖方」とするべきなのである。斯れこそが誠に允しく(道理に)当たるのである。

(このインドの呼び名については、中国では)或いは伝(統的)に「印度」と云うこともある。(これを中国語に)訳せば「月(indu)」ということになる。斯れには(道)理もあるのだけれども、未だに(インドの)通(俗の名)称とはなっていないのである。

(これは、)且如、西国で大唐を名づけて「支那」とするようなもので、直だ其の名(称)ではあっても更に別に(名体相称の次元で字)義があるわけではないのである。

又復(以下のことも必)須ず知っておくべきである。(中国では)五天(竺)の地を(一緒くたにして)皆「婆羅門国」と曰うのだが、(これは言ってみれば中国で)北方(の諸胡国)を連例総て「胡疆」と号ぶようなものであり、(すなわち知者なれば深く非であることを知るべきで、決して不和)雷同して咸を一つの喚(び方)だけで為ますことなど得はしないのである。*チベットでも、'phags (-p'i) -yul = āryadeśa = 聖なる国と古称した(L・チャンドラ蔵梵辞典臨川版一五六一頁)。

依止中の五事不白の論　凡そ(仏教の苾芻として)剃髪し、縵条(衣)を披り、出家して近円を已えている(、すなわち具足戒二百五十戒の受戒を終了した一人前の苾芻)ならば、律(蔵)では(、以下のように)云っている。

「唯だ五事(の)不白を除いて、それ以外は(行住座臥)一々(の行動を)皆(必)須ず(本)師に(請)白(して、一々皆本師の許可を得るように)すべきなのであり、(若しも請)白しなければ罪を得るのである。(では、この請白免除の)五事とは、(一体何なのだろうか？とい えば、以下の通りなのである。)

一、歯木を嚼む、

二、水を飲む、

三、大便、
四、小便、
五、(結)界中、四十九尋(49×8×0.311≒122m)内の制底畔睇(caityam vande <√vand [cl. 1]〝敬礼塔廟〟)」、である。

且如、食(事)をしたいと欲ったときには、(請)白者(ここでは弟子)は(必)須ず(本)師の辺りに就って礼拝の法に依って(礼拝し、本)師に(請)白して(このように)云うべきである、「鄔波駄耶、存念あれ。我は、今、請 白す。(我は)手を洗い、(食)器を洗い、食事を為たいと欲います」と。

(本)師は云う、「謹慎(為すように)」と。

諸の余の(請)白事も此の(流)類いのものである。

(本)師たるものは、乃ち事を(商)量え、時を度(量)り、其の進・止(、可・否、許可・不許可の判断)を(弟子に)与えるべきものなのである、と知るべきである。(このとき、もしも弟子の方に請白する)多くの事が有ると知れたのならば、一時(同時)に併せて(請)白してしまうのでも可いのである。

依止論 若しも(このように本師について学ぶのであれば、)律(蔵)を解すること五夏(安居、すなわち五ヵ年)で本師を離れることが得るようになる。(その後、)人間(=社会)の遊行があり、(自ら)進んで(その)余(外の修道の)業を求め、到る処で還た(必)須ず(師について)依止(niśraya)すべきなのである。(このようにして、就師解律の五夏と進求余業の五夏、都合十年、)十夏が既に満ちて、依止は方(始)めて休(止)るのである。大聖(釈迦世尊)の懇懃な意は此(処、すなわち解律五夏と余業五夏、都合十年の依止期間の設定)に在るのである。(何となれば、)如しも律(蔵)を解さないとしたのならば(、それはその人が仏教の苾芻として自分の行動規範を身につけることができず、自己管理ができないということなので、)他(の人=親教師)に依(止したままで、すなわち他の人の判断・指示に従)って尽形(寿、すなわち一生涯死ぬまでそう)することになろうから。

(また、人間=社会を遊行中に)設しも(依止するについて、自分よりも法齢の)大なる者が無かったならば、(そして、それでも彼が依止するに値する何ものかを持っている苾芻であるならば、法齢、己れよりも)小(なる者)にでも依(止)して住まるのである。(この場合、師弟間の礼のやりとり、特に敬礼法が問題となろうが、)唯だ(律蔵に禁じられる小なる者への)礼拝(の一事)を除けば余(外)は並之れ(、法齢の己れよりも小なる者に対しても、己れよりも大なる者に依止したときと同様に、前述の一切)を為すのである(。ことほど左様にインド仏教における依止、及び依止中の師弟の関わりは重要なものなのである)。

中国師弟関係批判——請白論——

(ところで現下の中国仏教ときたらどうだろう

か？　）豈して晨朝、（中国の弟子たる者はインドのように、律蔵に定められている通りに、本師に昨夜来の師の体調の）安（不安）を問うている、ということが得るだろうか（？　否、とても律蔵の規定通りに問うているとはいえはすまい）。（中国の弟子たちは、いまだ）曽て律（蔵）になぞ依ってはいないのである。（たとえどんなことであろうとも、）事至れば（そのことの）有るに随い（何事であれ、弟子たるもの本師に）白言するという（律蔵の規定する「請白」のイロハ）を寧して（中国の人々は）知らないのだろうか（？　これは私・義浄の大いに憤るところである）。

（もっともこうまで言えば反論も聞こえてこよう。中国仏教の弟子方の中には実際に、）或いは旦暮の両時（本師に）教誨を請うものが有り（、本師の方でも）復権りそめにも訓誨を申べることもあるのだけれども、（そのような場合でも中国仏教の現実とインド仏教のそれを対比するとき、）律文の意（味するところ、そもそもからして）是の如なものではないのである。何うして（請）白者（＝弟子の方）が（律蔵に定められた請白法の通りに）其の事を的しく（請白）していないのに、答（える）者（＝本師の方）で何うして（その求められる答えが）商量えられるのだろうか（？　否、不適切な問いには不適切な答えしか返せない）。（中国では弟子が本師に請ねる）白事の言が故に不然である。

但ら（このように中国では律蔵によらずに中国仏教の旧套を墨守し、その）因循為ること、日久しいものがある。(中国で弟子が毎朝、本師の体調を問わず、省縁・)省(事)を逐っているとき、誰が肯て(前述の五事不白以外はすべて本師に諮り白ずなどという麻)煩に心を労すのだろうか(? 否、誰もそのようなことには心を労しはすまい)。

(では、どうしたらよいのだろうか?)必ずや能く(仏の)教えに准い(、それを)奉行するのであり、即ち是(の依止の白事こそ)は住(め)持って絶やしてはならないのである。若しも(大乗の中国で、誰かが)此(のような律蔵に定める師弟の関係など)は〝軽(事)〟だとするのであるならば、(私・義浄はあえて問いたい。一体全体)余更に何が(一層の)〝重(事)〟に成(り得)るのだろうか(? 否、この「師資の道」以上に重いことなどありはしないのである、と)。故に律文にも云うのである、「寧ろ屠児(domba)と作りても、他に具(足)戒を授けざらむ。捨てて教えざるよりは(。すなわち、充分な覚悟・用意もないままに具〈足〉戒を授けて新苾芻の親教師となり、その後で依止する弟子の教育を放棄して捨てて顧みないくらいならば、最初から出家させない方がましだ。たとえそのために我が身が殺生を生業とする身の上になろうとも)」と。

(それほどにも他の依止を受けること、及び人に授戒してその本師たることは重く、厳しいものなのである。)

インドの師弟関係の正則

又西国に相承する(弟子の本)師に事える礼(敬の法)とは、初夜（午後六時頃から九時頃）と後夜（午前一時頃から夜明けまで）に（、弟子は）其の（本）師の所に到るのである。（本）師は先ず弟子を安座（sukha-upaniṣaṇṇa）させて、（経・律・論の）三蔵の中から時に随って（一蔵を選んで）教授する。（その教授内容は、）若しくは「事（具体的・実践的なこと）」（に渡り）、若しくは「理（抽象的・観念的なこと）」（に及び）、（弟子の時間を）空しく過ごさせないようにするのである。

（また、本師は弟子の）其の戒行（śillasaṃvara）を（よくよく観）察して、（行動において戒律に照らして）虧け違うことのないようにさせ、犯す所あるを知ったならば、治（浄、）懺（悔）させるのである。

（一方、）弟子は（弟子で）方しく（本）師の為に（本師の）身体を按摩し、衣裳を襞畳、或いは時に房や庭を掃（清、）拭（浄）し、（瓶水中の）虫を観（察）、（虫無きを確認して本師に）水を進め、片しでも所作があれば咸が皆（まめまめしく本師に）代わって為るのである。斯れが（インドでいうところの目上の者への仕え方、）〝敬上の礼〟というものである。

（しかし中国とは異なり、インドでは本師もまた弟子に対して甚だ手篤いのである。）若しも（法）門（の）徒（、すなわち弟子）に（疾）病が有れば（本師たるもの）皆躬自ら（弟子を）抱き持っては湯薬の須いる所となり（、その本師の弟子を）憂うること（己が）赤子（に対する）と同じである。然も、仏法の綱紀とは（師資の道の）教誨をもって（上）首と為すのであり、

（それは、転）輪（聖）王（Cakra-vartin-rājan）が長子を摂養ることを軽んじない如くに（真実なの）である。（このことは）律（蔵）に明言があるのである。寧して慢るなぞ致す容きだろうか（？　否、決して慢るべきではないのである）。

「制底」釈名論　上（来説いて来た「五事不白」、その第五）に「制底畔睇」と言ったものは、或いは「制底畔弾那（caitya-vandana　敬礼塔廟）」とも云う。（この制底 caitya のいわれは、）大師（釈迦）世尊が既に（般）涅槃（入滅）された後、人・天並が集まって火で之れ（釈尊のご遺体）を焚いたのだが、（人・天）衆の聚めた香と柴とが遂に大積となったので、此処から名づけて質底（cita, citā）と為たのである。（質底　cita <√ci とは、）積聚が（字）義（これに）拠り従い（道）理を生じて、遂に「制底（caitya＝積みあげて造った塚＝塔廟）」の名（称）が有るのである。

又（この「制底」の語義解）釈は（二つあり）、一つは世尊の衆くの徳が倶に此（処）に「聚る」と想えるもの、二つは乃ち（焼き煉瓦である）甎や土を「積んで」之れ（制底）を成ったとするものである。詳しく字義を伝えるとすれば、是の如になるのである。

或いは、「窣覩波（［梵］stūpa, ［巴］thūpa　塔婆、兜婆、塔）」と名づけるのも（、中国では字）義は亦此れと同じである。旧く（中国で）総（称）して「塔（t'ap）」と云い、別（称）して「支提（tʃiĕdei）」と道っていたのは、斯れらは皆（本来別物である stūpa と caitya を混同した）訛（謬）である。

（と、同時にまたこうもいえよう。）或いは（これらは訛謬であっても）倶に是しくもある可きだ、と。（それというのは、大）衆が共に其の名（称）を了（解）していて（、もはや）其の（本来の字）義を論じない（、つまり「無義の名」である）からである（。これについては、以下で論じよう）。

名義釈論　西方の釈名（、すなわち音に従いその意味をもとめる名と義の解釈）には、略二種（類）ある。一つには「有義の名」、二つには「無義の名」である。

「有義の名」とは「名」を立てるのに（理）由（・根拠）が有ること、即ち「名（名称）」と「義（意味）」に依って釈すのである。（すなわち、）「名」と「体（実体）」が一向相称っているもののことである。

（これに対して「無義の名」とはどんなものなのだろうか？　以下、これら有義・無義の両「名」について説明しよう。）如し「善入（、すなわち〈仏の境に〉善く入るという意）」の名を釈するとすれば、初めに徳（という実体）の跡に依（って「善入」という名称＝言葉が成立す）る。即ち、是れが義に依って名を立てた（「有義の名」な）のである。次には（この言葉が）云われだし、或いは（人々がこの言葉を用いて）共に了（解・認）知するようになる。（すると言葉は社会に流通し人口に膾炙して、もはや一々）其の（本）義は論じられなくなる。(こうなると)但ら世の人が共に喚んでいるということを(根)拠に「善入」(という言葉)を為いているので(あって、そこでは共通の概念の記号＝cultural universalsとして機能し、社会的に価値と有効性が認められている。もはや「有義の名」のように人々は五感を通じて対象を認識し、「名」と「体」を一向相称のものとは見なしていないので)ある。即ち、是れが「無義の名」なのである。(そうであるから、本義を異にする「窣覩波」と「支提」とが中国では「塔廟」を意味する語として混同混用されていても、言語機能の社会的有効性という点に関しては問題はないのである。)

「畔睇」の釈義　「畔睇」とは、(中国語ならば)「敬礼」である。凡そ(西国で房から)外に出て尊像を礼拝しようと欲ったとき、人に「何所に適かれるのでしょう?」と問われることが有るならば、「我は某処に向って制底畔睇(caityam vande)します」と答えて曰うのである。

敬礼法――インドの正則――　凡そ礼拝とは、その意(のあるところ)は敬上・自卑(、すなわち目上を敬い、自らは卑下すると)の(字)義(をいう)に在るのである(。以下、インド正則の敬礼・礼拝法を紹介しよう)。

敬(礼・礼拝)を致たいと欲った時、及び(本師に自分の行動につき許可・確認を求める「)請白(の事」)が有るときには、先ず(第一に、)法衣を整(頓)えるのである。(それは、最初に衣の右角を寛く)左肩の上に搭け、(右手でもって)衣の左腋を壓えて身(体)に(ぴったりと密)著させる。(それから)左手を下に向かわせ、衣の左畔を掩い摂める。右手は掩われるに随せ(、外には出さないのであ)る。衣の裾は既に下辺に至ているので衣を巻いて膝に向かわせ、両膝を倶に掩って身(体)を現われさせないようにする。背後の衣の縁は急るように身(体)に近づかせ、衣(=腰から上、と)裳(=腰から下、と)を掩い摂めて地に垂れさせないようにする。

(次に、)足跟は双つながら竪て、脊は(必)須ず平直、(両手の)十指を地に布けてから、方始めて叩頭(の礼を)すべきである。然も(、この場合には中国とは異なり礼拝時に、)膝の下には迥く衣物などは無いのである。(その後、)復還た合掌し、復還た叩頭(の礼を)する。慇懃に敬(礼)を致すというならば、是の如に(これを繰り返すこと)三(度)に至る。必し也(慇懃ではなくて、)尋常(の敬礼でよい、)というならば、一礼で罷めるのである。(インド正則の「敬礼」「礼拝」の法とは上述のようなものである。つまり、礼拝中は起き直さずに、両膝をつき両踵をたてたまま叩頭の礼を一度、乃至三度するもので、中国のように礼拝の)中間で更起き(上がり、礼拝の全行程を礼の数だけ繰り返し反復す)るという義は無い。

西国で(もしも中国式の)三拝をするのを見たならば(インドの)人は皆之れを怪しがる

（に違いない）。若しも（中国の常識に従い、また敷座具がないと礼拝時に法衣や身体が汚れてしまうと危惧し、）額の上に塵が有くのを恐れるのであるならば、先ず（必）須ず手を摩って浄いにしておいて、然後（その手で）之れ（額の上）を拭うべきである（というそれだけの話で、わざわざ礼拝用膝当てマットは不要なのである）。

次に（弟子は）当に両膝頭の土を払い去り、衣裳を整頓えて（房の）一辺に在って座るべきである。或いは、暫時佇立でも可い。（すると、それを見て）尊者は（弟子に）宜しく座（席）を賜らせるのである。必しも呵責することがあって（弟子を）立たせたとしても（、これはその目的が呵責するためなので、中国のように本師が弟子を「立たせておくのが法」であるということではないのであり――これについては次の第二十六章でも触れる――）、亦（これは、律に説くところを）傷つけることでは無いのである。斯れ（敬礼・礼拝法）は乃ち（、インドでは）仏が世に在った時から末代（義浄入竺の七世紀に至る）までも、師・弟が相伝えており、今まで絶えることがなかったのである。

中国仏教の敬礼法の非　（インドの）経や律で云っている如に、

仏所に来至し、

仏の双足を礼し――第二十六章を参照――、

一辺に在って座る――第二十六章を参照――、ということなのであって、（現下、中

国で行なわれている現実、すなわち）
（仏所に来至し）座（臥）具を敷き——第十章、本章を参照——、
礼すること三拝——第二十二章、本章参照——、
一辺に在って立つ、とは云っていないのである。
（以上述べてきた）斯れが其の（仏の）教えなのである。

但ら（インドでは、）尊（宿・長）老の処では多くの座（席）が（必）須ず安（置）かれており、必しも人が来るようなことがあれば、儀に準って坐ることになるのである。（このとき、）凡そ坐る者は皆（座席＝小床座に腰掛けるので、当然ながら両）足は地を蹋んでいるのである。（されば、中国の座法のように大床座上に結跏趺座するので足が地につかないというのは、インドでは存在しないものなのである。これについては既に第三章「食座小床」で触れておいた。すなわち、インドにはいまだ）曽て（中国のような）「帖膝の法（足を組んで座り結跏趺座、隣人の膝と自分の膝を帖ける座法）」というのは無いのである。

インド正式座法——嗢屈竹迦と長跪合掌——

律（蔵）では、「応に先ず嗢屈竹迦（ut-kutuka <√kut〝曲がる〟）すべし」と云う。（「嗢屈竹迦」は中国語に）訳せば「蹲踞」ということになる。（このとき）双足は地を履み、両膝は皆竪て、衣服は摂斂して地に垂れさせてはならないのである。（今、ここに述べた嗢屈竹迦の座法は日常頻繁に用いられるもの

である。たとえば、それが私有を許された十三資具の衣物、すなわち守）持衣のときであろうと、（私有の制限枠を超えて、便法を用いて所持する長衣、分別衣、すなわち）説浄、vi-kalpana「浄施」「分別」）のときであろうと常途の軌式なのである。（また、この嘔屈竹迦＝蹲踞は、）或いは（僧伽を構成し得ない最大人数である三人以下の苾蒭集団＝衆多人ら）「別人」に対して（毎月二回、新月と満月の日にある褒灑陀 仏混梵 poṣadha＝布薩の折りに）説罪（pravārana, āpattipratideśana）するときも、或いは（四人以上の僧伽の苾蒭たち）「大衆」に向かって（礼）敬を申べるときも、或いは（呵）責を被り（その）忍（kṣama 懺悔）を請うときも、或いは（はじめて）具（足戒）を受けて僧（伽）を礼（拝）するときも、皆斯れ（嘔屈竹迦の座法）と同じなのである。

（一方、如上の座法とは少々異なり、）或いは双膝を地に著けて身（体）を（曲げずに）平（直）にして合掌する（、すなわち「長跪」合掌するの）も可なのである。乃ち、是れは香台（仏殿）を瞻仰て讃歎するときの容（儀）なのである。

再説・中国礼法批判――床座上・氈席上作礼の非――

然（而）し（、中国のように）床（座）の上で（結跏趺座したまま）礼拝するなどというのは、（他の）諸国には無い所なのである。或いは（礼拝時に）氈席を敷くというのも、亦（中国以外、他の諸国にはどこにも）有るのを見ないのである。（これらはともに、本人自身は）敬（礼）を（致さんと）欲いながら（も、その結果は）反って（敬礼を受ける側を）慢っていることになるのである。豈して（このようなことをしていて、敬礼を致す）道理と成るのだろうか（？　否、なろうはずがない）。床（座）上、（座）席上（にて結跏趺座したまま上位者に作礼する）の如きに至っては、平（生）に懐うところでも、尚（、敬）恭を致さないと（思われるほどな）のである。まして況んや尊師、大師を礼（拝）するにおいてをや、である。此の事（床座・氈席上の作礼）を若し為したとするならば、安して（それが）可なのであろうか（？　否、必ずや不可なのである）。

西国の講堂や食堂の内では、元来、大（きな）床（座）は置いていないのである。多くは木枯や小（座）床子（＝小椅子）を設（置）し、聴講や食（事の）時には用いて踞座している。斯れが其の（律蔵の規定にかなった）本（来の）法なのである。（ところが、）神州では大（きな）床（座）に方座（・結跏趺座）しており、（しかも過てる伝統・伝承ながら、）其の事は久しいものがある。時に随い儀を設けるのは可いのではあるけれども、（そもそも敬礼というものの）〝本（来の西国の正則というもの）〟と〝末（流の中国の変遷結果の現実）〟の（本）源というものは、（必）須ず（体）識っておくべきである。

第二十六章　客旧相遇［来訪苾芻への接待方法］

梗概　この章では僧伽を訪れる遊行中の客苾芻(新来の来訪苾芻)を迎えるときの、僧伽在住の旧苾芻(旧住の主人苾芻)側よりする様々な接待の規定が述べられている。

まず旧住苾芻が新来の苾芻の来訪を確認したのならば、それが誰であろうと必ず迎えに出て「Svāgataṃ(善来)」と言う。客苾芻の方でもそれに応えて「Su-svāgataṃ(極善来)」と言う。このやりとりの決まり文句は律蔵の規定であり、だから言わなければ戒律違反で罪となってしまう。

この後、新来者にはしばし休息をとってもらうのだが、ここで旧住側から按摩＝マッサージの提供がある。

客苾芻は一息ついたら、今度は身を浄めて僧伽の尊宿のところに挨拶にゆくのだが、その挨拶に先だって中国風の三礼ではなく一礼だけのインド式の敬礼があり、またかなり儀礼化しているものだが按摩の交換がある。付け加えれば、中国仏教では一連の挨拶の遂行中は立って待つのだが、インドの正則では尊宿の双足を頂礼して一辺に下がって座って待つ。また座るといってもこのときには中国のように結跏趺座せずに、小さな椅子に腰掛ける(それが証拠には、インドの仏教苾芻の座法では足首は露となっている)。

この後は飲み物の接待がある。要点は非時食戒に抵触しないよう、その飲み物は正午過ぎの非時にあっては歯ごたえのない上澄みジュースにすることである(もしも飲み物といってもその内容物が濃く、濁り、歯ごたえがあり、咀嚼、嚥下するのでは「食事」の範疇に入ってしまい、非時の食事は律蔵の規定に抵触してしまう）。
最後に義浄は中国仏教批判をおく。ポイントは休息時間をおかずにすぐ敬礼を強い、疲労もとれないうちに座らせもせず立たせたまま閑談などし、また人混みのなかで礼拝している等々である。
章末には漢訳語「和南」への疑問や江南人のいう「不審」評価への言及がなされている。

相遇逢迎法――「善来」と「極善来」――　昔、大師（釈迦世尊）が在られた日には（、当然ながら大師）親らが教主で為られた。（このとき僧伽を来訪する苾芻、すなわち）客苾芻が至ると（、世尊は）自ら「善来（Svāgataṃ te[astu]、貴方が歓迎されますように。ようこそいらっしゃいました、の意）」と唱えられ（、客苾芻を迎えられ）た、のであった。又復西方の寺（家の苾芻）衆では多く（の場合、この出迎え方をその僧伽に固有の）制（度汰（規、すなわち、寺法・寺制）と為ているのである。

《訳者補》　第十九章と同様に、以下の義浄の叙述にはまま省略がみえる。義浄訳『律摂』巻一〇（大正蔵巻二四、五八三頁上段～中段）に依拠し、時系列に沿って、客・旧両苾芻の敬礼まで、少々背景説明を補っておく。

接客方法第一――入寺準備――

《訳者補》遊行中の苾芻が僧伽を訪れようというときには、まず寺の外の停息処に行き、入寺の準備作業がある。すなわち新来の苾芻は、衣の塵を払い、身体を洗い、足を濯ぐ。つまるところ身体を清浄にして、威儀を整える必要があるわけである。

次に入寺のために苾芻は水を添じた瓶を持って路を行き、皮鞋は破布で拭う(これは柱・壁に皮鞋を打ちつけて汚れをとろうとして施設を傷損しないようにとの配慮からである)。

さらに手を浄洗し、衣服を通披して、容儀詳審してから、いよいよ寺中に入ることになる。

一僧房に至ると言葉少なに、自ら威儀を整えて停止処を問うのである。

接客方法第二――挨拶―― (前記の教主釈迦世尊の相遇逢迎法は今もインドの仏教僧伽に生きている。)凡そ(旧苾芻が、)新来(の苾芻)を見たならば、(それが)客(苾芻・)旧(苾芻)、及び弟子、(同)門人・旧(住)人であるとを論ずること無く、即ち(必)須ず迎え(に出)て(その苾芻の)前で(、遥か遠くから)「莎掲哆(Svāgataṃ[te astu])と唱える。(これを中国語に)訳せば「善来」と曰うことである。

《訳者補》 次いで旧住苾芻は新来の客苾芻に近づいて、合掌し、「畔睇(Vande ——本書第二十五章を参照——)」と言う。

客（苾芻）も乃ち（それに対し）声（普）を尋いで（報えて）「窣莎掲哆(Su-svāgataṃ)」と云う。訳せば「極(su)善来」と曰うわけである。如し（これらの「莎掲哆」「窣莎掲哆」の言葉を主・客の苾芻が）説わないとすれば、一つには寺制に違い、二つには律（蔵）に准して（も罪を）犯すこと有り、と（解）されるのである。

（これは西国では苾芻の法齢の）大・小を問うことなく、悉く皆此の如り（になされているの）である。

接客方法第三——案内と休息——（次に僧伽側の旧苾芻は、新来の客苾芻の）為に瓶・鉢を収め取って（、房の中に案内し）、壁の（象）牙（杙 nāga-danta）に（衣鉢を）挂けて在り、（客苾芻に座を授けては）随処に安座(sukhaupaniṣaṇṇa)てもらい、（とにかく旅の疲れをとるべく）甜息ませてやるのである。

接客方法第四——按摩——（次に衣服を解き除いて、足を中心に按摩して疲労・倦怠を取り除くこととなる。）

（卑）幼（＝法齢の下の苾芻）は（人目につかない）屏処に向かい、尊（宿＝法齢の上の苾芻で)は(人目のある)房の前(でも構わないの)である。

卑(幼の旧苾芻)は上(位＝法齢の上の客苾芻)を敬って其の腨を熟く搦り、(按摩はその)後で遍身(全身)に及ぶ。

(しかし法齢の上の苾芻が下の客苾芻を接摩する組み合わせの場合はこれと異なる。)

尊(宿の旧苾芻)は下(位＝法齢の下の客苾芻)を撫でて頻りに其の背を按(摩)するのだが、(その按摩は上半身に止まり、)腰や足には至らないのである。

(客・旧両苾芻が)斉年の(流)類いでは(、按摩は全身に及び、)事に間然とするところ(、すなわち問題)はない。

接客方法第五——浄化——　(さて、客苾芻は)既に疲労が解けたならば、方(始)めて手を澡い、(そして洗足盆にて)足を濯うのである(。この後また暫く休憩する)。

接客方法第六——礼敬の軌儀——　次に(客苾芻は僧伽苾芻衆首上座の)尊(者)の所に就って(、衣を整え、)礼敬を申べる。(このときにも中国のように三礼をすることはなく、)但一礼だけを為して、跪いて(尊者の双)足を按(摩)するのである。尊(者)は(、後述のように恩慈の老者であったならば、)その右手を展ばして彼の肩や背を撫でるのである。(もっとも、)若しも(彼と尊者とが)別れて久しく経っていないのであれば、(尊者が彼の肩や背を)手で撫でることは為ない。

（もしも二人が師と弟子の関係であったならば、）師は（弟子の身体の具合、その）安・不（安）を問う。弟子は（師により問われる）事に随って（、自分の身体の地・水・火・風、四大の調和・不調和を）見て答える。

《訳者補》　もしも旧苾芻と客苾芻とが初対面であったならば、客苾芻の法齢の大小を確認、その位によって礼敬の軌儀に差異が生じることになる。

客苾芻が（法齢）小ならば前述の礼敬の軌儀に准じて問答すればよい。

客苾芻が老者ならば旧苾芻側の年少苾芻をあてがって迎接させ、衣・鉢は時に随い座席に置いて疲労を解いてもらう。

客苾芻がかつてその恩育を蒙った恩慈の老者であったならば、肩・背を按摩することになる。

一般に客苾芻が創めて他処に来た場合には、衆首上座に礼敬をしなければならない。上座の方でも前述の如く「善来」等と唱えなければならない。そして僧伽側としても、客人を見て床（座）・臥具等の有無を（商）量って供給態勢を整えることになる。

然後で（、新来者は）退いて（、房の）一辺に在って恭敬して座るのである。

中国仏教批判――座法と接足――

実に（インドでは、中国のように新来の寄苾芻が座ることを許されず）立つという法は無いのである。然も西方の（座法の）軌則では、多く、小（さな木）枯に（腰掛けて）座るので、復皆足を露にしているのである（。ここからも、インドでは中国のように大床座上に結跏趺座していないことが分かる）。（これに対し、）東夏では既に（古くから）斯の事は無く、（新来の客苾芻が衆首苾芻、すなわち旧住側最尊宿の双）足を執るという礼も行なわれていない。（中国の人々には馴染みのないところだろうが、）『経』が「人・天、仏の所に来至して、双足を頂礼、退きて一面に座す」と説いているのは（、正しく今、私・義浄が述べた）其の儀なのである。

飲み物の接待

然後で其の時候を秤って（、すなわち季節寒暖に配慮しつつ、）湯（水や）飲（水）を供給することになる。酥（乳製品）・蜜（蜂蜜？ 石蜜？）・沙糖（黍のジュース）の飲噉は随意である。或いは余（外）の（①招者漿 coca＝椰子、②毛者漿 moca＝バナナ、③孤落迦漿 kalaka, badara＝酸棗＝なつめ、④阿説他果 aśvattha＝菩提樹果、⑤烏曇跋羅 udumbara＝無花果、⑥鉢魯灑 baruśaka＝えびづる、⑦篾栗墜漿 mṛdvikā＝葡萄、⑧渇樹羅漿 khadira?＝ペルシャなつめ、の）八漿は（そのままでの状態では飲めないものだが、しかしこのようなものでも）並（必）須ず羅濾して澄まし清めた（上澄みジュースにした）ならば、方（始）めて飲むことができる（。しかし、この場合〝非時食戒〟が問題になる）。如しも（上澄みジュース部分ではなく）濁り滓も兼であるならば、此は（「飲み物」

ではなく歯応えのある「食べ物」の範疇に属することとなり、その場合は咀嚼、嚥下する食事と解されるので、正午を過ぎた〝非時〟には一)定に開(許)されないのである。(中国の)杏湯の流(類)いは(「飲み物」といっても)体(=本質)が稠く濁っているから(むしろ「食物」の範疇に属することとなり、戒律の)道理に准依ならば全く飲む限りではないのである。律(蔵)にも云っている、「凡そ漿というものは浄く漉して、色は(澄んでいて)黄(色の)荻の如し」と。

(以上、)此れが西国の師弟・門徒の客(苾芻と)旧(苾芻)の〝相遇逢迎の礼〟と謂うものなのである。

中国仏教批判再説 (ところが、中国の客苾芻への応対ときたらどうだろうか?)豈して寒さを冒して創めて至り、(また)熱(=暑)さを触いて新たに来たというのに、或いは遍体から汗が流れ、或いは手足皆凍えるというのに、(その客苾芻に対して中国では充分な休息、懇ろなマッサージもなしで、)衣や幞を放却するや急事に(ご挨拶、)「和南」ということになってしまうのだろうか(? そんなことでよかろうはずがないではないか)。(そんなことでは、来訪の客苾芻の)情状も忽忙く、深く(律蔵に説く仏教本来の)軌式にも乖いているのである。(その上、中国では敬礼後にこの新来の客苾芻を一辺に退かせて座らせるのでなく、旧住側の)師は之れを立たせたままで閑り余(外の)事など問うているのである。（そうではなくて、）誠に（どうかどうか、）大いに急いで（欲しい。仏の法こそが）紹隆と為るように（すべきなのだ）。

和南・畔睇論　「和南」と言うのは梵（語）で云えば「畔睇」ということ、或いは「畔憚南（vandana）」と云うことである。（これを中国語に）訳せば「敬礼」となる。但し（これは古の中国人が梵・漢翻訳に際して）語を採ろうと為たときに真（実の正しい音）ではなく（訛音）「和南」と喚んでしまったのである。（中国の道友諸君よ、人口に膾炙した）旧（法・旧習の語彙「和南」）を（今すぐ急に）移すことが能ないというのならば、且くは「和南」と道う（のもよいだろう）が、的しくは正（しい発）音を取って「畔睇」とこそ云うべきなのである（ことを、どうか忘れないようにしてほしい）。

又（現下、中国でやっているように）道行（中）や（、苾芻）衆（の）集（まるさ中）での礼拝は（インド仏教本来の）儀にはかなっていないのである。（このようなときには、礼拝はせずに）合掌、低頭して、口で「畔睇」と云えばよいのである。そうであるから『経』も、「或いは復但合掌し、乃至、小しく低頭する」と云っている。即ち、是れが（仏説＝律蔵にいうところの）敬（礼）を致すということなのである。

（ところで、中国は長江の南の人、すなわち江）南人（の挨拶用語）の「不　審？」というのは（、私・義浄に言わせれば）、依希も（西方の vande,vandana に）合度なのである。

向も「不審」を改めて「畔睇」に為てしまえば、斯れは全く律の教えと同じになるのである。

第二十七章　先体病源［インド医学総論——疾病構造論——］

梗概　この第二十七章から二十八、二十九章までの三章は、インドの伝統医学の紹介である。この章ではまず、早朝の体調の観察とそれに応じた朝食の取り方が説かれる。具体的には、身体の不調を感じたならば休養が第一で、次に空腹を確認してから小食（＝朝食、粥や飯）を取ることになる（義浄はこの後で小食摂取の正当性を力説している）。インドでは過食を病気の原因であるとみなし、まず①絶食療法が試みられ、次に②投薬、そして③医者の診断・治療を仰ぐ、という順序になる。②③の場合には正午過ぎに歯ごたえのある薬物を摂取するので非時食戒に抵触するのだが、律蔵ではこれを病時の例外として許している（ただし、人目につかないところで取る）。

次に義浄は病気対策の具体的処方箋からは少々離れて、インド医学を構成する八医術（医学八支綱要）（一）大外科手術、（二）小外科手術、（三）身体の病気の治療、（四）鬼神に由来する病気、（五）毒物学、（六）小児医学、（七）仙薬、（八）強精剤について概論風に内容を紹介し、また医者と商人が殺生を生業としないという点でインドでは両者の社会的地位が高いことをいい、最後に義浄自身も中途で放棄したものの渡天の後、この地でインド伝統医学の学習を志したことのあることを告白している。

さて話は元に戻る。義浄は、インド・南海・中国の各地方で相互に薬物に共通・非共通の部分があり、普遍的な医学一般が存在していない以上は、たとえば中国医学にのみ固執することなかれと警告している。

次に義浄はインド医学で主張される二つの病源、多食と疲労をとりあげ、このうち特に多食による消化不良が諸病の源であることを強調する。そしてその延長上に義浄は一種予防医学の立場から中国批判を展開する。中国でも、多食と疲労という病源に目を向けて、抜本的に日常生活を構造改善すべきだというのである。さすれば中国でも、医者いらず薬いらずの毎日を送れ、罹患後に高価な薬剤を求めて対症療法に終始することもなく、僧俗ともに志半ば人生半ばで病いにたおれずにすむ、と。これは中国伝統の医学観へのインド医学に依拠した義浄の批判である。

最後に義浄は絶食療法だけでは手に負えないものとして、毒にあたることをあげ、これは宿業によっているとの解釈を示している。しかし、それと本章の主題たる病源をつきとめ抜本的構造的に治療改善することとは別範疇・別次元の事柄に属し、毒あたり業因論と日常の生活改善は矛盾しないはずだ、と結論づけている。

早朝の体調観察と小食の取り方――疾病の構造――

（以）前（、私・義浄が第二十五章）に「身（体の感じ）の軽重を（商）量えてから方（始）めて小食（朝食）を餐（啖）べる」と云ったのは、即ち（起床時の身体感覚、地・水・火・風の）四大の強弱（の均衡）を観（察し、その状況によって小食を取るかどうかを決めることにす）る、ということなのである（。以下、具体的に説明してみることにしよう）。

若し（朝起きて、身体の感覚が）軽利であったならば（、それは四大の均衡が調っているということであり）、便ち（毎）常に食べる所の如り（に小食をとるの）で可のである。必しも（、しかし身体軽利というわけにはゆかず、体調に普段と別）異なる処が有ったならば（、まず必）須ず其の（身体不調の）起こり由（来）する（ところ、すなわち疾病の本源）を視るべきである。（次いで）既に病源を（知り）得たならば、然後で将息（休息・養生）することになる。若しも（大事をとって休んだ後、身体が）軽（利・）健（全）になるのを覚えたならば、（それは）飢（えの）火が（身体の）内で然（燃）えて（、昨夜来の胃腸の残存食物〈＝宿食〉を消化・解消して）いるからなのであり、（そのようなときには）小食の時に至って方に始めて餐噉するのである。

凡そ平旦は「痰癊時」と名づける。（その理由は）宿食の余（り口）津が積（聚）して胸膈（、すなわち胸と腹の間）に在り、尚、未だ疎散（、解消）していない（状態である）からである。（そうであるから、もしもこのままで）食べたならば、便ち（身体にとって）咎と成るのである。（それは、）譬えてみるならば、火焔の起こっているところに薪を投げいれれば、薪は尋ぎ従ぎに火と化す（ようなも）のである。（そうであれば、疾病の根本原因＝燃料補給の食事なぞは絶対に控えなければならない。これとは逆に、燃料の補給がないならば延焼もまた起こらないことになる。）若しも也火が未だに著いていないところに草を安（置）いたならば、草は遂に（そのままで）存って（、とうとう火がついて）然（燃）えたりはしないのである(。つまり、病勢の進行はないことになるのだ)。

そもそも小食とは(大)聖(釈迦世尊)が(本来の一日一食、すなわち午の食事＝時食とは)別(に、早朝に食べることを)開(許)したものである。(この小食の内容は、)若しくは粥、若しくは飯であり、(前述の如くその朝の四大の均衡、)身(体の軽い・重い)を(商)量えてから食べるのである。(そして、小食の内容についていうのならば、粥と飯の二種があり、両者とも律蔵で認められている。つまり、小食＝粥の効能を説くならば、)必し也粥に因るならば能く(仏の)道を資けるのであり、(それは何か？　ということになれば他でもない、)即ち唯だ此れ(粥)のみなのであって、(自)余(の何もの)でもないのである。(また、同じく小食＝飯についていえば、)若し飯を要るならば方しく身(体)を長んにするのであり、(平)旦、飯を食べることは(律の教えを少しも)損ないはしないのである。

中国医学の誤解とインド医学の正則――投薬と非時食――

(病気になればすぐに絶食療法を採用するインドとは異なり、後述の中国のように)凡そ(まず多食、すなわち)食噉べることがあって(、しかも労力、すなわち)身(体)を安らかにしておかないというのでは身(体)にとっては病縁と為ってしまうのである。(何も)頭が痛いとか(臥)床(mañca)に臥ってしまうなどという(症状を呈する)ことを要せずとも、(四大の強弱・身体感覚の軽重に常とは違う異常を少しでも覚えれば、)方しく疾(病)と云うのである。

（そして、いざ疾病となれば〝四依〟中の陳棄薬などを投与するわけだが、）若しも（陳棄薬をはじめ、この）余（外）の薬でも療らないならば、（そのときには専門の）医人（医者）の処（置）するところとなる。（そして、投薬時間などで処方が非時食戒に抵触することもありうるが、このときには歯応えのある薬も大聖釈迦世尊の慈悲の故に服用が許される。つまり病人のためには薬や好食など）非時食を須いることになるのである。（ただし、その使用には注意が必要であり、）仏は「密　処にて之れ（＝非時食）を与えよ」と言っている。如しもこの流（類）い（の人、すなわち病人）と（別）異なっている（人、すなわち健康人である）ならば、固より（非時食を食するなどという非律・不如法は、律蔵の）開（許）す限りではないのである。

インド医学総論――八医論――　然（而）で西方の（学問の五大範疇、五種類の学科、すなわち(i)声明　śabda-vidyā　(ii)工巧明　śilpakarmasthāna-vidyā　(iii)医方明　cikitsā-vidyā　(iv)因明　hetu-vidyā　(v)内明　adhyātma-vidyā の）五明論（pañca-vidyā）の中の（一分野である医学、すなわち(iii)医（方）明は、「先ず（五官を総動員して）当に（耳に聞こえる）声・（目に見える）色（、すなわち声音と顔色、つまり身体上の変調の徴候）を（観）察すべし。然後、八医（術　*Aṣṭāṅga-saṃgraha*　八科輯集、医学八支綱要）を行ずべし」と曰っている。如しも斯の（言葉の精）妙（なる旨趣、すなわち最初に身体不調の診察があり、次いで各科の治療法の適用があること)を(理)解しないならば、(その場合、医方明に)順(うこと)を求めながらも、反って(道に医方明に相)違(すること)に成ってしまうのである。

八医(術)と言うのは、

一、所有る諸(々の)瘡を論ずる(śalya　切開除去手術：大外科手術)

二、首疾に針刺するを論ずる(śālākya, ūrdhvāṅga　鋭利なものの使用による外科的処置：小外科手術)

三、身患を論ずる(kāyacikitsā　身体疾患の治療：身体の病気の治療)

四、鬼瘴を論ずる(bhūtavidyā, graha　鬼神病学：鬼神に由来する病学)

五、悪揭陀薬を論ずる(agadatantra, viṣagaravairodhi, kapraśamana　解毒薬の学：毒物学)

六、童子病を論ずる(kaumārabhṛtya, bala　小児医学)

七、長年方を論ずる(rasāyana, jarā　不老長生学：仙薬学)

八、足身力を論ずる(vājikaraṇa, vṛṣa　強精法：強精剤学)、である。

(まず、一の)「瘡」というのは、事、(瘦〈メスによる切開〉である限り、身体)内・外の兼(をいうの)である。(次に、二の)「首疾」とは但ら頭に在る(疾患すべて)を目づける。(それから、)咽を斉って(それ)已下(の身体部位の疾患)を名づけて(三の)「身患」と為る。

（さて四の）「鬼瘴」とは邪（な）魅（が原因の疾病のこと）を謂うのである。（次の五の）「悪掲陀（薬）」とは遍く諸（々の）毒を治（療）する。（次の六の）「童子（病）」とは、胎内から始まり年（齢）十六（歳）に至る（までの疾病をすべて指す）。（次の七の）「長年（方）」とは、（寿命を）延ばして身（体）を久しく（この世に）存らしめることである。（最後の八の）「足（身）力」とは、乃ち身体を強健にさせることである。

斯（処）に挙げた八（医）術は、先には八部（に分かれて）為たのだったが、近日、有る人が（編集し直して）略一夾（一篇の纏まった書物）と為たのである。

五天（竺）の地では咸悉くが（この八医術に）遵い（八医術を）修めているのである。（そして）但ら（この八医術を）解した者であって（インドで）禄を食ませない（、つまり医人＝医者が生活に困るなど）ということはないのである。是れに由り、西国では大いに医人を貴び、また兼に商客（商人）を重んじている。（それは何故かといえば、この二つの職種は生き物の生命を）殺害するということが無い為に、（まず「自利」、）自らの（利）益であり（、同じく「利他」、）他を（救）済うのである。（私・義浄は告白する。実は）此（処インド）で医（方）明について已に用功学（習）したのであったのだが、（仏跡巡礼と仏学研修が本来の入竺目的であり、インド医学の研修・修業は）正業ではないこと（を覚るに至る）に由って、遂に之れを（放）棄したのである。

インド・中国・南海薬物比較

又復西方の薬味（＝薬の品種）と東夏（のそれとで）は同じではないということも（必）須ず知っておくべきである。（インドと中国、）互いに有るものもあれば互いに無いものもあり、事は一概ではないのである。

且く（以下に実例を示して説明する。中国では夙に有名な）人参、茯苓、当帰、遠志、烏頭、附子、麻黄、細辛（等々）の如き、斯の若な流（類）いの神州の上薬は西国で察問してみても（これらはどれも）咸有るを見ないのである。

（一方、インド各地に目を転じてみると、）西方（全体）では多く訶黎勒（haritaki）が（充）足りており、（インドの）北道では時に鬱金香が有り、西辺では阿魏が豊饒であり、（また）南海では少しく龍脳を（産）出するのである。

（インド亜大陸部から南海の諸洲・島嶼の各地に目を転ずれば、）三種（類）の豆蔻（＝紅豆蔻・草豆蔻・肉豆蔻）は皆杜和羅（序章では杜和鉢底として出る。現在のタイにあったモーン族の国家）に在り、両色（類＝二種類）の丁香も咸堀倫国（序章では掘倫国、崑崙として出る）に生ずるのである。

（すでに母国の道友諸兄もお気づきと思うが、実は）唯だ（上にあげた）斯（れら）の色類だけが唐で須いる所なのであって、自余の薬物は収め採るに足りないとして（中国国内では薬用には供されず、知られないまま捨て置かれて）いるのである（。されば中国伝統医学のみを判断基準とし、それに依拠し自足して、単に無知からインド・南海の医学を退けるというのは何とも愚かしい。これこそ私・義浄が以下にインド医学の病源論を紹介しようと思う所以である）。

インド医学の病源論——多食と疲労——　凡そ（地・水・火・風という）四大の（構成する）身（体）に（疾）病が生ずることが有るというのは、咸多食から起こるか、或いは労力（からくる疲労）によって発（生）するか（、いずれかなの）である。

中国医学批判　（この多食についていえば、中国では一般に）或いは夜に（餐）食べて（その食物が）未だ洩らないのに平旦（、食事時間）だからといって餐（食）べてしまう、或いは（平）旦（、餐）食べて消（散）していないのに午時に還た（時間だからと餐）食べ（てしまう、ということがあ）る。茲れに因り（疾病が）発動することとなり、遂には霍乱（暑気あたりによる急性の嘔吐と下痢）と成ってしまい、呃気は連宵息まず、鼓脹は終旬（十日目）にも止まないのである。

（実際、中国では病気になってしまった）然後で〝多銭之腎気（丸）〟を求め、〝貴価之秦膠〟を覓めているのである。富者であってみれば此の事（、すなわち高価な薬剤を購うこと）も為ることが可るが、貧人であってみれば（生）命は（陽が昇ればすぐに消えてしまう）朝の露に随う（ほどにも、儚いものな）のである。

(病気と健康の根本について考えてみよう。)既に(一旦、疾)病になってしまったのならば、斯れは何によって救われるのだろうか(? 否、救われはしない。さらにいえば救われる救われない以前の問題、すなわち予防医学の立場から、多食と労力を避けて、そもそも病気を癒すよりも病気に罹らないことの方が、より重要であるはずだ)。

縦使い(中国の伝統的名医)盧威が(平)旦に至り丸(薬=錠剤)・散(薬=粉薬)を進めようとも(快癒の原)因とはならないのであり、(また、たとえその名医)鶣鵲(盧威の別名)が(黄)昏に来って湯(薬=水薬)・膏(薬=塗り薬)を遺そうとも寧して済うことができようか(? 否、病人の救済などできはしないのである)。(中国伝統医学の処置法、すなわち)火で焼こうが、針で刺そうが、与な(それは生命のない)木石(に治療を施したの)と殊(異)はしないのであり、(同様に、)足を振ろうが、頭を揺ろうが、混て(それは生命のない)僵仆(に治療を施したの)と何の別(異)があるというのだろうか(? 否、生命無きものへの無益な治療行為ということでは何の殊別もありはしないのである)。

斯れは(そもそも中国人が医学の何たるか、その本質を把握していないということ、)乃ち、良に(疾)病の本(源)を体(識)らず、(そうであるから四大が)調(適・)将(護)ということ(が人の健康であること)を(理)解しないことに由っているのである。(このことは、次のような譬えで)謂うことが可る、(つまり中国の医学・医術は、水の)流れを止めようとしながら其の(本)源は塞がないのだ、と。(中国の医学・医術は、)樹を伐っても其の(根)本を除かないので(いつしか)枝条は弥よ蔓ることになるのだ、と。(要するに、中国の医学・医術は病気を根)絶やすことを求めながら(、実際には全く)その因にはなっていないのである、と。

(誠に現下の中国仏教では病気の根源を絶やしてその病因をつくらない日常生活、すなわち律の教えに則した毎日からはほど遠いので、)経と論とを学ぶ者には「三蔵」を仰ぎつつ(も健康を損ない、結果、「三蔵」に通暁することを断念、)永(長)く(嗟)嘆させているのであり、静慮(禅定)を習う者にも(欲界を離れ色界に生じつ、四段階の瞑想状態である①初禅・②二禅・③三禅・④四禅の四種と、無色界における形にとらわれない四つの心の境地である⑤空無辺処・⑥識無辺処・⑦無所有処・⑧非想非非想処の、①〜⑧の)「八定」を想いつつ(も健康を損ない、「八定」に通暁することを断念、永)長く嗟(嘆)させているのである。

(これらは仏の道にある者の話だが、一方、世)俗の士にあっても(事情は同様である。「科挙」六科のうちの一つ)明経を務める輩であれば(、健康を損なうことは、結果、漢代、文学の士が出仕し、)金馬の門に轡(をすすめること)を(途)絶するということであり、(同じく「科挙」六科のうちの一つ)進士を求める流(類)いであれば(健康を損なうことは、結果、同じく漢代、諸儒が諸書を講論した蔵書閣である）石渠（閣）の（官）署に歩（をすすめるの）を遂に息（止）めるということ（、すなわち栄達を目前にしながら健康上の理由で挫折する、ということ）なのである。

（健康を損なうことで仏の道にある者は）修道の業を妨げる、（是れを）大としないなどということが可（能）だろうか（？　否、これを大とせずして一体、何を大としようか）。（また、世俗の士にあっても、健康を損なうことで天子の）栄寵を廃失う、（是れは）誠に小事などではないのである。

（私・義浄は、ここに）聊か之のような（インド医学紹介の）叙（述を）してみたのだが、（どうか我が母国の道友諸兄よ、）繁重などと嫌わないでほしい。（私・義浄の）冀うのは、未だ多薬を損（耗）せずして宿痾（慢性疾患）を除くことが可るようにさせるということであり、医（師の）門に造（詣）ずしても新痾（急性疾患）を遂に殄くさせてしまう、ということなのであるから。

（インド医学に言う、地・水・火・風の）四大が調い暢かならば百病（・万病）が生じない（、との教え）は、自らを利（益）し（、また他の）人をも利（益）するものである。豈して（これが有）益でないなどということがあろうか（？　否、自利にして利他、大いに有益なのである）。

業と病と縁の関係

然而で毒を食べて（しまって、その結果、）死（ぬ）か（、はたまた）生（きる）かなどというのは、（上来述べてきたような個人の健康管理法や心懸けの問題ではなく）、蓋うに（これは）其の（個人の）已往（の）業（、すなわち宿業）に由るのであろう。（しかし、そのことと）現に縁（由・縁事）があって（今生、此土に、かく存る、という状況の下でしかも一個の努力で可能である病気の根源〈＝多食と疲労〉の回）避に就くことは（、同一範疇同一次元で論ずるべきものではないので、本章の主題である「先体病源」は必須ず為すべきことでないはずはないのである。

第二十八章　進薬方法［印・中の比較医学論］

梗　概　本章も印・中医学比較論だが、真の主役は絶食療法である。最初にインドの医学観の原理確認。地・水・火・風の四大は生命体を構成する四大元素だが、この四者の調和が健康、不調和が病気ということになる。その不調和＝病気の身体上の発現形態は、(一)窶嚕、(二)燮跛、(三)畢哆、(四)婆哆の都合四分類であり、これは中国の、(一)沈重、(二)痰癊、(三)熱黄、(四)気発に対応すると義浄はいう。

治療の第一にして常に主役であるのは絶食療法である。飲物もとらない。腹中に宿食(昨夜来の消化不良の食物)があれば、熱湯・冷水で吐き出させる。絶食療法は症状がおさまるまで続けられる。

次に①風・②熱・③癊の症状三大範疇とその対症療法が説かれ、①風のときには、膏油を塗り、火であぶり、熨する。②熱のときには、水で冷やして熱を下げるのではなく、発熱以前の悪寒時には寧ろ火に近づける。③癊のときには鼻から水を流し込む。後を引き受けるのが絶食療法で、絶食により宿食が取り除かれ、①身体内が静まって気息(＝風)が消え、②熱もやみ、③流れる唾液(＝癊)もなくなるというのが、恢復の構造説明である。またインド医学は予防医学中心で、毎朝の健康チェックと不調時の絶食により自らの健康を自らの管理下に置く簡便なもので、中国のように、曇鸞・慧思といった異能者や良薬入手可の富裕者でなくとも、普通人がその恩恵に浴することができる。さらに絶食療法の適用範囲は広く、腫れ物、発熱、手足の痛み、流行病、切傷、打撲、傷寒、霍乱、下痢、頭痛・胸の病・眼や歯の痛みなどにも有効であるという。

また丸薬「三等丸」の話が挿入される。インドには訶黎勒（かりろく）の皮、乾燥生姜、砂糖の三者を成分とする万能薬・三等丸があり、下痢、めまい、風疾、消化不良に効能がある（訶黎勒は単品摂取でも効能あり）。

さて絶食中心のインド医学はすでに古く中国に伝わっているのだが、中国ではそれを誤解しており、また中国の道家の医学に説く丹石や飛丹などの鉱物性薬品の服用は危険窮まりないものだ、と義浄は批判する。

ただし絶食療法は万能ではない。前章でも触れたように毒蛇や蠍の毒にはこの療法は無効である。また絶食中の遊行や作務も原則禁止である（ただし、長期にわたる遊行では絶食療法中の移動も可であると言われている）。

さて絶食療法では予後管理が重要であり、絶食日数に応じて休息・養生の期間を設定し、この間は新しく調理した飯を食べ、症状に応じて様々な香りづけを入れた大豆スープを飲む、とされる（義浄自身はインド滞在二十年以上も、この絶食療法で病気知らずであったとの体験談が語られている）。

次に中国医薬、中国への賛美が述べられるが、それはインドの絶食療法の長所再説のための引き合いにすぎず、ここでは主として①風、②熱に起因した疾病時の絶食後の滋養飲料と、地方により異なる絶食期間が語られる。また、中国の常識では長期の絶食は生命に危険だと考えがちなのだが、身体内に病源があるならば三十日間の絶食でも問題はなかった、と実例をあげている。

最後に義浄は、中国医学ではなくインド医学をこそ支持する自らの立場を明らかにし、罹患発熱中に食事を進める中国の非を鳴らし、また生で魚や野菜を食べる中国の食生活習慣そのものをも批判し、中国の人々に絶食療法を中心とするインド医学を強く勧めている。

インド医学原論——含印中比較——（インド医学の原理からいうのなら、万物の組成の基本構成要素、地・水・火・風の）四大の「違（背＝不調和）」と「（調）和」は、生霊（あるものであってみれば、皆が皆両方が）共に有り、（立春・春分・立夏・夏至・立秋・秋分・立冬・冬至の）八節に（四大が）交競い発動して恒（常）ということが無いのである。凡そ（病）痾が生じたのなら、（必）須ず将息むべきである。故に世尊も親ら『医方経』を説いて曰っている、

「四大の不調（和）とは、

一、窶嚕（guru「重」＝「地」大の不均衡）

二、燮跛（kapha, śleṣman「痰」＝「水」大の不均衡）

三、畢哆（pitta「熱」「火」大の不均衡）

四、婆哆（vāta「風」＝「風」大の不均衡の、各々四要素の不調和・不均衡状態をいうの）である」と。

初め（の一、窶嚕）は、地大が増（大）して身（体）を「沈重」にさせることである。

二（、の燮跛）は、水大が積（聚）して涕や唾が（恒）常とは乖（り、たくさん出）ることであり、
三（、の畢哆）は、火大が盛（大）で頭や胸が「壮（んな）熱」になることであり、
四（、の婆哆）は、風大が（活）動して「気息」が撃衝ることである。
即ち（、このインドの四大不調と）神州の（四種不調とは対応関係にあり）、
（一）「沈重」（には一の窶嚕が）、
（二）「痰癊」（には二の燮跛が）、
（三）「熱黄」（には三の畢哆が）、
（四）「気発」（には四の婆哆が、それぞれそ）の異名（別称）に（相）当たるのである。
若しも（インドの世）俗に（流通する一般医学の常識に）依って（疾）病を論ずるのであるならば、（上述のような四種ではなく、以下にみるような）三種（だけが）あることになり（、それは）、

（①）「風（vāta）」

（②）「熱（pitta）」

（③）「癊（kapha）」

を謂うのである。（その理由はと言えば、一の）「（沈）重」は（二の）「（痰）癊」と体（本質）

が同じなので、別に其の（本質である「四大」中の）地大を（わざわざ二種類別様の表現にしては）彰さないのである。

インド絶食療法の実際

凡そ病源を候（察）うとは、旦朝、自ら（前述の四大、すなわち地・水・火・風の調和・不調和を候）察すること（をいうの）である。若しも（この）四（大の）候（察）で（健康時の均衡状態に比べて）乖い舛うところを覚えたならば絶粒（＝絶食）を（首）先と為る。縦令い大いに（喉が）渇こうとも、漿や水（の摂取）を進めてはならない、斯れは極禁である。（絶食の期間は、）或いは一日・二日、或いは四朝・五朝（すなわち四日・五日）であり、（要するに一日～五日、四大の調和が恢復し、）差ったときが（、すなわち絶食終了の）期（限ということになるの）である。（そのことの字）義は（ちょうど、琴）柱を膠づけして（しまっては正しい音階が得られないのと同じこと、つまり、琴柱を動かして正しい音階に調絃するように、状況をみて絶食日数を加減するということでなくて）はならないということである。

若しも腹に（昨夜来の未消化の食物、すなわち）宿食が有るとの疑いがあれば、斉（臍）・胸を（指で）叉刺（して腹中の物を吐瀉）する。（その具体的なやり方としては、まず）宜しく（必）須ず恣け熟（＝熱）湯を飲み、指で喉中を剔り、変吐いて（腹中物を出し）尽くさせるべきである。（そして、）更に（熱湯を）飲んでは更に（喉を）決って（の繰り返しにより、腹中物が出）尽くしたときが（、すなわち終了の）度（数）と為る。或いは（熱湯ではなく）冷水を飲むのでも（よく、これも道）理として亦（律条に違わず、仏の教え＝律蔵の規定を）傷つけはしないのである。或いは（熱湯、冷水のいずれでもなく）乾（燥させた）薑（生姜）の湯であれば、斯れはもう（最）妙である。

（ともかく身体に不調を覚えたのならば、まず）其の日は必須ず断食し、明朝になって方始めて餐（食）を進める（、というのがインドの常識なのである）。如若しも（中国の日常生活場裡で、実際にはなかなかこのように）不能としても、（その）時に臨んで（状況を）斟酌（して、極力このインドの絶食療法を行なうように）すべきである。

《訳者補》 以下、前述の順序とは少々異なるのだが、義浄は②「熱」・①「風」・③「癊」の順で、先に述べたインド医学一般で説く病気の三大範疇について、その原則的な対症療法を紹介する。このうち、②の「熱」については印・中間に大きな見解の相違があり、義浄は実際の処方箋でも治療法でも、いつもの戒律原理主義者、インド至上主義者に似合わず是々非々の立場で自説を展開している点に注意されたい。

対症療法の構造理解と絶食療法

（まず②熱。たとえばインドでは）必しも「壮（んな）」

熱」のときには、（これは中国の医学常識とは異なるのだが、）特に水を澆ぐのを諱うのである。（そして、インドでは）若し（身体が）「沈重」（と感じられ）、（悪寒のため）戦き冷いときには（、むしろ）火に近づけるのを（最）妙と為るのである。

（ところが、こと医療知識に関しては何時如何なる場合でもインドの原則をそのまま中国に当て嵌めればそれでよい、ということでもない。中国の長）江（から大庾・始安・臨賀・桂陽・掲陽の五）嶺（を結ぶ線よりも）已南の熱瘴の地（、すなわち湿熱の毒気による熱病地帯、瘴癘の地）では、斯（のインド医学のやり方）に依るべきではないのである。熱が発すれば水を淋ぐ、というのがその土（地、すなわち、長江・五嶺已南）では宜しいのである。

（次に①風。）如しも「風急」のときには、膏油を塗り、団火を布べて（身体を）炙り、而ら折け傷んだ処を熨す可きである。斯れも亦善い（治療法な）のであるが、熟（熱）油を之に塗る（、という治療法も忘れるわけにはいかない）。（両者いずれも、私・義浄が現にインドで）目験にするところであり、交（利）益のあるものであった。

（最後に③癊。）若しも「痰癊」が胸に填ち、口中の唾が数（々たまるのを）覚えるのであるならば、（一方の）鼻（の孔）から清（潔な）水を（口腔内に）流す（「鼻中飲水」という鼻孔洗滌法がある——これは既に第八章でも触れている——）のである。（この「痰癊」の症状では、）気は積（聚）して咽は（閉）関、（喉の）戸に（気息が）満ちて（いるような状態なので）、喉を槍るのである。語声は転かず、飲食しても味が亡く、動もすれば（このような状態が）一旬（十日）にも歴るのである。

此の如な流（類）い（、すなわち①風・②熱・③癊の症状三大範疇）も、（上述のそれぞれの対症療法とは別に、より抜本的な治療法、すなわち）絶食すれば差るのである。（インドの医学・医術は、中国の医学・医術とは異なり、わざわざ頭）頂に灸をすえることも労さなければ、咽を（指で）[illegible]（り胃の内容物を吐瀉せしめ）る（などという手段）も仮りはし無い。斯れ、乃ち（中国医学のように）湯薬（煎じ薬）を御いずに、能く疾（病）を蠲く、即ち（これが、インド）医（方）明の大規なのである。

インド絶食療法の対中国医学優位性　（絶食療法の）意（図するところ、その治病の構造は、其の（病者の）宿食を若しも除く（ことができる）ならば、②「壮（んな）熱」も便ち息み、流（れる口）津も既に竭きて（③）「痰癊」も便ち瘳え、（身体）内が静まり（積聚した）気も消えるので、即ち（①）「狂風」も自ずから殄きるのである。此（の絶食療法による宿食除去）を将って（、②「熱」・①「風」・③「痰」の不調和を）調停すれば、万に一つの失（誤）も無い。（中国医学のように、）既に其の脈を診る労もないのであるから、詎して陰・陽を問う（などという手段、すなわち同じことだが脈を診ること）を仮りるだろうか

（？　否、その必要はないのである）。（インド医学では各自が毎朝四大の調不調を観察、絶食療法を通じて自らの健康管理をするので、）各（人）否（人）が自ら医王（耆婆　Jīvaka）であり、（各）人（各）人が悉く（同じく自ら医王）祇域（Jīvaka）と成るのである。

（中国でも、曇）鸞法師（四七六〜五四二？）の如きに至れば、それはそれで気を調えて疾（病）を蠲く（こともできようというものだ）が、これは陰黙者（、すなわち神仙の術に長じた者）にして乃ち（はじめて）行なえることである。（慧）思禅師（五一五〜五七七）ならば（昼夜に摂心、心源を見詰めて）座（禅の）内に（人に病気を起こさせる）邪（悪な気）を抽く（ことで病気を癒すこともできようというものだ）が、これは流俗の（体）識る所ではないのである。（また、）名医を東洛に訪れるといっても貧匱には其の津が絶いし、上薬を西郊に求めるといっても惸独にはその路が亡いのである。

（しかし、上来）論じた所の（インド医学の）絶食（療法）は（、曇鸞法師や慧思禅師の〝達人の境地〟を条件づけている種々の諸縁事を）省くもの、而も且つ（最）妙である。（この絶食療法、その知恵を）備えておけば（貧人・）窮（者にも王家・）富（者にも）通じ（て、ともに役立つものなのであ）る。豈してこれを（肝）要ではない、などといえるだろうか（？　否、これこそが肝要なのである）。

絶食療法の効用範囲　又癰（＝大きい腫れ物）や座（＝小さい腫れ物）が暴起たとき、（また）熱血が忽衝（に発して熱が出たよう）なとき、手足が煩疼むとき、（果ては）天行時気（＝季節季節の流行り病）の如なときも（咸が皆絶食＝断食するのである。また）、或いは刀や箭が（身）体を傷つけたとき、或いは墜（落）堕（落）して躬（体）を損ねたとき、傷寒や霍乱（＝暑気あたりによる急性の嘔吐や下痢）の徒でも、半日暴瀉（＝下痢）の（流）類い、頭痛・心痛（＝心疾、すなわち胸の病）・眼疼・歯疼（等々、およそ）片しでも（疾）病が起きるようなことが有れば、咸（必）須ず断食すべきなのである。

三等丸　（ところでこの絶食療法以外、インドの薬物関係では）又三等丸が能く衆くの（疾）病を療すことができるのであり、復（その上この三等丸は製造が容易・簡便であり、取）得することも難しくないのである。

（その製作法は、まず）訶黎勒（haritakī）の皮、乾（燥させた）薑、沙糖の三事を等分に取る。前の二（者）を擣いて砕き、（そこに）水を片し許りと沙糖を和えて之れを融し、（これらすべてを）併せ擣いて丸（薬状の小球形）とする。

（その使用法は、平）旦に十丸許りを服（用）するのを（限）度とするが、諸れは（これ、律蔵の）忌む所では無いのである。若し（下）痢を患っているならば、三、両（といったわずかな丸薬の）脂（用）に過ぎなくとも差ってしまう。（その他、この三等丸は）能く眩気を破し、「風（疾）」を除き、（宿）食を消（散）することができ、（利）益を為す処が広いので（私・義浄は)故に此(処=本書『寄帰伝』)で之れ(三等丸)を言ったのである。若しも沙糖が無かったならば、飴や蜜(蜂蜜? 石蜜?)でも(代用可、)亦(、この三等丸を作ることが)得るのである。

訶黎勒　又(前述の三等丸の主要構成物質)訶黎勒(の皮ではなく、その実そのもの)を若し毎日一顆(噉)嚼(、その果)汁を咽むことが能るならば、これ亦終身無病なのである。

インドの絶食療法に対する中国の無理解　此れ等は(インドの)「医(方)明(cikitsā-vidyā 医学)」(に説かれているところ)であり、帝釈(天 Indra)から伝えられたものなのである。(そしてこの「医(方)明」は、(i)声明 śabda-vidyā (ii)工巧明 śilpakarmasthāna-vidyā (iii)医方明 (iv)因明 hetu-vidyā (v)内明 adhyātma-vidyā の)五明(pañca-vidyā)の一つに数えられており、五天(竺)では(人・天)共に遵っているのである。(そして)其の(iii)医方明)中にあっても要となるのは絶食(療法)であり、これこそはその最(妙)と為れているのである。

(中国でも)旧(来の)人は伝えて曰う、「若し七日(の間)断食して差えないのならば、(その)後になって方(始)めて観世音(菩薩の力)を求める可し」と。(しかし、どうしたことだろう、)神州では多並(この旧来の人の伝えた断食=絶食療法に)閑っていないのだ。(そして中国ではこの断食=絶食を病気治療法とはせず、これとは)別に(心・身を清める)斎戒と為てしまい、（今では）遂に（これを）行ない学ぶことを肯わなくなっているのである。（これなど）良に（この断食を）伝えた者が、（そもそも）医道（の何たるか）を悟らないことに由る（無理解であり、誤解な）のである。

中国道家医学の非と絶食の有効性　（そしてまた中国では道家の説く霊薬である）丹石を服（用）していたり、及び長（患いの疾）病だったり、腹（部に積）塊の（ある流）類い（の疾病だったりする、このような場合）が有っても、或いは又斯（のインドの絶食療法が有効であり、これ）に依る（べきな）のである。

義浄《原注》

恐らくは（道家の説く）丹石（服用）の人も（本書の読者のなかには）有ろうかとおもわれる。（それは）飢えを忍ぶためのものなのだろうが、（これは私・義浄の）宜とする所ではない。

又（これも道家の医薬である）飛丹については（、私・義浄の見るところ、五天竺の地、及び南海の）諸国に皆無であった。

石（＝鉱物性薬剤）を服（用）する（習慣）は、神州にのみ独り有るものである。然而で、水精や白石には火を出すものが有るので、若しも之れを服（用）すれば身体は爆（発、破）裂してしまう。（今）時（の）人は（このことを弁）別ていないので（、中国では非業に死ぬ、すなわち）、枉死するものが窮まりないのである。

此れに由って（敷衍して）之れを言えば（、中国の道家医学の非は明らかであり、インドの絶食療法の勝れた点をこそ）深く（必）須ず体識るべきなのである。

絶食療法実践上の注意点補足

（その他、これは前章第二十七章末でも触れたところだが、毒）蛇や蠍等の毒については、全く此の（治）療（法、すなわち絶食療法では無益なのであって、その効能の及ぶ範囲）ではないのである。

（それから、この）絶食（中）の時には、遊行や作務は（原則、）大いに忌むべきものであるのだが、長（途の遊）行の人では縦令い断食（中）でも（そのまま旅）路に随って（遊行を継続させても、律蔵に定める規定を）損なうものではないのである。

絶食療法の予後管理（一）

（さて、この絶食療法によって疾病が）如し差已えたのなら、後は（必）須ず将息むべきである。（そしてその養生の間は、）宜しく新しく煮いだ飯（bhak-ta 米の飯）を食べ、熱（熱）い菉豆湯（大豆のスープ）を飲む可きである。（この湯には、〃香（辛料、香りづけ〃）を投れて和ぜるのであり、（その）飲む（量の）多少も任でよい（。そして、この香辛料について言えば、その症状が疾病の三大範疇①風・②熱・③癊のどれに属するかによって、種類が異なってくるのである）。

若しも②「熱」につながる）冷けが有るのでは……と覚えたならば、（山）椒・（乾燥させた)薑・蓽茇(pippalī 蒟醤、長い胡椒)を投れるのである。

若しも(、①)「風(労、風痾)」であると知れたならば、胡葱、荊芥を著れるのである。『医方論』にも、「諸(々の香)辛(料)は悉く皆『風(大)』を動かすが、唯だ乾薑だけはそうではない(。乾薑は例外で、前述の如く②「熱」の範疇にある)」と曰っているのだから、之れを加えるのも亦佳いのである。

(絶食後の養生中の注意点を再説すれば、)絶食の日(数)に准じて調(停・将)息を作すことになる。冷水を飲むのは諱われるのだが、(その自)余は薬(剤の)禁(止規定)と如じである。

(絶食終了後のこの期間、)如しも粥を(食)噉べたならば、恐らくは(③)「痰癊」が還た増すであろう。(しかし、)必しも(病因が③「痰」ではなく、①「風」、すなわち)「風労」であったならば、(粥を)食(萌)べたとしても亦(律蔵に定めるところを)損ないはしないのである。若しも(、③「痰」や①「風」ではなく、②)「熱」を患っているのであれば、苦参湯を熟く煎じて之れを飲むのも善いことである。茗(=茶)も亦(この時期の飲み物として)佳いのである。

義浄の体験告白——インド絶食療法——(私・義浄は、)故国(中国)を離れて二十余年に向としているが、(在インドの留学中は)但ら此(の絶食療法)でもって身(体)を(治)療してきたのであり、頗く他に疾（病）など無かったのである。

中国医薬の礼讃と批判

且で神州の（医）薬に如ては、石、根・茎（等々の植物性薬剤）の（流）類いは、（その）数四百有余、多並（目で見る）色・（舌に覚える）味は精（妙・珍）奇、香気は芬（芬・馥）郁であり、（これらでもって）疾（病）を蠲くことが可以、神を王んにすることが可以るのである。

針灸の医（術）や診脈の（医）術は、（中国にのみあって）贍部洲の中（どこを捜してもそれらはなかったのである。インドには、医術として中国）に（これ以上付け）加えるものなど（は何一つとして）無いのである。（道家の神丹、すなわち不老長生のための）長年の薬なども唯だ東夏にのみあるのである。

（かように勝れた中国であってみれば、こうもいえるだろう。）良に（東夏の）崗は（西方の）雪巘（Himālaya　ヒマラヤ）に連なり、（東夏の）嶺は（西方の）香（酔）山（Gandhamāda-na）に接する、と。異物・奇珍は咸此（処、天府たる中国に）萃まっているのである。（さればこそ、その）故に（文物の宝庫・中国の）〝人〟を体（識）り、〝物〟を（形）像り、号して「神州」とは曰うのである。

五天（竺）の内、誰が加んに（中国を）尚ばないだろうか（？　否、インドでは誰もが中国を加んに尚んでいるのである）。四海の中、孰れが（中国を）欽しみ奉らないだろうか（？

否、四海でも誰もが中国を欽しみ奉っているのである）。
（それが証拠には、現在インドでは）「文殊師利（Mañjuśrī）は現に其の国（、すなわち中国）に居る」と云われている（ほどな）のである。（インドでは）所到之処、若しも（その人が）提婆弗呾羅（Devaputra）の僧（徒）であると聞くや、大いに礼敬を生じないということは莫いのである。（ついでに言葉の説明をすれば、）「提婆（deva）」とは天のこと、「弗呾羅（putra）」とは子ということで、（中国人入竺僧は）支那の「天子所居処」から来た、と（インドの人は）云うのである。

（ことほど左様に勝れた神州・東夏であり、同様に優れた中国医学・薬学ではあるのだが、）其の薬石を考えてみると、実に奇（特・精）妙ではあるが、これでもって病（起所）由を息（止）められるかといえば、（中国医学の基本姿勢が病源根絶というよりも、発現した症状への対症療法を主としているので）頗る疎闕があるのである。故に（私・義浄が、以下、再びインド医学について）粗っと大況を陳べてみるので、それで時の須めに備えてほしい。

絶食療法の予後管理（二）　若しも絶食して（も身体を）損なわなかったならば、（それは後述の如くに身体に治癒すべき疾病が存在するということであるから、絶食の）後では（、各地その所在の）方処に随って（継続して治）療する。（そのときには疾病の種類により養生用滋養飲料も種々異にするようになり、前出の煎じ薬・）苦蔘湯は偏に②「熱」病を除くし、酥・油・蜜・漿は特に①「風」痾を遣うのである。（それから、絶食の時間、日数は中国の常識とは異なり、インドでは大して問題にはされていない）。

西天（竺）の羅荼国では、凡そ（疾）病の有る者は絶食して、或いは半月を経（過、）或いは一ヵ月を経（過し）、（疾）病の可くなるのを要待って然後で方（始）めて食（噉）べるのである。中天（竺）では（絶食日数の）極多（最大日数）が七日、南海では二、三日である。斯れは風土の差互に由って四大（、すなわち地・水・火・風の構成比率）が不同であるからであり、（むしろ絶食日数に）多（い）少（ない）があるようにさせて、一概と為ないようにするのである。

（さて、私・義浄は）未だ神州で宜しく断食をするか不かについては委らかにしない。然而して（、我が母国・中国の人々は恐らく絶食日数の長さを心配するかもしれないのだが、）七日も食べなければ人（の生）命は多く殞われるというのは、其れは（当人に、疾）病の（保）持が無いという故に由っているのである。（逆にいえば、）若しも（疾）病が身（体）に在れば、多日（の絶食・断食をなすの）でも亦死にはしないのである。（私・義浄は）曽て、（疾）病が有って絶粒（絶食）すること三旬（三十日）、というのを見たことがある。その後時で還た差えたのであるから（、我が母国・中国の道友諸兄よ、）何して（必）須ずや絶食の日

（数）の多いのを怪しまれるのだろうか（？　否、インド医学に説く絶食日数の多さなどは怪しむに足りないのだ）。

中国医学への批判　（また前述したところだが、中国医学は対症療法に終始している。）豈して但ら（疾）病の発（症した現状だけ）を見て（、その）病起所由を（候）察しようとしないのだろうか？　（そして、中国医学は絶食療法を知らないで、②）「壮（んな）熱」で（四大の中の）「火」が燃えているというのに還た熱い粥を飲ませたり（、現在、昨夜来の未消化食物である宿食による疾）病を帯びているというのに強いて食べさせている、（これらはインド医学にあっては）深く畏う可きことなのである。（よしんば中国医学の治療法で）万に一つ差えることが有ったとしても、終には亦（一般世）俗に教えるには堪えないのである。（このようなことは、インドの）医方明の内では極めて諱う（ところな）のである。

生食批判　又東夏（の食生活習慣）に由れば、（今）時（の）人は魚・（野）菜を多並生で（餐）食べている。此れ（らの食材）は西国では咸悉く（生では）餐（食）べないのである。凡そ（インドでは）菜茹は皆（必）須ず爛煮し、阿魏、蘇（酥）・油、及び諸（々の）香（辛料＝辛味＝助味）を加え、和えて、然後で方（始）めて噉（食）べるべきなのである。（また、中国の野菜の）葅虀の（流）類いは（インドでは）人は皆食（噉）べないのである。（実をいえば、私・義浄は、ある）時に復故（国＝中国）を憶って之れ（葅虀）を（作って）噉（食）べたことがある。（その結果、)遂に斉(臍)中を結痛くさせてしまったのである。「腹腸を損し眼目を闇まし、疾病を長じ(、身体からは精気が抜けて)益虚疎となる」とは、其れは斯のことを謂うのである。

義浄からの伝言 智者というものは、「(世に)用いられれば行ない、捨てられれば蔵れる」ということを思い察している。(私・義浄の言うことを)聞いても行なわない、というのであれば、豈して(それがインドの)医(方明=医学、それ自体)の咎なのだろうか(?否、それは少しもインドの医方明の咎ではないのであり、それは聞いても行なわない中国の不智者の咎なのである)。(絶食療法を中心とするインドの医学、これを)行なえば身(体)は安らかとなり、(仏の)道も備わり、自・他の(利)益が倶に成(就)するのである。(これを)捨てれば(身)体は損なわれ、智(慧)は微り、彼・我の功も皆失われるのである。

第二十九章　除其弊薬［中国の悪薬への批判］

梗　概　この章の主糧は中国の悪薬・黄龍湯（糞尿を素材とする解熱剤）に対する義浄の批判である。しかしそうなると、インドの同種同様の薬品・陳棄薬（ちんきやく）はどうなのかという疑問が当然ながら湧くことになる。ここで義浄の用意する反論は二点、インドの陳棄薬という黄龍湯類似薬品は、⑴語義解釈でいえば、「陳棄薬」とは古くて棄てられた薬という意味で美名「黄龍湯」とは対照的であり、省事資身＝手間をかけずに身をたすけるという陳棄薬の「精神」は黄龍湯とは趣を異にする。また⑵薬の実態でも、「陳棄薬」の主成分は新生の子牛の糞尿なので、人や動物の大小便から作られる中国の黄龍湯とは組成からして異なるというものである。加えて傍証として義浄は不浄を嫌うインドの「常識」の存在をあげている。一例として義浄は、極刑者が糞を塗って追放され、不浄者として社会的にも差別されているインドの現実をあげる。一方、中国の黄龍湯は人や動物の排泄物を原料とするが、その美名に反して実態は穢悪の極みであり、不浄を厭うインドの常識から判断すれば当然排斥されるべきものだ、となる。

さて、いくらインドの正則でも、異文化の人々の常識中の嫌悪感を引き出してしまっては仏の本意とはいえない。義浄は黄龍湯服用という中国医学・薬学の一部俗習を医薬全般の問題に一般化して、外国からの忌避を被ってはならないと中華の民の自意識を刺激し、かつくすぐる。ではこの弊薬・黄龍湯に代わるべき中国の薬品は何かということになるが、義浄は三黄や甘草以下の漢方の上薬を紹介している。義浄の議論は周到であり、巧妙でもある。

最後に義浄は中国仏教への批判として、⑴急病時の緊急換金財としての「湯薬之直衣（薬直衣）」を所有していないこと、⑵既に持っている上薬を用いずに弊薬・黄龍湯を使用すること、の二点をあげる。

この後、本章末尾にただし書きのようにして、飽くまで義浄のこの論が根本説一切有部の立場でなされたものであり、正量部の『律二十二明了論』に説く陳棄薬とは別物であることを付言して、第二十七章から三章にわたった印度・中国医学比較論を締め括っている。

中国・黄龍湯批判　自ずから（文明・文化の中心から離れた）方処に有っては（、その地方地方で特有の）鄙（しい）俗（習）が久しく行なわれているものなのである。（たとえば、中国では疾）病が発これば（人の）大便・小便を服（用）するし、疾（病）が起これば猪糞・猫糞を（服）用している。（これらの薬品は、）或いは堈に盛られ（、あるいは）瓮に貯えられなどし、号して「（黄）龍湯」と曰っているのである。（「黄龍湯」、なるほど）美名を加えてはいるのだが、（その実態たるや）穢悪たること、斯れはその極みである。且で（、病気のときには、律蔵に禁遮されている〝五辛〟すなわち韮・葱・蒜・薤・薑〈生姜〉でも、）葱や（大）蒜などは（開）許されて（噉）服する如（になるのだが、このとき）でも、尚、（それを食べる当人に）自ら辺（隅の）房（舎）に（居）在させること七日（間、この隔離の後で）、浄身・洗浴をしてから（、はじめて再び僧伽の日常生活に）進むのである。

身(体)が若しも未だ浄められていないうちは、(その身体の不浄なるが故に、僧伽の苾芻)衆の中には入らず、塔(廟、制底 caitya)も遶る合きではなく、(尊師も、尊像も)礼拝すべきではないのである。(それというのも他でもない、これは葱や蒜などの食材の)臭穢(不浄)のためなのであり、(もとよりこれらは律蔵の立場からいっても、疾)病でもなければ(決して口にするを開)聴」しはしないのである。

《訳者補》 義浄はまずインドの人々の臭穢を嫌うことの甚だしいことを述べる。しかし、中国人読者の中から当然、インドにも中国の黄龍湯と同様の薬剤「陳棄薬＝腐乱薬」なる、穢悪極まる薬があるではないかとの反論の声があがることが予想される。以下はこの想定される設問に義浄のあらかじめ書いた解答である。

陳棄薬の語義解釈 「四依(法 catur-niśraya 苾芻の日常生活を形成する衣食住薬、最低限度の四つの拠り所。糞掃衣・常乞食・樹下座・陳棄薬)」の(うちに数えられる)「陳棄(薬)」の言(の意味)は「陳故・所棄之薬(古くなって、棄てられてしまった、薬)」ということである。(そもそも四依法の真)意(のあるところ)は(縁)事を省くというに在り、僅て身(体)を資ければよいのである。(そうであれば、四依の中に数えられる陳棄薬、古くて、棄てられたとの二条件を満たせば、逆にたとえ）上価（の薬品）であっても、自ずから（仏の）開許す（範疇の）中に在り、啜服しても実に（律蔵に定めるところを）損なわないのである。

（さて、この陳棄薬、）梵（語）では「哺堤木底鞞殺社（pūti-mukta-bhaiṣajya）」と云う。「哺堤（pūti <√puj 〝腐臭を発する〟）」とは「陳（＝ふるい）」、「木底（mukta）は「棄（＝すてる）」、「鞞殺社（bhaiṣajya）」は之れを訳せば「薬（＝くすり）」と為るのである（。美名「黄龍湯」に比べて「陳棄薬」、何と謙った呼称であることか）。

義浄《原注》

（「哺堤木底鞞殺社」）即ち「陳棄薬」なのである。

《訳者補》 哺堤木底鞞殺社 pūti-mukta-bhaiṣajya の mukta は、√muc（解き放つ、放ち棄つ）の過去受動分詞。この言葉の巴語形、pūti-mutta-bhesajjya の mutta は梵語 mūtra（尿）に由来するとも解しうる。つまり「腐尿薬（初生・新生の子牛の尿を醱酵させて作った薬）」という、後述の今一つの解釈がこの語に重ねられる所以である。

（ところでこの「陳棄薬」には「腐尿薬」なる解釈もあり、このときには上記の陳くて、棄てられたという二条件に、さらに薬、その素材の問題が加味される。すなわち律（蔵）で開（許）す大便・小便とは、乃ち犢（こう）の糞・（新生の子）牛の尿なのであ（って、これは中国の黄龍湯とは同日の談ではないのであ）る。

インド人の穢悪嫌悪

西国の極刑の儔（たぐい）では、（人）糞を其の（人の身）体に塗って野外に駆擯（おいだ）して、人流（ふつうのひと）（の住む所）に処（と）させないようにするのである。（この場合、たとえ人）糞を除き、穢（けがれ）（悪）を去った徒（もの）であっても、（城市内（まちうち）を）行けば（、人々は）杖を撃ち（鳴らして警告し、この汚れたる者の到着を知らせるので、この人が）自ずと（普通の人とは別）異なる（者であることが分かる）のである。（それでも）若しも誤って（この汚れたる者に）衝著（ぶつか）ったりしたのであるならば、（自らを浄めるべく、身体はいうに及ばず）衣に連るまでも遍く（あまね）洗うのである（。この例からも、いかばかりインド人が糞＝穢悪を嫌悪しているかが知られよう）。

中国弊薬批判の論拠

大師（釈迦世尊）は、既に「時」に縁って物（衆生）に御まれたのであるから、（今“時”の人の）譏醜（そしりにくしみ）は（、何はさておいても優先して）先ず（第一に）防ぐ（べき）ものである。（そうであれば）豈して斯（の弊薬・黄龍湯）を服（用）させて、独り（今“時（“の人の所）望に乖かせるのだろうか（？　否、そうではなくて、時望に適うべく弊薬・黄龍湯は服用させないのである)。そうしない(理)由は(、これが律蔵に説く彼の「略教」法の適用事例であるからである——第十章、第十六章を参照——。すなわち、仏にその言及がないために律蔵にその規定がなく、主題が非許・非遮＝不聴・不遮の問題に限定され、俗の譏りがあればそれはすべきではなく、逆に俗の譏りがなければそれをしてもよい、との判断があるのである。これについては)、具には律(蔵)内の(叙述の)如りなのである。(よって、)此(の弊薬・黄龍湯)を用て人に恵(施)するなど、誠に鄙しむ可きことと為るのである。(現下中国の一部の弊風・悪風である黄龍湯服用の)流俗を習い、それを(中国の恒)常とさせるのであってはならない。外国で、若しも(「文殊師利現居」処にして「天子(devaputra)所居処」、神州・中国国内のかような弊薬・黄龍湯の使用を)聞くならば、誠に(「中華」の文化伝統、〝徳〟の)風(による教)化(の高評)を損なうものなのである。

弊薬に代えるべき中国の上薬

又復大いに(わが神州には)香(り高い)薬が有るというのに何うして之れ(＝上薬)を服(用)しない(で、黄龍湯などという弊薬を飲む)のだろうか？(第一、)己れですら愛(飲)しないところ(の弊薬・黄龍湯)が寧して物(衆生)に(恵)施するに堪えられるだろうか(？　否、とても衆生に施すに堪え得ないのである)。

然而で、(それなら我が神州の香薬の一端を紹介しておこう。そもそも)蛇(の毒)や蠍の毒(への処方・適用)は除くとして、自ずと(中国には)硇黄・雄黄・雌黄(の三黄)の石(鉱物性薬剤）があり、（これらの薬品を、たとえ）片子でも（常時携帯、）身に随けるというのは誠に（中国では容易なのであり、少しも）得難いということではないのである。若しも（中国南部地方の湿地特有の風土病、マラリヤなどの熱病である）熱瘴（瘴癘）に遭（遇）したのであるならば、即ち甘草・恒山・（煎薬の）苦参の湯があり、（中国ではこれらの薬品を）少多貯蓄することは（道）理として便ち（容易であり、）獲易いということなのである。（乾燥させた、）薑・（山）椒・蓽茇（pippalī）は、（平）旦に咽（下）めば「風」冷は全く袪るのであるし、石蜜（phāṇita 氷砂糖）・沙糖は、夜に餐（食）べれば飢えも渇きも倶に息（止）むのである。

中国仏教批判――不畜薬直衣――　（誠に中国の仏教者は大師釈迦世尊の金口の教説である律蔵に背いていると言わざるをえない。何故なら既に第十章で見た十三資具、十三番目の換金用衣財である薬直衣、すなわち）〝湯薬の直（衣）〟も畜えていないのだから、（病いに倒れる、という非常の）事に臨んで（一）定、闕如が有ることだろう。（釈迦の聖）教に違い（、その教えである律蔵の規定を）行なわないのだから、罪愆は寧して免れられるというのだろうか（?·否、この罪愆から免れられはしないのである）。（ところで現下、中国の仏教者の日常生活では）銭財は漫りに用いていながら、（肝心・火）急（の）処（置ということになれば大いに抜かりがあり、必携であるべき換金用衣財、薬直衣＝湯薬之直衣）は閑りにしているのである。若しも(私・義浄がこのように、中国の黄龍湯なる弊薬使用と、薬直衣の不貯蓄という二点について、ここにその批判の主)題を曲さに(論ずることを)しなかったとしたら、(一体)誰が能く直ちに(この中国仏教の非を)悟ることができるだろうか(? 否、誰一人として中国仏教の非を悟れはすまい)。

嗚呼! (神州の人々は)肯えて(自国の香薬・)佳薬を施さず、遂に省って(弊薬・黄)龍湯を用いているのである。復(、中国仏教では)小(さな)利(益)は心に在るといっても、(逆に黄龍湯なる弊薬使用と、薬直衣の不貯蓄によって)寧して大いに(釈迦の)聖教(という大きな利益)を虧(缺)いていることを知ろうとしないのだろうか?

正量部の陳棄薬　(ところで、)正量部(Saṃmatīya-nikāya)の中でも陳棄(薬のこと)を説いているのだが、(それは所属)部(派で律蔵を)別(異とする)ので、(単純に上来説いて来た根本説一切有部の)斯れと同じとすることは可ない。(正量部の律蔵である『律二十二明)了論』でも復(この陳棄薬についての律)文を見るが、(それは)元より(根本説一切)有部(Mūlasarvāsthivāda-nikāya)の学ぶ所ではないのである。

第三十章　旋右観時［右繞・左繞論と時・非時論］

梗　概　この章は二つの主題、(1)右繞の原則論と　(2)時・非時の区分と管理論が同居している(これは第十二章の場合と同様の事情によるのであろう)。

まず右繞の原則論。梵語「鉢喇特崎拏(pra-dakṣiṇa)」が「旋右」となるについての語義解釈がなされている。pra は旋行、dakṣiṇa は「尊」「便」の二義に括られる概念で、右、南、施の意味もある。中国の訳語では「旋繞」「繞百千帀」というが、梵語には中国語訳には反映されていない〝右〟の意味が含まれていることに留意すべきだ、と義浄はいう。そして義浄は当時の中国の有力学説――「右繞」とは右手が内に向くように回ることだとの主張――を批判し、梵本を根拠に、右辺に向かうのが「右繞」なのだ、と強調している。

この後で今一つの主題である時・非時の区分と管理論が展開される。義浄は『時非時経』に拠り、その土地の南中をもって正午とし、午前を「時」午後を「非時」とし、律蔵の非時食戒を根拠に午後での一切の固形食物の摂取を禁じている。正午の観測方法として義浄は、まず日時計の構造や操作方法、南中時に最短となる影の落ち方、緯度によって最短影長に地域的差異があることをいう。次に、日時計にも、それを用いての時・非時の時間観測や管理にも、さして意義を見いださない中国仏教を批判、「観水・観時」つまり瓶水を観察して虫の生命を護り不殺生戒を持ち、時・非時を区別して非時食戒を守ることをば律師の条件とするインドの〝基準〟を紹介している。

次は天候に左右されない水時計について。水を張った盆に底に孔のあいた椀を浮かべ、湧出する水で没する椀数によって計時する水時計の構造や、太鼓や法螺貝によるナーランダー寺の告時の方法が詳細に述べられ、次いで諸国の寺々それぞれの方式、水時計の長所、その誤差の調整法についてが語られている。この後、維那が私房に専用の水時計を持つことを肯定的に叙述してから、義浄は一夜の計時法として、中国の「五更」でもインド一般の「四節」でもない、仏教に特有の「三時」説を示し、この一夜三分説で初分・中分・後分それぞれの時間の過ごし方について報告して、この章を閉じている。

旋右正則論――語義と正翻――

「旋右」(pradakṣiṇa)と言うのは梵(言)では「鉢喇特崎拏(pra-dakṣiṇa)」と云うのである。(この語の前分、すなわち接頭辞)「鉢喇(pra)」の字に縁(由)むところには乃ち多くの(字)義が有るのだが、此(の pra-dakṣiṇa の語)の中で意(味する)趣(き)はといえば、事、「旋行(巡り行くこと)」を表わすのである。(この語の後分はどうだろうか?)「特崎拏(dakṣiṇa)」とは、即ち(、ここでは)「右」ということであるが、(この「特崎拏」という言葉、)総じては「尊(敬)」と「便(利)」の目を明かしているのである。故に(インドでは、今)時(の)人は(、不浄とされる左手とは異なり、)右手を名づけて「特崎拏」手(dakṣiṇa-hasta)としているのであるが、意(味するところ)は其の右辺よりするということであり、それは尊(敬を表わすこと)であり(、同時にまたそれは)便(利でもあるから)なので、方に「旋繞」の儀に合うのである。

或いは「特欹拏」は「施」の（字）義を目づけることもあるのだが、（今は）此れとは同じでないのであり、それについては前に已に（本書巻一の第九章の後半で、「特欹拏伽他（dakṣiṇā-gāthā）」・「特欹尼野（dakṣiṇīya）」のところで）述べてある如りなのである。西国・五天（竺）では、皆「東方」を名づけて「前方」と為し（、つまり梵語 pūrva には「東」と「前」の二義があり）、「南（方）」を（名づけて）「右方」とする（のである。何故ならば東を前に見るように顔を向ければ、右手は南方にあたる。すなわち、前記の梵語 dakṣiṇa には「南」と「右」の二義があるということな）のである。（このように中国語では異なる「東」・「前」、「南」・「右」の四語彙が、梵語では pūrva と dakṣiṇa という二組・二語彙で表現されているのであるから、）亦、斯れ（インドの語義）に依って（考えるべきなのであって、中国語の語彙・語義の先入観で）左右を論ずる可きではないのである。

（また、そうであってみれば、）諸（々の）経は「旋右三帀（右回りに三回まわる）」とこそ云うべきなのであって、（右回りに回るという、その回る向き――インドでは左を貶め右を尊ぶ――を示さずに、中国のように）若しも「仏辺行道（仏の辺を行道する）」と云うならば、これは非となるのである。経に「右繞三帀（右回りに三回まわる）」と云うのは、正しく其の儀に順って（正確に言い表わして）いるのである。或いは（、ただ）「繞百千帀」と云って「右」と云わないのは（、「右繞百千帀」の「右」というのを省）略したまでなのであ(り、決して原語本来の「右」の意味が失われているわけではないのであ)る。

中国右繞・左繞批判 然し右繞(右回り)・左繞(左回り)については詳らかに定めるのは稍か難しい。右手の辺に向かうことを為れば右繞と為すのか、左手の辺に向かうことを為れば右繞と為すのだろうか？（以下これについて検討する）。

曽て東夏に学士が有って(次のように)云っているのを(私・義浄は)見たことがある、「右手が内に向くように之れを円る(、すなわち時計回りに回る)のを『右繞を為す』と名づける。左手が内に向くように円る(、すなわち逆時計回りに回る)のを『左繞を為す』と名づける。(仏の教えの道)理としては、(本人から見て、)其の左辺に向かって転ずる可きである、(さすれば)『右繞』の事、方に成るのである」と。

(私・義浄が思うに)斯れは乃ち(、ただこの学士一人の)自らの胸臆から出たことなのであって、(仏の教えの)正(しい)理(法)とは関わらない(、単なる臆説、独断にすぎないのである)。(しかし、現下の中国ではこの学士の説が)遂う迷(える)俗(人たち)に司方(、指南車、すなわち正しい方角を指し示すこと)を弁えられないようにさせてしまい、大徳・鴻英(と仰がれる高僧まで)も、亦(付和)雷同してしまい惑いを取っている(ような状態なのである)。

(さて、いま私・義浄が仏の教えの道)理をもって商度えるのは、如何に(私とこの学士が、同じ「右繞」の文字を用いながらも全く正反対の回り方を指し示すのかということ、どうやってこの二つの見解を)折り中(あわ)せるのか(?　あるいは東夏の学士と私義浄、二者択一して白黒決着をつけるのか、ということである)。(私・義浄の考えでは、)其れは但(もっぱ)ら梵(サンスクリット)本に依る可きなのであって、並(まった)く(必)須(かなら)ず人(ひと)(＝東夏の学士)の(胸臆一つから出たにすぎない)情(おも)いなぞは杜塞(ふさ)ぐべきだ、ということである。(梵本にpra-dakṣina＝右回りに進む、とあるのだから)右辺に向かうのを右繞と為(な)し、左辺に向かうのを左繞と為す、斯れが(大〔〕聖(釈迦世尊の)制〔〕せられたところ)なのであって、疑惑を致すことなどは全く(必要)ないのである。

《訳者補》　この後、この章の今一つの主題「時・非時」論がある。標準時を決めて全国一律の正午とし一日二十四時間を均等割りする現代の定時法ではなく、過去のインド・中国・日本では各地の南中(太陽が真南にくる時刻)を正午として昼・夜を等分割する不定時法であった。同じ名前の計時単位でも、季節により、また場所により時間の長さが異なる。また一日でも夏至や冬至の一計時単位は、春分や秋分のそれと比べて極端に時間に長短があった。現行の時間概念成立以前、「とき」は太陽の運航に従いゴム紐のように伸びたり縮んだりしていたのだ。

なお、以下の義浄の論は正午過ぎに食事ができない〝非時食戒(ひじじきかい)〟を巡って展開される。

時・非時の原則　又復「時（kāla　ここはその行為〈＝食事〉が許されると律蔵が規定する時間）」と「非時（akāla その行為〈＝食事〉が許されないと律蔵が規定する時間。南中時刻以降翌日の未明まで）」については、且、『時（非時）経』（若羅厳訳『仏説時非時経』大正蔵巻一七、七三八頁中段～七三九頁上段、「別本」七三九頁上段～下段）の所説の如りで（日時計の「時」「非時」の影の長さは年間を通して一足せず、季節によって）自ずから別（異）があるものとすべきであって、（そうしてこそ天の）機に会うことができる（からな）のである。然（而）して（現代インドの仏教）四部（派、すなわち、大衆部、上座部、根本有部、正量部の各々）の律文でも、皆午時を以て「正」としている。若しも（日時計の）影が線許りも（この午の刻＝正午を）過ぎたならば、即ち「非時」ということなのであ（り、疾病に罹っているのではない、健康な苾芻は、これ以後一切固形物の食事はとれないことにな）る。

日時計操作法　若しも（「非時」に食事をするという）罪から（自分自身を）護り、（その日常生活において）正方（＝方正）を取ろうと欲する者であるならば、宜しく（必）須ず（以下の日時計による計時法に通暁せねばならない。すなわち、）夜に北辰（北極星）を揆り（、そこから）直ちに南極を望んで其の（日時計盤上の南北の）邪・正を定めて（、南中時刻の影の位置を確定して）、的しく禺中（巳の刻、正午近くの時刻）を弁らかにすべきなのである。

（その日時計の設置場所については、）又宜しく（僧伽の）要処に小さな土台を安（置）すべきである。（それは、）円（形）で闊さ一尺（31.1cm）高さは五寸（15.5cm）、中（央）には細（い）杖を挿すのである。或いは時には石（盤）上に丁（釘）を竪てる。（その細杖や釘の太さは、）竹箸許如い、高さは四指（量 aṅguli　7.8cm ほど）可りである。

（この日時計による「時」「非時」の計り方は、まず）其の正午の影を取って、画をひいて（その位置を円盤上に）記すのである。（日の）影が（この）画をひいた処を過ぎたのであるならば、便ち食べる合きではないのである。西方では在処でも多悉之れ（日時計）が有り、「薜攞斫羯攞（velācakra）」と名づけている。

義浄《原注》

（薜攞斫羯攞の「薜 ve」字の発音は、）舌を弾いて之れを道う。

（薜攞斫羯攞、つまり velā〈時の〉 cakra〈円盤〉は、中国語に）訳せば、「時輪」となる。

（話が前後してしまうが、）影を揆る法としては、其の杖の影を看て（影の長さの最小値、すなわち）極短の時が、即ち「正中（南中＝その土地の正午）」なので（、これを基準とするので）ある。

日時計操作に地域差あり

然し瞻部洲(Jambudvipa　ここではインド亜大陸)の中(の国々)でも、(南中、正中の時)の(日時計の)影(の長さ)は多く不定である。其の方処(の緯度)に随って(影の)量には(長短の)参差が有るのである。すなわち洛州(＝洛陽の日時計、「周公測景台〈没彰台〉」は、夏至の時に)は影が(出来)無いのだが、(このとき、ここ洛州と)余(外の地方の影の量)とが同じでない如なものである。

又(南海の)室利仏逝(Śrivijaya)国の如きでは、(陰暦)八月中に至ると(中国式の日時計である土)圭でもって影を測ろうとしても(影は)縮まらず(、また)盈ちることもない(ということがある)。(それは、この国は北回帰線と赤道の間にあるので、この時期、)日中に人が立つと並皆影が無いのである。(陰暦八月中だけでなく、)春中にも亦(同)爾じ(ことがあり)、一年に再度日が頭(の真)上を(通り)過ぎるわけで(、このため影ができないので)ある。若しも日が(頭上よりも)南に行くとすれば(、当然身体の)北畔の(地面に落ちる)影の長さは二尺(62.2cm　あるいは)、三尺(93.3cm)となる。(若しも)日が(頭上よりも)北辺に向かうとすれば(この場合でも)南(畔の地面に落ちる)影(の長さ)は同爾く(二尺、あるいは三尺と)なる。

神州でいうならば南溟と北朔とでは、更に復(同じ「正中」時でも、日時計の影の長さは)不同なのである。(当時の中国南部、現ヴェトナムのフュエ以南の)北戸では(、この国が北回帰線の南に位置するため、陽当たりに配慮して家々の「戸」は「北」に向けてつけられている。そうすることで結果として、この国では家の向きが）日に向かうというのが恒（常）となるからなのである。又（、広大な中国のこと、当然時差があるので）、海東では日午でも関西では未だ（午前中、まだ正午＝正）中ではないのである。（仏の教えの道）理に准うならば、既然に（各地で正中時の影の長さが異なり、正中の時刻も異なっているのだから、）事、一（概にしようと）執（着す）ることは（困）難なのである。この故に律（蔵）でも云う、「当処の日中を取らしめ、以って定めと為せ（ここの場所の南中を正午として、時・非時の境を決定せよ）」と。

中国仏教批判　出家の人たるもの、要（須）や（釈父の）聖教（・釈迦金口の律蔵）に依るべきである。（そして食べること、すなわち）〝口と腹の事〟はといえば、日（々）に（それを）須いないということは（決して有り得）無いのである。（されば、日時計の）影を揆って（時・非時の境を知り、非時食戒を犯さぬよう、出家の人たるもの、道）理として存念すべきなのである。（若しも）此れ（時・非時）が落漠になってしまったのであるならば、（自）余に（一体、）何を護ろうというのだろうか？　是れこそが（仏の教えを）弘紹の英（華）なのであり、（中国人仏教者のように、それを）繁重といって怪しがってはならないのである。（インドでは苾芻たるもの、）海（上）を行くのにすら、尚、（土）圭（日時計）を持って去(ゆ)くのである。(さすれば中国の大徳、鴻英よ、ましてや海ならぬ)地(上)に在って寧(どう)して(土圭、日時計、ひいては時・非時の区分に関心を向けることに)透随(ぐずぐず)することなど得(でき)ようか(？　否、できはしないのだ)。

そうであるから、西国(インド)では(、古来)相伝えて云うのである、「観水・観時(、すなわち、晨旦(あさ)に瓶の水を観ては虫の有無を確認して虫の生命を奪うという殺生戒を犯さぬようつとめ、昼時には時間を観て時・非時を確認して非時食戒を犯さぬようにする)、是れ、律師と曰(い)う」と。

那爛陀寺の漏水器(水時計)使用法

又復(また)、西国(インド)の大寺には皆漏水(器＝水時計)が有る。(これらは、)並積代(みなだいだい)の君王の奉施(ぶせ)(、奉納)する所であり、幷(なら)びに(皆)漏(水器)子(水時計操作係りか？)をも給っており、(僧伽の苾芻)衆の為に時を警(し)らせ(て、僧伽の〝時〟の管理を容易にし)ているのである。

(漏水器の構造を明かそう。この漏水器＝水時計は、水を張った盆の内に椀を浮かべるという仕組みになっている。すなわち、漏水器の)下は銅盆で(ここに)水を盛り、上は銅椀を(銅盆の)内に浮かばせるのである。其の椀は薄く(精)妙なもので、二升(1.2ℓ)を受けることが可(でき)、孔(あな)が(椀の)下に穿(うが)たれており、水は(椀の底から)上に涌(出)するようになっているわけだが、(その椀底の孔たるや)細きこと針許(ばか)り若(ほど)であり、(しかもその孔の大小は後述のように）時（候）を量っては宜しきに准じ（て調節して、計時の正確を期す）るのである。

（那爛陀寺の最も一般的な時報・告時の方法について記す。）椀の（内に）水が（一杯にたまり、）既に（完全に）沈み尽くしてしまうと、（太）鼓を打つ（、というのがそのやり方な）のである。

（まず八時法。）平旦より（開）始して、一椀沈めば打鼓一下、両椀（目が沈めば打鼓）両下、三椀（目が沈めば打鼓）三下、四椀（目が沈めば打鼓）四下して、然後で螺を吹くこと両声で更に別に（太鼓を）一下打つ、（これを）名づけて「一時」と為るのである。（平旦より数えて「一時」となるこのとき、）即ち日は東隅にある。更に（前述の如くして）四椀が過ぎれば前と同じく打（鼓）四（下して）、更に復螺を鳴らし、別に（太鼓を）両下打つ、（これを）名づけて「両時」とする、即ち正午なのである。若しも（この正午を告げる）両打を聞いたならば、僧徒は食べないのである。若しも食べる者を見たならば（、その者は非時食戒を犯したのであるから）、寺法は（当然のこととして、その者を僧伽からの追放、すなわち）駆擯するのである。（正）午を過ぎてから後（、夜までの）両時も、法（式）は亦（平旦から正午までと）同爾である。夜にも（両時と両時、合わせて）四時が有り、昼（の四時）と相似（計時・告時の方法をなすの）である。総じて一日一夜を論じるのであれば、（都合）八時となるのである。

（さて如上の八時法とは異なり、初・中・後に二度ずつ太鼓を打つ六時もある。玄奘の報告にもあるこの六時法、）初夜の尽きる時に、知事（苾芻）の人が寺の上閣で（太）鼓を鳴らして（苾芻）衆に（時を）警らせるという若きであり、此れ（も又）那爛陀（Nālandā）寺の漏（水器を用いての計時・告時の）法（式）なのである。

又（さらに一日二回の告時もある。二時法は）日が没しようとする時、及び天暁の時にも、皆じく門前で打鼓一通するのである。斯れ等の雑任は（、初夜の尽きるときを知らせたのが、出家の知事苾芻の仕事であったのとは異なり、）皆（僧伽の雑用をする俗人である）浄人や戸人の所作なのである。

（ところで、）日没の後、乃至天光までは（中国とは異なり、僧伽の苾芻）大衆には全く健稚（ghaṇṭā）を鳴らす法などは無い。凡そ健稚を打つのには（単なる告時とは異なる意義と作法がある。打健稚法には、食時、読経・浴像・洗浴、集合や営作〈作業〉の合図、そして苾芻の死亡を知らせるために打つものまである。そのため、これは俗人である）浄人を使わずに、皆（出家たる）維那が自ら打つのである。（その打）健稚（の打法、間の取り方や回数に）は四、五（種類）の別（異）が有り、広くは余処（で説く）如りである。

諸国の時制に種々あり

莫訶菩提（Mahābodhi-vihāra　大覚寺）、及び倶尸那（Kuṣinagara

の般涅槃寺＝般弾那寺　Mahāparinirvāna-vihāra　の両）寺の漏（水器の法式）は（、この那爛陀寺のそれとは）稍別で、（平）旦から（正）中（正午、すなわち南中）に至るまでに椀が十六（回）沈むのである。

南海は骨崙（Kunlun）国の若きでは、銅釜に水を盛り（、その底に）孔を穿って（水を）下に流し、水が尽きた時に即便ち（太）鼓を打つのである。一（銅釜の水）が尽きれば一打して、四椎（四打）すると（正午＝正）中（南中）に至る。（午後も、正中を起点として開始し、日の）暮れる（ときの四椎）を斉りとして還た（計時法は午前と同）然じである。夜も（昼と）同じで斯れも八（椎）あり、総じて（一日一夜で都合）十六（椎）ある。（そして、これらも）亦国王の（奉）施す（る）所なのである。

漏水器の長所　（インドでは、日時計のみならず）斯の漏（水器）に由る（こともできる）ので、（中国とは異なり）縦使い〝重雲暗昼〟でも長も「（時・非時の境目である正）午の辰（刻は一体何時なのか、つまり正食時の正午の刻限）」に惑うことも無く、〝密雨連宵〟でも終も「（一夜を五分した時刻単位、五）更の夜（分の何時か、つまり小食時である夜明けの刻限）」を疑うことも罕いのである。（そうであるから、中国の道友諸兄よ、）若しも（中国の天子に）奏請して之れ（漏水器）を置くことができるならば、（このことは）深く僧家（＝僧伽、ひいては三宝の一つたる僧宝）の（重）要事となろう。

漏水器の調整　漏(水)器(の調整の方)法は、(以下の通りである。すなわち)然須ず先ず昼と夜の停(った一時(間)を(計測のためのモノサシとして)取るべきである。(すなわち、本来、平)旦から午時に至るまでに八椀が沈没するもところが、如しも其れが八(椀)よりも減っていたのであるならば、(つまり日時計では正中の時刻であるのに水時計では八椀目が完全には沈没していない、などというような状況であるならば、椀の)孔を鑽って大きくさせて節の数を調停えるのであるが、(これには特別な技量が必要とされるため)還た(必)須ず巧みな(工)匠を須いねばならないのである。

(また、不定時法のため季節季節の調整も必要となる。)若しも日(中にしろ、)夜(分にしろ)、漸(次)短くなっていくようなときには、(あらかじめ、椀に)その半抄(い分)を増すべきである。若しも日(中にしろ)夜(分にしろ)、漸(次)長くなっていくようなときには、復(椀から)その半酌(み分)を減らすべきである。然(而)して(このように水時計の調整には椀の水量を)〝消(＝減らすこと)〟〝息(＝増やすこと)〟することで度と為すのである。

維那の私用時計　(また、)維那が若しも(自らの)房に小盃を設けた(、すなわち自分用の水時計を設置した)としても、それは(戒律の精神、仏法の道)理に准っており、亦過ちとすべきでは無いのである。

五更・四節・三時――夜の過ごし方――　然而で、(夜分の計時法として)東夏には(初更から五更までの）〝五更〟があり、西方でも（前記の通り夜分の初時から四時までの）〝四節〟があるのだが、調御（仏・世尊）の教えでは但ら（初分から後分までの）〝三時〟に列けているのである。（この調御の三時とは、）一夜を分けて三分することを謂うのであり、初分と後分には（経頌）念誦や（禅定）思惟をし、中（分）に処る（初分・後分に挟まれた）一時に繋心（＝精神統一）し、而して睡るのである。（疾）病でも無い（苾芻）が（この調御の三時に）乖くならば、便ち（調御＝大聖釈迦の聖）教に違うという愆ちを招くことになる。（その反対に、この調御の三時を）敬いつつ奉行なえば、卒には自・他の利（益）となるのである。

巻第四

第三十一章　灌沐尊儀［尊像の沐浴と香花の供養］

梗概　①尊像の灌洗沐浴と　②香花の供養、そして　③造像・造塔がこの章の主題である。深遠なる仏教の哲理に通暁することは凡人には甚だ困難なことだが、①仏像を沐浴させることなら誰にでもできると義浄は灌沐尊儀の易行性をまず主張する。またこの灌沐尊儀と同様の趣旨・功徳のものとして、義浄は②香・花の供養も説いている。

さて①尊像の灌洗沐浴の実際は、授事(知事)苾芻の指示の下、健稚(けんち)を合図に皆が協力して昼近くにこれを行なう。このときまでに寺庭には宝蓋が張られ、堂殿の側には香水の瓶が並ぶ。まず尊像が槃(ひらばち)の中に置かれ、妓女の奏でる音楽の中、磨香を塗り、香水を注ぐ。次に木綿の布で像をお身拭いし、再び堂殿の中に戻し安置する。このとき、②香や花の供養も一緒になされる。

また各々は自房内に小型の尊像を祀っており、これはこれで個人が毎日灌沐することになっている。

インドは四季を通じて花が豊富で容易に入手でき、供養できる。中国仏教の現実は必ずしもこの花の供養に熱心ではないのだが、中国でも花は充分にあり、また花がない季節には造花でも供養は可なのだから供花に怠慢であってはならない、と義浄は中国仏教に苦言を呈している。

銅像は大小を問わずに灰などで揩拭して光沢を出し、水で洗う。大きいものなら半月ごとに皆で協力して、小さいものなら毎日自分でこれをする。

尊像灌沐の利点は易行性にある。誰でもができる小さな努力で、大きな功徳が期待できる。灌沐の水は「吉祥の水」と呼ばれ、像の頂上から指二本をつたって注がれる。また供養の残花は手にとって香りを嗅ぐべきではなく、残された水・花も足で踏むべきではない、と義浄は付言している。

以上のインドの実際に対して中国人僧侶には、自分一個の怠惰から一生の間、尊像の灌沐はせず、香・花の供養もしないという責められるべき現実がある、と義浄は批判する。

その他、当時インドでは供養のために僧俗を問わず、③泥の制底や仏像の押型、絹や紙に像を印刷したものを荒野に置いては消えるにまかせ、あるいは日干し煉瓦で築山をつつんだ仏塔を建立したりなどしている、との事実が義浄により報告される。これらの形像・制底製作の素材は金、銀から砂、雪まで実に多様なのだが、その中には二種類の舎利、すなわち(i)身骨舎利や(ii)法頌舎利(「縁起法頌」＊)が安置されることになっている。この造像・造塔の利益は世俗世間の思惟や論理の及ぶ範疇には属しておらず、たとえその像や塔がどんなに小さくとも功徳は大きなものである、と義浄は説く。尊儀の灌沐、香花の供養と同様に、③ミニチュアの造像造塔の易行性の利点を義浄は強調しているわけである。

最後に中国の道友に像の灌沐・揩拭・供花を勧めることになるのだが、義浄自身が中国でかつて目にしたところは、仏降誕会に路辺で尊像を灌濯しながらも、その揩拭することを知らず、尊像を日に晒し風になぶらせている非法の現実であった、と報告してこの章を閉じている。

＊義浄の原文の下に荻原雲来校訂の梵文「法身偈」を補った。義浄の訳業の特徴に注目されたい。

灌沐尊儀の意義　（私・義浄は）詳らかにしてみようとおもうのだが、「修め敬むことの本」といっても（仏・法・僧の）「三（宝）尊」を越えるものは無いのであり、「想いを契ることの因」といっても、寧か（人生に苦しみが有るという現実の構造理解、及びその苦しみからの解放を明かす、苦・集・滅・道の）「四諦」を過ぐるものがあるだろうか（？　否、「三（宝）尊」「四諦」に勝るものなどはありはしないのである）。

然而で（、仏の教えの）諦理は幽邃く（微妙・精妙なものであり）、事は（普通の人の）麁（く雑なる）心とは隔（絶）しているのだけれども、聖儀を灌洗（、沐浴）するという、そのことは実に（是れは之れ、易行道、根機〈＝機根〉の優劣を問わずすべての人に）通じて済せることなのである。大師（釈迦世尊）は（既に入）滅されたといっても、その形像は（今）尚、存しているのである。（されば尊儀・聖儀に灌洗・沐浴の）心を翹して（、大師が今もそこに）在すが如くに（それをなし、結果、道）理として（大師釈迦世尊に）遵い敬むべきなのである。

供香花・灌沐尊儀の功徳　（ところで、今一つ「灌洗・沐浴」と並んで「供設香・花」という、同様に易行性高く功徳は無窮という行の実践がある。されば人は尊儀に対して、）或いは香や花を毎（常）に設けるならば〝清浄の心〟を生ずることが能るわけだし、或いは灌（洗・）沐（浴）を恒（然）に為るならば〝昏沈の業〟を蕩うのにも足りるのである。斯れ（、すなわち香や花を供え、尊儀を灌沐する）をもって（己が心に）念を標せば、〝無表の（利）益〟が自ら収まることになり、（斯れをもって）余（外）の人に勧奨めれば〝有作の功（徳）〟をも兼ねて利（益）することになるのである。福（徳・利益）を冀希う者ならば、宜しく（斯れに）存意すべきである。

インド灌沐法の実際　但ら西国の諸寺では、尊儀を灌（洗・）沐（浴）するのは毎（日）禺中の時（巳の刻、午前九時から十一時）である。（そのときになると、）授事（の苾芻）が便ち健稚（ghaṇṭā）を鳴らすのである。

義浄《原注》

「授事」は梵（言）では「羯磨陀那（karma-dāna）」と云う。「陀那（dāna）」は「授ける」こと、「羯磨（karman）」は「事」ということである。その意（味）は、衆くの雑「事」を人に指（示・教）「授」することを道うのである。

旧く(中国でこの語を訳して)「維那」と云っていたのは非である。(何となれば、この「維那」の)「維」は唐語(中国語)で意(味)は(組織を統べる)「綱維」ということを道っており、「那」は梵(言「羯磨—陀那＝karma-dāna」の語末の)音([na]であり)、(しかも)「羯磨陀」(相当)の字(音・字義、すなわちkarmanと√dā部分)は(省)略(・消)去してしまっているのである(から、「維那」とは何とも不正確・不充分な訳語ということになる)。

寺(の)庭には宝蓋(天蓋)が張り施され、(堂)殿(仏殿)の側には香(水の入った)瓶が羅列られている。

(さて、)金・銀・銅・石(製)の(尊)像を取り(出し、これらは)、銅・金・木・石(製)の槃の内に(安)置かれることになるのである。諸(々)の妓女に音楽を奏でさせ(る中)、(いよいよ尊像に)磨香を塗り、香水を灌ぐのである。

義浄《原注》

(「磨香」とは、)栴檀(candana)・沈水(agaru)など香木の輩いを取り、礎石の上で水と(ともに)磨り、泥(状)に成る。(これが「磨香」である。その使用法は、これを尊)像(の)身に塗り、方しく(奉)持して、水を灌ぐのである。

（その後で、清）浄（な）白畳（白氈）でもって之れを揩拭、然後で（再び堂）殿中に安置するのだが、（そのときには一緒に）諸（々の生）花や綵（花＝造花）をも（尊像の前に）布（列）べるのである。

此れは〝寺（家の苾芻）衆の（協同して行なう）儀〟であって、羯磨陀那（授事、知事）が（指示して如上の一連の尊儀灌沐を）作せるのである。

自房内灌沐法　然し（、この授事苾芻の指示の下、一同協力して堂殿内安置の大きな尊儀を灌洗、沐浴、塗香、揩拭する一方で、それぞれの）房々の内でも自ら（小さな）尊儀を（灌洗、沐）浴させるのであり、日々皆（このことを）為し、心に要るので（何一つ）闕（乏）は無いのである。

供花論　（インドでは）但ら草木の花（という花）は咸（尊像に）奉献げるのである。それは（季節を問わない、すなわち）冬・夏を論じないのであって（、この供花のため尊像の周りは、）芬馥というのが（インドでは）恒然のことなのである。（城市に出れば、）市肆の間にも（そのための花を）売る者が亦衆いのである。

（このインドの現状と）且く東夏の如き（とを比較する）ならば、蓮花・石竹は夏や秋に彩を散らし、金荊・桃・杏は春の日に敷く栄るのであり、木槿・石榴は時（の移ろい）に随って（次々に花が）発き代わり、朱桜・素柰も（季）節（の移ろい）を逐って（次々に）葩を揚かせるのである。園・観には蜀葵の流（類）い、山・荘には香草の（流）類い（、というわけで、およそ神州にはない花はないといってよいほどに花々は豊かにあるの）である。（どうしてどうしてインドに少しも見劣りしていない。されば、これらの花々は、）必須ず持ち来たって（尊像のために）布列べるべきなのであって、（中国で往々そうであるように、名園を造り）宜しく遥かに（その）樹園を指す（のみで終わってしまい、尊像の周りは寂しい限りという）のであってはならないのである。（そうはいっても毎常に花のあるインドとは異なり、中国では）冬景には片時（の間）、或いは（花が）闕乏することもあるだろう。（そのような場合には、）諸（々）の繒綵を剪り（造花をつくり、また）名香を坌めて、尊（像）の前に設在くのである。（中国でもこのようにできれば、）斯れは実に佳いのである。

灌沐銅像法　銅像（の灌洗・沐浴）に至っては（、その）小さい大きいを問うこと無く、（必）須ず細かな灰や甎（の粉）末で揩拭って光明、清（潔な）水を之れに灌ぐべきである。（そのため銅像の光沢たるや、）澄んだ（水に映える）華（のよう）であり（、また金属盤を磨いた）鏡の若である。

大（きな銅像）は月半（半月）・月尽（月末）に（苾芻）合衆で共に（この揩拭・灌水を）為し、小（さな銅像）は（自）己の（なし）能る所に随い、毎（日、必）須ず洗（浄、）沐（浴して揩拭）すべきなのである。

灌沐の易行性・吉祥の水・残花の処理法　斯(の尊儀の灌沐)は費やす所は少ないとはいっても、而し(その功徳のもたらされる)福利は尤も多いのである。(尊)像を(沐)浴させる水は、即ち両指を挙げて(像の)頂上から灑ぐのである。斯れを〝吉祥の水〟と請い、(これにより)勝(れた)利(益、功徳)を冀求めるのである。(尚、中国とは異なり尊像に)奉献した残(りの)花は(、手に)持って嗅ぐ合きではなく、棄てた水や棄てた花も履践るべきではないのである。(残花の処理には懇ろに意を注ぎ、不浄処にではなく清)浄処に(、それも立て掛け)傾けて之れを置く可きなのである。

中国仏教批判――不灌沐尊儀・不供花――　(ところで、中国の仏教僧侶の現状ときたらどうだろうか?)豈して白首(白頭髪)になるまで終(年)、尊像については曽て(一度として)揩(拭)、沐(浴)したことなどなく、(また豈して)紅花が野に遍くあったとしても本より自ずから(それを尊像に)奉薦する(思いが湧いてくる)心が無いなどということがある容きだろうか(?　否、それでよかろうはずがない)。(然)而も(自らの諸縁事を)省くことを逐って(いるばかりで、沐浴・揩拭・供花を)嬾り作し、遥かに池や園を指し(示すのみで、荘厳・供養の実際のはたらきを)、即ち休(止)めてしまっているのである。(また、自らの労)苦を畏れては(揩拭・沐浴・供花を)為すことを惰り、(尊像を祠る)堂(殿)を開けても普り(仏像に)敬(礼)しただけで便ち罷めてしまうのである。此れでは(いくら礼の国・神州＝中国といっても）師資（師弟）は（その）緒を絶ち、遂には（仏像の）敬（礼）を致そうにも（その）由が無くな（ってしまう、すなわち師資の相承＝伝統の形成が不可能にな）るようにさせているのである。

インド造塔造像供養法の種々相　泥の制底（caitya　塔廟）を造ること、及び泥の（尊）像を拓模ること、或いは絹（布）や紙に（尊像を）印（刷）して随処で供養すること、或いは（土を）積んで聚を為り（、その上を）塼（甎、焼き煉瓦）で之れ（＝土の聚）を裹んで即ち仏塔（stūpa?）と成ること、或いは（これらの供養物を）空野（荒野）に置いて銷散るに任せること（等々）は、西方の法（侶＝仏教の出家者）・俗（人＝在俗の仏教信者の間）で此れを（為して供養の）業と為ないものはないのである。

造塔造像の素材と二種舎利　又復凡そ形像及び制底を造るのには、（その素材として）金・銀・銅・鉄・泥・漆・甎・石、或いは沙（砂）・雪を聚め（て、造）るのである。（また、）之れを作るときに当たっては、中に二種（類）の舎利を安（置）くのであるが、（その二種のうちの第）一は大師（釈迦世尊）の身骨（、いわゆる「身骨舎利（dhātu śarīra）」）を謂うのであり、（その第）二は「縁起法頌」（を書き記した、いわゆる「法頌舎利（dhrma[-gāthā-]śarīra）」）を謂うのである。この（うちの後者、「縁起法）頌」は曰う、

諸法従縁起
如来説是因
彼法因縁尽
是大沙門説。

諸法は縁従り起く。
如来は是の因を説けり。
彼の法は縁に因りて尽く。
是れ大沙門の説なり。

ye dharma hetuprabhavā hetuṃ teṣāṃ tathāgato hyavadat |
teṣāṃ ca yo nirodho evaṃ vādī mahāśramaṇaḥ ‖

Lalitavistra(S.Lefmar)(荻原雲来『実習梵語学』一六三頁)

諸法は、縁(hetu-prabhava＝原因の根源)から起こるもの。
如来は説けり、その因(hetu＝原因)を。
されば尽くるも縁による。
大沙門の説もまさにこれ。

要ずや此の二(種、すなわち「身骨舎利」「法頌舎利」)を安(置)けば、(そのもたらされる)福(報)たるや乃ち弘く多いものがある。

造塔造像の功徳　是れに由り、経の中でも広く譬喩(dṛṣṭānta)が為られていて其の利益の(世間の常識・思惟の範疇を超えて)不可思議なることが(讃)歎されているのである。(たとえば、)若し人が(仏を供養せんとてその形)像を造ること(、たとえ)穬麦の如き(小ささ)であったとしても、(また、もし人が仏を供養せんとて)制底(を造ること、たとえ)

小棗の如き（小ささ）で、（そして、またその制底の頂）上に輪相（相輪）を置き（、さらにまた、その傘蓋の心柱である傘）竿の細さといったら針の若きものであったとしても、（この造像・造塔による功徳の）殊（勝）なる（報）因たるや（、その大いなること、）七つの海にも（流）類して窮まるということがなく、（この造像・造塔による功徳の殊）勝なる報（因）たるや（、およそあらゆる生物の発生形態、すなわち胎・卵・湿・化という）四生に遍（満）して尽きるということが莫いのである。其の間の委　細については具さには別の経に在（る通りであ）る。

中国仏教への提言と批判　（私・義浄が）幸うのは（、中国の）諸（々の）法師等が時に（、尊像の灌沐・揩拭・供花に）務める可きだということである。

尊容を洗（沐、）敬（礼）すれば（、それは生まれかわり死にかわりする、その一つ一つの生涯、）生々に仏に値う業なのであり、花や香が設えられることに致れば（、それは生まれかわり死にかわる、その一つ一つの生涯、）代々に富楽となる（報）因なのである。（そしてそれは、）自ら（尊像の灌沐・揩拭・供花を）作し（ていることが、同時に他の）人にも福（報）を得させること無量なのである。

（ところで、私・義浄が中国に在った当時のことだが、）曽て有る処で、四月八日（の仏降誕の日）に、或いは道（人＝法家＝仏教の出家）が、或いは俗（人＝在家）が、（尊）像を路辺に持ち(出して、)随宜に灌濯しているのを見たことがある。(しかし、彼らは灌濯後に像を)揩拭することを知らず、(ために尊像は)風に飄られ日に暴され(る、といった有り様だったのである。いうまでもないことだが)、(このようなことは)未だ其の(律蔵に定める本来の律)儀に称ってなぞいないのである。

第三十二章　讃詠之礼［讃歎・詠唱の礼法］

梗　概　本章では、インド仏教の讃歎・詠唱の礼法の正則と実際が語られている。義浄は中国仏教が仏の名を唱えるだけで仏の徳の具体相を称えないので仏の智慧の高下が分からないと批判、インドのように仏名のみならずその仏徳をも唱称せよ、と主張する。次に東インド、タームラリプティでの礼敬の実際が報告される。礼敬は夕方に寺から出て、繞塔三帀（にょうとうさんそう）、香花具設、仏徳讃歎と次第して寺中に戻り、次いで経師による『無常三啓経』の読経があり、その経師への労いの言葉があって、最後礼敬で終わる。この礼敬では、僧伽序列第一位の上座苾芻から最下位苾芻までが順に、師子座・聖僧座・上座苾芻の三処を礼敬することになっている。なお、この唱導師用の費用は「仏物」会計から支出されているとの重要な指摘がある。一方、那爛陀のような大寺では僧伽五衆全員による礼敬は事実上困難であり、ために各自が個人的に、あるいは小人数で、声を出し、あるいは出さずに礼誦するか、専門の唱導師を雇用し、院・殿すべてを時間をかけて巡行・礼讃させるという。

次に義浄は中国風に変容した母国の礼讃の詠唱法を批判、インドのそれは直声で長いのに対し、中国のものは梵唄（ぼんばい）も含めてそうではなく、ただ音韻がやや長いといったくらいなので不可である、というのである。

さて、インドには仏徳讃詠の文を作るという文学的伝統がある。義浄入竺時、最も人口に膾炙していたのがマートリチェータの『一百五十讃』『四百讃』であった。義浄はマートリチェータの授記を紹介した後で、両『讃』の内容は、仏徳の顕われ＝大乗の六波羅蜜を主題とし、文章の情感・道理ともに最上のものであり、この種の文章の規範たるべきもので、無著・世親以下その跡を仰がざるはない、という。この両『讃』は僧伽に出家するとすぐに誦することになるのだが、それは、(一)仏徳を知り、(二)文章作法の勉強になり、(三)舌根が清浄となり、(四)胸がスッキリし、(五)苾芻中に出て気後れ上気せず、(六)長命・無病となる等々の六つの効果が期待できるから、とされている。そして義浄はこの『一百五十讃』の注釈として陳那の『雑讃』と釈迦提婆の『糅雑讃』をあげている。

次に義浄は龍樹の『密友書』を取り上げ、この書簡の内容が親しい王に宛てたもので修辞に優れ、心が籠り、仏教の中道の教えを懇ろに説いている旨を紹介している。

さて『書』『讃』には今一つ別の役割がある。それは初等教育の学習教科書としてのそれで、ちょうど中国仏教僧侶における『観音経』『遺教経』、中国一般世俗の徒における『千字文』『孝経』に相当するものだ、と義浄はいう。

『書』『讃』と同様のものとして、聖勇『社得迦摩羅(ジャータカマーラー)』や戒日王『龍王の喜び』、月官『須題拏本生』、馬鳴の諸作(『端正なる難陀』『大荘厳論経』『仏所行讃』)などが補足説明され、最後に義浄は自分の訳した『一百五十讃』と『密友書』を本書『寄帰伝』とともに、帰国に先立って中国に送付する旨を書き添えている。

中国仏教唱題批判　神州の地で古(来)より相伝している(讃歎・詠唱の礼法は、インドの正則から見て大いに非とされるべきものである。何故なら中国仏教)の(それ)は、但だ礼(拝)する仏の題名を知っているだけであり、多くは(今、自分の口にしている仏の、その徳の具体的内容を承知した上で、その仏を）称揚讃徳しているのではないのである。

（中国でいう「仏の）名を聞く」とは（、実際のところ、）何ういうことなのだろうか（？実はこれは何ほどの意味もないのである）。（中国仏教の現実は）但ら其の（仏の題）名を聴くだけなのであって、これでは（、人は仏の）智（慧）の高下を（体）識ることは罔いのである。（では、本来のあるべき讃歎・詠唱の礼法とはどのようなものなのだろうか？）讃歎して（、中国のように仏の題名を口にするだけではなく、インドのように）具さに其の（自分の讃歎・詠唱する仏の）徳を陳べるのである。（インドでいう讃歎とは、すなわち仏を称揚讃徳することであり、その）故に乃ち（、インドの仏者は中国とは異なり仏の）徳の弘く深いことを体（識）っているのである。

礼敬法の実際と『無常三啓経』――耽摩立底国跋羅訶寺の場合――

即如で、西方の制底畔睇（caitya-vandana, caityam vande　我礼敬塔廟）及び常途の礼敬（について、以下に簡単に触れておきたい。これ）は、毎（日）晡後に、或いは曛黄（黄昏）時に於いて、（僧伽の苾芻）大衆は門を出て塔を繞ること三帀（三回り）し、香や花が具設されるのである。（このときには苾芻大衆は）並悉蹲踞し、（讃詠を）能くする者に哀雅な声を作させて、明徹雄朗に大師（釈迦世尊）の徳を讃えさせるのである。（この詠唱、その長さは）或いは十頌、或いは二十頌（である）。

次第に還た寺中に入り、常（途）の集（合）処に至る。（そして、）既に（苾芻大衆各自が、法齢に基づく僧伽内序列通りに、自らの座るべき）其の座（次）が定まったならば、（経文の読誦・吟諷を専門に担当する）一（人の）経師を師子座（siṃhāsana　仏座）に昇らせて、少しばかり経を読誦させる。其の師子座は上座（苾芻の座処）の頭に在り（、その）量や（設置の）処は宜しきを（商）度るのであり、亦（この師子座は高床 uccāsayana ならず、広床 mahāsayana ならず、すなわち）高くも大きくもないのである。

（読）誦される所の経としては、多く（インドでは『無常）三啓（経』）が誦されている。（この『無常三啓経』は、）乃ち尊者馬鳴（Aśvaghoṣa）の集め置く所（、すなわち編集されたもの）なのである。

（この経は三部構成で、）初めは（①）十頌許可り、経（の）意（図するところ）を取（って言うのであ）れば、三（宝）尊（仏・法・僧）を讃歎している。

次は（②）正経が述べられており、これは仏親らが説いたものである。

（この②の正経の）読誦が既に了ったならば、更に（③）十余頌が陳べられており、（この③では）迴向・発願が論じられているのである。

（以上、①─②─③と）節・段が三（つに展）開しているので、故に「三啓（三つに啓く）」というのである。

『(無常三啓)経』(の読誦)が了った時には、(僧伽の苾芻)大衆は皆「蘇婆師多(Subhāṣita)」と云う。(複合語 subhāṣ-ita の前分、副詞の)「蘇(su)」は「(巧妙・微)妙に」、「婆師多(bhāṣ-ita)」は「語られた(√bhāṣの過去受動分詞)」ということである。(ここで何故にSubhāṣitaというかというと、その)意(味)は、『経』を讃(歎)することが(取りも直さず、経典読誦の)「微妙に語られたこと(すなわち、人智を超えた深く勝れた教えが語られたこと)」を欲わせるからなのである。或いは(このとき)「娑度(Sādhu <√sādh〝目標に達する〟)」とも云うが、その(字)義は「善哉(よきかな!)」ということを目づけたものである。

(さて、)経師が方に(師子座から)下りると、

(i) (序列第一の)上座(苾芻)が先ず起って、師子座を礼(拝)する。(その師子座の礼)敬を修することが既に訖ると、次には(聖僧・尊者の影向来臨のために安置されている)聖僧の座を礼(拝)し、それから還って本(来の自らの座)処に居す。

(ii) (次に、序列)第二の上座(苾芻)は前(記の第一の上座苾芻)に準じて(師子座と聖僧座の)二処を礼(拝)し已ってから、次に(今度は第一の)上座(苾芻)を礼(拝)し、(それから)方(始)めて自らの位(置)に居いて座す。

(iii) (さらに、序列)第三の上座(苾芻以下)も准次同然で、(苾芻)衆の末(席の者)まで(こ

のようにして礼拝を修)する。

若しも其の(苾芻)衆が大いのであるならば、(第一の上座苾芻から数えて)三(人)、五人を過ぎたならば、余(外)は皆一時(同時)に(苾芻)衆に望って起ち、礼(拝)し、(その後は)情の随に去ってよい。(以上、)斯の(讃礼の)法(式)は東聖方(、「聖方処」=阿離耶提舎 āryadeśa)の耽摩立底(Tāmraliptī)国の僧徒の軌式なのである。

礼敬法——ナーランダー寺の場合—— (しかし、)那爛陀(Nālandā)寺の如き(大寺)に至っては、(童子・浄)人(・苾芻)衆は(非常に)殷繁で、(これら浄人・戸人・童児・学生などを除いた、出家五衆の)僧徒の数(だけで)も三千を出るのである。(当然ながら、これらの僧徒が)造次に詳(=翔)いで集まるというのは(甚だ困)難である。(那爛陀)寺には八院が有り、房は三百も有る。(そうであってみれば、耽摩立底国の娑羅訶寺のように全員が揃って礼拝を為すのではなく、礼拝・読誦の実践は)但ら(各自が状況を判断して)、時に随い処に当たり、自ら(尊像に)礼(拝)し、(自ら経を読)誦するのである。

《訳者補》 義浄のいうところは、結局、大寺那爛陀寺の礼敬法とは、苾芻の個人的礼・誦と、専門唱導師の巡行礼讃、という二本立ての体制となっているというのである。以下ではそれが説明される。

然（而）、（那爛陀寺では、各自の礼・誦とは別に、）此（処）の寺法として、一人の唱導を能くする師を差わして、毎（日）に晡西に至ると巡行・礼讃させるのだが、浄人と童子（māṇava）が雑（々）な香や花を持ち、（この経師＝唱導師の）前を（導）引いて去き、（八院ある）院という院は悉く（通）過、殿という殿は皆礼（拝）するのである。毎（常）に礼拝する時には高声で讃歎するので、三頌・五頌、（たとえ讃歎が短いものであっても）その響きは皆遍く（透）徹ることになる。（この唱導師一行による礼拝・読誦は、）日暮れ迄かかって方始っと（各院・全殿を）言い周るのである。此の唱導師（のための手当て、その計上されている会計の扱い）は（法物でも僧物でもなく）恒（式）に寺家から（仏物として、会計を別異にして、）別料の供養を受けているのである――仏物・法物・僧物の各会計については第三十六章を参照――。

（さて、前記の①各自の礼拝・讃誦を補足説明しておけば、これは）或いは復独り香台（＝仏殿）に対して隻り座して（声を出さずに）心（の中）で讃（歎）し、或いは詳いで梵宇（＝仏殿）に臨んで（苾芻）衆で（長）跪して（座し、声）高らかに（開）闡（・讃歎）するというものもある。

(この礼讃がすむと、)然後で、十指を地に布けて叩頭(の礼)で三礼する。斯れが西方で承け籍がれている礼敬の(軌)儀なのである。(一言付け加えれば、)而し、老(苾芻)・病(苾芻)の流(類)いには(特別な配慮がなされており)、小(さな床)座に居たまま(礼拝したとしても、それは)任なのである。

中国風礼讃の批判　(ところで、)其の仏を讃(歎)するという(行為そのも)のは(インド同様、中国でも)旧くから已に有ることなのである。但し、(同じ讃仏の)行を為すのにも稍別(なところ)があり、梵(土)と(中国と)では(讃歎の内実が)同じではないのである。且如礼仏の時、仏の(姿形、つまり三十二)相(・八十種)好を(讃)歎するのを云う如きでも、即ち直声で長く讃(歎)す合きなのである。(そうであるから、たとえその讃歎が短くて)或いは十頌、二十頌であったとしても(、中国語風に変容させるのではなく)、斯れ(直声で長く讃歎する、というものこそ)が其の(インド本来の)法(式)なのである。又(、現在中国で唱えられている)「如来(妙色身…)…」等の(梵)唄も元(来)は讃仏なのであり(、だから元来はインドのように直声で長く讃歎すべきなのであり)、良に(中国のように)音韻が稍長いといったくらいでは、(その礼仏時の讃歎の真実の)意義は顕われ難いのである。

『一百五十讃』『四百讃』の詩人マートリチェータ　(ところで、ここでインドの讃歎についていうのならば、これは)或いは(毎月の四)斎(の日、すなわち黒月＝太陰暦下半月の八日、十四日或いは十五日、白月＝太陰暦上半月の八日、十五日に寺に集まり、晡後＝夕方、皆で寺制を聴くの)に因く静かな夜など、(当日昼間の喧噪とは打って変わって僧伽の苾芻)大衆が悽然んでいるなか、一(人)の(讃詠を)能(くする)者に、『一百五十讃(Śatapañcāśatka)』、及び『四百讃(Catuḥśatakastotra)』、幷びに(自)余の別の『讃』を誦させる可きである。斯れは(、まことに時と処に適い、)佳(い趣き)に成るのである。

然而で西国の礼敬では盛んに讃歎することを伝えている(が、このことは同時に讃歎の偈頌の制作が盛んということでもある)。(インドでは)但ら(詩文において自ら恃むに足る)才(能ある)人が有れば、(その)敬う所の尊(者の作に自ら和韻――後述――して、彼の『讃』)を称え説くという(文学形式をとる)ことを為ないことは莫いのである。

且如尊者摩咥里制吒(Mātṛceṭa)の如きは(、何と言っても)西方の宏才の碩徳(＝大徳)で秀冠群英の人である。

義浄《原注》

(「摩咥里制吒」のうちの「咥」字の発音は、)「丁[tɛŋ]」と「結[ket]」の反(切、[tet]という音)である。

その伝えて云うところでは、

「昔、仏の在せし時（のこと）、仏は因あって親ら（僧）徒（の）衆を領いて人間（社会）を遊行することがあった。その時、鸎鳥が（一羽）有り、仏の相好が金山の若に儼かであるのを見て、林の内で和雅なる（声）音を発したのだが（、その音色たるや仏徳の）讃詠の如似であった。

仏は諸（の）弟子を顧みて曰った、

『此の鳥は我を見て歓喜し覚えず（知らず）哀鳴ったのだが、斯の福（業）に縁るの故に、我が没代後に人身を獲得、摩咥里制吒と名のり、広く称歎（の『讃』）を為り、我が（真）実（の）徳を讃（歎）することであろう』、と」。

義浄《原注》

（「摩咥里制吒（Mātṛceṭa）」の）「摩咥里（mātṛ）」とは母のこと、「制叱（ceṭa）」とは児（、より正確には僮僕、しもべ）ということである。

其の人（、すなわち摩咥里制吒）は初め（仏教以外の宗教、すなわち）外道に依って出家し、大自在天（Maheśvara 就中 Śiva 神）に事え、既に所尊（であるシヴァ神）にたいして具さに讃詠を申していたのであった。後に（前述の仏の予言、すなわち授）記された（自らの）名を見て（外道から）心を翻して仏（の教え）を奉じ、衣を染めて俗（世間）を出て（苾芻となり）、広く讃歎（の念）を興したのであった。（要するに、彼・摩咥里制吒は）前非（というべき大自在天に事えたこと）の已往を悔い、勝轍（である仏の教え）の将来に遵ったのである。（彼・摩咥里制吒は）自ら（の生において、生身の）大師（釈迦世尊）に遇わなかったことを悲しみ、但ら（大師の）遺像に逢い、遂に盛んに（文）藻を抽いでは（大師を）仰ぎ授記に符うべく仏の功徳を讃（歎）したのであった。

『四百讃』『一百五十讃』の内容　（彼・摩咥里制吒は、）初めに『四百讃』を造り、次に『一百五十讃』を造ったのである。（この両『讃』の内容は、）総じては（大乗仏教で菩薩が果たすべき六つの働きである）六度（六波羅蜜、すなわち布施・持戒・忍辱・精進・禅定・智慧）を陳べて、仏・世尊の所有る勝（れた）徳を明かしている。（そうであるから、）斯（の両『讃』の文藻・文章）は（、次のように）謂うことが可る。

「文（章に込められた）情（感）は婉やかで麗しく、天（上界の）蘤とその芳（香）を斉しくするのであり、

（文章に込められた旨趣は道）理に致って清らかで（気）高く、地（獄界の）岳とその峻（厳）を争うのである」と。

西方の讃頌を造ろうとする者は、咸同じく（この両『讃』の文藻を）祖（法）として習わないということは莫いのである。無著（Asanga）・世親（Vasubandhu の両）菩薩（ですら）も、悉く皆その趾を仰いでいるのである。

初等教育課本としての両『讃』の利用　故に五天（竺）の地では初（めて）出家（した）者、亦既に（出家してはいるものの、まだ）五戒・十戒を誦することが得る（という程度の者）ならば、即ち（必）須ず先ず斯の（『四百讃』と『一百五十讃』の）二『讃』を誦させるべきなのである。（この二『讃』、）大乗・小乗を問うこと無く（、初等の教育課本としては）咸同じく此れ（ら）に遵っている。（何となれば、この二『讃』の詠誦には、以下に見るような）六つの意（義）があるのである。

一、仏の徳の深遠いことを知ることが能る。

二、文（章）を制（作）る次第を体（識）る（ことができる）。

三、舌根を清浄にさせる（ことができる）。

四、胸蔵を開通させることが得る。

五、（苾芻）衆（の中）に処て（、他を意識して上気・狼狽、）惶れることなし（でいられる）。

六、（生）命長らえ（疾）病無し（でいられる）。

此れ(ら=『四百讃』と『一百五十讃』)を誦することが得るようになった(その)已で、方(始)めて余(外)の経を学ぶのである。然而で、斯の美(しい『四百讃』と『一百五十讃』)は、未だ東夏に伝わっていないのである。

『一百五十讃』への釈と和 (されば、インドの伝統としてこの摩咥里制吒『一百五十讃』に対しては、〝注)釈(vṛtti)を造る(創作の)家〟も故に亦多いのであり、(さらには)〝和(韻)を為る(創作の)者〟も誠に一算ではないのである。(たとえば後者についていえば、)陳那(Dignāga)菩薩も親しく自ら和(韻)を為っている。(彼・陳那は)毎に(①『一百五十讃』の各)頌(śloka)の初めに各 其の(自作の)一(頌)を加えたのである。名づけて②『雑讃(Miśrakastotra)』と為た。頌は(総じては、①150+②150=300 すなわち)三百有る。又鹿(野)苑の名僧、釈迦提婆(Śākyadeva)と号するものがあり、(彼は)復陳那の頌の前に各の(自作の)一頌を加えて(和韻を為り、③)『糅雑讃(Miśrakamiśrakastotra)』と名づけたのである。(頌は)総じては(本来の①摩咥里制吒『一百五十讃』に②陳那『雑讃』と③釈迦提婆『糅雑讃』の各讃頌が加上されるので、①150+②150+③150=450 すなわち)四百五十頌有ることになる。但ら(讃詠を)制作せんとするほどの流(類)いで有るならば、皆(、インドでは、この『一百五十讃』こそを)亀鏡と為ているのである。

龍樹『密友書』　又龍樹(Nāgārjuna)菩薩には詩でもって書(簡)に代えたものがある。これは『蘇頡里離佉(Suhṛllekha)』と名づけられたもので(、中国語に)訳せば『密友書』と為る。(この書簡は、龍樹の)旧い檀越(陀那鉢底 dānapati＝施主)である南方の大国の(君)王に寄せ、与えたものである。(この君王は、)娑多婆漢那(Sātavāhana)と号し、市寅得迦(Jetaka)と名ったものである。(この『書』の修辞・内容について言うのであるならば、甚だ)文藻(＝文章)は秀発、慰誨勤々、的しく中途(＝中道)を指し(示し)、親しきこと骨肉を逾える、と謂うことが可る。

(この『密友書』の)中に就いて(見ると、その)旨趣には寔に多くの意(味)が有るのである。(よって、この『書』の内容を以下に要約する。)先ず、三(宝)尊(＝仏・法・僧)を敬信して父母に孝養し、戒を持ち悪を捨て人を択んで交わり、諸(々)の財色に不浄観を修し、家室(＝家庭)を検校して無常を正念するようにさせる。広く(五道生、輪廻の中にある)餓鬼・傍生(＝畜生)のことを述べ、盛んに人・天・地獄のことを道う。(貪・瞋・痴の三毒の)火が頭上で燃えているのに払い除ける暇も無い(、というのが現実の人の有り様なのだから、縁起に心を運らして専ら解脱を求める(べきである、と言うのである)。(聞慧・思慧・修慧の)三慧を勧め行じて、聖道の八支(、すなわち正見・正思惟・正語・正業・正命・正精進・正念・正定)を明らかにし、四真(苦・集・滅・道の四聖諦)を学ばせて、円(寂)と凝(然)の両得を証すのである。観自在(菩薩)に如じく怨・親を簡ばず、阿弥陀(仏)に同じく恒(然)に浄土に居すのである。

斯れ(、『密友書』)は即ち(教)化(済度衆)生の(妙)術であり、(既に完全無欠、もはや)要(須)ずや(付け)加えるべきものなど無いのである。

課本としての『讃』『書』——印中比較の視点——

五天(竺)では〝学(習)を創(始)めようとする流(類)い〟は、(前述の如く)皆先ず此の『書』(『密友書』)や『讃』(『四百讃』と『一百五十讃』)を誦するのである。(そして、この『書』『讃』は学習の最初に出会うものではあるが、そこに)心を帰し、〝(念を)繋ぎ仰ぐ(流)類い〟には、終身(これらを精通)研(鑽、)味(読)しないというものは靡いのである。(それは、ちょうど)神州の法侶ならば『観音(経)』や『遺教(経)』を(読)誦し、(中国の一般世)俗(の)徒であるならば『千(字)文』や『孝経』を読(誦)しているのと若じである。(要するに中国の『観音経』『遺教経』『千字文』『孝経』と同様に、インドでは『密友書』『四百讃』『一百五十讃』といった文典類を生涯欽しみ(敬い)翫び(愛でいとおしんで)、もって師範としないものは莫いのである。

ジャータカマーラー

『社得迦摩羅(Jātakamālā『菩薩本生鬘論』)』も亦此の(流)類いと同じである。

義浄《原注》

社得迦（Jātaka）とは「本生」ということである。摩羅（mālā）とは即ち「貫」ということである。（釈迦牟尼）菩薩の昔生（＝前生、前世の生涯）での（困）難（な修）行のことを集め取って、之れを「貫」いて一処に（編集）したということである。

（この『社得迦摩羅』、）若しも（中国語に）訳せば十余軸（＝巻）にも可成るにちがいないだろう。（これは、）本生の事（釈迦の前生物語）に（主題を）取り、詩讃を為ったものであり、（その文章は世）俗（の情い）に順じて妍美、読者を歓愛、群（くの衆）生を摂（受）している。（これがどれほど人口に膾炙していたのかをよく示す逸話がある）。時に、文筆を極めて好まれた戒日（Harṣa）王が（勅）令を下して曰われたことがあった、「諸君、（日頃より）但ら詩讃を好む者あるならば、明日の旦朝、咸将って（来て、それを）朕（わたくし）に示せ」と。

（さてその翌朝、）それらを総て集めてみると（貝葉）五百夾にも（獲）得たのだが、（実際に）展げて之れを閲（覧）ると、多くは『社得迦摩羅』だったのである。（この一事をもってしても、）方に讃詠の中でも斯れが美の極みであることを知ることができるのである。

南海讃詠事情　南海諸島には十余国が有るが（、ここでも）法（侶・）俗（人）を問うこと無く、咸皆諷誦しているのは前(述)の如き(『一百五十讃』以下の詩讃なの)である。而し東夏には未だ曽て(これらの詩讃は)訳出されていないのである。

その他の諷誦テキスト　又(前記の)戒日王は乗雲(Jīmūtavāhana)菩薩が龍の身代りになった事(に主題)を取り(、作れるところの詩頌を)緝めて歌詠に為(上げ、『龍王の喜び(Nāgānanda)』とし)たのである。(そして、王はこれに楽器＝)絃管を(演)奏諧(暢)させることで人を楽ばせ、之れに舞踏(の振り付けを)して、代(＝世)に流布させたのである。

又東印度の月官大士は、毘輸安呾囉(Viśvāntara ?)太子の歌詞(、いわゆる『須提拏本生』)を作っているが、人、皆(この毘輸安呾囉太子本生譚に主題をとって)舞(踏・歌)詠すること、五天(竺)に遍(満)ているのである。旧く(中国で)蘇達拏(Sudāna)太子と云っていたのは是れなのである。

又尊者馬鳴(Aśvaghoṣa)は亦(『端正なる難陀(Saundarananda)』をはじめとする)歌詞、及び荘厳の論(『(大)荘厳論経』)を造り、幷びに仏の本行の詩(『仏所行讃(Buddhacarita)』)を作ったのである。

(この仏本行詩『仏所行讃』の)大本(足本、広本の意か?)は、若し(中国語に)訳せば十余巻にもなるであろう。(その表わす)意は(といえば、)如来が(劫比羅伐窣覩 Kapilavastu の)王宮(に誕生するところ)から始まり、(室羅伐 Śrāvastī 城は逝多 Jetavana 林の娑羅)

双樹に終わるまでの（釈迦）一代の仏法を述べ、並緝めて詩に為っているのである。五天（竺）・南海で（これを）諷誦しないということは無いのである。

讃詠の長所と義浄の付言　（上来述べてきた讃詠の数々は、その）意（味するところ）は明らかで（、しかも用うるところの言葉＝文）字は少なく、而も（ものごとの）義（理）を摂めて、能く多く（のはたらき）をなすのである。復読者の心を悦ばせては倦むことを忘れさせ、又復（釈迦の）聖教を纂（め）持っては、能く福（徳・）利（益）を生じさせるのである。

（さて、我が神州の道友たちよ、）其の『一百五十讃』及び龍樹菩薩の『書』（、すなわち『密友書』）は（私・義浄がここに訳出したので、これも）並びに別に録して（、私の帰国に先だってひとまず南海より、我が神州に）寄帰せる。（されば、現在、中国で）讃詠を楽う者は、時に（これらによって）誦習すべきなのである。（義浄訳『一百五十讃仏頌』は大正蔵巻三二、七五八頁中段～七六二頁上段、『密友書』すなわち義浄訳『龍樹菩薩勧誡王頌』は大正蔵巻三二、七五一頁上段～七五四頁中段に収められている。）

第三十三章　尊敬乖式［中国の尊敬礼法への批判］

梗概　第十章・第十七章・第二十四章など、既に礼敬法は本書の諸処に散見するが、義浄は章を改め、ここで小さいながら一章纏まったインド仏教礼敬正則論、中国仏教礼敬法批判を展開している。

まず最初にインド仏教僧伽での苾芻生活の少欲知足の原則が述べられている。乞食、頭陀、但三衣というシンプルライフがその内容なのだが、義浄の脳裡にはその対極に位置する中国仏教の嘆くべき現実が想起されている。仏教では本来の礼敬対象は二つのみ、仏・法・僧の三宝と、自分より法齢の多い苾芻とされるのだが、中国人僧侶にあってはそうではなく、何と俗人をまでも礼敬の対象としていると義浄は中国仏教の非をあげつらう。

またこの短い章の最後で義浄は、仏像を大道で見世物にし、また自らの身体を見世物にして鉤さし串さしするような輩がいる当時の中国仏教の現実を批判する。これらの類いはインドでは全く見かけないところであり、また仏道への勧導という本来の精神からいってもしてはならないところだ、と義浄は主張するのである。

インド仏教僧伽の苾芻生活正則

礼敬の(軌)儀については(既に律蔵の中、釈迦の聖)教に明らかな(規)則があるのだから、自ら(昼夜)六時、策(修・存)念して四体で(是れ、)翹勤めるべきなのである。(では、具体的に日常生活中でどう実践すべきなのだろうか？

私・義浄の考えはこうである。まず苾芻たるもの、慎ましく）一房に（あるを）端居とし、乞食を（日々の）業と為し、頭陀（＝杜多 dhūta）行（、まず［衣］①糞掃衣、②但三衣、次に［食］③常乞食、④次第乞食、⑤一座食、⑥鉢乞食、⑦不重受食、最後に［住］⑧住阿蘭若、⑨樹下居、⑩露処住、⑪随処住、⑫屍林住、⑬常座等々――第十章も参照――）に順い、（衣・食・住を簡便・簡素にして、総じて少欲）知足の道を修めるのである。但ら三衣のみを著て、（三衣以外の）盈長（な衣服、すなわち長衣）を畜えず、無生（a-jāti <√jan 本質は生ずることも無く滅することも無く、消滅変化を超越したところにある、すなわち「空」）に想いを致し、有累（＝煩悩）を全て祛るのである。

中国仏教批判　（ところで、現下中国仏教の僧侶ときたらどうだろうか？）豈して輒ら（同じ仏教でありながら、インドの仏教苾芻とは）僧（徒の威）儀を（別）異にし（、さらにインドの仏教苾芻とは）別に軌式を行じているのだろうか？（中国の仏教僧侶は、截然区別すべき世間・出世間の範疇分けや、両者の価値の上下・優劣・先後の認識が充分とはいえないのである。どうして中国の仏教僧侶は、）出家の服を披って常類（、在家、すなわち世俗世間の一般人）とは同じでないのに、而し廛肆の中に在って（、世俗の人に同じく）諸（々）の俗（人の）流（類）いを礼（敬）しているのだろうか？　律の教えを検尋べても全く此の事は（、すなわち世間が自らを低きものとして至高なる出世間を礼敬するのではなく、順序を逆にして出世間の側が世間を礼敬するなど、律蔵は全く制）遮（禁止）しているのである。

仏は、「二種の応に礼（拝）すべきものあり」と言われるのだが、（その二種とは、）謂う所の（仏・法・僧の）三宝と、及び（自己よりも法齢の大きな先輩苾芻である）大己苾芻（、という上記二種だけ）なのである（。ならば前述のように中国人僧侶が自分の方から世俗の人を礼敬するなぞ言語道断、これは論の限りではないのである）。

又（中国では見世物にするために）尊像を齎持っていっては大道の中に（置）在き、聖容を塵坌にして財利を求めている（ような徒輩がいる）。或いは（中国には尊像を晒し物にして金品を贖うだけでなく、自分自身を見世物にする徒輩もおり、）身（体）に鉤し、臉に（も同じく金串を）刺し、（あるいは関）節を断し、肌を穿つ、といったものが有るのである。（これらの人々は）詐って（仏に親近し、出家して、苾芻形となるという）好心に託す（かのように上辺は見せている）が、本より（自らの）活命を希っているにすぎないのである。

斯の如な色（類）は、西国では全く無いのである。諸人を（して仏の道に）勧め導くというのであるならば、復此（のようなこと）は行なってはならないのである。

第三十四章　西方学法［梵語文法学の簡単な紹介］

梗　概　梵語文法教育の紹介が本章主題だが、義浄の意図は中国人自身が梵語を学習・理解すれば翻訳の二重手間がいらないというものである。「声明(śabda-vidyā　梵語文法学)」は学問の五大範疇の一つに数えられ重要なものであり、以下に述べる最初の五文法書は儒教の四書・五経の五経に相当する、とは義浄の読者配慮の言なのだ。

［Ⅰ］創学『悉談章』は大自在天の所造、母音・子音計四十九字母を綴り乗じ転ずる基本の説明の書である。三百余頌。パーニニ作の［Ⅱ］『蘇呾囉』は、要の義と理を簡潔に説明、『略詮』と訳せると義浄はいう。一千頌。［Ⅲ］『駄覩章』は語根表。一千頌。［Ⅳ］『三荒章((i)頞瑟吒駄覩・(ii)文荼・(iii)鄔拏地)』の(i)「(頞瑟吒)駄覩」は、〔イ〕名詞・形容詞の七つの格変化、〔ロ〕羅"l"ではじまる略号で表現された時制・法などを表わす十の動詞の活用形、〔ハ〕十八の動詞の人称形、という三部構成である。(ii)「文荼」は語根から名詞が作られる過程を説明する。(iii)「鄔拏地」も(ii)と同内容　［Ⅴ］『苾栗底蘇呾羅』はジャヤーディティヤの作、前の［Ⅱ］の注釈書で一万八千頌。

以上の［Ⅰ］～［Ⅴ］の学習が終わると、書簡・表白文・詩篇の作文と、因明・倶舎・本生譚の勉学があり、その後、ナーランダーやヴァラビーに留学する。その後も学習は続く。パタンジャリ所造の［Ⅵ］『朱儞』は二万四千頌、前述［Ⅴ］の注釈。この［Ⅵ］の注釈がバルトリハリの［Ⅶ］『論(大註解書解明)』で、これは二万五千頌。［Ⅷ］『薄迦論』もバルトリハリの作で頌が七百、釈が七千、内容は認識と推論に関するもの。最後に［Ⅸ］『蓽拏』。これもバルトリハリの作で頌が三千、釈が一万四千、内容は天地の奥秘と人理の精華を極めたものである。

以上の[I]創学『悉談章』から[IX]『華挐』まで学習してはじめて、出家ならば「多聞」の号は与えられる。

次に義浄はインド代々の仏教の碩学の面々を列伝風にスケッチする。古く龍猛、馬鳴らがおり、中頃には世親、無著らが控えており、新しくは陳那、護法たちが居並ぶ。いずれも当代一流の知性である。次に義浄入竺時の東インドにその名を轟かした月官なる菩薩についての挿話を紹介する。月官は、誤れる認識・思惟である毒境と、肉体を損なう毒薬を天秤にかければ、前者の毒境の方がより害が大きい、といったとのことである。また次にインドの仏教を中国に伝えた大徳として義浄は、迦葉摩騰・竺法蘭・真諦・羅什・玄奘の名をあげ、その後で義浄が自ら親しくその講筵に侍ったという、同時代の現代インドの碩学として、智月法師以下、宝師子大徳、地婆羯羅蜜呾囉、呾他掲多掲婆、釈迦鶏栗底等々を紹介している。この間、義浄はインドの正統バラモンの知的伝統についての挿話を置く。すなわち、インドの社会ではバラモンが他の三姓を圧して貴勝であり、その貴ぶところの四ヴェーダ総計十万頌は何と口伝の相承であり、そのため学聡明法＝①覆審生智（反復復習）②字母安神（字母リスト記憶術）なる学習法がある、と報告している。

最後に義浄の現状報告。インド亜大陸は出国したもののいまだ帰国せず、義浄は室利仏逝国に滞在すること四年を数えている旨を言って、本章を閉じている。

言語・概念操作による真理探求の有効性

大聖(釈迦世尊)の(発せられた、そのただ一つの言葉である)一音は三千(大千世界、すなわち全世界・全宇宙)を貫き、而もその総てが摂めとられているのである。(それはいってみればこういうことだろうか?)或いは(たとえ、その仏の教えを聞く根)機(=機根、の種類)が(、地獄・餓鬼・畜生・人・天の)五道(の多き)に(わたろうとも、その仏の「一音」を各々がそれぞれの素質・能力に)随い(、それに見合った形で種々様々に理解される、と。また、或いは「一音」=言語による表現、ということでいうのならば)、「七(転」、すなわち梵語の名詞・代名詞・形容詞の七つの格変化)・「九(例)」、(すなわち梵語の動詞の九つの活用形)を彰らかにして(、すなわち仏は"言葉"によって)、弘く(あらゆる生きとし生くるものを救)済いとっているのである(、と)。

義浄《原注》

「七」「九」とは声明(Śabda-vidyā 声音の学、語典学、梵語文法学)中の「七転」・「九例」のことであり、(それは以)下に(簡)略(に説)明する如りである。

《訳者補》 声明、この語を玄奘は定義して「釈詁訓字、詮目流別」(『大唐西域記校注』巻二、季羨林等校注本、一八六頁、北京中華書局）という。また読者は以下に「七転」が、「七例」という表記で出るので混乱されぬよう注意されたい。

時で「意言の法蔵（心の中の言語表現による仏法の御蔵）」が有り、天帝（帝釈天 Indra）は〝無説の経（言葉では説き示し得ない究極的真理）〟を（統）領ているのである。（そうであれば、）或いは復語に順って（真）詮を談ずれば、支那でも〝本声の字（究極的真理の言葉による説示）〟を悟るのである。（つまり「真理」の言語による表現とは、）縁（由）に投って（智）慧を発こし、各（自）の虚（空のように碍げのない）心に称うようにさせて、義（理）に准じて煩（悩）を除いて並円寂（を得るよう）に凝らせる、ということを致るにある。（元より）勝義諦（究極の真理）の（道）理に至っては逈かに「名（字 nāman）」と「言（説 vāc）」（すなわち、言語による表現）を絶しているのだが、覆俗道（＝諦、世俗的・日常的な世界）の中にあっては「文」「句」（、すなわち言語を用いた概念操作によって真理を探求する道）も無くはないのである。

義浄《原注》

「覆俗諦（saṃvṛti-satya）」とは旧くは（中国で）「世俗諦」と云ったものだが、（この訳語ではその字)義(のあるところ)を尽くしていないのである。(この語の真)意は、(世)俗(の諸々の)事(ども)が他の真理を覆う、というにある。

(一例をあげてそれを説明するならば、「覆俗諦」にあっては、)「色(rūpa　物質)」は本(来)瓶ではないものに妄りに「瓶であるとの(理)解(・認識の心)」を為り、「声(śabda　音声)」は歌曲でもないものに漫りに「歌であるとの(理解・認識の)心」を作るのである。又復「識(vijñāna)」の相生じる時、(本来、)体(本質)には分別(区別し分析して認識すること)は無いのであるが、無明(根源的無知)に蔽われるや(、対象に対して)妄りに衆(くの)形が(〝認識〟〝概念〟として)起こるのである。(これらの見解は)自(らの)心を了(解)せずに、境(認識された客観対象世界)が(心の)外に居る(とする誤解)を謂うのである。

(具体的にさらに一例をあげれば、それは最初は)蛇(「瓶〈解〉」=「歌〈心〉」と認識されたものが、その実、)縄(「非瓶」=「無歌曲」)であったというのと並じ(流類いの訛)謬(=謬見)なのである。(このように、)正(しい)智(慧)が斯(処)に(沈)淪してしまい此れに由って真(理)を蓋うので名づけて「覆俗」とするのである。(そうであるから「覆俗」とは、真理が俗を覆う=「〈真〉覆俗」というのではなく、逆に)此れは(真理が)「覆」(われているという状況、)それがそのまま「俗」である、というのに拠って名づけて「覆俗」と為るのである。

或いは(この「勝義諦」─「覆俗諦」は、)但「真諦」─「覆諦」と云うのでも可である。

梵語文法簡介の意義

然し、古来（中国では翻）訳者は梵（語 文法の）軌（則）は罕に談ずるだけであった。（そして、）近日、（インドから中国に）経を伝えるものでも（こと、梵語文法ということになると）但ら初めの「七（転）」を云うのみ（にとどまっているの）である。（それは何故なのだろうか？　実は梵語仏典の翻訳者たちは文法を）知らないのではなく、（そんなことを中国人に云ったとしても）益が無いとして論じないからなのである。（私・義浄が）今、望むのは（中国の仏教者たちが）梵文を総習んで〝翻訳の重（つまり翻訳を通しての原典理解という二重手間）〟を労さなくなる、ということである。此の為に聊か（「西法学法」と）題し（て一章を割き、）節・段（を設けるなど）し、粗っと（梵語文法の）初基（、基礎の基礎とでもいうべきところ）を述べてみたい。

義浄《原注》

然而で骨崙や速利ですらも尚、総て（翻訳を介さず直接）梵（語の）経（典）を読むことが能るのである。豈して況や（地味肥え、物産豊かにして「天の倉」とも称えられる）天府たる神州が、其の（仏の）本説を（仏自らの言葉＝梵語そのままに）談じないのだろうか（？　否、我が神州・中国は仏の本説を仏自らの言葉＝梵語そのままに談じるべきなのだ、と私・義浄は考える）。（何故なら、我が神州・中国は）故に西方でも讃（歎）して（次のように）云っている（ほどの存在なのである）、「曼殊室利」（Manjuśrī）は現に并州（現在の山西・陝西両省の北部、さらには太原、五台山）に在せり、（天府・神州の）人、皆福有り、（遁）理として欽讃すべし」と。

（神州讃歎の）其の文は既広きいので、此（処、本書）では繁しくは録さなかった（。そして、それほどにもインドで尊ばれている我が神州＝中国が、こと梵語学習の不備をかこつことにおいては、南蛮・北狄の国々にも及ばず、それ以下なのである）。

五文法書・総論　「声明（梵語文法学）」とは、梵（言）で「摂拖苾駄（śabda-vidyā）」と云う。

義浄《原注》（「摂拖苾駄」の「駄」字の発音は、）「停[deŋ]」と「夜[yiă]」の反（切、[diă]という音）である。

「摂拖（śabda）」とは「声（音）」ということ、「苾駄（vidyā <√vid 〝知る〟）」とは「明（知識、学問）」ということであり、即ち（インドの学問の五つの範疇――『西域記』の説明を借りるならば、①声明＝釈詁訓字・詮目流別〈＝国語学・梵語文法学〉、②工巧明＝伎術機関・陰陽暦数〈＝自然科学〉、③医方明＝禁呪閑邪・薬石針艾〈＝医学・薬学〉、④因明＝考

定正邪・研覈真偽〈＝論理学〉、⑤内明＝究暢五乗・因果妙理〈＝身内の学・仏教学〉――の）五明論の（うちの第）一（の）明なのである。

五天（竺）の（世）俗（の）書（物）では（この流類いを）、総じて「毘何羯喇拏（vyākaraṇa記論、文法）」と名づけている。（それは後述する［I］創学『悉談章』以下の書物のことで、）大よそ数は五つあり、（言ってみれば、）これらは神州の（儒教の聖典、『易経』『書経』『詩経』『礼記』『春秋』の）五経と同じ（意義、権威、機能をもつもの）である（、と私・義浄は考えている）。

義浄《原注》

（この「毘何羯喇拏」を）旧く（中国で）「毘伽羅論」と云っていたのは音訛である。

［I］創学『悉談章』（第）一に創学『悉談章（Siddha-vastu）』、亦は『悉地羅窣覩（Siddhir-astu）』と名づけるものがある。斯れ（、創学『悉談章』）は小学（語学、訓詁・文字・音韻の学）であるとの標章の（呼）称である。（この『悉地羅窣覩』を釈すれば、siddhir √as-tu：成就有れ、これは）倶「成就吉祥」というところを目と為たのである。（さて、この書の内容である。梵語は）本（来）、（母音・子音が）四十九字（母）有り、（これらの字母を）共

に（配し綴って、変化、活用し、）相乗じ転ずるのである。（この書は、）十八章から成り、総（計）では一万余字、合（計）すれば三百余頌ほども有るのである。凡そ一頌（śloka）と言えば乃ち四句（「句」＝pāda）有り、一句は八字（「字」＝言＝akṣara）であるから、総（計すれば、一頌）は三十二言（字＝akṣara）と成るのである。（しかし、実際にはこれよりも）更に小さな頌も大きな頌も有るので、具さに述べることは可ないのである。

六歳の童子が之れを学び六ヵ月で方（始、修）了する。

斯れは乃ち、相伝えるところでは大自在天（Maheśvara）の所説ということである。

［Ⅱ］『蘇呾囉』（第）二は『蘇呾囉（Sūtra）』と謂う。即ち是れは一切の声明（梵語文法学）の根本の経（sūtra）ということなのである。（中国語に）訳せば『略詮』となる。（sūtra＝糸の）意（味）は、（文法の肝）要（なる）義（理）を（簡）略（に）詮（釈）して明かす（もの、点綴する＝簡明規則集成＝綱要）ということなのである。

（この書は、）一千頌有る。

是れは古の博学の鴻儒（＝大碩学）である波尼儞（Pāṇini）の所造にかかるもので、（この述作もまた、）大自在天の加被する所であったのである。

（ついでに大自在天についていうならば、その）面（貌）には三つの目が現（在）った、と（今）時（のインドの）人は信じている。

八歳の童子が(これを学び、)八ヵ月で誦し了る。

[Ⅲ]『駄観章』 (第)三は『駄観(Dhātu)章』と謂う。

(この書は、)一千頌有る。

(これは)専ら字元(=dhātu=語根)を明かしており、その功きは上(述)の『経』(すなわち、第二の[Ⅱ]『蘇呾囉(Sūtra)』)と如じである。

[Ⅳ]『三荒章(頞瑟吒駄覩・文茶・鄔箸地)』 (第)四は『三棄攞(khila)章』と謂う。是れ(、すなわち「棄攞=khila」と)は荒れ梗がれた(土地)の(字)義で、その意は(初学の梵語文法学習者を)田夫(農民)が疇畎(、これは畑の用水溝と畦のこと、ひいては田や畑)を創めて開くのに比(喩)ているのである。(そうであるから、中国語でならばこれは)『三荒章』と云うべきものである(。この『三荒章』、その名の通り、以下の三部の書からなる)。

(その第)一は、(i)『頞瑟吒駄覩(Aṣṭadhātu)』。

義浄《原注》

一千頌

(その第)二は、(ii)『文茶(Muṇḍa)』。

義浄《原注》
一千頌

（その第）三は、(iii)『鄔拏地（Uṇādi）』。

義浄《原注》
一千頌

《訳者補》 以下では、上記の三つの『章』が順次説明されるが、第一の『頞瑟吒馱覩』はその中がまた三段落となっているので、訳者らは仮に〔イ〕〔ロ〕〔ハ〕と分類しておいた。

○（まず第一の(i)『頞瑟吒）馱覩』
（この書の）意（義あるところ）は、
〔イ〕「七例（七つの格変化――前記の「七転」に同じ――）」を明かし、
〔ロ〕「十羅声（「六」つの時制と「四」つの法、都合十種の動詞活用形――その略号が羅“l”――）」を暁し、

〔ハ〕「二・九の韻（2×9＝18　十八の動詞の人称形）」を述べる、というものである（。この〔イ〕〔ロ〕〔ハ〕について以下に詳説する）。

〔イ〕「七例（七つの格変化）」と言うのは、一切の（名詞・代名詞・形容詞の男性・女性・中性それぞれの）「声（śabda、語）」の上に皆悉く之れ（＝七例、七つの格）が有るのである。

《訳者補》

体格・主格・Nominative
業格・対格・Accusative
具格・Instrumental
為格・与格・Dative
従格・奪格・Ablative
属格・Genitive
依格・処格・Locative

（さらに、）一々の「声」の中に各（々）三つの節（数）を分かつのである。（節＝数とは、）

一言（単数 Singular）

二言(両数 Dual)

多言(複数 Plural)

(の別異ある)を謂うのである。

(つまり、すべての名詞・代名詞・形容詞の男性・女性・中性のそれぞれには七つの格変化と三つの数があるので、都合、三〈数〉・七〈格〉：3×7＝21)総じては二十一言(語形)となるのである。

如えば男子(puruṣa の体格＝主格＝Nominative)を喚うのに、一人(単数・Sg.)では「補嚕灑(puruṣaḥ)」と名づけ、両人(両数・Du.)ならば「補嚕籀(puruṣau)」、三人(以上・複数・Pl.)になると「補嚕沙(puruṣāḥ)」と名づけるのである。此の中の「声」(の語幹はともかく、語尾の発音)には呼・噏、重・軽の別(異があり、かくして二十一の名詞・代名詞・形容詞の活用語尾の変化形)があるのである。

七例の外に、更に「呼召声(Vocative)」もあるので、(七例といっても実質的には一つ増えて)便ち「八例」となるのである。

初句でも既に三つ(の語形の変化、すなわち体格の単数・両数・複数を示したの)だが、余(外の性・数・格)でも皆此れに准じるのである。(しかし、ここでは)繁(瑣・複雑になるの)を恐れて(語形変化のすべては)録さなかった。(このような語を)「蘇盤多(subanta

すなわちsup〈格語尾〉＋anta〈語尾〉→格語尾が語尾にあるもの、つまり格変化するもの、名詞・代名詞・形容詞）の声」と名づけるのである。

義浄《原注》（先ほど本文中では「二十一言」と言ったが、呼召声＝Vocativeも入れて数えれば、男性・女性・中性それぞれの三つの性の語形は）総じては三（数）・八（格：3×8＝24）の二十四（語形＝）声となるのである。

《訳者補》実際には同語形があるので、たとえばa-語幹名詞・形容詞の男性の格変化では十七となり、二十四よりは大分少なくなる。

〔ロ〕「十羅声（lakāra）とは十種（類）の「羅（"l"を頭文）字」（とする〝時制〟と〝法〟）が有り、（梵語では、）一声（一語）を顕わす時に、便ち（その一語の動詞の語形は）三世（過去・未来・現在）の（別）異を（、より正確には六つの〝時制kāra.Tenses〟と四つの〝法artha, Mode, Moods〟を）明かしているのである。

《訳者補》

具体的には、

時制：
- laṭ[Present　現在]
- laṅ[Imperfect　過去]
- liṭ[Perfect　完了]
- luṅ[Aorist　アオリスト]
- luṭ[Periphrastic Future　複合未来]
- lṛṭ[Simple Future　単純未来]

法：
- loṭ[Imperative　命令法]
- liṅ[Optative: vidhi liṅ　願望法／āśī liṅ　祈願法]
- lṛṅ[Conditional　条件法]
- leṭ[Vedic Subjunctive／Injunctive　指令法：一人称の命令／過去・アオリストの禁止表現]

〔八〕「二・九の韻」とは（動詞の定形を作るために語幹に加える人称語尾の形の種々相、すなわち）上・中・下、尊・卑、彼・此の別（異）を明らかにして、十八の（語形の）不同(ちがい)の有ることを言う。（これを）「丁岸哆（tiṅanta　動詞人称語尾 -tiṅを語末とする）の声」と名づけるのである。

○（第二の）ⅱ『文荼（Muṇḍa）』とは字体（stem　語幹）の合成（の法を述べているの）である。

且く如えば、「樹（苾力叉　vṛkṣa）」なる一つの（名）目について（説明して）みよう。梵（言で）は（「樹」は）「苾力叉」と云う。（本書『文荼』では、動詞語根√vraśc〝（樹木を）切り倒す〞から「苾力叉（vṛkṣa）」なる名詞が派生する様を、）便ち二十余句の（波尼儞の）『経』の文を引いて、共に相雑揉ながら、方に一事の（名）号（「苾力叉」）が成る（に至る、その過程を説明している）のである。

○（第三の）ⅲ『鄔拏地』も（、その説くところは、）斯の例（すなわち、前述の『文荼』）に大同なのだが、而し（両書の内容には詳細と簡潔の差異、すなわち）広・略があり、等しくないので（書物の体裁を）異にしたのである。（上来、述べてきた）此の『三荒章』は、十歳の童子が三ヵ年のあいだ勤学して方（始）っと其の（本）義を解する、というものである。

［Ⅴ］『苾栗底蘇呾羅』（含五文法書・総括）（五文法書の最後、第）五は『苾栗底蘇呾羅（Vṛttisūtra）』と謂う。即ち是れは前（記の波尼儞作）の［Ⅱ］『蘇呾囉（スートラ）』の（注）釈（vṛtti）である。（インドでは波尼儞の『経〈スートラ〉』に対して）上古（以来）、（注）釈を作（る風があ）り、其の（流）類い（の書物）が是に多いのだが、（本書はその）中でも（とりわけ精）妙なものである。（この書は、）十八千（すなわち一万八千）頌有り、其（＝波尼儞）の

(「Ⅱ」)『経』本を演(＝敷衍)して詳らかに衆(多)くの(本)義を談じ、〝寰中の規矩(、すなわち全宇宙を貫く法則)〟を(説き)尽くして、〝天・人の軌則(、すなわち六道中誰にも普遍妥当する法則)〟を極めているのである。

十五(歳)の童子が(これを学び、)五歳かけて方(始)っと(了)解する。

神州の人で若しも西方に向かい学問を求めるならば、要須ず此(の「Ⅰ」～「Ⅴ」の五つの梵語文法の書物)を知るべきであり、(それらの学習を修了してから)方(始)めて余(外の学問)を習う可きである。如しも然しなかったとするのならば、(たとえインドに行ったとしても正式な文法書で梵語を修得していないので、)空しく自ら労するだけ(で終わってしまい、何ら留学の成果をあげることができない)だろう。(上来説いて来た「Ⅰ」～「Ⅴ」の)斯れ等の諸書は、並(必)須ず暗誦すべきものなのである。

(ところで、如上の五文法書の各説明の末尾に付した修学期間について補足して説明するならば、)此れは(根機＝機根、能力の)上(の流類いの)人に拠って(基)准を為ったまでであり、中・下の流(類)いならば(、各自が自らの)意をもって(その修了期間を延ばす方向で)測(り考え、考慮・調節す)る可きなのである。(ただ言うまでもないのだが、このインドの文典の学習にはひたすらの努力が要請される。)昼夜に翹んに(勉学に)勤め(るべきである)、寧して(横になって)寝る遑などあるだろうか(？　否、横になって寝る遑などありはしないのである)。(それは例えてみれば中国で、孔子が『易経』を愛読するあまり、竹簡を綴じていたなめし皮が切れ、切れては綴じ、切れては綴じ、それを繰り返すことが三度に及んだという「韋編三絶」、すなわち)〝孔父の三絶〟と同じ(努力の要請なの)であり、(また、いってみれば)〝歳精の(読書)百遍(、義、自ずから見ゆ)〟に等しい(努力の要請な)のである。

(その結果、学問を志す者の数が)牛毛(の如くに)千の数(に及ぶほどの多きを数えたの)であっても、(実際にその学問が成就できるのは、麋身牛尾の仁獣・麒)麟(の一本の)角(の如くに)唯だ一(人、千に一つの確率)なのである。

(本書『苾栗底蘇呾羅』の)功を(中国の書物に)比べれば、神州の上(古)の明経(経書を内容とする官吏登用試験の科目名)に相似ているのである。

此(の書)は学士・闍耶昳底(Jayāditya)の所造にかかるものである。其の人は器量弘深、文彩秀発、一聞便領というのだからして、詎して(相手に自らの理解の行かぬ箇所を)再び談ってもらう仮など要るのだろうか(?否、再談の必要などないほどに彼は聡明だったのである)。(彼、ジャヤーディティヤは)重く(仏・法・僧の)三(宝)尊を敬い、(仏法興隆に寄与すべく)多く福業を営ったのである。(その)没代から今(、現在)まで三十載に向る。

修学・留学・就職コース　（インドでは、波尼儞の［Ⅱ］『経（スートラ）』への）斯の（注）釈（、すなわち［Ⅴ］『苾栗底蘇呾羅』）を閑い已ってから、方（始）めて書（簡・）表（白文）の緝綴（法）や詩篇の制造（法）を学ぶのである。（そしてそれから、）因明（nyāya　論理学）に想致し、『（阿毘達磨）倶舎（論　Abhidharmakośabhāṣya）』に虔　誠する。（さらには）『（因明正）理門論（Nyāyamukha）』を尋ねて比量（anumāna　推論知）を善く成（就）し、（その後、）『本生貫（Jātakamālā）』を習って清らかな（文）才を秀発くのである。然後で函丈（、すなわち師弟、礼儀正しく）伝授すること三・二（3×2＝6　六）年を経て、多くは（師のもとを離れて留学、）那爛陀（Nālandā）寺に在り、或いは跋臘毘（Valabhī）国に居（住）する、ということになるのである。

義浄《原注》

（那爛陀寺は）中天（竺にあり）、（また跋臘毘は）西天（竺にある）。

斯の（那爛陀・跋臘毘という、インドの学問の中心ともいうべき）両処（を、もし中国に喩えれば以下のようにも言えようか）、事は金馬・石渠・龍門・闕里に等しいもので、英彦が雲聚まっては（互いに論を競い、事の）是非を商り推めているのである。若しも（ここで切磋琢磨し、結果、（その）賢明なること「善きかな！」と歎ぜられて遐邇（、すなわち遠近）に「儁（俊と同義語）なり！」と称せられたならば、それから方始めて自ら鋒鍔（、つまり刀剣にも等しい己れの才）を忖っては刃を王庭に投じ、策を献じて（は自らの）才を呈し、（その）利用されんことを希望するのである。（このようなことを成就した人は、）談論（・議論）の処に座しては己れは席を重ねて（、すなわち席＝敷物を二枚重ねにして遇するに足る人なりと相手から評価され、その才）「（殊勝・珍）奇なり」と（いい）表わされ、破斥（・論争）の場に登っては他は舌を結んで（言なく沈黙し、）「（慚）愧（ました）！」と（論敵から）称え（られ）るのである。（かくして、その賞賛の）響きは五山を震わせ、（またその名）声は四（方）域に流れるのである。

然後で（この人は、王より）封邑（領地）を受けては栄班（に叙す）と策けられるのである。（かくして、）素（無位無冠）が高門（貴顕の列に並ぶこと、となり、世）に賞（賛）められ、更に（この人は本来の仕事ばかりか）余（外）の業までをも修めるのである。

《訳者補》 以上で五文法書ならびにそれ以降の学習カリキュラムの一応の説明が終わる。が、しかし実際にはこの［I］～［V］以後にも学ぶべき文典類がある。以下で義浄はそれらについても触れている。

[Ⅵ]『朱儞』――『苾栗底蘇呾羅』の議釈―― 復(、前述の五文法書の最後、[Ⅴ])『苾栗底蘇呾羅』には議釈(=注釈書)が有る。(これは、)[Ⅵ]『朱儞(Cūrṇi)』と名づけられ、二十四千(二万四千)頌有る。これは学士・鉢顛社攞(Patañjali)の造る所である。斯れ(=『朱儞』)も重ねて前の『経』(すなわち、波尼儞の[Ⅱ]『経』の注釈書であり、『経』の意趣)を顕らかにすること肌を擘いて(道)理を分かつ(というほどに詳細に分析している)し、後の『釈』(すなわち、闍耶昳底の[Ⅴ]『苾栗底蘇呾羅』)を詳らかに明かすこと毫と芒ほどに(微細にいたる)まで剖ち析いて(説明して)いるのである。

(波尼儞の)『経(スートラ)』を明らかにするべく此れ(=『朱儞』)を学ぶわけで、三歳で方(始)っと(修)了するのである。その功は(、中国の書物にたとえれば、)『春秋』『周易』に相似ているのである。

[Ⅶ]『論(大註解書解明)』――『朱儞』の議釈――と作者バルトリハリ 次に、伐撥呵利(Bhartṛhari)の『論(Mahā-bhāṣya-dīpikā 大註解書解明』)』が有る。是れは前(述)の([Ⅵ])『朱儞』の議釈であり、即ち大学士・伐撥呵利の造る所である。二十五千(二万五千)頌有る。斯れは盛んに人(としてなす)事、声明(梵語文法学)の要を談じ、広く諸家(諸流派)の興廃の由を叙べ、深く唯識を明かし、善く因・喩(論理学)を論じているのである。(さてこの書の著者、伐撥呵利=バルトリハリについて触れないわけにはいかない)。此

の学士（バルトリハリ）の（名声の）響きは五天（竺の全土）を振るわせ、（またその）徳（への声価）も（ありとある方面方向、すなわち東・西・南・北・乾・坤・艮・巽の）八極に流れている。（学士・バルトリハリは、明）徹に（仏・法・僧の）三宝を信じ、諦（諟）に（人・法の）二空を想っていたのである。（しかし、学士・バルトリハリは）勝法（、すなわち仏法）を希って出家はしたものの、纏染（＝煩悩）に恋（着し）ては、便ち（また還俗して世）俗（の人）となってしまう（ことを繰り返したのだった）。斯の（世間・出世間の）往復は七（回）を数えた（という）。（この行動の不決断からみて、あるいは彼の道心が疑われるかもしれないが、それは違う。）自ら深く（仏の法の要諦である）〝因・果〟を信じるのでなければ（、そもそも出家・再出家を繰り返しはしないだろうし、釈迦の聖教＝戒律によって清浄なる僧伽を尊重すればこそ、心の内に宿る煩悩の芽を見つける都度、すぐにも還俗・再出家をしたのである。一体、彼以外の）誰が能く此の若に（世間・出世間の二世界の両方に）勤ろに（執）著するだろうか（？　否、学士・バルトリハリ以外の誰もこのようには執著しなかったし、かつそれを実際の行動において示しはしなかっただろう）。（バルトリハリは、）自ら嗟（歎）して詩に曰う。

　由染便帰俗、
　　離貪還服緇。

如何両種事、
弄我若嬰児。

染に由りて便ち俗に帰し、　（纏）染（煩悩）があれば世俗に帰り、
貪を離れて還た緇を服す。　貪（欲）離れて緇衣（＝墨染）を服る。
如何が両種の事やある、　ふたつの世界、いかにせん、
我を弄ぶこと嬰児の若し。　我、もてあそばれて小児のごとし。

（この学士・バルトリハリは、）護法（Dharmapāla 論）師の同時（代）の人である。（彼、バルトリハリは）毎（常）も寺内にあると、心（の中に）俗に帰らんとするものがあり、煩悩に逼られるので有れば、確爾に（迷いなく、時を）移さず、即ち学生に輿を（用意させ、自らはそれに乗り）寺外に向かわせたのである。

（当）時（の）人がその故を問うたところ、（彼は次のように）答えて曰ったという、「凡そ（「僧伽」という）福（をつくる）地は、本より戒行（śīlasaṃvara）の居る所に擬せられるのであります。（しかし、）我には既に（己）内に邪心が有ります。即ち是れは（、仏の）正（しい）教（え）に（照らして）虧けるところがある、ということなのです。（ですから、今の私には）十方の僧（伽の）地に投足する処など無いということになるのです」と。

（この後、彼・バルトリハリは在俗の篤信者・）清信士と為り、身に（は俗服たる）白衣を

着たのである。(そしてまた、俗を捨てて)方に寺中に入れば正法(、すなわち仏法)を宣揚したのである。

(彼、バルトリハリが人々への教)化を捨て(る、つまり彼が没し)て已来、(今までに)四十年が経(過)している。

[Ⅷ]『薄迦論』 次に『薄迦論(Vākyapadiya)』が有る。

義浄《原注》
(『薄迦論(Vākyapadiya)』の「迦」字の発音は、)「枳[kiě]」と「也[yiǎ]」の反(切[kiǎ]という音)である。

(本書は、)頌が七百有り、(注)釈は七千(頌)有る。亦是れも伐撥呵利の造る所である。(内容的には、古因明の三量である)「聖教量(āgama　聖教による知)」、及び「比量(anumāna　推論知)」(、そして「現量(pratyakṣa　感覚知)」という三つの認識の方法)の義(理)を叙(述)している。

[Ⅸ]『華拏』 次に『華拏(Prakīrṇaka)』が有る。

(本書は)頌が三千有り、(議)釈は十四千(=一万四千頌)有る。(本書の)頌(の方)は乃ち伐揄呵利の造る所であり、（注である議）釈は護法（Dharmapāla）論師の製する所である。（その内容は）「天」「地」（の理）の奥秘を窮め「人」（の）理の精華を極める、と謂うことが可る。

インドの教育――概観・中国との比較において――　若しも人が（［Ⅰ］創学『悉曇章』から始めて、倦まず弛まず）学んで此（の［Ⅸ］『華拏』）にまで至（たのならば）、（そのとき）方（始）めて「（その人は）善く声明（＝梵語文法学）を解した」と曰う（ことができるのである）。（その様、中国古典の学習になぞらえていうならば、『易〈経〉』『書〈経＝尚書〉』『詩〈経〉』『周礼』『儀礼』『礼記』『〈春秋〉左氏伝』『〈春秋〉公羊伝』『〈春秋〉穀梁伝』の）九経や（諸子）百家（を学ぶの）と相似ている（ということができるのである）。

（以上、インドの）斯れ等の（「声明」の）諸書は、法（侶も）俗（人）も悉く皆通く学んでいるのである。如し其れ（らの諸書）を学ばないとしたならば、（その人はインドでは）「多聞」の（尊）称は得られないのである。

（さらにその上、それが）若しも出家の人であれば、（以上の諸書の学習に並行して）遍く「毘奈耶（vinaya　律）」を学び、具さに「経（sūtra）」及び「論（śāstra）」を討ね（て、経・律・論の三蔵に通暁するようにな）るのである。（それから、仏教以外の諸宗教である）外道を挫くこと（、中国風に表現するならば、）「中原に鹿を逐う（、つまり天下をとる気概で臨む)」若であり、傍らよりする詰(問)を解くこと(、中国風に表現するならば、)「沸きたつ鼎が凌(=厚氷)を銷す(、つまり氷解する)」に同じなのである。遂には、(その人の高名の)響きは贍部(洲 Jambudvīpa)中に流れ、(この人に対する尊)敬は(五道中の、)人・天の上と受けとめられるのである。(そして、)仏を助けて(衆生の教)化(導引の実)を揚げて、広く群有(、すなわち人々)を導くのである。

インド碩学列伝——歴史篇——

(しかし、声明の学習——三蔵の通暁——外道の挫破——衆生の化導を全うできるのは、)此れは奕代(累代)の挺生(に限られ)、(それも一つの時代に)若しくは一(人、)若しくは二(人)とか(、というような話なの)である。(それは)喩(えを目に見える限り)に取るのなら(、その存在の唯一なること)日・月に同じであり、(その)況きを(言の葉にのせて)表わせば(、その存在の群を抜くこと)龍・象にも譬えられるのである。

(以下、インド仏教の碩学列伝を俯瞰してみる。)

斯れ(を現代からみて時間的に)乃ち遠くにとるならば、龍猛(Nāgārjuna 龍樹)、提婆(Deva)、馬鳴(Aśvaghoṣa)の(流)類いである。

(また、現代からみて時間的にすなわち)中(頃に求める)ならば、世親(Vasubandhu)、無著(Asaṅga)、僧賢(Saṃgha-bhadra 衆賢)、清弁(Bhāvaviveka)といった徒(輩)である。

近（頃）ならば、陳那（Dignāga）、護法（Dharmapāla）、法称（Dharmakīrti）、戒賢（Śīlabhadra）及び師子月（Candrasiṃha? Siṃhacandra?）、安慧（Sthiramati）、徳慧（Guṇamati）、慧護（Prajñāgupta）、徳光（Guṇaprabha）、勝光（Jinaprabha）らの（徒）輩である。

斯れ等の大師（方）は前（述）の内・外の衆くの徳を具（備）しないということはなく、各並びに欲少なにして足るを知る（方々なの）であり、誠に比（類）が無い（方々なのである）。俗（人の）流（類）いや外道の内に（まで比較の対象を拡大して）も、実に此の（流）類い（の如き大師方の存在）は得難い（ものがある）のである。

義浄《原注》

広くは『西方十徳伝』――この書は散佚して伝わっていない――の中に具さに述べておく。

（このうち近代の学匠についていえば、）法称は重ねて因明を顕らかにし、徳光は再び律蔵を弘め、徳慧は（禅）定門に想いを澄まし、慧護は広く正・邪を弁じている。（その様を例えれば）方に鯨海の巨深を験べ（捜し）てこそ名（宝）珍（宝）も彩を現わし、香峯（香酔山 Gandhamādana）の高峻（を験べ捜して）こそ上薬も奇（貨としての姿）を呈す（、といったところだろうか）。

（さて、我々は如上の大師方のはたらきにより、）仏法が弘く（一切の教説を摂め）含むことを知るのである。（一体、）何うして（仏法の内に）納めない所などあるだろうか（？　否、ありはしないのである）。（また、これらの大師方の文才たるや、声音の）響くに応えて（、それだけでいとも容易く正しい文章、すなわち）篇（章）を成らないということがないのである、（一体、）寧して〝十四の足（後述の学聡明法か？）〟に煩わされることなどあるだろうか（？　否、ありはしないのである）。（そして、これらの大師方は、中国でいう）〝（読書）百遍〟などというようなことを労することなく、（たとえ長大なる）両巻（の書物でも）一聞便領ということになってしまうのである。

義浄《原注》

（大師方の聡明さを示す逸話には、たとえば次のようなものが伝わっている。これは護法論師の話なのだが、）外道（の者）が有って六百頌（からなる書物）を造り、やって来て護法（論）師を（論）難しようとしたのであるが、（護）法（論）師は（外道の）衆に対して一（度）聞くや、（その六百頌からなる書物の）「文（相手のいう言葉をその言葉通りに再現する）」も「義（相手のいう言葉を言葉通りでなく、語順を乱して、しかも正確に内容を示す）」も倶に領（解）してしまったということであった。

バラモン・ヴェーダ・学聡明法　又五天(竺)の地では(、何処でも)皆(、四つの社会階級＝四姓＝カーストのうち)婆羅門(brāhmana)を貴く勝れたものと為ているのである。凡そ(インドで婆羅門が)座席に有るならば、並不して余の三姓(バイシャ・クシャトリア・シュードラ)は(席を)同じく行ることはないし、自外の雑類(の四姓の外にある者に至って)は故に宜しく遠ざけられているのである。

(婆羅門)所尊の典誥には(リグ・ヴェーダ、サーマ・ヴェーダ、ヤジュル・ヴェーダ、アタルヴァ・ヴェーダの)四薜陀(Veda　四明の)書があり、(その大きさは、四薜陀全部で)十万頌可りである。薜陀(veda <√vid 〝知る〟)とは、(ものごとの)義(理)を明らめ解くということである。先に(中国で)「囲陀」と云っていたのは(翻訳に際しての音)訛である。

(この四薜陀は、)咸悉く口(伝で)相(承、)伝授されており、之れを紙(や貝)葉には書かないのである。(それというのも、いかなる時代にも)毎(常)に聡明な婆羅門が有って、斯の十万(頌)を(諳)誦しているからである。

即如で、(前記、聡明な婆羅門の十万頌暗誦のように、)西方の相承(するところ)には〝学聡明法(あたまのよくなるすべ)〟というのがある。(その第)一は「覆審生智(再び調べ直しては智慧を生じさせる反復学習法)」と謂う。(第)二は「字母安神(梵語の字母表を神に安置く、シラブル・リスト記憶術)」(と謂う)。(この二種類の学聡明法により婆羅門は、)旬(＝十日)・月(＝三十日)の間に、思いは泉の湧くが若くとなり、(他より)一聞便領ので再び談ってもらう仮がいらなくなるのである。(これは、実際にインドで私・義浄が)親ら其の(能力を身につけた)人を観たのであり、固より虚(説)ではないのである。

当代贍部碩学簡介(一)——月官大士——　東印度に一(人の)大士(菩薩)がおられる。その名を月官と曰い、大いに才雄れた菩薩人である。(私・義)浄が(東インドに)到った日、其の人は(いまだ)尚(、健在、)存(命中)だったのである。(この月官大士に因む次のような逸話が伝わっている。)或る(人)が之れ(＝月官)に問うて曰ったのである。

「(誤れる思惟・認識である)毒境と(肉体を損なう)毒薬とで(、その当人にとって損)害を為すこと誰れが重いのですか?」と。

(すると、その)声(音)に応じて(月官大士が)答えて曰った。

「毒薬と毒境とでは(大いに違います。両者の)相去ることは実に遥(遠)と成るのです。毒薬は餐(噉)べてこそ方(始)めて(身体を)害なうにすぎないのですが、毒境は念うだけでも便ち(正しい思惟・認識を)焼(き尽く)してしまうのですから」と。

来華伝法大徳列伝　(翻って我が神州に仏の法を伝えて力のあった、大師・大徳方にも目を向けたい。)

又復、（迦葉摩）騰（Kāśyapamātaṅga）や（竺法）蘭（Dharmaraksa）は乃ち東洛にて芳（しい）声（音）を振るわせ、真諦（Paramārtha　三蔵）は南溟より逸（た）響（音）を（東夏に）駕えているのである。（亀茲国の）大徳・羅什（Kumārajīva）は、他土（中国）に徳（ある学）匠なることを致え、法師玄奘は自邦（中国）に（その）師（としての）功を濬したのである。

然（而）も（、これら名だたる）今古の諸師は、並びに仏日（、すなわち太陽にも等しい仏のみ教え）を（中国に）光かせ伝えているのである。（これら名だたる今古の諸師は、）「有」と「空」とを斉しく致めては（経・律・論の）三蔵を習って師（匠）とし、「（禅）定」と「（智）慧」とを双つながら修めては（覚りに導く七項目である、①択法覚支、②精進覚支、③喜覚支、④軽安覚支、⑤捨覚支、⑥定覚支、⑦念覚支の）七覚（支 sapta-bodhyaṅga）を指して（師）匠としているのである。

当代瞻部碩学簡介（二）——義浄の師匠と現状の報告——

其の（五天竺の）現在、西方には羝羅荼（Telāḍhaka）寺（中）には智月（Jñānacandra）法師が有り、（中インドの）那爛陀（寺）中には宝師子（Ratnasiṃha）大徳（がおられる）、（五天竺の）東方には地婆羯羅蜜呾囉（Divākaramitra?）が有り、（五天竺の）南裔には呾他掲多掲婆（Tathāgatagarbha?）が有り、（それから、もうこれはインド亜大陸内ではないのだが、）南海の（室利）仏逝国には釈迦鶏栗底（Śākyakīrti）が有るのである。

義浄《原注》

（釈迦鶏栗底は、）今、現在、（室利）仏誓国に在る。（彼、釈迦鶏栗底は、）五天（竺＝インド）を（遍）歴して広く学ばれたのである。

斯れら（現代インドの碩学方）は、並（その）秀でたることを（従）前（の諸）賢（者）に比べられ、（その）蹤を（已）往（の）哲（人）に追っているのである。（そうであるから、こうも言えよう。現代インドの智月法師以下の面々は、）因明の論を暁らむれば則ち思（懐、）陳那に擬え、瑜伽の宗を味わうこと実に（思）懐、無著に罄くし、「空」を談ずれば則ち巧（妙）なること龍猛に符い、「有」を論ずれば則ち（巧）妙なること僧賢を体（本質そのもの）としているのである。

此（れら）の諸法師に（対し、私・義）浄は並親ら（その講）筵（に侍り、）几（机）に（就いて）狎み、その微（い）言を餐受けたのである。（私・義浄はここインドで、〝温故知新〟、）未聞のことを新知するを慶び、（また）会得していたものを旧解（復習）するを温ねたのである。（そして、仏の法）灯を伝えるという一（つの）望（み）を想っては実に（〝朝聞道、夕死可〟すなわち）朝に（道を）聞くを喜んだのであり、（仏の法についての）百疑を蕩塵を冀っては（、今それが叶えられたのだから、よろこんで）分めとして（黄）昏に滅するにも随おう（と、思っている）。

尚（、最後に私・義浄の感慨を綴っておこう）、乃ち、

拾遺珠於鷲嶺、時得其真、
択散宝於龍河、頗逢其妙。
仰蒙三宝之遠被、
頼皇択之遐霑。
遂得旋踵東帰、鼓帆南海、
従耽摩立底国、已達室利仏誓。
停住已経四年、留連未及帰国矣。

遺珠を鷲嶺に於いて拾いては、時に其の真を得、
散宝を龍河に於いて択びては、頗る其の妙に逢う。
仰ぎ蒙るは三宝の遠く被るを、
頼むは皇沢の遐(とお)く霑(うるお)すを。
遂に踵を旋し東帰せんとて帆を南海に鼓すを得、
耽摩立底国よりして已に室利仏誓に達するも、

停住すること已に四年を経、留連し未だ帰国に及ばざるなり。

(大聖釈迦世尊の)遺せる(宝)珠を鷲嶺(霊鷲山　Gṛdhrakūṭa)に拾っては、時に其の真(妙)なるを得て、

(大聖釈迦世尊の)散らせる宝(珠)を龍河に選んでは、頗る其の(真)妙なるに逢った。

(今、私が)仰ぐのは(、仏・法・僧の)三宝の(深)遠なる被(護)を蒙ること、

(それに今一つ、我が大唐の)皇(帝の恩)沢の遐く霑さるるを頼ること(、の二つなのだ)。

遂に踵を旋らし東(夏)に帰らんと、帆を南海に鼓すを得、耽摩立底国より已に室利仏誓(国)に達するも、

(室利仏誓国に)停住まること已に四年を経(過)、留まり連け、未だ帰国に及ばざると。

第三十五章　長髪有無［根機＝機根別の人生コース］

梗　概　章題に長髪の文字があり、冒頭でインド仏教では剃髪せずに長髪のまま具足戒を受けることなどありえないことを述べているが、これは本章の主題への導入部となっているにすぎない。本章の真実の主題はインドの機根別人生コースの簡介である。義浄はここ第三十五章で、世間・出世間の人々の人生を［Ⅰ］「上」、［Ⅱ］「次」、［Ⅲ］「佳」、［Ⅳ］「下」の四範疇に分類・評価し、ランキングする。

［Ⅰ］「上」＝上根者の一生。出家・受戒して律蔵を修めてからの学習のメニューが述べられる。修学内容として、大乗の論蔵に二種類があり、瑜伽は『二十唯識』以下の無著・世親の八支の論、因明は陳那の『集量論』など八論、さらに小乗の論蔵として阿毘達磨の六足発智があげられている。経蔵としては阿笈摩（阿含）。インドの当時の四部派それぞれの三蔵の経部分を義浄はいうのだろう。上根たる者は以上の律・論・経の修学の後で、外道を降して仏法を宣揚し、衆生を教化・済度するのだと義浄はいう。これが「上」と評価されるものである。

［Ⅱ］「次」＝在家の篤信者。出家するという好心の実現は叶わぬものの、家にありながら性的接触を絶ち、苾芻の乞食に布施して王への納税に応じ、自らは粗衣に甘んじて四斎日には八戒を守持し、三尊に帰敬して涅槃に心を寄せる者がそれである。これは「次」と評価されている。

同じく在家の敬信者＝［Ⅲ］「佳」がある。五戒を受持して四斎をなし、忠恕と克己の心があり、世間・出世間の義務を履行する者で、これは「佳」と評価される。なお、割注中で義浄は、インド仏教の職業観が中国仏教のそれとは大きく異なり、農業に比べて商業を高く評価する旨を述べている。養蚕を含む農業や屠殺業への低評価が、その理由としてひとえに生命を損なうのを厭うこと＝不殺生戒遵守にあるのが注目されよう。

最下位[Ⅳ]「下」は三宝に帰依せず、生涯一戒も保持しえず、生死輪廻・涅槃寂滅なるを悟らず知らず、つねに罪を作っている俗徒であり、これは「下」と評価される、と義浄はいう。

中国仏教批判——剃髪は必須——　長髪のまま具（足戒）を受けるなどということは（、中国とは異なり）五天（竺）では無い所である。律蔵でも（、私・義浄は長髪受具を規定する条）文が有るのを見ないのである。（仏法の神州に伝わるところ、）古（からのその教え）に徇うとしても、元より此の事「すなわち長髪のまま具足戒を受けること」は無いのである。（何故ならば、もしも剃髪もせずに長髪で具足戒を受けるのだとしたら、それでは有髪の苾芻の誕生ということとなり、以後）但ら形（状）が俗（人）の相と同じということになってしまうのだから（、現実には）罪から（身を）護ることを為るのが（甚だ困）難なのである。（かくして、）既にして（戒を）持つことが不能というのであるならば、（たとえ具足戒を）受けたところで亦（、一体全体、当人に）何の（利）益があるというのだろうか（？　否、およそ何の利益もありはしないのである）。

《訳者補》

受戒の話になったついでに［Ⅰ］上根の出家の剃髪・受戒以降の修学や、［Ⅱ］在家の篤信者、［Ⅲ］在家の敬信者、そして［Ⅳ］在家の迷誤者までの種々の有り様についても義浄は以下で触れている。

［Ⅰ］上根者の出家修学——最上位——（受戒に際しては、人は）必ず（清）浄（の）心が有ればば（必）須ず（僧伽に出家して）髪を剃るべきである。衣を染めて（、すなわち法衣を纏い）、念を潔めて、解脱にこそ懐いを為すべきである。

《訳者補》　本来、受戒は、（ⅰ）鄔婆塞の五戒、（ⅱ）求寂［＝沙弥］十戒、（ⅲ）苾芻［＝比丘］二百五十戒、（ⅳ）菩薩戒の梯隥・重楼の構造になっている。実際の受戒式でも（ⅰ）＋（ⅱ）＋（ⅲ）［……＋（ⅳ）］を積み上げる「次第」をとるので、受戒者一個人の上に「七衆」が重層的に象徴的に再現されることになる——第十九章を参照——。

（そうであるから苾芻たるもの、）五戒・十戒は奉じて虧けるところなく、円具（足戒）・

円心にて〔i〕律蔵に遵い（、三蔵の一つ、律蔵を）修めるのである。

（さて受戒の後には修学の日々があるのだが、三蔵のうちの〔ii〕論蔵、①）「瑜伽(yoga)」にて学び畢るとは、無著(Asaṅga)の八支を体(識)り窮めるということなのである。

義浄《原注》

（無著の八支とは、）一、『二十唯識論（唯識二十論　Viṃśatikvijñaptimātratāsiddhi）』

二、『三十唯識論（唯識三十論頌　Triṃśikāvijñaptimātratāsiddhi）』

三、『摂大乗論（Mahāyānasaṃgraha）』

四、『対法論（Abhidharmasamuccaya）』

五、『弁中辺論（中辺分別論　Madhyāntavibhāga）』

六、『縁起論（縁起初分分別疏　Pratītyasamutpādādivibhaṅgabhāṣya）』

七、『大荘厳論（大乗荘厳経論　Mahāyānasūtrālaṃkāra）』

八、『成業論（業成就論、大乗成業論　Karmasiddhiprakaraṇa）』

比の中には世親(Vasubandhu)の所造もあるけれども、然而し、その功は無著に帰せられるものである。

（①に続き〔ⅱ〕論蔵、これも大乗の論であるが、②）「因明（nyāya　論理学）」で功を著しくするとは、陳那（Dignāga）の八論を鏡徹することである。

義浄《原注》

（陳郡の八論とは、）一、『観三世論（三時観察　Trikālaparīkṣānāma）』
二、『観総相論（観総相論〔頌〕Sāmānyalakṣaṇaparīṣā〔kārikā〕）』
三、『観境論（観所縁論、無相思塵論　Ālambanaparīkṣā）』
四、『因門論』
五、『似因門論』
六、『理門論（因明正理門論　Nyāyamukha）』
七、『取事施設論（取因仮設論　Upādāyaprajñaptiprakaraṇa）』
八、『集量論（Pramāṇasamuccaya）』

（さらに〔ⅱ〕論蔵、この他アビダルマ仏教の論蔵、③）「阿毘達磨（Abhidharma　論）」を習うとは、則ち遍く（『発智論』以下、『識身足論』『品類足論』『法蘊足論』『集異門足論』『施設論』『界身足論』の）六足（発智）を窺うことである。

（最後に〔ⅲ〕経蔵、）「阿笈摩（Āgama　阿含）経」を学ぶとは、乃ち（現代インド仏教の有力四部派、大衆部、上座部、根本有部、正量部の各々の三蔵中、それぞれの「経」蔵部分＝四つの阿含経の）全四部を探ることである。

（上根の出家者は、如上の三蔵〔ｉ〕律・〔ii〕論・〔iii〕経を修了したら、）然後で邪（教）を降し外（道）を伏して（聖教＝仏の教えの）正（しい）理（法）を推し揚げ、広く群物（＝多くの衆生）を（教）化し、弘く（衆生を）誘（掖）し、（専心、）疲れを忘れるのである。（上根の出家者は、人・法の）二空に想いを運らし、（正しい八つの生活態度である、正見・正思惟・正語・正業・正命・正精進・正念・正定、の）八（正）道に懐いを澄まし、敬しんで（心を澄ます瞑想の四段階＝初禅・第二禅・第三禅・第四禅、である）四（禅）定を修め、（苾芻の具足戒の七分類、義浄訳の根本有部律語彙ではないが、波羅夷・僧残・波逸提・波羅提舎尼・偸蘭遮・突吉羅・悪説の七聚、すなわち）七篇を善く護るのである。

此（のような生活）をもって終（身）を送るならば、斯れは「上」（根の者なの）である。

〔Ⅱ〕次――在家の篤信者――　如しも爾のよう（な上根の出家の者）ではなくて、（在家、すなわちたとえ）居家に処たとしても、私室（妻の意か？）に染まらず端然しく一体であり（、性的接触を絶ち、心には世間からの）出離を希うのである。

（そして、望ましき在家の仏教信者＝upāsaka　鄔婆塞の有り様として、出世間の苾芻には、求められる）乞匃（乞食）に随い（布施をなし）、（同様に、世間の）公上（君主）にも（求められる賦税を）供げるのである。（身に纏うとてわずかに）麁服（粗末な衣服）を著て羞恥（隠し所）を遮え（さえすれ）ばよいとするのである。（上根の出家の者の次位にあるこの在家の篤信者は、在家の者の守るべき戒である）八戒を守持しては、尽形寿まで（その遵守に）心を要いるのである。（そして、仏・法・僧の三宝＝）三（宝）尊に帰敬し、涅槃に契うべく想いを延ぼすのである。

義浄《原注》

（八戒とは、）一、不殺生（殺さない）
二、不偸盗（盗まない）
三、不婬佚（性的交渉をもたない）
四、不妄語（嘘をつかない）
五、不飲酒（酒を飲まない）
六、不作楽冠花塗香（身を飾らない）
七、不座高広大床（快適な臥床＝ベッドに寝ない）
八、不非時食（正午を過ぎて食べない）

斯（のような人）は、（前述の［I］上根の出家の者の）「次」（に位置すべき人なの）である。

[Ⅲ]住——在家の敬信者——（また、前述のような[Ⅰ]出家の上根者でもなければ、それに次ぐ[Ⅱ]在家の篤信者というのでもないのだけれども、）必しも現（在）は（心ならずも煩悩の檻の中に絡め取られた）樊籠（のような日常の生活の中）に処り、妻（や）息（子・息女）を養育する（日々を送っているのだけれど）も、恭心から（目）上（の者）を敬い慈懐から（目）下（の者）を念い、（不殺生・不偸盗・不婬佚・不妄語・不飲酒の鄔婆塞）五戒を受持、恒（然）に（月に四日の）四斎（の日に、一日一夜身を清浄に保ち八戒を守る斎日）を作す（人もある）。

義浄《原注》

（四斎の日とは、）黒月（kṛṣṇa-pakṣa）八日（、すなわち太陰暦で月のかけてゆく下半月の、満月から数えて八日目と）、或いは（黒月）十四日、或いは（太陰暦だから一月が三十日ではなく二十九日の月もあり、この場合は黒月）十五日（の二斎）。（そして、）白月（śukra-pakṣa）八日（、すなわち太陰暦で月のみちてゆく上半月の、新月から数えて八日目と）、（白月）十五日（の二斎、以上黒・白月の都合四斎、これら一月のうちの四日間は）、要須ず八戒を受けるべきなのであり、（そうしてこれを）方に（大）聖（釈迦世尊の定められた）修（法）と称するのである。

（ところで、これら八戒のうち）若しも前の七（戒、すなわち第一の「不殺生」戒から第七の「不座高広大床」戒までの七戒)が無くて、唯だ第八(戒＝不非時食)だけ(を守る)というのでは、(それによって)福を獲ることは固より少ないのである。(何となれば、この第八戒制定の真)意は余の七つの過ちを防ぐところに在るのだから。(決して中国の宗教的苦行としての断食のように)但ら餓腹而已というのではないのである。

《訳者補》 以上の在家の布薩に対して出家の布薩(義浄語彙では「褒灑陀」)がある。月に二度、苾芻・苾芻尼には出席が義務づけられ、戒本を誦出し、寺法を聞くのが恒常であった。これについては第十章、第十五章を参照。

(このような人は、他の)人にたいしては忠と恕が在り、己れに於いては克く勤め、(出世間的には律蔵に定めるところに照らして)罪の無い事め(、たとえば土中の虫の生命を損なう可能性の高い農業ではなく、商業や人の生命を救済する医業など)を作し、(世間的には)官に輸を奉ずるのである。

斯(のような人)も亦「佳」である。

義浄《原注》 罪の無い(事め)とは、興易のことを謂うのである。(その理)由は衆くの生(命)を損なわないからなのである。西国(インド)の(今)時(の)俗(よのならい)は、(中国のそれとは異なり)皆「商人をもって貴し」と為(し)ており、農夫を重んじないのである。(その理)由は(といえば、農業は)耕(作・開)墾によって、多く(地中の生き)物の(生)命を(損)傷するからなのである。又、養蚕や屠殺(を生業(なりわい)とすること)も深く苦の因となるのである。(何となれば、)毎(常)(つね)に一年中、巨億(の生命)を(損傷・)損害しつづけることになるのだから。(さらに幾年も幾年も)これを行ない自(おの)ずから久しくなれば、(ついにはその生業を)「非」ともしなくなってしまう。(しかし、因果はめぐり、)未来(世)の「生」の中で受(し)ける苦しみは極まり無いものとなってしまう。(そうであるから、)此(のような生)業を為ないことを罪の無い(事め)(つと)と名づけるのである。

[Ⅳ]下──在家の迷誤者──

至如(そのうえ)、(上来述べてきた「上」「次」「佳」と評価された人々とは異なり、一般世)俗(の)徒とは、蠢々(がさごそ)として(虫のうごめくように愚かしく日々を送り、仏・法・僧の)三つに帰(依)することも(体)識(し)らないで、尽(形)(し)寿(ぬ)まで遑々(こうこう)として(心落ち着かずうろうろしている輩(やから)なのだが、このような人々にして、)寧(どう)して一戒とても(守)持(たも)てるだろうか(?　否、律蔵に説く鄔婆塞五戒のうちの一戒すらも持(たも)てはしないだろう)。涅槃が寂滅であることを解さずして、豈(どう)して生死(の現実)が輪廻であることを(覚)(さ)悟(と)っているだろうか(?　否、とても悟ってなどいないだろう)。鎮(つね)に罪業を為(つく)っている斯（のような人々）は、「下」なのである。

第三十六章　亡財僧現［遺産相続の種々相］

梗　概　本章の主題は死亡苾芻の財産の処分法、相続の問題である。遺産相続権には優先順位があり、第一になすべきは負債の精算、次は特定人に相続させたいとの嘱授や死を見取った看病人への優先割り当てである。その後で以上を差し引いた残余分について、軽物と重物の評価や分類に従い、①仏物、②法物、③僧物（③は個別苾芻を対象とした(i)現前僧［伽］物と、個別の苾芻を超えた理念上の永遠の僧伽を対象とした(ii)四方僧［伽］物に分かれ、さらには義浄の時代では④王物の四者）に振り分けられ、相続されることとなる。

義浄は次に詩＝摂頌の形でこの主題を具体的に説く。畑や家屋の不動産、食器、家具の什物、食物、薬品、日用品、金銀製の宝飾品等々は可分（苾芻各自に分配相続）・不可分（個人ではなく僧伽が相続）の範疇分けがなされ、その後で、①仏物、②法物、③個物の各々の会計に振り分けられる。続けて品目別の敷衍説明に移る。不動産や家具、銅・鉄製品などは③(i)現前僧伽ではなく、③(ii)四方僧物となり不可分である。しかし、同じ銅・鉄製品でも小鉢や椀、ドア鍵などは③(i)現前僧伽で分けてよい。事は一律ではないのだ。また「③(ii)四方僧（伽）に入れる」の内容は、不動産などは帳簿上の所有者の記載変更のみで現状はそのままだが、食器・食物・奴婢などの動産は衆庫（僧伽の倉庫）に移して僧伽管理となる。さらに続けて解説が施される。まず衣。原則どのような衣でも、③(i)現前僧伽で分かつべきだとした後で、中国仏教が同袖や白衣を重物の範疇に入れて③(i)現前で分かたない事実を義浄は批判する。大竿は贍部光像の幡を懸ける竿とするが、細ければ錫杖に作りかえ③(i)現前僧伽の苾芻で分ける。家畜のうち、乗用の象や馬は④国庫に、牛や羊は③(ii)四方僧伽に入れる。兵具では甲や鎧は④国庫に入れ、武器としての刃物は針や錐に作り直して③(i)現前僧伽で分配する。罟網(こもう)の場合は網戸を作る(これは③(ii)四方僧物なのだろう)。染色用の顔料は①仏物に入れるが、袈裟を染めるためのものであれば③(i)現前で分ける。酒は地中に埋めて酢にして僧伽が使用するが、もし酢にならなければ廃棄処分となる。酒の禁戒は厳しく、苾芻は一滴たりとも口にしてはならず、また他に与えてもならない。調味料としての酒使用も不可で、起麪(きめん)(餅(べい))や糟糵(かすじる)の類いでも、酒の使用は一切禁じられている。薬は僧伽の浄庫に入れて(③(ii)四方僧物とし、)病人に供する。宝石類は②法物と③僧物に二分し、前者は経の書写や師子座用の費用に充て、後者は③(i)現前僧伽で分ける。また宝石で飾った椅子や長椅子は売却後、代価を③(i)現前僧伽で分けるが、木製の椅子類は③(ii)四方僧伽に入れて僧伽の備品にする。経典は③(ii)四方僧物として共有財産にするが、仏教以外の外典は③(i)現前僧伽で分ける。券契(けんけい)(=証券・証書)は早期に換金可能ならば③(i)現前僧伽で分け、もし不可能ならば暫く僧伽の浄庫に保管して、後に換金して③(ii)四方僧伽の会計に入れる。貴金属や貨幣など価値あるものは三分して、①仏物=仏堂や仏塔の維持管理に、②法物=経の書写や師子座の費用に、そして③僧物=③(i)現前僧伽で、分けるのである。

　最後に義浄は死亡苾芻の六物は優先的に看病人に与えるとの原則を確認して、本章を閉じている。

債権の優先順位　凡(およ)そ(死)亡苾芻(びっしゅ)(の個人所有)物(亡故財物、亡者資具 mṛtapariṣkāra)を分けたいと欲うことが有るならば、律(蔵)に広(き)文が具(備)わっている(ので、それに従うべきなのである)。(詳細は実際に律蔵を見てもらうほかないのだが、)此(処)では(実際のその)時の須めに(具)備えて、但だ略っと疏に(ポイントだけを)出しておくことにしたい。

先ず(、死亡苾芻の残した)負債、(特定個人に相続させたいとの故人の)嘱授、及び(故人の死に至るまで側近くにあって種々世話をした)看病人(の亡財処分に関わる、特別に配慮されるべき優先権を保持する三者の確認)を問うのである。(この優先順位の決定は、律蔵に定める)法に依って商量えて(道)理に乖くことのないようにさせなければならない。(以上、死亡苾芻財産処分に関して債権・優先権をもつ者による処理が終了した後で、はじめて)余残(の苾芻遺産=個人所有)物は①仏物、②法物、③僧物=(i)現前僧物・(ii)四方僧物、に入るのであり、それらは)事(相続財の軽物・重物の範疇分け)に准じて知るべきなのである。

《訳者補》 各論に入る前に、③(i)現前僧伽=saṃmukhībhūtasaṃgha と③(ii)四方僧伽=caturdiśasaṃgha という二つの概念について少々説明しておこう。簡単にいうならば、現実に目前に事実存在する僧伽が(i)現前僧伽であり、これに対して、時・空を超えて普遍的存在として理念上設定される、永遠の僧伽が(ii)四方僧伽である。四方僧伽が過去から現在を経て未来へと連綿として相続する観念的存在であるのに対し、現前僧伽は目前に具体的に展開している現実存在である。つまり(i)とは現時点で(ii)の観念を構成するための部分、素材としての存在、現実に地上に存在する個別単位とでもいったところだろうか。あまり適当な例ではないのだが、現代日本の宗教法人法の考え方でいうのならば、日本全国津々浦々の各個別寺院は被包括の単位宗教法人で、これが(i)現前僧伽に相当する。これを単位法人として各宗派は包括宗教法人として理念上存在するのだが、これが(ii)四方僧伽に相当しよう。従前の本末制度の遺制のためか、本山がその宗派を代表するように一見みえてはいるが、壮麗な伽藍を有する大本山といえども、法人格という一点では地方の一小寺院と同等同格なのであり、であればこそ二十世紀末葉の日本、真宗や真言宗のある宗教集団では、本山(＝現前僧伽)が宗派(＝四方僧伽)から離脱するなどという事態も起こり得たのである。

さらにいえば、伝統キリスト教の教会の二重概念も(i)(ii)を類比的に説明しうるのではないか、と訳者らは考えている。教会は、見えざるキリストを頭とする見える身体のことであり、各々の信徒はそのキリストの体＝教会の肢と定義される。このとき、(a)「キリストの体」である包括体としての全体が理念上「教会」と呼ばれる。これは神が設定し、キリスト教以前からある〝見えざる教会〟、絶対普遍の存在で「公同の教会(ecclesia catholica普遍教会)」なのである。それと同時に、(b)町や村にある被包括の教会、手で触れることのできる個別の具体相をもった教会もまた当然「教会」である(宗教改革以降、聖書のみ・

信仰のみ・万人祭司が、いわば神に直通電話をかけるかの如き新教諸派では、(a)全体教会、(b)個別教会の名はあっても多く(b)に傾き、(a)に相応しい内実を盛る意志はないようだ)。訳者らは伝統教会の二重性がこの僧伽の二重性に良く見合っていると思える(二重性とはいうも愚か、仏・法・僧の鼎の一、僧伽そのものが存在しない「日本」仏教の現実があるわけだが、今はそれはいうまい)。

ところで実際には、あらゆる個別僧伽が(i)現前僧伽と(ii)四方僧伽の二重の属性を持つ。それは必然的に、仏教組織の「財産」の三大範疇①仏物、②法物、③僧物の第三、③「僧物」と呼ばれる寺有財産にもそれぞれ(i)現前僧物と(ii)四方僧物なる二範疇が区分されることにつながり、(i)(ii)両者は相侵さないことを原則とする。たとえば、乞食(こつじき)によって得た食物は(i)現前僧伽に布施された現前僧「物」であり、現在の僧伽の成員によって消費される。また僧園から収穫された食物も現在の僧伽の成員によって消費されることになる。が、しかし僧園そのものは(ii)四方僧伽に属する四方僧「物」なのであり、これを(i)現前僧伽が勝手に財産処分することは許されず、もしもそれをしたのならば、律蔵にいう〝互用(ごゆう)の罪〟を犯すことになるのである。いってみれば僧園や寺院などの不動産は(ii)四方僧伽に属する四方僧「物」で恒久的な法人資産であり、(i)現前僧伽とは、その所有権者ではなく一時的な使用権保有者にすぎないのである。

摂頌による遺産処分の要約

嗢拕南(うだなん)(uddāna　摂頌)に曰う、

田宅店臥具、
銅鉄及諸皮、
剃刀等瓶衣、
諸竿幷雑畜、
飲食及諸薬、
床座幷券契、
三宝金銀等、
成未成不同。
如是等諸物、
可分不可分、
随応簡別知、
是世尊所説。

田、宅、店、臥具、
銅、鉄、及び諸皮、
剃刀等、瓶、衣、
諸竿幷びに雑畜、

田《はたけ》、宅《すまい》、店と臥具、
銅(器)、鉄(器)と皮革《かわ》もろもろ、
剃刀《かみそり》等と、瓶、衣、
諸(々)の竿に雑《もろもろ》の(家)畜類、

飲食、及び諸薬、
床座、幷びに券契、
三宝なる金銀等、

成と未成は不同なり。
是の如き等の諸物、
可分あり不可分あり、
応に簡別して知るべきに随うは、
是れ世尊の所説なり。

飲(み物)食(べ物)、薬もろもろ、
床座(khaṭvā)と券契(証券・証書)、
三宝(物＝仏物・法物・僧物)となる金・銀(、及び宝器類の)、
(完)成・未(完)成は(範疇)同じではない。
これらのようなものは、皆、
可分と不可分の別(異)あり、
応に簡び別け、知るべきところに随うは、
これぞ世尊の所説なりと。

遺産処分——原則・可分不可分論——

（この「頌」を敷衍して説明することにしたい。頌中、）「随応(簡別知、すなわち、各々夫々、応に簡び別って知るべきに随う)……」と言うのは、所謂る田、宅、邸、店、臥具、氈褥、諸(々)の銅(器)・鉄器などは(、他の可分の物とは別範疇に区分して、どれも)並(現前僧伽の成員で)分かつべきではない、ということである。

（しかし、そうはいってもこの可分・不可分の線引きは一様一概のものではなく、本来不可分で四方僧伽に入れるのが原則である前述の「銅・鉄器」類でも、）この中、鉄鉢、小

(銅)鉢及び小銅椀、戸鑰、針、錐、剃刀、刀子、鉄杓、火炉及び斧、鑿等、幷びに(、さらにいえば)此(等)を盛れる(ための)諸(々の)袋(類、等々は現前僧伽で分かつべきなのである。また)、若しくは瓦器(の類いがあり)、(これが)鉢、小鉢、浄・触(不浄)の君持(水差し)、及び油を貯える物、幷びに水を盛る器(等々)を謂うのであるならば、此(等)も並(現前僧伽で)分かつ合きである。

(そして、その)余のものは(、現前僧伽で)分かつべきではないのである。

(次に、現前僧伽で分かつべきでなく四方僧伽に入れるべきものについて説明することにしたい。)木器、竹器、及び皮(革製)の臥物、前髪の具(など、また)、奴婢、飲食、穀豆、及び田、宅等は、皆四方僧(伽)に入れるのである。

(四方僧伽に入り、四方僧物となったものの管理方法についていえば、木器や臥具などのように)若し(容易に)移転可る物であれば、(これら動産は移して)衆庫(僧伽苾芻大衆の庫)に貯えて四方僧(伽)の共用とさせるべきである。(また、)若し田、宅、村園、屋宇など移すことの可ないものであれば、(その不動産の所有権をのみ移動させて、)四方僧(伽)に入れる(との形式をとる)べきなのである。

遺産処分の実際——衣物の処分と中国仏教批判——　(死亡苾芻の負債の清算や嘱授、看病人への相続の終了後に、)若しも所余一切の衣被(の類い)が有るならば、(その衣被の）法衣・俗衣（の違い）、若しくは（その衣被の）染めたものと染めていないもの（の染色＝壊色の有無）、及び（衣被の延長で考えるべきものである）皮油瓶と鞋履の属い（の範疇の相違）を問うこと無く、（どれもこれも）並びに現前（僧伽）で分かつべきで（あって、四方僧伽の会計に入れる必要などはないので）ある。

（ところで、中国〈南山大師道宣？〉では）先より「（中国化した法服である）同袖は（現前僧伽で）分かたず（に重物の範疇に入れて四方僧物とし）、（俗服たる）白衣も（軽物の範疇に入れて現前僧伽で分かつようなことはせずに、）重（物）に入れ（て四方僧物とす）る」と云っているのは、（私・義浄の見るところ、）蓋うに（〈南山大師道宣の〉胸ひとつ、彼の）意をもって斟酌したところ（にすぎないのであり、何ら律蔵本来の規定に基づくものではない）だろう。

遺産処分の実際――大竿――　大竿は（「僧物」に入ることになるが現前僧伽では分けずに、四方僧物として）贍部光（Jambūnada-prabhāsa）像の処の幡を懸ける竿と為可きである。

義浄《原注》

贍部光像と言うのは、即ち律（蔵）の中に出ている所の縁起（譚）の如りのものである。

元、(大師釈迦)世尊が(苾芻)衆と(ともに)処なかった時に、(苾芻)衆が威り粛むということが無かったので、(一計をめぐらし、)給(孤独)園長者に世尊に請うて、「(私は苾芻衆のために、)贍部光像を作り(、苾芻)衆の(座処の上)首に之れを置きたいと願(意)います」と曰わ致使たのである。大師(釈迦世尊)は(もちろん、苾芻衆のために贍部光像を)作るのを許されたのである。

(若しもその大竿が)細いものであったならば、錫杖に作り(かえ、現前僧物として個別の)苾芻に行り与える可きである。

義浄《原注》

錫杖と言うのは、梵(言)で「喫棄羅(khakharaka, khakkhara, hikkala)」と云い、即ち(錫杖の)鳴る声(音)の(字)義(に由来する語)である。(これを中国の)古人が訳して「錫」と為たのは、(その)意(のあるところ、この語の音)が「錫錫[seksek]」という声(音)で作るところを取ったのである。(語源がこのように擬声語であるので、)「鳴杖」でも「錫杖」でも、情の任に称えてよいのである。

(さてインドの錫杖の構造についても、中国のそれとはいささか趣きが異なるので、私・義浄の)目験したところを説(明)しておこう。西方(の苾芻)の所持する錫杖は、頭上に唯だ一股の鉄捲があるだけである。(この鉄捲は、)三、二寸(6.2~9.3cm)ほどある。(また、この頭上部には)四、五指(7.8~9.7cm)の長さの錞管を安(置)けておく。

(錫杖の)竿には木を用い、粗細は随時、高さは肩に斉しく、下には鉄纂を安(置)く。(この鉄纂は、)二寸(6.2cm)許りである。鐶は、或いは円(形)、或いは偏(半、すなわち半円形)に屈げられており、各(々)その中間で合わせ、大指を容れられるほど(の大きさ)はある。(この鐶は、)或いは六つ、或いは八つで、股の上に穿ち安(置)く。(その鐶の材質は、)銅でも鉄でも情の任である。

(世尊が錫杖について定められた)原(来)の斯の制意は、乞食の時に牛や犬を防ぐ為である。

(ところが、現下の中国仏教で用いる錫杖ときたらどうだろうか?)何うして(かように重量があって)辛苦で擎げ奉り(、それを持つのに)心を労わせなければならないのだろうか? 而復、(現下の中国の錫杖はその竿の部分も含めて)通身総鉄(製)で、(おまけに錫杖の)頭(上)には(一股ではなく、鉄捲)四股を安(置)き、(このため)将持つには重滞く、非常に冷渋たいのである。

(かような中国の錫杖の形状は、釈迦世尊金口の)本(来の)製(制)ではないのである。

遺産処分の実際——家畜——(それから、)四足(の動物、とりわけ、家畜)の内、若しも象、馬、(駱)駝、騾(馬)、驢(馬など)の乗(用のもの)は①仏物、②法物、③僧(伽)物=(i)現前個物・(ii)四方僧物、の三範疇の会計には属さず、)当に(④)国王家に与えるべきなのであり、（また、③僧〈伽〉物の会計に入るといっても）牛、羊は（ii）四方僧（伽）に入れるのであって、（i）現前僧伽で）分かつべきではないのである。

④遺産処分の実際——兵具—— 若しも甲鎧（よろい）の（流）類（たぐ）い（があったならば、これら）も亦国王家に入れるのである。雑（もろもろ）の兵刃（かたな）等は打ち（直して、）針、錐、刀子（ナイフ）、及び錫杖の頭に作り（替え）、（これらは（i）現前僧伽（の成員）に行（くば）り与えるのである。

義浄《原注》（その分配の際の原則についていうのならば、その量が充分ではなく、）縦（た）（令（と））い普（あまね）く（全員には）遍（ゆきわた）らなくとも、（法齢の）大なる者（、すなわち夏数の多い上座の苾芻）から（下位の者に向けて順に）行（くば）るのである。

遺産処分の実際——罟網—— 罟網（あみ）の属（たぐ）いは（、（ii）四方僧物に入れて僧伽の備品に充当し、）羅窓（あみど）に（して、それらを）用いるべきである。

遺産処分の実際——顔料—— 若しも（顔料が遺され、それが）上（等の）彩色（の物）、又は黄・朱・碧・青・緑（色）等の物であれば、仏堂（物（もつ）＝仏〈陀〉物、すなわち、①「仏物（ぶつもの）」会計）に入れて、（聖）像（を描く時の彩色の）用に供するよう擬すべきである。

（法衣を染めるのに用いる）白土、赤土、及び下（等の）青色は、（i）現前（僧伽）で分かつべきである。

遺産処分の実際——酒—— 若しも（遺産の中に酒があり、その）酒が（変質して）酸っぱく欲ってきているのであれば、地（中）に埋めて醋（＝酢）に成り已るのを待つ可きであり、（その酒が醋になり了ってから、）僧（衆）はこれを食すべきである。若しも（遺産の酒が）現も酒のままであったならば、（当然ながら不飲酒戒ある苾芻としてはそれを口にすべきではないのだから、）傾け（て土に零し）て棄ててしまう可きである。

（酒についてさらに言うならば、苾芻は酒を）酤うのも売るのもす合きではないのである。仏も言っている、「汝ら諸（々）の苾芻よ、若し我に依って出家することが有るならば（、すなわち汝らが法門の徒であるならば）、酒を将って他に与え、及び（酒を）以って自ら飲むことは得ない。（たとえその少量なること、）乃至、茅の尖（端）の滴ほどの酒だとしても、口中に瀝ぎ（安）置く合きではないのだ」と。

（また単に飲酒だけではなく、料理に酒を使用することも禁じられており、）若し酒及び糟でもって起麵（餅を作り食し）、幷びに（酒精ある）糟虀の（疏）類いを食べる者も、咸越法の罪を招くのである。（これは、既に）律（蔵）に成制が有るのであり、（必）須ず疑いを致すべきではないのである。

義浄《原注》

（中国は）霊巌道場（霊巌寺）では（尋）常に（酒ではなく）麩（の）漿で起麵（餅をつくり）、（不飲）酒（戒抵触）の過ちを避けている。（ここからみても、我が神州・中国でも）先人には誠に（如法如律の）意があったの（が分かるの）である。

遺産処分の実際――薬――（若しも）諸れ（亡財＝苾芻遺産）に雑の薬の属いが有るならば、（僧伽の）浄庫に安（置）き（、納めて(ii)四方僧物として）、病者に供して随意に通用いるべきである。

遺産処分の実際――宝石――（若しも）諸れ（亡財）に珍宝・珠玉が有るならば、分けて二分（の範疇）とし、一分は②法（物）に入れ、一分は③僧（物）に入れる。（前者の②法物（会計となるもの）は、仏の経を書き、幷びに師子座（仏の座、すなわち経典講義の座席）を料理する（、すなわち課本や講師の準備のための費用に、充当させる）べきである。（後者の③僧（物）に入ったものは、（同じ僧物会計でも、(ii)四方僧物とはせずに(i)現前僧物とする、すなわち）現前（僧伽の成員皆）で分かつべきである。

遺産処分の実際――宝床榻――（死亡苾芻の遺産の中、）若しも宝（石）等で成られた床（座 khaṭvā）・榻の属いは（苾芻に相応しいものではない。よって、それらは必）須ず売りに出すべきであり(、さらにその売り上げ代金を(i)現前(僧伽の成員)で分かつべきなのである。(もしも、その床座・榻が)木で成られたものであれば、(それはそれで苾芻に相応しいものであり、)四方僧伽に入れ(て同四方僧物とし、僧伽の備品として苾芻たちの使用に供するのであ)る。

遺産処分の実際――経典――　所有る経典・章疏は、皆(現前僧伽で各個人に)分かつべきではなく、当に経蔵に納めて(ii)四方僧(物として、時間・空間を超えてありとある苾芻)が共に読むべきである。(しかし、もしもこのように内典〈=仏典〉ではない場合、すなわち)其れが外書(であったときに)は之れを売って、(代金を(i)現前(僧伽)で(各成員個人に)分かつべきである。

遺産処分の実際――券契――　所有る券契の物(、すなわち証券・証書の類い)は、若しも能く早(期)に(換金を)索め得るものであるならば、即ち(換金して(i)現前僧伽で)之れを分かつ可きである。如しも(早期に換金)能ないならば、券(契物)は当に(僧伽の浄)庫に貯えておくべきで、後時、(換金化を)索め得るようになってから(換金して、(ii)四方僧(伽)の(便)用に充(当)するのである。

遺産処分の実際――金銀・貨幣――　若し諸(々)の金・銀、及び(完)成・未(完)成の(宝)器、貝歯(māṣa 豆銭、少額の貨幣単位)、諸銭(等々が有るとき)は、並分かって三分と為して、（第）一は仏陀（物＝①仏物のこと）、（第）二は達摩（物＝②法物のこと）、（第）三は僧伽（物＝③僧物のこと）とするのである。（このうち①）「仏（陀）物」は仏堂、及び（仏の）髪・爪（を納めたところ）の窣覩波（stūpa 仏塔）の所有る破壊（箇所）を（これで）修理すべきである。（②）「法物」は仏の経を（書）写したり、師子座を料理したりする（のに充当すべきである）。（③）「衆（＝僧伽）物」は(i)現前（僧伽）で（各成員個人に）分かつべきである。

遺産処分の実際――六物その他――　六物（三衣、鉢、座臥具、濾水羅）は当に看病人に与えるべきである。

（以上、説き来たったものの）自余の雑砕の物も、此れ（上の記述）に准じて知るべきである。具さには大律（蔵＝広律すなわち『根本説一切有部毘奈耶』のことか？）の如りである。

第三十七章　受用僧物［衣料は僧伽が支給する］

梗　概　本章では七世紀のインド仏教僧伽で苾芻の衣料が常住僧物の会計から出されていることの事実報告がまずなされる。これについては僧物（＝四方僧物、道宣語彙でいう常住常住僧物——常住が二つ重なる——）を現前僧伽の成員で分けてしまうのは正しくないのではないか、との互用罪抵触への危惧が当然予想される。この想定される反論に対して義浄の用意した現状肯定の回答が本章の核になっている。

義浄の主張するところは、①施主の喜捨は「食」のみに限定されずに「衣」にも応用・適用される、②主人が功労ある家人に衣を与えるのと同様に施主が苾芻に衣を与えるのも是認されるはずだ、とする。さらに義浄は、③中国でも名目上では「給衣の所（衣料用の寺領）」があるのだからして、インドに「供服の荘（衣料用の寺領）」があっても不思議ではないとしてから、互用罪不成立の根拠として、布施により経営される僧伽で俗人が給食に与れるのと同様に、布施者の意図は現前僧伽を通して〝一切（戒律用語ならば「四方」「十方」）〟に施すのが真意なのだから問題はない、と主張する。

ところで中国仏教では実際には個別の僧に寺側から「衣」の支給などないのだが、もしもインドのようにそれがあるとするならば、余計な時間を費やすこともなく修行・精進に専らでありうるわけだ、と義浄はいう。また上根者、すなわち糞掃衣・常乞食・樹下敷具（・陳棄薬）の四依の生活を営む少欲知足の者ならば、そもそもかような衣料確保に心労する必要もないことになるとも義浄はいっている（その場合、常住僧物は当然ながら僧伽備品充当費用に当てて、現前僧伽では分けないことになる)。

最後に義浄は、中国仏教がインドのように常住個物の弾力運用をせずに現前僧伽が貧をかこち、逆に常住僧物までも現前僧伽で分けてしまうといった僧物運用の無知を批判して本章を閉じている。

インドの僧伽では衣服は常住僧物会計より支給される

《訳者補》 前章に引き続き僧伽経済論である。律蔵の定めるところ、①仏物、②法物、③僧物(i)現前僧物・(ii)四方僧物)の各会計ごとに僧伽の財産は範疇分けされており、各々厳格に使用目的が限定されている。このうち③(ii)四方僧物(、これは南山大師道宣の用語でいうならば「常住常住」に相当する——因みに道宣は『行事鈔』巻中之一でこのほか現前僧物を内容とする「十方常住」「現前現前」「十方現前」も定義している——)会計から現前僧伽の苾芻各自の衣服が支給されている七世紀インドの現実がある。これは純法理論的には、③(ii)四方僧物の③(i)現前僧物「化」ということであり、〝互用(ごゆう)の罪〟に該当・抵触するのではないか、との反論が当然考えられる。

だが、義浄はこの反論に強く反対する。律家・義浄の対応や如何に? 七世紀、律蔵の規定を現実が乗り越えようとしているのだ。これこそが本章の真実最大の主題なのかもしれない。

現今の西方の所有る諸寺にあって、苾芻の衣服は多く常住僧(物)から(支)出されている。(この「常住僧物」会計とは前記の③(ii)四方僧物のこと、具体的には)或いは田園の(剰)余であったり、或いは樹果(栽培)の利(益)であったりするのだが、(現代インドの仏教僧伽では本来、永遠なる「四方」僧伽の維持のために当てられるべき恒久財産＝四方僧物＝常住常住僧物を③(i)現前僧物、道宣語彙でいう「十方の常住〈物〉」と見なして、)年々に(、目前の現前僧伽の成員である各苾芻に)分与して衣直(＝値)に充(当)しているのである。

常住僧物の衣料支給の根拠　(そこで、私・義浄はこの「互用罪」疑義について、想定問答の形式で以下に簡単に解答を提示しておきたい。)

(反論者が)問うて曰う。

「(前章第三十六章でも触れていたように僧伽の死)亡人の所有る穀食ですら、尚、僧〈伽〉物の会計)に入れさせているの(が現実)です。(そうであってみれば、)況んや復衆家(僧家＝僧衆＝衆僧＝僧伽　saṃgha)の豆粟(穀物、つまり(ii)四方僧物＝常住常住僧物)であるものを(i)現前僧伽の個々)別人に、何で分かち用いさせる合きなのでありましょうか(?　否、個別の人に豆粟を分かつこと、すなわち現前僧伽に常住僧物を分かつなど決してすべきではないでしょう)」。

(さてこれには私・義浄が)答えよう。

「施主が本（来）、村荘を（仏・法・僧の三宝に喜）捨するのは、元より僧衆（僧伽）を（救）済（し支）給せんがためなのです。豈して（それが「衣」「食」「住」全般に及ばず、僧衆に）但「食」を与えるだけで露裸で住まわせる容きでしょうか（？否、そのようなことができようはずはなく、当然ながら衣の面倒＝衣直＝衣料もみるべきではありませんか？）。又復（、今話題としている）当（の）事（柄）を詳しく審べてみると、（広く世間では主人たるもの）並功労のある家人にすら尚、自ら衣を与えているというのに、曹主（＝衆の頭、ここでは僧伽の知事苾芻か？）が何うして（自ら僧伽の苾芻大衆に対しても、）宜しく（そうす）合きではないなどといえるのでしょうか（？否、衣を支給してもよいはずなのです）。其の道理をもって供（養の）食（物）の（剰）余（、たとえば田園からの収入の一部）を衣（直＝衣料）に充（当）てたとしても、（すなわち(ii)四方僧物を(ii)現前僧物「化」しても、律蔵の精神を）損ないはしないのです」。

斯れが乃ち西国の（仏教僧伽の）衆僧の大途の議論である。然し（この常住常住僧物の一部を各個別苾芻に支給するという十方常住僧物化、つまり実質的現前僧物化については、全面禁止ということではなく）律典では時に（該当する条項があることもあり、またないこともありで、）出没を含む耳である。

互用罪不成立の根拠――施主のまごころ――

又西国の諸寺では別に〝供服の荘〟を置

いているのだし、神州の道場でも自ら〝給衣の所〟がある。亦(、すでに第十九章で僧伽に住まう童児・学生といった非出家五衆への食事の提供、僧物供与を慈悲の観点から肯定したように、)「食」は道俗を通じて(支給することが)得るのである。此れは、施主の無心に拠るのであり、設令い(道・俗を問わずに僧伽の「食」を)餐啖べたとしても(これは「互用」罪には訪当せず)、(道)理として亦過ちではないのである。

凡そ僧家(僧伽)に田、宅、乃至、雑(砕の)物まで布施するということ、並びに衆僧(僧伽)の「衣」「食」を通らせるということは、此れは誠に(律蔵に照らしても)疑(い・)慮(り)の患いは無いのである。若しも〝無心〟にして、〝無尽〟〝無障〟の意を作すというのであれば、(形は現前の僧伽である)僧家に施すといっても、情は(四方〈=十方〉に、)乃ち普く一切(の衆生)に通らせるということであるはずである。(そうであれば、)但ら(道・俗が「僧物」を)食用したとしても、咸過ちでは無いのであり、並びに施主の先よりの心に期する所に由っている耳なのである(。そして、「食」同様に常住僧物の一部を「衣」の料として僧伽の個別の苾芻大衆に支給したとしても、同様に仏の教えからは問題はないといえることになるのである)。

中国の非法とその改善方法　但し神州の地では(、寺家は(ii)常住僧物を支給して(i)現前僧伽の各個々)別人(毎)に僧衣を得させはしていないのである。此れが為に(中国の僧侶は）孜々として（仏道精進以外のことにかまけ忙しく、結果、）実に（修道の）業を妨げていることに成っているのである。設使も（、そもそも僧伽に布施する行為の根幹にあるのが苾芻の日々の）存命に応え供そうというものであるならば、心（の）力を（この僧衣の確保に）労さないというのでは非（、すなわち苾芻の日常生活の総体を物質的に支えるべく、常住僧物からの衣料支給を為すべき）なのである。

若しも常住（僧物）の「食」が有り、兼ねて僧衣を著さしむる（に足る衣料が常住僧物会計から個別の僧侶に与えられる、すなわち「衣」「食」がともに確保される）ならば、端拱して（、つまり姿勢を正し、手をこまねいて何もせず、）寺門から出ないということも可（能）なのである。亦、これも深く（仏道精進を妨げる諸々の縁）事を省くことに成るのである。

上根の阿蘭若苾芻の場合は例外　（さて以上は標準的な苾芻の場合にすぎない。まして）況や（僧伽に定住せず、）糞掃の三衣にて（篤信者の）家を巡り、乞食し、蘭若（＝阿蘭若 aranya　森林）では樹（下）に依って正命（＝正しい生活）で自ら居し、（少欲知足の杜多行の阿蘭若苾芻であり、禅）定（と智）慧は（己）内に融（摂）して想いは（波羅提）木叉（prāti-mokṣa　戒本）の路に極め、慈悲は（余）外に発して心は普く（救）済の津たらんとするを標している。此（のような生活）を以って終（身）を送るのであるならば、斯れは上（根の者）なのである。然則ば（、この場合、）常住の（僧）物は（、つまり(ii)常住常住僧物＝四方僧物は、従来の律蔵理解の通りに）用って衣被・床褥（＝臥具）の流（類）い、幷びに（僧伽の備品たる）雑資具（類）を作り、（如上の(ii)常住僧物の(i)現前僧物「化」のように、）平（等に）分かって受用して（現前僧伽の個々）別人には属さ（しめたりは、し）ないのである。（これらの品々は常住僧物としてあり、各苾芻個人の私的所有物ではないのである。しかし、苾芻各自のその）掌い愛で護り持つことは、己（れの）物に過ぎる（ほどな）のである。

身体長大者の臥具への配慮　（僧物言及中に「床褥＝臥具」が出たついでに一言追加説明するならば、僧伽にはときたま遊行中の来訪苾芻がある。もしも、身体の）大きな者が至ることが有るならば、小（なる布）を綴って（相応しい大きさにして）与えるのである。斯れは（釈迦の）聖教であり、仏自らが明言している（ところな）のである。

中国仏教の非　法の如りに之れ（、すなわち(ii)常住僧物）を（衣料に）用いるのならば、誠に罪咎など無く、（体）軀を資けることが得き、しかも（中国のように衣・食のために寺門を出て、仏道精進のための業を妨げ、孜々として）追い求める（諸々の営）費を免れさせるに足るものなのである。

寧して（中国の）寺家の巨富なること、穀麦は倉に爛れ、奴婢は坊に満ち、銭財は庫に委まれているというのに、（これら常住の僧物を弾力的に運用し、各自に衣料を支給、）受用することを知らず(、そこに暮らす僧侶らは何故に)相共に貧を抱っているのだろうか(?これほどの不合理はないのである)。(インドと中国、いずれが)可(、いずれが)否(であるか、そ)の宜しきは、智者であれば、時れ、鏡らかである。

或いは(その逆に中国の)寺家には(そもそも、)衆(家の)食というものを立てずに、(つまり常住常住僧物=四方僧物「会計」というものを立てずに、歳入すべてを現前僧物としてしまい、その本来の常住)僧物は分かって私に餐(噉)べてしまう、などというものも有る。(これなどは、原理的にも実質的にも自分の物ではない、本来)他の(苾芻の物、すなわち四方〈=十方〉の苾芻が受けるべき)常住(僧物の、確保・蓄積)を遮んでいることになるのであるから、十方の邪命は、但ら(その)一(身)に存する(ことになるに違いない)のである。斯れ(中国仏教の常住僧物の弾力的使用の無知と常住僧物の現前僧物化の非)は自ら非法を行じているのだから、苦の報いは(、一体全体、)誰が当来(次の世)に代わるというのだろうか(?　否、誰も代わってくれはしない、当人がその苦の報いを受けるべきなのだ)。

《訳者補》　右の義浄の意見は七世紀インド仏教僧伽の現場からの報告として確かに貴重なものだが、訳者らの見るところ、互用罪の疑いそのものは消えていない。第十九章の童児・学生への食事の供与と本章の四方僧物からの衣料の支出は、七世紀のインドの現実が律蔵の規定を乗り越えている状況を如実に示している。律蔵を根拠に母国中国の仏教を鋭く批判するいつもの義浄に似合わず、現場から現実を肯定的に報告する戒律原理主義者義浄の論述はいかにも苦しげだ。ただ義浄の立場に寄り添っていうならば、客苾芻が「食」で優遇され、老宿が「住」で優遇されることはあったとしても、それらの優遇に与れない一般苾芻との差異はさして大きなものではないだろう。仏教僧伽の「衣」「食」「住」のうちの食と住は原則平等である。しかし、「衣」はそうではなく貧富の偏りの出やすいものである。訳者らが短期間暮らした現代タイ国の上座部仏教僧伽でも布施が特定比丘に集中し、幾組もの衣を所有する富裕比丘もいれば、仲間から衣を融通してもらう相対的に貧窮な比丘も同じ僧伽内にいた。食平等ほどには衣平等ではない、というのが僧伽経済の現実のようだ。

本章で義浄の報告するインドの衣料の常住僧物「化」は一つの現実対応策として変容したものだったのだろう。それに衣自体の価値が、現代の大量生産の時代からは想像もつかないほどに貴重な品であったのだろう。本章であえて律蔵の原則に反する立場に立たされてしまうにもかかわらず義浄がかく主張した背景には、これらの事情があったと訳者らには思われる。

第三十八章　焼身不合［焼身供養の否定］

梗　概　法華経に基づく中国仏教の焼身（燃指・燃肌）供養への批判が本章の主題である。まず義浄は当時の中国の年少の出家者たちが、仏教の経典――とりわけ律蔵――によってではなく、身近な先輩連の独断的な助言によって非法・不如律の燃焼供養に奔っている事実を批判する。次にはその焼身供養の根拠と目される中国的『法華経』理解そのものが批判される。その根拠は、『法華経』にみえる過激な供養の強調は在家の俗人（菩薩も当然その中に含まれる）の宗教心に訴える文学的修辞にすぎず、これと律蔵の規定の下にその全日常生活が営まれる僧伽の出家者との間には本来何の関わりも存在しない、というものである。さらに義浄は、同様の論法で大乗の菩薩行を批判する。すなわち息子・息女を捨て、さらには自らの身体をも捨てるという大乗の菩薩行は元来在家の俗人の所行にすぎないのであり、僧伽の出家者には本質において無縁のものなのだとし、それをば出家者に迫る中国仏教の『法華経』の誤解を強く批判する。また、中国には年少者が焼身供養もて正覚を得ようという風潮もあるのだが、これは受け難き人身を得ていながら虚しくそれを捨てるということであり、不殺生戒抵触の重罪を律の下にある僧伽出家としては到底肯定するわけにはいかない、と主張している。にもかかわらず、もしもどうしても己を虚しうして衆生を済度したいというのであるならば、そのような大乗仏教の在家の菩薩の生活と、出家して具足戒を受けて律蔵に説く生活規範のなかで僧伽生活を送ることとは、氷炭相容れず、本来全く別範疇に属することなのだと再々度強調してから、菩薩の捨身行なぞ私の知ったことではない、と義浄はあっ

＝さり菩薩と菩薩行とを二つながら切って捨てている。＝

中国焼指燃肌供養の実態とその批判　（中国の）諸（々）の出家衆の内には頗った一途（の特色ある人々）が有る。（これらの人々は、まだまだ仏の道に親しんで間もない）初学の流（類）いで（ありながら、しかしその）情は猛利（ものがある）。（彼らは）未だ聖典（、すなわち仏教の三蔵の典籍、とりわけ律蔵か？）を閑わずに、信（の根拠）は（仏の教え〈＝金口の聖典〉にではなくて、目の前にいる中国の）先人に取っているのである。（これら「依法不依人」ならぬ「依人不依法」の人々はと言えば、）指を焼くことを将って（仏道に）精（らなる）勤を作し、肌を然（燃）がすことを用って大（いなる）福を為し（たと見なし）ているのである。（このような焼指・燃肌は、仏の教えに基づくものではない。そうではなくて、凡夫にすぎない〝私〟の）情に随って作しているにすぎず、（専らその独）断（の根拠）は自（らの）心に在るにすぎないのである。

中国仏教の『法華経』誤読と正しい読み方　然（而）も（、彼ら中国の焼身供養の実践者たちの担いで回る『法華）経』中に明かす所はといえば、〝事は通俗に存する（、つまり僧伽出家者のために説くのではなくて、一般世俗の人々の間に広めるために説くことが本意である）〟のである。（そうであってみれば、世俗の人々のために説かれる、いわば文学的な修辞表現というものと、僧伽出家者のために説かれる、具体的な実践規範の指示とを取り違えてはならないのだ。『法華経』が言いたいのは、)「己(れの)身すら、尚し供養するを勧む。何ぞ況んや諸(々)の余外の財においてをや(、つまり普通、人にとって最も尊い自らの身体すらも、供養の物として差し出すのだからして、ましてやその他の財物を仏に供養するのを躊躇する理由なぞないではないか、というのだ。ともに貴い自分の身体と自分の財産、その両者のうちのポイントが後者の喜捨の功徳の主張にあるのは言うまでもない)」という(比喩的表現な)のである。そうであるから是の故に『(法華)経』の中で但ら「若し人発心せば……」と言っているのも(、在家の信者に対して比喩的に燃指の供養を誇張して説く文学的虚構・修辞にすぎないのであって、決して)「(僧伽)出家の(苾芻)衆……」に(向かって)道っている(文言な)のではないのである。(では、仏の本来の)意は(どのあたりに存するかといえば、僧伽の)出家の人(に関していうのならば、そのすべての日常生活の形態、一挙手一投足に至るまで、およそ苾芻の行動)は律蔵(に定めるところ)で局られ(、管理され、規制され)ているのである。(さすれば、ものごとの順序として、経・論に優先して、まず第一に律蔵に定める)戒の中で無犯であればこそ方(始)めて『(法華)経』にも通じることが得ようぞ、というようなものなのである。(その逆に出家者が、もしも律蔵に定める)戒において違うところが有るならば、未だ其れ(、すなわち『法華経』に通じること)が可とされるのを(私・義浄は)見たことがないのである。縦使い香台(仏殿)に草が茂ろうとも(その草を損なえば、それは結局は虫たちの生命の宿る〝有情村〟を破壊することになるのだからして)、豈して一茎たりとも(草を)損ねることができるだろうか(?　否、たとえ一茎たりとも草を損ねるなどできはしないのである)。(たとえ)曠野に独り飢えたとしても(、誰も見ていないからといって)寧して(他から受けることなく、直接自ら手にとって)半粒たりとも餐(噉)べてよいものだろうか(?　否、他から受けることなく、直接自ら手にとって、たとえ半粒たりとも餐噉べてよかろうはずがないのである。およそ僧伽に出家し、具足戒を受けた苾芻であれば、このような戒律違犯はすべきではないのである。)

僧伽苾芻には菩薩の捨身は無縁のもの

《訳者補》「菩薩」bodhi-sattva は<√budh〝覚る〟と<√as〝有る〟に由来し、覚者になろうと志す存在、覚有情を意味する。大乗仏教では利他の意味を過剰に附加し肥大化させた解釈をするが、義浄は原則としてその立場にはない。以下では義浄による菩薩批判、とりわけ「在家の菩薩」に対する批判が展開する(。一方、「出家の菩薩」については、第三十二章、第三十四章に登場する菩薩人・月官大士のように義浄は批判的ではない。これは僧伽

の中にあって戒律を遵守するからなのだろうか)。

以下では(1)大乗の非出家の菩薩と(2)僧伽に出家した苾芻の別範疇なること、その峻別論が展開されることになる。その中、義浄は(1)大乗仏教が主流を占める中国の菩薩観——菩薩は肯定的に扱われる——に関わることなく、(2)伝統の部派仏教的菩薩観——そもそも菩薩とは評価対象としての基本要件を満たしていない存在として扱われる——に立って、「菩薩」像が叙述されている。菩薩を仏と区別がつかないまでに神格化してしまった中国・日本の大乗仏教の常識的「菩薩」像は、七世紀インドの現場では通用しないことにご注意あれ。

然(而)で(『法華経』の)衆生喜見(Sarvasattvapriyadarśana 菩薩)とは(僧伽に出家し、具足戒を受けた苾芻ではない。そうではなくて、衆生喜見は単なる在家の菩薩にすぎず、)斯れは乃ち俗(人の)流(類)いなのである。そうであれば(たとえ彼が)臂を焼いて供養したとしても、(それは菩薩という名の俗人の行為なのだから、)誠にそれはそれで宜しいのであ(る。すなわち律蔵に掣肘されない在家の菩薩の自由・勝手な振る舞いなぞ、僧伽に出家し具足戒を受けた、すなわち律蔵の範疇の中にある苾芻の与かり知るところではないのである。

(在家の俗人である)菩薩であれば(、毘輸安呾囉 Viśvantara 太子さながらに)男を捨て女を捨てることも可以ようというものであるが、（問題はそれが中国では菩薩にとどまらず、）遂に（僧伽に出家した）苾芻にまで、男女を捨てさせることを求めている（点にある）のである。大士（＝菩薩）であれば（『賢愚経』の快目王さながらに我が）目を捐て、（虔闍尼婆利大国王さながらに我が）身（体）を捐てることもできようが、（それが中国では僧伽に出家した）乞士（苾芻）にまでも身（体）や目を（布）施させることを行なわせているのである。仙預（Ṛsidatta 王）が命（根）を断つ（という菩薩の本生譚もあるにはある）のだが、豈してこれが（僧伽に出家し、その日常生活のすべてを戒律の下におく）律者の為す所（になるの）だろうか（？　否、このような行動は、決して律者のなすべきところではないのである）。慈力（Maitribala 王）が（五夜叉のために）身（体）を捨てた（という菩薩の本生譚もあるにはある）のだが、これとても（僧伽出家者たる）僧徒の作すべきところではないのである。

中国焼身供養批判（一）――その実際――　（ところで、中国では）比ごろ少年の（徒）輩が勇猛発心する（、すなわち猛々しく勇ましく仏道精進に赴く）と聞くのだが、その（言葉本来の意味とは裏腹に、彼らの）意（のあるところ）は、身を焼いて便ち正覚（の境地）に登らんというものを謂うのである。（しかも、）遂には相踵いで（少年たちはこの先例に）習い、其の（体）軀を軽んじ棄てているのである（。やんぬるかな！）。

中国焼身供養批判（二）――難得の人身を軽視するの非――　何うしてなのだろうか？

十劫・百劫（を経て生まれ変わり死に変わりを繰り返す輪廻転生）がなければ〝人の身〟は得難く、千 生・万 生して〝人（の身）〟となったとしても、（仏の教えを）智るものは罕なのである。（それなのにどうして中国では、このような自損・自殺がなされるのだろうか？　人の身に生まれても、多くの人は）七覚（、すなわち覚りに近づくための七つの修行、①択法覚支＝真を撰ぶ、②精進覚支＝勤める、③喜覚支＝真を喜ぶ、④軽安覚支＝心と身体を安らかにする、⑤捨覚支＝囚われを捨てる、⑥定覚支＝心を凝らす、⑦念覚支＝思いを平らかにする、等々）を聞くことは稀であるし、三（宝）尊（仏・法・僧）にも遇わないのである。

（ところで中国のこれら年若い焼身供養者ときたらどうだろうか？　彼らは、）今や既に（その身）体は（僧伽という）勝場に託し、心は（仏の教説という）妙法に投じているのである。（しかし、そうでありながら彼らは）纔に（『経』中の）一頌を（受）持しただけで、（恒河）沙（、すなわちガンジス河の砂粒ほども数多ある小さな無価値なもの）として肌を棄てて（焼身供養に走り、人の身に生まれ仏の法を聞いたという類い稀な有価値な我が身を）、尚、軽んじているのである。暫くは無常（・空・無我……等々の仏教の根本の教え）への想いがあったとしても、塵（ほどにも小さく価値なく惜しくないとして）供（物として我が身）を捨ててしまうというのでは、寧して（今、在る「人としての身」を）重んじているなどといえるのだろうか（？　否、とてもとても得難い人の身を重んじているなどとはいえないのである）。

中国焼身供養批判（三）——大・小乗仰律苾芻の理想像——

（およそ好心、すなわち出家の志を発こして、仏の道に赴いた者であるならば、道）理として堅く（五戒・八戒・十戒など一括りにされた）戒品を修めて（父母・衆生・国王・三宝の）四恩に酬恵、固く（禅）定門を想って（迷妄の三世界である欲界・色界・無色界の）三有から抜けでることを冀うべきなのである。小（さな）愆を大いに懼れることは深海を越えるときの浮嚢を護る若に（細心の注意を日々払うように）すべきであるし、（仏の知）恵を行じ堅く（罪から我が身を）防ぐことは薄氷を履みつつ奔（放な）駿（馬）に策（励）するに等しく（して、細心の注意を日々払うように）すべきである。然後で善友（善知識）の力に憑って臨終にも助けられて心驚がず（、邪念にとらわれずに正しく仏法に心をかけて）正念に懐いを翹し、当来に慈氏（弥勒仏）に見ることを願うのである。若しも小（乗の）果を希うのならば（、この現在の生・我が身において）八（賢）聖（、すなわち四向四果のこと、①預流向・預流果、②一来向・一来果、③不還向・不還果、④阿羅漢向・阿羅漢果、これら仏道精進の四目標と四到達点）を求める可きだし、如しも大（乗の）因を学ぶのならば、三（大阿僧）祇（劫、菩薩が成仏するまでの無限の時）が（まさしく）斯れに（、この現在の生・我が身において）始まるのである。

中国焼身供養批判（四）——焼身供養非法不如律論——

（ところがこの年若い中国の焼

身供養者たちはどうだろう？　彼らのように）怱々として自ら軀命を断つのは、実に亦未だ（仏の法に）其の（道）理（ある）を聞かないのである。自殺の罪は事として（五篇、七篇中の）初篇（の上首、不殺生戒）に亜ぐものなのである。律蔵を検尋べてみても（私・義浄は、誰かが苾芻に自殺）遺為などというのを見たことがない。（渇）愛（tanhā）を滅することは（世尊）親らその要法を説かれているのだが、惑（著）を断つことが豈して己れを焼くことに由（って達成され）るというのだろうか（？　否、焼身供養などというものでは断惑は達せられはしないのである）。

（また、僧伽の）房の中で勢（睾丸）を打つこと（すら）も仏は障って聴（許）されなかったのである。（そして、）池の内の存生（、この場合は池の水の中の虫）にすら（大聖釈迦世）尊は自ら（その虫たちの生命を損なわないことを）善なりと称えているのである（から、ましてや尊い難得の人身を損なってよいはずがないではないか）。

（以上からみても中国の焼身供養者は、仏の定めた律蔵の）重戒を破って（、仏ではなく）自らの意に随っており、（仏の）金口「、すなわち世尊自らが口にされた教え）は（制）遮（禁止）して従わず、此れ（＝焼身供養）にこそ心を帰しているというのであるから、（かような中国仏教の現状は）誠に（釈迦の）聖教ではないのである。

義浄の立場——大乗在家の菩薩行は論外——　（以上の私・義浄の論は僧伽に出家した

苾芻を対象にしての言である。そうではなくて、）必しも菩薩行を行じて、（僧伽の）律儀を受けず（に在家の俗人として生活し、その上で、我）己を亡くして（衆）生を（救）済せんとする（という、かような大乗の菩薩の捨身行などというも）のは、固より（私・義浄の縷々述べてきた僧伽苾芻の〝有り様〟、）言（及の範疇）の外に在る耳なのであ（り、極論するならば私・義浄の知ったことではないのであ）る。

第三十九章　傍人獲罪［焼身供養の勧誘・幇助への批判］

梗　概　前章第三十八章に引き続いてこの章でも中国の焼身（燃指・燃肌）供養が批判されている。ただしここでは焼身供養と並んで、その勧誘・幇助者への批判も同様に強調されているのが注目される。

義浄はまず焼身供養の犯罪性を律蔵に則して立証する。すなわち供養という名の自殺自死は、①死亡以前には偸蘭遮（ちゅうらんじゃ）＝未遂罪を犯しているのだし、②死亡時には波羅夷（はらい）罪を犯すことになり、かくして二重に犯罪的であること、さらにこの行動の根拠が、③仏説である律蔵を排して自分の心に重点を置いている——その意味では依人不依法だ——と告発しているのである。また、中国の焼身供養にはそれを助ける目的の組織があり、彼ら焼身供養勧誘幇助集団は、④自死を意図する者（犯波羅夷罪の者）を僧伽に告発しないという点で、これまた戒律を犯していることになると義浄の批判は続く。

次いで中国燃指燃肌供養批判に戻る。焼身供養は、（i）死んでしまっては徳に報いることも節操を立てることもできないという儒教の教説の観点よりしても、また（ii）在家菩薩の行動と僧伽出家の行動を混同する非が明白であるという仏教の戒律説の観点よりしても根拠はないのであり、またそもそも（iii）自殺は外道の範疇に属する行為であること、また（iv）仏教の立場では自刑が戒律違反であるとの判断・認識もあること等々、多方面から焼身供養を批判している。

最後に義浄は中国仏教の現状として、たとえこの焼身供養に非のあることを知る者があっても、逆にその賛美者からの非難を恐れてあえてそれを口にできない「環境」があることを指摘する。そして義浄は再度、焼身供養が仏説の律蔵からみて波羅夷罪相当の重罪であることを確認してから、中国でも上人、通識と呼ばれるような人々はみなこの焼身供養には否定的であったことをいって、主題（の一部）を次章（特に章題）につないでいる。

焼身供養勧誘幇助者批判（一）　凡そ（現下の中国の）焼身（供養者）の（流）類いは（、一個人の菩薩行というに止まらない。何人もの同心の者たちが徒党を組んで）、各が（互いに）中誠（＝忠誠）を表し（合っ）ているのである。（すなわち、これらの徒輩は、）或いは三人、（或いは）両人が、心を同じくして契りを結び、諸（々）の（仏の道に入ったばかりの者、すなわち）初学（の若者たちを）を誘っては（、彼らに）詳（細）に（焼身供養、すなわち自）死を勧めることを為ているのである。

中国焼身供養者批判　（私・義浄の見るところ、焼身供養という名の自殺自死の罪過とは、）〝在前亡者〟にあっては自ら偸蘭（遮　sthūlātyaya　方便罪＝未遂罪・準備罪）を獲（得）ているのであり、〝末後命終〟にも（一）定（、犯不殺生戒という最重罪　pārājika　波羅）夷罪を招くことになるのである。（このような類いの人は、）肯えて（律蔵に説く）禁（戒＝戒律）を（守）持たず、（その意のあるところ、仏の言〈＝金口〉の律蔵にではなく、「自心」、すなわち自らの）欲と得に存る（にすぎない）のである。（このような流類いの人は、私・義浄にいわせるならば、仏の制せられた律蔵に基づく）戒を破って死を求め、（焼身供養の一事に）固く専心することを守（持）しており、曽て（一度たりとも、釈迦の聖）教（、すなわち律蔵）を窺おうなどとはしていない（、ということになる）のである。

焼身供養勧誘幇助者批判（二）　儻いは（、上述のような焼身供養者の他に、）人の傍らに有って（この焼身供養を）作ることを勧めるものが有る。（このような人は、大聖釈迦世尊の喩えられた）〝針穴の言（針鼻の欠けた針、すなわち本来の果たすべき役割を果たせないもの）〟（という罪）を犯しているのである。（何故なら、現に自殺・自死＝波羅夷罪を犯そうとしているものがいるのにそれを僧伽に表白、告発せず、また注意を喚起すべく他の人に向かってもその事実を説かなかったのだから、苾芻として戒律に照らして本来の責務を果たしていないことになるのだ。その上、）若しも「何うして（貴方は焼身供養のために、その身に）火を授からないのか（？　火を授かって、是非とも焼身供養をすべきだ！）」などと道う（人がいる）のであるならば、それは便ち〝折石の過（割れた石、すなわち再び元通り一つにはならない、取り返しのつかない過ち）〟を招いているのである。嗚呼！　此の事は誠に慎む可きことなのである。

焼身供養批判の根拠（一）——俗説・仏説——　（世）俗（・世間）でも「身を殺すは徳に報

いるに如かず、名を滅するは節を立つるに如かず（すなわち、その身を殺すよりは生きて徳に報いるべきであるし、名〈世間的名声〉を失うことを恐れて自殺するよりも生きて節〈みさお〉を立てるべきだ）」と云っているのである。

然而で（世俗ばかりか、仏説でも焼身供養は批判される。前章第三十八章でも触れた通り、在家の菩薩と僧伽出家の沙門というのは別範疇の存在である。中国仏教のように両者を峻別することなく、混同する非を犯し）、（自らの身）体を餓（えた）虎に投ずるというのは（、在家で非出家の）菩薩（が衆生）の苦しみを（救）済する（ための行為な）のであ（り、これと僧伽出家の苾芻の行動規範とは全く異なるものなのであ）る。（我が）身を割いて鴿の（身）代わりになるというのも（、それは在家の菩薩の行動であり）、（僧伽に出家した）沙門の為す（べき）所ではないのである。（現下の中国仏教のように、大乗の在家菩薩と僧伽出家の沙門という別範疇に属すべき両者を混同して、）此れをもって同じ科とするのは、実に其の況き（に適うところ）ではないのである。

聊か（経・律・論の）三蔵に准じて、略っと（菩薩ならぬ身にして焼身供養をなすことの）可・不（可）を（私・義浄は）陳（述）べてみたのだが、（中国の道友諸氏よ、この焼身供養についで仏教者としてとるべき）進・退の宜しきは、智者なれば詳（細）らかに察するべきである。

焼身供養批判の根拠(二)――外道批判・断勢批判――

然し、(現実にはインドでも)恒(伽 Gaṅgā)河の内には日に幾人も(自)殺して(いる者が)いるし、伽耶山(Gayāśīrṣa 現ビハール州ガヤ西南、ブラフマヨーニ山)の辺りでも自殞(自殺)するものは一(人、二人)ではないのである。(彼らは、)或いは餓えても食べず(餓死せんとし)、或いは樹に上って投身(自殺)するのである。(しかし、)斯れらの(仏の道からは外れた行ない、すなわち)迷(いの)途を、世尊は判(定)されて〝外道〟とされたのである。

復、自ら刑して勢(睾丸)を(打ち)断つものも有るのだが、これなども深く律典に乖いているのである(。ましてや道理として、人身すべてを損なう焼身供養など許されようはずもないのである)。

焼身供養の中国的環境とそれへの批判

(ところで中国仏教の現状はどうだろうか?)設しも(律蔵に照らしてこの焼身供養は)非であると為す者があっても、(焼身供養の賛美者たちから)罪されるのを恐れて、敢えて相諫めないのである。(しかし、)若しも斯れ(焼身供養)に縁って(、仏の道に好心を発こした初学の若者たちの貴い生)命(を損なう)に致るとするならば、便ち(これは彼らの)一生の大事を誤ることになってしまうのである。

(されば、インドでは)仏も(上来述べてきた)斯の(道)理に因って(根本重罪、四波羅夷の一、不殺生相当として)制(戒)して(他に焼身供養するを)許されなかったのである。(また、中国でも）上人、通（善知）識（と称される人々）は、自ら肯えて（かような焼身供養などは）為されなかったのである。（その）古徳の相伝えるところについては後（第四十章）に述べる如りである。

第四十章　古徳不為［善遇・慧智の二恩師への讃歎］

梗　概　最終章の章題も「(中国の)古徳も(焼身供養を)為ない」とあり、前々章以来の主題である中国焼身(燃指・焚肌／焚身＝燃肌)供養批判なのだが――そして確かに本章中にはその記述もあるのだが――実質的には本章は義浄による二師への讃歎が内容となっている。義浄が七歳のときに出会った二師、善遇と慧智はともに高名な竺僧朗の建立による泰山は神通寺の出身であったが、二人は三階教の無尽蔵食を営むべく神通寺を棄て、斉州の土窟寺に出て、庶民金融「無尽」によって土窟寺を経営していたのである。

以下、義浄はまず善遇法師の(1)博学多聞、(2)多才多能、(3)聡明智慧、(4)度量宏大、(5)仁愛篤実、(6)策励鞭撻、(7)既知天命の七徳について語る。次に慧智禅師。禅師は律儀と禅定に意を用い、自らの勤行と他の指導に熱心で、沈着冷静にして公明正大、毎日欠かさず『法華経』を読誦し、鳥すらも耳を傾け感応して鳴き囀る霊験があり、生涯無病で『六度頌』と『発願文』の著書があり、また書をよくして、書写した『法華経』は天皇により宮内に納められたほどであったという。

前述のごとく善遇・慧智は竺僧朗の系譜に属するが、竺僧朗以下の諸大徳も、また中国仏教史を遡って迦葉摩騰と竺法蘭の昔から慧休、法励に至るまで、焼身供養を勧めた人など一人もいない、と義浄は言い切っている(本章中この部分だけが章題を反映している)。

善遇法師の恩は父の厳しさ、慧智禅師の慈しみは母の愛、と義浄は二師を総括している。その慧智禅師は義浄の具足戒受戒にあたっては戒和尚を勧めてくれた。受戒後の五年間は依止期間、義浄は慧智禅師について如法如律の日常生活を送り、学習したのは専ら法励、道宣らの律典であった。その五年を過ぎると慧智禅師は義浄に長安・洛陽への遊学を勧めたのであった。義浄は長安で倶舎・唯識を、洛陽では阿毘達磨・摂大乗論を学び、入竺求法の志を胸に、再び慧智禅師を訪れる。入竺への思いは強いものの、もしもそれを実行に移せば今生での慧智禅師との再会はほぼ不可能となる。それを思えば簡単には踏み切れない。逡巡する義浄。しかし慧智禅師の答えは義浄の予想を超えており、入竺の義理(正しい筋道)を恩愛の私事に優先させよと、逆に義浄に入竺を促したのであった。咸亨二年(六七一)に故国唐を後にした義浄は六七三年に入竺、聖跡巡礼と約十年のナーランダー留学の後、今はインドを後にして往路でも滞在したシュリーヴィジャヤに滞在中で、本書『寄帰伝』を執筆している。

慧智禅師は戒律を護り衆生を済度し世の模範となった教育者でもあったのだが、何より義浄の今日あるはその薫陶によるものであった。それを讃えるべく義浄は善遇・慧智の二師に巡り会えた喜びを主題に、長篇の詩頌一偈を自作している。次に善遇法師の詩とそれにちなむエピソードを一つ紹介し、最後に義浄は本書全体の締め括りとして読者に対して本書の内容が実際にインドで行なわれているところであって義浄個人の理解の押しつけではないこと、人の寿命はわからないものだからともかくも本書を母国に送付すること、本書を繙けば己が真意は明らかなこと、そしてあくまで本書が根本有部の立場からのみ叙述されていて他の部派の見解を混えていないことをいってから、今一度自分の思いを詩に託し、全四巻四十章の本書を閉じている。

義浄の二師——善遇と慧智——

《訳者補》　前章第三十九章の末尾でも述べたように、中国仏教の偉大な先達たち（古徳）は自ら焼身供養などはなさず、またそれを他に勧めることもせず、如法・如律に弟子を導くものであった。以下、義浄は主として善遇・慧智という二人の自分の師を顕揚讃歎して本書を締め括るのであるが、その中、善遇法師の項が終わり、慧智禅師の話に進み、竺僧朗の故実を挿んだ後、竺僧朗自身は元より迦葉摩騰・竺法蘭以来の中国仏教の先徳方が決して焼指焚肌の焼身供養などしなかったことを述べている。本章の題目と内容はかなり均衡を失しているのは事実だが、ただ羊の頭を掲げて狗の肉を売っているわけではないことも事実なのだ。

且く（、私・義）浄に如いては、親教師（upādhyāya）は則ち善遇法師であり、軌範師（ācārya　戒和尚）は則ち慧智禅師であった。（私・義浄は、）年（齢）七歳を過ぎて、幸いにも（この両師に）親しく侍ることが得たのである。斯の二師（、すなわち善遇法師と慧智禅師）は並に太（＝泰）山は金輿谷の聖人（・竺僧）朗禅師が造られた神通寺の大徳であった。（お二人の）俗縁はというと、徳（現在の山東省陵県）・貝（現在の河北省清河県）の二州である。この二（大）徳は、山に居て独り善しとするのでは（衆）生を利（益）する路が寡ないと以為えて、乃ち共に（心を同じくして、朗禅師にちなむ名刹・神通寺を棄てて、山寺ではなく、さとなか、）平林に詣で、清（らかな）澗に俯枕しようと、（すなわち山林修行を抛擲して市井での布教をこそ選び取り、）土窟寺に於いて（居を定め、）浄（らかな）居しを式修られていたのである。（この土窟寺は、）即ち斉州（現在の山東省済南市）の城（市）の西四十里（約22.4 km）許り（の所にあるの）である。

（此処で、お二人は三階教の）「無尽蔵食」を営まれて、供養すること無礙、受けた所の檀施は咸随喜（anumoda）、（無尽物に）喜捨してしまわれたのである。

（そうであるから、このお二人はこうも）請うことが可るだろう。

　　四弘誓願、共乾坤而罔極、
　　四摂広済、等塵沙而不窮。

四弘の誓願、（「度」「断」「知」「証」、人の）救いの誓願四つ、
乾・坤に共じく極りなし、天・地に同じく極まりなし、
四摂の広済、（布施・愛語・利行・同事、）広（き救）済の術四つ、
塵・沙に等しく窮りなし　塵・砂に等しく（無量なること）窮まりなし。

（お二人は、）寺宇を敬修、盛んに福業を興したのである。

（以下、善遇）法師の七（つの）徳を略っとではあるが叙（述）しておきたい。

善遇法師の七徳（一）――博学多聞――（第一）は（善遇）法師の博（学・多）聞である。（法師は、仏教の経・律・論の）三蔵を正しく窺い、（正統の儒学ではない諸子）百家を傍らに睇し、（仏教の内と外、つまり内典・外典を）両つながら学び（、その両者を）倶に兼ね（備え）られ、（正統儒教の易・書・詩・春秋・礼・楽の）六芸も通備されていたのである。（たとえば法師の聡明なることといえば、）天文・地理の（学）術や陰・陽・暦算の奇（智）などは、但（そこに）心を経めさえすれば、則ち（それが法師にあっては正鵠を穿ち、精）妙にも神府（神の割符＝予言）を貫いておられた。（法師の）洋々たる（智）慧（の）海は竟に瀉ぎ流れ（出）て竭きることが罔く、粲々たる文（藻の）囿は鎮に栄りを敷いて萎えるということが靡い。（法師の）制られた文藻、及び一切経の音（義書＝辞書）、幷びに諸（々）の字書などは、頗る世に伝わっているのである。

（法師は、）毎（常）に自ら言曰っておられた、「我が若し（体）識らない（〝文字〟がある）ならば、則ち（そもそもそれは文）字ではないのである」と（。事程左様に法師は、文字の学＝小学に対してはその蘊奥を極めておられたのである）。

善遇法師の七徳（二）――多才多能――（第）二は（善遇）法師の多（才・多）能である。（法師は書にも秀で、中国古代の漢字の書体である小）篆・籀（＝大篆、すなわち篆書）に巧みであり、また（同じく）鍾（繇）・張（芝、すなわち楷書と草書）をも善くしたのである。

（また古来儒者たちは君子の嗜みとて音楽を重んじたが、法師は）糸桐（＝琴）を聴けば、（鍾）子期が（伯牙の奏する高）山・（流）水（を表わす琴の音）を（聞き分け）験した若な（確かな耳をもっておられた）のである。

（また、法師は彫刻にも勝れた技量を備えておられ、）斤・斧を運らせば、（大工の名人）匠石が（左官の名人の鼻の先についた蝿の羽ほどの）飛泥を（斤を振って取り）去ったに等しいような（確かな腕前をもっていた）のである。

〝哲人は器ならず（智徳抜きんでた人というものは、特定分野に限定してその才を発揮するというだけでなく、多能・万能であらゆる分野で活躍する）〟とは斯の謂である。

善遇法師の七徳（三）——聡明智慧——（第）三は（善遇）法師の聡（明・智）慧である。

（まずは法師の内典＝仏教の研鑽で、）『涅槃経』を読まれれば（、全巻を）一日で遍く（読了）される。（法師が）初めて斯の（経）典を誦されたときには、四ヵ月で（『涅槃経』一）部（四十巻）を（読み解き、）終えられたのである。（このときには、この経の）幽宗を研め味わい、玄旨を妙く探られたのである。

（法師の教育法についていえば、）小童を教えるには半字（偏や旁りのない木や雨や水といった単体・独体の簡単・平易な文字）でもって誘（掖）するので、誠に（他の師のやるように）剣を按で（て脅し、叱りつけながら教え）る（のではないか、など）という疑いは無いのである。（一方、）大（いなる根）機（＝機根のもの、すなわち優秀な者）に（教えを）授けるには、（「瀉瓶」の字義の通りに自分の持てるものすべてを）完き器（、すなわち大機の弟子）に瀉ぎきってしまうのであり、実に（、法師の教授には）珍らか（な宝）を捧げる（かの如き利）益が（弟子には）あるのである。

（また、法師には次のような逸話も伝えられる。その）昔、隋（代）の季（、世は乱れ、仏の）道も銷えようとしていた因に（善遇）法師は（戦時の混乱を避けるべく、その居を）楊府に梗え遷られてこられたのである。（このときのことである。法師を迎えた寺の）諸（々の）僧（侶たち）は（法師の語るところ）説うところを見て咸（が皆、法師のことを）魯漢であると云ったのであった。（しかし法師の姿・身）体には（どこか異相、すなわち常人を超えた何か、）卦（象＝占形）を貢げるところが多かったので、遂に（その寺では善遇）法師に『涅槃経』を読ませることにしたのである。（このとき諸僧は法師の値踏みのため、）二人の小師に（命じて、その読みの精確さを確認、検証するべく、本文の各）句に随って箸で（指し示）させたのである。（善遇）法師は時に慷慨の喉吻（の震え）あり、（時に声）音も旨（趣）も激し揚り、（平）旦から（始めて、）日角に至って三帙（、全四十巻）を（読み）已終えたのである。（これには、その当）時（の）人も慶讃ないものとてなく、（諸僧は兎にも角にも法師に）休（息）むことを請い、（その才能の）希有なることを嗟歎したのである。

（以上、）此のことは（僧）衆が（皆）共に知る所であり、（ひとり私・義浄が）私に讃（歎）るものではないのである。

善遇法師の七徳（四）――度量宏大――（第）四は（善遇）法師の度量（の大きいこと）である。

（法師は、）但ら市（場・交）易（の場）にあっても（相手の）索める（値段）に随って酬うに随うだけのこと、（相手の言い値次第で、その価格の）高下を論じることなどはなく、（いまだ）曽て減価などしたことがなかったのである。設しも（相手が法師から受領した）直（＝値）を計（算）して（、自分の間違いに気づき、その取りすぎた分を）還しに到たりすることがあっても、（法師は）亦更び受けとりはしなかったのである。（これには、その当）時（の）人も（法師の心の広さ正しさ、その）雅（い度）量が群を超えたものであると以為えたのであった。

善遇法師の七徳（五）――仁愛篤実――（第）五は（善遇）法師の仁愛（の篤いこと）である。

（法師は、）義を重んじて財を軽んじ、菩薩行に遵い、人あって乞われれば（それに）従い咸く逆言などせず、（三階教の無尽物のためにと、一）日に三文を施すこと（だけ）が、常に願うところだったのである。

又曽て隆冬の月に（法師の）客僧で道安一（という者）が雪を冒して遠くから（師をたずね

て)行た(ことがあったのだ)が、(そのとき、彼の道安の)腨足は皆破れ、村に停ること数日(、とうとう傷が)潰れ爛れて膿が流れるようになってしまったので(、この道安を)村人が車に載せて送って寺の所まで至たことがあった。(ときに)法師は新たに一帔(法衣)を造り(、それも)纔に始っと(身)体に擐けたばかりだったのだが、(寺の)門を出て忽ち(道安のこの様子を)見るや、覚えず(知らず、この新調の一)帔でもって其の膿血を掩ったのであった。

(このとき、)傍らの人がこれを止めて曰った、「(法師よ、傷の手当ならば)故(い)物を覓められれば宜しいでしょう。(何も)新しい者(＝物)を汚されることは莫いでしょう」。

(これに対して、)法師が曰われた。

「(この客僧は今、血の膿を流しているのだ。確かに私は一帔を失う。しかし、その)交(代)に(この遠来の客・道安の)厳苦を(救)済う(ことができるのだ)。何うして余(外)のものを求める暇などあるだろうか(？　否、そのような暇なぞありはしないのだ)」。

(これには、その当)時(の)人も(これを)見、聞きして、深く讃(歎)ないものはなかったのである。

(新調の衣をもって客僧の傷の手当をするという、この法師の行動は)復、事として大きに過ぎるというものではない(、ごく日常的な小さな出来事な)のだけれども、(この程度のことですら現下の中国仏教にあっては、）能くするものは固より亦尠ないのである。

善遇法師の七徳（六）――策励鞭撻――

（第）六は（善遇）法師の策励である。

（修学にあっては、法師は）八部の『般若（経）』を読むこと各並びに百遍、幷びに一切経を転（読）することも屡ば終始を訖え（る、すなわち大蔵経の首巻より尾巻まで全巻を読み了えられ）たのである。

（修行にあって、法師は）浄方の業（、すなわち往生浄土のための業）を修めては日夜翹勤、仏・僧の地（仏殿や経堂）を瑩いては（往）生を希い（、心が）動つくことはなかったのである。

（戒律の尊重・仰律の志にあっては、法師が）大分は塗（＝途＝徒）跣であったのは、衆（くの虫たちの）生（命）を損なうのを恐れたからである（。法師の塗跣、これがどんなに中国の常識に外れているようにみえようとも、これこそが律蔵の精神に叶っているのだ）。

（法師は、浄方の業に励むことに）想いを運らし心を標して、曽て懈替ということが無かったのである。香台（＝仏殿）を掃き灑めれば（そこは、）〝安養（浄土）の蓮〟が（人の機根に応じて上品上生から下品下生まで九段階、）九品に開いた類だし、経（典の置かれる）室を荘厳れば（そこは）〝鷲嶺（霊鷲山　Gṛdhrakūṭa）の天〟が（曼荼羅華・摩訶曼荼羅華・曼殊沙華・摩訶曼殊沙華の）四（種の奇瑞の）華を雨す若であった。

(かくして、法師を)見る者が有れば、(その)功徳を讃歎しないものが無かったのである。(法師はといえば、)躬自ら倦むことを忘れ(て策励し)、(生)命の畢るをもって(一)期としていたのであった。

又(法師は、経典)転読の(自)余は阿弥陀仏を念い、(行・住・座・臥の)四儀にも闕(乏)けること無く、(日夜翹勤、策励鞭撻して、)寸影も空しく(過ごしは)しなかったのである。(法師が無尽蔵食を営み、衆生に施した)小豆の粒を計えれば(、恐らく生涯の総計としては車)両載を盈たすことが可るだろう。(これとても法師が)弘く(救)済った(衆生のほんの一)端にすぎず、(法師の救済のおもむくところは)固より(前述の通り九品にわたるのであって、決して)一品(類)ではないのである。

善遇法師の七徳(七)——既知天命——　(第)七は(善遇)法師の知命(、すなわち天命を知っておられたこと)である。

(善遇)法師は将に終くなる先、一年の内に(法師はその所有所製に関わる)所有る文章、雑(々の)書・史(書)等を積んで大きな聚に為、(次にこれらを)裂いて紙泥(紙粘土か?)に作てしまい、寺が金剛(力士像)両軀を造るという、其の用に充(当)ててしまわれたのであった。

(このとき、法師の)門人たちが進み(出て、法師を)諫めて曰ったのであった。

「尊（師）よ、必しても紙が須（要）るのであれば、敢えて（尊師の御心に背くようではありますが、今、尊師が紙泥にされておられる貴い文章・雑々の書・史書を残すべく、他の）空紙に之れを換えたいのですが……」。

（すると、善遇法）師が曰われた。

「（つらつら想い返すに、）斯れらの文に耽（溺、執）著したということ、それこそが久来く我を誤らせたのだ。豈して今日、他（の人）をも誤らせてよいものだろうか（？　否、とてもそんなことはできはしない）。（それは）譬えてみれば（人に）鴆毒を餐（啖）べさせたうえで嶮途に指径くようなもので、其んなことで未だ可かろうはずがないではないか。正（しい修道の）業を廃（絶）めにして傍らの（仏道以外の）功（業）を習うというのは、（大）聖（釈迦世尊）は上品（の者）には開（許）したのであった。（しかし我のように下品の者では開許されようはずもない。何故なら我は正業を疎かにして仏道以外の功業に心を移してしまう、すなわち文に）耽（溺、執著）してしまうので、大（いなる）過ちと成るのである（から）。（さすれば『論語』にもいうではないか、）『己れの欲せざる所を他に施すこと勿れ』と」。

（善遇法師は自分の踏み誤った途轍を後に続く門人たちに踏ませまいと書物を廃棄したのだった。）

（これを聞いて、法）門（の）徒は（法師を）、「善（哉）！」と称えて退きさがったのである。

（ところで、法師が紙泥にしてしまおうとされた文書、雑々の書・史書の中からも、）『説文』と「字書」（といった辞典）の流（類）いは、幸いにも曲げて（門人・門徒に）賜らせていただいたのである。（しかし、このときにも法師は訓）誨を垂れて曰われたのであった。

「汝らは（儒教の聖典である）経（書・）史（書＝『史記』以下の歴史書）を略っと披げ、文字を薄に（体）識ることができるようになったなら、宜しく情を（これらの外典ではなく、）勝れた（内）典（に向かわせ、すなわち仏典）をこそ欽まうようにす可きであり、斯の累いに（、つまり我のように雑々の外典に心を振り向け、執）著することの勿いように」と。

（法師は、）将欲に（命）終くなろうとした時に、先ず門人に告げて曰われた、

「吾は、三（日）か（そこいら、いずれにしろ）数日のうちに（一）定っと（逝）去ぬことに当るだろう。然も（命）終ぬ際には必ず掃箒を抱いて（死）亡ぬことになろう。我の余骸は広（い）沢にでも当（然）遺（棄）てるべきなのだ」と。

（その）後（法師の言われた当日の）晨朝、清　澗に附臨んだ蕭条した白楊の下、（法師がよく）彷徨された緑　篠の側で、（法師は）孑然独座って、篲を執に（命）終くなられていたのであった。

（そのときの様子はといえば、）門人の慧力禅師が（夜の）明けるのを侵いて（法師に拝）謁しようとやってきたのだが、（慧力禅師は法師の）声の寂爾を怪しんで、手で親に（法師の

身体に)附れてみると、但ら熱気は頭に衝るのみで足と手倶に冷えているのが見ったのである。遂に(慧力禅師が、)大哭したので、四遠から咸が集まってきたのだった。この時、法侶(僧侶たち)の悲しみ啼(泣)く(有り様)は(、喩えてみれば世尊の入滅に際して人・天・龍・鬼が皆泣き、)金河で血(涙)が流れて地に灑いだ若であったし、(一般世)俗(の)徒の号(泣)慟(哭する有り様)は(、喩えてみれば)玉嶺で明珠を摧砕いたに等しいものであった。(僧俗がともに法師を失った悲嘆、それはこうもいえようか、すなわち)道樹(=菩提樹=善遇法師)が早くに凋れてしまったのを傷み、法舟(=法〈dharma=真理〉をのせた舟=善遇法師)の遽かに没したのを歎いたのであった(、と)。

(この後、法師は土窟)寺の西園に窆られたのであった。春秋六十三。(その)身の(死)亡かった後、(その)身の縁った資具(類)とて(も遺されたものは法師の場合)、但三衣、及び故い鞋履二両、幷びに随宜の臥具が有る而已であったのである。

義浄と善遇法師——義浄自述——

(善遇)法師の亡くなられた日、(私・義)浄は年(齢)十二(歳)であった。大象(すなわち、親教師の善遇法師)が既う(世を)去られたので(、私・義浄は)依投る所が無くなってしまったのである(。その中、私・義浄は法師の遺訓に従い、世俗・世間の栄達の道を棄てる決意をした)。遂に外書(外典、仏教以外の書物)を棄てて、情は内典(仏教書)を欽ぶようになったのである。

十四(歳)、(私・義浄は)緇(衣=墨染めの衣=僧衣を纏い、法)侶(=僧侶、となるための第一歩を踏み出し、仏の恩愛)に霑わされることが得たのである(。つまり、このとき私・義浄は沙弥得度をしたのである)。

十八(歳)、(私・義浄は)西天に向かうことを擬いたち、三十七(歳)にして方(始)めて所願を遂げたのである。

(私・義)浄は(西天に)来(至し)ようとした日、(善遇法師の)墓に就って辞礼をしたのである。時、已に霜のおりた林が半ば(法師の墓を)拱き、宿草は螢きを塡たしていた。神道(墓への道、人影)は疎であるといっても(、私は善遇法師があたかもそこに)在すが如くに敬いを展べたのであった。(すなわち右繞三帀して墓を)周環、(墓前にて)企望(を述べ)、遠く(西天に)渉るについての心を述べて、幽(き法師の)霊に福(徳・)利(益)あらんことを冀い、(かの法師の)慈顔の厚い徳に報いたい、と(陳述)したのであった。

讃歎慧智禅師 (さて、私・義浄の今一人の師、慧智禅師についても語らねばならない。)

(慧智)禅師は(心)意は律儀に専らにして、(また)心(意)は(禅)定(の水の満々ちて)瀲(々たる境地)に澄まされていたのである。(禅師は、)昼夜は六時(、すなわち晨朝・日中・日没・初夜・中夜・後夜)に勤(行)して倦むということはなく、旦夕は四輩(苾芻・苾芻尼・鄔波索迦・鄔波斯迦)を引(接＝引導接取)して疲れることを忘れられたのである。

(慧智禅師こそ)乱に処して諠閙るということがなく逾静かになられる(方だった)、と謂うことが可る。(そうであればこそ禅師には)道・俗(、つまり世間・出世間の人々)が咸委(附)したのであるが、だからといって(禅師がこれらの道・俗に自らを)曲げて親しむということはなかったのである。

(慧智禅師の)『法華経』を(読)誦することは六十余載(＝年間、『法華経』全巻を)毎日一周(誦み上げたので)、(総)計すれば二万余遍(にも上ったの)であった。縦(令)い(、時、)隋(の)季の版蕩(乱世)を経て逐命波遷、然も此れ(『法華経』の読誦)は心に契って曽て廃(絶)めることはなかったのであった。

(慧智禅師は、)現に六根(眼・耳・鼻・舌・身・意)の清善、(地・水・火・風より成る)四大(身体)の平和を得て、六十年中、了に他に疾(病)などは無かったのである。

毎(常)に澗に俯いて(『法華)経』を(読)誦すれば便ち霊(妙なる)禽が萃まり止まることが有り、堂の隅で(『法華経』を)転読すれば則ち鳴(く)鶏が就て聴いては感(応)するのである。(これら感応の奇瑞あるは、禅師の法華経読誦が人と異類の境をも越えて)善く情(あるもの)に縁じ、音律(音楽)を体(識)しているからなのである。

(慧智禅師はまた書もよくされた。中でも)尤も草・隷(の書法)に精(通)されていたのである。

（慧智禅師は、衆生をこのように様々に）唱導されて（方便の）尽きるということがなかった。

（禅師は、）外典に存心するということはなかったけれども、天は其の然ること（すなわち、禅師がこのように多能・多才であること）を縦されたのであった。

（慧智禅師）造る所の『六度（布施・持戒・忍辱・精進・禅定・智慧の六波羅蜜）の頌』及び『発願の文』は、並びに土窟寺の灯台（の下）で書かれたものであった。

（また慧智禅師の写経についても述べねばなるまい。禅師は、）乃ち虔心（身体を清）潔（・清）浄にして、『法華経』を（書）写されたのであった。（このときには禅師は、歴代の書家・）名手を極銓、其の（高みの）上に施ばんと（力を）尽くしたのであった。（禅師は）香を（口に）含んでは（香）気を吐き、（身体は）清浄に洗浴して（書写に臨み）、忽ちにして経の上で爰に（仏）舎利を感（得）したのであった。（『法華）経（』の書写）が成ると、乃ち（題簽を）金字でもって帖したので、それが銀鉤共どもに彩を合わせたのであり、（その後、）これを宝函に盛れたので、それが玉軸ともども交に映えたのであった。（このようにして成った禅師の写経、）太山（＝泰山）に賀幸された（斉国の）天皇が委（細）を知られ、（結果、この禅師書写の法華経を斉国の宮）内に入れられ、供養されることを（禅師に）請われたのであった。

斯の（善遇法師と慧智禅師の）二師は、即ち先（の太山は金輿谷の）聖（人、すなわち竺僧）朗禅師の後を継踵いだのである。

竺僧朗の故実　（では、その竺僧朗禅師とはどのような方だったのだろうか？　竺僧）朗禅師は（符秦〈三五一～三九四〉と姚秦〈三九四～四一七〉の）二秦の時（代）に現生、（その名）声を（汎く出家）五衆（苾芻・苾芻尼・求寂男・求寂女・式叉摩那）の表に（、すなわち世間一般の人々の間にも）揚げたのである。

（衆生を導くために朗禅師は、その）身を分かっては供（養）を受けたので（、その数多くの分）身は供（養）者の門に流れ（、広まったといわれ）、（また朗禅師は、）事に随い機を導いたので、事として機（の）情の願い（、すなわち俗情）に惬かったのである。但し（、朗禅師が教）化を為すと、それは物（衆生）の（「常識」的な思惟の枠の）外に超えてしまったので、（この）故に（人々は常識を超えた朗禅師の「力」に対して）「神通」をもって寺に命（名）したのだった。

（朗禅師の）神（通）の徳は思えることも（困）難なほどなのであるが、広くは別に伝え載せる所の如りである（。義浄の筆にかかるものではないが、虎など猛獣の帰伏を伝える竺僧朗の伝記としては、たとえば『梁高僧伝』巻五、大正蔵巻五〇、三五四頁中段を参照）。

(朗禅師活躍の)是の時に当たって、也君王も稽首し(、敬礼して帰命の心を表わし)、僚(吏)庶(民)も虔心(なる帰依を)したのであった。(朗禅師及び神通寺の神跡についても少しくいっておけば、朗禅師が)初め寺を造ろうと欲って(泰山に)創めて入ったときに虎が北川に叫ぶのを見たのであり、そして将に(山から)出ようとしたときにも復馬が南谷に鳴くのを聞いたのであった。(この神通寺には多くの不思議があり、)天井(、地上の井戸に非ず、天上のそれともいうべき井戸)は水を汲んでも(汲んでも)減ることがなく、天倉(、地上の倉に非ず、天上のそれともいうべき倉)は米を去っても(去っても)平に随っているのである。(世は降り末法となり、人智を超えた奇跡である)神跡は久しく(埋もれ)湮れたといっても、その余風は(大唐の御代、現代でも)未だ殄きてはいないのである。

焼指焚肌批判(一)——竺僧朗の遺風——

(ところでこの竺僧朗禅師、)及び(私・義浄の)親しく教えにあずかった二師(、すなわち善遇法師と慧智禅師)、幷びに(自)余の住持(=住職)、大徳、明徳、禅師等は、並びに善く律(蔵)の意を閑い、妙く経の心を体(識)っていたと謂うことが可る。(そうであるからして、誰一人として)「指を焼け、肌を焚け(、それが供養だ)」などという、此のような教(え)は(、私・義浄は、耳にしたことなどいまだ)曽て無かったのである。(実に、法)門(の)徒の訓匠(たるこれらの大徳・明徳・禅師方)は、(焼身供養を)制され、(それを)為すことを(決して)許されはしなかったのである。

(このことは、)並親しく(私・義浄が直接に)承ったもので、固より伝え(聞いたところ、間接の風聞をここに)説いているのではないのである。

焼指焚肌批判(二)――騰・蘭以来の伝統として――

又復(、「三十八　焼身不合」「三十九　傍人獲罪」、そして本章に連なる主題である、この〝焼身供養〟の当否について、まず已)往(の)哲(人たちの主張)を詳しく観て、(次いで)前(代の諸師の)規(矩)を側らに聴いてみようではないか。

(そもそも、我が神州・中国への仏教の伝来の初め、)白馬が轡を停めるの初めより、青象が鞍を挂けるの後まで、(中国仏教史をみてみよう。古来伝えられているように後漢明帝永平十年、六七年に迦葉摩)騰と(竺法)蘭が(仏法の)曜きを啓いて神州の日・月と作ったのであり、(康僧)会(?~二八〇?)と(法)顕(三三九~四二〇?)は(令)則(=戒律の教え)を垂れて(インドと)天府(=中国)との津梁となったのである。(釈道)安(三一二~三八五)と(慧)遠(三三四~四一六)は(長)江・漢(水)の南に虎踞し、(慧)休(五四八~?)と(法)励(五六九~六三五、後出の法礪律師に同じ)は河(水=黄河)・済(水)の北に鷹揚したのである。

(中国の)法(門の)徒は(これら偉大な先達を)紹継(、智)慧(の)激はなお清らかであり、(世)俗(の)士も(これら偉大な先達を)讃(徳)称(揚)し、(我が)芳(しい)塵(刹、すなわち俗世間、ひいては神州に欹けるところなどは靡いのである。(そして、これら古今の先達・大徳のどの一人の教えの中にも、)曽て未だ焼指を行なわせるというのを(私・義浄は)聞いたことがないのであり、亦焚身させるというのを(私・義浄は)見たことがないのである。規(範・亀)鏡は目前にある。(読者諸賢よ、どうか)智者なれば詳らかに(如上の事実を知り)悉くすべきである。

慧智禅師と義浄(一)——少年義浄に注ぐ慈母の如き愛—— 又(慧智)禅師は毎(常)に閑夜などには悲しむ齠丱(私・義浄)を見ては、曲しく(仏の教えへの)進誘を申ってくれたのだった。(また、時には)或いは黄葉(の譬え)を調言っては(、幼い私が)母を憶う憂いを蠲いてくれたのであり、或いは烏禽(の譬え)を喩説いては養われた(恩)に報いる徳について希懐うようにしてくれたのである。

(また、慧智禅師はこうもいわれた、)「汝は務めて(仏・宝・僧の)三宝を紹隆して絶えないようにさせ、心を百氏(諸子百家)に縦にして虚しく一生を棄てることの莫いようにす可きなのだ」と。

(私・義浄は)既に童年十歳(であったが、如何せん)、但ら(禅師の)其の言を領けただけで未だその深(い)旨(趣)を閑わなかったのである。(当時、私は)毎(日)五更(午前五時頃)に至ると(禅師の)室に就って(師に)参じて(教えを)請うたのであった。禅師は必ず慈(しみのこもった）手で（私の）弱い肩を撫でて賜ったものだが、実に（それは）慈母が赤子を育む如であった。或いは（禅師は、）甘饍を餐（噉）べることがあっても、（私に食べさせてやろうと、）味わうことを（途中で）輟めて貽されることも多かったのである。但ら（、私が禅師に）取求めることが有って（、しかも、それにもかかわらず師がその私の）請う所に違うことなど無かったのである。

（善遇）法師は乃ちその恩、父の厳しさで（私を）励まされ、（慧智）禅師は則ちその慈しみ、母の愛で（私に）申されたのである。（これらお二人の「恩」「厳」と「慈」「愛」、それらの）天性の重いことといったら、誠に以て（これ以上付け）加えることなど（何も）無い（ほどだった）のである。

慧智禅師と義浄（二）――受戒の日――

（私・義浄が、）年（齢）が満ちて進具に至るに及んで、（すなわち二十歳となり、沙弥である私が二百五十戒＝具足戒を受けて比丘となる日には）、還た（慧智）禅師は（私の戒）和上（授戒師、羯磨師、karma-ācārya）と為ってくれたのであった。（その受具足戒の日、）既に受戒が已り（、禅師は）忽（然）に清夜の行道の際に、香を焼じて涕を垂して（訓）誨を申べて曰われたのだった。

「大聖（釈迦世尊）は涅槃に（入られて）已に久しく、（仏の）法の教えは（我が中国では）訛替してきている。（戒を）受けることを楽う人は多いのだが、（受けた戒を守）持者は（誠に)少ない。汝は但ら心に(十)重(の)禁(戒、①不殺生、②不偸盗、③不婬、④不妄語、⑤不飲酒、⑥不作楽歌舞、⑦不香鬘塗彩、⑧不座高床大床、⑨不食非時、⑩不受畜金銀の十戒)を堅(持)して、初篇(殺・盗・婬・妄の四波羅夷)を犯さないようにせよ。(自)余に罪愆を設しも(汝に)犯させるようなことがあったとしても(、つまり誰かが滅罪供養のためにとて、汝に焼指・焚肌を勧めるようなことがあったとしても)、吾が当に汝に代わって(彼らの説く)地獄に入り、之れ(すなわち、焼身供養しない罪過とやら)を受けてやろう。(そうであるから、汝は)焼指・焼身なぞ決して為すべきではないのだ」と。

(私・義浄は、具足戒の受戒に)進み(、そうであるから在家の大乗菩薩などではなく、僧伽出家の苾芻としての)旨(趣)を奉った日、幸いにも(慧智禅師から、中国仏教でもてはやす焼身供養を断固「非」とする)慈悲を蒙ったのである。(そして私が)賜ったのは(大)聖(釈迦世尊の制せられたところの)戒であり、(その結果、出家の苾芻として己が)力に随って志を竭くし、敢えて(戒律に照らして)虧(け)違(うところ)があれば、小(さな)罪といえども大(いなる)懼(れ)を懐くように有ったのである。

慧智禅師と義浄(三)——義浄依止の日々——

(私・義浄は受具足戒の後、)是(処)に五稔(=年)の間(とどまり)、精しく律典を(学び)求めたのである。(この間、私の学んだ中国の律家への感想を簡単に述べるならば、法)礪律師の文疏は頗る幽(妙なる)潔(趣)を議べており、（道）宣律師の鈔述は窃かに中（道の）旨（趣）を談じていた、ということになるのである。既に（私・義浄の学が進み、たとえば一つの行動が律蔵の条項に照らしてみて、戒律を守り）持っているのか（、あるいはそうではなく）犯しているのかを（体）識（・識別）できるようになると、（慧智禅）師は（私の理解を、すなわちその識別の内容を、師の前で試みに）一遍講じさせてみるのである（、これが「勤学」の内容であった）。（その日常、）方しく大（乗の）経を聴き、乞食しては（律蔵に説くように一日）一餐だけとり、長く座して（修学に励み、決して横になって）臥むということはなかったのである。（この土窟寺は、神通寺ほどではないにしても）山寺であり、村は遥か（に遠いので供養も稀であった。しかし、そうであるから）といっても、亦未だ曽て（このような如法・如律の依止生活を、師弟共々決して）廃（絶）めはしなかったのである。

（私・義浄は）毎（常）に大師（慧智禅師）の慈訓を想っては、覚えず何（処）からか涙が流れてしまうのであった。

（第三十八章「焼身不合」以来の焼身供養の当否について関説する。）方しく（効）験はといえば、菩薩の恩（愛）は苦しむ（流）類いを（救）済わんとて（自ら）炎熾の大火に投じるし、長者の（慈）悲は窮子（daridra-puruṣa）を念い（、火宅の中に遊ぶ子らを思っては）迮隘い小門を窺うということにもなろうというものだが、（それらは僧伽に出家した苾芻のためのものではないのである。さればこれらの効験は、在家の俗人である大乗菩薩に限定すべきである。そしてもしも焼身供養を在家の菩薩の振る舞いに限るという限定条件下であるならば、それはそれで）固より謬りではないのである。

（私・義浄はこの五年というもの）毎（常）に親しく（禅師の）足下に承（仕）し、遠く（他の師の講ずるところを）聴きにゆくなどということは行なわなかったのである。（すると、）便ち（私は禅師から）賜り告げて曰われたのである。

「我には目下、且く（は、汝以外にも）余（外）の人が有って給侍してくれている。（他の師に就いての）聴（講・）読（書）を廃（絶）めにしてまで、（我のために）空しく此（処）に住っていてはならぬ」と。

慧智禅師と義浄（四）——東西両京遊学と入竺——（そこで私・義浄は、）乃ち錫を東魏に杖いては（、つまり洛陽に遊学して）頗る心を対法（阿毘達磨）・摂（大乗）論に沈め、笈を西京に負うては（、つまり長安に遊学して）方に想いを倶舎・唯識に閲したのであった。

（私・義浄が西方）来（訪を思い立った）日、（西）京（長安）から重び故里に帰り、（心中の入竺の是非、その不決断につき）親しく大師（慧智禅師）にお請ね曰したのだった。

「尊（師）は既にお年（齢）を老されておられます。（しかし私の）情はといえば遠（く西方に）遊（学する）を希い、（我が国では）未（だ）聞（くことのできないところ）を追（い求め）覧て、弘(く我が法門の徒を利)益するを冀うに有ります。(しかし尊師のお年を考えると、恐らくは今生での再会は叶いますまい。……入竺のこと、)未だ敢えて自(分)では決めかねております」と。

(すると、大師慧智禅)師は(訓)誨を流れて曰われたのだ。

「爾は(、入竺求法という)大(いなる)縁を為ろうとしている。『時』というものには再(度)ということは不可(こと)なのだ。義理(というもの)を激す(べきな)のであるのに、豈して、私(事に属する師を思う心に)豈(着)するなど懐ってよいものだろうか(? 否、よいはずがないではないか)。

吾が脱しも存(命)していれば、也爾が(法の)灯を伝えるのを見ることもあろう。宜しく即ち行くべし。留顧を事かれてはならない。(爾が、大)聖(釈迦世尊の御)蹤(仏跡)を観礼するならば、我も実に随喜することになるのだ。(仏法)紹隆の事は重(大)なのだ、爾(の決意)は無間然なのだ」と。

既に慈しみ(に満ちた禅師のかようなお考えを)聴くことを奉っては、(私・義浄としては禅師の入竺、西域求法是認の)上命に違うことは難しいのであった。

遂に(私・義浄は、)咸亨二年十一月(西暦671.12/7~672.1/5)、船を広州に附け、帆を南海に挙げたのである。(南海)諸国を縁歴して西天に振錫、咸亨四年二月八日(673.3/1)に至って、方に耽摩立底(Tāmraliptī)国に達したのである。(これは)即ち東印度の海口(のある国)である。(私・義浄は同国に)停まり、(咸亨五年)五月(674.6/10~7/8)に至り、伴(となった大乗灯禅師)に逐って西に征き、那爛陀(Nālandā)及び金剛座(Vajrāsana)に至り、遂に周く(八大制底以下の大)聖(釈迦世尊の御)蹤を(観)礼し(了り、再び那爛陀に戻り、仏学研鑽十年、今、帰国すべく踵を)旋らして(、とうとう此処、南海は室利)仏誓(Śrīvijaya 国)に之ったのである。

(私・義浄を教え育んで下さった慧智禅師については、次のように)謂うことが可る、

「大善知識(大教導者慧智禅師)は能く梵行(戒律遵守の清浄なる行)を全うされたのだ。調御(大聖釈迦世尊)の誡教は、斯れに、豈して爽けるところがあるだろうか(? 否、爽けるところなどないのである)」と。

大師(慧智禅師)は物(衆生)に応えること(衆に)挺生で、代の模範と為られ、親自ら提奨、(その衆生を一人前の)人に成るに至ったのである。

詩偈による二師の讃嘆

一目(の亀)が(大海に浮かぶ)海査に(遭)遇する(という幸運)若らに、(輪廻転生のさなか、私・義浄が)津(済 = tīrtha = 渡し場、ひいては今生の意か?)に生まれた幸いは(善遇・慧智の)二師に会うことができたことにあるのである。(世間では)小善・小恵ですら尚、その美を絃歌に於いて(広く人々の間に)播くのである、況

んや（私・義浄が善遇・慧智の二師にこうむった）大智・大恩を文讃に於いて伝えなくてよいものだろうか（？　否、伝えなくてよいはずはないのだ）。

爾云う（ことができる）、

令哉父母、曠劫相持。
粤我齠齔、携就明師。
童年尚小、輟愛抽悲。
学而時習、杖徳箴規。
儔明両曜、比徳双儀。
礪我慧鍔、長我法肌。
提携鞠育、親誨忘疲。
中宵廃寝、日旰停飢。
上徳不徳、遠而莫知。
埋光岱嶺、蘊徳斉涯。
洋洋慧海、鬱鬱禅枝。
文藻粲粲、定彩曦曦。
磨而不磷、涅而不緇。

座遷表異、鶏聴彰奇。
年在弱歳、一留一遺。
所有福業、並用熏資。
酬恩死別、報徳生離。
願在在遭会而延慶、
　代代奉訓以成褫。
積義利乎同岳、委浄定也如池。
冀龍花之初会、聴慈氏之玄漪。
遍四生而運想、満三大之長祇。

令き哉、父母、
曠劫より相持てり。
粤に我、齠齔にして、
携えて明師に就けり。
童年、尚、小く、
愛を輟り、悲を抽ぐ。
学びて時に習う、

善きかな、父母は、
無限の時経て、今に在り。
歯の抜け替わりし幼き我を、
つれてよき師におもむけり。
いとけなかりし子の我は、
愛をつづりつ、悲をつむぐ。
学びてときに習うなり、

徳の杖《たの》むは箴規《いましめ》(=戒)なり。
明は両曜に儔《つれだ》ち、
徳は双儀に比べん。
我が慧鍔を礪《と》がしめ、
我が法肌を長《やしな》えり。
提携・鞠育し、
親《みずか》ら(訓《お》)誨《し》え疲るるを忘る。
中宵、寝《いぬ》るを廃《や》め、
日旰、飢うるを停《や》む。
上徳(・大徳)は徳ならず、
遠にして知らる莫《な》し。
光、埋《うず》むは岱の嶺、
徳、蘊《たくわ》うは斉の涯《はて》。
洋々たり、慧海、
鬱々たり、禅枝。
文藻、粲々《さんさん》として、

徳は戒め、そをたのむ。
両師の(聡)明《ひかり》、日なり月なり、
両師の(勝)徳《めぐみ》、天と地か。
(両師は)我が智慧の鍔《は》をば研ぎすまし、
(両師は)我が法の肌《からだ》を養わる。
(両師は)手を携えて養い育て、
親ら誨《おし》え、疲れを忘れる。
宵も宵とていねもせず、
日暮れてやっと食事する。
徳の最たる、徳には見えず、
奥深くして、知るはなし。
両師の光、埋むる泰山、
両師の御徳、蘊《つ》むは斉(州の)涯。
広きかな、智慧の海、
奥深きかな、禅(定)の枝。
いろどる文章、文の才、

定彩、曦々たり。

磨すとも磷（うすら）がず、

涅（でつ）すとも緇（そ）まず。

座して遷（せん）すは異を表し、

鶏の聴（ちょう）すは奇を彰す。

年、弱歳に在り、

一は留り、一は遺（ゆ）く。

所有（あらゆ）る福業、

並びに用って熏資さる。

恩に酬いん死別（しにわかれ）（の師）

徳に報いん生離（いきわかれ）（の師）

願わくば、

在々に遭会し慶びを延べ、

代々に奉訓し褫（ち）を成ぜん。

義利を積まば岳にも同じ、

かがやく境地、（禅）定の彩。

擦るとも減らず、

染むとも黒まず。

（善遇師、）座しての遷（化）、（霊）異を表わし、

（慧智師、）鶏の聴（講）、奇（瑞）を彰す。

我、いとけなかりしその年（齢）（とし）に、

一師は逝きて、一（師は）留む。

ありとあらゆる福業を、

両師は我に熏（陶）資（助）（よきおこない しえたすく）なり。

恩を酬いん善遇法師

徳を報いん慧智禅師

願うは両師に輪廻のさなか、

何処で会うても慶びをのべ、

何時でも従い褫（解脱ヵ？）成ぜん。

（現世の益）義・（当来の益）利（、二世の利

浄定に委なば池にも如じ。

冀わくば龍花の初会に、

　慈氏の玄瀹を聴かん。

遍く四生に想いを運し、

三大（阿僧）長祇を満たさんことを。

益）積む、（その様）岳のよう、

（清）浄（なる禅）定に委ぬ、（その様、明鏡

止水、）池のよう。

願うは龍花の初会（弥勒下生の会場）に、

　弥勒説法、声（音）聴かん。

四生すべてに想いをよせて、

三大（阿僧）の長祇（の劫＝無限の時）を満た

してゆこう。

善遇法師の文藻　恐らく（以上の私・義浄の礼讃の偈頌を）聞（く）者は（、善遇法師とは）憑虚（公子、すなわち有りもしない人物に仮託したものにすぎない）と以為えられてしまうかもしれない。（そこで、以下では法師の実在を証すべく実際に）聊かなりとも（善遇）法師の所製（の詩に纏わる諸々）を疎めてみることにしよう。

大師（釈迦世等が）曽て（入滅された日、すなわち涅槃会）に因む二月十五日、法（侶・）俗（人）が咸南山は（竺僧）朗公の聖（なる奇）跡の所に詣でたことがあった。（すなわち、前述の）天倉・天井の（奇）異（のあった所）を観（礼）して、霊龕・霊廟の奇（異のあった所）を（観）礼したのであった。（この日、法侶・俗人皆は、）千里（の道）を遠しとせず（此処、神通

寺に来詣して)、盛んに供養を興したのである。

時に斉王(が臣)下の文学(の士)は、悉く此(処、南山)に萃まっていたのであり、(皆)倶に(自らの才の広大なるを文)筆、海(の如し)と懐い、並びに(自らの才の高遠なるを)文(筆)、峯(の如しと喩えるの)を擅にしていたのである。各(々が自らを)嚢(中の)錐(が袋を突き破って出てくるように、その才を現わさん)と競っており、咸(自らを)匱(に納められて善賈を待つ美)玉(に喩えて、その才)を衒っていたのであった。

(そうするうち、竺(僧)朗公の廟・像を(詩に)詠もうということになって、(並いる斉王臣下の文学の士たちは、)共に(善遇)法師を推して先作させたのであった。(善遇法)師は、「仁に当たりては(師にも)譲らず」(との『論語』の言葉さながらに、謙譲・遠慮のしぐさも装わずに筆をとることになったの)で(、結果、)江や池(にも喩うべき法師の大才)が(最)先に溢れでることになってしまったのである。

(法師は)翰を援せ壁に写くのに、曽て毫を停らせることもなく筆を走らせて(一)篇(の詩)を(完)成、(しかも書き)了って(からもさらに一)点の加(筆)も無かったのである。(その法師の)詩に曰く、

上聖光茂烈、英猷暢溟海。
空谷自棲遅、栄命虚相待。

万古山川曠、千年人代改。
真識了無生、徒見丹青在。

上聖、光茂烈にして、
英猷、溟海に暢ぶ。
空谷、自ら棲遅し、
栄命、虚しく相待す。
万古、山川曠らかなれど、
千年、人代改まる。
真、無生を識了せば、
徒ら、丹青在るを見ん。

上聖(朗禅師)、光る中にも光あり、
英猷、溟海にも暢る。
人里遠く、独り憩い、
世の栄命、何するものぞ。
万古に山川あきらかなれど、
千年、人の代かわりゆく。
無生法忍さとりて後は、
世界はさながらペンキの絵。

諸(々)の文(学の)士らは、既に(善遇)法師の(所)製(の詩)を観て、倶もに(己)内に恧(の)心を懐っており、或は筆を松の枝に閣き、或いは硯を巌の曲に投げてしまったのである。僉は、「西施が貌を顕したのだから(今更)嫫母に何の顔(があろうか、いやありはしない。もはや、我らの出番はないのだ)」と曰ったのである。

才子は林の如く(に沢山いたのだけれども)、竟に一(人)として(法師の如上の詩に)和(韻)するものがいなかったのである。

（法師の）所余の文章は、具さには別集の如りである――この「別集」、訳者らには未詳である――。

義浄から中国人読者へ

（私・）義浄、大周（唐）の諸大徳に敬白（ものであります）す。

「（諸大徳よ、貴方がたに、私・義浄は）或いは曽て虚筵（畏まっ）て（教えを）聴き受け、或いは法議にて諮い論じ、或いは弱冠にして相知り、或いは中年にして懐いを通わしたのであります。

咸悉くに（、私より法齢の多い、すなわち）大者には『和南（Vandana「畔睇〈Vande我敬礼了〉」）』（致）します。

（咸悉くに、私より法齢の少ない、すなわち）小者には、『千万（多謝、感謝）』（致）します。

（以上、本書『寄帰伝』に）列る所の四十条（本書の四十章）は、要略事を論じたものであります。凡そ此（処）に録する所は、並びに西方にて師資（相承）され、現に行なわれているものであります。（そして、此処に私・義浄が）著すところも（その根拠は、すべて大）聖（釈迦世尊の誠）言に在るのであり、私（・義浄、一個）の意（から出た言）ではないのであります。

夫れ（、生）命は逝く川に等しく朝に夕は謀れないのであります。（人の生命のはかなさを思えば、）恐らく（私が直接諸大徳に対）面して（思うところを）叙（述）べるのは（困）難でありましょうから、（ここ南海は室利仏逝国から）此（本書）を致り、先ず（我が意のあるところを）陳（述）べることにしたいのであります。

（諸大徳よ、もしも）暇が有って時に（本書を）尋ねていただけるならば、幸いにも遠くある（我が）意を昭することができるでありましょう。

（ただし、）斯れは（慕擺）薩婆多（根本説一切有部派 Mūlasarvāstivādanikāya）に依っており、（この部派以外の）余の部（派）によっているのではない（ことを重ねてお断りしておきたい）のであります」。

重ねて曰おう。

敬陳令則、恢乎大猷。
咸依聖教、豈曰情求。
恐難面謁、寄此先酬。
幸願撃轅不棄、芻蕘見収。
追蹤百代、播美千秋。
実望斉鷲峯於少室、
並王舎於神州。

敬しみて令則を陳べん。
恢きかな、大猷、
咸聖教に依れり。
豈情の求むるを曰わんや。
面謁の難きを恐れ、
此れを寄せ、先ずは酬いん。
幸いに願わくば轅を撃つとて棄てざるを、
芻蕘なるも収められんを。
蹤は百代に追い、
美は千秋に播かんことを。
実に望まん、鷲峯の少室に斉しきを、
王舎の神州に並ばんことを。

謹んで令則を述ぶ。
恢きかな、大いなる猷、
咸(、釈迦の)聖教によればなり、
独り、わが情の求めに非ず。
面会の難きを恐れて、
此の書を寄せて先に酬いる。
野人の作とて棄てぬよう、
拙き作とて収むを願う。
追慕は百代、
影響は千秋。
霊鷲(山)はひとし少室(山)に、
王舎(城)は並ばん神州に。

解題に代えて――A君に――

A君――

お土産の林檎とみすず飴、美味しかった。というより懐かしかった。院生の頃の君がゼミのために上京する折、毎回寺の古文書類を収めた風呂敷包み(前住の遺志とはいえ、君は補修、管理、写真版の出版までしたのですから本当に頭が下がります)と一緒に持参した紙袋の中味、栗菓子だったり、ごま団子だったり……お茶とお茶菓子付きの授業、皆がそれを楽しみにしていたのを君は知っていましたか? もしかすると故郷が同じ私が一番それを喜んでいたのかもしれませんが。

それにしても先日は約束通り君が訪ねてきてくれたというのに、私の帰りが遅れてしまって纏まった話ができなかったこと、本当に申し訳なく思っています。代わりにといってはなんですが、君たちのやっている勉強会で話をすること、確かに承知しました。喜んでお邪魔します。確認ですが、帰り際バス停でも言ったように『寄帰伝』の話をさせて貰おうかと考えています。三十年前に君も受講したあの『寄帰伝』の訳がようやく終わったところですので……。それにしても新入生だった君のことは昨日のように覚えているのに、その君の坊やが大学受験とは正直驚きました。つまりあの頃の私の年齢に、今の君がなろうとしているということなのですね。時と潮は人を待たず、光陰矢の如しです。

ところで君が勉強会の幹事役との由ですので、『寄帰伝』について要点をお知らせしておきます。君も昔に戻って復習のつもりで読んでくれると有り難いのですが……。

最初に『南海寄帰内法伝』という書名から。実は義浄は命名の由来については何も語っていません。想像を逞しくすれば、「南海」は本書執筆場所の室利仏逝国（シュリーヴィジャヤ）(これは現在のインドネシア、スマトラ島のパレンバン付近にあったのではないかといわれています)、「寄帰」とはそこから本書を故国中国へ送ったということ、そして内容が仏教以外の「外典（げてん）」にではなく仏教そのものの「内」典＝「内」法の範疇にある、従って本書題名となったといったところでしょうか。

次に『寄帰伝』の性格について。中国人の坊さんがインドにお経を取りに行った話となれば誰でも三蔵法師と孫悟空、猪八戒に沙悟浄、あの『西遊記』を想い出すことでしょう。フィクション『西遊記』の元になったのがノンフィクション『大唐西域記』です。この玄奘三蔵の『大唐西域記』と『慈恩伝』、その二百年前の法顕『仏国記』(別称『法顕伝』)と、義浄『寄帰伝』といったところが中国における代表的な入竺求法僧の記録でしょう。『寄帰伝』以外すべて現代語訳が出ていますから、今回『寄帰伝』の訳本が出たことでやっと法顕・玄奘・義浄のインド旅行記が現代の日本語で読めることになります。

A君――

玄奘と義浄はほぼ同時代人であり(生年でいえば玄奘が二十三歳の年長)、留学先も同じ那爛陀(ナーランダー)綜合大学でありながらこの二人には際だって異なる点が幾つかあります。その中から今は二つだけ言っておきましょう。

一つは義浄の大乗・小乗観です。義浄のそれはかなり独特のものですので注意が必要です。義浄は玄奘よりも後の入竺僧ですが、義浄の目には宗教勢力としての大乗仏教教団は存在していません。義浄のインド仏教史認識では、玄奘が大乗と理解した印度仏教の七世紀が部派仏教時代のままです。何故こんなことになるのでしょうか?

『寄帰伝』の序章で義浄は、仏教は(一)大衆部(だいしゅぶ)、(二)上座部(じょうざぶ)、(三)根本説一切有部(こんぽんせついっさいうぶ)、(四)正量部(しょうりょうぶ)の四派が有力で、インド国内や南海諸洲、そのほか各地方においてその勢力圏を保持していたと報告しています。義浄の見解では経・律・論の三蔵が揃ってこそ一人前の宗教勢力=教団として認知されます。大乗仏教は小乗仏教教団=部派仏教「内」の特定の〝学派グループ〟と見なされるにすぎません。大乗教団・小乗教団の対立の構図は義浄にあっては成立していません。大乗・小乗の違いとは、まず基礎構造の律蔵は共通であって、その次に上もの部分の①礼拝菩薩、②読誦大乗経の二点を実践するか否か――①②ありが大乗、①②なしが小乗――ということになるわけです。この義浄の大乗仏教定義を援用すれば、玄奘『西域記』に出てくる不思議な表現「大乗上座部」(常識的には上座部は小乗ですから「大乗」を冠するのは黄色い白墨、緑の黒板、一見形容矛盾・名辞矛盾にみえます。しかし巻八に一ヵ所、巻十に一ヵ所、巻十一に三ヵ所、都合五回も登場するの)も、①②ありの上座部が「大乗上座部」で、①②なしの上座部が伝統の無印「上座部」と解釈できます。巻十で無印単品の「上座部」も出ていますから、「大乗上座部」と無印「上座部」を玄奘は別物と見ていたのでしょう。また大乗仏教にはインド本土内で金石その他の考古学的資料が異常に乏しい――静谷正雄『インド仏教碑銘目録』の部派名・寺塔諸堂施設名に小乗を意味するものはあるのに大乗を想わせるものが四世紀以前にはほとんどない――ことも、要するに独立した教団としての実態がそもそもからしてなかったのだから当然だったと考えることもできましょう。さらに言えば、チベット大蔵経の律蔵は根本説一切有部毘奈耶のみです。これは①②なしの伝統有部(この部派の受持する律蔵は『十誦律』)ではなくて、①②ありの根本有部(彼らの律蔵は『根本説一切有部毘奈耶』。あえてこの部派に綽名をつければ大乗有部)の「インド仏教」がインド仏教史の最終頁に記載されており、それをそのままチベットが受け容れたということでしょうか？

もっとも不明な点もあります。有部派の律蔵である十誦律と根本有部律、義浄は『寄帰伝』の序章末で「大帰相似（大体同じ）」だけれども「十誦律亦不是根本有部［律］（両者の区別はちゃんとある）」といっています（私の目には比喩譚（アヴァダーナ）による記事の増広があって根本有部律は水ぶくれ、律そのものの記事ではむしろ十誦律よりも痩せてきているようにみえます――編集的にはね――）。では応用問題です。玄奘の言う大乗上座部の律蔵は現存の上座部、現行のタイやスリランカのパーリ律とどれほど違っていたのでしょうか？　二つの上座部の律蔵は相似どころかほとんど同じで区別がつかなかったので、玄奘は違いを報告する必要を感じなかったのでしょうか？　さらには、有部と上座部はいいとして残る主要部派二つ、大衆部と正量部にも各々大乗大衆部と大乗正量部があったのでしょうか？　疑問は疑問のままに残されています。

いずれにせよこの義浄の大乗仏教観に立てば、大乗仏教に大乗の律蔵がないという難問を解決できます。大乗仏教をインド仏教史から強制退場させ、大乗とは律蔵を欠いた不完全な仏教、月足らずで生まれ成人式まで育つことができなかった仏教、下半身は部派仏教のままで単に首から上だけの思想運動にすぎないと見なすこの考えを、私は学校の授業ではとうとう言い出せなかったのですが、今では仮説として意味があるのではないかと思っています。

象牙の塔の中で革命思想を研究し論文を書き、観念次元でどんなに過激な言辞を弄ぼうとも社会全体としては何ほどのこともありません。鉄の規律をもつ革命「党」が生まれ、実際に革命の実践に乗り出したとき、そのときはじめて革命は社会的・歴史的認知を受けます――それも大抵は危機感を持った既成勢力の側が否定的に叙述するカタチで。――大乗は口を極めて小乗の悪口を言うのに対して、小乗の側からはほとんど何の反論もありません。何故でしょう？　これは圧倒的優位にある小乗には大乗を批判する必要がなかったためでしょう。小乗の大乗無視は両者の力関係の著しい不均衡の正確な反映ではないでしょうか？　A君、今度会ったら君たちの意見も聞かせてください。

今一つはインド仏教の密教化の進展ということです。戒賢に面授し五年を那爛陀で過ごした玄奘の報告ではほとんど顔をみせていない密教、それが約五十年後の六八四年入寺の義浄『寄帰伝』では巻一の第四章(食事)、第五章(用水)、第九章(食事)、第十七章(礼敬)、第十八章(用便)などで、浄と触(不浄)の区別をつけることが強迫神経症的にやかましく説かれています。日常を浄・不浄の二範疇に分け、一旦「不浄」状態になると浄化儀礼を経て自らを「浄」状態に移行させないと普通の日常生活に復帰できないという構造は正しく密教の原理そのものです。玄奘の密教無視と義浄の密教強調、二人の三蔵法師の報告は両極端です。七世紀、那爛陀寺五十年間の様変わり、これは一体どういうことなのでしょう？　真相は両報告者の中間にでも斑模様に存在しているのでしょうか？

話を元に戻します。義浄の『寄帰伝』は法顕・玄奘の前三著（『法顕伝』『西域記』『慈恩伝』）とはその趣きが随分異なります。三著が人文地理書としての性格の強いインド旅行記録であるのに対し、『寄帰伝』は基本的に滞在型の観察記録です。もっとも序章にみえる七世紀の勃興期室利仏逝国を中心にした東南アジア史、第三十二章や第三十四章のインドの仏教内外の碩学たちの列伝などは、そもそも歴史資料が圧倒的に乏しい分野だけに従来斯界の研究者たちに注目、珍重されてきたものでもあります。しかし義浄自身の『寄帰伝』執筆意図は、旅行者が見知らぬ異国の風変わりな文物を自国の読者に紹介するといった点にはない、と私は思っています。

そうはいっても『寄帰伝』には私たちからみて確かに物珍しい日常情報が豊富に盛られています。法衣の縫製法、正しい衣や裙の着け方、飲用水の虫の検査と水濾しフィルターの使い方、食べて良いもの悪いものの食物範疇論（第九章）、箸なし手食の食作法（第十六章）、腹ごなし運動の経行（第二十三章）、夢精除けのシーツの使用（第二十一章）、朝の歯磨き（第八章）、トイレの作法（第十八章）、水浴び法（第二十章）、受戒式の式次第（第十九章）、自恣の実際（第十五章）、来訪・苾芻の接待法（第二十六章）、インドの医学（第二十七、

二十八、二十九章)や梵語教育の実際(第三十四章)、師弟の関係(第二十五章)、お葬式のやり方(第十二章)、苾芻の遺産相続の規定(第三十六章)等々『寄帰伝』の内容はまことに多岐にわたっています。ただ単に律蔵研究の補助資料というにとどまらず、民俗学・宗教学・文化人類学的観点からいっても『寄帰伝』は有用な情報源でしょう。あるいはクイズ番組の難問奇問珍問の出題用種本としても『寄帰伝』は役立つに違いありません。幸か不幸か、律蔵の研究には伝統も蓄積もありません。大小乗の教理研究や各宗の宗乗宗学の研究のようにこのルートが常道、研究法の定石などという「型」もあってないようなものです。私は『寄帰伝』はどう読んでもいいと思っています。

しかし自由な読み方は読み方として、著者である義浄本人の『寄帰伝』の執筆意図はどこにあったのでしょうか？　私は義浄は当時のインドの仏教僧伽の正しい日常生活を母国の人々、特に仏教関係者に知らせたいと思って書いたのだと考えます。さらにいうならば、『寄帰伝』は中国仏教批判の書でもあるのです。A君、義浄は現代の学者のように価値中立的であろうなどとは少しも思っていません。いくら「天府」「神州」などと書いて故国中国を美名で飾りたてようとも、義浄には中国仏教の現状を擁護する気などまるでないのです(A君、第二十八章で義浄が発熱時に水で冷やさせないインド医学を排し、華南の地では熱が出たら水で冷やす中国医学を是とするのは、だから例外中の例外なのです)。七世紀インド仏教僧伽の日常生活が唐代の仏教寺院のそれとどれほど隔たっているか、インド仏教の正則――義浄の場合それが戒律です――に配するに中国仏教の非法、というどぎついコントラストで説いて義浄は中国仏教に自覚と覚醒を促し、その修正を強く願っているのです。たとえば第十二章で義浄は中国風の――ということは「儒教風の」ということなのですが――お葬式をする中国仏教者を強く批判します。儒教風の葬送儀礼とは房に霊机（＝儒教風の祭壇）を設けて供養し、黲布（くろ）を披（はお）り、長髪を留め、哭杖で身体を拄（ささ）え、寝所を別にして苫蓆（とまむしろ）のある服喪用の仮小屋＝倚盧（いろ）に寝る等々が内容ですが、義浄にあってはその必要はないとあっさり切って捨てられてしまいます。「釈父の聖教（＝仏教）」に対するに「周公の俗礼（＝儒教）」の二者択一を迫る義浄です。この表現、この調子の高さ！「俗礼」とは蔑称でしょう。後代の儒仏道三教一致論者の対極に義浄はいます。ですから『寄帰伝』は当時の普通の中国人仏教者には決して耳に快いものではなかったろう、と私は少々意地悪な想像をしています。

A君――

今から考えてみると、君も私の授業で『寄帰伝』に無理矢理つき合わされた口ではないかと思います。四月の開講のときに大正蔵コピーの本文と小野先生の国訳、高楠先生の英訳の三点セットを配られて、「はい、来週からこれ読みます」。それがさっきも言った巻二

「十二　尼衣喪制」であれば、七世紀インドの比丘尼の衣とインドのお葬式のやり方が内容なのですから、大正蔵の二十二・二十三・二十四巻、名前くらいは知っていても律蔵なんて開いたこともない院生諸君が、これで面食らわないわけがない（A君の時代はまだ三点だったかな。その後、江戸の慈雲尊者飲光の『南海寄帰内法伝解纜鈔』が加わって四点セットになったのです）。本当に気の毒しました。正直に私の方の事情も言ってしまえば、一人でしこしこ『寄帰伝』を読んでゆくのではともすれば気力が萎えてしまう。だから仏教学の特講とか演習の講義の枠をまず自分に課し、君たちを巻き込んで何年も続講、続講で『寄帰伝』を読んでいったわけです。が、続講の途中乗車でわけも分からないまま参加を強要された君たちは随分迷惑だったでしょう。ですから先日君が訪ねてきてくれて、一昔二昔前の『寄帰伝』に話が及ぼうとは思ってもいませんでした。あの講義を覚えていてくれたんだ、一粒の麦死なずば……とは大袈裟ですが、私としては心底嬉しく感じました。

『寄帰伝』及び義浄についてもう少し言っておきます。義浄という人は極端に戒律を重要視した人です。経―律―論ではなくて、律―経―論の優先順位で仏教を考える人です。今風に言うのなら戒律原理主義者（ファンダメンタリスト）です。たとえば第七章で水中の虫の観察や水濾しフィルターの使用を強調するのは水を飲む人の保健衛生のためにではなくて、飲用水の中に発生したかもしれない虫の生命を護るためです。これはもちろん、四破羅夷の首位に不殺生戒があるからです。近・現代の世間の常識ではあらゆる面で人間が中心になっているのですが、インド七世紀の出世間＝僧伽の常識ではこの人間中心主義は通用しません。水濾しフィルターにかかった虫ではなく、濾過した水に目がゆくといった、本と末を取り違えるような誤解、つまり現代日本人の常識である人間主義（ヒューマニズム）には注意せねばなりません。

それから大乗仏教や法華経の優位優先も当たり前ではないということ。日本仏教の常識では菩薩は仏と区別がつかないほどにまで神格化されていますが、義浄にあっては在家生活をする大乗仏教の菩薩・大士は全くの俗人の扱いです。それ以上でもそれ以下でもない。大乗が大乗の立場で菩薩・大士を崇めるのは勝手なのだけれども、それを僧伽に出家して律蔵の下に日常生活を営む者にまで拡大適用するのに義浄は断固反対しています。法華経も『寄帰伝』では中国仏教のように経王として扱われることはありません。義浄の目から見れば、法華経とは在家者向けのプロパガンダであり、文学的虚構であり、単にそれだけのものです。僧伽出家者には何の関わりもない。法華経というフィクションはフィクション、律蔵というノンフィクションはノンフィクション、虚構と現実を取り違えてはならないのです。両者は相侵さず何一つ重なりません。たとえば『寄帰伝』の第三十八、三十九章で義浄は法華経に基づく焼身供養を批判しています。僧伽に出家して日常生活のすべてを戒律の下に置くのであれば、不殺生戒は当然四波羅夷の首位にあるのですから燃肌・焼指・焼身の供養などは不如法・非法・無縁となるのです。大乗の菩薩・大士が何をしようと、あるいはすまいと、僧伽出家者には一切関わりなく、比丘・苾芻はただ戒律だけを規範に恃んで日々を送ればよいのです。いくら信をもって能入とするからといって、こと戒律に抵触するようなことは決して認められないのです。

A君――

最後に一言つけ加えます。君の坊やが大学に入る頃、私はもう学校にいないだろうけれども君の子供たちの世代、これからの若い人たちには期待するところは大きいのです。それというのも私の『寄帰伝』の訳の不足や限界を今、私は痛いほど感じているからです。それを言っておかねばなりません。

まず第一は基本の基本、律蔵理解の充実が何より必要です。仏教研究が隆盛を極めている今、何を今さら……と思われるでしょうが、経・律・論の三分野のなかで一番後れをとっているのは律蔵研究です。たとえば私たちの前には故平川彰先生の『二百五十戒の研究』があります。これが日本の仏教学が世界に誇る偉大な金字塔であること、言を俟ちません。しかし平川先生のご研究は各律蔵の記事の共通・一致部分に焦点を当てたものです。これはE・フラウワルナーの原始律蔵再構成の研究の指向性と軌を一にしています。しかし捨てられた非共通・不一致部分はどうなるのでしょう？　これあるによって『四分』は

『四分』に、『五分』は『五分』になったのではないでしょうか？　共通の要素に非共通の要素を加味し、今日現存する各律蔵という一品料理に仕上がる。その調理「各律蔵の法」に型のようなものはないのか？　料理人の性格や癖、個性のようなものはないのか？　つまり編集操作の手口を比較検討する必要があるのです。

では具体的にどうすればいいのか？

まず平川先生がおやりになったことを練り返さねばなりません。先生のご本では省略されて「戒本」部分だけが載せられていましたが、これを「広律」部分まで拡張するのです。その昔、佐々木月樵さんのやられた『漢訳四本対照摂大乗論』の研究がありました（臨川書店より復刻あり）。まずはこれを念頭に置いて漢訳の五大広律（『四分』『五分』『摩訶僧祇』『十誦』『根本有部』）を並べて各条各記事の並行関係を比較するのです。さらにそのほかに、パーリ三蔵の律蔵部分とチベット大蔵経の律蔵部分（これは根本有部律）、ギルギット写本の梵文断片（これも根本有部律）を同様に並べ、相互比較できるようにするのです。蔵律の定本として声価の定まった原典批判的校訂出版はまだなされていないので、この西蔵訳根本有部律ではテキスト作りから始めねばなりません。

赤沼智善『漢巴四部四阿含互照録』（臨川書店と法藏館からの復刻あり）は漢訳とパーリ両阿含の対応目録ですが（ただし経典名の対応のみ）、前記佐々木月樵先生のものでは本文そのものが並んでいます。このように各テキストを壁隣りに並べる、いわゆる合壁本をこさえるときにはＥ・ワルトシュミットの『梵文大般涅槃経』（臨川書店より復刻あり）のやり方が参考になるでしょう。或いは聖書研究の共観表・対観表(synopsis)と言った方がいいかな？　各律蔵テキストの記事を相互比較して、キーワードを抽出して、記事の背景にあるより重要なコンセプトをマーキングしてゆけば、梵・蔵・漢・巴の「各律蔵翻訳名義基本語彙・概念集」ができることでしょう（この作業、もしかするとキーワード抽出――キーコンセプト定義――その延長上に律蔵辞典をつくることだって夢ではありません。もっとも辞典をつくっていては先に進めません）。

実際には二百五十戒の各条ごとに各テキストの並行記事を確認する作業を通じて、同じ「律蔵」という名でありながらも、それぞれ編集方針の違いによって記事の量や質、排列の前後、お気に入りの文句や決めゼリフ、編集力点の置かれようの違いが浮かび上がりましょう。叙述の様式や語彙の親疎からテキスト間の親近関係や各律蔵の成立時期の新古だって分かるかもしれません（たとえば日本の学者は根本有部律を最も新しい律蔵と見なしていますが、Ｅ・フラウワルナーやＧ・ショペンはこれを一番古い律蔵だというのです。根本有部律については、ギルギットから出た梵文断片と義浄の不完全な漢訳、完全な蔵訳と三大資料があるのですが、①根本有部律諸本のなかでも成立の古そうな義浄漢訳と梵・

蔵の比較検討が不十分であり、さらに②同じ有部派であっても「根本」のつかない無印有部の律蔵＝十誦律や鼻奈耶と「根本」のついた有部の律蔵との比較検討も不十分なまま、西洋の古典中国語が不得手な学者たちが出した結論が根本有部律最古説ではないかと私は疑っています。まぁA君、律蔵研究とはまだまだこんな段階なのです）。もちろん平川先生のご本でも既に戒本だけで五分冊ですから、広律すべての作業となればきっとその数倍の規模になることでしょう。実際には言うは易く行なうは難いのですが、平川先生のご研究は全く独力でなされたこと、しかもあれだけの成果をあげられたことを忘れてはいけません。現代は大蔵経が電子テキスト化されている時代です。まして集団でことに当たればいつかはできることでしょうし、是非ともやってほしいと私は願わずにはいられません。これは充分やってみるだけの価値のある仕事なのですから。

その第二は現場の空気に触れること、さらにいえば僧伽生活の体験の必要性です。たとえば『寄帰伝』には「牛糞」「牛糞浄塗」という表現がみえています（第三、五、九、十二章）。ぇぇー？　ぎゅうふん？　牛のウンコ（実態はその通りですが、仏教では「ごふん」と読みます）で、どうして浄塗できるの？　事実、高楠順次郎は「……中国語で『牛糞』と書かれているものは汚すぎて浄化の目的には相応しくない」（英訳『寄帰伝』二七頁の脚注1）といっています。当時のインドの建築素材は日干し煉瓦、床は木でも畳でもなくて土間です。お掃除は？　乾燥させた牛糞を水に溶いて薄く延ばしながら塗ってゆくのです。このとき塵や埃も一緒に塗り込められて、乾けば床は見事に綺麗になります。インドやスリランカの日干し煉瓦でできた家ではこうやって「牛糞浄塗」しています、今現在も、百年前高楠が『寄帰伝』を英訳した頃も、義浄が『寄帰伝』を書いた千三百年前も（高楠先生をコケにして偉そうに……、A君、そう言われそうですね。タネを明かせば、昔テレビのクイズ番組で元アイドル歌手がスリランカの村の家から出題したのがこの「牛糞浄塗」だったのです）。文化風土や生活習慣が違う、それだけでモノが見えなくなることがあります。現地では子供でも分かること、知っていれば説明の必要もないくらいに当たり前のことです。現場の生活を知らず、いくら頭を捻って想像してみてもまるで分からない、そういうことがあります。僧伽の日常生活規範集である律蔵、これはインド伝統の論理学を現代の記号論理学で読み解くといった抽象思弁の学問ではなくて（A君、私、口で言うほどこれ嫌いじゃない）、虫に刺されお腹を壊しながら調査する民俗学や文化人類学のフィールドワークに通じる世界なのです（A君、本当のところ、私、口で言うほど好きじゃない）。

仏法僧の三宝、その僧は僧侶ではなくて僧伽のことです。日本にも日本仏教の故郷中国にも寺院はあっても僧伽はありませんが、しかし幸いにもタイやスリランカ、ミャンマーの南方上座部には現在も律蔵を保持した僧伽の生活があります。日本国内では決して味わえない僧伽の生活がかの地にはあります。夏安居に始まり次の夏安居まで、実際に僧伽生活をして欲しい。私のバンコク、トンブリのワット・パクナム滞在は一ヵ月弱、布薩の体験も一度にすぎません。しかし衣・食・住のすべてを律蔵の支配下に置く生活をすることがどれだけ『寄帰伝』理解に役立ったか、それは予想をはるかに超えていました。正直に言ってしまえば、私はそれまで上座部仏教の黄色の衣の袖に手を通したことなどなかったのです(正確には黄色の衣は一枚布、そもそも袖も何もない!)。これでどうして『寄帰伝』第十一章の衣の着方が正しく理解できるのでしょうか? 実際にはタイ仏教の法衣には帔も紐も施されていないので、第十一章の義浄の記述の理解は想像で補わなければならない部分もありました。しかしインド仏教を知らずに中国で『寄帰伝』を読んだ当時の中国人よりも私の方が第十一章は身につまされてよく分かります。中国仏教伝来の法衣を基に義浄の報告を類推したのであったろう江戸の慈雲尊者飲光や明治の高楠順次郎よりも、この点でははるかに有利になりました。律蔵の研究が仏教の思想研究一般と大いに異なるのはこの点です。比丘六物、十三資具を実際に目で見、手に触れて使ってみる。早朝、裸足になって鉢の蓋を開けて乞食をする。朝の布薩堂、お勤めのあとでは懺悔の決まり文句を先輩比丘とペアになって交わす——これは最初に下位の新参比丘が懺悔し、次に上位の古参比丘が懺悔します――。朝食の粥、昼の正食、食材を確認しつつ臭いを嗅ぎ舌で味わう。三衣を実際に身につけてみれば、どこまでは大衣が不要でどこからは必要となるか、通肩(つけん)はどんなときで裸足で偏袒右肩(へんだんうけん)に衣を着るのはいつか、界の勢分や着方の正則も身にしみて分かろうというものです。在家の信者の家に食事の供養に呼ばれる。護呪(パリッタ)も唱える。在家に五戒を授けることもありましょう。南方上座部の僧伽に暮らしてその生活の実体験を蓄積するとき、文献をいじっていた律蔵研究者の観念次元の知識は個別的・具体的でより生き生きとしたものとなるはずです。戒律研究でも南山大師道宣以下の中国の律宗研究となれば思想研究も必要でしょうが、律蔵段階では落語の語彙でいう「食う寝るところに住むところ」、何より徹底的に形而下の世界なのです。

欧米の大学に仏教研究のために留学する人は昔もいましたし、今もいます。多分これからもいることでしょう。でも戒律研究者でタイの仏教僧伽に留学したのは佐々木教悟先生くらいではないでしょうか。今、それが可能なのにそれをしないというのでは怠惰の誹りは免れられないでしょう。

A君――

「戒を持(たも)つということ、坊主の行いというものは、馬鹿でも不器用でも出来ることである。自分のような知恵のない不器用な者でも、戒を持つということは雑作(ぞうさ)もないことである。なぜかといえば、昔から定められた、その通り守ってさえおればよいのである。工夫したり、考えたり、議論したり、そんなことは少しもせぬでも出来ることであるから、これほど自分等に為いいことはない」。

（「寛永寺小言の僧正」『三田村鳶魚全集』第十七巻、三五六頁）

これは東京は上野の輪王寺門跡無量心院の大僧正・大照円朗の言です。座禅の工夫も、深遠な思惟も、教理の難しい議論も持戒者には不要なのです。のちに高名な江戸学者となる三田村鳶魚（えんぎょ）と円朗は日清戦争の従軍中に知り合ったというのですから、そうたいして昔のことではありません。でも君はこんな坊さんがいたこと、想像できますか？　A君、座主、管長や長老、長者までも妻帯する今日、鉦や太鼓で探してもなかなかお目にかかれない清僧が、でも百年前には確かに日本仏教にもいたのです。ならばオマエはどうかといわれれば、もちろん私には持戒は及びがたく破戒無慙、罪悪甚重、末代造悪の凡夫にすぎません。が、しかし仰律の心はあります。戒・定・慧三学の一、経・律・論三蔵の一である戒と律とを、私はあだや疎かにしたくはありません。仏教を支える三本の脚、鼎の一本をもいでしまって「信」という義足で間に合わせればいいんだ、とは私は思いません。私は持戒の円朗大僧正を尊く感じています。機の善悪をいわず、行の多少を論ぜず、身の浄不浄を選ばず、時処諸縁をきらわぬ弥陀の本願は私には本当に有り難いものです。でもその本願に居直り、持戒を蔑ろにするのは正しいことではないでしょう。結果としての破戒は痛みと倶に容れるものであったとしても、いくら浄土教でもそもそもの出発から宗是として無戒を高く掲げるべきものではありますまい。また自力聖道門にありながら在家同然の無戒の現状を丸ごと是認するのが現実的だとする風潮があるのも、これはやはり仏教としておかしいでしょう。

聖（ひじり）と修験（しゅげん）の日本仏教、確かにこの二つが伝統の妻帯僧——何という言葉でしょう。妻帯すれば僧ではないし僧であれば妻帯しないはず——ですが、現在の日本仏教で戒律からみて清らかなのは尼僧さんだけです。日本の仏教から持戒という柱が消え、とうとう聖・修験だけの仏教に今なろうとしていることに、A君、君は心が痛みませんか？

「工夫したり、考えたり、議論したり」することにも得手でない私は『寄帰伝』を訳してみました。三十年かかりました。私のゼミにいた君が結婚をして子供が生まれ、その子が大学に通おうかというほどの時間です。この貧しい成果を前にすれば、一文不知の愚鈍の身、正真正銘の浅学菲才を恥じずにはいられません。ですから私は戒律復興の狼煙をあげるなどという大それた望みは元より抱いていません。が、しかし一人でもいい二人でもいい、戒律への関心が少しでも高まってくれればと願わずにはいられません。ただ内容があまりに多岐にわたり、おまけに私の知識があまりに貧しいがために正確に君たちに義浄

『寄帰伝』の言わんとするところを伝えられないのではないかと今から心配しています。議論に時を忘れるのは一番のボケ防止、今回のおやつ用中華菓子は大量に用意しましたからね。

それでは勉強会、楽しみにしています。今度は時間厳守しますから、どうか駅までの迎えよろしく頼みます。

合掌
『寄帰伝』の訳者より

A君へ

追伸
いずれ『寄帰伝』の内容を衣・食・住・その他に再整理した概要や義浄の本格的な伝記、『寄帰伝』の伝本や研究の書誌、翻訳その他の資料集を添付したいのですが、訳が終わっただけで現在はとてもそこまで手が回りません。他日を期すことにします。

その代わりとして内容目次と簡単な年譜を同封しておきます。前者は章ごとのあらすじと全体の内容把握用に、後者は伝記の代わりにでもなればと思っています。お手数ですが、人数分コピーしておいて当日配ってください。

翻経三蔵義浄法師年譜

仏教辞典を繙けばたいていのものには『高僧伝』以下の中国の史伝類を素材にした義浄の簡単な伝記はある。しかし現代の史料批判に基づく義浄の伝記となると今のところ東方研究会の紀要『東方』に約十年にわたって連載された加藤栄司「唐翻経三蔵義浄法師伝」以外に思い浮かばない。しかし前者はあまりに簡単に過ぎ、後者は長文に過ぎる。だが、義浄の全生涯を見渡さずしては義浄の全体像は明らかにはならないだろう。とりあえずここでは義浄の生涯を概観するため、王邦維博士作制にかかる「生平編年」を基に訳者の見解を盛り込んだ義浄の年譜を編んでみた。尚、〔 〕内は太陰暦から現行の太陽暦への換算を試みたもの。

六三五 [0歳]	唐太宗の貞観九年〔635〕、張文明、後の義浄三蔵は斉州山荘に生まれる。あるいは、また茫陽に生まれるともいう。この両説については古来議論の絶えないところであるが、いまだ決着を見ていない。今は、二説を併記するにとどめる。
六四一 [7歳]	七歳の張文明は斉州土窟寺に入り善遇・慧智に師事する。両師は太山神通寺の出身。神通寺は竺僧朗(僧朗は竺字が冠せらるるも中国人)にちなむ寺、また両師がこの寺を棄てたについては二人が無尽蔵食を営むためだった可能性がある。二人は三階教との

	関わりがあったのだろうか。 　これから文明少年はもっぱら外典を学ぶことになる。外典の中味は不明だが『寄帰伝』巻四の第四十章に収められた二師の記述と自述部分から類推するに、主として孔孟・老荘の学、おそらく科挙を目指しての初等教育を受けたのだろう。もとよりこの入寺年齢は沙弥戒受戒にもふさわしくなく、おそらくは張家側の何らかの事情で、七歳で寺に入ったと思われる。 　文明にとり二人は良師であったようで、後年善遇法師は厳父の如く、慧智禅師は慈母の如しと懐古している。善遇法師については言及はないが、慧智禅師はこの時期、幼い文明の肩を抱いて黄葉の喩え・烏禽の喩えなどの話で慰めることがあったという。
六四六［12歳］	善遇法師死去、以後は外典を捨て内典を学習することになる。指導はもっぱら慧智禅師があたることになる。
六四八［14歳］	既に仏の道を歩まんと心に決めていた文明は十四歳になるのをまって沙弥得度する。年齢的には問題ない。その後、いつしか義浄は渡天を思うようになる。
六五五［21歳］	義浄は具足戒を受ける。親教師（戒和尚）は慧智禅師。以後五年の間は依止期間、もっぱらこの時期は法礪、道宣の律典を修学する。
六六〇［26歳］	空しく草深い田舎に留まらず他の師につき聴講し、他の師の書を読むようにとの慧智禅師の指示により、義浄は洛陽・長安に遊学、倶舎・唯識を学ぶことになる。ただ、この間も義浄は律学の研鑽は怠らなかったと思われる。

六六四 [30歳]	玄奘が長安で死去している。あるいは長安にいたかもしれない義浄はこの知らせをどう聞いたのだろうか。
六七〇 [36歳]	義浄は長安にて処一法師以下の同志と入竺計画を練る。秋、斉州に帰り慧智禅師に暇を乞い、善遇法師には墓前にて辞礼。このとき慧智禅師は入竺求法の大いなる縁をつくろうとしているのに自分(慧智)を思うなどという私情に恋着してはならないこと、時には再びということはないこと、義浄の仏跡観礼は自分の随喜するところ、もし自分に命があれば義浄の帰国伝灯もみることができよう、などと後顧の憂いなきよう弟子を励ましている。 しかしここに至って、処一法師が母親の老齢なることを理由に渡天計画より脱落する。
六七一 [37歳]	義浄は斉州より出立して、この年の夏安居を揚州ですます。この秋、馮孝詮、及びその一族が檀越となり種々援助を受けることになる。この経済的援助は相当なものであったらしく、入竺聖跡礼謁成功のゆえんはけだし馮家の力によるものなり、と後年義浄は書き記している。 しかしこのときに臨んでともに入竺を誓ったはずの同志が、安養浄土に情を敦くしたいなどと言い出して次々に脱落する。結局、十一月〔671.12/7~672.1/5〕、広州より義浄とともに船出したのは弟子の善行一人だけだったのである。義浄の乗ったペルシャの商船は南行し、十二月〔672.1/6~2/4〕には室利仏逝(シュリーヴィジャヤ)到着、

	義浄はここに半年間滞在する。
六七二［38歳］	室利仏逝滞在中に義浄は梵語文法を学習している。しかし、ここで同行してきた弟子善行は病に倒れ、結局入竺はせずにこの国から中国に帰ってしまう。義浄は室利仏逝王の支持を得、王船にて末羅遊(マラーユ)へ向かい、この国に二ヵ月滞在し、その後、羯荼(ケーダ)へ向かい、この年の十二月〔672.12/7〜673.1/7〕室利仏逝王船にて北行し、十日余にして裸人国(ニコバル諸島?)を過ぎる。
六七三［39歳］	二月八日〔673.3/1〕、東インド眈摩立底(タームラリプティ)国に上陸する。この国に滞在すること一年。梵語を学び、『声論』を習うが、それよりも大きなことは中国人留学僧大乗灯禅師と遇ったことである。以後はクシナガラでの禅師の死まで、義浄と大乗灯禅師とは行動をともにする。
六七四［40歳］	五月〔6/10〜7/8〕、大乗灯とともに眈摩立底国をたち、仏跡巡拝の旅に立つ。目指すは中インド、安全のため隊商の一員となる。大覚(マハーボーディ)寺から那爛陀(ナーランダー)寺に十日ばかりのところで義浄は発病、隊伍から脱落、単独行となったところを山賊に襲われるという経験もする。 巡礼のコースは以下の通り。那爛陀—耆闍山—王舎城—大覚寺—薛舎離—拘尸城—劫比羅城—室羅伐悉底国—僧迦施国—婆羅痆斯—鶏足山—那爛陀。義浄は那爛陀到着後はこの地で、約十年間修学する。この間、交友を結んだ中国人留学僧は、玄照、仏陀達磨、僧哲、慧輪、道琳、智弘、無行等々。師事せるは宝師子、智月、地婆羯羅蜜

	呾囉、呾他掲多掲婆の諸師。那爛陀留学中に義浄は『根本説一切有部毘奈耶頌』『一百五十讃仏頌』を訳出するも、帰国後、再び手を入れている。
六八四〔50歳〕	摂政の則天武后、中宗を廃位し、実権を握る。
六八五〔51歳〕	義浄は無行禅師の見送りをうけ那爛陀を後に眈摩立底へ。途中、またも賊に遭遇、辛くも難を逃れる。冬、梵本三蔵五十万余頌を携えて帰国の途につく。
六八六〔52歳〕	春初、羯荼国着。この国が往路通過時には独立国であったものが、すでに室利仏逝国に併合されていることを知る。ここで胡人の道琳、智弘という二人の仏教僧にあう。冬まで滞在し、年末に乗船して南行。
六八七〔53歳〕	一月〔1/19~2/17〕、末羅遊に到着。さらに乗船、室利仏逝に至る。この国には一時帰国の半年間を除いて六九四年までの七年間を過ごすことになる。この間、親しく同国滞在中の釈迦鶏栗底の講筵に侍り、『寄帰伝』『求法高僧伝』を著述、若干の翻訳もなす。
六八九〔55歳〕	仏逝国の江口に停泊中の船に乗りこみ、広州宛に梵経抄写のために必要な墨や紙、写経生の賃金の援助をあおぐ手紙を託そうとしているうち、風向きのよいのを潮に船が港を離れ、七月二十日〔8/10〕広州に到着してしまった。制旨寺にて仏逝国での訳業の補助者を募り、貞固らの志願者を獲得して、十一月一日〔12/8〕再び仏逝国に取って

	返し、一ヵ月の乗船で帰る。この義浄の一時帰国を示す記事は『求法高僧伝』にあり、またそれ以外どの資料にもないものだが、帰国が義浄の偶発の事故であるかのような書きぶりには疑いを持たざるをえない。その意図は今となっては知るすべとてないのだが、おそらく義浄のこの一時帰国は計画的なものであったろう。
六九〇〔56歳〕	この年七月〔6/12~7/11〕則天武后は自ら帝位につき国号を周と改め、天授と改元した。
六九一〔57歳〕	唐に帰国する大津に『寄帰伝』『求法高僧伝』、新訳の雑経論十巻を持たせ、併せて唐王室にあてインドに支那寺を建立せられんことを願う旨託した。
六九四〔60歳〕	義浄は六十歳。夏、貞固らとともに室利仏逝国をたち、一月の船旅で帰国。広州上陸後、すぐには洛陽に向かわず同地に滞在していた模様である。その理由も不明というよりほかかない。
	①室利仏逝国での長期滞在、②一時帰国、③洛陽入りの遅延、思うにこれらの義浄の行動は一定の意図のもとになされたものではなかろうか。義浄は自らを（唐王室にとって）最も価値ある存在たらしむべく演出していったのではないだろうか。
六九五〔61歳〕	五月〔6/17~7/16〕、義浄は洛陽に帰る。時に則天武后上東門外に自ら出迎えたという。将来するところの梵本四百部、金剛座真容一鋪、舎利三百粒は勅令により仏授記寺に安置される。 この年の十月〔8/18~9/17〕、洛陽・大福先寺にて『衆経録』編纂に参与し、また実

	叉難陀、法蔵らと『華厳経』（八十巻華厳）共訳を開始する〔訳了は聖暦二年十月八日〔699.9/6〕〕。 義浄の生涯は大きく二つに分かれる。誕生から帰国までの義浄は無名の一入竺求法僧である。インドで俗に対峙しつつ自らを確立している仏教に触れ、またそれを支える根本有部の律に巡り合い、義浄は過激なまでの中国仏教批判者となっている。『寄帰伝』にみえる激しい批判に当時の義浄の肉声を聞く思いがする。 しかしこの年洛陽に入ってからの義浄は、公務として翻訳を続ける官僧としての生涯を終生送ることになる。翻訳に際して割注の形で昔と同じ思いを内に秘めていることは確認できるが、義浄の真実の声はもはや外に聞こえてこない。わずかに「遺書」にその思うにまかせなかった半生の総括が伺われるくらいである。 いずれにしろ以後の義浄の生活は表面的には翻経僧としてのそれであり、公務として翻訳に従事することになる。
七〇〇 〔66歳〕	この年から共訳者としてではなく、自らが中心となる翻訳を開始、居所は大福先寺。 五月五日〔3/29〕、『入定不定印経』を訳出、則天武后は『大周新翻聖経序』を寄せる。 十二月二十三日〔12/7〕、『長爪梵志請問経』『律摂』訳出。
七〇一 〔67歳〕	九月二十三日〔10/28〕、『八無暇有暇経』『妙色王因縁経』『大乗流転諸有経』『荘厳王陀羅尼呪経』『善夜経』『弥勒下生成仏経』を訳出する。また、かつて室利仏逝国にて訳出した『無常経』を改訳。十月〔11/5~12/3〕、長安に帰る。

七〇三［69歳］	長安は西明寺に住す。十月四日〔11/17〕、『六門教授習定論』『取因仮設論』『掌中論』『百一』『有部尼陀那目得迦』『有部毘奈耶』『曼殊室利菩薩呪蔵中一字呪王経』『能断金剛般若経』『金光明最勝王経』等を訳出する。また耽摩立底国で訳した『龍樹菩薩勧誡王頌』に手をいれる。十月〔11/14～12/12〕、洛陽に帰る。
七〇四［70歳］	この年義浄は七十歳。春四月〔4/9～5/6〕に少林寺僧の請を容れ、少林寺に赴き戒壇を重結する。『少林寺戒壇銘幷序』を著す（その文は『全唐文』巻九一四にあり）。
七〇五［71歳］	東都（洛陽）内道場にて『大孔雀呪王経』を訳出。この年、張東之挙兵し則天を退け中宗を帝位に復さしむ（十一月二十六日〔12/16〕、則天武后死去）。七月十五日〔8/8〕、大福先寺にて『仏為勝光天子説王法経』『一切功徳荘厳王経』を訳出する。また、同じく大福先寺にて『香王菩薩陀羅尼呪経』を訳出。中宗は『大唐龍興三蔵聖教序』を寄せる。
七〇六［72歳］	十月〔11/10～12/19〕長安に帰る。中宗、勅して大薦福寺内に翻経院を作る。
七〇七［73歳］	夏、中宗に召されて入内、同所にて翻経沙門らとともに九旬（三ヵ月）の夏安居を過ごす。大内仏光殿において勅を奉じて『薬師瑠璃光七仏本願功徳経』を訳出する。
七一〇［76歳］	四月十五日〔5/18〕、大薦福寺にて『浴像功徳経』『数珠功徳経』『成唯識宝生論』『観所縁論釈』を訳出している。時期と場所は不明ながら、この年にはまた、『仏為難

	陀説出家入胎経』『観自在菩薩如意心陀羅尼呪経』『仏頂尊勝陀羅尼経』『撥除罪障呪王経』『五蘊皆空経』『三転法輪経』『譬喩経』『療痔病経』『有部苾芻尼毘奈耶』『有部毘奈耶雑事』『有部戒経』『有部苾芻尼戒経』『有部毘奈耶雑事摂頌』『尼陀那目得迦摂頌』を訳出し、かつて那爛陀で訳出した『有部毘奈耶摂』を改訳している。
七一一 [77歳]	閏六月二十三日(8/11)、大薦福寺翻経院にて『称讃如来功徳神呪経』『仏為海龍王説法印経』『略教誡経』を訳出する。また、時期と場所は不明ながらこの年、『因明正理門論』『観総相論頌』『止観門論頌』『手杖論』『法華論』『集量論』を訳出し、かつて那爛陀で訳出した『一百五十讃』を改訳している。
	これまでに訳出した経論は、五十六部二百三十巻。(この他、訳出年次が不明のものに、『有部毘奈耶薬事』『有部毘奈耶破僧事』『有部毘奈耶出家事』『有部毘奈耶安居事』『有部毘奈耶随意事』『有部毘奈耶皮革事』『有部毘奈耶羯恥那衣事』等があり、また室利仏逝国滞在中に著した自著『寄帰伝』『求法高僧伝』があり、また著作年代不明の自著に『受用三水要行法』『説罪要行法』『護命放生軌儀法』等がある。)
七一二 [78歳]	二月二十二日(3/13)、門人の崇勗が義浄の真像を写す。皇帝叡宗、賛を寄せる(その『賛』は『貞元録』巻十三所収)。
七一三 [79歳]	義浄は体調を崩し斉州に帰らんとし、正月六日(2/5)、太上皇詰内常侍輔に期日を問い合わせる。正月十七日(2/16)、初夜大薦福寺翻経院にて遺書をしたため、同日後夜、死去(遺書は『貞元録』に収録)。

二月七日〔3/7〕、長安延興門東陳張村閣院内に葬る。官葬。

五月十五日〔6/12〕、霊塔建立、題に『大唐龍興翻経三蔵義浄法師之塔銘幷序』（『貞元録』所収）あり。

＊以下の諸論を参考にした。

① 王邦維「義浄生平編年」（『大唐西域求法高僧伝校注』付録、二五三～二六七頁、中外交通史籍叢刊、中華書局、一九八八年、北京）、同「義浄和他的《南海寄帰内法伝》」（『文献』一九八九年第一期、書目文献出版社、北京図書館内）。

△前者は義浄全生涯にわたる本格的な年譜であり、後者は著者の学位論文である「《〈義浄南海寄帰内法伝〉校注与研究》」の提要で、その第一に「義浄生平考述」がある。

△王氏制作年譜は中西暦の換算がなされていないので、本年譜では適宜〔　〕内に補筆した。

② 加藤栄司「唐翻経三蔵義浄法師伝（1）」（『東方』第5号、一九八九年）から「少林寺戒壇銘」（同、第15号、一九九九年、東方学院、東京）まで。

△史料批判に配慮した義浄の詳細な伝記。（1）に伝記資料の一覧がある。

③ 宮林昭彦「〈南海寄帰内法伝〉解説」（国訳一切経和漢撰述部・史伝部十六下、一九八〇年改訂版、大東出版社、東京）。

△小野玄妙国訳の改訂にともない新たに付された解説。その第一に義浄の略歴がある。

あとがき

　昔の長安、現在の西安には玄奘にちなむ大雁塔と義浄ゆかりの小雁塔があります。三蔵法師といえば小説・西遊記の主人公玄奘、あるいは史書『大唐西域記』の玄奘三蔵のことでしょう。一般名詞である三蔵法師が玄奘を指す固有名詞になってしまったことでもお分かりのように、中国仏教史上の玄奘の偉大さは比類を絶しています。その玄奘の輝きがあまりに大きく強いがために義浄の存在がいささか霞んで見えるのも確かな事実です。ただ本書の著者義浄もまた三蔵法師であり、玄奘と同じ時代に同じくインドのナーランダー寺に学んだ後輩留学苾芻(僧侶)でした。そして玄奘の『西域記』や『慈恩伝』が歴史地理書として有益であるのと同じく、義浄の本書『寄帰伝』もまた現地からの報告書、滞在型の観察記録としてそれなりの価値があるのではないかと訳者らは考えています。もっとも前記玄奘の大雁塔が入塔料十五元をとる西安屈指の観光名所であるのに対し、義浄の小雁塔が宋・明代の地震による崩落後修復もままならず、建立当時十五層あったものが十三層となって今に残っているというのも何やら象徴的です(ついでにいえば小雁塔入塔料金は十元です)。ただ壊れたなりに保存されて今に残り、訪問者が少ない分だけ俗化されずにひっそり佇む、曲線を帯びた優しい姿の小雁塔を訳者らは気に入っています。

本書の書誌や研究史などの資(史)料的な情報、共訳のかたちをとった訳者らと本書の三十年にわたる関わりについては続刊予定の『詳註解説 南海寄帰内法伝』で触れることにします。今は本書が世に出るについて縁あった人々——まずは法藏館社長西村七兵衛氏、その法藏館からの上梓を斡旋して原稿整理から初校段階まで裏方に徹して尽力された柏市のみち書房田中治郎氏とスタッフの方々、そして何といっても本書の刊行に関わる全体指揮と編集・校正、さらには索引の作成までを引き受けて下さった法藏館編集部の戸城三千代氏——に篤く御礼申し上げます。

若者の読書離れや出版不況の声が聞こえるなか、このような浮世離れした内容の書物が忙しい現代人の関心を引くのかどうか、訳者らには今一つ確信が持てません。しかし今ではないいつか、ここではないどこか、遠く七世紀のインドの仏教僧伽でこのように日常生活を送った一人の中国人がおり、母国に向けて書き送ったその記録がここにあります。もしも関心があれば手にとって読んでみて下さい。そして今の日本人にも役に立つ何かをそこで見つけて貰えたのならば、著者の義浄、訳者の我々ともどもに喜びたいと思っています。

平成十六年春

訳者識

文庫版寄帰伝によせて

加藤栄司

最初にご報告とお詫びをしなければなりません。ご報告は訃報、訳者の光明寺第百十二世法主、元大正大学教授宮林昭彦が平成二十六年(二〇一四)七月十日に亡くなりました。法名、青蓮社真誉実阿律道、世寿八十二歳でした。単行本の出版から今回の文庫版までの十五年余、痛恨にして最大の変化です。そのため残念ながら現代語訳『寄帰伝』巻末の「解題に代えて――A君に――」の軽妙にして達意、小説のように読みやすく、面白くてタメになるといった文章はもはや不可能になってしまいました。お詫びは、現代語訳本篇に続けて訳註篇出版のお約束をしたにもかかわらず、それが果たせなかったことです。

実は現代語訳が出た後で、宮林と加藤の関心は『寄帰伝』と同じ時期に書かれた義浄のもう一つの著書『大唐西域求法高僧伝』に向いていました。『寄帰伝』の方は何とか現代語訳が出せましたが、『求法高僧伝』は仏訳、英訳、和訳（漢文書き下し二種類と現代語訳）が有るものの、どれも満足のゆくものではなかったからです。そして、もしかすると北京大学の王邦維教授によって、陝西省人民出版の季羡林等『西域記』今訳のような、『求法高僧伝』の今訳（現代北京語訳）が出されてしまうのではないか、と気になっていたからでもあります。しかし、そのために結果として『寄帰伝』訳註篇はお留守になってしまい、その放置時間が年を単位に進んでゆき、その後宮林も加藤もそれぞれに大病を抱え込むこととなり、いつしか草稿の訳註篇は賞味期限も消費期限もとうに過ぎてしまいました。『寄帰伝』訳註篇には期待の声もあったと聞きます。誠に相済まぬことであります。

さて以下の文章では、まず初版から見てこのたびの文庫版との間で大きな修正点が二つあることを報告し、その後でこの翻訳のやり方・方法について説明したいと思います。何しろ若い研究者から翻訳の方法について、「この現代語訳、一体どんな風にして訳したんだろうか？」との素朴な質問があったそうですので。本当は宮林本人が答えればよいのですが、出来ない相談、不肖加藤が代わりに宮林の戒律研究、とりわけ『寄帰伝』との関わりについて――追悼の意味を込めて――点描することで、方法論の説明にもなる、と同時に、文庫版出版の共訳者としての責めを塞ぐことになろうかとの思いもあります。

文庫版での修正箇所

本書の初版は二〇〇四年、かれこれ十八年前になるのですが、それから増刷の機会のあるたびに大なり小なり修正は施してきましたが、なかでも特に二つ大きなものがありました。

一つは、第三十章、「旋右観時」の「洛州無影」の四字の理解です。この四文字の意味するところが河南省登封市の周公測影台の日時計のことであり、夏至になると北緯三四・三度の同地では、八尺の〝表〟の影長一尺五寸が石座下部の四周からは相殺されて見えなくなる。よってこの日は「無影」となり、これがこの日時計の俗称、〝没影台〟の名がある所以なのだ、ということです。これは北京大学の王邦維教授が自らの論文「関於〝洛州無影〟」(『文史』総第五三輯、北京中華書局)と「再説〝洛州無影〟」(掲載誌不明)の二本の論文コピー、並びに自身が同地に趣いて撮影した写真数葉を宮林・加藤宛に恵送してくれたことによって判明した初版の誤訳です。何と言っても王教授には感謝感謝です。

二つ目は、「義浄年譜」の年次の修正です。従来は歴史文献の太陰暦表記を現行の太陽暦に機械的に年単位で換算していました。これが潤月も含めて、改暦の当日によって正確に換算できるようになったことです。これは台湾・中央研究院数位文化中心の提供による「両千年中西暦転換」(https://sinocal.sinica.edu.tw)で修正できたことによります。

その他にも小さな修正は多々あったのですが、大きなところはこの二点です。

さて本書翻訳の方法論、それは簡単に言えば、江戸の仏教学研究法のリバイバルだったのです。そして皮肉なことに、それは『寄帰伝』英訳者高楠順次郎先生が留学して本邦に導入した西欧の進んだ近代仏教学の研究方法、その真逆にあるものでした。以下、学人宮林昭彦の形成を時系列で追いながら綴ってみます。

浄土宗の戒律研究者――大野法道・佐藤密雄――

旧制の大正大学予科から本科に進んだ宮林は、昭和三十年代後半、同宗の二人の戒律学者、パーリ律を材料に原始仏教教団の組織と運営を研究されておられた佐藤密雄教授と大乗戒経全般を博捜分類された大野法道教授という両碩学の下で戒律研究を開始しました。

日本の仏教では日本天台の最澄以来、小戒棄捨、梵網単受の大乗円頓戒が偏重された歴史経緯があります。叡山黒谷流の円戒を伝える法然房源空を宗祖とする浄土宗も当然その流れにあります。修士論文で聖冏(しょうげい)を専攻した宮林は、晩年になっても聖冏『伝戒論』を翻訳しており(「聖冏撰『顕浄土伝戒論』について」『阿川文正教授古稀記念論集　法然浄土教の思想と伝歴』、二〇〇一年)、大野先生の学風を受け継ぐものと言ってよいでありましょう。とかく戒律を重視しない日本仏教と日本の一般社会に対しては、宮林は『人間として――戒のある生活――』(一九九六年)、『授戒――仏心を育てる――』(二〇〇二年)

などの啓蒙書を著しており、これらも大野大乗戒研究の一変奏です。同じ浄土教といっても無戒の浄土真宗に対して有戒の浄土宗の旗幟を鮮明にしたいというのが宮林の希望でした。同時に、宮林は天台の枠内に収まる浄土宗の戒律理解を超えて、中国四分律宗の南山大師道宣に関心があり、戒体論を中心に何本か論文を書いています(「四分律宗について」「四分律宗の戒体論」「道宣の三学観」「道宣の戒律観」「道宣の戒律観の一考察」「中国仏教における戒壇について」)。さらにその先には、原始律蔵(E・フラウワルナー)からパーリ律までを視野に収めた佐藤密雄先生の学問がありました。教団組織論の佐藤先生は漢・巴の律蔵資料にとどまらず、僧伽内のトラブル処理の実際——それは七世紀のものですが——を中国人の目で観察し報告した義浄『寄帰伝』を高く評価しておられました。佐藤先生の学位論文「律蔵に於ける僧伽の研究」(のち『原始仏教教団の研究』として上梓)にも律蔵の記述との比較で『寄帰伝』はたびたび引用され、漢文をよくする宮林には早くからこの書の解読を促しておられ、宮林が大学院での授業に『寄帰伝』を取り上げ、さらにタイ国の仏教僧伽に短期留学すると耳にされたときには大変喜んでおられた、と漏れ聞きました。

ところで大乗戒の大野先生とパーリ律の佐藤先生、同宗の両碩学は一時期同じ鎌倉に住んでおられました。横浜に寺がある若き宮林は、長谷の大仏高徳院の佐藤先生と材木座の光明寺の大野先生の間を原稿の依頼やその受け取りによく通ったそうです。両先生、実は戒律への理解も方法・方向も異なり、その両碩学間のご意見をそれぞれ〝承け給わせられ〟て苦労したことを宮林は苦笑いしながら話してくれました。

『寄帰伝』研究の始まり

佐藤先生からの促しはあったものの宮林が本格的に『寄帰伝』に目を向けた直接のきっかけは昭和四十年代後半、仏教学研究室が夏休みに長野の戸隠で開いていた恒例の勉強会に本書がテキストとして選ばれたことでした。漢文読解力の養成に学部学生を対象に、手取り足取りの合宿形式で集中トレーニングをするもので、教授から講師、実働部隊は助手副手に大学院生でした。当然課本は入門書、凝念『八宗綱要』、『三国仏法伝通縁起』あたりが定番でしたが、なぜかある年『寄帰伝』が選ばれてしまいました。何も知らない真っ新(さら)な学生はいいのですが、教える側は義浄の原文の難解に一驚、というより恐慌をきたしたと語り継がれています。定番の小野玄妙国訳一切経本『寄帰伝』は役に立ちません[1]。何といっても詳細、正確、綿密なのは江戸の慈雲尊者飲光の『南海寄帰内法伝解纜鈔』です。しかし、これは義浄の原文を尊者が漢文で注釈するのです。漢文読解力は元より、尊者の博引、尊者の旁証、尊者の水準の戒律知識がないと逆に深い森に迷い込む[2]。そこで大意が取れ内容が読み取れるものとしては佐々木教悟先生の東本願寺の安居用講義ノートが行き届いているのですが、これは飽くまで要点の文摘であって必ずしも原文原語の逐語理解には向いていません。[3] そこで最も頼りになる現代語訳は明治時代、留学中の高楠順次郎がオックスフォード大学出版局から出した『寄帰伝』英訳本なのですが、一八九六年出版の原本は当然ながらとっくに絶版です。[4] そんななか、余裕綽々だったのがS主任教授と助教授の宮林でした。S先生は望月仏教大辞典の編纂編輯執筆に参加したといわれた大先生ですから何の不思議もありませんが、宮林助教授にはアドバンテージがありました。佐藤先生の指示もあって既に数年前から宮林は資料を集めていましたので。

江戸に出稽古――訓詁の学、法数と科文――

現代語訳劈頭に「慈雲尊者飲光に献ぐ」の献辞があります。以下はその理由でもあります。宮林の研究の方法論は一言で言えば〝訓詁の学〟の復権でした。明治になって南条文雄や笠原研寿、それに高楠順次郎が留学して西欧の「進んだ」近代仏教学を導入しました。このとき棄てられてしまったのが、江戸まで続いた「遅れた」伝統宗乗余乗の研究方法でした。大正新脩大蔵経では省かれていますが、木版時代の大蔵経には科文や音義がついていました。これらすべてを時代遅れを承知の上で、宮林は「訓詁」「訓詁」と呼びながらも……ひとり大事にしていました。

さて昭和の終わりから平成にかけて宮林は大学院で『寄帰伝』を読むようになります（加藤がその授業の様子を知っていたのは最初期の数年間だけですが）。ただ大正蔵所収の『寄帰伝』テキストに宮林は不満で、異本校合をやり直して句読を修正、改行を増やし、段落の切りでは一行空きを許し、全体にもっとゆったりした版組みにしたいと望んでいました。その成果は宮林昭彦「義浄の中国仏教批判（承前）――『寄帰伝』○章～○章――」という形で、数章ずつ発表されていきました。しかし、やがて北京大学の王邦維教授による博士論文付き新校訂『寄帰伝』が中華書局の中外交通史籍叢刊本の一冊として一九九五年に刊行され(5)、これで『寄帰伝』定本の用はなくなったとみた宮林、定本テキストの提供も途絶するようになってゆきます。ですが、今から考えてみるとちょっと残念です。その理由は、第一に王とは別の宮林読みの句読の切り方があり(6)、第二には慈雲と宮林の科文を対比させての内容検討がありました。両者の科文分科の相違点比較は、結局本文の理解、解釈に繋がるもので、これは方法として学問的に意味があったのではないか、と今、加藤は思っています(8)。

時の勢いと志の行方

義浄の前記『求法高僧伝』巻下には、こんな話があります。法振禅師が乗悟・乗如の二友と語らって三人でインドに向かう途上、たまたま寄港したマレー半島の羯荼(Kaṭāha、現在のマレーシアのケダ州)で、入竺求法を主導してきた法振が病没してしまう。すると、残された二人の心に疑いが生じる。法振の熱い思いに煽られるようにしてここまで来てしまったのだが、今やその熱源が消失してしまったのだ。時とともにやがて求法の志も冷えた乗悟・乗如の二人は相談の上、入竺の計画を断念して母国に帰ろうと決意する。さて、その帰途で今度は瞻波(Campā、現在のヴェトナム南部)で二人のうちの乗悟も没してしまい、一人、乗如律師だけが帰国していった。三人が入竺求法を志しながら、結果、一人としてそれが成就できなかったのだ、と義浄は言っています。宮林に逝かれてしまった加藤には何とも身につまされる話です(お約束の『寄帰伝』訳註篇の替わりにはなりませんが、『寄帰伝』同時期の義浄の今ひとつの著作『求法高僧伝』の宮林・加藤の現代語訳を——今度は訳註篇付きで——上梓したいと思っています)。

注

(1) 小野先生の国訳一切経の読みは江戸の檀林仏教時代に課本として使われたいわゆる流布本

の読みに多く負っていました。一応読み下せればそれで良いという程度のもので内容を検討吟味した跡はありません。悪いことに流布本の多くは黄檗板が下敷きですので宋・元・明三本の系統となり、麗本が底本の大正蔵とは用字用語がまま異なり、当然句読の打ち方も違ってきます。小野先生には時間がなかったせいか、配慮の様子がうかがえません。これは昭和五十五年、宮林によって大幅な修正が施され、新たに解説を付して、和漢撰述部の四七、史伝部十六の下として再刊される〝必要〟のある、問題箇所満載の本でしたから。

（2）慈雲の『南海寄帰内法伝解纜鈔』は慈雲尊者全集本ではなくて、大日本仏教全書所収の高楠順次郎校訂本が何といっても格段に優れています。何しろ仏全本は『寄帰伝』の本文が会入されており、本文と注釈を参照するには至極便利、さらに高楠先生ご自身による術語の梵語還元が多々なされていますから、義浄翻訳の新漢訳語から元の梵語形を復元するのには大助かりです。高楠先生は——これは想像ですが——この仏全本『解纜鈔』校訂出版の大正七年段階では、もう在英の寄帰伝英訳時とは随分と違って、『解纜鈔』の理解も深まり慈雲尊者の律学の蘊奥に目を見張っていたのではないでしょうか？　ただ残念なことに牛津（オックスフォード）大学は高楠先生に英訳『寄帰伝』改訂増補の機会を与えることはなかったようです。

（3）これは東本願寺出版部から昭和四十三年度安居講本として出ていましたが、後に平楽寺書店から出版された『インド・東南アジア仏教研究Ⅰ　戒律と僧伽』に収められています。

（4）高楠英訳『寄帰伝』はすでに絶版になっていましたが、実は台湾の成文出版有限公司とインドのモーティラル社から海賊版が出ており、宮林は両方とも入手していました。

（5）一九九五年四月第一版と記され、前半に王邦維教授の学位論文を併載し、中華書局の中外交通史籍叢刊の一冊として刊行された『南海寄帰内法伝校注』、表紙に南洋の海・空・島の椰子のシルエットをあしらったオレンジ色の小型並装の本は、宮林にも私加藤にも忘れられないものです。何しろ、当時世界中で『寄帰伝』を読み解こうとしていたのは我々だけだと思っていたのですから。まず取りかかったのは、本の後半、『寄帰伝』本文テキストの粗探しでした。そして、最終第四十章で〝「宜覓故物、莫污四新者」法師〟の十一文字の脱文を発見（初版、二三〇頁）した宮林と加藤、これは是非とも王に指摘してやろうと決めたときのことが忘れられません。ちょっと嬉しいような、ちょっと得意気な、してヤッたりの気分、きっと二人して小鼻をうごめかしていたに違いありません（思えば若気の至り、大人げない）。それまでも誤字、脱字、誤植の校正ミスなどはありましたが――それはどんな本でも初版にはある話――、さすがは季羨林大先生のお弟子だけのことはある、王の緻密正確な読み解きに宮林も加藤も一読三歎、悔しくも何ヵ所でも蒙を啓かせて貰った借りがありましたので……。

（6）句読点の打ち方によって、その文字が前文の末尾となるか、次文劈頭となるかということはあり、またその一文を前段落の末尾に置くか、次段落の最初に置くかということも当然あります。大違い！　王本と宮林本の本文テキストの体裁が異なってくるところですが、そんなことも科文を見比べてみれば一目瞭然です。

（7）科文といっても、若い人には分からないでしょう。加藤が今風にいうのであれば、パソコンで作った文書の管理や整理に使うウィンドウズでいうファイル・アンド・フォルダー全体の図示、あるいは内容の系統樹とでもいうものです。中国仏教で発明されたものですが、全体と部分、全図の中の現在位置が一目で分かり便利なチャートです。大正蔵では省かれてしまい、いまではとんと忘れられていますが、卍続蔵の時代までは各経典に科文は並録されていたものです。分科の最上位には序・正宗・流通の三科の分類があり、各科それぞれの構造でも深度を増して細分化すればより正確な位置情報が提供できます(が、正確を目指した深すぎるフォルダー構造が迷子の元になるのもパソコン作業によく似ています)。百聞は一見にしかず、『寄帰伝』第七章の宮林科文と慈雲飲光科文の対象をあげておきます(本書六七一頁、初出は『大正大学大学院研究論集』第一二号一〇頁、昭和六十三年)。

慈雲になくて宮林にはある新知見、それは義浄による中国仏教批判、就中道宣批判の視点でしょう。中国には寺院はあっても僧伽はなく、教団自治もない。寺院や教団の内部統制の規則集〝律〟も経や論に比べて中国仏教では地位が低く、大乗の偏重も重なります。ただ寺も組織ですから教団を統べる規則は必要です。道宣の律宗が出来、律蔵もどきの〝清規〟も編まれます。インドの僧伽の体験を通じて道宣の南山律を相対化した義浄は、中国の〝律〟理解の延長にいた慈雲とは律蔵観に違いがあります。慈雲の科文と宮林の科文を比べてみれば、同じ原文を二様に解釈する視点の相違は明らかです。宮林は江戸に出稽古に行き、飲光の胸を借りてブツカリ稽古をしたのかもしれない。前出の佐々木教悟先生の安居講本には「南海寄帰伝科」として慈雲尊者の科文がそのまま採録されており、佐々木先生が尊者の理解を尊重・賛同されているのがよく分かります。よく分かりはしますが、尊者に疑問・批判をもった様子は見当たりません。あるいはブッカリ稽古をして貰おうとはなさらなかったのかもしれません。ならばなぜ宮林にはそれを思ったのか、今となっては生前にそのことを確認しておかなかったことが悔やまれます。

慈雲飲光に倣って宮林・加藤も各科文に名前をつけてみました。科文の題目＝ファイル名―フォルダー名は、実はそのまま『寄帰伝』現代語訳本文の窓見出しとなり、総目次の内容目次の項目になり、梗概の骨組みになりました。一石二鳥にも三鳥にもなったのです。その前、科文の分科標題に整理番号を振り、さらに抽象度に見合った命名に頭を捻ることそれ自体が、義浄の本文内容の理解と検証になりました。この作業の持つ意味は存外大きいのではないか、と加藤は思っています。

（8）宮林本の科文や定本と並んで、高楠英訳『寄帰伝』補訂・改訂版を宮林が準備していたことを今思い出しました。これは仏教伝道協会の英訳大蔵経の中に『寄帰伝』の英訳(Śramaṇa Yijing "Buddhist Monastic Traditions of Southern Asia: Record of The Inner Law Sent Home from The South Seas" tr. Li Rongxi. 2000)が収められたと聞いて沙汰止みになったものですが……。ミシガン大学で印度哲学を修めたリチャード・ミキリ（R. Michiri）君という梵・巴・漢、それに現代語は西・中・日に通じた語学の達人がおり、宮林は同君と共に高楠英訳の修正補筆の改訂作業をしていました。草稿でしたが、その完成をまって同君が帰国するというので横浜で歓送会が開かれ、加藤も参加しました（ミキリ君はベネズエラ人の奥さんと日本で生まれた赤ちゃんを連れてきており、一家三人と一緒に映っている写真が懐かしい。三十年以上もの昔、当たり前ですが宮林も加藤も若い）。英訳大蔵経中の新英訳『寄帰伝』、『寄帰伝』テキストの異本校合もせず、だから大正蔵テキストの再検討もなく、訳注も解題もついていません。例えば巻三の十九章、未だ具足戒を受けていない一人前の苾芻・苾芻尼ではない者には十二項目で大目に見てもらえる「差降（割引特典）」があるのですが、高楠もLiも具体的内容を理解していないようです。「一、不分別衣」を〝合法・非合法の衣の区別をしない〟と解するのですが、これでは誤訳、規定以上の衣＝長衣所持に必要な便法「分別＝vikalpana」（＝説浄、浄施）の厳格適用を免除するという戒律用語で、両先生が使っている分別＝区別＝distinguish というような辞書にある一般用語ではありません。「二、離衣宿」とは〝衣を着ないで裸で寝ること〟ではなくて、第十三章にいう結浄地以外でも三衣を離れて二衣で一宿（＝夜）を過ごせること、「四、足食」は、①是れ食なりと知る、②授食人有りと知る……以下の五条件を満たすことが「足食戒」、ここではそれが減免割引されることです。それを高楠訳 'eat too much food'、Li訳 'Eating too excess' ＝〝食べ過ぎ〟の戒め、とするのは誤解です。「差降」があるので沙弥は時に〝食べ過ぎ〟ることだって可能なのですから。上座部仏教僧伽では実際に機能している律の現場を何も知らない高楠訳（九七頁）や華人と思われるLi訳（九五頁）、十二項目の大半で一知半解の英訳をしているわけです。

戒律嫌いの日本仏教、なかでも高楠は無戒の真宗出身者です。しかし高楠には良友・尊師

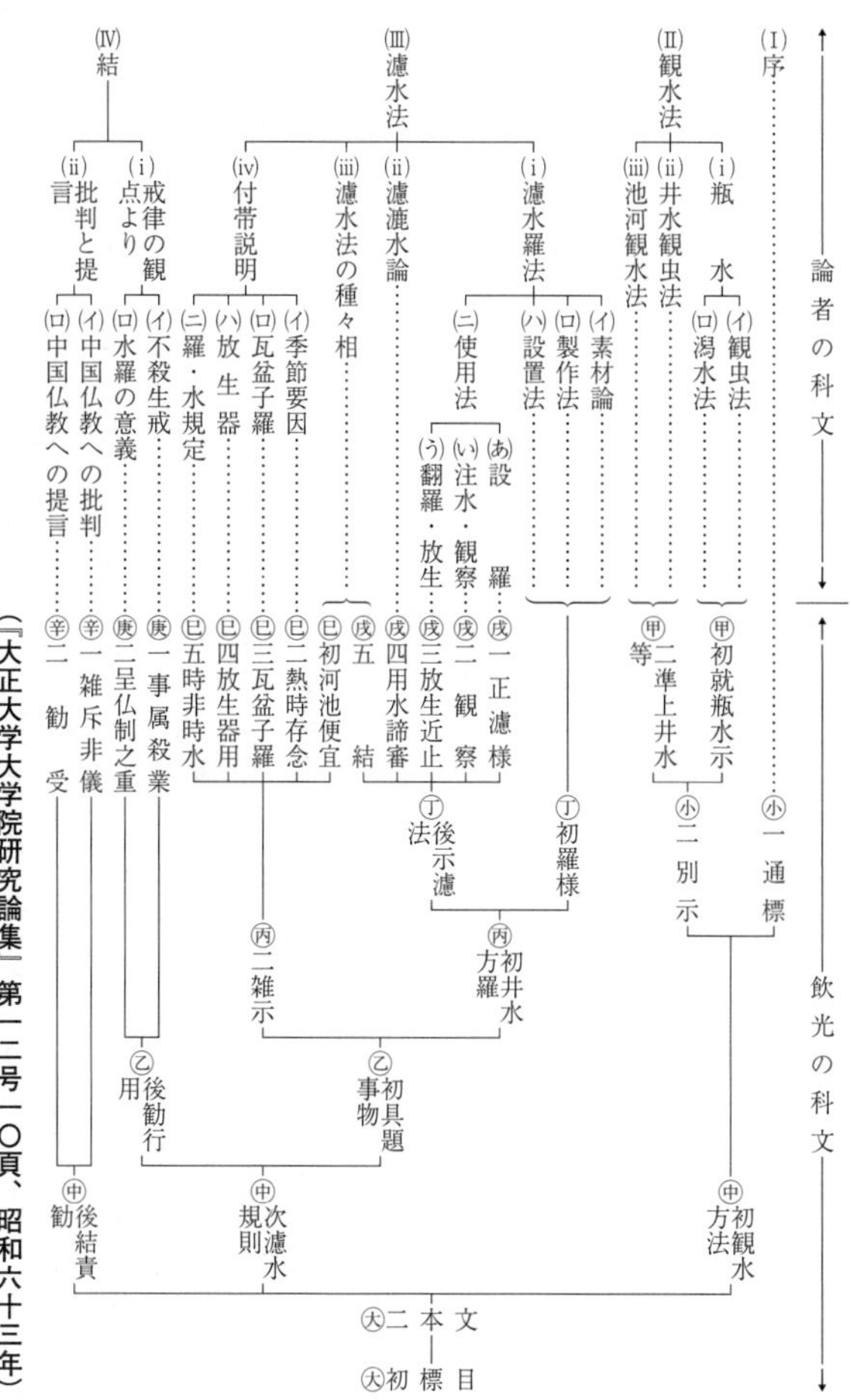

(『大正大学大学院研究論集』第一二号一〇頁、昭和六十三年)

あり、南条文雄は早速『南海寄帰内法伝解纜鈔』四巻の写本を送り、小山憲栄からはその元録古版本に訓読書き入れのある本が届けられたといいます（『仏書研究』三七号）。M・ミューラーの大きな期待の下、異国の地で俄に律の勉強にとりかかった高楠青年に対して、「差降」の理解が慈雲尊者より後退している、とあげつらうのは些か酷な気がしますが（……。しかしLi先生には酷ではない、と思う）。宮林補訂の高楠英訳改訂本はとうとう日の目をみなかったのですが、宮林改訂の高楠英訳増補版の出版意義はまだまだあるのではないか、科文のことを思い出して、加藤は何だかそんな気がしています。

索　引

一、本書・現代語訳『南海寄帰内法伝』の索引です。章題、義浄《原注》を含む義浄の原文の訳、会入した偈頌（漢詩部分）本文や書き下しの延べ書き部分も対象にしましたが、括弧内に訳者が挿入した敷衍説明や《訳者補》部分は項目採取の対象としていません。

一、原則として名詞を対象としていますが、仏教語彙や本書に特徴的な用語は動詞、形容詞も含んでいます。

一、語彙の外形よりも意味内容を重視し、索引項目は補足の説明がある場合には括弧内から読んでいます。例えば「(渇) 愛」はカツアイでとり「か」項に置き、アイの「あ」項には置いていません。

一、概ね五十音の排列に従っていますが、仏教語彙に不慣れな若い読者を慮り、表現の外観よりも意味する内実にポイントを置き、以下のような、排列の定格から外れた例外箇所もあります。

○同一の読みを使用している項目で用字用語が若干異なる場合、語彙表現の内容をより重視して、代表の項目を一つ立てて同一範疇の語群を一括りにしてあります。

例：読み［たべのこし］：項目「残食」

(残) 余食, 残 (余) 食, 余残 (食)［たべのこし］

○同一文字を使用している項目でも意味内容が異なる場合、語彙の外形よりも中味を重視して、同一の項目で括らずに別の項目としました。

例：読み［からだ］：項目「体」

読み［たい］：項目「体」……本質の意

例：読み［は］：項目「葉」……植物

読み［よう］：項目「葉」……衣の部位、縫い代部分を指す

あ――

愛　610, 611
阿育王像　214
愛児　120, 121
鞋履［あいり］→鞋履［はきもの］
大規［アウトライン］　429
大況［アウトライン］　218, 437
大綱［アウトライン］　212, 222
大略而言［アウトライン］　136
方隅［アウトライン］　291
梧子［あおぎりのみ］　144
青象［あおぞら］　38
螟蛉［あおむし］　40

菜茹[あおもの] 439
紅花 471
(効)験[あかし] 125, 606
証し 176
悪揭陀薬, 悪掲陀(薬)[あがだやく] 414, 415
平旦[あかつき]→平旦[あさ]
秋 469
阿魏 416, 439
興易[あきない] 539
商船[あきない] 50
阿笈摩(阿合)経 535
皎然[あきらか] 175
鏡徹[あきらかに] 535
賈客[あきんど] 118
悪王 51
(悪)業道 174
悪事 186
悪触 78
明(くる十五日の)朝 255
明(くる)日 149
明発[あけがた] 59
平旦, (平)旦[あさ] 411, 412, 417, 418, 431, 447, 459, 461, 462, 589
晨旦, (晨)旦[あさ] 99, 102, 184, 271
旦朝[あさ] 108, 426
　旦朝の餐(食) 381
晨朝[あさ] 287, 388, 595
晨時[あさ] 355
朝 617
　朝に(道を)聞くを喜んだ 528
　朝の露 417
　朝(の陽の圧倒的な)光 63
晨 285, 287
旦々 342
朝々に頭上に油を塗る 356
朝々に洗(拭、)沐(浴) 366
胡葱[あさつき] 435
朝な朝な暮な暮な 261
明相纔出[あさまだき] 330
旦夕 597
旦暮の両時 388
麻縄 220
葦 214
脚 74, 77, 369
(脚)足 354
足 118, 126, 278, 403, 405, 418
　(足)跡 43, 150
　足と手 596
　足を濯う 141
「阿」字 380
味 429
(平)旦[あした]→平旦[あさ]
朝[あした]→朝[あさ]
晨[あした]→晨[あさ]
晨(朝)[あした]→晨朝[あさ]
投足する処[あしどめ] 519
一脚[あしひとつ] 122
阿闍梨 381
阿遮利耶→阿遮利耶[せんせい]
小豆の粒 593
明日の旦朝 491
汗 406
痱子[あせも] 354
阿善洲 49
妓女[あそびめ] 468
直 590
煖(い)物 365
煖(な)服 202
(温)煖の地[あたたかのち] 199
頭 201, 229, 364, 414, 418, 425, 596
　頭が痛い 412
　頭(髪)が捲き(毛で、身)体(の色)

　が黒い　50
（頭）頂　365
（頭）頂に灸をすえる　429
（頭）頂の下　365
（頭）頂を凍らせる　365
阿駄耶　380
新（しい水）　94
新しい者（＝物）　591
新蹤[あたらしきあと]　204
新しく煮いだ飯　434
四遠[あちこち]　596
四方[あちこち]　96, 124
彼・此を（区）別したい　346
余方で清浄　199
彼も此も（両者ともに）愆ちを招くこと　374
熱い　354
厚い・薄い　179
熱い粥　439
熱い酥　127
厚い徳　596
暑（い日）が多い　354
熟（熱）い蓑豆湯　434
厚煖[あつくあたたか]　201
熱（＝暑）さ　406
厚（手の）帔　202
雲聚[あつまる]　515
羹菜[あつもの]　82, 143
後　329
跡　136, 287
趾　487
蹤　528, 618, 619
追悔[あとでくいる]　263
後の五（つ）　136
坑壍[あな]　117
孔　94, 212, 458, 461
仁の力[あなたさまのちから]　124
汝（は）　346
慢（る）詞　346
一孔　285
阿奴謹抱　148
姉　187
痾鉢底　262
痾鉢底鉢喇底提舎那　262
阿毘達磨　535
（阿毘達磨）倶舎（論）　515
油　122, 137, 203, 356
膩気，膩（気），（膩）気[あぶらよごれ]　88, 91, 95, 117
油を貯える物　549
広（き）縁（起譚）　122
広（き）文　544
普く一切（の衆生）に通らせる　562
雨水　354
羅[あみ]　101
羅網[あみ]　193
富羅[あみぐつ]　72
羅濾[あみこし]　405
阿弥陀仏，阿弥陀（仏）　490, 593
羅窓[あみど]　553
罟網の属い[あみのたぐい]　553
綱維[あみのもとづな]　468
飴や蜜　432
彩　613
愆ち　45, 91, 93, 106, 118, 227, 245, 255, 463
過ち　93, 117, 176, 190, 227, 234, 243, 279, 307, 365, 462
　過ちではない　562
　過ちでは無い　562
　過ちも無い「正（しい）行の三衣」　182
（罪）過ではない　199
過り　154, 163

非　42, 55, 133, 380, 451, 468, 540, 581
非儀[あやまり]　78
謬り[あやまり]　607
未可[あやまり]　176
訛音，訛(音)[あやまり]　147, 380
(音)訛[あやまり]　525
(謬)訛，(訛)謬[あやまり]　199, 392, 501
訛替　604
　訛替の本(源)　382
阿輸迦王　53
洗うこと五、六日間　281
(阿)羅漢　349
麁(く雑なる)心　466
新(たに)浄(められた用)器　93
梗概[あらまし]　134
蟻　181
不可[ありえない]　608
盈長の過[ありすぎのあやまち]　171
十方僧(衆)[ありとあるそうたち]　283
十方の邪命　565
十方の僧(伽の)地　519
阿離耶　383
阿離耶三蜜栗底尼迦耶　46
阿離耶悉他陛攞尼迦耶　46
阿離耶提舎　383
阿離耶莫訶僧祇尼迦耶　46
阿離耶慕攞薩婆悉底婆拖尼迦耶　46
「有」る　40
　有る説　177
　有る人　186, 415
一途[あるひとつ]　568
荒れ梗がれた(土地)　506
痾曜[あろじ]　374
粟　137
忽々迫々[あわてふためく]　375
安居　248, 250
安居を破ったこと　250
頞瑟吒馱覩，(頞瑟吒)馱覩[あんしっただと]　506, 507
闇誦　299
暗誦，(諳)誦　513, 523
　暗誦する　324
杏　469
安呾婆娑　165, 167, 226
安養(浄土)の蓮　592
安慧　523
安・不(安)　404
安座→安座[らくにかけ]
按摩，按(摩)　390, 402

い——
伊　384
威　53
意　551
意→意[こころ]
異→異[ふしぎ]
維　468
胃　138
衣　207
居家　536
(家の向きが)日に向かう　457
医王　430
(已)往(の)哲(人)　528, 602
不審[いかがですか]　381
海査[いかだ]　609
(瞋)恚[いかり]　42
気息，気(息)[いき]　216, 425
威儀→威儀[すがたかたち]
意義，意(義)　363, 483, 507
生きとし生くる者　207

(生き)物　540
四生[いきもの]　40, 474, 611, 614
生(きる)か　421
生離[いきわかれ]　613
幾夏(安居)　328
爾許[いくついくつ]　329
幾人　581
池　99, 100, 102, 131, 614
　池の内の存生　575
　池や園　471
意言の法蔵　500
進誘[いざない]　603
医(師の)門　420
瓷(器)[いしやき]　93, 117
瓷・瓦(製)等の鉢　283
遺珠　529
座床[いす]　362
床座, 床(座), (床)座[いす]　75, 76, 77, 116, 117, 118, 119, 147, 547, 548
　(床座・榻が)木で成られたもの　556
　床(座)上　398
　床(座)の上で(結跏趺座したまま)礼拝する　397
　床(座)の量　75
泉　526
醫説羅　60
遺像　486
囲陀　525
所在之処[いたるところ]　281, 354, 437
一々(の行動)　385
一々の「声」　508
一院　251
一衣　228
一会　342
一駅　354
一概→一概[みなおなじ]
一丸　276, 278
一言　508
一寺　241, 244, 245
一時　459, 463
一・四指(量)　326
一・七(1×7＝7)塊の土(塊)　278
一旬　429
一畳(の衣)　53
一蔵に精(通・)研(鑽)　188
一打　461
一(銅釜)　461
一(土)塊　276
一日　184, 187, 249, 588
一日一夜　328, 459
(一日)一餐　606
(一)日に三文を施すこと　590
一日・二日　426
(昼夜)六時[いちにちじゅう]　494
一・二(1×2＝2二丸)の土(塊)　279
終年[いちねんじゅう]　199
一年に再度日が頭(の真)上を(通り)過ぎる　456
一年の内　593
一辺　277
一布路沙　326
一布路沙余一指半指　326
一分　183
一房　234, 241, 242, 495
一帔, (一)帔　591
単布[いちまい]　199
一(枚の)布　359
(一)万人　221
(一)万に一(人)　288
(一)万の中に一(人)　228
一万余字　505

(一)宵　102
一宿，(一)宿　102, 260
一夜を分けて三分すること　463
一礼　379, 394, 403
一、両石　283
一路　369
一椀　459
一　39, 611, 613
五(日)　176
　五日(以)内　189
一戒　540
一ヵ月　328, 438
五重　231
一夾　415
一句　505
慈(悲)[いつくしみ]→慈悲[じひ]
慈しみ　604
　慈(しみのこもった)手　603
慈顔　597
一茎　570
一茎の菜　184
一裥・一紐　213
一股の鉄捲　551
一切経の音(義書)　587
一切経を転(読)すること　592
一切智　40
一切の声　508
一切の声明(梵語文法学)の根本の経　505
一師，一(師)　291, 310, 311, 613
一指　326
一紙　141
一遮　310
一尺　76, 95, 229, 370, 455
壱尺　74
一処　491
一升　142, 181
一生　603
一声　510
一頌　505, 573
終(生)[いっしょう]　91
終身，終(身)[いっしょう]→終身[しゅうしん]
終(年)[いっしょうがい]　471
一生の大事　581
一升両合　95, 105
一(身)　565
　一身の伝授　204
一心　134
一寸　126, 177, 229
一畝　354
一席　57
一千頌　505, 506, 507
一磔手，一磔(手)　95, 126
(一)端　593
一肘　75, 217, 275, 325
一肘半，(一)肘半　355, 364
五道[いつつのせかい]　499
非時[いつでも]　93
(一)点の加(筆)　615
一trip　142
一音　499
(一般世)俗　439
　(一般世)俗(の)徒，(一般世)俗(の徒)　267, 268, 490, 540
一疋　170, 176
一百五十讃　484, 486, 493
一百有余　123
一幅　200
一幅半　230
一辺　536
一遍　276
(一)篇(の詩)　615
一(本)　325

一(本の)金杖 53
長時[いつまで] 310
常日[いつも] 124
尋常の飲食 83
常途の軌式 397
常事[いつものこと] 123
移転可る物 549
意(図) 429
井(戸) 58, 99, 236
井(戸の)口 105
井(戸の)処 102
井(戸の)辺 184
井(戸)水 100
医道 432
緒[いとぐち] 472
萌漸[いとぐち] 190
暇 618
維那 246, 462, 468
維那が自ら打つ 460
西郊[いなか] 430
古 532
医人 413, 415
犬 83
狗犬[いぬ] 83
(首)先[いのいちばん] 426
(生)命, 生(命)[いのち] 58, 63, 102, 104, 105, 173, 181, 184, 203, 209, 233, 287, 417, 487, 540, 581, 593, 617
(生命を)殺害するということが無い 415
生霊[いのち] 424
命 207, 209
命根[いのち] 174
逐命波遷[いのちからがらただよって] 598
護命の事 194
衣・鉢 217
棘心[いばらのきのしん] 222
(遺)風(余)流 198
医方経 424
違法の服 230
医方明, 医(方)明, 医(方明) 356, 413, 414, 429, 432, 439
医方論 435
今 346
戒め 612
戒躅[いましめ] 41
訓誨[いましめ] 388
箴規[いましめ] 612
戒検[いましめしらべること] 152
未(だ)聞(くことのできないところ) 607
現今の西方[いまのインド] 560
(今)時(の)人 354
字義, (字)義[いみ] 125, 135, 147, 165, 255, 261, 263, 265, 327, 374, 380, 384, 391, 392, 393, 426, 450, 480, 501, 506, 551
義[いみ] 394
意(味) 125, 147, 148, 260, 261, 264, 301, 330, 467, 468, 480, 489, 493, 505
意(味する)趣(き) 450
意(味するところ) 181
異名 425
芋 137
鄙(しい)俗(習) 442
末後命終[いよいよしぬとき] 578
参差[いりまじり] 61
色 406
色の浅深 272
雑(々)な香や花 482
繒綵[いろぎぬ] 470

彩　223, 469
(倚)廬に寝る　234
巌流[いわおのながれ]　61
巌の曲　616
縁(起譚)[いわれのはなし]→縁起(譚)
困　175, 473
癊　425
困明の論　528
困・果　518
婬戒の一条　152
慇懃→慇懃[ねんごろ]
因循　388
引(接)　598
印度　384
　印度の殊風　163
五印(度)[インド]　287
五天(竺)[インド]　60, 67, 113, 117, 133, 138, 164, 172, 266, 281, 358, 432, 436, 490, 492, 493, 504, 528, 532
　五天(竺の全土)　518
　五天(竺)の僧徒の(正)則　375
　五天(竺)の地　47, 85, 136, 198, 368, 385, 415, 524
　五天(竺)の法服　176
　五天(竺)を短階に践む　63
西域[インド]　198
西国[インド]　46, 56, 60, 77, 85, 111, 117, 134, 143, 163, 196, 218, 222, 231, 346, 353, 383, 384, 389, 394, 415, 416, 439, 458, 496, 540, 561
西国の相伝　367
西国の講堂や食堂　398
西国の極刑の儔　445
西国の師弟・門徒　406
西国の出家の軌儀　291
西国の諸寺　467, 561
西国の僧寺　347
西国の相承　245
西国の相承の大綱　45
西国の大寺　458
西(国の発)音　263
西国の苾芻　360
西国の人　264
西国の(仏教僧伽の)房(舎)　362
西国の礼敬　484
西国・五天(竺)[インド]　364, 451
西天[インド]　597, 608
西土[インド]　268
西方[インド]　48, 58, 60, 74, 81, 97, 100, 103, 115, 116, 118, 132, 134, 142, 164, 191, 195, 196, 199, 223, 228, 344, 380, 455, 463, 478, 483, 487, 502, 513, 617
　西方(全体)　416
　西方に向かわんとする者　329
　西方の枕嚢の様式　364
　西方の宏才の碩徳　484
　西方の五明論　413
　西方の座夏の法(式)　330
　西方の(座法の)軌則　405
　西方の食(事の作)法　151, 266
　西方の師資(師匠と弟子)の途轍　342
　西方の釈名　392
　西方の諸寺　121, 181
　西方の諸大寺　122
　西方の相承　525
　西方の寺(家の苾芻)衆　400
　西方(の苾芻)　551
　西方の婦女の著裙(法)　194
　西方の法(侶＝仏教の出家者)・俗

（人） 472
西方の薬味 416
西方の行法 343
西方や南海の出家の人 328
梵(土)[インド] 483
贍部洲[インド] 51, 53, 196, 436, 456
贍部(洲)中 522
梵僧[インドそう] 77, 94, 215
(インドの)北道 416
(インドの)東(方)の裔 48
(インドの)北方 47
(インドの)南(方) 48
院という院 482
(因縁)事 120
譬喩[いんねんものがたり] 473
因明 515, 523, 535
(因明正)理門論 515
因門論 535
因・喩 517
陰・陽 37, 38
陰・陽の瓶 102
陰・陽・暦算の奇(智) 587
陰・陽を問う 429

う——

有 55, 527, 528
「有」に宅う者の大非 42
飢え 447
餓(えた)虎 580
上と下との結縛 287
飢(えの)火 411
上流の伍[うえのひと] 57
(上は)一切の諸物 270
上は臍輪を蓋い下は踝の上四指(量) 221
飢えを忍ぶためのもの 433
有義の名 392
浮囊, (浮)囊[うきぶくろ] 153, 156, 574
鸎[うぐいす]鳥 485
嗢屈竹迦[うくちっか] 396
右裙 194
所受用[うけいれ] 131
摂受[うけいれましょう] 292
(受けた戒を守)持者 604
受持[うけたもち] 342
師資(相承)[うけつぎうけつがれ] 617
右肩 218
牛 181, 242
雨時 328
牛、羊 553
烏社 380
烏長那国 67
留顧[うしろがみ] 608
薄い絹 217
薄い絹(の羅) 105
虚説, 虚(説)[うそ] 350, 526
歌詠[うた] 492
絃歌[うた] 134, 609
有待→有待[にんげん]
疑い 426, 554, 588
疑(い・)慮(り)の患い 562
疑(う)者の言 182
歌であるとの心 501
歌曲でもないもの 501
嗢拕南 546
(己)内[うち] 195, 519, 616
(己)内に慚(心) 203
内 55
内に在って貯(蔵)すること 243
内に在って煮(調理)ぐこと 243
帔[うちかけ] 168

妍美[うつくしく] 491
秀発[うつくしくひいで] 489
鬱金香 416
移すことの可ないもの 549
薄ら微かな霜 354
嗢咀囉僧伽，嗢咀羅僧伽[うったらそうぎゃ] 165, 167, 226
虚 55
器 129
度量[うつわ] 590
器量弘深[うつわおおきく] 514
膊[うで] 229, 264
　膊を袒く(「偏袒右肩」の披著法)は事めでは非い 230
臂[うで]を焼いて供養 271
于闐[うてん] 67
烏頭 416
鄔拏地 507, 512
右繞 452, 453
　右繞(右回り)・左繞 452
　右繞三帀 451
　右繞を為す 452
鄔波 325, 380
鄔波索迦 294
鄔波三鉢那 325
鄔波斯迦 121
鄔波駄耶→鄔波駄耶[おししょうさま]
　鄔波駄耶(・阿遮利耶)の名 345
　鄔波駄耶の名(字) 345
右辺 218, 453
　右辺よりする 450
右方 451
妙(翻訳であり、解)釈[うまいほんやく] 147
馬が南谷に鳴く 601
俗縁[うまれ] 585
天性の重いこと[うまれながらの] 604
海 197
海涯[うみ] 48
膿 591
恭敬[うやうやしく] 404
敬い 597
有累→有累[わずらい]
漆 214
漆(器)[うるしぬり]→漆器[しっき]
粳米 137
　粳米の飯 142, 143
得るに随って持つに随う 169
衫(上着)と袴[うわぎとズボン] 197
衫[うわぎ]と袴の郷(々) 198

え——
衣 394, 547
獲得 485
柄 214
穢悪→穢悪[けがれ]
衣・食に罪が無い 206
影響 285, 287
営農 181
栄命→栄命[はまれ]
英猷 615, 616
(慧)遠 602
慧海 610, 612
慧鍔 610, 612
益が無い 502
(慧)休 602
慧巘 350, 351
慧護 523
衣响 212
廻(向) 145
廻向・発願 479

依止　343, 387
衣(直)　561
衣食，衣・食　151, 156, 161, 206, 207
衣食所須　64, 159
(慧)思禅師　430
衣裳，(衣)裳　53, 390, 395
枝条　419
壊地　306
慧智禅師，(慧智)禅師，(慧智禅)師　585, 597, 603, 604, 606, 613
衣紐　118
会得していたものを旧解(復習)する　528
(困)縁[えにし]　43
柄の長短の量　214
衣・鉢　314
決明[えびすぐさ]　364
胡地[えびすのち]　85
衣服　195, 196, 197, 215, 231, 396
　衣服、刀子、針、錐(その他の雑沙門資具など)の流(類)い　259
　衣服の儀　163, 237
　衣服の製　162
　衣服の本(来の)儀　196
衣物　96, 186, 394
得られるに随い縫うに随う　177
慧力禅師　595
円　325
縁　473
轅　618
掩腋衣　167
円基　371
縁起，縁(起)　156, 489
　縁起の三節　235
縁(起譚)　130, 550
縁起法頌，(縁起法)頌　472
縁起論　534
円(形)　552
円堅　207, 209
縁事，縁(事)　185, 249, 250
槐　110
円成の十地　235
捐生之侶　285, 287
涎(唾・)(痰)癃　111
円整著裙　220
(演)奏諧(暢)　492
円(満)成(就)　156

お——

於　227
駆擯[おいだし]　445
駆遣[おいだし]　190
祈請[おいのり]　83
債[おいめ]　311
王　54
皇王[おう]　145
皇上[おう]　59
天皇[おう]　599
王宮　492
横裙　216
応食者　81
応食の(流)類い　130
枉死するもの　433
王舎　204, 205, 350, 352, 618, 619
王舎城，王(舎)城，王舎(城)　41, 96, 120, 205, 284, 619
　王(舎)城の内　369
　王舎(城)の説　352
　王舎城の男女　120
横・竪　218
(往)生　592
横杖　101
王籍　189

黄屑　222
応人　43
黄門　297
(黄)龍湯　442, 448
覆　501
多(い)少(ない)がある　438
大(いなる)過ち　594
大(いなる)縁　608
大(いなる)懼(れ)　605
大(いなる)呵(責)　279
大(いなる)空　154
大(いなる根)機　589
大(いなる)非　156
大(いなる)福　568
大いに懼れること　574
大いに(釈迦の)聖教(という大きな利益)を虧(缺)いている　448
鯨海の巨深[おおうみのふかさ]　523
量[おおきさ]は人と斉じ　370
大(きな)床(座)　75, 398
大(きな)斎(会の)日　256
大きな頌　505
大(きな銅像)は月半(半月)月尽(月末)　470
大きな聚　593
鴻炉[おおきなろ]　38
多く費やす所では無い　283
衆くの過ち　206
衆くの生(命)　539
衆(くの)形　501
衆くの徳　391
多くの服　202
衆(多)くの(本)義　513
衆(くの虫たちの)生(命)　592
大庫の門前　122
大声　133
大竿　550
(大竿が)細いもの　551
大盤　138
大略[おおすじ]　127
多大[おおぜい]　259
大損　310
上古(以来)[おおむかし]　512
大綱[おおむね]　51
初基，(初)基[おおもと]　85, 156, 502
本(源)，(本)源[おおもと]　264, 382
祖(法)[おおもと]　487
大帰[おおもと]　58
官[おおやけ]　539
公(の)度(牒)　310, 311
犯　57, 307
(犯した罪過の)重い軽い　162
犯す所ある　390
犯す所を挙げる　265
崗　436
(般)涅槃[おかくれ]　124, 391
客僧[おきゃく]→客僧
存念[おきをつけ]　100, 102, 379, 380, 386, 457
屋宇　549
臆断　153
牙関[おくば]　109
微(い)言　528
幽谷[おくぶかいたに]　61
玄旨[おくぶかいむね]　588
玄宗[おくぶかいむね]　63
幽宗[おくぶかいむね]　588
幽々冥々[おくぶかくほのぐらい]　39
輸[おくりもの]　539
奉行[おこない]　186, 463

挙発[おこないおこなわせる] 237
操行は群でなく[おこないはなみでなく] 187
行(なう・)捨(てる) 113
行[おこなう] 286
倨傲の心[おごりたかぶり] 346
曹主[おさ] 561
上命[おさしず] 608
齠丱[おさない] 603
弱い肩[おさないかた] 604
稚子 120
悪作(突吉羅)の罪 270, 345
式修[おさめ] 586
修め敬むことの本 466
摂(受)[おさめとらんと] 491
(訓)誨[おしえ] 595, 604, 608
教え，教(え) 205, 260, 352, 601
教網[おしえ] 180
教門[おしえ] 182
教誨[おしえ] 390
教誡[おしえ] 388
成教[おしえ] 130
誡教[おしえ] 609
馳光[おしえ] 40
法教[おしえ] 285, 287
法輪[おしえ] 40
教[おしえ](誡・律)儀 234
熏(陶)資(助)[おしえたすく] 613
時到[おじかんです] 139
蒼髭[おじさん]→蒼髭[そうじ]
鄔波駄耶[おししょうさま] 343, 345, 379, 380, 381, 386
惜しむ可きの甚だしいもの 342
蹲座[おしゃがみ] 277
和尚 380
楽処[おじょうど] 131
供設[おそなえ] 83
饗祭[おそなえ] 83
具設[おそなえ] 478
祭食[おそなえ] 121, 123
奉献[おそなえ] 366
奉薦[おそなえ] 471
五怖(畏)[おそれ] 208
(慚)愧(ました)[おそれいりました] 516
惶れることなし 487
財色に不浄観[おたからに] 489
請白，(請)白[おたずねします]→請白[しょうびゃく]
調(適・)将(護)[おだやかにかなうたすけまもる] 418
堕ちない物 217
「越」字 147
越法罪，越法(の罪)，越法の罪 201, 316, 554
規(範・亀)鏡[おてほん] 603
亀鏡[おてほん] 488
師範[おてほん] 490
音韻[おと] 483
斎会，斎(会)[おとき] 128, 131, 150, 271
　斎(会)の次 366
　斎(会)の(当)日 116
斎供，斎(供)，(斎)供[おとき] 82, 84, 127, 128, 132, 138, 149, 150
　(斎)供を受ける法式 148
斎法，(斎)法[おとき] 128, 143, 149
童子[おとこのこ]→童子[どうじ]
音(は違)訛 301
斉年の(流)類い[おないどしのたぐい] 403
腹腸[おなか] 440
一体[おなじ] 189

一類[おなじ]　137
同じ科　580
名(字)[おなまえ]→名字[なまえ]
斧　549
各(々)一手　220
各(々左右)一肩　96
各(々)三つの節　508
自が意　208
戦き冷いとき　428
(我)己[おのれ]　576
己れ　539
　己れの欲せざる所を他に施すこと勿れ　594
　己(れの)身　569
　己(れの)物　564
　己(れの)物で故(い物)　359
　己れを焼くこと　575
己(内)の慢(心)　173
鬼霊[おばけ]　39
帯　101, 201
檀施[おふせ]　586
礼(拝し、)観(察)[おまいりし]　124
延請, (延)請[おまねき]　115, 132, 138, 148, 150
請白[おまねきもうす]　149
揩拭[おみぬぐい]　475
(思)懐, 思(懐)[おもい]　528
懐い　342, 533, 574, 617
思い　526
情い　491
想い　61, 495, 523, 536, 537, 563, 573, 592, 607, 614
　想いを契ることの因　466
念, 念い　41, 174, 286, 288, 378, 467, 533
　念を存す　103
存心[おもいいれ, おもいわすれぬように]　155, 221, 599
恕[おもいやり]　539
仁愛[おもいやり]　590
存意[おもいわすれぬように]　85, 91, 457
存念[おもいわすれぬように]→存念[おきをつけ]
想致[おもいをいたす]　515
重滞[おもく]　552
顕処[おもて]　89
旨趣[おもむき]　486
(親に)孝(をつくす)子　234
大指[おやゆび]　552
魯漢[おろかもの]　589
辞礼[おわかれ]　597
終わり　342
知命[おわりをさとること]　593
恩　604, 611, 613
音　379, 468
音楽　468
恩恵　41
遠志　416
飲食　244, 356, 381, 429, 547, 548, 549
　飲食の儀　162
　飲食(の)汚(れ)　271
　飲食の供(給と)承(受)　124
童女[おんなのこ]　140
　童女・童子の有無　140
(恩)に報いる徳　603
飲(物)食(物)　123
飲(用)者　104
飲(用)水　94
音律　598

か――

可　204, 411, 501, 570

果　130, 131, 135
果(実)　137
過　42
我→我[わたくし]
布幔[カーテン]　366
下(位＝法齢の下の客苾芻)　403
戒　42, 183, 206, 232, 342, 352, 579
　戒において違うところが有る
　　569
　戒の中で無犯　569
　(戒を)受けることを楽う人　604
　(戒を)持つことが不能　532
　戒を持つ人　48
　戒を護る苾芻　181
　戒を持ち悪を捨て　489
誡　154
戒海　350, 351
戒経　153, 231, 343
戒行　390
　戒行の居る所　519
戒賢　523
(外交)使(節の)人　85
蚕の(梵)名　178
海珠の潤み　58
戒(条)　341
海(上)　457
害生種　304
揩(拭)，沐(浴)　471
灰水　91
虧損[かいたりそこなったり]　359
解謝　58
臂[かいな]　369
戒日王　492
螺杯[かいのさかずき]　99
螺盃[かいのさかずき]　88
(回)避　421
界(分)に樹等(があること)　245
界分を護る　245
市(場・交)易[かいもの]　590
開(葉)　164
戒品　574
戒本　341
戒(律の清)浄　156
(戒律の)制　152
(戒)和上　604
貌[かお]　616
瞼[かお]　496
香(り高い)薬　446
訛(音)　125, 261
(価格の)高下を論じること　590
足跟[かかと]　394
踹[かかと]　278
鏡　470
亀鏡[かがみおてほん]　105
鏡奩[かがみばこ]　140
暉　205
輝き　205
仏日[かがやき]→仏日
縁(事)，(縁)事[かかわり]　172,
　　173, 183, 279, 563
　(縁)事を省く　177, 202, 443
省(縁・省事)の要　103
鉤[かぎ]　211
瓦器→瓦器[素焼き]
餓鬼・傍生　489
(火)急(の)処(置)　447
(一)期[かぎり]　593
覚　156
臛　82
家具　172
岳　611, 613
臥具　178, 547, 548
学士　452, 514
学士・鉢顛社攞　517

学士(バルトリハリ)の(名声の)響き 518
学識 189
学而時習 610
覚樹，(覚)樹 96, 204, 205, 371
覚樹の下 369
学(習) 490
学生 347, 348, 519
(各)頌の初め 488
各(人)各(人) 430
(隠すべき)形(醜) 357
学聡明法 525
(各)部(派) 46
学問，学(問) 344, 513
霍乱 417, 431
闕(乏)[かくること] 469
屛居[かくれすみ] 61
芬(芬・馥)郁[かぐわしこうばしし] 436
影 287, 325, 329, 454, 455, 456, 457
影が(出来)無い 456
影が無い 456
影の長短 327
影の長さ，影(の長さ) 326, 456
影の量，(影の)量，「影」(の量) 326, 329, 456
(影の量の)加減 326
影を揆る法 455
駆馳[かけまわり] 193
闕如[かけるところ] 447
樊篭[かごのとり] 538
傘 96, 214
(傘の)大・小は情の随 214
傘蓋，(傘)蓋[かさ] 214, 217
枷鎖 207
瘡おおい 168
荘厳[かざり] 592
表飾[かざり] 60
儀飾[かざりたて] 227
歌詞 492
遐邇 516
果実，果(実) 127, 354
家瑟詫 108
呵責，(呵)責 395, 397
(果)汁 432
我執 251
羯湿弥羅 197
(臥)床 362
(臥)床の前 363
迦摂卑 67
(迦葉摩)騰 527, 602
度(数)[かず] 145
河(水＝黄河)・済(水)の北 602
糟糞の(流)類いを食べる者 554
数は五つ 504
枷 207
風 38, 201, 365
風に飄られ日に暴され(る) 475
臥息方法 65, 361
肩 77, 213, 214, 215, 217, 552
髆 95, 216, 369
伽他 132, 146
火大 425
迦提 248
堅強[かたい]という患い 365
火宅→火宅[まよい]
肩袖 201
軌(儀)[かたち]→軌(儀)[きまり]
形(状)[かたち] 122, 138, 203, 226, 237, 532
形儀[かたち] 163
形様[かたち] 200
製[かたち] 94
体[かたち] 195

容(儀)[かたち]　357
刀　431
肩の後ろ　214
肩や背を撫でる　403
語られた　480
傍辺[かたわら]　81
傍らの(仏道以外の)功(業)　594
傍らの人　591
珂但尼　135
羯絺那衣を張ける日　249
月　292
(渇)愛　40
取足而已[かつかつたりる]　143
(各)句　589
合掌　125, 132, 264, 271, 379, 394, 397, 407
褐色　223
割截　359
刮舌の箄　109
羯磨　467
羯磨陀　468
羯磨陀那　468, 469
(羯磨)法　312
(羯磨法を)秉らなくなった時　350
曲尺の形(状)[かなざし]　326
慷慨の喉吻[かなしみいかりののどくちびる]　589
要→要[ポイント]
要は(縁)事を省く　222
要法[かなめのほう]　61, 575
鉄纂[かねのたかつき]　552
可否の宜しき　565
「裹腹」衣[かぶくえ]　200
蔓菁[かぶら]　137, 138
巾帊[かぶりもの]　72
幞[かぶりもの]　406
可分　547, 548
可分と不可分　548
壁　217, 615
瓦瓫子羅　103
蒲黄[がまのほ]　364
紙　215, 286, 472, 594
紙(や貝)葉　525
神　60, 281
髪　39, 533
剃刀　549
剃刀等　547
堈　442
瓮　118
(下)命　192
佳薬　448
伽耶山　581
茅の尖(端)の渧ほどの酒　554
粥　382, 412, 435
蜀葵の流(類)い[からあおい]　470
曷羅戸羅密呾羅　187
鳥禽(の譬え)　603
身[からだ]　59, 131, 164, 168, 173, 231, 246, 363, 369, 572, 579, 596, 600
身体, 身(体), (身)体[からだ]　39, 53, 72, 84, 126, 133, 138, 174, 176, 180, 181, 200, 202, 203, 208, 215, 218, 219, 228, 232, 236, 264, 270, 275, 276, 278, 279, 287, 354, 355, 356, 357, 369, 379, 394, 397, 410, 424, 431, 433, 435, 437, 438, 440, 443, 445, 496, 572, 573, 580, 591
(身体が)調かに適う　371
身体が清虚　356
(身)体が清浄であること　354
身(体)に(疾)病が生ずること

417
(身体)内　429
(身体の)大きな者　564
(身体の)外(側)　280
(身)体は貴(い)物　178
身(体)や目を(布)施させること　572
身体を強健にさせる　415
身(体)を安んずること　232
(体)軀　231, 564, 572
全軀[からだ]　233
躬(体)[からだ]　431
体　207, 208
肌[からだ]　573
肌を然(燃)がすこと　568
遍体[からだじゅう]　406
枳　138
四大[からだ]→四大[しだい]
形(醜)を覆う[からだ]　230
形醜掩障[からだをかくすこと]　229
素柰[からなし]　469
石竹[からなでしこ]　469
俗(諦)[かり]　55
歌栗底迦月[かりていかがつ]　248
呵利底母(呵利底)母[かりていも]⇒鬼子母[きしも]も参照　120
権(りに)開(許)　203
訶陵洲　49
訶黎勒　416, 432
訶黎勒の皮　431
軽重[かるいおもい]　382, 410
彼　374
火炉　548
軽利[かろやか]　410
軽(んじる呼)称　346
軽(んずる)心　152
河　99, 100, 102, 131
乾いたもの　236
乾かした苔　364
渇き　104, 447
(渇)愛を滅すること[かわきむさぼるこころを]　575
皮鞋[かわサンダル]　174
革屣袋[かわサンダルぶくろ]　96
皮油瓶　550
皮革もろもろ　547
江や池　615
甎[かわら]　99, 370, 391
甎(の粉)末　470
塼　472
瓦器[かわらけ]→瓦器[すやき]
貫　491
缶　99
丸(棗状の小球形)　431
龕　365
灌漑　184
顔(回)　84
赫熱[かんかんでり]　215
歓喜　43
乾薑[かんきょう]　435
観境論　355
(咸亨五年)五月　609
咸亨二年(六七一)十一月　608
咸亨四年(六七三)二月八日　608
観察, 観(察), (観)察　99, 100, 101, 102, 105, 184, 390, 410, 413
観三世論　535
含識を悲愍　173
観自在(菩薩)　490
恒(伽)河[ガンジスがわ]　581
(恒)河(の)沙, (恒河)沙[ガンジスのすな]　156, 573
驩州　50

驩州の南(の)界　197
函丈伝授　515
含生の類　207
(完)成　548
(完)成・未(完)成の(宝)器　556
寒暑を祛げればよい　177
寒暑を問わず　192
艱辛　286, 288
官人　196
極要[かんじんかなめ]　191
観水・観時　458
観水器　106
観水の木　99
官制　186
観世音　432
(関)節　496
灌(洗・)沐(浴)　467
甘草・恒山・(煎薬の)苦蔘の湯　447
乾(燥させた)秔米の飯　127
乾(燥させた)薑, (乾燥させた)薑　431, 434
乾(燥させた)薑(生姜)の湯　427
乾(燥させた)麨　136
観総相論　535
(灌)澡・沐(浴)　139
灌濯　475
関中　51
寰中の規矩　513
漢土→漢土[シナ]
寒冬　203
寒冬の月　281
眼疼　431
艱(難)辛(苦)　288
鑵の底　101
観音(経)　490
芳(しい)声(音)　527
芳(しい)塵(刹)　602
顔　616
芳(香)　486
看病人　544, 557
敢曼　50, 197, 198
灌沐尊儀　66, 464
丸(薬＝錠剤)・散(薬)　418
(肝)要　348, 430
(肝)要(なる)義(理)　505
観礼, 観(礼), (観)礼　608, 614
(簡)略(に)詮(釈)　505
(簡)略(に読)誦　141
寒(冷の)地　198

き――
奇　611, 613
棄　444
気　429
気を調えて疾(病)を蠲く　430
樹　419, 501
木　94, 108, 122, 552
枳　520
偽　55
義　59, 590
儀→儀[きまり]
祇域　430
黄(色の)荻　406
帰依の心　41
奇(貨)　523
軌儀→軌儀[きまり]
効験[ききめ]　83
帰敬　537
飢(饉の)年　132
(象)牙の(杙)[きくぎのフック]→象牙(杙)[ぞうげよく]
聞(く)者　196, 614
帰国　529, 530

(機根の)中・下の徒　57
階(段)[きざはし]　88
飢時　356
亀茲　67
義食処　117
岸に上る法式　355
鬼子母⇒呵利底母[かりていも]も参照　122
喜捨, (喜)捨　561, 586
基石, 基(石)　241
議釈, (議)釈　517, 520
鬼趣　131
黄・朱・碧・青・緑(色)等の物　553
(基)准　513
鬼瘴　414, 415
(義)浄　128
貴勝(種)　196
起心作　241
奇(瑞)　613
貴賤　81
規(則)[きそく]→規(則)[のり]
軌則[きそく]→軌則[のり]
棄俗之賓　285, 287
北方[きた]　137
北畔[きたがわ]　456
北天(竺)[きたインド]　54
北朔[きたのえびす]　456
胡地(北方の未開国)の僧(徒)　201
著衣・噉食[きたり・たべたり]　281
喫棄羅　551
給(孤独)園長者　551
吉祥の水　471
詰(問)　522
義に依って名を立てた　392
絹, 絹(布), (絹)布[きぬ]　176, 178, 215, 230, 472
絹(布)二丈　170
糸綿[きぬ]　174
帛[きぬ]　212, 282, 364
絁絹, 絁(絹)[きぬ]　172, 173, 217, 218
糸[きぬいと]　179
機(の)情の願い　600
木枯, (木の)枯[きのブロック]　220, 362, 398
蘗黄[きはだ]　222
気発　425
規(範・)儀(則)　61
軌範師　381, 585
黍　137
隆凍[きびしいいてつき]　202
厳(しい罪)科　179
厳しい寒さ, 厳(しい)寒さ　202, 203
幽僻しい処[きびしいところ]　131
惨・舒[きびしき・ゆるやかさ]　37
踵　77, 530
義翻　255
木枕　364, 365
(規)式[きまり]　50
威儀[きまり]　89
儀[きまり]　71, 85, 91, 105, 116, 221, 230, 269, 274, 328, 396, 398, 405, 407, 451
儀軌[きまり]　226
軌(儀), (軌)儀[きまり]　161
成制[きまり]　554
節度[きまり]　301
法式, 法(式), (法)式[きまり]　97, 100, 117, 141, 150, 211, 212, 214, 227, 251, 280, 284, 311, 355, 363, 381, 459, 481, 483

如法[きまりどおり] 108
起麵(餅) 554, 555
飢沐飽浴 357
客旧相遇 65, 399
　客(苾芻と)旧(苾芻)の“相遇逢迎の礼” 406
客僧 188, 590
客苾芻, 客(苾芻)[きゃくびっしゅ] 400, 402
　客(苾芻・)旧(苾芻) 402
笈 607
九宇 59
給衣の所 562
泣血三年 235
九世界 209
旧に党しむという迷い 215
牛毛(の如くに)千の数 514
旧(来の)人 432
許 384
洑[きよいみず] 205
協 227
境 155, 501
教 350
慶 611
経 42, 61, 62, 77, 130, 148, 206, 371, 381, 395, 405, 407, 451, 473, 479, 480, 502, 517, 521, 599
　経と論とを学ぶ者 419
　経(の)意(図) 479
　経の心 601
『経』(『蘇呾囉』) 506
経(『無常経』) 236
経(スートラ) 517
器葉 119
行 170, 285, 287, 350, 352
軽過 175, 262
胸臆 411
経夾 52
敬(恭), (敬)恭 375, 398
経行 368, 370
　経行少病 65, 368
　(経行)を行なう時 369
教化, 教(化), (教)化 41, 121, 283, 522, 536, 600
　(教)化を捨て(る) 520
(凝)結 38
教検 227, 280
経師 255, 480
軽事, 軽(事) 52, 389
教主 400
教授 378, 390
　教授の儀 383
形(状)[ぎょうじょう]→形(状)[かたち]
敬上・自卑 393
行城の法 256
敬上の礼 390
胸前 213, 216
　胸前の畳む処 212
経蔵, 経(蔵) 342, 556
(経)典 588
　(経典)転読の(自)余 593
経(典の置かれる)室 592
経典・章疏 556
経箱 366
経(文) 171
形像, (形)像 71, 121, 133, 141, 466, 472
境地 613
行道 61, 370
杏湯の流(類)い 406
狂風 429
行法→行法[やりかた]
敬礼, 敬(礼), (敬)礼 108, 271,

374, 381, 393, 397, 407, 472
敬(礼の意) 358
軽(利・)健(全) 411
巨億 540
玉 207, 208
玉軸 599
玉嶺 596
巨(大な数)量 156
極禁 426
浄(めた)手 93
魚・(野)菜 439
清浄[きよらか] 345
(清)浄(の)心 533
(清)浄(らかな)意 176
清江[きよらかなかわ] 354
浄(らかな)居し 586
清潤，清(らかな)潤 586, 595
清らかな(文)才 515
嫌(悪)[きらい] 268
嫌う心 280
嫌(う)者 215
錐 212, 548, 553
義利 611, 613
義理→義理[すじみち]
霧(の如くに)集(り来)る 255
料理[きりもり] 555, 557
(麒)麟(の一本の)角(の如くに)唯だ一(人) 514
乾(浄)[きれい] 362
清浄[きれい] 362
(清)浄(な)盤 139
(清)浄(な)自畳 469
浄いな灰(の粉末) 118
白浄[きれい] 99
熙連 43
議論 561
疑惑 453
巾 168
近 374
金 139
金(の)澡缶 140
金の嚢 122
齗 109
金・銀・銅・鉄・泥・漆・甎・石 472
今古の諸師 527
金字 599
金馬 515
金馬の門 419
金輿谷の聖人 585
金隣・玉嶺の郷 60

く——

九 499
句 57, 500
軽重[ぐあい] 58
悔 263
(虚)空[くう]→虚空[こくう]
九有 41
空 55, 527
空(の法)門 152
空法の信 154
共印持 241
空虚 43
空谷 615, 616
窮子 606
禺中 369
空洞 38
空野 472
九月十五日 328
九月十六日 328
九月半ば 248
茎 135
丁 455

供(給)・承(受)　348
九経　521
供具善成　125
倶倶吒　60
倶倶吒簪説羅　60
九居　41, 286, 288
草　236, 411, 570
(救)済　576, 580
　(救)済の津　563
　(救)済(度)脱　311
臭穢　443
草木の花　469
鎖　207
苦(蔘)盪(湯)　111
苦蔘湯　435, 437
折け傷んだ処　428
倶尸那　460
求寂　301
　「求寂」の名(称)　309
　求寂・某乙　344
倶舎・唯識　607
旧住人　189
九十六種　38
供身百一　171
逶随[ぐずぐず]　458
葛蔓　110
湯薬[くすり]　390
薬石[くすり]　437
薬の代価　168
薬もろもろ　548
薬湯　356
籌片[くそかきべら]　276
休息　131
(具足)戒，具(足)戒，具(足戒)，具足(戒)　103, 187, 310, 311, 313, 325, 389, 397, 532
　具(足戒)を受ける(当)日　310
倶蘇洛迦　226
　倶蘇洛迦及び僧脚崎の両事　229
繁(瑣・複雑)[くだくだしさ]→繁(瑣)[はんさ]
口　82, 88, 89, 94, 95, 99, 103, 109, 111, 125, 129, 144, 148, 150, 264, 270, 278, 407
　口唇　278
　口と腹の事　457
　口内　112
唇吻　88
禺中　139, 148, 256, 454
　禺中の時　467
靴の絛　220
堀倫国　416
掘倫洲　49
掘倫(人)　50
口(伝で)相(承、)伝授　525
繁重[くどい]　457
功徳　139, 593
(宮)内　599
国　201, 384, 437
　国の法　48
苦の因　540
苦の報い　565
頸　214, 228
枷鎖[くびかせとくすり]　235
駆擯[くひん]　459
方便[くふう]→方便[てだて]
供服の荘　561
九品　592
雲　139
　雲(の如くに)奔り(来り)　255
重雲暗昼[くもたれこめくらいひる]　461
供(物)　120
九門　207, 209

氍毹　179
供養，供(養)　140, 143, 149, 234, 248, 255, 472, 569, 586, 599
　供(養)者の門　600
　供(養の)食(物)　121
　供(養の)食(物)の(剰)余　561
　供養を受ける合き人　146
鞍　97, 188
倶攞　237
溟海[くらいうみ]　615, 616
苦楽の邪径　233
済命[くらし]　194
倶羅鉢底　185
比(類)が無い(方々)　523
辛苦[くるしいおもい，くるしみ] 233, 552
苦しみ　580
　苦(しいほどの)熱　354
　苦(しみの)海　40, 156
　苦(しみの海の)津　162
　苦しみは極まり無い　540
　苦しむ(流)類い　606
踝　226
車　203, 591
　(車)両載　593
九(例)　499
黲布[くろ]　234
黒　137
窶噜　424
黒い色　122
渾[くろ]きに渾き穢濁煩悩　287
皁[くろ]と白とを分かたない　346
科[くわけ]　57
精・麁[くわしいあらい]　157
細論[くわしいはなし]　222
委細[くわしくこまかいところ] 474
桑(の実の)皺の青緑(色の衣)　223
裙　168, 218, 221, 226, 230
　(裙高の)斉限　221
　裙の上裾の下角　220
　(裙の)高下　221
　(裙の下は)腨の半ば　221
　裙の上縁　219
　(裙の)高さ　221
　裙の縁　220
　裙や衣は並皆横に著ける　222
　裙を著ける法式　218
群有　522
群臣　59
群物　536
群を超えたもの　590
熏資　611
君持　119, 284
君臣・父子の道　38
君王　60, 601

け――

毛　179, 364
下　541
悔　263
夏(安居)，(夏)安居　68, 70, 250, 254, 308
　夏(安居数)　330
　夏(安居の)数　189
　夏(安居の期間)内　249
鶏　611
下(位)　70
鶏貴(朝鮮)・象尊(インド)の国　60
稽首　601
　稽首(の礼)　375
形(状)　138
経(書・)史(書)　595
荊府の玉泉　284

京洛(、すなわち洛陽)の諸師　237
経理　181
垢穢[けがれ]　356
穢悪，穢(悪)[けがれ]　91, 280, 442
　穢(悪)を去った徒　445
昏沈の業[けがれあるの]　467
清浄の心　467
塵惑[けがれまどい]　84
氈裘[けがわ]　198
外垢　285, 287
下裙　44, 295, 297
外国　446
袈裟　96, 141, 165, 217, 228
　袈裟の角を垂らす　215
下三衆，下(三)衆，下衆　233, 250, 258, 308
芥子　137, 138
化地　67
家室(＝家庭)を検校　489
外書　556, 596
卦(象)　589
(化)粧台　140
繋心　463
灰身　285
夏(数)　329
解脱　156, 193, 207, 208, 232, 489, 533
　解脱に趣く門　54
　(解)脱を求める者　161
結　484
(結)界・宿(食)　244
(結)界中　386
(結)跏(趺)座，(結)跏趺(座)　76
月官　492, 526
結罪　57
齧嚼　135
結集　44
　(結)浄(地)　244
　(結)浄(地の作)法，(結)浄(地の作法)，(結浄地の作)法　244
　(結浄地の作法の)教え　244
　結浄地法　65, 239
闕里　515
血(涙)　596
外典，外(典)　344, 347, 599
　外道，外(道)　51, 280, 485, 521, 523, 536, 581
　外道の教え　200
　(外道の)衆　524
　外道(の者)　524
家人　78
　家人の婦女　186
外縁　177
下縛　286, 287
螻蚓[けらやみみず]　174
(下)痢　431
嶮途[けわしいみち]　594
峻(厳)[けわしきこと]　486
剣　588
捲　102
見　155
(原)困　418
絃管　492
言(及の範疇)の外　576
検校　84
検校人　241
券契　547, 548
　券(契物)，券契の物　556
養身・療病[けんこうだいいち]　370
乾坤，乾・坤　586
現在，現(在)　527, 538
　現(在のインド仏教の)事(実)　46
検察　190

研(鑽、)味(読)　490
賢聖　383
肩上　360
　肩上に搭ける　230
絹絁[けんせ]→絹絁[きぬ]
現(世の勝)福　145
(現世の益)義・(当来の益)利　613
現前僧伽，現前(僧伽)　552, 554, 555, 556
乾陀　222
　乾陀の色　141
健稚　190, 355, 460, 467
　健稚を鳴らす法　460
肩紐　228
肩頭の畳む処　212
現に(中国で)行なわれていること　194
絹布→絹布[けんぷ]
賢良　350, 351

こ——
袴　197
胡　133
子　121, 437, 611
児　120, 485
小児　519
五　135
五、六朝　51
小孔　212
稠い豆の臛[こいまめのスープ]　127
五印　285
㻊→㻊[ゆがけ]
興→興[よろこぶ]
光　610
功　58, 534
綱　351
香　134, 139, 140, 144, 145, 234, 255, 312, 366, 391, 467, 474, 478, 599, 604
業　40, 472
孝衣　237
(講)筵(に侍り、)几　528
香火　123
鴻河　204, 205
(口)外　89
耿介之士　181
(恒河)沙[ごうがしゃ]→(恒)河(の)沙[ガンジスのすな]
口気　111
香気，(香)気　436, 599
講(義、)説(法)　61
　講(義・)説(法)が尋常　188
　講(義・)説(法)・撰(途・記)録の家　56
孝経　490
曠劫　610, 611
皎皎之清塵，皎々の清塵　285, 287
高座　255
広済　586
耕(作・開)墾　180, 184, 540
(高)山・(流)水　588
孔(子)　84
孝子　234
合泚　204, 205
犢[こうし]の糞　445
劫石　204
交(州)　50
広州，広(州)　50, 648
公上　536
恒常→恒常[つね]
香氈　139
高床の過ち　75
後進(の者)の蒙篭　284

香(辛料)　434
香水　139, 468
　香(水の入った)瓶　468
香(酔)山　436
高世耶　178
楮　110
(康僧)会　602
香草の(流)類い　470
後(代)　264
　後(代の)人　206, 252
番台　72, 482, 570, 592
　香台(仏殿)を瞻仰て讃歎する
　　397
皇択　529
口中　554
　口中の唾　428
喉中　426
号咷数月　237
番泥　134, 139, 144
皇(帝の恩)沢　530
香稲　37
叩頭(の礼)　394, 483
帕と紐　213
江南　52, 124, 248
(江)南人　407
後(半の)五(つ)　307
(降)伏　280
孔父の三絶　514
香峯(香酔山)の高峻　523
首[こうべ]　41, 71
香木　468
(巧)妙, 巧(妙)　528
(巧妙・微)妙に　480
(高名の)響き　522
公門　192
高門　516
曠野に独り飢えた　570
膏油　428
香油　138
黄葉(の譬え)　603
高麗国　60
広・略　512
香炉　140
功労のある家人　561
孝(をつくす)子　59
(声)音, 声(音)　485, 614
五衣　226
小条[こえだ]　110
木条[こえだ]　110, 325
声の寂爾　595
護衣の法　245
五衣・瓶・鉢　233
虚筵　617
氷　354
戸外　362
五戒　121, 311
　五戒・十戒　487, 533
　五戒を受持　538
鼓楽→鼓楽[なりもの]
五月黒月一日　248
五月十五日　328
五月十六日　328
五月十七日　330
胡跪　133
虚偽　207, 209
(語義解)釈　391
不審[ごきげんよろしゅう]→不審
　　[ふしん]
〝故(旧任者)〟を送り〝新(新任者)〟
　　を迎える　192
胡疆[こきょう]　385
虚空, (虚)空　131
　虚(空のように碍げのない)心
　　500

国王　143, 461
　国王家，(国)王家　142, 553
　国王家に与えるべき　552
(黒月)十五日　538
黒月八日　538
(国)号　384
穀食　560
哭杖　234
穀豆　549
極善来　402
極短の時　455
黒背の辜　363
穀麦は倉に爛れ　564
後(夏)安居，後夏(安居)　248, 330
当処　457
午後　93
日午　457
五更　463
　(五)更の夜(分の何時か)　461
故(国)　439
　故国(中国)を離れて二十余年
　　435
意[こころ]　54, 55, 58, 127, 172, 177, 201, 221, 364, 393, 492, 506, 513, 550, 572, 617
　意が満たされる　143
恭心[こころ]　538
志意[こころ]　312
慈懐[こころ]　538
情[こころ]　57, 122, 134, 145, 152, 176, 186, 193, 218, 231, 232, 267, 278, 291, 310, 364, 481, 551, 562, 568, 595, 596, 598, 607, 618, 619
　情(に発する意)図　157
　情には落髪(して出家)を希い
　　347
　情状[こころもち]　406
心　43, 57, 59, 105, 133, 144, 161, 174, 208, 231, 232, 241, 272, 389, 466, 469, 471, 486, 490, 519, 537, 552, 563, 573, 574, 575, 578, 587, 592, 597, 598, 603, 605, 607
　心(意)，(心)意[こころ]　597
　心素直　286
　心には(世間からの)出離(の志)が
　　無く　347
　心力，心(の)力　342, 563
　心(の中)で讃(歎)　482
　心の随　113
　心を発こすもの　41
　心を澄ませる　154
神[こころ]　286, 287
　神を王んにすること　436
性[こころ]　122
虔心[こころから]　599, 601
志　61, 232, 605
五禁　42
古今の所伝　62
踞座[こざ]　398
挙罪[こざい]　259
故思　174
故紙　277
腰　197, 218, 219, 403
輿　96, 188, 519
居寺　232
五事　385
　五事(の)不白　385
五時　327
　(五時の)次第　328
　五時(五つの季節)の別　325
踞座[こしかける]　76, 220
(已)往[こしかた]　260
腰下　355
五指(四)方　212

後日　82
胡荽の根　110
腰縁[こしのもの]　216
五尺　359
五衆　122
　五衆安居　65, 247
五十に盈たない　172
五種(の)学処　293
五種(類の)浄地(法)　240
五条(袈裟)　176, 230
五正(食), (五)正食　135, 136
呼召声　509
五嚼食　136
鐏管[こじりのくだ]　552
五稔　605
揩拭[こすりぬぐい]　469
　揩拭って光明　470
五寸　455
五畝　354
後世　208
雅(い度)量[こせこせしないうつわ]
　590
古代　122
答(える)者　388
雑業[ごたごた]　231
紛紜[ごたごた]　55
五噉食, (五)噉(食)　135, 136
甘饍[ごちそう]　604
餚饒飲食[ごちそう]　143
五肘　212, 218, 219, 230, 355
此方では不浄　199
乞匃　536
極苦　131
乞士　572
乞食　48, 150, 495, 563, 606
　乞食の時に牛や犬を防ぐ　552
　乞食の鉢袋の(仕)様　95
笏尺(一)尺半　75
笏尺四尺　101
骨肉　489
骨崙　502
骨崙国　461
五天竺→五天竺[インド]
業[こと]　363
五斟　143
五道→五道[せかい]
古徳　76, 215
　古徳の相伝えるところ　251, 582
　古徳不為　66, 583
五徳(を具えた受随意苾芻)　259
事(状況)　144
(琴)柱を膠づけ　426
異(なった)意(趣)　178
(殊)異, 殊(異)　194, 198, 329
事に随い機を導いた　600
事に疎と繁とあがあり　149
事は通俗に存する　568
言[ことば]　171, 264, 357, 603
言(の意味)　443
語[ことば]　407
　語に順って(真)詮を談ず　500
語声[ことば]　429
声(音)[ことば]　526
小童[こども]　588
童年[こども]　155
児息が無い者[こども]　122
一児子[こどもひとり]　121
道理, (道)理[ことわり]　43, 56, 62, 70, 72, 91, 102, 104, 126, 129, 140, 144, 152, 153, 163, 172, 173, 174, 194, 199, 203, 234, 251, 283, 311, 348, 349, 367, 384, 391, 427, 447, 452, 457, 462, 466, 486, 503, 544, 561, 562, 575, 581

　(道)理を習う者　161
遮法[ことわる]　143
小棗の如き(小ささ)　474
後日　138
五日之疑　175
戸人　460
五人，五(人)　41, 121, 140, 481
五歳　513
股の上　552
此の書　619
故廃処　241, 243
小鉢　549
挙発　237, 255
鼓帆　529
五百　207, 209
五百駅　48
五(百結集)　44
五百(人)　121, 123
五百(人も)の児　120
(五百)羅漢　209
五篇　54, 63
五第・七聚　56
五怖　207, 208
五(怖)畏の危(い)道　193
五部(派)　46
牛糞　75, 89, 119, 236, 362
　牛糞を地に塗る　141
後分　463
(個)別(の)行の心　191
古法　249
護法　523
　護法論師，護法(論)師，(護)法(論)師，護法(論)師　519, 521, 524
(護)法(の)将　351
五(本)　112
綱致[こまかなきまり]　61
細かな灰　470
小径　351
糞聚(の山)[ごみのやま]　177
五明の一つ　432
五明論の(うちの第)一(の)明　504
小虫　101
米　101, 137, 601
　米二升　186
後夜　390
(互用の)罪　348
小指　108
古来(この国で)相承　128
古(来)より相伝　477
五里　104
守持(衣)，(守)持衣[ころも]　169, 246, 397
　(守)持衣の検校　246
衣　71, 173, 208, 211, 214, 236, 271, 277, 363, 379, 394, 406, 445, 486, 533, 547, 561, 562
　(衣)角　214
　衣被・床褥(＝臥具)の流(類)い　564
　衣直[ころもだい]　560
　(衣の)一角　214
　衣の縷　176
　「衣」(の字)　141
　衣の下畔　213
　衣の裾　394
　衣の左畔　394
　衣の左腋　394
　衣の右角　214
　(衣を)著(たり)脱(いだり)　152
　(衣を)為る日(数)　176
高声で讃歎する[こわだか]　482
(声)音[こわね]→声(音)[しょうおん]

堅強[こわばる]という憂い　138
近　325
近円　330, 343, 385
金河　596
禁(戒)　155, 578
勤学　512
根機，根(機)，(根)機　42, 43, 170, 171, 499
(根)拠　301, 393
　(根拠の)虚しいもの　170
勤(行)　597
金口　175
　金(口の)言　73
銀鉤[ごんく]　599
厳苦　591
金剛座　371, 609
金剛(力士像)両軀　593
金・銀　556
　金・銀・銅・石(製)の(尊)像　468
渾渾之煩濁，渾々の煩濁　285, 287
欽讃　503
(今)時(のインドの)人　505
(今)時(の)人　365, 433, 439, 450
　(今〻)時(〻の人の所)望　445
金杖　53
言(説)　500
金山　485
含暾　134
渾沌　40
(困)難　190, 271, 457, 481, 532, 600, 618
　(困)難(な)縁(事)　203
　(困)難(な修)行　491
言(は省)略　301
金瓶　138
金宝　150
根本説一切有部，根本(説一切)有部，(根本説一切)有部　45, 47, 49, 51, 66, 194, 448
　(根本説一切)有部の裙の製りかた　218
　根本(説一切)有部(毘奈耶)　67
　(根本説一切有部毘奈耶)皮革事　223
金蓮華　147
崑崙国　50
崑崙(人)　50

さ——
差　329
痤　430
給侍[サーヴィス]　347
菜　137
財　590
罪→罪[つみ]
斎(会)[さいえ]→斎会[おとき]
綵(花)　469
罪過　263, 280
　(罪過の)重いと軽い　52
斎戒　432
斉涯　610
斎供→斎供[おとき]
斎家　139
(在)家　281
罪愆　605
罪業　540
西国→西国[インド]
最(高の存在)　60
最後の唱え，(最)後の唱え　43, 153
才子　616
截耳　110
祭食→祭食[おとき]
斎主　132

斉(州の)涯　612
再(使)用　117
(最)初の辞　43
細辛　416
尺様[サイズ]　76
度量[サイズ]　359
歳精の(読書)百遍　514
(在俗の)婦人　186
最大　330
才(能ある)人　484
斉の涯　612
細布　172
斎法，(斎)法[さいほう]→斎法[おとき]
西方→西方[インド]
西方学儀　66
西方学法　497
西方記　149
西方(極楽浄土)　156
西方十徳伝　523
(最)妙→最(妙)[とびきりのすぐれもの]
財利　496
細柳　204
罪累　207, 208
竿　550
性(格)[さが]　369
界分[さかいのくわけ]　136
分疆[さかいめ]　82
座臥具，座(臥)具　166, 168, 363, 396
　座(臥)具(製作)の法　359
　座(臥)具を敷く　358
逆言[さからい]　590
紹隆[さかん，さかんに，さかえる]　191, 350, 351, 407, 606
壮(んな)熱　425, 427, 429, 439
先　207
　先(に受近円に)至った　329
　先(の太山は金輿谷の)聖(人)　600
　先(の世、その前)身　120
前[さき]　329
已先[さき]の愆ち　260
座具　168
昨(日の)晨(朝)　140
作者の筆　175
座具襯身　65, 358
三衣六物　196
石榴　469
策を献じて(は自らの)才を呈し　516
酒　554
　酒及び糟　554
座夏　260
奉献　140, 469
短懐[ささやかなおもい]　196
匙　136, 266
座次，座(次)　329, 479
三等(級)　170
座処　379
座席，座(席)，(座)席　75, 116, 395, 396, 525
　(座)席上　398
座前　140
座(禅の)内に(人に病気を起こさせる)邪(悪な気)を抽く　430
座(像)　122
眇々忽々[さだかにはみえない]　39
定まった年(限の資格条件)　345
定め　457
定格　168
分め　528
律儀[さだめきまり]　576

雑用　195
(覚)悟[さとる]　540
蔗[さとうきび]　137
沙糖　127, 431, 432
　(沙)糖(黍の絞り汁)　270
　沙糖(黍のジュース)　405
　沙糖水　139
通く哲るき[さとくあかるき]　351
聡(明・智)慧[さとくかしこいこと]
　　588
(寂)滅[さとり]→寂滅[じゃくめつ]
円寂[さとり]　500
　円(寂)と凝(然)の両得　490
正覚[さとり]　41, 572
悟寂の虚関[さとりのいりぐち]
　　162
彼岸[さとりのきし]　55
蛹蚕[さなぎやかいこ]　174
絛[さなだひも]　212
左繞　453
　左繞を為す　452
左髆　218
左辺　452, 453
　左辺の上の裾　218
　左辺の上角　218
作法　242, 243
窮林[さみしいはやし]　150
寒い　354
　寒い国　72, 271
寒郷[さむいくに]　200
　寒郷(の地)　365
「風」冷[さむけ]　447
冷け　434
寒さ　406
傷寒[さむさあたり]　365, 431
雪嶺寒郷[さむさきびしきくにぐに]
　　199
座物　236, 277, 312
(左右)両肩　216
左右を論ずる可きではない　451
盤　75, 127, 145
槃　142
婆羅鶴変の所　96
婆羅双樹, (婆羅)双樹　287, 492
婆羅の林　43
(熱)鬧(がしい)処[さわがしいところ]　369
迮鬧処[さわがしいところ]　271
(融)通(救)済[さわりなくたすけられる]　170
讃　490
三有　574
讃詠　485, 486, 491
　讃詠之礼　66, 323
　讃詠を楽う者　493
　(讃詠)を能くする者　478
衆家, 衆(家)[サンガ]　181, 188,
　　312
　衆(家の)食　565
　衆家の豆粟　560
僧家[サンガ]　180, 461, 562
　僧家に施す　562
和(合)衆[サンガ]　189
和(合)僧(伽)　189
散(会)　139, 148
(三界)出離　208
三界流転　208
三ヵ年　512
法事[サンガのなすべきこと]　132
(傘)竿の細さ　474
残器　117
三棄攞章　506
懺悔　263
三啓　479

(三)綱維　184
三荒章　506, 512
三乞(戒)　314
三歳の童子　113
三指　177
三事　254
三時　328, 463
三時(春、夏、秋)　281
(餐)食, 餐(食)　124, 141, 148, 149, 150, 366, 427
　(餐)食にも広と略とが兼にある　149
残食, (残)食→残食[たべのこし]
三支道理　175
三豕之謬　175
三尺, 三(尺)　122, 359, 456
三尺の(洗)浴衣　357
三(十)　142
三十(歳)　187
三十七(歳)　597
三(十所)や二十所　354
三十二言　505
三十載　514
三十万頌　46
三十唯識論　534
残宿(食)　78
三(種)浄(肉)　142
三株の害種　232
三種(類)の豆蔻　416
三旬　111
(山)椒　434
讃頌　487
三乗　59
三頌・五頌　482
三処清浄は愆ちでは亡い　174
梵言, 梵(言)[サンスクリット]　141, 146, 200, 226, 262, 264, 450, 467, 503, 512, 552
梵(語)[サンスクリット]　108, 407, 444
　梵(語の)経(典)　502
　梵(語)文法の)軌(則)　502
梵文[サンスクリット]　502
梵本[サンスクリット]　169, 230, 263, 453
　梵本の経や律の文　380
三屑, (三)屑　88, 119
三世の(別)異　510
山川　616
三千　207, 209, 520
三千(大千世界)→三千(大千世界)[せかい]
三蔵　42, 44, 46, 63, 153, 156, 390, 419, 527, 580, 587
　三蔵の多少　46
三尊　286, 288
三代　286, 288
三(大阿僧)祇(劫), 三大(阿僧祇劫), 三大(阿僧)長祇　151, 574, 614
　三大(阿僧)長祇(の劫)　614
三大之長祇　611
讃歎, 讃(歎), (讃)歎　140, 473, 478, 479, 480, 482, 483, 484, 485, 486, 502, 590, 591, 593
三帙　589
三度, 三(度)　220, 394
　三(度ほど頭を地に)叩　379
三等丸　431
讃(徳)称(揚)　602
三、二寸　551
三・二(3×2=6　六)年　515
三人, 三(人)　121, 143, 241, 481, 509, 578
三衣　141, 150, 164, 165, 168, 169,

178, 179, 199, 211, 216, 495
三衣十物　169
三歳　517
衫の帔　212
衫の(流)類い　203
衫の紐　212
三拝　394, 396
三(数)・八(格：3×8＝24)の二十四(語形＝)声　510
三鉢那　325
三鉢羅佉哆　125
三百　488
三百余頌　505
三部　67
讃仏　483
(讃仏の)行　483
三(部派)，三部(派)　45, 46, 47
三分　183, 556
餐分浄触　64, 80
三遍　313
三宝　48, 83, 122, 279, 496, 518, 529, 530, 603
三宝金銀等　547
三(宝)尊　288, 466, 479, 514, 537, 573
三(宝)尊を敬信　489
三宝なる金銀等　548
三宝(物)となる金・銀　548
散宝　529
懺摩　263, 264
三摩近離　256
残(余)食→残食[たべのこし]
三礼　358, 483
三(里)　104
三六(3×6)独法　40
三椀　459

し――
師　45, 128, 145, 186, 291, 311, 404, 406
死　579
詩　489, 492, 518
緇　518, 519
事，「事」　390, 467
時　329, 467
紙・筆　286
福(徳)[しあわせ]　140
自意　207, 208
四(威)儀　288
寺院　183
市寅得迦　489
似因門論　535
四依　170
四依(法)　443
四衣　226
緇(衣)→緇衣[すみぞめ]
塩　125
塩を行る　125
死王　286, 288
地黄　222
四恩　574
字(音・字義)　468
方(形)[しかく]　220
四ヵ月で(『涅槃経』一)部(四十巻)　588
四月八日(の仏降誕の日)　474
蜾蠃[じがばち]　40
識　39, 55, 501
色　501
四儀　286, 288, 593
字義→字義[いみ]
食　82, 207, 208, 231, 561, 562
食已りて足を洗う　77
食は脚辺に棄てる　77

(食)器　81, 116, 118, 126, 386
食巾，(食)巾　78, 360
食座小床　64, 78
食残宿食　305
食事，食(事)　75, 84, 91, 118, 129, 132, 133, 134, 146, 348, 386, 398
　食(事)が罷った時　87
　食(事の開始される、その)前　129
　食(事の作)法　134
　食(事の終)了　117
　食(事)の時　74, 123
　食(事の)時　213
食時復至　125
食前　119
直袋　364
食罷去穢　64, 87
食(物)　111, 118, 120, 124, 128, 129, 142, 145, 181, 369
　食(物)を受ける　44
　食(物)を行る法用　142
　食(物)を行る法　125
　食(物)を授ける人　126
食(用)　137
四句　505
四弘　586
失(誤)　429
四弘誓願　586
(竺僧)朗公の聖(なる奇)跡　614
(竺僧)朗公の廟・像　615
(竺僧)朗禅師　585, 600
(竺法)蘭　527, 602
資具(類)　97, 596
寺家→寺家[てら]
寺外　185, 519
　寺外の(洗浴)池　236
字元　506
時(候)　365, 459
　時(候・季)節　353
　時(候)の冷・熱　364
地獄　605
　地(獄界の)岳　486
(至)極(の)旨(趣)　61
四、五指　212
　四、五指(7.8〜9.7cm)の長さ　552
四、五十尺　354
四・五(種類)の別(異)　460
経求[しごと]　232
所作[しごと]　390, 460
(自)己(の所)有　251
自己の罪　264
自己の非　263
嫫母[しこめ]　616
四作　170
四斎の日，四斎(の日)，(四)斎(の日)　185, 483, 538
(自作の)一頌，(自作の)一(頌)　488
詩讃　491
　詩讃を好む者　491
四指　226, 325, 455
師資　472
四時　328, 459
(自)死　578
慈氏　574
時至　116, 119, 126
自恣　255
白首[じじい]→白首[はくしゅ]
(時)食の後　327
(時)食の前　327, 329
指(示・教)「授」　467
師子月　523
師子座　479, 480, 555, 557

(獅子座と聖僧座の)二処　480
師子洲　49, 197
私室　536
慈氏之玄滴　611, 614
師資之道　65, 377
鬼(の世界)[ししゃのせかい]　131
師主　309
四十九字(母)　504
四十九尋(49×8×0.311≒122m)内　386
四十条　617
四十年　520
四十夜　249
四(種の奇瑞の)華　592
四種の尼迦耶　47
四種の仏(の)教(え)に違うところ　382
史(書)　593
四生→四生[いきもの]
師(匠), (師)匠　527
四摂　586
　四摂広済　586
師(匠)・弟(子)　106
四指(量)　325
至心説罪　263
時水　93, 103
閑夜　603
静かな夜　484
簡寂[しずけさ]　193
蕭然[しずけさ]　193
閑寂の真途　232
寺制　186, 402
　(寺制を)深く敬い仰ぐ(心)　186
四節　463
自殺の罪　575
自然　39
四禅(寺)　76
四(禅)定　536
死喪　233
師僧・父母の鴻沢　194
四足(の動物)、象、馬、(駱)駝、騾(馬)、驢(馬など)の乗(用のもの)　552
舌　88, 91, 108, 109, 455, 516
舌根　487
四諦　54, 466
四大　381, 417, 420
　四大(、すなわち地・水・火・風の構成比率)が不同　438
　四大の「違(背＝不調和)」と「(調)和」　424
　四大の強弱　410
　四(大の)候(察)　426
　四大の平和　598
　四大の不調(和)　424
字体の合成(の法)　512
支提　391
(死体)を焼く時　236
調順[したがう]　311
自・他の(利)益, 自・他の利(益)　440, 463
褌[したばかま(ももひき)]　195
下は一片の薬　270
七　479
七覚　573
　七覚(支)　527
七月　102
七紀　151
七(塊)一つ一つ　278
七衆の数　294
七条(袈裟)　176
七寸　74
七千(頌)　520
七(転), 「七(転」)　499, 502

「七転」・「九例」 499
七百 520
七(百結集) 44
七百頌 187
七百年 77
七篇 42, 536
七部(派) 46
四肘 179, 226, 230
寺中 479, 520
　寺中で洗(浴) 355
四肘半 362
四朝・五朝 426
匙筋合不 65, 266
七例 507, 508
　七例の外 509
室→室[へや]
四椎 461
失(衣の罪) 245
十戒 309, 310, 311
漆器 99, 117
失夏(安居) 70
繁重[しつこい] 420
実(際の記)録 63
十歳の童子 512
十指 394, 483
十種(類)の「羅(“1” を頭文)字」 510
十頌 479, 483
悉地羅窣覩 504
十世界 209
(質)素 231
悉他薛攞 343
十地 207, 209
質底 391
(疾)病[しっぺい]→疾病[やまい]
室羅未尼羅 300, 301
室利察呾羅 48
室利仏誓, (室利)仏誓 529, 609
室利仏書, (国)(室利)仏誓国 528, 530
室利仏逝国, (室利)仏逝国 456, 527
師・弟 395
紙泥 593
師・弟の相承 57
四天王の衆 122
四蚪 143
呬度 384
糸桐 588
歯疼 431
師(としての)功 527
密雨連宵[しとしとあめつづきのよる] 461
師とする宗 63
褥[しとね] 178
　褥の(仕)様 179
　褥を作る法 179
支那 329, 384, 500
　支那の「天子所居処」 437
神州[シナ] 50, 56, 122, 134, 138, 143, 190, 195, 199, 215, 218, 256, 330, 364, 398, 425, 432, 433, 436, 438, 456, 619
　神州・赤県 54
　神州の(医)薬 436
　神州の五経 504
　神州の出家 310
　神州の上(古)の明経 514
　神州の上薬 416
　神州の地 59, 477, 562
　神州の道場 562
　神州の日・月 602
　神州の人, (神州の)人 503, 513
　神州の旧行 330

神州の法(式)　327
神州の法服　164
神州の法侶　490
神州の雅服　163
神州の律師の見(解)　245
神州の(「我」「汝」といったときの)鄙悪(い語感)　346
東夏[シナ]　51, 75, 100, 164, 196, 198, 225, 267, 268, 280, 353, 405, 416, 436, 439, 452, 462, 469, 488, 492
東(夏)に帰らん　530
東(夏に)流(伝)　77
東夏の斎法　150
東夏の寒さ　202
東夏の食(事)　85
東夏の(文)字　263
東川[シナ]　151, 163, 196, 371
東川の軌則　163
漢(土の大)徳　77
寺内　184, 213, 519
指南　162
死別　613
尽形寿, 尽(形)寿[しぬ]　251, 387, 537, 540
死(ぬ)か　421
在前亡者[しぬまえ]　578
四年　529, 530
自然界　312
匠旨[しのおしえ]　63
(師の体調の)安(不安)　388
忍　263
四波　63
柴　391
四輩　597
地婆羯羅蜜咀囉　527
暫時佇立[しばしたたずむ]　395
支伐羅　141, 165
慈悲⇒慈しみ[いつくしみ]も参照　42, 563, 605
(慈)悲の道　348
慈(悲)を傷つける極み　173
時(非時)経　454
紙筆　285
四百五十頌　488
四百讃　484, 486
四百余駅　136
慈父　171
四幅の洗(浴)裙　357
四(部派), 四部(派)　46, 47, 52, 54, 172, 194, 266, 358
(四部派の)間の離分や出没　47
四部(派)の差(異)　52
四部(派)の衆僧　244
四部(派)の律文　171
四部(派)の律文　454
自部(派)　53
四分(律)　52
『四分律』の行なわれている処　164
四薜陀(四明の)書　525
死別　611
四辺　212
詩篇の制造(法)　515
司方　452
私房　283, 366
寺法　459, 482
自邦　527
四方僧伽, 四方僧(伽)　549, 553, 556
四方僧(伽)の共用　549
四方僧(伽)の(使)用　556
四方僧(物)　555
四瀑の洪流　232

海洲[しま]　51
慈母　604
字母安神　525
(死)亡人→(死)亡人[なきひと]
歯木　85, 88, 91, 108, 109, 111, 112, 113, 131, 148, 150, 271, 348, 379, 385
　歯木を嚼む　382
私(物)　129
霜のおりた林　597
寺門　186, 563
(釈迦)一代の仏法　493
釈迦鶏栗底　527
莎揭哆　402
(釈迦の)聖教　357, 564
(釈迦牟尼)菩薩　491
邪願　120
邪(教)　536
尺　327
釈　517
錫　607
跡　286
著衣の儀　222
著衣法式　64
(赤)花樹　43
弱歳　611, 613
赤子　390, 604
赤石　222
錫錫という声(音)　551
昔生　491
錫杖　96, 551
　錫杖の頭　553
　(錫杖の)頭(上)　552
　(錫杖の)鳴る声(音)　551
折石の過　579
著(洗)浴裙(の)法　355
(釈尊)金口の誡教　373
釈(尊の弟)子　172
寂体　285
赤土　222
　赤土、赤石の研いだ汁　222
(釈道)安　602
積(年の)習(俗・習慣)　61
釈父(大聖釈迦世尊)の(誡)言　281
石蜜(氷砂糖)・沙糖　447
寂滅, (寂)滅　53, 540
　(寂)滅(の)理　161
　寂(滅の彼)岸　162
尺六　101
邪山　350, 351
遮条　223
邪・正　454
捨身　130
邪心　519
遮瘡　168
遮瘡(衣)　168
娑多婆漢那　489
呃気[しゃっくり]　417
著裙(法)　194, 355
婆度　148, 480
社得迦　491
社得迦摩羅　490, 491
捨廃した処　243
沙弥　301
邪命　181
遮文　89
沙門の為す(べき)所　580
闍耶眏底　514
主　146
樹　512
頌　168
思惟　463
宗　175
什(十)　170

随意[じゆう]→随意[ずいい]
十悪　104
住位　344
　住位(苾芻)　344
　住位苾芻・某乙　344
重戒　575
十学処　299
(収穫物を)六分してその一(分)を抽めている　181
十丸　431
習(慣)が(習)俗となってしまった　69
十夏　387
　十夏(安居)　343, 344
衆庫　549
周公の俗礼　237
十五(歳)の童子　513
十三資具　164, 166, 168, 171, 194, 196
十三種の衣　168
十三杜多，(十三)杜多　171, 209
終始　592
終時　328
十字　212
重(事)　389
十四、五肘　370
十四(歳)　597
十四千　520
(執)著　156, 518, 594
(十)重(の)禁(戒)　605
十誦律，十誦(律)　52, 67
終旬　417
重条　52
終身，終(身)　57, 111, 366, 490, 536, 563
　終身無病　432
漿[ジュース]　270, 406, 426
(従)前(の諸)賢(者)　528
十代　77
羞恥　537
秋・冬の時　231
十二縁起　40
十二月　354
十二(項目)　302, 307
十二指　108
十二辰(の)数　327
十二(の項目については違反しても罪を問われず、)無犯　301
十人　140, 143
「十」の数　169
十八(歳)　597
十八章　505
十八千(即ち一万八千)頌　512
十八段　53
十八の(語形の)不同　511
十八の殊(異)　44
十八(部派)　46
十八片　53
十万頌，十万(頌)　46, 525
十物　169
重(物)　550
(重)要事，重(要事)　215, 461
十余国　49, 197, 491
十余軸　491
十余所　355
十余頌　479
十四日　538
　十四日の夜　255
十羅声　507, 510
十利　68
十六(椎)　461
十六(回)沈む　461
樹園　470
受戒　300, 325, 330, 341, 604

受戒の時　166
受戒の日　70
受戒軌則　65, 289
受戒者　313
樹果(栽培)の利(益)　560
呪願　130, 146, 149, 374
呪願の法　119
授記, (授)記　486
修(行)　156
儒(教の教養があって行ない)雅　198
宿穢　111
宿痼　420
宿食, (宿)食　426, 429, 431
宿食の余(り口)津　411
宿(食戒)　244
宿(食戒の違反)の過ち　244
受(具足戒)　323
熟(＝熱)湯　426
熟(熱)油　428
(主)君　59
衆家, 衆(家)→衆家[サンガ]
樹(下)　563
受近円, 受(近円)　342
受斎軌則　114
受斎赴請　64
種(子)　181
授事　467
授事(の苾芻)　467
守持(衣), (守)持衣→守持(衣)[ころも]
取事施設論　535
首疾　414
首疾に針刺する　414
十四の足　524
誦習　493
衆生, (衆)生　55, 129, 151, 170, 209, 491, 576
(衆)生を摂め(取)る網　42
(衆)生を利(益)する路　585
衆生喜見　571
竪杖　326
種植　180, 183
受施　171
衆僧→衆僧[そうたち]
衆(＝僧伽)物　557
(主)題　157, 448
出家　202, 291, 299, 385, 485, 518, 554
(出家五衆の)僧徒の数(だけで)も三千　481
(出家)五衆の表　600
出家した後　309
出家者, 出家(者)　163, 168
出家の衣服　222
出家の綱要　163
出家(の)五衆, 出家(の五)衆, (出家の)五衆　250, 251, 309
出家(の)事　296
出家の人　144, 193, 457, 521, 569
出家の(苾芻)尼衆　232
出家の服　495
出家の法衆　196
出家の法侶, 出家の(法)侶　52, 61
「出家」の(名)称　309
出家を契る　232
出家を求める　189
熟絹　101
出没　561
出離　176, 207, 208, 536
修道の業, (修道の)業　200, 420, 563
(修道の業に)労勤める　200

朱儞　517
受日(羯磨)　250
受日(法)　249
『朱儞』の議釈　517
鬚髪　297
鷲峯　204, 618
頌(文)　145
受用　130, 161, 169, 363, 564
　受用僧衣　66
十余巻　492
修理　557
集量論　535
種(類)　102
鷲嶺　96, 349, 529, 530
　鷲嶺(霊鷲山)の天　592
旬　292
春・夏の(季)節　230
春・夏の時　72
順教の衣　230
巡行・礼讃　482
旬・月の間　526
春時　328
『春秋』『周易』　517
春秋六十三　596
春中　456
儁(俊と同義語)なり　516
遵奉　198
書　490, 525
疏　57, 150
消　462
章　56
裳　394
正　454
聖　383
声　501, 509
鈔　56
頌　488, 520
麨→麨[むぎこがし]
情→情[こころ]
浄　88, 101, 117, 198
成　547, 548
上(位＝法齢の上の客苾芻)　403
乗雲菩薩　492
上衣　119, 165, 298
長衣　169
(摂)衣界　245
(省縁・)省(事)[しょうエネ]　389
(上)衣は長く申びて地を払う　221
声(音), (声)音　402, 503, 589
性戒　104
終身[しょうがい]→終身[しゅうしん]
生涯　161
小学　504
正覚→正覚[さとり]
正学女　301, 307
正月十五日　328
正月十六日　328
生(活)を資ける(道)具　363
上価(の薬品)　444
浄器　78, 104
勝(義)諦　156
　勝義諦の(道)理　500
商客　415
小経　141, 147
正経　479
聖教→聖教[みおしえ]
成教　223
請教・白事　301
聖教量　520
小径　351
小穴　94
清潔, (清)潔　84, 88, 112, 144, 278
　清(潔な)水　428, 470

清(潔)斎(戒)　84
(清)潔(・清)浄　599
上結　286, 287
正午→正午[まひる]
(浄)庫　556
浄庫　555
調御　609
　調御者　171
　調御(仏・世尊)の教え　463
　調御の(軌)儀　194
勝光　523
小孔　285
(生)業　540
勝光王　128
正業ではない　415
成業論　534
聖言　207
誠言　200, 363
荘厳→荘厳[かざり]
上(根の修)行　171
上(根の者), 「上」(根の者)　536, 563
荘厳の論　492
聖根本説一切有部　46
床座→床座[いす]
上座　130
小罪　154, 272
定彩　610, 613
小(座)床子　398
上座(苾芻), 上座(の苾芻)　125, 134, 139, 145, 250, 259
　上座(苾芻の座処)の頭　479
上座(部)　48, 49, 194
(賞賛の)響は五山を震わせ　516
小師　186, 343
焼指　603
小事　279, 420
生死　540
長子　391
(鐘)子期　588
声色　413
小食　382, 410, 412
　小食の時　411
請食, 請(食)　70, 228
浄食　83
焼指・焼身　605
少室　204, 619
　少室(山)　204, 619
帖膝[じようしつ]の法　396
生じもしないし滅しもしない　156
小者, 小(者)　373, 375, 617
　小(者)の嫌恨　375
　小者の(礼)拝　373
証者　349
正・邪　523
小洲　49
常住僧(物), 常住(僧物), (常住)僧物　311, 348, 560, 565
　常住の(僧)物　564
　常住(僧物)の「食」　563
生・熟　244
小乗, 小(乗)　50, 54
　小(乗の)果　574
清浄, (清)浄　78, 108, 118, 144, 149, 261, 263, 280, 311, 487, 599
　(清)浄処　93, 471
　(清)浄(なる禅)定　614
　清浄の先　279
上聖　615, 616
条・章　63
浄定　611, 614
聖上座部　46
薫条鵲封の処　96
生々に仏に値う業　474

聖正量部　46
上聖(朗禅師)　616
焼身(供養者)の(流)類い　578
清信士　519
浄身・洗浴　442
浄信の恩　61
焼身不合　66, 567
浄水，浄(水)　82, 89, 100, 131
匠石　588
小席　362
正説　350, 352
小善・小恵　609
聖僧　120
　聖僧の座　480
青草上棄不浄　304
(聖)像(を描く時の彩色の)用　553
将息　411
正則　191, 215
浄・触　81, 82, 85, 93, 94
　浄・触(不浄)の君持　549
摂拖　503
上代　252
聖大衆部　46
摂大乗論　534
絛帯の頭　220
摂抱苾駄　503
称歎　485
小壇　312
章・段　57
浄(地)　242
正中，(正)中　456, 461
浄厨　241, 244
上・中・下、尊、卑・彼・此の別(異)　511
生田　207, 208
聖典　568
浄天　37
(小)篆・籀　587
浄塗　236
浄土　490
小塔　237
唱導　176
　唱導を能くする師　482
　唱導師　149, 482
上(等の)彩色(の物)　553
上(等の)白畳　100
上(等の)房　188
聖道の八支　489
小(銅)鉢　548
小銅椀　549
(勝)徳　612
上徳　610, 612
小(なる布)　564
小児　132
「生」に在る者の小過　42
上人　233
生人　286, 288
浄人，(浄)人　97, 116, 143, 180, 188, 460, 481
　(浄人以外の)余の人戸　180
　浄人(の女性)　246
上人、通(善知)識　582
商(人)も舟や車の上で詠う　59
商人をもって貴し　540
正念　574
燮跛　424
小盃　462
正背　201
長髪　532
長髪有無　531
小版　275
小苾芻・某乙　344
焦眉の急　208
請白，(請)白　154, 381, 385, 386,

393
(請)白しなければ罪を得る　385
(請)白者　386, 388
浄瓶，浄(瓶)　89, 91, 93, 104, 118
浄瓶の水　88, 91, 145, 278
上服　44
小便　279, 386
清弁　522
聖方　383, 384
勝法　518
正法　520
浄法　117
浄方の業　283, 592
正本　147
上品　594
正命　183, 563
正命は口と腹とが先となる　180
声明　499, 503, 521
声明(梵語文法学)の要　517
精妙(な衣)　177
(精)妙なもの　512
(精)妙(なる旨趣)　413
浄物　116
長物　168
条(文)，(条)文　70, 164, 532
成文　128
成(文の正)則　162
長夜　162
上薬　430, 523
清夜の行道　604
長養　261
称(揚)讃(徳)　139
襄陽(産)の瓦器　117
鍾(繇)・張(芝)　587
少欲　232
少欲の者　171
浄羅　104
生離　611
(省)略　261
(省)略(・消)去　468
紹隆→紹隆[さかん]
少(量の)水　129
正量部，正量(部)　45, 47, 49, 51, 194, 448
静慮(禅定)を習う者　419
静林の野　181
初学の流(類)い　568
初学の輩　162
初学(の若者たち)　578
書(簡)　489
諸竿　547
所願　597
書(簡・)表(白文)の緝綴(法)　515
除基弊薬　441
初句　509
(拭)巾→(拭)巾[タオル]
餐噉[しょくじ]　411
噉食の法　81
嘱授　250, 544
拭身巾，(拭)身(巾)→拭身巾[タオル]
蜀川　48
食厨[しょくどう]　121
食厨の柱側　122
拭面巾→拭面巾[タオル]
諸具寿[しょくん]　241
諸君　491
諸家の興廃の由　517
諸胡　197
諸国　85, 198, 397
諸国に皆無　433
諸寺　560
(諸子)百家　521
所修の福　131

所修の福業　132
諸銭　556
(所属)部(派で律蔵を)別(異とする)
448
除其幣薬　66
諸大徳，諸(大)徳　62, 194, 349, 617
初日　138, 148
諸皮　547
初篇　261, 575, 605
諸部の流派の生起　45
諸部(派)の律文　164
初分　463
諸法　473
諸法師　528
助味　127
初夜　389
　初夜の尽きる時　460
諸薬　547, 548
死より死に趣く　235
(序列第一の)上座(苾芻)　480
(序列)第二の上座(苾芻)　480
(序列)第三の上座(苾芻)　480
検尋[しらべる]　495, 575
検校[しらべる]　84
対勘[しらべあわせ]　186
自利　348
慈力が(五夜叉のために)身(体)を捨
てた　572
尸利仏逝国　49
緇侶　597
時輪　455
汁　112
効験[しるし]→効験[あかし]
標章[しるし]　504
白　137
　白(い)払(子)　140
　白楊の下　595
皎きに皎き清浄芳塵　287
四椀　459
　四椀(目)　459
信　112, 568
真　55, 529
神→神[こころ]
晨→晨[あさ]
儭　363
新痾　420
(真)意　199, 370, 443, 501, 539
深海　574
身患　414
人間　386, 485
箴規　610
神鬼，神(鬼)，(神)鬼　43, 130, 357
仁義　198
針灸の医(術)　436
親教師　344, 345, 380, 585
(親教)師(鄔波駄耶)の名(字)　345
尽形(寿)→尽形寿[しぬ]
進具　373, 604
　進具者　301
針穴の言　579
身光　37
親近　380
津(済)　609
参差　230
身子　279
進・止　386
信じ受ける言　175
真(実の正しい音)　407
(真)実(の)徳　485
神跡　601
塵沙，塵・沙　586
斟酌→斟酌[てかげん]
神州→神州[シナ]
信(じる)者の説　182

進士を求める流(類)い　419
信心の浄施　221
神通　600
　神(通)の徳　600
神通寺の大徳　585
𧡟施　341
信施　359
(新生の子)牛の尿　445
(新)鮮な茅　257
(新)鮮(な)葉　75, 88, 145
(新)鮮(な)花　140, 147
新(造の)服　236
親属　143
塵俗　281
没代後[しんだあと]　485
(襯)替　359
晋代　76
真諦　501, 527
人代　616
身体→身体[からだ]
(身体)内・外　414
進・退の宜しき　580
晨旦→晨旦[あさ]
晨旦観虫　64, 98
心痛　431
信度　47
神道　125, 597
陳那　523, 528
　陣那の頌　488
　陳那の八論　535
陣那菩薩　488
(瞋)恚→瞋恚[いかり]
仁に当たりては(師にも)譲らず
　　615
真(如)常(住)　156
神王の(形)状　122
神府　587
診脈の(医)術　436
真(妙)なる, (真)妙なる　530
身面巾→身面巾[タオル]
𧡟物　147
進薬方法　66, 422
親友　236
神容　124
新来(の苾芻)　402
辛辣→辛辣[ぴりっとする]
真(理)を蓋う　501
真理を覆う　501
塵労　152

す——
醋　554
随意　127, 136, 218, 254, 264
随意事, 随意(事)　257, 259, 260
　(随意事終了)時(刻)の延びる恐れ
　　がある時　258
随意成規　65, 253
随意物　259
水有二瓶　64, 92
水罐　100, 103
随喜　132, 148, 176, 586, 608
水精　433
水大　425
隋(代)の季　589
水(中)に在る蓮　233
隋(の)季の版蕩　598
水瓶　283
水(面)　103, 105
数行　58
数日　595
芻蕘[すうじょう]　618, 619
『経』の文　512
数百里　50
疎鞕[すかすかでかたい]　365

(姿・身)体[すがたかたち]　589
威儀[すがたかたち]　141, 301
形儀[すがたかたち]　214
容(儀)[すがたかたち]　397
餓腹[すきっぱら]　151
救いの誓願四つ　586
勝福[すぐれたくどく]　141
勝(れた)徳　486
勝れた(内)典　595
勝場　573
英彦[すぐれたひと]　515
逸(た)響(昔)[すぐれたひびき]
527
英猷[すぐれたみち]　616
勝轍の将来[すぐれたみちのあした]
486
勝(れた)利(益)　471
精(妙・珍)奇[すぐれめずらか]
436
異物・奇珍[すぐれめずらかなもの]
436
疎しの条(項)　182
寸陰[すこしのとき]　382
尺歩も労せず[すこしも]　63
義理, 義(理)[すじみち]　493, 500,
520, 525, 608
(途)轍[すじみち]　238
頭上　489
錫　285
澆洗する[すずぎあらいする]　283
生絹[すずし]　101, 102, 105
進・退両途　232
硯　616
裾　44
杜多　48, 150, 207, 209, 232
杜多の一鉢　348
頭陀(＝杜多)行　495
頭痛　431
開通[すっきり]　487
終朝[ずっとあさ]　91
棄てた花　471
棄てた水　471
已に菩提を証した　156
(遺)棄てられているもの　177
沙[すな]　472
脛　220
菩(哉)[すばらしい]→善哉[ぜんざい]
諸法[すべて]　473
通身総鉄(製)[すべてそうてつせい]
552
袴[ズボン]　195
住処[すまい]　121, 236, 244
宅[すまい]　133, 547, 548, 549
一辺[すみ]　83, 141, 276, 277, 283,
362, 366, 395, 404
緇衣, 緇(衣)[すみぞめ]　347, 519
炭火　202
居人[すむひと]　362
豆麵　91
瓦器, 瓦(器)[すやき]　93, 117
瓦器(の類い)　549
坐る者　396

せ——

施　146, 207, 209
脊　219, 227, 394
背　403
是　55
生　39
制意　552
斉王(が臣)下の文学(の士)　615
(生)花　469
制(戒), (制)戒　178, 190, 223, 308,

581
誓願　586
西京，（西）京　607
生絹→生絹［きぬ］
生繭→生繭［なままゆ］
制作，製（作）　163, 488
（制）遮　183, 496, 575
斉州の城（市）の西　586
製（制）　195
青象が鞍を挂けるの後　602
制吒　485
逝多　351, 352
逝多（林）の教え　352
清・濁の気　38
制底　59, 96, 149, 255, 391, 472
制底の（頂）上　474
制底を旋遊　370
制底畔睇　386, 391, 393, 478
制底畔弾那　391
制（度）法（規）　400
正（に相当する）座　192
生（命）→（生）命［いのち］
臍輪→臍輪［へそ］
臍（輪）下［せいりんげ］→臍（輪）下［へそのした］
勢（睾丸）を（打ち）断つもの　581
勢（睾丸）を打つこと　575
五道［せかい］　39
三千（大千世界）［せかい］　37, 209, 499
四海［せかい］　436
世界　37, 43, 616
百億［せかい］　37
六道［せかい］　41
「天」「地」（の理）の奥秘［せかいの］521
席　142, 143
石　433
石渠　515
石渠（閣）の（官）署　420
石、根・茎（等々の植物性薬剤）の（流）類い　436
赤色　165
釈糞　84
謦欬ならず両つ［せきばらい］　109
石（盤）上　455
一席　310
俗途［せけん］　155
絁絹→絁絹［きぬ］
（世間・出世間の）往復は七（回）518
施主，（施）主　116, 119, 120, 131, 132, 134, 139, 144, 145, 146, 149, 176, 561
施主の家　118
（施主の）家の庭　139
施主の恩　146
施主の心は不快　143
施（主の）心　144
施主の性（格）　132
施主の名　145
施主の無心　562
施主の先よりの心　348, 562
施心　129
世親　522
世親の所造　534
世俗，（世）俗　193, 425, 491, 519, 579
（世）俗の士　412, 602
（世）俗（の）書（物）　504
（世）俗（の）徒　596
（世）俗（の人）　518
（世）俗の士，（世）俗（の）士　176, 255

(世)俗(の諸々の)事(ども)　501
世俗諦　500
(世)俗(服の)流(類い)　203
世尊　121, 146, 251, 356, 391, 424, 547, 548, 551, 581
世尊が経行(されたという経行処)の基　370
世尊が洗浴の池　354
(世尊と)同じく居ること　367
(説一切)有部　52, 67
(説)戒　350
石灰　370
説(悔), (説)悔　259, 262
雪巘　436
説罪　58, 260, 263, 397
絶食　429, 437
絶食(中)の時　434
(絶食日数の)極多　438
絶食の日(数)　435
絶食の日(数)の多い　438
絶食(療法)　430, 432
殺(生)　174
殺(生せんとの)心が無い　175
殺生の罪　184
説浄　397
無生の妙智　161
節・段　479, 502
節目　172
『説文』と「字書」(といった辞典)の流(類)い　595
絶粒　426
絶粒(絶食)すること三旬　438
設利羅　237
節を立つる　580
是非　56, 77, 515
迮隘い小門[せまい]　606
施物　146, 259
先→先[むかし]
川　58
遷　611
染　518, 519
善　575
施右　450
旋右觀時　66, 449
施右三帀　451
善友(善知識)の力　574
千巻　46
旋行　450
(善遇・慧智の)二師　609
善遇法師, (善遇法)師　585, 587, 588, 589, 590, 592, 593, 594, 596, 604, 613, 615, 616
(善遇)法師の所製(の詩)　614
(善遇)法師の七(つの)徳　586
遷(化)　613
前(夏)安居, 前夏(安居)　248
前夏(安居)の了る時　249
先賢(の者)の落漠　284
銭財　447
銭財は庫に委まれている　564
善哉, 善(哉)　124, 148, 480, 594
善至　125, 126
禅枝　610, 612
善事　140
禅師　603
全四部　536
千(字)文　490
千秋　618, 619
善処　234
旋踵　529
洗浄　84, 198, 270, 277, 279, 281, 285, 382
洗(浄・)懺(悔)　154
洗(浄)処　284

洗浄は不可　284
(洗)浄法　282
洗(浄、)沐(浴)　355
洗(浄、沐)浴の法(式)　353
禅(定)(禅)定　42, 231, 527
(禅)定(と智)慧　563
(禅定に)心を澄ませる　161
(禅)定の彩　613
禅(定)の枝　612
(禅)定(の水の満々ちて)澂(々たる境地)　597
(禅)定門　523, 574
洗拭　366
専心　579
(前)身　120
四体[ぜんしん]　494
洗身の法　276
阿遮利耶[せんせい]　297, 299, 345, 380
訓匠[せんせい]　601
氈席　397
甎石　236
塼(〈＝甎〉石の小)版の量　275
(洗)澡(、沐)浴, (洗)澡(・沐)浴　138, 355
尖台　285
前(代の諸師の)規(矩)　602
先体病源　65, 409
栴檀　468
甎地　356
善・悪(、そして因・果)の報い　42
「善入」　393
「善人」の名を釈する　392
「旋繞」の儀　450
氈褥　169, 312, 548
(氈)褥(と毯)席　362
先人　555, 568
先(人からの)迷(い)　264
先(人の)教(え)　161
先(人の)旨(趣)　170
千(人)　355
千生　41
箭衣　226
千年　616
「施」の(字)義　451
占波　51
剪髪の異　549
贍部光像　550, 551
贍部洲, 贍部(洲)→贍部洲[インド]
前方　451
塼・木の上　278
千万　617
先亡→先亡[なきひと]
洗(沐、)敬(礼)　474
禅門の(禅)定　62
宣揚　520
仙預が命(根)を断つ　572
洗浴　139, 297, 354, 355, 599
(洗)浴裙, 洗浴の裙　274, 355
(洗)浴裙(の寸法や披着の)法　355
洗浴随時　65, 353
(洗浴)池　354, 355
(洗浴)池の無い処　236
(洗浴)池の水　354
(洗浴)池を穿つこと　354
善来　400, 402
全礼, (全)礼　271
千里(の道)　614

そ——

租　183
素　516
蘇　137, 480

酥　128, 270, 405
想　611
瘡　414
形像[ぞう]→形像[ぎょうぞう]
雑　170
象　60
僧衣　563
創学『悉談章』 504
(僧)伽藍　59
双儀　610, 612
(僧)祇支　195
(「僧)祇支」の本(来の)号　230
(僧)祇支・偏袒・衫・袴の流(類)い
228
(葬儀の)当日　235
僧祇(部＝大衆部)　45
僧佉　39
僧(伽)　84, 147, 149, 181, 183, 189,
241, 242, 243, 397
僧(伽の)床(座)　279
(僧伽の最下位者である)終わり
(の者)　251
僧(伽の)槃　78
(僧伽の)外の人　184
僧(伽)衆　74
(僧伽)出家の(苾芻)衆　569
僧伽知　226
僧伽胝　164, 166
僧(伽内の色々な雑)事　188
僧伽(物), 僧(〈伽〉物)　557, 560
僧脚崎　167, 226, 295
僧脚崎衣　217
僧脚崎(、掩腋)衣　230
僧脚崎服, (僧脚崎)服　229, 230,
274
僧家→増家[サンガ]
象牙(杙), (象)牙(杙)[ぞうげよく]
217, 402
僧賢　522, 528
雑讃　488
曹司　192
蒼耳　110
雑「事」 467
雑資具(類)　564
双膝　379, 397
双樹　43
澡(手)漱(口)→(手を)澡(い、口を)
漱[てをあらいくちをそそぐ]
澡・漱, (操・)漱　83
相承　389
増長　130, 131
掃(清、)拭(浄)　390
澡豆　379
僧籍　189
(双)足　75, 403
(双)足を執るという礼　405
双足を頂礼　405
象尊　60
衆僧, 衆(僧), (衆)僧[そうたち]
127, 128, 132, 138, 139, 143, 144,
145, 148, 150, 154, 184, 185, 190,
204, 258, 268, 561, 562
衆僧の臥具　363
衆(僧)の望みに違わないような者
185
僧衆, 僧(衆), (僧)衆[そうたち]
51, 75, 78, 116, 120, 134, 186,
244, 297, 313, 348, 554, 590
(僧衆の)足を執る　313
僧(衆の)食(事)　76, 123
僧衆(僧伽)を(救)済(し支)給せん
561
雑畜　547
桑田　204, 205

僧徒，僧(徒)　97, 116, 118, 123, 124, 131, 141, 142, 183, 185, 191, 244, 355, 459
僧(徒の)足　134
僧徒の数は三千　191
僧(徒の威)儀　495
僧徒の軌式　149
(僧)徒(の)衆　485
(僧)徒(の)衆　61
僧徒の作すべきところ　572
「僧」とは僧伽のこと　344
僧・尼　84, 233
僧(の)数　310
僧跋　125
象鼻　215
僧坊　282
(僧坊の)要　283
僧房　251
僧房の内　365
僧・某乙　344
聡明な婆羅門　525
聡明さ　260
僧(物)　129, 555
僧侶，僧(侶)　181, 267
双林　285, 287
草・隷(の書法)　598
触　82, 117, 152
息　462
俗　287, 501, 518, 519
俗衣　550
触火　303
俗言の四明　187
息慈　301
足食　303
触手　93
俗(儒)　84
俗(儒)と同じく哀しむ(様)　234
賊住の殃　153
触処　93, 243
厠処，厠(処)　275, 282
厠(処の)内　276, 284
厠(処の)外　275, 276
厠(処の)中　276
足身力，足(身)力　415
俗(世間)　486
俗人，俗(人)　113, 137, 139, 231, 248, 259, 474
俗(人の)家　217, 228
俗(人の)舎　185, 213, 221
俗(人)の相　532
俗(人の)流(類)い　113, 523, 571
触瓶，触(瓶)，(触)瓶　93, 96, 275, 277, 278, 284
(触)瓶の罐　284
(触)瓶の水　278
俗(服)　225
触宝　305
(触用)水　275
速利　197, 216, 502
速利国　149
俗侶　42, 196
蘇頡里離佉　489
疎散　411
窣莎掲哆　402
譏議[そしり]　85, 268
譏醜[そしりにくみ]　445
礎石の上　468
觜[そそぎぐち]　284
觜の著いた瓶　145
蘇達拏太子　492
蘇呾囉　505
『蘇呾囉(スートラ)』の(注)釈　512
足下　607
俗官　192

袖　200
外　55
　外と内との垢惑　287
　外に在って煮ぐこと　243
　外に在って貯(蔵)すること　243
外辺　102
窣覩波　391
薦奉[そなえたてまつり]　84
(その)数四百有余　436
奕代[そのじだい]　522
園・観[そのたかどの]　470
(当)時(の)人[そのときのひと]
　128
自余[そのほか]→自余[ほか]
自外[そのほか]→自外[ほか]
蘇婆師多　480
側(に)立(つ)　192
蘇盤多の声　509
麁服　537
染めたもの　550
染めていないもの　550
蘇(酥)・油　439
酥・油・蜜・漿　438
闇誦[そら]→闇誦[あんじゅ]
天[そら]　327
酥・酪　174
村園　549
(損)害　526
損(害、利)益　185
尊儀　133, 139, 379, 467, 469
尊貴の位　143
尊(敬), (尊)敬　450, 522
　「尊(敬)」と「便(利)」の目　450
尊敬乖式　66, 494
蹲踞　133, 396, 478
尊言　157
(「存在」の)出る所　39
(「存在」の)精　39
尊師, 尊(師)　71, 398, 594, 607
尊者, 尊(者)　375, 395, 403, 484
尊(者・尊)容　214
尊者摩咥里制吒　484
尊者馬鳴　479, 492
尊(宿)　202, 218, 402
　尊(宿・長)老の処　396
　尊(宿の旧苾芻)　403
損生苗　307
村荘　561
尊像, 尊(像), (尊)像　133, 139, 140, 148, 256, 365, 366, 393, 470, 471, 474, 496
　(尊像と)同じく居ること　367
　(尊)像の前　366
　尊(像の)前　140
　(尊)像(の)身　468
　(尊)像を(沐)浴させる水　471
尊人　109
存念→存念[おきをつけ]
尊卑　363
尊容　370, 374

た——

他　554
　(他から)礼(拝)を受ける　270, 280
　(他から)礼(拝)を受けるべきではない　270
　他に対して説く　263
　他人の意　265
　他の(所有にかかる)物　359
　他(の人), (他の)人　474, 539, 594
　(他の)人をも利(益)　420
　他の施したもの　179

他を(救)済う　415
他を礼(拝)する　270, 281
陀　261
体(本質)　55, 301, 406, 425, 501, 528
諦　38
大　420
大・小　264
大・小(の便利)　270
大意　122
第一　207
(第一の)上座(苾芻)　480
大王寺　97
大海　50
大海の辺隅　197
大界　312
大覚寺　125
大学士・伐撥呵利　517
岱岳の霊巌　284
(太)鼓　459, 460, 461
(太鼓を)一下　459
(太鼓を)両下　459
打鼓　459
打鼓一下　459
打鼓一過　460
(打鼓)両下　459
(打鼓)三下　459
(打鼓)四下　459
打(鼓)四(下)　459
大国　128
大黒神, (大)黒神　122, 123
大黒山　48
第五章　131
大己苾芻　373, 496
台(座), (台)座　236
大斎　256
太山, 泰山, 太(＝泰)山　585, 599, 612
第三章　117
第三日　139
大士　572
大師　398, 486
大師の影　351
大師(仏)の影　351
大師(慧智禅師), (大師慧智禅)師　608, 609
大師(慧智禅師)の慈訓　606
大師(方)　523
大自在天　485
大自在天の所説　505
大自在天の加被する所　505
大師・釈迦世尊, 大師(釈迦世尊), 大師(釈迦)世尊, (大師釈迦)世尊　41, 43, 206, 349, 391, 455, 466, 551, 614
大師(釈迦世尊)が在せし日　367
大師(釈迦世尊)が在られた日　400
(大師釈迦世尊の)影　349
大師(釈迦世尊)の身骨　472
大師(釈迦世尊)の格(しい)言　221
大師(釈迦世尊)の徳　478
(大)慈(釈迦世)尊の訓え　153
大慈悲父　151
大者, 大(者)　373, 374, 375, 381, 617
大(者)が起つこと　375
提捨　384
帝釈(天)　432
帝(釈天)居　42
提舎那　264
大沙門　473
大衆　120, 124, 397

大周　617
大衆部，大衆(部)　47, 49, 194
大聖　285, 287
大師影　350
大乗，大(乗)　50, 54, 55
大(乗)教　54
大(乗教)・小(乗数)が雑え行なわれている　54
大荘厳論　534
大聖(釈迦世尊)，(大)聖(釈迦世尊)，(大聖釈迦世)尊　124, 129, 172, 183, 200, 213, 228, 245, 342, 363, 387, 412, 499, 575, 594, 604
(大)聖(釈迦世尊の)意　152
(大)聖(釈迦世尊の)情　203
(大)聖(釈迦世尊の)心　232, 280
(大)聖(釈迦世尊の定められた)修(法)　538
(大)聖(釈〈迦世〉尊の誠)言　161
(大)聖(釈迦世尊の誠)言　208, 617
(大)聖(釈迦世尊の)制　75, 103, 146, 453
(大)聖(釈迦世尊の制)遮　188
(大)聖(釈迦世尊の)制(せられた戒)　291
(大)聖(釈迦世尊の制せられたところの)戒　605
大聖(釈迦世尊の)説　127
(大)聖(釈迦世尊)の足跡を表わしたものが十四，五　370
大聖(釈迦世尊の御)蹤，(大)聖(釈迦世尊の御)蹤　124, 608, 609
(大聖)釈迦(世尊)の聖教　145
(大)聖(釈迦世尊の)開(許)　200
(大)聖(釈迦世尊の)開(許すところ)　324
(大)聖(釈迦世尊の律)儀　199
(大)聖(釈迦世尊の律蔵の)検(校)　157
(大聖)釈迦(世尊)の立像　370
大乗・小乗，大(乗・)小(乗)　153, 487
大乗と小乗の区分　54
大乗灯法師　183
大(乗の)困　574
大(乗の)経　606
大乗は虚(空のように融)適(無礙)　280
(大)聖(の)言　208
大・小の便利　84
大・小は無い　329
大善知識　609
大(洗浴)池　355
大僧，(大)層　103, 226, 227
大象　596
大(僧＝大苾芻)戒　309, 325
対尊之儀　64, 71
代々に富楽となる(報)困　474
積代の君王[だいだいのくんのう]　458
積代の君王の奉施　191
(大)地　181
黄輿[だいち]　38
大智・大恩　610
(体調に普段と別)異なる処　411
大天(王)　122
大唐　384
大道　496
大唐西域高僧伝　62
大(筒)槽　283
大徳　96, 188, 328

大徳・鴻英　452
大徳・羅什　527
胎内　415
「第二十六　客旧相遇」の章　217
第二、第三(の自羯磨)　242
第二日　139, 148
大涅槃　123
岱の嶺[みね], 岱嶺　610, 612
提婆　437, 522
第八(戒)　539
(大般涅槃)経　310
提婆弗呾攞の僧(徒)　437
大非　156
大苾芻　229
大便　386
　大便の儀　278
大便・小便　442, 445
大方　351
対法(阿毘達磨)・摂(大乗)論　607
対法論　534
大木　110
大本　492
大猷　618, 619
諦理→諦理[まこと]
大律蔵, 大律(蔵), (大)律蔵　342, 557
忍(辱)[たえしのぶ]　263
妙(なる)義　156
妙(なる道)理　40
幽(妙なる)深(趣)　605
(拭)巾[タオル]　379
拭身巾, (拭)身(巾)[タオル]　167, 168
拭面巾, (拭)両巾[タオル]　167, 168
身面巾[タオル]　168
僵仆[たおれたなきがら]　418
貴価之秦膠[たかいしんこう]　417
墜(落)堕(落)[たかいところからおちたり]　431
妙高(須弥山)色[たかいやま]　38
延波[たかなみ]　376
鐸曷攞[だから]　343
宝函　599
宅→宅[すまい]
殷繁[たくさん]　481
団火[たくさんのひ]　428
託生　234
多求の者　171
耽摩立底国　529
巧みな(工)匠　462
巧心　64
蓄える者　170
竹　94, 214
猛利(もの)[たけだけしいもの]　568
竹箸　455
竹や木の薄片　109
(打)健稚(の打法)　460
多言　509
多食　417
多氏国　197
「駄」字(の発)音　379
曛黄時[たそがれどき]　478
端然[ただしい]　536
讃(歎)[たたえる]→讃歎[さんだん]
呾他掲多掲婆　527
正(しい修道の)業　594
斉整しい上衣の(披)著(法)[ただしい]　214
正体[ただしいすがた]　380
正(しい)智(慧)　501
正(しい発)音　407
正しい(翻)訳, 正(しい)翻(訳)

127, 146
正(しい)理(法) 452, 536
不然[ただしくない] 174, 388
正方[ただしさ] 454
襞畳[たたみ] 390
性(格)[たち] 188
橘 138
搭肩法 215
達嚫,(達)嚫 129, 147
轡[たづな] 419
達摩(物) 557
竪(の部分)の影 326
縦・横 176
他土 527
喩,喩(え) 175, 522
(比)喩(譚)[たとえばなし] 53
駄覩章 506
陀那 146, 467
陀那伽他 134, 139, 145, 146
棚の上 363
陀那鉢底 146
多日(の絶食・断食) 438
潤 598
(種)子 137
遊行[たび] 72, 213, 386, 434, 485
(旅)路[たびじ] 434
韈の帯[たびのおび] 220
多布路沙 326
嘗(べた食)器 83
残食,残(余)食,残余(食),(残)余食[たべのこし] 78, 81, 85, 91, 132, 143
余残(食)[たべのこし] 132, 147
食(べ物) 548
食噉[たべもの] 198
噉嚼「たべもの] 134, 137
食べる者 459
玉 208
鶏子 40
随宜[たまたま]の臥具 596
積(聚)[たまりたまり] 411
兆庶[たみくさ] 59
持 56
多聞 96, 188, 189
「多聞」の(尊)称 521
多聞苾芻・某乙 344
多薬 420
多羅樹 354
禁術[ダラニ] 83
闕事の咎[たりなさすぎのとが] 171
足ること 144
痰癊,(痰)癊 111, 145, 369, 425, 428, 429, 435
痰癊が消散 356
痰癊時 411
檀 147
檀越 146
短靴 72
端拱 563
但三衣 596
断食 427, 431, 438
断食(中) 434
壇上の内 312
丹青 616
丹石 433
毯席,(毯)席 169, 312
憚哆 108
憚哆家瑟詫 108
咀咀洲 49
丹墀 60
短紐 216
耽(溺、執)著,耽(溺、執著) 594
次第[だんどり] 487

檀(那として喜)捨　147
単(衣)　218
耽摩立底　183, 191
耽摩立底国　128, 530, 609
　耽摩立底国の僧徒の軌式　481
談論(・議論)の処　516

ち——

地　75, 101, 118, 122, 128, 133, 138, 144, 217, 236, 326, 362, 375, 379, 394, 396, 397, 483, 596, 612
　地に画く　44
　地に(食物を受ける場所を示し)画く　44
褫　611, 613
軽枝[ちいさいえだ]　42
小(さな)愆，小(さな)愆(ち)　153, 574
小さな床(座)，小(さな床)座，小(さな)床(座)　74, 116, 118, 122, 220, 483
微命[ちいさないのち]　42
小(さな木)枯　74, 405
小さな頌　505
小さな隙　156
小さな制底　370
小さな篅　226
小(さな)罪　605
小(さな銅像)　470
小さな銅瓶　95
小さな土台　455
小(さな)利(益)は心に在る　448
智(慧)，(智)慧　42, 233, 440, 500, 527
　智慧ある者　208
　智慧の海，(智)慧(の)海　587, 612
　(智)慧(の)舟　63
　智慧の鍔　612
　(智)慧(の)炬　162
　(智)慧(の)激　602
　(智)慧(の)目　56, 64
参差[ちがい]　456
智月法師　527
隣近[ちかま]　381
勢力[ちから]　122
力　283, 351, 574, 605
　力の能うる所　129
契り　578
竹簟　214
蓄房　171
知時而礼　65, 269
知事苾芻，知事(苾芻)　184, 329
　知事(苾芻)の人　123, 460
智者　91, 151, 196, 207, 208, 357, 440, 565, 580, 603
地(上)　458
治(浄、)懺(悔)　390
地大　424
父の厳しさ　604
地(中)　110, 554
竹器　549
血(涙)　43
地肥　37
乳(房)　227, 229
(地)方言(語)　384
(地)方(の)俗(習)　328
茶　270
制底畔睇[チャイトヤのおまいり]→制底畔睇[せんていばんだい]
紐　201, 211, 212, 213, 214, 217
中観　55
厨家→厨家[まかない]
中・下(根の者)　171

中・下の流(類)い　513
疇畎　506
中間　219, 248, 249, 552
中原に鹿を逐う　521
(中国の)維那　246
(中国の)寺家の巨富なること　564
中(国)・辺(国)の数　345
中時　123
(注)釈　512, 515, 520
　(注釈書)製作の家　58
　(注)釈を造る家　488
中宵　610, 612
中誠　578
肘上　214
中心　384
注水　145
中前　93
忠(である)臣　59
中途　489
中(道の)旨(趣)　606
中人　326
　中人の二十四指　75
中年　617
中(分)　463
厨(房)　82
　厨(房)の内　246
昼夜　513, 597
偸蘭(遮)　578
中(流)に処る者　148
筋　266, 268
聴　611
腸　138
蝶　39
蝶形　39
長跪, (長)跪　125, 133, 140, 482
丁香　144
聴講, 聴(講)　398, 613
聴(講・)読(書)　607
(長)江(から大庾・始安・臨賀・桂陽・掲陽の五)嶺(を結ぶ線よりも)已南　428
(長)江・漢(水)の南　602
(長)江(の)左(岸、すなわち江南)の諸寺　251
(長)江・淮(水)の間　131
(長)江・淮(水)の地下　283
長時　328, 330
朝嚼歯木　64, 107
長者の(慈)悲　606
停住　529, 530
頂上, 頂(上)　93, 285, 471
　頂(上)の中(央部)は複　214
輒上高樹　305
齠齔　610, 611
澄心の処　161
頂戴　298
長短　327
長年の薬　436
長年方, 長年(方)　414, 415
長髪　234
　長髪有無　66
(重)複衣　165
鳥喩月経　96
勅　219
直(截な)説(示)　157
(勅)令　491
著作　182
貯鉢の袋　96
散らせる宝(珠)　530
塵　94, 95, 395
塵供(物)　573
塵坌[ちりまみれ]　496
(治)療(法)　434
朕　491

陳　444
陳棄薬，陳棄(薬)　443, 448
陳故・所棄之薬　443
沈重，(沈)重　425, 428
沈水　468
珍(宝)　523
珍宝・珠玉　555
沈淪　157

つ――
営費，(営)費[ついえ]　312, 564
用[ついえ]　59, 593
追悔　264
費やす所は少ない　471
通俗の名(称)，通(俗の名)称　384
通哲　350
通方之論　357
杖　445
　杖の影　455
駆馳[つかいばしり]　347
暫時[つかのま]　187
疲れを忘れる　536
月　37, 384, 612
　月(々)　382
　月の数　328
月日而已　329
次　537
豆蔲　144
製ってはならないもの　201
(製)作法　93
制(法)　228
所製の儀[つくりかたのきまり]
　　200
襻[つけひも]　95, 216
葅虀の(流)類い[つけもののたぐい]
　　439
通肩　214
　通(肩に衣を)披　217
伝えた者　433
拙き作　619
土　95, 236, 391
　土と水を撚ねて泥にしたもの　88
敬修[つつしみととのえ]　586
虔恭徹到[つつしみぶかくうやうや
　　しいかぎり]　143
謹慎[つつしんで]　386
敬白[つつしんでもうしあげ]　139
廉素[つつましく]　59
翹勤[つとめて]　494
策励[つとめはげむこと]　592
恒，恒(常)，(恒)常[つね]　61,
　　202, 424, 425, 446, 457
　(恒)常(に変わらぬ道)理　156
恒然[つね]　469
毎(日)[つね]　482
平(生)[つねづね]　398
恒式とは乖っている(こと)　234
無常を正念[つねなきをしょうねん]
　　489
(毎)常に食べる所　411
毎(日)晡後[つねにゆうがた]　478
常式[つねのいずまい]　374
(尋)常(の)食(事)　84
(毎)常(の)食(事)　124, 127
常(途)の集(合)処　479
尋常の(尊儀の)礼敬の軌(儀)　366
(尋)常(の食)　189
恒の途　72
常達の礼敬　478
口津，(口)津[つば]　88, 429
唾　109, 150, 425
涎唾　89
粒　138
妻(や)息(子・息女)　538

罪　85, 89, 102, 108, 110, 156, 180, 208, 228, 254, 260, 264, 310, 454, 532
罪有る　182
罪から(身を)護らん　76
罪では無い　199
罪の無い(事め)　539
罪の無い事め　539
罪を得る　195
罪を獲ること　202
(罪を)犯すこと　402
罪を滅すること　263
罪愆[つみ]　447
辜[つみ]　155
積聚[つみあつめる]　391
罪咎　84, 564
罪相[つみのすがた]　341
紬　217
爪　84
冷渋[つめたい]　552
通夜→通夜[よどおし]
辛苦辛苦[つらくくるしい]　375
連座　76
貫　491

て――
手　59, 88, 96, 99, 119, 126, 141, 144, 145, 200, 228, 264, 270, 278, 386, 395, 403, 595
(手)盥(い・口)漱(ぎ)　144
(手)盥(い・口)漱(ぎ)の法　131
手で餐(食)べること　149
手で執る　44
手で撫でる　403
(手を)澡(い、口を)漱, (手を)澡(口を)漱, 澡(手)漱(口)　83, 139
手を洗い口を漱ぎ　83
(手を)盥(い口を)漱(いで)　108
手足　74, 120, 406, 431
殿厚[てあつい]　127, 138
丁　484
停　379, 503
丁岸哆の声　511
帝郷　204, 205
泥(中)に処る玉　233
低頭　379, 407
剃刀等　547
剃頭(髪)人　297
剃髪　168, 189, 385
剃髪衣　167, 168
羝羅荼寺(中)　527
斟酌[てかげん]　144, 181, 427, 550
書疏の往環[てがみのやりとり]　344
律本[テキスト]　57
不可[できないこと]　222, 363
彼・我[てきみかた]　62
能事[できること]　43
弟子　310, 345, 381, 390, 402, 404
方便[てだて]　103, 291, 297
由[てだて]　196, 382
路[てだて]　430
鉄　109, 547, 552
鉄(器)　547
(鉄捲)四股　552
鉄杓　549
鉄(製)　93
鉄鉢　548
哲人は器ならず　588
寺　139, 183, 185, 186, 188, 242, 256, 355, 369, 591, 593, 600
寺の屋舎　242
寺の上閣　460

寺(の)庭　468
寺家, 寺(家)[てら]　103, 104, 121, 124, 217, 221, 482, 565
寺家の(僧伽全体の運営に関わる苾芻)衆(の)制　191
寺家の尊像　366
寺(家の苾芻)衆の儀　469
寺宇[てら]　586
道場[てら]　310
天　39, 43, 256, 281, 349, 437, 599, 612
「天」の儀　81
(天の)機に会う　454
天(ヒンドゥー教の神)　51
店　547
田→田[はたけ]
(天)蓋　234
典(拠となるべき)語　380
点検　192
天行時気　431
天子所居所(てんしのすまうところ)　437
伝受の訛謬　61
点浄　169
天(上界の)藹　486
(天)神(・地)祇　83
天神の力　124
天井　601
纏染, (纏)染　188, 518
天倉　601
天倉・天井の(奇)異　614
田、宅、乃至、雑(砕の)物　562
天・地　586
天帝　500
殿という殿　482
転読　598
天人師　40
天・人の軌則　513
田夫　506
天府たる神州　502
天府(＝中国)との津梁　602
伝法　106, 182
天文・地理の(学)術　587
伝訳(家)　380
伝訳(者)　230
天龍・帝主の(甚)深(の)慈(悲)　194
(転)輪(聖)王　391

と——

戸　275
戸鑰[ドアカギ]　549
一口の小房　233
不浄地[トイレ]　271
便利[トイレ]　82, 84, 93, 198, 450
便利の事　274
便利の不浄　271
圊(厠)の辺ら[トイレのかたわら]　283
圊厠の所　284
唐　416
塔　237, 391
銅　93, 103, 109, 139, 547, 552
道安　590
何意[どういうこと]　183
冬・夏　127
東夏→東夏[シナ]
盗過　70
東帰　529
東帰せん　529
当帰　416
東魏　607
同暉　208
銅(器)　547

等供食遍　127
冬・夏　469
同夏(安居者)　330
唐語，唐(語)　46, 468
東語　141
銅・金・木・石(製)の槃　468
東・西・南・北　136
東西の両音　126
唐三蔵(玄奘)　215
冬時　328
童子　97, 140, 186, 347, 482
(童子・浄)人(・苾芻)衆　481
童子病，童子(病)　414, 415
同時(代)の人　519
頭疾　365
(当)時(の)人　519, 590, 591
導者(、すなわち私・義浄の)過ち
　206
道樹　596
頭上　551
道場→道場[てら]
投身　581
同心(結び)　212
湯(水や)飲(水)を供給　405
銅(製品)　116
豆屑　89
東川→東川[シナ]
(道)宣律師の鈔述　606
筒槽　282
銅像　470
道俗，道・俗　81, 84, 368, 562, 598
同袖　195, 196, 550
銅箸，銅の箸　94, 145
銅楪　99
頭頂→頭頂[あたま]
凍頂温足　365
堂殿，堂(殿)，(堂)殿　139, 366, 469,
　471
　(堂)殿(仏殿)の側　468
所尊[とうとぶところ]　485
道(人)　474
童年　610, 611
　童年十歳　603
銅盞　99
堂の隅　598
銅盤　143
塔(廟)　443
鋼瓶　285
銅釜　461
東方　451
　東(方)の裔　48
銅盆　458
灯(明)　134, 139, 144, 255
(同)門人・旧(住)人　402
湯薬　429
　湯(薬＝水薬)・膏(薬)　418
　湯薬の直(衣)　447
当来　565
道理→道理[ことわり]
銅椀　143, 458
塔を繞ること三帀　478
遐途[とおいみち]　157
遠(く西方に)遊(学する)　607
通披[とおしはおるなど]　202
咎　156, 440
土(塊)　119, 275, 283, 284
　(土塊)三丸　276
　土(塊を置いてある)処　277
十重[とかさね，とえ]　102, 231
覩貨羅　149
土乾　89
(季)節[とき]　469
期(限)[とき]　426
斎[とき]　88

時　145, 369, 386, 445, 458, 608
時候[とき]　405
度(数)[とき]　427
分影[とき]　373
時(状況)　144
　時(の状況)　381
特欹拏　450
特欹拏伽他　146
「特崎拏」手　450
特欹尼野　146
節の数を調停える　462
読経　234
徳　176, 610, 612, 613
　徳(という実体)の跡　392
　徳に報いる　580
　徳・貝の二州　585
　徳(への声価)も八極に流れている　518
　徳(ある学)匠　527
徳慧　523
徳・行　344
毒　421
　毒を治(療)する　415
鴆毒[どく]　594
毒食　126
毒薬　126, 526
(毒)蛇や蠍等の毒　434
得失　79
読者　491
　読者の心　493
読涌, (読)誦　231, 236, 255, 479, 481, 598
　(読)誦される所の経　479
(読書)百遍　524
(篤信者の)家　563
(独)断　568
土窟寺　586
土窟寺の灯台(の下)　599
　(土窟)寺の西園　596
　(特)別な行(為)　134
(土)圭　456, 457
(地)方[ところ]　216
方域[ところ]　328
　方(域)が殊(異、)土(地柄)が別(異)　365
方処[ところ]　437, 442, 456
　方(処)の寒温　297
屠殺　540
年　209
年(齢)　187, 604, 607, 613
　年(齢)七歳　585
　年(齢)十二(歳)　596
　年(齢)十六(歳)　415
年歳　311
土紫　222
歳終の時　254
衰年[としより]　227
老時[としより]　155
老宿者[としより]　110
卑幼の流(類)い[としわかのたぐい]　74
少年の(徒)輩[としわかのやから]　572
土(地), (土)地　181, 183, 428
　(土)地(柄)　138, 271
毒境　526
突厥　197
徳光　523
倉卒[とつぜん]　123
上首[トップ]→上首[はじめ]
停住[とどめる]　530
調(停・将)息[ととのえることやすむこと]　435
住(め)持つ[とどめたもつ]　191

住(め)持(つ)の(大)本　151
住(め)持(つ)の道　311
住持之家[とどめたもつひとびと]　382
(開)闡(・讃歎)[となえるなど]　482
隣伍の家[となりどうしのいえ]　143
屠児　389
帷蓋[とばり]　139
吐蕃　197
土蕃　48
最(妙), (最)妙[とびきりのすぐれもの]　427, 428, 430, 432
傍戸, (傍)戸[とびら]　277
苫(筵)　234
繫抹[とめるもの]　227
供人[とも]　279
伴　609
賓[とも]　287
侶[とも]　287
倫[ともがら]　155
随喜[ともによろこび]→随喜[ずいき]
虎が北川に叫ぶ　601
樊籠[とらわれ]　61
鳥　485
鶏　613
蕩塵[とりのぞくこと]　528
鳥や鹿と儔と為る　181
秀冠群英の人[とりわけのえいさいのひと]　484
湯(水)　270
泥　43, 207, 208
泥(状)　468
泥の制底　472
泥の(尊)像　472
永劫[とわ]　351
三代[とわ]　288
杜和鉢底国　48
杜和羅　416
貪　518, 519
尖台[とんがり]　93
貪著　37
貪(欲)　519
貪婪　181
(曇)鸞法師　430

な——

号　136, 156, 178
那　468
名　135, 147, 186, 187, 189, 486, 526
名を滅する　580
内衣　165
内・外の衆くの徳　523
(内)煮(戒)　244
内(煮)・宿(食)　244
(内)煮・宿(食)の罪　244
内典, 内(典)　344, 596
内典の三蔵　187
刀子[ナイフ]　549, 553
内葉　177
内惑　285, 287
正[なか]　44
中　384
長年の術　111
長い途のり　104
中天(竺)　438, 515
轅　619
長靴　223
流漫者[ながされみだすもの]　82
中間に貯めるもの　364
長(途の遊)行の人　434
長絛[ながひも]　216

部属[なかま]　122
流，流れ　285, 286
長(患いの疾)病　433
(死)亡人[なきひと]　237, 560
(死)亡者[なきひと]　234
先亡[なきひと]　130, 131, 145, 237
(死)亡苾芻(の個人所有)物　543
幽(き法師の)霊　597
十三資具[なくてはならぬしな]→十三資具[じゅうさんしぐ]
鳴(く)鶏　598
哭音の身の辺り　43
嗟(歎)[なげき]　518
「那」字(音)　146
夏　469
七つの海　474
縁事[なにか]→縁事[えんじ]
少多[なにがしか]　341
七日，七(日)　249, 438
　七日(間)　442
七日(の問)断食　432
鐺[なべ]　82
鐺釜　83
題目[なまえ]　52
名字，名(字)[なまえ]　47, 187, 345, 500
名称，名(称)[なまえ]　187, 380, 392
膻腥[なまぐさ]　137
懈替[なまけやめる]　592
齏[なます]　138
生繭[なままゆ]　175
生(野)菜の属い　138
音訛[なまり]　504
常僧[なみ]　189
波　351
八風[なみかぜ]→八風[はっぷう]
涙　43, 606
涕　425, 604
流俗[なみのひと]　430
流俗[ならわし]　446
習俗が(恒)常　163
習俗の久しく成る可きもの　264
那爛陀　48, 138, 609
　那爛陀(のような気候の)処　201
那爛陀寺，(那爛陀)寺　96, 112, 251, 330, 355, 460, 481, 515
　那爛陀(寺)中　527
　那爛陀寺の法(式)　191
鼓楽[なりもの]　134, 139, 140, 256
縄　103, 501
縄で以って(臥)床を囲む　45
南海　54, 58, 118, 346, 438, 461, 493, 527, 529, 608
　南海の十洲　138, 148
　南海の十島　364
　南海の中　197
　南海の諸(々の)僧(徒)　359
南海奇帰内法伝　62
南海諸国，(南海)諸国　116, 608
　南海諸国の(苾芻)尼衆　228
南海諸洲　47, 49
　南海諸洲の法(式)　366
南海諸島　491
南海録　50
南山　614
男子　509
爾　608
難事　291, 292, 311
汝　603, 605
汝ら　595
(男)僧　185, 195
(男)僧寺　185
多(才・多)能[なんでもござれ]

587
男女　197
南(方)　451
南方の大国の(君)王　489

に——
二　197
尼衣喪制　65, 224
二月十五日　614
二紀　286, 288
肉　135, 227
二空　518, 536
累形[にくたい]　161
二・九の韻　508, 511
怨・親[にくむしたしむ]　490
肌を擘いて(道)理を分つ　517
膩気→膩気[あぶらよごれ]
濁り滓　405
莞爾として(微)笑む[にこりとして]
360
二言　509
二『讃』　487
二〜三尺　214
二〜三升　94
二、三日　438
関西[にし]　457
西　260, 609
西辺　137, 416
西方　527
二師　342, 585, 600, 601
二事　371
西印度　47
西天(竺)　197, 515
西天(竺)の羅荼国　438
尼師但那　166, 167
二・七(2×7=14)塊　275
二尺　75, 95, 122, 456
二(者)の翻　345
二(種)　473
二十一言　509
二十五千頌　517
二十五の門　38
二十般　142
二十四千頌　517
二十頌　478, 483
二十人　262
二十唯識論　534
二十余句　512
二十余国　197
二種の安楽　243
二種の応に礼(拝)すべき　496
二種(類)　392
二種(類の)汚触, 二(種類の)汚(触)　270
二種(類)の舎利　472
二種(類)の人　373
二升　142, 458
二秦の時(代)　600
二寸　110, 126, 370, 552
尼(僧)　185
(尼僧)衆　185
二(大)徳　585
日・月　37
日没　460
日夜翹勤　592
二肘　179, 226, 229, 362, 370
二肘余　370
日旰　610, 612
日(数)　249
日中, 日(中)　326, 327, 456, 457, 462
日昳　369
二㪷　142
両期する[にどする]　61

泥婆娑　220
二畔　219
二部(派)　49
尼坊　185
双足[にほんのあし]→双足[そうそく]
二万余遍　598
乳　127, 136, 137
(入)寂　43
入定　61
糅雑讃　488
如意樹　147
繞百千帀　451
如牛臥　241, 242
女人　187, 231
　女(人による結界の侵害)　246
　女(人)を防ぐということ　245
(如法如律の)意　555
如法の縁(事)　249
如来　373, 473, 492
　如来(妙色身…)　483
庭　390
驟雨[にわかあめ]　215
鶏　60, 613
人→人[ひと]
忍　397
有待[にんげん]　161
人参　416
荆[にんじんぼく]　222
金荆[にんじんぼく]　469
人天, 人・天　171, 207, 208, 391, 405
　人・天・地獄　489
　(人・天)衆　391
　人・天の上　522
　人・天の重　61
(大)蒜[にんにく]　442
(人)糞　445
人物の衣服　196

ぬ——

刺合[ぬいあわせ], 刺合せ　164, 201
縫合　177
繡[ぬいとり]　223
疎闕[ぬかり]　437
網漏[ぬかり]　378
著・脱[ぬぎき]　227
挺生[ぬきんでたひと]　522
(綱)布[ぬの]→縮[きぬ]
布　94, 95
奴婢　181, 549
　奴婢は坊に満ち　564
煖湯[ぬるまゆ]　281

ね——

根　135, 137
願い　41, 122
期い　41
葱　442
減価[ねぎる]　590
荆芥[ねずみぐさ]　435
熱　425
熱が発すれば水を淋ぐ　428
「熱」を患っている　435
熱黄　425
熱気　596
熱血　431
熱瘴　447
熱瘴の地　428
「熱」病　437
多銭之腎気(丸)[ねのはるじんきがん]　417
涅槃　55, 325, 537, 540, 604

涅槃に親近する　325
涅槃の岸　40
涅槃の寂滅　181
涅槃・円寂の処　301
涅槃経　588
『涅槃経』の梵本　112
宿草[ねぶかいくさ]　597
灰身る[ねむる]　287
(根)本　419
寝る遑　513
年　207, 611, 613
念→念[おもい]
懇懃[ねんごろ]　178, 221, 285, 286, 378
懇懃な意　387
懇懃に敬(礼)を致す　394
慰誨勤々[ねんごろになぐさめ] 489
不懇懃似[ねんごろでないよう] 150
念誦　463
埏埴[ねんどざいく]　38
念念の迷　161
念仏　234

の——
野　471
納衣　177
膿血　591
農作　38
嚢(中の)錐　615
農夫を重んじない　540
農(民)は畎畝の中に歌い　59
(能力の)上(の流類いの)人　513
所余[のこされた]一切の衣被　549
残された食⇒残食[たべのこし]も参照　143
遺せる(宝)珠　530
余(残った)膩(気)　150
残余(食)→残食[たべのこし]
余残(の苾蒭遺産=個人所有)物 544
望み　43
企望[のぞむところ]　597
後季[のちのよ]　205
咽　414, 429
咽を(指で)板(り胃の内容物を吐瀉せしめ)る　429
喉　429
(喉の)戸　429
鑿[のみ]　549
飲噉[のみくい]　82, 405
飲(み物)　548
飲(むこと)食(べること)の累い 155
飲む(量の)多少　434
軌則,(軌)則[のり]　57, 61, 206
軌式[のり]　406, 495
法則[のり]　149
令則,(令)則[のり]602, 618, 619
規(則)[のり]　494
(規)則とは異なる(状態にあること)　234
咽(んだり)噉(べたり)　152

は——
牙[は]　88, 91, 109
歯　108, 110, 611
波　350
葉　94, 125, 135, 142
灰　39
背後　214
背後の衣の縁　394
貝歯　556

牙疼[はいた]　111
灰(の粉)未　116
(貝葉)五百夾　491
栄班[はえあるくらい]　516
栄寵を廃失う[はえあるめぐみをうしなう]　420
墓　597
破戒の過ち　261
博士　380
屍林(処)[はかば]　177
薄迦論　520
荻苕[はぎのほ]　364
履屣[はきもの]　72
鞋履[はきもの]　71
　鞋履の属い　223, 550
博(学・多)聞　587
博学の鴻儒　505
白首　57, 471
白氎　138, 147, 196
呼・噏、重・軽[はく・すう、おもい・かるい]の別(異)　509
白石　433
麦豆飯　135
白馬が轡を停めるの初め　602
薄氷　574
破夏非小　64, 68
策(修・存)念[はげみぞんねん]　494
策修の路　194
箸　325, 589
一頭[はし]　325
一面[はし]　405
偏[はし]　44, 45
慚心，慚(心)[はじ]　173, 186
「波」字　380
薑　125
薑・(山)椒・蓽茇　447
婆師多　480
恧(の)心[はじのこころ]　616
興立の端[はじまりのいとぐち]　37
上首，(上)首[はじめ]　104, 156, 187, 390
始め　342
初(めて)出家(した)者　487
初めて寺を造る時　241
初めの五(つ)　136
柱　101
蓮　207, 208
蓮葉　208
慚懐[はずかしくおもい]　195
辺(隅の)房(舎)[はずれのぼうしゃ]　442
破斥(・論争)の場　516
旗　139
肌　84, 496
婆哆　424
機杼[はたおり]　231
赤体[はだか]　197
　赤体で(洗)浴する　357
露体[はだか]　39
露裸で住まわせる　561
襦[はだぎ]　195
田[はたけ]　180, 547, 548, 549
田園の(剰)余[はたさくのじょうよ]　560
赤脚[はだし]　50
塗(＝途＝徒)跣[はだし]　592
徒跣[はだし]　71
弱冠[はたち]　617
波咀囉　165
功[はたらき]　348, 514, 517
労(力)[はたらき]　348
作務[はたらくこと]　434
鉢　95, 96, 105, 166, 181, 216, 217,

231, 295, 316, 549
盂　75, 127
八(医)術，八医(術)　414, 415
八院　482
八月十六日　249
八月中　456
八月半ば　248
八字　505
八時　459
八定　419
八制底処　354
八(樵)　461
鉢の口　95
八部　415
八部の『般若(経)』を読むこと　592
(蜂)蜜　270
八例　509
八椀，八(椀)　462
(発)音　384
八戒　538
八戒を守持　537
八ヵ月　506
八紀　41
鉢器　298
(発)言　194
八(賢)聖　574
八歳の童子　506
八指　108, 213, 326
八(正)道　536
八正(道)の平衢　193
八節　424
鉢袋の儀　216
八沢　59
伐撥呵利　517, 520
跋南国　51
(般)涅槃→(般)涅槃[おかくれ]
八風207, 208
鉢喇底提舎那　263
鉢里薩囉伐拏　166
跋臘毘国　515
辺裔[はて]　137
鉢底　146
千生・万生[はてしないうまれかわり]　573
三大(阿僧祇劫)[はてしなくながいとき]→三(大阿僧)祇(劫)[さんだいあそうぎこう]
十劫・百劫[はてしのないとき]　573
無礙[はてなし]　586
辺(隅の)海(洲)[はてのうみ]　196
鴿の(身)代わり　580
花　134, 135, 139, 140, 144, 145, 234, 255, 312, 354, 366, 467, 474, 478
(花が)闕乏すること　470
花(の天)蓋　149
花(の天)蓋の法式　149
(花を)売る者　469
華　470
葩　469
鼻　103, 111, 428
鼻の中から水を一抄い飲む　111
鼻(水)が流れる　365
洟　109, 150
洟・唾等の汚れ　271
波尼儞　505
翎羽[はね]　60
牙根[はのね]　111
歯憊[はのやまい]　111
母　187, 485
母の愛　604
母を憶う憂い　603
母形[ははおや]　121

柞条[ははそのえだ]　110
幅と寛さが(ともに)二肘　222
早(い)晩(い)　119
林　485, 616
　林の簿　61
　林・叢の下　131
腹　426
　腹の中　280
　腹(部)　201
　腹(部に積)塊　433
腹辺　287
肚　369
(波羅)夷罪　578
(跋羅訶)寺内　187
跋羅訶寺の法式　191
餓腹而已[はらがへるだけ]　539
銷(化・消)散の儀[はらごなしのぎ]
　　370
(波羅提)木叉(戒本)の路　563
波刺斯　197
鉢喇特崎拏　450
「鉢喇」の字　450
鼓脹[はらのはり]　417
波刺婆刺拏　264
婆羅門　525
婆羅門国　385
針　418, 458, 549, 553
　針の穴　156
　針の若きもの　474
針線の労[はりしごとの]　216
婆里洲　49
鉢履曼荼羅　220
遥(遠)[はるか]　526
春と秋の二時　123
春の日　469
婆魯師洲　49
襻[はん]→襻[つけひも]
幡　139
　幡を懸ける竿　550
幡・(天)蓋・縈羅　256
反敬　375
半酌(み分)　462
半夏　250
万古　616
繁(瑣)，繁(瑣・複雑)　172, 181,
　　203, 509
半匕　125
半字　588
半紙　141
　半紙か一紙　236
半日暴瀉　431
半者　135
半者珂但尼　134, 135
半音蒲膳尼　134
反抄　214
半抄(い分)　462
反(切)，(反)切　219, 227, 374, 379,
　　384, 484, 503, 520
畔睇　374, 393, 407, 408
畔憚南　407
般弾那寺　123
半肘　275, 364
半月　111, 438
　半月(ごと)に説戒　154
　半月半月　261
半粒　570
半日　58
半腹　127
半(分の一肘)　222
(幡)幔　234

ひ——
火　235, 391, 411, 418, 428, 433, 439,
　　489, 579

日　37, 90, 119, 139, 181, 329, 456, 459, 612
　日が没しようとする時　460
　日に三(度の)礼(敬)　154
　日に千の数　96
　(日の)影　455
　日の中　326
　日(の光)　256
悲　610, 611
非→非[あやまり]
鄙　82
帔　168
美　609, 618, 619
毘何羯喇拏　504
皮(革製)の臥物　549
東　260
海東[ひがし]　457
東隅[ひがし]　459
東垂[ひがし]　137
東方[ひがし]　527
東印度　128, 492, 526
　東印度の海口　609
東聖方[ひがしインド]　481
東聖方処[ひがしインド]　187
東洛[ひがしのみやこ]　527
彼・我の功　440
毘伽羅論　504
光　38, 349, 612, 616
彼岸→彼岸[さとりのきし]
日暮れ　482
非家　281
匕景[ひけい]　51
卑(下位者)　69
非孝　238
膝　76, 121, 147, 229, 394
　膝の下　394
膝頭　360
千齢の迷躅[ひさしきのまよい]　63
久(しきよりの)習(い)　56
鞞殺社　444
非時　454, 455
　非時食　413
　非時(食戒)　90
　非時(水)　104
臂　278
被著法, 被(著)法　213, 218
西施[びじん]　616
苾駄　503
額　395
顙[ひたい]　60
左臂　277
左肩　214
　左肩の上　394
左髆　71
左畔　218
左裾　219
左手　109, 219, 276, 277, 394, 452
左手の辺　452
左髀の上　277
飛丹　433
日・月　522
苾芻　53, 68, 121, 187, 199, 241, 243, 280, 347, 551, 572
　苾芻の衣服　560
　苾芻の(死)亡者　235
　苾芻の所　347
　(苾芻個人の)房の中　187
苾芻(衆), (苾芻)衆　213, 258, 314, 443, 458, 460, 481, 482, 487, 551
　(苾芻)衆(の)集(まるさ中)　407
　(苾芻)衆の(座処の上)首　551
　(苾芻)衆(の)法　186
　(苾芻)衆の末(席の者)　480
(苾芻)大衆　126, 149, 185, 251, 271,

283, 316, 344, 460, 478, 484
(苾芻)大衆(一)人(一)人　316
(苾芻)尼　195
(苾芻)尼(の)衣　225
(苾芻)尼衆, (苾芻)尼(衆)　226, 231, 258
(苾芻尼)衆(の)食　232
(苾芻)合衆[びっしゅみな]　470
畢哆　424
蓽拏　520
匱(に納められて善買を待つ美)玉　615
(必要)事を充たし、(威)儀を表わす　177
飛泥　588
(余の)人[ひと]　384
人　38, 39, 43, 58, 62, 77, 83, 85, 88, 90, 104, 121, 128, 138, 145, 191, 195, 206, 221, 227, 262, 281, 285, 286, 326, 345, 349, 354, 356, 357, 393, 396, 433, 436, 439, 446, 453, 456, 467, 473, 485, 492, 526, 590, 609
人(としてなす)事　233, 517
人と物との序　37
人の傍ら　579
人(の)情　375
「人」の事　81
人(の生)命　438
人(の)造(った頌)　145
人の身, 人(の身)　573
人身　485
「人」(の)理の精華　521
人の代　616
人を択んで交わり　489
人道[ひと]　39
他心[ひと]　169
徒[ひと]　163
一品(類)　593
一重　214
一片　125
一口　81
一双[ひとくみ]　196
(日時計で)影を量る法　325
日(時計の影)　382
(日時計の)影(の長さ)　456
全匕[ひとさじ]　125
人里　616
一盤　120, 130, 131
陰黙者[ひとしれぬもの]　430
一隅　154
一聞便領[ひとたびきけばすなわちわかる]　514, 524, 526
一衣[ひとつ]　168
一説[ひとつ]　43
一布[ひとつ]　196
一分[ひとつ]　555
一裹[ひとつ]　138
一事の(名)号　512
一(つの)望(み)　528
一つの喚(び方)　385
一つ一つ　276
一目(の亀)　609
一途[ひととおり]　170
一盂の粥[ひとはちのかゆ]　382
宿夜[ひとばん]　381
含霊[ひとびと]　38
三有[ひとびと]　40
諸人[ひとびと]　496
徒(輩)[ひとびと]　523
迷途者[ひとびと]　59
有識者[ひとびと]　59
密処[ひとめのないところ]　413
一簣[ひともっこ]　57

一簣の功　63
(一)宿　243
一宿の事　249
一己　344
一人，一(人)　121, 133, 143, 186, 255, 326, 482, 509, 522, 616
一(人、)浄人の老母　123
一(人の)経師　479
(一人の)情　185
一(人)の(讃詠を)能(くする)者 484
一(人の)大士　526
一(人の)苾芻　241
独りの意　185
(各個々)別人(毎)[ひとりひとり] 562
(個々)別人[ひとりひとり]　560, 564
一(人)一(人)，(一)人(一)人　106, 313
別人[ひとりびとり]　162
一(人)、二(人)，一(人、二人) 221, 581
一算[ひとりふたり]　488
(教)化(済度衆)生の(妙)術　490
毘奈耶　521
毘尼(毘那耶＝律)の説　281
無間然[ひのうちどころなし]　608
美の極み　491
蓽茇　435
日々，日(々)　342, 382, 457, 469
(日々の)業　495
(日々の)存命　563
響き　287, 482
梵響[ひびき]　41
日久しいもの　389
皴裂[ひびわれ]　354
非法，非(法)　190, 223, 565
非法の衣服　195, 199
美味　126
(秘)密(の)語　58
秘密の言詞　126
美名　442
綫鞋[ひもぐつ]　223
百一羯磨　243, 291
白衣　347, 519, 550
百駅　50
百億(余国)　384
(白月)十五日　538
白(羯磨)，(白)羯磨　185, 250
白月八日　538
百疑　528
白言　388
百座　59
百罪　181
百氏　603
白事　383
白事の言　388
(白四)羯磨　325
白氎　217, 222
(白氎)布　218, 230
白僧(者)　295
百代　618, 619
百灯　63
白土、赤土、及び下(等の)青色 554
白二羯磨の結界を乗ること　243
百人　355
百の数　172
百病　420
百味　143
百里　50
百家　587
百遍　592

譬喩→譬喩[たとえばなし]
毘輸安呾囉太子の歌詞　492
卑(幼)，(卑)幼　375, 402
餅　82, 126, 135, 137, 143
　餅・果，餅・果(実)　82, 127, 143
　餅飯，餅・飯　127, 136
苗　183
瓶　88, 93, 95, 96, 99, 181, 216, 547
　瓶器，(瓶)器　100, 278
　瓶水　99, 134
　(瓶の)口　94, 285
屏教者　345
憑虚(公子)　614
病源→病源[やまいのもと]
屏私　214
病者　555
瓶袋の法式　95
(瓶)虫水観(察)　382
瓶であるとの(理)解(・認識の心)
　　501
瓶ではないもの　501
平等行食　125
瓶・鉢　402
(表白と羯磨の)文　243
(表白)文　299, 324
屏房　230
平疇[ひらざと]　110
苾力叉　512
辛辣[ぴりっとする]　110
苾栗底蘇呾羅　512, 517
比量　515, 520
(正)中[ひる]　456
昼　459
日午[ひる]　256
午々に(敬)虔恭(謹)　366
過午[ひるすぎ]　139, 256
昼と夜の停(ったー)時(間)　462
中前[ひるまえ]　138
汎い意(味)　325
広(い)沢　595
疲労　403
　(疲)労倦(怠)　342
広(き救)済の術四つ　586
弘(く救)済　203
弘(く我が法門の徒を利)益する
　　608
闊布の両尋[ひろぬののふたひろ]
　　197
弘紹の英(華)[ひろめうけつぐこと
　　のはな]　457
貧　565
　貧(窮)　231
　貧窮を「越」え渡ること　147
　貧(下)者→貧下(者)[まずしいひ
　　と]
　貧賎　196
　貧人　417
　(貴人・)窮(者にも王家・)富(者)
　　430
　貧乏な流(類)い　149
頻毘娑羅王　53
檳榔(樹)　138, 148
　檳榔(樹の実)　139, 144

ふ——
不婬佚　537
風　425
「風」痾　438
風急　428
風(疾)　356, 365, 431
風大，風(大)　425, 435
風土の差互　438
風(による教)化　446
夫婦　37

封邑　191
風労，風(労)　435
不飲酒　537
　(不飲)酒(戒抵触)の過ち　555
深(い)旨(趣)　350, 603
不可思議　473
不可分　547, 548
福　85, 130, 180, 503, 539
敷具　179
複(衣)　218
福業，福(業)，(福)業　77, 132, 182, 237, 354, 485, 514, 586, 611, 613
覆審生智　525
覆瘡疥衣　167
副僧脚崎　167
覆俗　501
覆俗諦　500
覆俗道　500
覆諦　501
腹痛の患い　138
福徳→福徳[しあわせ]
福(徳・利益)，福(徳・)利(益)　148, 209, 370, 467, 493, 597
福(報)　473, 474
腨[ふくらはぎ]　403
腨足[ふくらはぎ]　591
福利　207, 209, 471
茯苓[ぶくりょう]　416
袋(状)　179
福(をつくる)地　519
覆肩衣の名　230
奉献した残(りの)花　471
負債　544
不座高広大床　537
布薩　261
不作楽冠花塗香　537
応食者[ふさわしいひと]　132
不餐七日　235
附子　416
奉持　312
異，(霊)異[ふしぎ]　125, 611, 613
藤(蔓で編んだ)幅(子)の流(類)い　215
藤縄　74
富者　142, 417
諷誦　492, 493
不受食　306
不浄　83
　不浄(の)汚(れ)　270
不定　456
父城　41
不審　407
布施，(布)施　209, 259, 311, 562
奉施　458
　(奉)施す(る)所　461
不殺生　537
不洗(浄)の過ち　281
蓋　93, 94, 95, 138, 285
猪[ぶた]　85
複作[ふたえ]　359
両片[ふたかけ]　125
両行[ふたかわ]　275
猪糞・猫糞　442
両盤[ふたさら]　143
落漠[ふたしか]　457
両条[ふたすじ]　229
再(度)　608
二儀[ふたつ]　38
二処[ふたつ]　169
二分[ふたつ]　555
両声[ふたつ]　459
二(つの)穴　94
二つの五(つ)　136
二(つの基)准　301

ふたつの世界　519
二つの(利)益　356
二紀[ふたとせ]　288
二(人)　121, 522
　二人の小師　589
両人　102, 185, 578
　両(人の)僧(徒)　141
両椀　459
端居の所致[ふだんのけっか]　369
弗咀攞　437
不偸盗　537
不聴・不遮　268
俯枕　586
常倫[ふつう]　49
尋常(の敬礼)　394
普通の食　348
常類[ふつうのひと]　495
人流[ふつうのひと]　445
(仏)果を獲たもの　41
仏教→仏の教え[ほとけのおしえ]
仏教の出家(者)の儀　96
副裙　167
仏歯木樹　112
(仏)舎利を感(得)　599
仏所　395
仏制　216, 328
仏睛　141
仏逝補羅洲　49
仏・世尊　486
仏前　140
仏・僧の地　592
仏陀(物), 仏(陀)物　557
仏弟子　78
仏典　347
仏殿　379
　仏殿を右繞　370
(仏典翻)訳者　111
仏塔　72, 472
仏堂　557
　仏堂(物＝仏〈陀〉物)　553
仏日　205, 350, 351, 527
仏の本行の詩　492
仏八指　75
仏辺行道　451
仏辺の(それぞれ)一座(席)　141
仏法, (仏の)法　43, 50, 51, 76, 154, 524
　(仏法)招隆　608
　仏法に入る(初)基　294
　(仏)法(の)海　63
　(仏法の)曜き　602
　(仏法の)護持　349
　(仏法の道)理　232
　仏法の綱紀　390
　仏法は無い　198
　(仏法)紹隆の要　378
　(仏・法・僧の)三つに帰(依)すること　540
　(仏の)法の教え　604
　(仏の)法を行ずる者　85
　(仏の)法を行ずる徒　53
翰　615
筆　286, 615, 616
毫　615
不同　547, 548
舞踏　492
舞(踏・歌)詠　492
氈席[ふとん]　359
扶南　51
虚疎[ふぬけ]　440
舶[ふね]　608
部(派)　48, 52, 66, 195
　部(派で律蔵を)別(異とする)　47
　部(派で律蔵を)別(異とする)の

(憲)義　53
部(派の)書(きつけ)　190
覆膊[ふばく]　195, 217
不非時食　537
布服三年　237
不分別衣　302
文　594
杼軸[ふみ]　196
履践[ふみつけ]　471
成文[ふみとなっているもの]　128
文の才　612
父母　342, 610, 611
父母に孝養　489
(父母の)恩に酬いる　235
(父母の)恩に報いる　235
(父母の)徳に賽いる　235
父母を(殺)害した　291
不妄語　537
冬景[ふゆ]　470
冬月[ふゆ]　202, 365
葵菜[ふゆあおい]　137
富楽　145
故(い)　591
故い鞋履二両　596
旧い檀越　489
典誥[ふるきふみ]　525
旧習[ふるきよりのならわし]　194
故轍[ふるきわだち]　204
旧法[ふるくからのやりかた]　267
旧(法・旧習の語彙「和南」)　407
故衣[ふるころも]　236
故里　607
動止軽利[ふるまいかろやか]　381
弘紹の賓(人)[ふれまわりのまろうど]　281
布路沙　326
補嚕沙　509
補嚕灑　509
補嚕箱　509
分　232
汾州の抱腹　284
焚身　603
(分)身　600
分数　180
糞掃の三衣　563
文筆　491
(文)筆、海(の如し)　615
文(筆)、峯(の如し)　615
分別　168, 501
文墨　182
(粉)末　275

へ——

秉羯磨　349
秉羯磨師、(秉)羯磨師　324, 345
薜舎[へいしゃ]　43
幷州[へいしゅう]　502
薜世　39
薜陀[へいだ]　525
平旦→平旦[あさ]
平地, 平(地)　58, 269
幷・汾(両州)　126
秉法作　241, 243
平(明な)途　40
薜攞斫羯攞　455
平林　586
平和→平和[やすらか]
碧砌　60
斉(臍)[へそ]　426
斉(臍)中[へそ]　440
臍(輪)[へそ]　218, 226
臍(輪)下[へそのした]　219
別(異)　454
別集　617

別章　358
(臥)床に臥ってしまう[ベッド]
412
(臥)床の闊さ　362
(臥床を)縄で囲む　44
別人(個別人の意・僧伽苾蒭衆の対
＝大衆)　249, 397
別時の意(味)　171
別の経　474
別の処　199
別(異の)室　366
別料の供養　482
蛇　501
蛇(の毒)や蠍の毒　446
縁歴[へめぐり]　608
居房[へや]　202
室[へや]　603
室を別(異)とする　44
謙順[へりくだり]　59
ペンキの絵　616
偏衫　203
鵯鵲　418
篇(章)　524
遍身　403
偏袒　195, 201, 202
偏袒(衣)　200
弁中辺論　534
偏(半)　552
便(利)→便利[トイレ]

ほ――
帆　364, 365, 608
歩　191, 420
本意, (本)意　193, 291
要[ポイント]　213, 217, 222
要(中の要)[ポイント]　203
要略事[ポイント]　617
方　383
法　62, 81, 206, 251, 259, 323, 344,
405, 473, 544, 564
法肌, 法の肌　610, 612
(法)灯, (法の)灯　528, 608
坊　246
房　218, 234, 236, 278, 381, 390, 462,
575
房の内　103
房の前　403
房の門　242
房は三百　481
房々の内　244, 469
法位　343
方域→方域[ところ]
報(因), (報)因　474
芳困　286, 288
(法)会　249
法衣　165, 298, 393, 550
法衣は絹ではない　178
宝蓋　468
鋒鍔　516
葬　595
掃箒　595
法議　617
放却　406
法教→法教[おしえ]
方裙　195, 203
法護　51, 67
方座　398
法師　590, 591
法事→法事[サンガのなすべきこと]
法式, 法(式), (法)式[ほうしき]→
法式[きまり]
飽(食)　356
法師玄奘　527
宝師子大徳　527

棚車　139, 256
褒灑，褒灑陀　261
房舍，房(舎)　217, 250, 251
宝積経　187
法舟，法(真理の)舟　162, 596
法衆　119
方処→方処[ところ]
法将　350, 351
法称　523
放生器　102, 103, 105
放生の罐　106
宝(石)等で成られた床(座)・榻の属い　555
法則→法則[のり]
飽足　265
方地　183
方帖　212
傍人獲罪　66, 577
方便→方便[てだて]
方便(罪)　56, 58
法物，法(物)　555, 557
(法)門(の意)義　170
法(門の)衆(徒)　42, 164
法(門の)徒，(法)門(の)徒　58, 150, 153, 154, 231, 233, 255, 378, 390, 594, 601, 602
封邑　516
法侶，法(侶)　139, 248, 596
法(侶・)俗(人)，法(侶も)俗(人)　491, 521, 614
法輪→法輪[おしえ]
(法)励　602
(法齢、己れよりも)小(なる者)　387
(法齢が)最少　330
(法齢の)小なる者　264
(法齢の)大・小　70, 402
(法齢の)大・小の(別)異　329
(法齢の)大なる者　264, 553
(法齢の)大なる者が無かった　387
(法)礪律師の文疏　605
法を弘める心　62
余(外)[ほか]　198, 217, 387, 456, 481
　余(外)の経　488
　余(外)の薬　413
　余(外の国々)　198
　余(外)の業　516
　余(外の)事　406
　余(外の修道の)業　387
　余(外)の(大)聖(釈迦世尊の足)跡　369
　余(外)の人　607
　余(外)の八漿　405
　余(外)のもの，余(外のもの)　223, 591
余処[ほか]　250, 260, 309, 328, 353, 460
余[ほか]
　余の器具　278
　余(の)九人　312
　余の事　237
　(余)衣　217
　余の三姓　525
　余の杖　326
　余の証人　345
　余の(請)白事　386
　余の七つの過ちを防ぐ　539
　余の人，(余の)人　186, 383
　余の服　218
　余の部(派)　618
　余(の法)衣　217
所余の文章　617
自余，(自)余[ほか]

自余の雑砕の物　557
(自)余の別の『讃』　484
(自)余の住持(＝住職)、大徳、明徳、禅師等　601
自余の(前述の中国の)袍・袴・褌　203
自余の薬物　416
(自)余(の)言　134
(自)余の可・不(可)　357
自外の雑類(の四姓の外にある者)　525
北戸　456
北辰　454
北辺　456
法華経,(法華)経,(『法華)経』　569, 598, 599
哺後　186
空紙　594
菩薩　131, 571, 580
菩薩の恩(愛)　606
菩薩の本心　153
菩薩を礼(拝)して大乗経を読(誦)する　54
菩薩行　576, 590
菩薩人　526
星　38
蒲膳尼　134
細(い)杖　455
細い柳の条　112
毫と芒[ほそげとのぎ]　517
粗細[ほそさ]　552
菩提　156
発願　120
発願の文　599
(法)顕　602
発心　291
北方　385
北方の諸国　164, 165, 380
北方の胡国　384
北方の諸胡(国)　149
哺提,哺堤木底韓殺社　444
度[ほどあい]　462
大沙門[ほとけ]　473
仏　53, 78, 120, 121, 126, 128, 133, 145, 147, 163, 174, 202, 223, 243, 270, 280, 287, 373, 485, 486, 496, 522, 554, 564, 575
仏が制(定)めたもの　170
仏が自親ら製せらせたもの　221
仏が世に在った時　395
仏(と苾芻)衆　128
仏の教え,仏(の)教(え),(仏の)教え,(仏の)教(え)　62, 71, 84, 154, 156, 206, 214, 235, 252, 269, 281, 311, 373, 389, 396
(仏の)教(えと仏の法の道)理　357
仏の教えに順いたい　271
(仏の)教えに違うこと　271
(仏の)教えに違って罪を招くこと　280
(仏の)教えに違うという愆ち　216
(仏の)教(えにも、仏の法の道)埋　156
(仏の)教(えの)旨(趣)　221
(仏の)教(え)を十八(部派)に分かっ　53
(仏の)髪・爪(を納めたところ)の窣覩波(仏塔)の所有る破壊(箇所)　557
仏の経　255, 555
仏の経を(書)写　557
(仏の)行　62

仏の功徳　486
仏(の)意　152
(仏の)金口　575
仏の(姿形、つまり三十二)相(・八十種)好　483
仏の相好　485
仏の双足　395
仏の(形像の処)　202
(仏の題)名　478
(仏の)正(しい)教(え)　519
(仏の知)恵　574
(仏の)智(慧)の高下　478
仏の徳　134, 140, 487
(仏の)徳の弘く深いこと　478
(仏の)徳を陳べる　478
仏の所　405
(仏の)名を聴く　478
仏の綱(紀)　351
(仏の)法→仏法[ぶっぽう]
(仏の本来の)意　569
(仏の)道　173, 232, 369, 412, 440, 589
仏の大方　351
(仏の)道を妨げること　200
(仏の)開(許)す限り　245
仏親[はとけみずか]らが説いたもの　479
(仏を)称揚讃徳　478
仏を讃(歎)する　483
聖儀[はとけさま]を滻洗(、沐浴)する　466
釈父の聖教[ほとけのみおしえ]　237
聖容[ほとけのみすがた]　496
施す物　144
適さを取って身(体)を安んずる　364
火焰[ほのお]　411
焰　63
炎熾の大火　606
歩歩の罪　161
可一把許り[ほぼひとにぎり]　257
栄命[はまれ]　615, 616
嗟歎[ほめそやす]　589
螺[ほらがい]　459
苦渋[ほろにがく]　110
飯　135, 143, 412
盆　85, 100, 101
梵宇　482
(本)義　512
(本)義は論じられなくなる　392
梵行　609
梵言→梵言[サンスクリット]
(本)源　419
梵語→梵語[サンスクリット]
本師, (本)師　293, 294, 297, 299, 312, 314, 341, 342, 379, 381, 385, 386, 389, 390
(本)師の辺り　386
(本師の)心の空しからざる　341
(本)師(の)処　379
(本)師の所　390
本生　491
本生貫　515
本生の事　491
体[ほんしつ]→体(本質)[たい]
本声の字　500
本師を離れること　386
梵僧→梵僧[インドそう]
本製　198, 201
本説　502
坌厠　283
梵(土)→梵(土)[インド]
煩悩, 煩(悩)　500, 519

煩悩増(大の)時　349
(梵)唄　483
(犯)非時(食戒)の過ち　151
凡(夫)・聖(人)　283
凡(夫)聖(人)の(区)別　237
凡(夫の)流(類)[ふつうのひと]　192
凡(夫の)情　221, 245
奔(放な)駿(馬)　574
梵本→梵本[サンスクリット]
盆盆洲　49
本文　178
翻(訳)　301
(翻)訳者　199, 502
翻訳の重　502
(本来の威)儀に乖かせない　202
本(来)の威儀を失っている　201
本(来の西国)　398
本(来の)儀,（本来の)儀　218, 226
本(来の)製　203, 212, 216
本(来の)製(制)　552
本(来の地)位　69
本(来の)法,（本来の)法　76, 251, 398
本(来の自らの座)処　480
(犯)離(衣)宿(戒)の愆ち　245
煩惑　55

ま——
米屑　138
毎月　185
毎(日)晨旦　379
毎(日、必)須ず洗(浄、)沐(浴)　470
毎(日)五更　603
毎日一周　598
毎日一顆　432
前非の已往　486
前の五(つ)　136
前の七(戒)　538
先兆[まえぶれ]　54
魔王　43
麻黄　416
莫訶哥羅　122
莫訶信洲　49
(摩訶)僧祇(律)　51
魔揭陀　47, 137
摩揭陀国　137
厨家[まかない]　123
厨家(方)[まかないかた]　123
莫訶菩提　197, 460
末迦漫洲　49
薪　411
甘瓜[まくわうり]　137
磨香　468
忠[まごころ]　539
真(諦)[まこと]　55
真智[まこと]　155
誠　41, 60, 61, 260
諦理[まこと]　466
虔誠[まことをつつしんだり]　515
真を倣う　367
斤・斧[まさかり・おの]　588
雑揉[まじえ]　512
貧窶[まずしい]　129
貧下(者),貧(下)者[まずしいひと]　132
貧窶の輩[まずしいひとびと]　142
貧匱[まずしいもの]　430
丈夫の志　231
胯下[またした]　220
寸陰をも徙さず[またたくまをもうつさず]　63
当来[またのよ]　574
摩咥里　485

摩咥里制吒　485
直声[まっすぐ]　483
矗直[まっすぐ]　219
末(席)　120
末代　191, 395
正平[まったいら]　219
完き器　589
円[まったき]具(足戒)・円心　533
全(く制)遮　348
松の枝　616
末(流の中国)　398
惑い　112
　惑いを取っている　452
惑・累　156
麻豆　364, 365
窓の上　365
学びて時に習う　611
来請[まねきさそい]　150
現前[まのあたり]　206
目撃[まのあたり]　137
目験[まのあたり]→目験[め]
正午, (正)午[まひる]　90, 119, 147, 459
正午の影　455
　(正)午の辰(刻)　461
　(正)午を過ぎて　90
午時[まひる]　133, 148, 417, 454, 462
隆冬の月[まふゆのつき]　72, 590
幻　55
南極[まみなみ]　454
真紫　223
奉行[まもりおこなうこと]　389
(纏)染[まよい]　519
火宅[まよい]　40
昏城[まよい]　40
塵労[まよい]　235
沈結[まよい]　55
情志[まよいごころ]　231
惑(著)を断つこと[まよいこだわるこころを]　575
生津, 迷(いの)津[まよいのうみ]　40, 56
迷(いの)途　581
迷生の牢獄　161
出塵の望み[まよいをでるののぞみ]　41
二六(十二)杜多[まよいをはらうくらし]　194
迷(える)俗(人たち)　452
摩羅　491
末羅遊, 末羅遊洲　49, 50
円(形)　220
円羅　105
円(い)孔　94
赤体[まるはだか]→赤体[はだか]
総相で愆ちを談ずる[まるまるすべて]　263
旋繞[まわりめぐり]　149
万一　286
曼殊室利　502
縵条衣, 縵条(衣)　294, 311, 385
慢心　349
正[まんなか]　45
万に一つ　288
万物　39

み——

観(察)[み]→観察[かんざつ]
実　138
身→身[からだ]
身体[み]→身体[からだ]
躬(体)[み]→躬(体)[からだ]
真跡[みあと]　371

聖教,（聖）教[みおしえ]　41, 43, 55, 61, 70, 72, 77, 113, 146, 150, 155, 168, 187, 251, 313, 346, 348, 351, 356, 375, 447, 457, 463, 493, 497, 575, 579, 618, 619
御影　43
未(完)成　548
右　451
(右)髆　202
右肩　71, 229
右裾　219
右手　127, 129, 219, 266, 277, 283, 355, 394, 403, 450, 452
　右手の辺　452
激[みぎわ]　62
三盤　143
未成　547, 548
水　38, 58, 93, 94, 95, 99, 100, 101, 102, 105, 109, 111, 118, 119, 129, 136, 138, 145, 150, 184, 207, 208, 270, 276, 282, 283, 284, 356, 379, 385, 390, 426, 428, 431, 458, 461, 468, 601
　(水の)流れ　418
　(水の濁った)涇(水と、水清らかな)渭(水)　371
　水は清美で余(処)とは(別)異なっている　354
　水を授けさせる　88
　水を観(察)　141
　水を盛る器　549
(水)垢　94
水玉　208
形像→形像[ぎょうぞう]
尊容[みすがた]→尊容[そんよう]
自ら軀命を断つ　575
自ら乞う　179
自ら損ない・他をも損なっている　343
(自ら)他を礼(拝)すべきでもない　270
自(らの)心　501, 568
自らの意　575
自らの位(置)　480
自らを利(益), 自らの(利)益　415, 420
活命[みすぎよすぎ]　232, 496
濾水羅, 濾水(羅), 濾(水)羅, (濾水)羅「みずこしフィルター]　100, 101, 102, 103, 104, 105, 150, 166, 184, 295, 341
三道の刺り[みすじのぬいとり]　177
市肆[みせ]　469
店　547, 548
廛肆[みせ]　495
渠竇[みぞ]　88
未睇(提捨)　384
三畳　219
亡魂[みたま]　234
途路[みち]　192
道　38
盈溢[みちあふれ]　127, 143
盈長[みちあふれ]　128
　盈長[ゆたかさ]を楽う者　196
　盈長(な衣服)[よけいなえぶく]　495
盈富[みちあふれ]　128
道行(中)[みちすがら]　407
軌(轍)[みちすじ]　383
途路中[みちであつて]　271
路辺[みちばた]　474
指径く[みちびく]　594
蜜　405

三襵[みつおり]　212, 219
三(日)　176, 595
密絹　100
密意　328
三慧　489
三事　431
三つの日　505
三(つに展)開　479
三つ(の語形の変化)　509
三、両　431
密友書　489
孩嬰[みどりご]　40
縁篠の側　595
大衆, (大)衆[みな]　124, 392
一概[みなおなじ]　438
南　456
南海[みなみ]　416
両裔[みなみ]　137, 527
南(畔)[みなみがわ]　456
両溟[みなみのおおうみ]　456, 527
(本)源[みなもと]　188
身に随ける　447
嶺　436
資具(類)[みのまわりのしな]→資具(類)[しぐるい]
国土成熟[みのりゆたか]　145
身の量　326
一体[みひとつ]　536
抖擻[みぶるい]　355
(み仏の)形像　367
微妙[みみょう]に語られたこと　480
号(泣)慟(哭)[みもだえしてなきさけぶ]　596
未聞のことを新知する　528
脈を診る労　429
東洛[みやこ]　430
奴僕[みやっこ]　143
哀雅な声[みやびなこえ]　478
賀幸[みゆき]　599
妙　529
命→命[いのち]
明　504, 610, 612
妙賢　41
明師　610, 611
名(字)→名字[なまえ]
明珠　596
名(称)→名称[なまえ]
明朝　82, 150, 427
「名(名称)」と「義(意味)」に依って釈す　392
「名」と「体(実体)」が一向相称っているもの　392
妙法　573
(名)目　512
名利の諠囂　181
「名」を立てるのに(理)由(・根拠)が有ること　392
未来(世)の「生」の中　540
弥勒説法　614
身を殺す　579

む——

無　55
無為を「為」とし, 無事を「事」とし　60
昔時[むかし]　69
先[むかし]　215
(已)往(の)業[むかしのごう]　421
旧来の上徳[むかしのじょうとく]　206
昔、仏の在せし時　485
先(より行われている)模(範)　157
無虧　351, 352

麩(の)漿[むぎがゆのしる]　555
麪[むぎこ]　137
麨[むぎこがし]　137
麩麦の如き(小ささ)　473
「無義の名」　393
無義の名　392
無行禅師　138
報い　129, 140
木槿[むくげ]　469
余骸[むくろ]　595
無限の時　611
某甲[むこう]　346
無罪　152, 179
　無罪の人　152
虫　94, 100, 101, 102, 105, 118, 175, 181, 184, 355, 390
　(虫の生)命を害(損)なう　173
　虫(の入っている)水　100
無著　522, 528, 534
　無著の八支　534
無著・世親(の両)菩薩　487
無生　495, 616
無常　236, 573
無常経　236
　(『無常)三啓(経』)　479
　(無常三啓)経　480
無上世尊　151
無生法忍　616
無尽　130, 131
無尽蔵食　586
“無心”にして“無尽”“無障”の意　562
八万(四千)[むすう]　155
男女を捨てさせること[むすこむすめを]　572
男を捨て女を捨てること　571
無説の経　500
談話[むだばなし]　91
策(励)[むちうち]　574
六つ　552
　六つの意(義)　487
空しく自ら労する　513
胸　425, 426, 428
胸臆[むね，むねのうち]　228, 452
胸蔵[むね]　487
旨(趣)　175, 589, 605
胸と腋の間　227
無病　374
無犯　174
無明　501
無滅　43
村　246, 606
　村(邑)・城(市)　255
　村に停ること数日　591
　村(の界分の)収　246
　村(の数にして)二百余　191
　村人　591
叢座[むらがりすわり]　85

め——
眼　349
眼目　440
目　356, 365, 572
目験[め]　155, 175, 201, 428, 551
茗　435
名医　430
溟海→溟海[くらいうみ]
明経を務める輩　419
名香　470
名手　599
鳴杖[めいじょう]　551
(名)声　600
　(名)声は四(方)域に流れる　516
名(宝)　523

耆長[めうえ]　59
(目)上(の者)　538
遮障[めかくし]　363, 366
障蔽[めかくし]　356
旋繞[めぐる]　255, 379
臥起の後[めざめのあと]　362
(目)下(の者)　538
家人[めしつかい]　183
奇巧[めずらか]　137
奇(特・精)妙[めずらかですぐれている]　437
(珍)奇なり[めずらかなり]　516
異聞[めずらしいはなし]　365
滅法を成ずる者　343
成就吉祥[めでたきをなす]　504
(目で見る)色・(舌に覚える)味　436
目験[めにする]→目験[め]
無表の(利)益[めにみえぬりやく]　467
有作の功(徳)[めにみえるくどく]　467
眩気[めまい]　431
馬鳴　522
両　168
面謁　618, 619
麵食　136
(麻)煩[めんどう]　389
面(貌)　505

も——

濛雨　228
齎持[もつ]　496
亡財僧現　66, 542
啓白[もうしあげ]　150
奏請[もうしあげおねがい]　461
妄談　196
木石　418
目真鱗陀龍　125
目前　207, 208, 603
木底　444
沐浴, (沐)浴　139, 469
文字　595
若し人発心せば……　569
瓮[もたい]　82, 442
瓨[もたい]　118
物　43, 129, 154, 207, 209, 309, 600, 609
物(衆生)　445, 446
木器　118, 549
没代　514
端居[もっぱら]　495
精(らなる)勤　568
麻縕[もつれたあさ]　364
(原)因[もと]　140
因[もと]　288
基の上　370
髻　39
旧裙[もとのくん]　355
冀求[もとめる]　471
求めるところ無く欲を省かんとする賓　173
品物[もの]　38
物　144, 217, 259, 436
屏隠[ものかげ]　89
屏処[ものかげ]　87, 109, 297, 402
多事[ものもち]の(一般世)俗(の)徒　172
(細)布[もめん]　364
(白)畳(＝氎)布[もめん]　355
劫貝[もめん]　198
木綿　364
桃　110, 469
(慕攞)薩婆(悉底婆)多(根本説一切

有)部　220
(慕攞)薩婆多　618
諸(々の安居継続の困)難事　250
諸(々の)戒　152
雑の兵刃等　553
雑の(家)畜類　547
諸(々の)経　451
雑の薬の属い　555
諸(々の香)辛(料)，諸(々の)香(辛料)　435, 439
諸(々)の竿　547
諸(々の)食(物)　142
諸(々)の字書　587
諸(々)の出家衆　568
雑(々の)書　593
諸(々の)僧(侶)　589
諸(々)の俗(人の)流(類)いを礼(敬)　495
雑任[もろもろのつとめ]　460
諸(の)弟子　485
諸(々)の銅(器)・鉄器　548
諸(々)の苾芻　554
諸(々の)袋(類)　549
諸(々)の文(学の)士　616
諸(々の)法師等　474
諸(々)の余外の財　569
文　500, 503
門　478, 591
門屋　121
文「義」も倶に領(解)　524
文讃　610
(文)字　493, 587
文殊師利　437
文章，文(章)　487, 593, 612
　文(章に込められた)情(感)　486
　文章の(装飾ある履き)物　223
門前　460
文藻，(文)藻　486, 489, 587, 610, 612
文(藻の)圃　587
文荼　506, 512
文池　204, 205
門人　91, 593, 595

や——
箭[や]　431
也　374, 520
夜　379, 503
刃を王庭に投じ　516
野外　445
甎石[やきがわら]　275
焼処[やきば]　235
益　58
薬　145, 444
薬(剤の)禁(止規定)　435
薬直衣，薬直の衣　168, 170
薬資具衣　168
薬叉　120
(翻)訳者の意　169
務[やくめ]　198
(野)菜　183
邸　548
利養[やしない]　232
摂養[やしないそだて]　391
野人の作　619
将息[やすむ]　434
憩息[やすむ]　402
平和[やすらか]　381
野(生の)蚕　178
八つ　552
振錫[やってき]　608
傭人[やといにん]　181
柳　110
毀破[やぶり]　309

夜(分)　461
岳[やま]　38, 614
山　351
山に居て独り善しとする　585
大積[やま]　391
大聚[やま]　124
聚[やま]　472
疾(病), 疾(病), (疾)病[やまい]　71, 111, 112, 122, 170, 266, 356, 390, 412, 418, 425, 430, 431, 433, 436, 438, 439, 442, 463, 598
(疾)病無し　487
(疾)病(による)苦　369
(疾)病の有る者　438
(疾)病の本(源)　418
(疾)病の発(症)　439
(病)痾[やまい]　112, 369, 424
病縁[やまい]　202, 250
病起所由, 病(起所)由[やまいのおもと]　437, 439
病縁[やまいのもと]　412
病源[やまいのもと]　411, 426
山・荘, 山荘　110, 470
山寺　606
棠梨[やまなし]　222
山なす労(力)　58
晦昧[やみ]　40
闇から闇に入り　235
行法[やりかた]　63, 157
法式, 法(式)[やりかた]→法式[きまり]
軟らかい葉　364

ゆ——
油→油[あぶら]
喩→喩[たとえ]
遺教(経)　490
唯識　517
(有)益　420
誘(掖)　536
晡西[ゆうがた]　482
日角[ゆうがたまえ]　589
(黄)昏[ゆうべ]　418, 528
夕　617
夕景　63
勇猛発心　572
瑜伽　55, 534
瑜伽の宗　528
鞆[ゆがけ]　101, 211, 212
縁(由)[ゆかり], 縁(由・縁事)　136, 194, 421, 500
雪　354, 472, 590
遊行→遊行[たび]
逝く川　617
(已)来[ゆくすえ]　260
朱桜[ゆすらうめ]　469
豊多[ゆたか]　129
盈長[ゆたかさ]→盈長[みちあふれ]
指　125, 136, 426
指を焼くこと　568
指を焼け肌を焚け(、それが供養だ)　601
両指[ゆびにほん]　471
指面[ゆびのおもて]　220
弾指なら三つ[ゆびはじき]　109
夢　53
油(釉)　117
恕[ゆるし]　264
開(許)と制(遮)[ゆるすとさえぎる]　52
(開)許(と制)遮の(道)理　53
通す塞ぬ[ゆるすゆるさぬ]　172

よ――
宵　59
世　154, 587
　世の人　393
　世の栄命　616
代　492
　代の模範　609
余[よ]→余[ほか]
天光[よあけ]　460
天明[よあけ]　99
天暁の時[よあけのとき]　460
佳　539
可[よい]→可[か]
福業[よいおこない]→福業[ふくごう]
佳(い趣き)　484
芬馥[よいかおり]　469
好心[よいこころ]　189, 348, 496
佳(い)事　203
好(い内容の)食(べ物)　189
好鉢　316
好(い)人　189
好いもの　251
用　170
葉[よう]　44, 164, 359
癰　430
八日　249
八日等(の「日」)　250
(用)器　87, 88, 93
揚輝　204
葉器, (葉)器　138, 142
腰間　219
永劫　350, 351
養蚕　540
楊枝　82, 111, 198
様(式)　316
揚州の白塔　284
要処　455
腰絛, (腰)絛　195, 219, 227, 341
　(腰)絛の闊さ　220
腰帯　195, 229
腰内　355
嬰児[ように]　519
楊府　589
楊柳　112
福業[よきおこない]→福業[ふくごう]
善きかな　516
よき師　611
良きひと　351
能く是の如にする者　309
浴室　356
(少欲)知足の道　495
欲少なにして足るを知る　523
能者[よくできるもの]　145, 236
明徹雄朗[よくとおりたからか]
　478
欲と得　579
盈長[よけい]→盈長[みちあふれ]
余(外)[よげ]→余(外)[ほか]
曲私[よこしま]　186
邪(な行ない)　188
邪(な)生(活)の十頃　182
邪(な)魅　415
画[よこせん]　455
眠臥時, (眠)臥時[よこになってねるうち]　359, 366
　(眠)臥時の著裙　355
臥の杖　326
臥(の杖に落とした)影(の長さ)
　326
可[よし]→可[か]
余残(食)→余残(食)[たべのこし]
安・不(安)　381, 404

進・退[よしあし]　196
進・不(進)　157
臧否[よしあし]　113
余食→余残(食)[たべのこし]
可・不(可)，可と不(可)　232, 580
由[よすが]　472
余処[よそ]→余処[ほか]
四真[よっつ]　489
竟夜[よどおし]　91
通夜[よどおし]　100
四人，四(人)　143, 185, 344
四年　530
(今)時(の)俗[よのならい]　540
余風　601
読むこと　380
終宵[よもすがら]　151
連宵[よもすがら]　417
暇[よゆう]　382, 591
夜々に油を恒に足に措り　356
津[よりどころ]　430
来由[よりどころ]　76
憑拠[よりどころ]　69
宵　612
夜　147, 327, 417, 447, 454, 459, 461
夜の(洗)浴　357
昏旦[よるあさ]　232
惸独[よるべなきもの]　430
甲鎧の(流)類い　553
歓愛　491
慶び　613
慶讃　589
興[よろこぶ]　285, 287
四ヶ月　328

ら――
礼敬，礼(敬)，(礼)敬　279, 313,
358, 379, 389, 397, 403, 437, 480
礼敬の(軌)儀　313, 483, 494
礼敬の法　269
(礼)敬を為すの基本　279
礼数(格式)に乖く　375
礼拝，礼(拝)　123, 124, 149, 202,
218, 255, 358, 359, 360, 373, 387,
393, 397, 407, 443, 480, 481, 482
(礼)拝(・礼)拝　270
礼(拝)する仏の題名　477
(礼)拝の数や法式　358
(礼拝の)中間　394
礼拝の時　217
礼拝の軌(儀)　373
礼拝の法　386
礼(拝のやりとり)　270
礼不相扶　65, 372
礼仏の時　483
羅漢　285, 287
酪　127, 128, 136, 137
洛州　456
楽処　130, 131
安座[らくにかけ]　390, 402
落髪　310, 311
裸国　51, 197
羅荼　47, 438
乱　598
蘭若　563

り――
「理」　390
離(衣)　245
離衣宿　302
六芸　587
離合　328
離俗者　163
利他　348
利智　260

律　42, 56, 61, 102, 152, 182, 197, 211, 215, 233, 395
律に明るい　190
律の教え　180, 232, 279, 328, 408, 495
律(の)科(条)　134
律の中の臥具　178
律の文典の語　141, 165
律を持つ者　173
律を持つ大将　44
律を持つ者は　82
律を奉じて福が生じること　280
律儀,（律)儀　52, 195, 310, 376, 475, 597
律検　54, 162
律師　458
律者の為す所　572
律制　72
律相　63
律蔵, 律(蔵)　89, 100, 118, 122, 128, 130, 134, 162, 164, 180, 206, 237, 249, 263, 264, 301, 345, 349, 355, 379, 385, 387, 388, 396, 402, 406, 445, 457, 523, 532, 534, 544, 550, 554, 569, 575
律(蔵)内　446
律(蔵に記されている)旨(趣)　244
律(蔵に記されている)旨(趣)　238
律(蔵)に明言がある　391
(律蔵の)忌む所　431
律(蔵)の意　601
(律蔵の条)文に(聴)許す処　248
律(蔵の)説　226
律(蔵)を解すること五夏(安居)　386
律典　154, 343, 561, 581, 605
律本→律本[テキスト]
律文,（律)文　52, 58, 136, 191, 220, 222, 249, 271, 282, 389, 448
律文の意(味するところ)　388
理門論　535
利益, 利(益),（利)益　113, 157, 170, 181, 215, 251, 280, 356, 365, 428, 431, 467, 473, 532, 589
略教　268
「略教」の旨(趣)　268
『略教』の文　199
略詮　505
(理)由　540
磂黄・雄黄・雌黄(の三黄)の石　446
龍河　41, 349, 529, 530
龍・鬼・天・人　233
龍花之初会, 龍花の初会　611, 614
柳樹　111
龍樹　111
龍樹菩薩　489
龍樹菩薩の『書』　493
柳絮　364
龍(神)　43
龍(神・神)鬼　145
龍・象　522
龍戸[りゅうのいえ]　42
龍脳　144, 416
龍の身代り　492
立播衣, 立播(衣),（立播)衣　201, 203
立播の服　200
龍猛　522, 528
龍門　515
留連　529, 530
涼　215

量　227
利(養)　309
双足[りょうあし]　396
両足，(両)足　133, 257
　(両)足は地を蹋んでいる　396
(霊)異→異[ふしぎ]
両河　43
両角　219
両巻の空門　153
両巻(の書物)　524
了教　41
了(解)　501
　了(解・認)知　392
霊厳(寺)　76
霊巌道場　555
両師　613
　両師の(聡)明　612
　両師の光　612
　両師の御徳　612
両指　94
両時　459
両日　248
(両)寺の漏(水器)　461
両種事　519
霊鷲(山)，(霊)鷲山　130, 369, 619
両種の事　519
両小　307
両條　220
両色(類＝二種類)の丁香　416
(両)親　59
両打　459
両肘　218
双手[りょうて]　214
両手　126, 218, 219, 278, 313
両人　509
両(倍、二倍の)影　326
双膝[りょうひざ]　133, 220
両膝　394, 396
　両膝頭の土　395
両(分)　183
両曜　610, 612
僚(吏)庶(民)　601
輪蓋　237
臨終　574
　臨終の時　228
悋(嗇)　132
輪相　474
臨壇者　341
林藤　37
輪廻　40, 540
臨邑　51, 197
　臨邑国　48

る——
流漿の苦　153
流布　492

れ——
霊龕・霊廟の奇(異)　614
霊机　234
礼儀　233
霊祇　83
礼(儀と)節(度)　198
礼敬　133
冷水　127, 427, 435
礼(の)教(え)　59
嶺表　52
霊(妙なる)禽　598
霊祐法師　237
文彩秀発[レトリックにすぐれ]
　　514
蓮花　469
　蓮花の開く勢　370
連脊　195

連脊衣　196
輦輿，（輦）輿　139, 256

ろ——
盧威　418
廊下　187, 369
郎迦戍国　48
（労）苦　471
籠肩　213
老（苾芻）・病（苾芻）の流（類）い　483
労力　417
六　219
禄　415
六月　102
六月黒月一日　248
六月十五日　328
六月十七日　328, 330
六月十六日の昼夜　328
六月十六日夜のちょうど尽きるころ　330
六歳の童子　505
六時　328, 597
六十年中　598
六十余載　598
六条　39
六随法　308
六足（発智）　535
六時［ろくたび］　61
六度　486
　六度の頌　599
六道→六道［せかい］
六物　104, 164, 166, 312, 557
鹿（野）園　96
鹿（野）苑　41, 369
　鹿（野）苑の名僧、釈迦提婆　488
六欲　63
露地　356
濾水羅→濾水羅［みずこしフィルター］
漏（水器）子　458
漏水（器），漏（水器）　458, 461
　漏（水）器（の調整の方）法　462
　漏（水器を用いての計時・告時の）法（式）　460
六ヵ月　505
六根の清善　598
六百頌　524
六法　308
六（本）　112
路傍　117
論　42, 62, 82, 349, 517, 521
論（蔵）　342

わ——
鐶［わ］　552
淮（水）より北　124
和（韻）　488, 616
　和（韻）を為る（創作の）者　488
小壮者，少壮（者）［わかいもの］　110, 227
辞別の時［わかれのとき］　131, 148
傍辺［わき］　94
腋　201, 229
　腋の下　216
沸きたつ鼎が凌（＝厚氷）を銷す　522
（原）因・由（実）［わけ］　189
故実，故（笑）［わけ］　126, 183
分数［わけまえ］　181
罪［わざわい］　581
咎［わざわい］　411
和社　380
和集　256

寸影[わずかなとき]　593
片利[わずかなり]　309
患い　365
煩累[わずらい]　208
有累[わずらい]　156, 495
繁(瑣・複雑)[わずらわしさ]→繁(瑣)[はんさ]
煩わしさ　162
綿絮[わた]　201
絮[わた]　110
袍[わたいれ]　195
(自)己[わたくし]　155
我　345, 346, 350, 386, 393, 485, 519, 554, 587, 594, 595, 607, 608, 610, 611, 613
　我が法は未だ滅しはしない　350
　我が法は便ち尽きる　350
　我が滅度後一百余年　53
吾　595, 605, 608
私(事)　608
私に餐(噉)べてしまう　565
我己[わたし]　39
(私・)義浄, (私・義)浄　526, 528, 596, 597, 617
私(・義浄、一個)の意　617
和南　407, 617
(笑)嗤[わらい]　64, 268
差降[わりびき]　302
悪い智慧　351
我[われ]→[わたくし]
椀　458, 461
(椀の)孔　462

宮林昭彦（みやばやし　しょうげん）

1932年、長野県生まれ。1955年、大正大学大学院文学研究科仏教学専攻修士課程修了。1978年、大正大学教授。1985～6年、大正大学より海外研修を命じられる。南方上座部仏教の戒律実態調査のため、タイ国バンコク市トンブリのワット・パクナム・パーシーチャロアンにて出家・得度、短期間の僧伽出家生活を実修。1997年、大正大学人間学部長を経て、2001年、大本山光明寺第百十二世法主就任。2014年、遷化。

主な編著書に『法然上人と浄土宗』（大道社）『授菩薩戒儀　浄土宗聖典5（浄土宗宗務庁）『授戒――仏心を育てる』（青史出版）ほか。

加藤栄司（かとう　えいじ）

1948年、千葉県生まれ。1982年、大正大学大学院文学研究科宗教学専攻博士課程満期退学。1985～6年、前記タイ国バンコク市トンブリにての海外研修に同行。公益財団法人　中村元東方研究所　専任研究員。現在、天台宗圓宗寺住職（栃木県下都賀郡壬生町大字上稲葉）。

訳書に『仏菩薩聖徳大観上集』（華宇出版社・台北）、編著書に『仏典を知る　最澄の世界』（佼成出版社）ほか、中国仏教、とくに義浄を中心とする唐代の戒律思想に関する論稿多数。

現代語訳　南海寄帰内法伝
七世紀インド仏教僧伽の日常生活

二〇二二年一一月一五日　初版第一刷発行

著　者　義浄
訳　者　宮林昭彦
　　　　加藤栄司
発行者　西村明高
発行所　株式会社 法藏館
　　京都市下京区正面通烏丸東入
　　郵便番号　六〇〇-八一五三
　　電話　〇七五-三四三-〇〇三〇（編集）
　　　　　〇七五-三四三-五六五六（営業）

装幀者　熊谷博人
印刷・製本　中村印刷株式会社

ISBN 978-4-8318-2643-5 C1115

法蔵館文庫既刊より

価格税別

さ-1-1
増補 いざなぎ流 祭文と儀礼　斎藤英喜著
高知県旧物部村に伝わる民間信仰・いざなぎ流。中尾計佐清太夫に密着し、十五年にわたるフィールドワークによってその祭文・神楽・儀礼を解明。
1500円

キ-1-1
老年の豊かさについて　キケロ著　八木誠一 八木綾子訳
老人にはすることがない、体力がない、楽しみがない、死が近い。キケロはこれらの悲観的通念を吹き飛ばす。人々に力を与え、二千年読み継がれてきた名著。
800円

た-1-1
仏性とは何か　高崎直道著
「一切衆生悉有仏性」。はたして、すべての人にほとけになれる本性が具わっているのか。日本仏教に根本的な影響を及ぼした仏性思想を明快に解き明かす。解説＝下田正弘
1200円

さ-2-1
アマテラスの変貌 中世神仏交渉史の視座　佐藤弘夫著
童子・男神・女神へと変貌するアマテラスを手掛かりに中世の民衆が直面していたイデオロギー的呪縛の構造を抉りだし、新たな宗教コスモロジー論の構築を促す。
1200円

て-1-1
正法眼蔵を読む　寺田透著
多数の道元論を世に問い、その思想の核心に迫った著者による「語る言葉（パロール）」と「書く言葉（エクリチュール）」の「講読体書き下ろし」の読解書。解説＝林　好雄
1800円

い-1-1

地　獄

石田瑞麿著

古代インドで発祥し、中国を経て、日本へとやってきた「地獄」。その歴史と、対概念として浮上する「極楽」について詳細に論じた恰好の概説書。解説＝末木文美士

1200円

く-1-1

王法と仏法

中世史の構図

黒田俊雄著

強靭な論理力で中世史の構図を一変させ、「武士中心史観」にもとづく中世理解に鋭く修正を迫った黒田史学。その精髄を示す論考を収めた不朽の名著。解説＝平　雅行

1200円

な-1-1

折口信夫の戦後天皇論

中村生雄著

戦後「神」から「人間」となった天皇に、折口信夫はいかなる可能性を見出そうとしていたのか。折口学の深淵へ分け入り、折口理解の新地平を切り拓いた労作。解説＝三浦佑之

1300円

あ-1-1

禅仏教とは何か

秋月龍珉著

仏教の根本義から、臨済宗・曹洞宗の日本禅二大派の思想と実践までを体系的に叙述。難解な内容を、簡潔にわかりやすくあらわした入門書の傑作。解説＝竹村牧男

1100円

ほ-1-1

増補

宗教者ウィトゲンシュタイン

星川啓慈著

ひとつの孤独な魂が、強靭な理性と「神との和解」のはざまで悩みぬく。新発掘の二つの『日記』等をめぐる考察を縦横にもりこんだ、宗教学からの独創的アプローチ！

1000円

ア-1-1・2

評伝　J・G・フレイザー

その生涯と業績　上・下（全二冊）

R・アッカーマン著
小松和彦監修
玉井　暲監訳

大著『金枝篇』で世界に衝撃を与えた人類学者の画期的評伝。研究一筋の風変わりな日常から、出版をめぐる人間模様、悪妻とも評された妻との結婚生活まで。未公開書簡や日記も満載。

各1700円

い-2-1
アニミズム時代　岩田慶治著
森羅万象のなかにカミを経験する。その経験の場とは。アニミズムそしてシンクロニシティ空間論によって自然との共生の方法を説く、岩田アニミズム論の名著。解説＝松本博之
1200円

か-1-1
信長が見た戦国京都　河内将芳著
城塞に囲まれた異貌の都
同時代史料から、「町」が社会集団として成熟していくさまや、戦国京都が辿った激動の軌跡を尋ね、都市民らの視線を通して信長と京都の関係を捉え直した斬新な戦国都市論！
900円

や-1-1
宗教とは何か　八木誠一著
現代思想から宗教へ
理性と言語による現実把握の限界をどう超えるか。ニーチェの生の哲学から実存主義、さらには京都学派の哲学までを総覧し、現代人のための宗教に至る道筋を鮮やかに指し示す。
1300円

つ-1-1・2
平安人物志　角田文衞著
上・下（全二冊）
考古学と文献史学を駆使した角田の博識と推理が冴え渡る、41篇の人物伝。緻密な分析で、平安朝を生きた人々の数奇な生涯を鮮やかに描き出した、歴史的名著。解説＝山田邦和
各1700円

か-2-1
インド人の論理学　桂紹隆著
問答法から帰納法へ
インド人の思考法は、観察から法則を導き出す帰納法的思考であった。事実に基づく論証法がインドでどのように展開したのか。その淵源を仏教の縁起の教えに見出した名著。
1300円

た-2-1
悟りと解脱　玉城康四郎著
宗教と科学の真理について
徹底した禅定実践と学問研鑽によって仏道を求め、かくして到達したブッダの解脱に基づき、一切の枠組みを超えた真理を究明する。稀有の求道者の最後の書。解説＝丘山　新
1000円

さ-3-1

ブッダとサンガ
〈初期仏教〉の原像

三枝充悳著

一人のブッダから多くの仏が生まれたのはなぜか。サンガはどのように成立したのか。仏教の根本問題を論旨明快な叙述で解きほぐす、恰好のインド仏教史入門。解説＝丸井　浩

1100円

し-1-1

ポストモダンの新宗教
現代日本の精神状況の底流

島薗進著

一九七〇年代以降に誕生・発展した「新新宗教」の特徴を読み解き、「新新宗教」を日本・世界の宗教状況とリンクさせることで、現代宗教論に一つの展望を与えた画期的試み。

1200円

や-2-1

〈方法〉としての思想史

安丸良夫著

安丸史学が対峙し、目指したものとは――。自身の研究や経験を回顧した論考・時評等を中心に収め、その思想的格闘の軌跡を示した歴史学徒必読の名著。解説＝谷川　穣

1300円

ア-2-1

英国の仏教発見

フィリップ・C・アーモンド著
奥山倫明訳

19世紀の英国人らによる仏教表象を分析し、西洋近代において、仏教が称賛や蔑視を交えながら「創造」されていく過程を、オリエンタリズムと宗教をめぐる観点から解明。

1300円

か-1-2

改訂 祇園祭と戦国京都

河内将芳著

創作物を通じて戦国期の祇園祭に託された「権力に抵抗する民衆の祭」というイメージは実態に合うものなのか。イメージと史実を比較し、中世都市祭礼・祇園祭の実像に迫る。

1000円

ブ-1-1

儀礼と権力　天皇の明治維新

ジョン・ブリーン著

日本の「近代」創出に天皇がはたした身体的役割とは何か。天皇はいかにして「神話の体現者」となったのか。従来とは異なる儀礼論的アプローチから迫ったユニークな試み。

1300円

も-1-1

梁の武帝
仏教王朝の悲劇

森三樹三郎著

皇帝菩薩と呼ばれた武帝の餓死、王朝の滅亡は、仏教溺信が招いた悲劇だったのか。類い稀な皇帝のドラマチックな生涯とその時代の精神を描出した不朽の傑作。解説＝船山　徹

1000円

む-1-1

天平芸術の工房

武者小路穣著

正倉院や東大寺をはじめとする花やかな天平芸術の創造にたずさわった工人たちの盛衰を明らかにしていくなかで、古代国家の文化の形成基盤の全体像を考察。解説＝山岸公基

1200円

た-3-1

改訂 歴史のなかに見る親鸞

平雅行著

数少ない確実な史料を緻密に検証することで、歴史研究者として親鸞の事蹟の真偽を究明する一方、民衆の苦難と自らの思想信条とのはざまで悩み苦しむ親鸞の姿をも描きだす。

1100円

す-1-1

東洋の合理思想

末木剛博著

インド仏教、中国仏教、中国古典に形式論理を見いだし、西洋思想とは異なる、非自我的な「楕円思考」を東洋の合理思想の根幹として解明する。野矢茂樹氏の解説も再録。

1200円

か-3-1

増補 菩薩ということ

梶山雄一著

迷いと悟りの世界を生きる菩薩の存在は、大乗仏教の真髄である。大乗仏教がめざした人間像を探究しつづけた著者が最終的に到達した菩薩像と、その生き方とは。解説＝桂紹隆

1000円

キ-2-1

ウィトゲンシュタイン・文法・神

アラン・キートリー著
星川啓慈訳

ウィトゲンシュタインの「文法」概念を宗教研究に応用し、自然主義・相対主義・還元主義をのりこえる視点を提供。そして「本物の宗教」に迫らんとする、宗教哲学の好著。

1200円

か-4-1

死と運命
中国古代の思索

金谷治 著

「このっぴきならない生命とはいったい何なのか」。孔孟、老荘、荀子等の言葉をてがかりに、中国古代における死、運命、欲望に関する思索を討尋する。解説＝中嶋隆藏

1100円

よ-1-1

劉裕
江南の英雄　宋の武帝

吉川忠夫 著

劉裕は微賤な武人に生まれながらも、卓越した行動力と徹底した現実主義によって皇帝となった。だが、即位後その生彩に翳りが――。南朝の権力機構の本質を明らかにする好著。

1000円

か-5-1

一遍語録を読む

金井清光
梅谷繁樹 著

一切を捨てた「捨聖」一遍。その思想的背景と生涯を法語から読み解き、巻末では一遍の和讃「別願和讃」を『節用集』『日葡辞書』などを駆使して詳論する。解説＝長澤昌幸

1200円

な-1-2

祭祀と供犠
日本人の自然観・動物観

中村生雄 著

動物を「神への捧げもの」とする西洋の供犠との対比から、日本の供養の文化を論じ、殺生・肉食の禁止と宗教との関わりに新たな光を当てた名著が文庫化。解説＝赤坂憲雄

1500円

さ-4-1

ラジオの戦争責任

坂本慎一 著

戦前最強の「扇動者」、ラジオ。その歴史を五人の人物伝から繙き、国民が戦争を支持し、また玉音放送によって瞬く間に終戦を受け入れるに至った日本特有の事情を炙り出す。

900円

は-1-1

明治維新と宗教

羽賀祥二 著

近代「神道」の形成と特質を仏教までもを含んだ俯瞰的な視野から考察し、「国家神道」に止まらない近代「神道」の姿をダイナミックに描いた、日本近代史の必読文献。

1800円

か-6-1
禅と自然
唐木順三 著
近代という無常が露わになった時代をどう乗り越えるか。その克服の可能性を、逆に無常を徹底させる中世の禅思想のなかに見出した卓異の論考を精選。解説＝寺田透・飯島孝良
1100円

ひ-1-1
無神論
久松真一 著
「絶対的自律」へ至る道を考究し続けた稀代の哲人・久松真一。その哲学の核心を示す珠玉の論考と自叙伝的エッセイ「学究生活の想い出」を収録。解説＝星野元豊・水野友晴
1000円

た-4-1
聖武天皇
「天平の皇帝」とその時代
瀧浪貞子 著
高い政治力を発揮し、数々の事業を推進した聖武天皇。「天平の皇帝」たらんとしたその生涯と治世を鮮やかに描写。ひ弱、優柔不断といった旧来の聖武天皇像に見直しを迫る。
1300円

し-1-2
精神世界のゆくえ
宗教からスピリチュアリティへ
島薗進 著
なぜ現代人は「スピリチュアリティ」を求めるのか。宗教や科学に代わる新しい思想を網羅的に分析し、「スピリチュアリティ」の興隆を現代精神史上に位置づけた宗教学の好著。
1500円

よ-2-1
日本人の身体観の歴史
養老孟司 著
日本の中世、近世、そして現代哲学の心身論から西欧の身体観まで論じる。固定観念を揺さぶり、常識をくつがえし、人と世界の見方を一変させる、養老「ヒト学」の集大成。
1300円

ぎ-1-1
現代語訳
南海寄帰内法伝
七世紀インド仏教僧伽の日常生活
義浄 撰
宮林昭彦
加藤栄司 訳
唐の僧・義浄がインドでの10年間にわたる留学生活で見た7世紀の僧侶の衣・食・住の実際とは。戒律の実際を知る第一級資料の現代語訳。原書は、鈴木学術財団特別賞受賞。
2500円